비고츠키
생각과 말

비고츠키 생각과 말

초판 1쇄 발행   2011년 1월 20일
초판 7쇄 발행   2019년 3월 13일

지은이   L. S. 비고츠키
옮긴이   데이비드 켈로그 · 배희철 · 김용호
펴낸이   김승희
펴낸곳   도서출판 살림터

기획   정광일
편집   조현주

인쇄 제본   (주)현문
종이   월드페이퍼(주)

주소   서울시 양천구 목동동로 293, 22층 2215-1호
전화   02-3141-6553
팩스   02-3141-6555
출판등록   2008년 3월 18일 제313-1990-12호
이메일   gwang80@hanmail.net
블로그   http://blog.naver.com/dkffk1020

ISBN   978-89-94445-08-3   (93370)

Л.С. ВЫГОТСКИЙ - МЫШЛЕИЕ И РЕЧЬ

비고츠키 생각과 말

살림터

진보교육의 오래된 미래를 찾아서

2010년 주민 직선으로 진보교육감을 선출했다. 모든 진보교육감은 똑같은 최고 주장을 '경쟁을 넘어 협력으로'를 소리 높여 외쳤다. 선출된 진보교육감은 혁신학교 정책을 추진했다. 혁신학교의 철학은 '협력으로 전면적 발달을'이라고 한다. 혁신학교의 교실수업 개선은 '협력 수업'이라고 한다. 톱니바퀴처럼 맞물려 돌아가는 교육체계가 우리 눈앞에 펼쳐지고 있다. 진보교육을 위한 하나의 깃발 아래 모이고 있다. 이 선명한 깃발은 어디서 흘러왔을까? 이 오래된, 시베리아 동토에서 건너온, 독자가 읽고 있는 고전에서 그 근원을, 대답을 찾을 수 있다. 그 근원의 푸르른 물을 맛보는 순간, 독자는 참교육이 펼쳐지는 교실을, 혁신으로 살아나는 학교를, 진보교육이 펼쳐질 한국 사회를, 심지어 인간이 인간답게 사는 미래를 음미할 수 있다.

비고츠키(1896~1934)는 1917년 모스크바 대학을 졸업하고, 고향인 곰멜에서 주간에는 문학교사로, 야간에는 교사들에게 교육심리학을 지도하는 교수로 생활했다. 1923년 말 크루프스카야의 추천으로 1924년 러시아 제2차 심리학 대회에서 의식 연구방법으로 파블로프의 조건반사가 적합하지 않다는 글을 발표하면서, 중앙 무대에 진출하게 된다. 10여 년의 짧은 기간 동안 주옥같은 250여 편의 글을 남겼다. 1934년 결핵으로 병원에 입원하여 침상에서 구술하면서 남긴 마지막 작품이 바로 이 책이다.

그의 학문적 성과가 현재 전 세계적으로 패러다임의 위상을 가진 까닭은, 이 분야 전공자라면 누구나 알고 있듯이, 그 내용의 독창성, 이론적 체계, 현실에서 검증되었다는 측면 때문이지만 이에 더해져야 할 것이 있다. 스탈린의 분서갱유를 능가하는 학문적 탄압 기간(1936~1956)에도 불구하고 불사조처럼 비고츠키의 문화-역사적 이론이 확산된 것은 그의 학문하는 방식, 협력적 연구 방식 때문이다. 러시아 내에 그와 함께 한 학자들의 모임인 비고츠키 학파가 있었기에, 현재 협력적으로 연구하고 있는 비고츠키안 학자들이 있었기에 전 세계적으로 확산될 수 있었다. 그들의 노력으로 복원되어 나올 새로운 비고츠키 전집은 15권 분량이다.

이제 이 책의 가치에 대해 이야기해 보겠다. 1934년 병상에서 다가오는 죽음의 그림자로 인해 서둘러 마무리된『생각과 말』은 "인간의 본질을 이해하고자 하는 심리학도에게 추천하는 심리학의 고전"으로 1985년(『사고思考와 언어言語』라는 제목으로 나온 책은 1962년 미국 번역본을 옮긴 것인데, 본 책의 3분의 1 분량밖에 되지 않음)에 국내에 소개되었다.

이 분야 세계 최고의 학자인 마이크 콜Mike Cole 교수는 본 책의 추천사에서, 이 책을 "인간 의식을 다룬 자본론"이라고 하였고, 베라 존 스타이너Vera John-Steiner 교수는 "다가올 세계"를 준비하는 학자들을 위한 창조성의 원천이 되는 책이라고 평가했다. 영어 번역본에 대한 소개 글을 쓴 제롬 부르너Jerome Bruner 교수는 (1987년 판 서론에서) 이 책에는 "미래로부터 온 방문자"가 남기고 간 "우리 분과의 미래가 어디로 갈 것인지를 알 수 있는 아이디어"가 가득하다고 했다. 이윤미 교수는 "체계적으로 학문적, 실천적 논의가 이어질" 계기가 마련되었다고 했다.

한국어판 번역본과 관련된 이야기를 시작하겠다. 지난 4년간의 준비 과정은 XMCA(http://communication.ucsd.edu/MCA)에 기록되어 있다. 이곳은 전 세계 비고츠키 연구자들의 토론장이다. 즉, 이 번역 작업은 전 세계 학자들과의 협력 작업을 통해, 검증과 논의를 통해 진행되었다. 거기서 켈로그Kellogg 교수는 번역하면서 도달한 깨달음의 지점을 제시하면서 수많은 논쟁을 제기했다. 명확히 확인할 수 있었던 것은 비고츠키의 선풍적 유행과 실제 비고츠키의 이론에 대한 이해는 상관관계가 없었다는 것이고, 그러한 사실은 적어도『생각과 말』에 대한 이해에서는 세계적 수준의 학자들에게도 적용된다는 것이었다. 이 책은 그렇게 어려운 책이다. 그 까닭은 당시 학문 수준이 비고츠키의 심득을 표현할 용어나 개념을 제공하지 못했기 때문이며, 이러한 상황을 돌파하기 위해 비고츠키가 사용한 방식이 은유와 비판적 점유를 통해 다른 이들의 용어로 표현하는 것이기 때문이며, 현재 학문 수준이 비고츠키의 심득을 종합적으로 체계적으로 구체적으로 해석해 내기에 부족함이 많기 때문이다. 특히 한국의 학문 수준은 더욱 그렇다. 우리는 적절한 한국어 표현을 찾기 위해 노력했지만 어쩔 수 없이 많은 것을 독자들이 처음 접하는 표현으로 채워야 했다.

우리는 영문판 두 권(Vygotsky, 1986과 1987)을 이해하는 것으로 시작하여 1934년 러시아 원본(코발노프스키와 스미호바가 비고츠키 사후에 마무리했음)과 비교하는 과정을 거치고, 우리의 이해를 여러 나라 번역본을 통해 검증하는 방식으로 진행하였다. 처음 번역 작업은 1987년 영문판의 문제점을 지적하는 수준에서 시작하였지만, 6장에 이르러서, 결국 너무 문제가 많다는 결론을 내리고, 다시 처음부터 1934년 러시아 원본을 가지고 작업하였다. 그때가 2008년 가을이었다.

2010년 2월, 6장(과학적 개념과 일상적 개념) 초벌 번역을 가지고 교사들과 연수를 실시하였다. 처음 들어 보는 비고츠키의 표현에 어리둥절해하는 교사들을 보면서, 번역 작업에 대해 많은 고민을 하게 되었다. 결국, 미리 책을 읽어 주신 분들의 조언과 주 독자층(예비교사와 현직교사)을 배려하는 새로운 작업을 시작했다. 먼저, 1장은 두 개의 문단으로 구성되어 있는 것을 여러 개의 문단으로 나누었고, 6장은 5개의 절을 8개의 절로 나누었고, 7장은 6개의 절로 나누어 읽기 쉽도록 하였다. 연동하여, 문단마다 문단번호를 붙였다. 이는 읽고 질문하고 토론하는 데도, 가르치는 데도 편리할 것이다. 다음으로 주 독자를 위한 최소한의 미주만을 남겼다. 마지막으로 각 장과 각 절마다 내용을 요약하여 미주에 제시했다. 그래서 각 장과 각 절마다 미주의 맨 처음은 그 부분의 내용 요약, 그리고 그 요약의 근거가 된 문단번호 제시로 되어 있다. 책 내용의 흐름을 체계적으로 이해할 수 있도록 배려한 결과는 현재까지는 긍정적이었다.

책 내용에 대한 옮긴이의 설명이 서문에 없는 이유이기도 하다.

번역 작업은 창작 작업에 버금가는 고통을 수반한다는 표현으로 세세한 번역의 어려움과 그 과정에서의 고민들을 대신하겠다. 또한 전 세계적인 공동 작업의 성격을 띠다 보니, 도중에 쟁점에 대한 토론이 여러 번 벌어지게 되었고, 그 결과는 인터넷상에 동영상으로, 학술지로 세상에 이미 공개되었다. 예를 들어 보면, 가장 평이해 보이는 '교수-학습'이라는 표현도 우여곡절이 많았다. 1978년『Mind in Society』에서 이를 잘못 표현했다는 지적으로 나아가게 되었고, 역자인 마이크 콜 교수는 이를 인정하여『Mind, Culture, and Activity』에 글을 게재하였다. 주 독자층과 관련된 예를 하나 더 들어 본다면, 5장(개념 발달)과 6장(과학적 개념과 일상적 개념)의 관계에 대한 논쟁이 치열하게 진행되었다. 5장의 내용은 존 듀이John Dewey의 경험중심 교육과정, 마르크스의 노동학교 교육과정이며, 6장의 내용은 지식중심 교육과정이다. 스탈린의 집단농장화 정책, 제1차 경제개발5개년계획과 권력 장악은 1929년 국가교육과정의 변화로 연동되었다. 지식중심, 과학중심의 교육과정이 강제되었던 것이다. 이런 배경 속에서 너무도 다른 용어들로 구성된 5장과 6장을 어떻게 해석해야 하는지에 대한 논쟁(the Symposium on Vygotsky's Concepts)*이 벌어졌다.

『생각과 말』한국어판에 대한 우리의 자부심은, 세계 최고의 학자인 마이크 교수에게서 우리의 연구 성과를 영문판으로도 출판하자는 제안을 받았다는 것으로 대신하겠다.

서문을 마무리하면서 독자에게 마지막으로 드리고 싶은 당부가 있다. 고진 감래苦盡甘來가 무엇인지 느껴 보라는 것이다. 이 책은 사람이 무엇인가에 대한, 의식이 무엇인가에 대한 비밀의 문턱까지 여러분을 안내할 것이다. 즉, 우주의

---

* http://vimeo.com/groups/39473/videos/13550409에서 그 내용을 볼 수 있음. Paula Towsey, David Kellogg, Mike Cole 세 분의 교수가 논쟁에 참여하였다. 5장과 6장의 내용을 이해하는 데 도움이 되는 사진 자료들이 있다. 마지막 화면에 나오는 것처럼 이 책은 2010년에 나올 예정이었다.

비밀을 푸는 것만큼이나 어려운 비밀을 다루고 있다. 가벼운 읽기의 대상이 아니다. 전공서적보다 더 많은 독자의 노력이 요구되는 책이다.

부분들의 내용이 매우 압축적이라서 문단번호를 제공하여 꼼꼼하게 되새길 수 있게 하였다. 이 책에는 한 문단의 내용만으로도 석사학위 논문의 새로운 착상이 가능한 그러한 문단들이 많다. 심지어 낱말 하나만으로도 석사학위 논문이, 책 한 권이 나올 수 있는 새로운 해석과 설명이 널려 있다. '발달', '근접발달영역', '협력', '혼잣말' 따위가 그런 예가 될 수 있다.

이를 쉽게 설명하면 비고츠키가 이야기하는 '발달'은 어린이의 전면적 발달이다. 피아제의 인지 발달이나 콜버그의 도덕성 발달처럼 일부분을 이야기하지 않는다. 4장에서 확인할 수 있듯이 발달을 총체적으로 분석하기 위해 질적으로 다른 4개의 발생 영역(계통발생, 문화역사적 발생, 개체발생, 미소발생)을 제시한다. 이 네 영역의 발생이 복잡하게 얽히는 역동적인 과정으로 발달을 설명한다. 마찬가지로, '근접발달영역'은 '비계'로 대표되는 '근접학습영역'이 아니다. 또한 '근접발달영역'은 이론이 아니다. 6장에서 독자가 확인하겠지만 '근접발달영역'은 발달과 교수-학습의 올바른 관계를 보여 주기 위한 비유다. 또한 '근접발달영역'은 주관적인 것이 아니라 객관적인 것에 더 가깝다. '근접발달영역'의 핵심적 기제는 '협력'이다. 이는 피아제의 협동cooperation과 구별된다. 비고츠키는 교수-학습에서 교사와 학생의 관계를 '협력collaboration'으로 보고 있다. 특히 협력의 영역을 심리적인 측면으로 확대하여 설명하고 있다. 독자가 6장에서 확인할 수 있듯이, 비고츠키에게는 학생이 혼자서 과제를 해결하는 것도 심리적 측면에서 보면 교사와 학생의 협력활동이다. 마지막으로 '혼잣말'은 자신을 규제하는 기능을 하는 말이다. 그러나 동시에 의사소통적 말처럼 주변 사람이 들을 수 있는 말이다. 이는 내적말로 이행하는 과정의 말이다. 학생이 교사에게 꾸지람을 듣고 돌아서서 자리로 돌아가며 "18"이라고 욕을 했다면, 비고츠키의 설명에 따르면, 이는 꾸지람을 한 교사에게 한 말이 아니다. 즉, 반항의 표현이 아니다. 이는 자기 자신에게 한 말이며, 깊이 즉각적으로 반성을 하며 자신을 정서적으로 꾸짖고 있는 말이다.

이 책에서 가장 쉬운 개념을 담고 있는 위에 나열한 낱말 하나가 한국의 학문 풍토에서는 새로운 해석의 길을 열 수밖에 없다. 그만큼 이 책 전반을 체계적으로 이해하는 것은 아주 많은 시간을 요하는 작업이 될 것이라는 것을 잊지 말아야 한다.

전체 내용 흐름과 각 문단의 내용을 전체와 부분의 관계처럼 연결시켜 읽기 활동을 할 수 있도록 장과 절의 미주에는 친절하게 그 부분의 요약 설명이 제시되어 있다. 이 부분에 대한 평가는 긍정적이었다. 외국에서 대학원생을 대상으로 사용해 본 결과 이 책 내용을 이해하는 데 아주 많은 도움이 되었다고 한다. 압축하여 요약했기에 추상적이지만, 핵심적 표현의, 중심 내용의, 비고츠키 설명에 나타난 고갱이의 체계적 나열이기에 부분들을 이해하는 데 큰 도움이 될 것이다.

이렇게 어려운 책은, 관심 분야에 따라 먼저 필요한 부분부터 읽는 것도 좋은 방법이 될 것이다. 언어학에 관심이 있다면 3장, 4장, 7장부터, 변증법적 유물론에 관심이 있다면 4장부터, 심리학에 관심이 있다면 1장, 2장, 4장부터, 외국어 교육에 관심이 있다면 6장부터, 개념 형성에 관심이 있다면 5장, 6장부터, 유아교육에 관심이 있다면 2장, 3장, 4장, 5장부터, 교육과정에 관심이 있다면 5장, 6장부터, 구성주의가 무엇인지 알고 싶다면 2장, 6장부터, 교수-학습 방법에 관심이 있다면 6장부터 읽는 것이 하나의 방책이 될 수 있다.

독자들에게 용기를 주기 위해, 개인적 경험을 이야기해 보겠다. 2007년 처음으로 의식적으로 비고츠키를 연구하는 세미나를 시작했을 때, 우리는 3개월 동안, 한국어 관련 서적들을 읽으며 피아제와 비고츠키의 관계를 설정해야 했다. 당시 대충 다음과 같은 세 가지 관계 중 어느 것이 맞는지를 해결하는 데 3개월을 잡아먹었다. 1) 같은 구성주의 교육이론가이다. 2) 구성주의 교육이론 가지만 약간 결이 다르다. 3) 정반대 편에 서 있는 교육이론가이다. 결국 올바른 결론에 도달했지만, 국내 자료들의 도움을 받아서 그 길로 들어선 것은 아니었다. 인터넷 탐색을 하며 접한 영어 자료를 통해서 가능했다. 이제 독자는 2장만 가볍게 읽어도 이런 문제를 쉽게 해결할 수 있다. 간결하게 정답을 이야기한다면, 피아제와 비고츠키는 너무도 대립되는 정반대 편에 서 있는 교육이론가이다. 피아제가 구성주의자라면, 비고츠키는 절대로 구성주의자가 될 수 없는 물과 기름의 관계이다. 교사라면 2장과 6장을 읽고 이를 꼭 확인해야만 한다.

비고츠키 이론이 한국 교육에 주는 던지는 시사점은 아주 혹독하다. 교육과정은, 교수-학습은 어린이의 전면적 발달과 체계적으로, 유기적으로, 종합적으로 결합되어야 한다는 것이다. 주먹구구식으로, 잡다하게 나열된 방법들로, 특정 교과만의 체계로, 교수-학습과 교육과정을 보는 한국의 수공업적 교육 연구는 종식을 고해야 한다. 연수 중인 교사들에게 설문지를 돌려 통계처리하고 이를 근거로 교육과정 개정을 추진하는 지적 사기극은 대한민국 교육계에서 사라져야 한다.

이 책의 내용은 토론을 하며 서로의 경험을 공유하며 구체를 채워 가야 이해할 수 있는 것을 재삼 강조한다. 이 책의 내용은 우주처럼 방대한 인류의 지적 자산을 응축하여 체계를 잡아 주고 있기 때문에 더더욱 집단지성으로 조금씩 이를 이해해 가야 한다.

지난 한 세대 동안 비고츠키는 이 분야의 패러다임으로 군림하며 선풍적인 유행을 탄 주인공이었다. 국내에서도 그런 조짐이 있었지만, 그저 신격화된 저 먼 곳의 상징으로만 군림했다. 이제 이 책의 출판은 그러한 한 세대를 마감하고, 새롭게 비고츠키가 국내에서 패러다임으로 자리 잡는 계기가 될 것이다. 주변국(중국, 일본)에는 이미 3~4가지의 번역본이 나와 있지만, 우리의 번역본은 10년 후에는 그들 국가를 능가하는 학문적 진척을 이끌 수 있는 수준이라는 것을 강조하고자 한다. 번역에 많은 오역이 발견될 수 있는 가능성이 있음을 알면서도, 더 오랜 세월 다듬지 않고 세상에 이 책을 내놓는 까닭이기도 하다. 편집진이 특히 어려움을 겪은 언어심리학 부분에 대한 고민은 더 많은 설명을 담은 다른 비고츠키의 저작을 세상에 내놓는 것으로 해결하고자 한다. 마지막 순간까지도, 저자가 이 책에서 이야기하고 있듯이, 우리는 나침반처럼 계속 흔들려야 했다. 특히, 마지막 순간에 크게 흔들렸다.

박사과정에서 초등 영어교육과 비고츠키 이론을 접목하여 연구하고 있는 심용호 선생님이 없었다면, 이 책은 결코 세상에 나올 수 없었다. 또한 학자로서, 선배로서, 멘토로서, 우리를 이끌어 준 서울교대 영어교육과에 재직 중인 데이비드 켈로그David Kellogg 교수가 없었다면, 이 책에 대한 우리의 자부심은 불가능했다는 것을 밝히고자 한다.

흔쾌히 추천사를 써 주신, 마이크 콜 교수님, 베라 존 스타이너 교수님, 홍익대 교육학과 이윤미 교수님에게 감사의 마음을 표한다. 한국어판 서문을 읽고 가르침을 주신 부산교대 교육학과 심성보 교수님에게도 감사의 마음을 표한다. 번역에 직접적으로 도움을 주셨던 강원대 예방의학과 손미아 교수님, 신유라, 송선미, 이정란, 서전영 선생님에게 고마움의 마음을 전한다. 또한 미리 읽어 보시고 의견을 주신 서울교대 대학원생과 학부생에게도 그리고 초등교육과정 연구모임 회원들에게도 감사를 드린다. 무엇보다도, 주말마다 집을 비워야 했기에, 우리 모두의 식구에게 죄송했다는 이야기를 빠뜨릴 수가 없다. 마지막으로 이 책의 출판을 위해 애를 쓰신 살림터 정광일 대표님과 출판사 직원 여러분에게 고마움을 표한다.

2010년 12월 24일
하얗게 변한 운동장을 바라보며, 지상천국 지암분교 2학년 교실에서
배희철

---

* 본문에 나오는 LSV는 비고츠키, K는 한국어 번역자를 의미합니다. 본문에 나오는 진한 글씨는 저자의 강조입니다.

차례

저자 서문[1]

0-1] 이 책은 실험심리학의 가장 어렵고 까다로우며 복잡한 문제인 생각과 말의 문제에 대한 심리학적 연구를 담고 있다. 우리가 아는 한 이 문제에 대한 체계적인 실험적 작업에 착수한 연구자는 아직 없다. 이 문제의 해결은 이 문제의 개별 측면에 대한 각각의 실험적 연구들을 통해서만 부분적으로나마 가능하다. 이런 개별 측면에는 개념 형성, 글말과 생각의 관계, 내적 말에 대한 연구 등이 포함된다.

0-2] 우리는 실험적 연구 외에도 이론적, 비판적 연구를 해야 했다. 한편으로 우리는 심리학이 누적해 온 많은 사실적 자료를 이론적으로 분석하고 일반화했다. 즉, 계통발생과 개체발생에 대한 데이터를 대조하고 비교하였다. 이는 우리 문제 해결의 출발점을 드러내 주었으며 생각과 말의 발생적 뿌리에 대한 과학적 사실을 일반적 지식으로서 독립적으로 획득할 수 있는 전제 조건을 발전시켜 주었다. 다른 한편으로 우리는 생각과 말에 대한 최근 이론 중 이데올로기적으로 가장 강력한 이론에 대해 비판적 분석을 해야 했다.[2] 이를 통해 우리는 그 이론들과 우리를 차별화하였고 우리 고유의 탐구 방식을 분명히 하였으며 작업가설의 전제 조건을 수립하였다. 또한 이로써, 최근 과학에서 주류를 형성하였으나 근거의 불충분성으로 인해 이론적인 수정과 극복이 필요한 연구 경로와 우리 연구의 이론적 경로를 애초부터 대조시켰다.

0-3] 우리는 연구의 경로에서 이론적 분석에 거듭하여 의존하지 않을 수 없었다. 생각과 말의 연구는, 서로 인접하고 경계를 마주하는 온갖 과학 분야의 영역을 필연적으로 넘나들 수밖에 없다. 언어심리학과 언어학 자료의 비교, 개념에 대한 실험적 연구와 교수-학습에 대한 심리학적 이론의 비교는 여기서 불가피하다. 동시에 직면하게 되는 이 모두는 독립적으로 누적된 사실적 자료를 분석하는 대신, 문제를 순수하게 이론적으로 접근할 때 가장 쉽게 해결되는 것으로 보인다. 우리는 이 원칙에 따라, 우리가 다른 곳에서 다른 자료를 통해 발달시킨 교수-학습과 발달에 대한 작업가설을 과학적 개념 발달 연구의 맥락에 도입하였다. 끝으로, 모든 실험적 데이터를 이론적으로 한데 일반화하고 모으는 것은 이론적 분석을 우리 연구에 적용하는 마지막 지점임이 드러났다.

0-4] 이처럼 우리 연구는 그 구성과 구조에 있어 복잡하고 다양하다. 그러나 동시에, 우리 연구의 각 부분들이 당면했던 각각의 부분적 과제들은 일반적 목적에 철저히 종속되었고 이전과 이후의 부분들에 밀접히 연결되므로 우리의 온 연구가 비록 부분적 연구로 나누어지기는 했으나 전체로서는-과감히 희망컨대-본질적으로 통합적이다. 각 연구들은 모두 전적으로, 근본적이고 핵심적인 과업의 해결, 즉 생각과 낱말 사이의 관계에 대한 발생적 분석을 지향한다.

0-5] 이 근본적인 과업에 따라 우리 연구와 이 책의 얼개가 결정되었다. 우리는 문제와 연구방법을 설정하면서 시작하였다.

0-6] 그런 후 우리는 말과 생각의 발달에 대한 가장 완성도 있고 강력한 두 이론 즉 피아제와 스턴의 이론을 비판적 연구를 통해 분석하고자 하였다. 이는 우리의 문제 설정 및 연구방법을 전통적 문제 설정과 연구방법에 처음부터 대비시키고, 연구과정에서 우리가 진정 모색해야 하는 것이 무엇이며 이것이 인도하는 종착점의 윤곽은 어떠한지에 대한 윤곽을 그리기 위해서였다. 나아가, 개념 발달과 말로 하는 생각의 기본 형태에 대한 두 가지 실험적 연구

에 앞서 우리는 생각과 말의 발생적 뿌리를 밝히고 말로 하는 생각의 발생에 대한 우리의 독자적 작업의 출발점을 지정하는 이론적 연구를 선행하였다. 이 책의 핵심 부분은 두 개의 실험적 연구로 이루어져 있다. 하나는 아동기에 나타나는 낱말 의미 발달의 기본 경로를 밝히는 연구이며 다른 하나는 어린이의 일상적 개념과 과학적 개념 발달에 대한 비교연구이다. 끝으로 마지막 장에서는 모든 연구로부터의 자료를 한데 모아, 말로 하는 생각의 전체 과정이 이 자료에 비추어 볼 때 나타내는 윤곽을 일관되고 전체적인 형태로 그리고자 노력하였다.

0-7] 연구 문제의 해결을 위해 새로운 것을 도입하는 모든 연구가 그러하듯, 우리 작업에 대해서도 자연스럽게 다음과 같은 질문이 나타났다. 연구에 포함된 새로운 것은 무엇이며 이에 따른 논쟁점은 무엇인가? 더욱 면밀한 분석과 후속적인 입증이 필요한 것은 무엇인가? 생각과 말에 대한 일반적 연구에 우리의 작업이 새롭게 도입한 것은 몇 마디로 정리할 수 있다. 몇 가지 새로운 문제 설정과 어떤 의미에서 새로운 연구방법을 차치한다면 우리 연구에서 새로운 것은 다음의 몇 가지로 요약할 수 있다.

1) 아동기에 낱말의 의미가 발달한다는 사실을 실험적으로 확립함. 그 발달의 기본적 단계를 규정함.
2) 어린이의 과학적 개념이 일상적 개념과 비교해서 갖는 고유한 발달 경로를 드러냄. 이 발달의 기본 법칙을 밝힘.
3) 독립적인 말로서 기능하는 글말이 가지는 심리적 성질을, 글말과 생각이 맺는 관계를 실험적으로 나타냄.
4) 내적 말의 심리학적 성질을, 내적 말이 생각과 맺는 관계를 실험적으로 나타냄.

우리 연구에 포함된 새로운 자료의 나열에서 첫 번째로 염두에 둔 것은 우리의 연구가 새롭게, 실험적으로 심리학적 사실을 확립했다는 의미에서 생각과 말의 일반적 연구에 기여할 수 있는 것이 무엇인가 하는 것이다. 그다음으로 염두에 둔 것은 이 사실들을 해석, 설명, 이해하는 과정에서 필연적으로 나타나는 작업가설과 이론적 일반화였다. 물론 이러한 사실과 이론의 의미와 진실성을 판단하는 것은 저자의 권리도 의무도 아니다. 그것은 비평가와 이 책을 읽는 독자의 몫이다.

0-8] 이 책은 저자와 그의 동료들이 생각과 말에 대해 거의 10년에 걸쳐 지속적으로 연구한 결과물을 담고 있다. 이 연구가 시작될 때에 우리는 연구의 최종 결과물뿐 아니라 문제를 연구하는 도중에 나타날 여러 가지 것들에 대해서도 분명히 알지 못했다. 따라서 작업 도중에, 우리가 앞서 진전시킨 입장을 수정하는 일이 반복적으로 일어났으며 사실이 아님으로 드러나 버려지고 삭제된 것들도 많았다. 어떤 것들은 재구성되고 심화되었으며 끝으로, 또 어떤 것들은 개발되어 완전히 새롭게 기술되기도 했다. 우리 연구의 기본 노선은 언제나 최초에 설정된 방향을 유일한 토대로 지속적으로 발전되었다. 이 책에서 우리는 이전의 우리 연구에서 암묵적으로 포함되었던 것 중 많은 것을 명시적으로 펼쳐 보이려 했으나 또한 이전에는 올바른 것으로 보였던 것이 완전히 그릇된 것으로 드러나 본 연구에서 제외된 것도 많다.[3]

0-9] 이 책의 개별 부분들은 다른 저작에서 이미 사용된 바 있다. 5장은 통신 강좌 교재 중 하나로 발간된 바 있으며 2장과 4장은 우리가 비판한 저자의 연구에 대한 논문이나 서문으로 발간되었다. 다른 장들과 전체로서의 책은 최초로 출판되었다.

0-10] 우리는 이 책에서 우리가 시도하는 새로운 방향으로의 첫걸음이 지니는 필연적인 불완전성을 매우 잘 알고 있다. 그러나 확신컨대, 우리의 연구는 생각과 말의 연구에 있어 우리가 연구를 시작할 때와 비교하여 심리학의 상태를 보다 앞으로 나아가게 했다는 점에서 그 정당성이 있다. 우리의 연구는 생각과 말의 문제가 모든 인간 심리 연구의 허브임을 드러냈으며 연구자들을 의식에 대한 새로운 심리학적 이론으로 직접 나아가게 하였다. 그렇지만 우리는

이 문제를 우리 연구를 마무리 짓는 몇 마디 말로만 간단히 언급했으며[4] 바로 그 문턱에서 이 연구를 중단해야 했다.

●

1) 객관적·사회문화적 관점에서 보면 (즉, 인간 역사를 통해 보면), 인간의 죽음은 그저 그의 생각과 말이 그의 글말로 대체되는 계기일 따름이다. 다소 무정한 이 관찰은 비고츠키의 최후 저작『생각과 말』에는 아주 잘 들어맞는데, 그 까닭은 저자 서문을 포함하여 저작의 많은 부분들이 비고츠키의 임종 자리에서 구술口述되었기 때문이다.

내적 증거 (예를 들면, 이 저자 서문의 마지막 문장) 그리고 비고츠키 개인 서고에서 최근에 발견된 증거(Zvarshevna, 2010)는, 이 책 전체 내용은 인간 의식을 다루었던, 적어도 자신이 운명하던 시기 비고츠키의 마음속에 있었던, 훨씬 더 포괄적인 저작의 서문에 불과하다는 것을 시사한다. 조숙하고 급하게 마무리되곤 하는 서문처럼, 생각과 말은 쓰기도 어려운 텍스트였지만 독자가 읽기도 어려운 텍스트로 남아 있다.

이런 까닭에, 우리는 각 장마다 그리고 각 절마다 그 부분에 대한 우리의 이해를 요약하여 제시하고자 한다. 대학에서 수업 시간에 사용할 목적으로 우리는 요약 내용에 번호를 붙였다. 중요한 지점은 '진하게' 표시하였다. 우리는 이 요약문을 각 장과 각 절 앞에 제시하고자 한다. 스스로 비고츠키의 목소리를 직접적으로 듣고 이해할 수 있는 능력이 있다고 판단하는 독자라면 이 요약문을 보지 않고 넘어가는 것도 무방하다. 비고츠키의 서문은 그가 세상을 떠나자마자 출판된 1934년 원본에는 포함되어 있었지만, 거의 모든 후속 판에는 생략된 부제를 확장시켜 설명하고 있다. 이 책의 부제는 '심리학적 탐구'였다.

Ⅰ 비고츠키는 주로 **실험적** 탐구를 하고자 한다. [0-1]

Ⅱ 그러나 비고츠키는 그의 실험적 탐구를 실험실에, 혹은 심지어 실험에 **제한**하지 않는다. [0-2]

Ⅲ 심리학이 신생 학문이고, 생각과 말의 관계는 이 신생 학문에서도 미개척지이기 때문에, 실험적 탐구 이외에도 많은 신천지를 개척할 작업이 필요하다. 특히, **이론적** 작업이 그리고 **비판적** 작업이 요청된다. [0-2, 0-3]

Ⅳ 이런 신천지를 개척하는 작업이 필요하다.

　A) 탐구할 **장소**를 결정하기 위하여 그리고 또한

　B) **잘못된 토대** 위에서 작업하는 것을 피하기 위하여[0-2, 0-3]

Ⅴ 예를 들면, 4장에서, 비고츠키는 생각과 말의 발생적 (즉, 역사적, 시간에 토대를 둔, 발달적) 연구를 시작할 출발점을 결정하기 위하여 상당한 **이론적** 신천지 개척 작업을 필요로 한다. 우리는 계통발생으로 시작해야만 하는 것인가 아니면 개체발생으로 시작해야만 하는 것일까? (4장은 언어와 문화의 사회발생으로 계통발생적으로 분리된 생각 그리고 계통발생적으로 분리된 말, 이 둘의 합류가 개체발생에서 가능하게 된

다고 주장한다.) [0-4~0-6]

VI 2장과 3장에서, 비고츠키는 당시 어린이 언어와 사고에 대한 두 선도적 학자, 피아제와 스턴에 대한 **내재적 비판**에 착수한다(내재적 비판에서, 비판가는 다른 저자의 기본 가정을 신뢰하고 받아들이고 얼마나 잘 그것들이 버티어 내는지를 살펴보기 위하여, 때때로 극단적인 결론까지도 따라간다). [0-6]

VII 생각과 말의 연구는 사실을 구성하는 각 분과 고유의 관념을 가지고 있는 많은 다른 분과들과 관련되기 때문에, 비고츠키는 또한 (이미 다른 곳에서 출판되었던 사크하로프와 쉬프가 행한 경험적 작업에 근거하고 있는) 5장과 6장에서 **개념 형성**에 대한 논의를 **이론적** 토대 위에서 시작한다. [0-6]

VIII 개념 형성 문제에 대한 진술에서의 혁신에, 그리고 피아제의 "문장 완성" 방법에 대해 행한 혁신에 더하여, 비고츠키는 6장에서 **네 가지** 중요한 결과물을 살펴본다. [0-7]

A) 어떻게 낱말의 의미가 아동기 동안 **발달**하는지를 보여 주는 것.

B) 어떻게 일상적 개념들과 과학적 개념들이 발달의 **다른** 노선을 따르지만 만나는가를 보여 주는 것.

C) 어떻게 글말이, 입말이 생각과 맺는 것과 **다른** 관계를 가지게 되는지를 보여 주는 것.

D) 어떻게 내적 말이 한편으로 외적 말과 발생적으로 **관련**되는지를 그리고 다른 한편으로 말로 하는 생각과 발생적으로 **관련**되는지를 보여 주는 것.

IX 비록, 매우 다른 주제들에 초점을 맞추고 매우 다른 종류의 데이터를 사용하고 있어 각 장이 균형이 맞지 않아 보이지만, 탐구의 다양한 부분들은 하나의 **공통 목표**를 가지고 있다. 그것은 한편으로 생각 그리고 다른 한편으로 말, 이 둘 사이의 역동적으로 변화하는 것을 실험적으로 확립하는 것, 비판적으로 탐구하는 것, 그리고 인과적으로 설명하는 것이다. [0-4~0-8]

X 이런 일관성을 유지하기 위해 **실패한** 많은 **작업**을 폐기해야 했다(지나치리만큼 사건이 넘쳤던 그의 심리학 연구의 10년 동안 비고츠키 생각의 변화하는 양상은 Kozulin, 1990, Minick, 2005, and Kellogg, 2009에 잘 기록되어 있다). [0-8]

XI 몇 장(예를 들면, 2장, 4장, 그리고 5장)은 전에 출판되었던 것이지만, 나머지 장은 **처음으로** 여기에 실려 출판되는 것이다. [0-9]

XII 비고츠키는 이 연구는 얼마 되지 않았고, 성급하게 진행되었고, 급작스럽게 아마도 정확하게 이야기한다면 **시작**이어야만 할 곳에서 끝나게 되었다는 통한의 언급으로 글을 마감한다. 그러나 비고츠키가 이렇게 쓴 당연한 까닭은, 그가 한 인간의 글말은 그 인간의 입말이 멈춘 후에도 오랫동안 계속해서 울려 퍼져 나간다는 것을 잘 알고 있었기 때문이다. [0-10]

이렇듯 아마도 비고츠키는 이 마지막 문장에 다른 곳에 사는, 먼 미래의 어떤 이가 자신의 탐구가 멈춘 곳에서부터 탐구를 지속해 주기를 바라는 염원을 담았다. 아마도 그는 더 나아가 당신과 내가 바로 지금, 이 문턱을 넘어서서, 의식에 대해 탐구해 주기를 바라고 있을 것이다.

REFERENCES

Kellogg, D. (2009). 「'Classic Book' Review: Marxism and the philosophy of language by V. N. Volosinov and Thinking and speech by L. S. Vygotsky」. 『International Journal of Applied Linguistics』 19 (1), 84-96.

Kozulin, A. (1990). 『Vygotsky's psychology: A biography of ideas』. Cambridge, MA: Harvard.

Minick, N. (2005). 「The development of Vygotsky's thought: An introduction to Thinking and Speech」 In. H. Daniels. (ed.). 『Introduction to Vygotsky』(Second Edition). London: Routledge, 33-58.

Zvarshevna, E. Iu. (2010). 「The Vygotsky family archive: New findings」. 『Journal of Russian and East European Psychology』 48(1), 34-60.

2) 저자는 구체적으로 이데올로기 투쟁의 대상으로 피아제를 상정하고 있다. 이 책 2장에서 그가 행한 비판은 철저하고, 전면적이고, 근본적이다. 피아제의 구성주의가 한국에서 이렇게 큰 해악을 미칠 것을, 서방세계에 악영향을 끼칠 것을 미리 예상한 듯하다.

3) 구체적으로 무엇을 배제했는지 설명하고 있지 않다. 그러나 적어도 배제된 것 중에 하나는 확실하다. '자극-도구-대상'의 매개 삼각형은 배제되었다. 비고츠키(2010), 『Mind in Society』, 63쪽 그림 참고. 비고츠키(1930), 『The Instrumental Method in Psychology』 참고. 매개 삼각형을, '활동 이론'의 핵심 개념을 배제했다는 것을 이 책을 읽으며 확인할 수 있다.

4) 의식의 문제에 대한 간결한 몇 마디에는 이런 것이 포함된다. 1) 낱말이 개별 기능들에 대해서가 아니라 전체적으로 의식에 중요한 역할을 한다. 2) 낱말은 인간 의식에 담긴 역사적 성질을 가장 직접적으로 표현한다. 3) 작은 물방울 속에 태양이 비추어지듯 의식은 낱말 속에 비추어진다. 즉, 낱말은 의식의 소세계이고, 의미가 담긴 낱말은 인간 의식의 소우주이다.

1장

연구문제와
연구방법

1-1] 생각과 말мышление и речь의 문제는 다양한 심리 기능 간의 관계와 의식 활동의 다양한 측면들 간의 관계에 대한 문제를 전면에 내세우는 심리학의 영역에 속한다. 이 모든 문제 가운데서 핵심적 계기는 물론 사고мысли와 낱말слово의 관계에 대한 문제이다. 이와 연결된 다른 문제들은 부차적이고 논리적으로 종속되어 있으며 이 문제를 해결하지 않고는 우리는 더 나아가 다른 더욱 특정한 문제들을 바르게 상정할 수도 없다. 반면에 이상하게도, 기능 간의 연결과 관계에 대한 바로 이 문제야말로 현대 심리학이 거의 탐구하지 않은 새로운 문제이다.

1-2] 심리학 자체만큼이나 오래된 생각과 말의 문제는 이러한 점에서, 즉 사고와 낱말 사이의 관계라는 점에서 전혀 조명되지 않았으며 암흑 속에 가려진 것으로 보인다. 지난 십 수년에 걸쳐 과학적 심리학을 지배했던 원자적이고 기능적인 분석은 심리적 기능들을 개별로 떼어내어 조사되는 상황으로 이끌었으며 심리학적 지식을 획득하는 방법은 이러한 개별적, 독립적, 자기 충족적인 과정과 연관되어 개선되어 왔지만 기능들 간의 연결 문제는, 의식의 통합적 구조 안에서 그들의 조직에 대한 문제는 연구자들의 관심 밖에 머물러 있었다.[2]

1-3] 의식은 통합된 전체이며 개별 기능들은 분해될 수 없는 통일된 활동에 연결되어 있다는 관념은 현대 심리학에 있어 새로운 것이 아니다. 그러나 의식

의 통일과 개별 기능들의 연결은 당연한 것으로 전제되었을 뿐 실험 대상이 되지 않았다. 더욱이 의식의 통일을 전제하면서 심리학은 이 논박 불가한 가정과 더불어 그 연구의 토대에 암묵적으로 완전히 잘못되었지만 상정되어 모두가 인정하는 가정을 두었다. 그 가정은 의식에서 기능 간 연결의 불변성과 고정성을 인정하는 것으로 구성되고, 지각은 언제나 똑같은 방식으로 주의와 연결되고, 기억은 언제나 똑같은 방식으로 지각과 연결되며, 생각은 기억과 그러하며 다른 것들도 늘 그렇게 연결된다는 것이다. 이에 따르면 기능 간 연결은 (수학에서 인수 분해하는 것처럼-K) 사실상 상수로서 괄호 밖으로 (공통인수처럼-K) 추출될 수 있는 것이며, 괄호 안에 남아 있는 각각의 개별 기능에 대한 탐구를 실행할 때 무시할 수 있는 것이 된다. 이런 연유로 관계의 문제는 우리가 말한 바와 같이 현대 심리학의 모든 문제 중 가장 미발달된 채로 남아 있다.

1-4] 이는 생각과 말의 문제에 중대한 영향을 미칠 수밖에 없었다. 이 문제에 대한 연구의 역사를 살펴보면 연구자들의 관심은 예외 없이 사고와 낱말의 관계라는 핵심으로부터 벗어나 전체 문제의 구심점을 다른 지점으로 옮기고 다른 문제로 바꾸었음을 쉽게 확인할 수 있다.

1-5] 과학적 심리학에서 생각과 말의 문제에 대한 연구의 역사가 낳은 결과를 짧게 표현해 본다면 우리는 이 문제에 대해 다양한 연구자들이 제시한 모든 해결책들은 가장 오래전부터 오늘날에 이르기까지 일관되고 지속적으로 두 극단 사이에서, 즉 사고와 낱말을 완벽한 합류로 된 동일한 것으로 보는 한 극단과 완전하고 절대적인 단절과 형이상학적 분리로 보는 다른 극단 사이에서 망설여 왔다고 말할 수 있다. 이 극단들 중 하나를 순수한 형태로 표현하든지 혹은 양극단 사이의 외관상 중간 지점을 취함으로써 어떻게든 그들 사이의 연관을 형성하려 시도하면서도 언제나 두 극점을 연결하는 축을 오고 가든지 간에, 생각과 말에 대한 다양한 연구들은 출구 없는 하나의 동일한 마법의 원 속에서 맴돌았다. 생각과 말에 대한 고대로부터의 동일시에서 시작하여, 사고는 단순히 말에서 소리를 뺀 것이라고 주장한 심리 언어학자들을 거

쳐 사고를 (발성 관련 근육-K) '운동 부분이 억제된 습관화된' 반사로서 연구한 현대 미국 심리학자와 (러시아의-K) 반사론자에 이르기까지 이 견고한 단일 노선은 생각과 말의 동일시라는 동일한 관념을 따른다. 이러한 노선에 합류하는 연구들은 생각과 말의 본질에 대한 관점의 한계로 인해 사고와 낱말의 문제를 풀기는커녕 이 문제를 제기하는 것조차 불가능하다. 사고와 낱말이 일치한다면, 이들이 동일한 것이라면 이 둘 사이에 어떠한 관계도 생겨날 수 없을 것이며 무엇도 실험 대상이 될 수 없게 된다. 사물이 사물 그 자체와 맺는 관계를 실험 대상으로 삼는다는 것은 불가능하기 때문에, 사고와 말을 구분하지 않는 이는 누구든 사고와 낱말의 관계에 대한 문제로 접근하는 길을 폐쇄하며 이 문제를 미리 해결 불가한 것으로 만든다. 이렇기 때문에 문제를 해결할 수 없으며 단지 못 본 체 지나쳐 버린다.

1-6] 일견 생각과 말의 독립성에 대한 관념을 발달시키는 다른 반대쪽의 연구가, 우리가 관심을 가지고 있는 질문에 대하여 더욱 바람직한 입장을 점하고 있는 것으로 보일 수도 있다. 말을 사고의 외적인 표현, 사고의 의복으로 보는 이들, 즉 사고를 낱말을 포함한 모든 감각적인 연결로부터 해방시키고 사고와 낱말의 연결을 순전히 외적인 연결로 상상하는 뷔르츠부르크 학파[3]의 지지자와 같은 이들은 이 문제를 제기할 뿐 아니라 자신들의 방식으로 사고와 낱말의 관계라는 문제를 해결하고자 시도한다. 심리학의 다양한 분파들이 제기한 그러한 해결 방안은 결국 문제를 해결하지 못할 뿐 아니라 이 문제를 상정하지도 못함이 드러난다. 첫 번째 그룹과 같이 이 문제를 피해 가지 못했음에도 두 번째 그룹은 문제의 매듭을 푸는 대신 잘라 버린다. '말로 하는 생각речевого мышления'을 그 요소로 분해하여 사고 부분과 낱말 부분으로 나누면서 그들은 이 부분들이 서로 간에 이질적이 되도록 만들었다. 그런 후에 이 연구자들은 말과 독립된 생각 자체의 순수한 자질과, 생각과 독립된 말 자체의 순수한 자질을 연구하여 이들 사이의 연결을 두 개의 상이한 과정 사이의 외적인 기계적 의존으로 그려나가고자 하였다.

1-7] 예를 들면, 최근의 저자들 중 하나가 말로 하는 생각을 그 구성 요소로 분해하는 이러한 방법을 이용하여 그들의 연결과 두 과정 사이의 상호 작용을 연구하고자 시도하고 있다. 그 결과 이 연구는 말-운동(발성 근육을 활발하게 사용하는-K) 과정이 사고의 최대 흐름을 촉진하는 데 큰 역할을 한다는 결론에 도달하였다. 그것(말 운동과정-K)은 이해의 과정을 돕는다. 어렵고 복잡한 언어적 재료를 만나면 내적 말은 이해 대상의 인상을 기억하고 연합을 향상시키는 작업에 기여하기 때문이다. 나아가, 중요한 것과 중요하지 않은 것을 가리는 생각 활동의 작업을 돕는 내적 말과 그것(말 운동과정-K)이 결합하면 이 과정은 그 흐름에서 특정한 형태로 능동적 역할을 한다. 결국 내적 말은 생각에서 외적 말로 이행하면서 촉진하는 요인으로서 역할을 하는 것이다.

1-8] 우리가 이 예시를 든 것은, 통일된 심리적 형성인 '말로 하는 생각'을 그것을 구성하는 요소로 나눈다면, 연구자에게 남는 것은 내적으로는 전혀 관련이 없는 두 개의 상이한 활동에 대한 논의와 같이, 이러한 기초 과정들(즉, 말 과정과 생각 과정-K)의 순수하게 외적인 상호작용을 확립하는 것뿐임을 보이기 위함이다. 두 번째 입장의 대표자들이 좀 더 유리한 위치를 취하게 되는 것은 여하튼 그들은 최소한 생각과 말의 관계에 대한 질문을 제기할 수 있다는 사실 때문이다. 이것이 그들의 강점이다. 그러나 그들의 약점은 바로 이 문제의 상정 자체가 처음부터 정확하지 않으며 이 문제에 대한 정확한 해결의 가능성을 미리 배제한다는 데 있다. 통일된 전체를 개별의 요소로 파편화하는 방법으로는 생각과 말의 내적 관계를 연구할 수 없기 때문이다. 이처럼 문제는 연구방법에 의존한다. 우리가 애초에 생각과 말의 관계에 대한 문제를 세우고자 한다면, 먼저 이 문제에 어떤 연구방법을 적용해야 성공적인 문제 해결이 보장될 것인지를 명확히 하는 것이 필요한 것으로 보인다.

1-9] 심리학에서 사용되는 두 가지 종류의 분석에 대한 구분이 필요한 것으로 보인다. 어떠한 심리적 형성에 대한 연구이든 분석은 필요조건이다. 그러나 이 분석은 원리상 다른 두 형태를 취한다. 우리 생각에, 그 중 하나는 수 세

기에 걸쳐 이 문제를 해결하고자 했던 연구자들의 모든 실패와 밀접하게 관련된 분석방법이다. 반면 다른 하나는 진정한 문제 해결로 향하는 첫 발걸음을 내딛는 데 유일하게 확실한 출발점으로 보인다.

1-10] 심리학적 분석의 첫 번째 방법은 복잡한 심리적 전체를 그 '요소로 분해하기'라고 부를 수 있다. 이는 물을 화학적으로 분석하여 그것을 이루고 있는 수소와 산소로 분해하는 것과 비견될 수 있다. 이 분석의 본질적인 특징은 그 결과로서 우리는 분석하려던 전체와는 이질적인 산물을 얻게 된다는 것이다. 전체에 고유한 자질을 가지지 않는(분해된-K) 이 요소들은, 전체가 지니지 않은, 따라서 전체로부터는 드러날 수 없는 일련의 자질들을 지닌다. 생각과 말의 문제를 해결하고자 그 문제를 생각과 말로 분해하는 연구자에게는, 물의 특징, 예컨대 어째서 물은 아르키메데스의 원리에 따르는지 또는 왜 물이 불을 끄는지 등에 대한 설명을 위해 물을 산소와 수소로 분해하는 방법에 의지하는 연구자에게 벌어질 바로 그 일이 발생한다. 즉, 수소는 스스로 연소하고 산소는 연소를 촉진한다는 사실은 연구자를 놀라게 할 것이며 그는 이러한 요소의 자질로부터 전체에 고유한 자질(예를 들면, 물이 지닌 불을 끄는 성질-K)을 설명할 방법을 절대 찾지 못할 것이다. 이런 식으로 말을 개별의 요소로 분해하여 전체에 고유한 내적 자질을 설명하고자 하는 심리학은 전체의 통일에 적합한 요소의 자질을 찾아 헛되이 헤매게 될 것이다. 분석 과정에서 전체의 성질은 증발하고 분산해 버린다. 그리하여 요소들 사이의 모종의 외적이고 기계적인 상호작용에 대한 탐색과 그를 통해서, 분석이 설명하고자 했으나 분석 과정에서 사라져 버린 것을 오직 추리를 통해 다시 구성할 수밖에 없게 된다.

1-11] 일반적으로 말해서, 원래는 전체에 고유했던 자질을 상실한 결과물 (설명하면, 물의 성질이 아닌 수소의 성질과 산소의 성질만을 얻게 되는 것-K)로 우리를 인도하는 이러한 유형의 분석은, 이 방법을 적용하여 해결하려던 문제의 관점에서 보면 진정한 의미의 분석이 아니다. 그것은 어떤 의미에서는 분석에 반대되는 것으로 오히려 분석에 대립되는 것인 지식의 방법으로 간주하는 것이 타당하

다. 왜냐하면 모든 자질들의 모든 수준에 대해 동일하게 해당되는 물의 화학 공식은 대양에서 빗방울 하나에 이르기까지 모든 측면에서 동일한 정도로 일반적으로 적용된다. 따라서 물을 요소(수소와 산소-K)로 분해하는 것은 우리에게 구체적인 전체의 자질(물체를 물에 띄우는, 불을 끄는 물의 성질-K)을 설명해 주지 못한다. 그것은 분석이라기보다는 도리어 일반으로의 상승, 즉 진정한 의미에서의 해체이다. 따라서 통합적인 심리적 형성물에 적용된 이런 유형의 분석은 아주 구체적인 다양성을, 즉 아동기 '말로 하는 생각' 발달을 그리고 대단히 다양한 형태로 '말로 하는 생각'의 기능을 조절하는, 우리가 일상의 관찰에서 마주하는, 낱말과 사고의 관계가 지닌 특수한 성질을 설명할 수 있는 분석 형태일 수 없다.

1-12] 심리학이 실제로 당면하고 있는 주제를 다루는 이와 같은 분석도 정반대 편으로 나아가게 된다. 연구의 대상인 전체의 구체적이고 특정한 자질을 설명하도록 인도하는 대신 이러한 분석은 전체를 더욱 일반적인 공통성의 수준으로, 즉 우리가 관심을 가지고 있는 구체적인 규칙성에 대한 이해의 바깥에 있는, 말과 생각 각각에 관련되어 있는 단순한 무언가에 대해서만, 그들의 추상적인 보편적 내용만을 설명해 줄 수 있는 수준으로 고양시킨다. 게다가 이러한 종류의 분석의 비체계적 사용은 연구되고 있는 과정의 통합과 통일의 계기를 무시하고 통일의 내적 연결을 두 개의 상이하고 이질적인 과정의 단순한 외적이고 기계적인 관계로 대체하는 심각한 오류를 범하게 한다. 이 분석의 결과가 이러한 오류를 가장 두드러지고 명백하게 보여 주는 곳은 생각과 말에 관련된 연구 영역이다. 전체로서의 '말로 하는 생각'에 내재하는 모든 기본적인 속성을 그 자체에, 살아 있는 세포처럼, 가장 단순한 형태로 담아낸 소리와 의미의 살아 있는 (변증법적-K) 통일인 낱말 그 자체는, 이러한 분석 결과가 입증하는 바와 같이, 두 부분(말 부분과 생각 부분-K)으로 부서져 버렸으며, 이 두 부분에서 연구자들은 계속해서 외적이며 기계적인 연합적 연결을 확립하였다.

1-13] 낱말의 소리와 낱말 가치는 결코 서로 연결되지 않는다. 기호 속에서 연합되는 이 두 요소는, 현대 언어학의 가장 중요한 인물 중 한 분이 언급했듯이, 완전히 분리된 채로 살아간다. 이러한 관점이 결국 언어의 음성학적, 의미론적 연구에 절망적인 결과를 낳을 뿐이었음은 놀랄 일이 아니다. 사고로부터 뜯겨 나간 소리는[4] 오직 그 소리를 인간의 말 소리로 만들고 자연에 존재하는 다른 모든 소리의 세계로부터 구별해 주는 특별한 특성을 모두 상실한다. 따라서 의미를 제거한 소리에서 그들은 오직 그 물리적·정신적 속성만을, 다시 말해 이 소리에 특정하지 않으며 자연에 존재하는 다른 모든 소리와 공유되는 것만을 연구하기 시작하였다. 이런 연구는 따라서 이러저러한 물리적·정신적 속성을 지닌 어떤 소리가 어째서 인간 말의 소리이며 무엇이 그것을 그렇게 만드는지 설명하지 못한다. 마찬가지로, 의미가 낱말의 음성적 측면으로부터 뜯겨져 나오면 그것은 그 물리적 전달자와는 동떨어져 살아가고 발달하는, 개념으로 별도로 연구되는 순수한 관념이자 사고의 순수한 기록이 된다. 전통적인 의미론과 음성학의 무익함은 많은 부분 바로 소리와 낱말 가치를 이렇게 단절한, 즉 낱말을 개별적 요소로 이와 같이 분해한 데 기인한다.

1-14] 이와 같이 어린이 말 발달은 그것을 말의 음향적·음성적 측면의 발달과 그 의미론적 측면의 발달로 분해하는 관점에서 연구되었다. 그러나 한 측면에, 음성적 측면에 바탕을 두고, 어린이 음성학의 세세한 부분의 역사를 정밀하게 연구한 결과, 이는 우리가 여기서 논의 중인 문제의 현상들을 설명하는 데 가장 기초적인 측면도 해결하지 못하는 것으로 보인다. 다른 측면에, 의미적 측면에 바탕을 둔, 어린이 낱말의 의미에 대한 연구는 연구자들을 어린이 언어의 음성적 역사와는 연관이 없는 어린이 사고의 자율적이고 독립적인 역사로 이끌었다.

1-15] 생각과 말의 전체 연구에서 결정적인 전환점은 이러한 분석으로부터 다른 종류의 분석으로 이전한 것인 듯하다. 우리는 후자를 복잡한 '통일된 전체를 단위'로 분석하는 방법이라고 명할 수 있을 것이다. 이런 분석을 통해 우

리는, 요소와는 반대로 전체에 고유한 모든 기본적 성질을 지니고 있는 이 분석의 결과물은, 더 이상 나누어질 수 없는 이 전체의 살아 있는 부분들임을 함축한다. 물의 화학적 공식이 아니라 분자와 분자 운동에 대한 연구는 물이 지닌 각각의 성질을 설명하는 데 있어 열쇠가 된다. 이와 같이 살아 있는 세포는 살아 있는 유기체에 고유한, 생명의 모든 기본적인 성질을 간직하고 있으며 이에 따라 오늘날 생물학적 분석의 진정한 단위로 여겨진다. 복잡한 통일을 연구하는 심리학 역시 바로 이것을 이해해야 한다. 심리학은 요소들로 분해하는 방법을 단위로 분할하는 분석방법으로 바꾸어야 한다. 우리는 기본적인 형태에서 이러한 속성들을 드러내는 통일된 전체에 고유한 속성들을 보존하고 있는 더 이상 분해할 수 없는 단위를 발견해야 하며 이러한 분석의 도움을 통해 그들에게서 비롯되는 특수한 질문들을 해결하러 나설 수 있다.

1-16] 더 이상 분해될 수 없으며 전체로서의 말로 하는 생각에 내재한 속성들이 들어 있는 그와 같은 단위는 도대체 무엇일까? 우리는 이 단위를 낱말의 내적 측면, 즉 '낱말의 의미'에서 발견할 수 있는 듯하다.

1-17] 이와 같은 낱말의 내적 측면은 지금껏 어떤 특별한 연구를 거친 적이 거의 없다. 그 토대로부터 의미가 뜯겨진 소리가 자연에 존재하는 다른 소리들의 바다에 용해되어 버린 것처럼 그렇게 낱말의 의미는 우리 의식의 다른 모든 관념이라는 혹은 우리 생각에 대한 다른 모든 보고報告라는 바다에 용해되었다. 따라서 동시대 심리학이 인간 말소리 자체의 특정한 어떤 것에 대해서도 설명할 수 없는 것과 마찬가지로, 말로 표현된 의미를 연구하는 심리학 영역은 말의 의미와 우리의 의식 속에 있는 다른 관념과 사고들을 동일하게 특징짓는 사실들을 제외하고는 어떤 것도 설명하지 못한다.

1-18] 연합 심리학에서의 상황은 위와 같았으며 일반적으로 현대 심리학에 있어서도 그러하였다. 낱말에서 우리는 언제나 우리를 향해 있는 오직 한쪽 면만을 인식해 왔다. 다른 면, 즉 안쪽 면은 여태껏 제쳐 두고 있었으며 오늘날에도 달의 이면과 같이 연구되지 않고 미지의 상태로 남아 있다. 그러나 우

리의 관심을 끄는 생각과 말의 관계에 대한 문제를 해결할 수 있는 가능성은 바로 이 다른 측면에 있다. 우리는 '말로 하는 생각'이라고 부르는 통일된 단위가 함께 묶여 있는 것을 여기서, 즉 '낱말의 의미'에서 발견할 수 있다.

1-19] 이를 설명하기 위해서는 잠시 논의를 멈추고 낱말 가치의 심리적 본질에 대한 이론적인 이해에 관해 몇 마디 하는 것이 필요하다. 우리 연구의 경로가 보여 줄 바와 같이, 연합적 심리학이나 구조적 심리학 모두 낱말 가치의 성질에 대한 질문에 어떠한 만족스러운 답을 제공하지 못하였다. 반면, 아래에 제시되는 실험적 연구와 그에 따르는 이론적 분석 모두는, 가장 본질적이고 말의 의미의 내적 성질을 결정짓는 것은 우리가 흔히 찾아왔던 곳이 아닌 다른 곳에 있다는 것을 보여 준다.

1-20] 낱말은 언제나 하나의 개별적인 대상과 연관되지 않으며 전체 그룹이나 대상의 전체 집단과 연관된다. 영향력에 관한 한 각 낱말은 숨겨진 일반화이며 모든 낱말은 이미 일반화되어 있고, 심리학적 관점에서 보면 '낱말의 의미'는 무엇보다도 일반화된 것이다. 그러나 이 일반화는 직접적인 감각이나 지각에 반영되는 바와는 완전히 다른 방식으로 실재를 반영하는 생각의 특이한 구두 보고이다.

1-21] 변증법적 비약은 생각하지 않는 재료로부터 감각적 재료로의 이행일 뿐 아니라 감각으로부터 생각으로의 이행이기도 하다고 말할 때 우리는 이를 통해 생각은 즉각적인 감각이 의식에 실재를 반영하는 것과는 질적으로 다른 양식으로 그렇게 한다는 것을 의미하고자 한다. 분명히, 그들의 기본 단위에 있어서의 질적 차이는 실재에 대한 일반화된 반영으로부터 나온다고 가정할 만한 근거가 충분하다. 낱말의 영향력, 즉 낱말의 심리적 측면을 통해 우리가 드러내고자 한 낱말 가치[5]에 관한 한 이 일반화는 진정한 의미에서 생각의 기록이라고 결론지을 수 있을 것이다. 그러나 동시에, 가치는 낱말 자체의 필수적인 부분이다. 낱말 가치는 생각의 영역에 속하는 정도만큼 말의 영역에도 속한다. 의미가 부재한 낱말은 낱말이 아니라 공허한 소리일 뿐이기 때문이다.

그 의미를 빼앗긴 낱말은 더 이상 말의 영역에 속하지 않는다. 의미는 그것이 말의 현상으로 간주될 수 있는 것과 같은 정도로 생각의 영역과 연관된 현상으로 간주될 수 있다. 우리는 개별적으로 취해진 낱말들의 요소들에 대해 앞에서 언급했던 것처럼 그리 쉽게 낱말의 의미에 대해서는 말할 수 없다. 낱말의 의미 그 자체가 나타내는 것은 무엇인가? 말인가 생각인가? 의미는 '말로 하는 생각'의 구성단위이므로 말인 동시에 생각이다. 만일 그러하다면, 이제 우리의 흥미를 끄는 문제 탐구의 방법은 의미론적 분석[6]의 방법, 즉 말의 의미론적 측면을 분석하는 방법, 낱말의 의미에 대한 탐구 방법밖에는 없을 것이다. 이 길을 따름에 따라 우리는 생각과 말의 관계에 대해 우리의 관심을 끄는 문제에 올바르게 대답할 수 있다고 타당하게 예견할 수 있는데, 이는 우리가 선택한 단위에 바로 이 관계가 포함되어 있기 때문이며, 그 발달, 기능, 구조 그리고 더욱 일반적으로는 이러한 구조의 이동 법칙들에 대한 연구를 통해 생각과 말의 관계에 대한 문제, 즉 말로 하는 생각의 본질에 대한 문제를 설명해 줄 많은 사실들에 대해 알게 될 것이기 때문이다.

1-22] 생각과 말의 관계에 대한 연구에 우리가 적용하고자 하는 방법들은, 모든 복잡한 통일에 내재한 속성을 종합적으로 연구할 수 있는 가능성과 분석에 내재한 모든 장점을 연결시키는 것을 가능하게 하는 이점을 가지고 있다. 말의 최초 기능은 의사소통적 기능인 듯하다. 말은 무엇보다도 사회적 접촉의 수단, 즉 표현과 이해의 수단이다. '요소로 분해하는 분석'에서 말의 이러한 기능은 대체로 지적 기능과 분리되었으며 두 기능 모두가 서로 말에 대하여 평행하고 독립적인 것처럼 말에 할당되었다. 말은 어떻게든지 사회적 접촉과 생각의 기능을 스스로 결합시키지만 이 두 기능이 서로 간에 어떠한 관계로 서 있는지, 두 기능이 모두 말 속에 있도록 하는 것이 무엇인지, 그들의 발달이 어떻게 일어나며 그들이 구조적으로 서로 간에 어떻게 연합되는지에 대한 이 모든 것은 지금까지 연구되지 않은 채 남아 있었고, 여전히 그러하다.

1-23] '낱말 가치значение'는 말의 이 두 기능에 대한 단위이며 동시에 생각

의 단위이다. 직접적이고 비매개적인 접촉으로는 사회적 상호작용이 불가능하다는 것은 물론 과학적 심리학에 있어서 자명한 이치이다. 더욱이 말이나 다른 기호 체계 또는 사회적 관계의 수단을 통해 매개되지 않은 사회적 접촉은, 동물의 세계에서 볼 수 있듯이, 가장 원시적인 유형의 그리고 가장 제한된 형태의 관계만을 가능하게 할 뿐이다. 본질적으로 표현적 동작을 이용한 이러한 접촉은 의사소통이라는 명칭으로 불릴 자격이 없으며 전염이라고 불리는 것이 적절하다. 위험을 발견하고 울음을 통해 전체 무리를 날아오르게 하는 놀란 거위는 자신이 본 것을 알린다기보다는 자신의 공포를 감염시키는 것이다.

1-24] 합리적인 이해, 의도적인 사고의 전달 그리고 정서적 체험 переживаний[7]에 토대를 둔 사회적 접촉은 반드시 이미 알려진 수단의 체계를 필요로 한다. 이의 원형은 지금도 그렇고 앞으로도 그러하겠지만, 노동 과정에서 사회적 접촉의 필요성으로부터 생겨난 인간의 말이다. 그러나 지금까지 이 문제는 지배적인 심리학의 관점에 순응하여 극단적으로 단순화된 형태로 제시되었다. 접촉의 수단은 기호, 낱말, 소리[8]라고 가정되어 왔다. 이러한 오류는 말과 관련된 문제들을 해결하는 데 '요소로 분해하는 분석'을 사용한 잘못에 기인한다.

1-25] 사회적 상호작용에서 낱말은 본질적으로 말의 외적 측면인 뿐이라고, 게다가 소리는 그 자체로 정신적 삶의 그 어떤 내용이나 그 어떤 경험과도 연합할 수 있으며 그에 따라 이러한 내용이나 경험을 다른 사람에서 전달하거나 보고할 수 있다고 추정되었다.

1-26] 반면에 사회적 접촉과 이해 과정의 문제, 그리고 학령기에 있어서 그 발달 과정에 대한 더욱 정제된 연구는 연구자들을 완전히 다른 결론으로 이끌었다. 사회적 접촉이 기호가 없이는 불가능한 것과 같이 의미 없이도 불가능하다는 것이 명확해졌다. 의식의 경험이나 내용을 다른 사람에게 전달하기 위해서는 이를 알려진 분류, 즉 주어진 현상의 무리에 문의하는 방법밖에 없으

며 이는 우리가 이미 알다시피, 반드시 일반화를 필요로 한다. 따라서 사회적 접촉은 반드시 일반화와 낱말 가치의 발달을 가정한다는 것이 드러난다. 바꾸어 말하면, 일반화는 사회적 접촉의 발달과 함께 가능해지는 것이다. 따라서 인간 삶에 내재하는 사회적 접촉의 가장 고등한 형태는 오직 인간이 생각의 도움으로 일반적인 방식으로 실재를 반영할 수 있기에 가능하다.[9]

1-27] 지각과 감정이 지배하는 본능적 의식의 영역에서는 진정한 의미에서의 사회적 접촉이 아닌 감염과 전염만이 가능하다. 에드워드 사피르는『말의 심리학』에서 이것을 훌륭하게 설명하였다. 그는 "언어의 요소는 전체의 집단, 경험의 한정된 분류와 연결되어 있어야 한다. 사물과 관계에 대한 우리 경험의 상징적 목록의 제작이 가능해지려면 우선 모든 우리 경험의 세계는 극도로 단순화되고 일반화되어야 한다. 우리가 관념을 전달하는 것이 가능하기에 앞서 이 목록의 작성은 부득이하다. 언어의 요소, 즉 경험을 발급해 주는 상징은 따라서 단일한 경험 자체가 아니라 전체 집단들, 제한된 분류들과 연관되어야 한다. 오직 그렇게 함으로써만 의사소통이 가능하다. 하나의 경험은 개인의 의식에 자리 잡고 있으며 이는 엄격히 말해서 의사소통이 불가능하기 때문이다. 이를 주고받기 위해서는 그것이 공동체 내에서 암묵적으로 동일하게 받아들여지는 분류와 관련되어야 한다"고 말한다. 이 때문에 사피르는 낱말의 가치를 개별 지각의 상징이 아니라 개념의 상징으로 간주한다.

1-28] 사실 어떠한 사례를 들더라도 이와 같은 사회적 접촉과 일반화, 즉 말의 두 가지 기본 기능의 연결을 깨우치는 데 충분하다. 내가 춥다는 사실을 누군가에게 전달하고자 한다고 해 보자. 나는 여러 가지의 표현적인 움직임을 통해 그에게 이 사실을 이해시킬 수 있겠지만 진정한 이해와 의사소통은 오직 내가 느끼는 바에 대하여 일반화하고 명명할 수 있을 때에만, 즉 내가 겪고 있는 추위를 상대자에게 익숙한, 기존에 알려진 상태와 관련된 분류와 관련지을 수 있을 때에만 발생한다고 할 수 있다. 이 때문에 어떠한 전체 실재는 아직 기존의 일반화가 없는 어린이들에게 전달될 수 없는 것이다.

1-29] 여기서 문제가 되는 것은, 상응하는 낱말이나 소리의 결핍이 아니라 결핍될 경우 이해가 불가능해지는 상응하는 개념과 일반화의 부재이다. 톨스토이의 말처럼 이해할 수 없는 것은 낱말 자체가 아니라 그 낱말이 표현하는 개념인 경우가 거의 대부분이다. 개념이 준비되어 있으면 낱말은 거의 언제나 준비되어 있다. 따라서 낱말 가치는 생각과 말의 단위일 뿐 아니라 또한 일반화와 접촉의 단위, 의사소통과 생각의 단위라고 간주할 만한 근거가 충분하다.[10]

1-30] 생각과 말의 발생적 문제에 대해 이와 같이 질문을 던지는 방법은 아주 중요하다. 무엇보다도 이 가정으로 인해 생각과 말에 대한 인과-발생적인 분석[11] 이 처음으로 가능해진다는 데 그 중요성이 있다. 오직 사회적 접촉과 일반화의 통일 과정을 알게 됨으로써 우리는 어린이의 생각 발달과 사회성 발달에 존재하는 실재적 연결을 이해하기 시작한다. 사고와 낱말의 관계 그리고 일반화와 사회적 접촉의 관계라는 두 문제 모두가 우리의 연구를 통해 해결하고자 하는 핵심 질문이 되어야 한다.

1-31] 우리는, 그러나 우리 연구의 지평을 넓히기 위해 생각과 말의 문제에 있어서 몇몇 부가적 계기를 지적하고자 한다. 이는 불행히도 현 연구의 즉각적이고 직접적인 대상은 아니지만 이는 연구가 진행됨에 따라 자연스럽게 드러나며 그에 따라 연구에 풍부한 의미를 제공한다.

1-32] 먼저 우리는 여기서 생각과 말의 문제를 다루는 전체 연구가, 즉 말의 음성 측면과 그 의미 측면의 관계에 대한 논의가 진행될 때 우리 연구의 전반에 걸쳐 거의 반드시 한쪽으로 미루어 두어야 했던 문제를 제기하고자 한다. 우리는 이 문제와 관련된 언어학에서의 변천은[12] 우리가 관심을 가지고 있는 질문, 즉 말의 심리학에서의 분석방법의 변화와 직접적으로 연결되어 있다고 생각한다. 따라서 우리는 이 질문에 대해 간단히 고찰해 보고자 한다. 그것은 한편으로는 우리가 여기서 옹호하는 분석방법을 더 잘 설명해 주며 다른 한편으로는 앞으로의 연구를 위해 가장 중요한 전망 중 하나를 드러내 줄 것

이기 때문이다.

1-33] 이미 언급했듯이 전통적인 심리학은 말의 음성적 측면을 말의 의미적 측면에 의존하지 않는, 절대적으로 분리된 요소로 간주하였다. 이 두 요소의 연합으로 인해 말은 형성되었다. 이런 식으로 말의 음성적 측면의 단위는 독립된 소리로 간주되었지만, 소리는 이러한 조작을 통해 사고와 떨어져서 소리를 인간의 소리로 만드는 모든 것들을 상실하고 다른 수많은 소리들에 포함되었다. 이 때문에 전통적인 음성학은 언어의 심리학이 아닌, 음성학과 생리학을 전적으로 지향하게 되었으며 그에 따라 언어의 심리학은 질문의 이 측면을 해결하는 데 너무도 무기력했다.[13]

1-34] 인간의 말소리를 자연의 다른 모든 소리와 구분 짓는 가장 본질적인 것은 무엇일까?[14]

1-35] 심리학에서 활발한 반향을 보이는 최근 언어학의 음성학적인 지향은 인간 말소리의 가장 본질적인 특징은, 기호의 특정한 기능을 포함하는 이 소리가 기존에 알려진 의미와 연결되어 있다는 점이라는 것을 정확히 지적하였다. 그러나 의미를 가지지 않는 소리 자체는 사실상 말의 다양한 측면을 연결하는 단위가 아니다. 이 새로운 입장에 따르면, 이런 식으로 말의 구성단위는 각각의 소리가 아니라, 더 이상 분해될 수 없는 음성학적 단위이자 말의 의미 기능에 있어 그 전체 음성적 측면의 기본적 자질을 보존하고 있는 음소로서의 소리이다. 소리가 유의미한 소리이기를 멈추고 말의 기호적 측면으로부터 분리되는 순간 그것은 인간 말에 고유한 모든 자질을 박탈당한다. 따라서 언어에 고유한 자질을 보존하고 있는 구성단위로 분해하는 방법을 사용하는 말의 음성적 측면에 대한 연구만이 언어학과 심리학에서 결실을 맺을 수 있다.[15]

1-36] 우리는 여기서 언어학과 심리학에서 이 방법을 사용하여 얻은 구체적인 성취들을 제시하지는 않을 것이다. 다만 이러한 성취들이 우리가 보기에 이 방법의 유효성을 가장 잘 나타내 주며, 이 방법은 성질상 우리가 요소로 분해

하는 분석과 대비시킨, 현 연구에 사용된 방법과 완전히 동일하다는 것만을 말하고자 한다.

1-37] 이 방법의 효용성은 생각과 말의 문제와 직간접적으로 연관되어 이 문제의 테두리 내에 포함되거나 그 경계에 있는 일련의 부차적인 질문들에서 검증, 확인될 수 있다. 우리는 이러한 일련의 질문들을 매우 일반적인 요약의 형태로 알아보고자 했는데, 그 까닭은 이미 말한 바와 같이, 이들은 우리에게 미래의 연구를 열어 주는 전망을 밝히도록 해 주며, 따라서 전체 문제의 맥락에서 그 중요성을 설명하도록 할 수 있기 때문이다. 우리의 논의는 말과 생각의 복잡한 관계를, 즉 전체로서의 의식을 그리고 특정한 측면을 지닌 의식을 다룬다.

1-38] 구심리학에서 기능 간 관계와 연결에 대한 다양한 문제가 전혀 접근이 불가능한 연구의 영역이었다면, 이제 이 문제는 요소의 방법을 단위의 방법으로 대체하여 사용하고자 하는 연구자들에게 접근의 길이 열리게 되었다.

1-39] (한편으로-K) 생각과 말의 관계에 대해, (또 다른 한편으로는-K) 삶의 다른 측면인 의식에 대해 이야기할 때 생겨나는 첫 번째 질문은 지성과 열정 аффектом의 연관에 대한 것이다. 잘 알려진 바와 같이 우리 의식의 지적 측면과 감정적·의지적 측면을 분리하는 것은 전통적 심리학의 근본적인 결함을 드러낸다. 생각은 이런 식으로 불가피하게 실제 삶의 풍부함으로부터 떨어져 생각하는 사람의 생생한 동기, 이해관계, 성향으로부터 완전히 분리된 채 발생하고 불필요한 부수 현상으로 나타나는, 인간의 삶과 행동에서 아무것도 바꿀 수 없는, 사고의 자율적인 흐름으로 어쩔 수 없이 전환되거나 그렇지 않으면 의식적인 삶과 인격적인 삶을 방해하면서 이 둘 모두에 설명할 수 없는 영향을 미치는 고대적, 원시적 그리고 자발적인 어떤 힘으로 전환된다.

1-40] 처음부터 생각으로부터 열정을 분리한 사람은 생각의 원인들을 설명할 수 있는 방법을 영원히 가로막는데, 그 까닭은 생각에 대한 결정론적인 детерминистический 분석은 반드시 사고의 추진 동기로서 이러저러한 방법으

로 사고 작용의 방향을 결정하는 필요와 흥미, 즉 동기와 경향성의 발견을 가정하기 때문이다. 마찬가지로 생각으로부터 열정을 분리한 사람은 생각이 정신적 삶의 정서적·의지적 측면에 거꾸로 미치는 효과에 대한 연구를 사전에 불가능하게 만드는데, 그 까닭은 정신적 삶에 대한 결정론적인 분석은 그 체계로부터 인간의 행동을 결정하는 마법적인 힘을 생각에 부여하지 않으며 또한 사고를 행동의 불필요한 부속물, 즉 무력하고 헛된 행동의 그림자로 변형하는 것을 배제하기 때문이다.

1-41] 복잡한 전체를 구성단위로 분해하는 분석은 우리가 검토하고 있는 모든 연구에 필요 불가결한 질문의 해결을 가능케 하는 방법을 다시 보여 준다. 그것은 정서적이고 지적인 과정의 단위인 역동적인 의미 체계가 존재함을 보여 준다. 그것은 모든 관념에는 이 관념에 반영된 실재와 인간이 맺는 정서적 관계의 흔적이 포함되어 있음을 보여 준다. 그것은 인간의 욕구와 동기로부터 그의 생각의 방향으로의 직접적인 움직임이 그리고 그 반대로 그의 사고의 역동성으로부터 행동과 인격의 구체적 활동으로의 움직임이 드러나는 것을 가능하게 한다.

1-42] 우리는 다른 문제를 가지고 지체하지 않을 것이다. 그들은 한편으로는 우리 연구의 직접적인 대상으로 편입되지 못했으며 다른 한편으로는 이 연구의 마지막 장에서 새롭게 펼쳐지는 전망을 다루면서 이 다른 문제들을 언급할 것이기 때문이다. 단지 우리가 적용한 방법이 생각과 말의 내적 통일을 발견하는 것을 가능하게 할 뿐 아니라, 말로 하는 생각이 의식의 가장 중요한 개별 기능들과 얽히는 관계는 물론 총체적인 의식의 온전한 삶과의 관계를 생산적으로 연구하는 것을 가능하게 한다는 것만을 말하고자 한다.

1-43] 첫 번째 장의 결론에서 우리에게 남은 일은 우리 연구 절차의 특징에 대해 간략하게 개요를 그리는 것뿐이다. 우리의 연구는, 필연적으로 실험적·비판적이고 이론적인 성격을 가진 여러 연구들로 구성되어야 하는, 지극히 복잡한 문제에 대한 단일한 심리학적 연구이다. 우리는 우리의 연구를, 말과 생

각에 대한 심리학적 사고의 정상에 올라 있는 이론이자 이 문제에 대한 이론적 검토를 위해 우리가 선택한 방법과 정반대에 있는 이론에 대한 비판적인 연구에 토대를 두고 시작한다. 이 첫 번째 연구는 우리로 하여금 생각과 말에 대한 최근 심리학이 가지고 있는 모든 근본적인 구체적 문제들에 직면하게 하고 그들을 생생한 최근 심리 과학의 맥락에 위치시킬 것이다.

1-44] 동시대 심리학의 지형을 고려한다면 생각과 말 같은 문제를 연구하는 것은 동시에 서로 대립되는 이론적 관점과 개념을 견주는 이데올로기 투쟁을[16) 전개하는 것이다.

1-45] 우리 연구의 두 번째 부분은 계통발생적·개체발생적인 단면에서 생각과 말의 발달에 대한 근본적인 자료를 이론적으로 분석하는 데 할애되어 있다. 처음부터 우리는 생각과 말의 발달을 연구할 출발점을 결정해야 했는데, 그 까닭은 생각과 말의 발생적 근원에 대한 잘못된 개념은 대부분의 경우 이 문제에 대한 잘못된 이론을 낳은 빈번한 원인이기 때문이다. 우리 저작의 핵심은 아동기 개념 발달에 대한 실험적 연구이다. 이 연구는 두 부분으로 이루어지는데 첫 번째 부분에서 우리는 실험적으로 형성된 인위적 개념의 발달을 조사하고 두 번째 부분에서 우리는 어린이의 실재 개념의 발달을 연구하고자 한다.

1-46] 마지막으로, 우리 저작의 결론에서 우리는 이론적·실험적 연구의 토대 위에 총체로서 '말로 하는 생각' 과정에서 드러난 구조와 기능을 분석하는 데 치중하고자 한다.[17)

1-47] 발달이라는 개념은 이 모든 각각의 연구를 통일시키는 계기이다. 우리는 첫째로 그리고 최우선으로 이 개념을 말과 생각의 통일인 '낱말 가치'를 분석하고 연구하는 데 적용하고자 한다.

●

1) 서문과 같이 1장은 이 책에 뒤늦게 첨가되었다(4장에서 비고츠키는 다음 장, 즉 피아제에 대한 장을 1장이라고 칭하고 있다). 원래 1장은 매우 긴 두 개의 문단으로 구성되어 있었다. 하나는 '문제'를 다른 하나는 '방법'을 다룬다. 이 책에서 우리는 러시아판 문단 구분을 따랐기 때문에, 본문은 그와 같은 형태를 가지고 있지 않지만, 본 요약 부분에서는 원래의 두 문단 개념을 따라 서술하고자 한다.

   I **문제**. 우리는 비고츠키가, 이 책은 훨씬 더 원대한 계획의 서론일 뿐일 것이라는 생각으로 서문을 마친 것을 보았다. 그렇다면 생각과 말은 양자가 모두 포함되는 범위보다 넓은 범주의 일부로 논의되어야 할 것이다. 과연 '보다 넓은 범주'란 무엇일까? [1-1~1-16]

   A) '생각과 말'은 **두** 개의 서로 다른 활동이지만 그들은 우리가 '**의식**'이라고 부르는 **하나**의 통일된 실재의 상이한 두 활동 형태이다. [1-1]

   B) 우리는 의식의 이 두 형태의 활동을 '**심리적 기능들**'이라고 부를 수 있을 것이다. 비록 모든 사람들은 이 둘이 결코 개별적이지 않다는 데 동의함에도, 이들은 개별적으로 연구되어 왔다. 동일하게, 생각과 말은 서로 함께 연구되지 않고 따로 연구되어 왔다. [1-2]

   II 생각과 말이 따로 연구된 이유는 (지각, 기억, 주의 등과 같은) 기능들 간의 **관계**가 상수로 취급되어, [예: $2p+2m+2a=2(p+m+a)$와 같이] 기능 연구의 계산 밖 괄호로 추출되어 나왔기 때문이다. 이것은 특히 생각과 말이 연구되어 온 방법에 대해 더욱 그렇다. 수없이 변하는 그들의 내적 관계는 추출되어 무시되었다. [1-3]

   III 그들의 관계가 어떻게 변하든지 간에, 의식의 통합체에 대한 진정한 이해는 의식을 구성하는 심리 기능들을 '**연관된 동시에 구분되도록**' 하는 데 달려 있다. 기능들이 연관되어 있지 않다면 의식의 통합성은 찾아보기 어려울 것이다. 기능들이 구분되지 않는다면 작용 중에 서로 간에 (평형하든, 연속적이든) 어떻게 관련되는지 알아보기 어려울 것이다. 무엇보다도, 기능들이 서로 간에 '연관된 동시에 구분되지' 않는다면 그들의 관계는 발달하는 것으로 보기 어려울 것이다. [1-4]

   IV 우리는 이전의 접근법들에 대해 술주정뱅이와 같이 **지그재그** 걸음을 계속해 왔다고 비판할 수 있을 것이다. 이들은 극단적인 한쪽 입장("완전히 연결되어 있으며 구분되지 않는다")과 다른 극단적인 입장("완전히 구분되고 연결되지 않으며, 연결되더라도 오직 외적으로 또는 연쇄적으로 연결될 뿐 내적으로 연결되지 않는다") 사이에서 지그재그를 계속해 왔다. '지그' 접근법의 문제는 전혀 분석을 하지 않는다는 데 있다. '재그' 접근법의 문제는 분석을 지나치게 정교하게 함으로써, 세밀한 조사의 과정에

서 구성요소인 나무를 보느라 전체적인 숲을 보지 못한다는 데 있다. [1-5~1-8]

A) 아리스토텔레스, (블룸필드와 같은) 20세기 초반의 심리 언어학자들, (왓슨과 같은) 미국의 행동주의자들, (베크테레프와 코르닐로프와 같은) 반사학자들은 모두 첫 번째, 즉 '지그'에 속하는 사람들이다. 생각을 말에서 소리를 끈 것으로, 또는 모종의 방식으로 비활성화된 또는 약화된 운동 충동으로 간주함으로써 그들은 사고와 낱말을 실험의 대상으로 삼기는커녕 그들 사이에 대체 어떤 관계가 있을지에 대한 질문을 하는 것조차 불가능하게 만들었다.

B) 반면에 뷔르츠부르크 학파와, 말은 사고의 '흐름'을 촉진시킨다고 단순하게 생각한 익명의 한 저자는 '재그'에 속한다. 생각과 말을 개별적인 기능들로 취급함으로써 그들은 질문을 제기하는 것을 가능하게 하고 두 기능을 적시에 연관시킴으로써 질문을 해결할 수 있게 만든 것처럼 보인다.

C) 그러나 우리가 생각과 말을 완전히 구별된 것으로 취급하는 방법을 적용하고자 하면 우리는 의복이 옷을 입은 사람과 연관되는 방식과 같이 오직 외적으로만 관련될 수 있는 이질적인 재료들과 함께 남겨지게 된다. 의복은 아무리 잘 어울려도 사람 몸의 일부가 될 수 없으며 사람 몸은 의복에 맞추어 적응되지 않는다. 따라서 이러한 종류의 외적·기계적 관계는 낱말 가치가 인간의 정신과 연결되는 방식이 아닌 것으로 보인다.

V 그런 후 비고츠키는 두 가지의 분석 방식, 즉 연구 대상을 나누는 두 방법을 서로 구분한다. 바로 '요소로의 분석'과 '단위로의 분석'이다. [1-9~1-15]

A) 요소로의 분석은, 예를 들어 물을 수소와 산소로 분해하거나 단어를 소리 요소와 의미 요소로 분해하여 분석하는 방법 등을 포함한다. 비고츠키는 이것 역시 진정한 분석이 되지 못하며, 어떤 경우이든 연구 대상이 아닌 것에 대한 분석이라고 비판한다. 이러한 분석 방식은 단순히 연구 대상을 가능한 가장 작은 단위로 쪼개어 가장 일반적인 특성을 발견하며 그 기능적 특성의 발견은 최소한으로 제한된다. 모든 물은 수소와 산소로 구성되어 있으며, 모든 단어도 소리들로 이루어진다. 그러나 이러한 사실은 물의 작용과 말의 사용에 대한 이해에 아무런 도움을 주지 못하게 된다. 분석의 결과가 물이나 말이 아니기 때문이다.

B) 단위로의 분석은, 예를 들어 물을 활성 분자로 나눈다거나 말을 낱말 단위로 나누는 것 등을 포함한다. 모든 분석의 최소 단위는 여전히 고유한 성질을 보유하고 있어야 한다. 예를 들면, 물 분자는 불을 끌 수 있어야 하고 아르키메데스의 법칙을 따라야 하며, 단어는 소리뿐만 아니라 의미를 보유해야 하는 것이다. 오직 그럴 때에야 우리는 본 분석을 연구 대상에 대한 분석이라 할 수 있다.

VI 지금까지 낱말 가치는 의식의 단위로서 연구된 적이 없었다. 한편으로 낱말은 물리학자들에 의해 다른 자연의 소리와 구분되지 않은 채 음파 자체로서 연구되어 왔다. 다른 한편으로, 의미는 심리학자들에 의해 비언어적 느낌이나 사고들과 구분되지 않은 채 연구되어 왔다. 물리학자나 순수 음향 음성학자들이 사람의 소리에 있어 고유한 특질이 무엇인지 설명하지 못해 온 것처럼, 심리학 또한 낱말 가치에 있어 사람에 고유한 심리학적 특질이 무엇인지 제공하지 못했다. [1-16~1-18, 1-34]

VII 이것은 낱말 가치가 몸과 의복 또는 사람과 건물의 연합과 같은, 소리와 물체의 또는 소리와 관념 간의 외적 **결합**이라 간주되어 왔기 때문이다. 그러나 현실의 말, 언어의 실제 사용에 있어서 낱말 가치는 대상이나 심지어 관념을 지칭하지 않는다. [1-19]

VIII 말에 있어 실제적·감각적인 낱말 가치의 사용은 고유하고 대단히 특정한 **일반화**의 과정을 실현시킨다. 모든 일반화는 생각의 행위이며, 모든 생각의 행위는 쉽게 발달과 관련을 맺는다. 이와 동시에 말에 있어서의 실제적·감각적인 낱말 가치의 사용은 그러한 생각 작용에 대한 **표출**(보고)이기도 하다. 모든 표출은 사회적 의사소통 작용이다. 그리고 제반 사회적 의사소통 행위는 그 자체로 발달의 원천이다. [1-20]

IX 따라서 모든 낱말 가치는 일반화의 작용(즉, 생각의 작용)인 **동시에** 표출(보고)의 작용(즉, 말의 작용)이기도 하다. 표출되지 않은 낱말은 낱말 가치가 아니며, 사고를 실현하지 않는 낱말 또한 낱말 가치라고 할 수 없다. 우리는 생각과 말의 관계를 낱말 가치에 대한 연구, 즉 **의미론**을 통해 다룰 수 있을 것이다. 의식 그 자체, 혹은 최소한 언어적 사고는 의미 구조를 지닌다. 의식이 의미 구조를 가지는 것은 의식이 낱말 의미의 발달을 통해 발달하기 때문이다. [1-21]

X **방법론.** 우리는 비고츠키가 1장의 첫 번째 부분(즉, 문제)을 방법에 대한 논의, 즉 단위로의 분석 방식이 대상을 요소로 분석하는 방식과 어떻게 다른지에 대한 논의로 마무리 지었음을 보았다. 1장의 두 번째 부분은 이에 대한 보다 구체적인 (재)상술이며, 낱말 가치가 분석 단위의 한 예로서 다루어지고 있다. 책 전체 및 각 장章에서 비고츠키의 설명은 주로 '구체로 고양하는' 원리를 따르고 있다. 바꿔 말하면 이론적·방법론적 틀이 먼저 제시되고 구체적인 예시는 후반부에 드러난다. [1-22~1-23]

XI 무엇보다 먼저, 말은 **의사소통적** 기능을 수행한다. 말은 기러기 한 마리가 다른 기러기들에게 감정을 '전염'시키는 것처럼 우리가 동물 세계에서 발견하는 것과 유사한 사회적 접촉 수단으로 작용한다. [1-23~1-25]

XII 둘째로, 이는 동물 세계의 보이는 것과는 전혀 다른, 인간 고유의 **지적** 기능의 양식이다. 우리가 아는 한, 오로지 인간만이 스스로에게 말을 한다. [1-26~1-29]

XIII 의미의 상위 개념이 존재하며 우리는 여기에서 그것을 '**가치**價值'라 칭할 것이다, 이는 위의 두 가지 기능을 동시에 수행한다. 이는 정서적 체험переживаний과 추상적 생각을 교환하는 사회문화적 수단인 동시에 상상과 추론을 위한 심리적 수단이기도 하다. [1-23, 1-24]

XIV 문제에 대한 이전의 접근 방식은 이러한 다 기능적 가치를 경시하였으며, 개인 간 접촉이 가능한 것은 개별의 지각들과 자의적으로 연합된 낱말, 기호의 외적 형태 덕분인 것으로 간주하였다. 그러나 사피르는 정서적 체험переживаний이 소통 가능한 대상이 되려면 그것이 사회적으로 공유되는 가치, 즉 문화적 **개념**으로 일반화되어야 한다는 사실을 밝혀 보였다. [1-23, 1-24, 1-27]

XV 어린이들은 흔히 사회적으로 공유되는 가치를 배우기 이전에 낱말 및 기호의 외적 형태를 습득한다. 즉, 그들은 생각을 개념 형태로 일반화하거나 추상화하는 기반 능력이 발달되기 이전에 사회적 접촉 수단을 습득하게 되는 것이다. 이는 그 자체로서 **인과적 역동성**의 원리를 시사한다. 사회적 접촉은 심리적 일반화가 일어나게 한다. 어린이가 생각을 사용하는 능력은 어린이의 낱말 사용으로부터 발달한다. [1-30]

XVI 이러한 이유로 사회적 접촉과 일반화사이의 관계, 또 생각과 낱말 간의 관계는 이 책의 주 쟁점이 된다. 그러나 새로운 접근방법이 미치는 영향을 잘 보여 주는 바, 언급할 만할 가치가 있는 몇 가지 **부가적인 문제점**이 있다. [1-31~1-42]

A) **소리와 낱말 가치의 관계**. 단위로의 분석방법은 인간의 말에 있어서 고유한 특질이 무엇인지 즉, 음성학에 대한 순수하게 음향적 접근으로는 불가능한 것을 밝혀 준다. 비고츠키는 여기에서 '단위'가 음소가 되어야 한다고 주장한다. 음소는 당시 새롭게 제시된 개념으로, 어떤 말에서든 의미의 차이를 나타내는 소리의 최소단위라고 정의되고 있었다. 음소가 소리는 지니지만 그 자체로 의미는 보유하지 않기 때문에, 비고츠키가 과연 '음소'를 이러한 최소주의적 의미로 사용하였는지는 확실치 않다. 추후(7장에서) 비고츠키는 (억양과 강세를 포함하는) '발화'를 기본 단위로 도입한다.

B) **감정과 인지와의 관계**. 여기에서 비고츠키는 스피노자식 관점을 두드러지게 견지하고 있으며, 그의 단어 선택에까지 이 점이 반영되고 있다. '열정passion'과 '이성reason'은 결코 서로 대비되지 않으며, 심지어 단순히 상호보완적인 것도 아니다. 그들은 상호 발생적이며, 하나가 없이는 다른 하나도 존재할 수 없다. 인지로부터 정서를 분리시키는 심리학은 어떻게 감정이 사고를 발동시키는지, 추론과 감정이 서로 간에 어떤 상호 영향력을 가지는지 설명하지 못한다.

XVII 1장의 마지막 문단은 책 전반의 내용에 대한 일종의 목차를 제시한다. 비고츠키는 본 저서를 네 부분으로 나누고 있다. [1-42~1-46]

A) 이 문제에 대해 주류를 이루는 학자들, 즉 피아제에서 스턴에 이르기까지의 이론에 대한 비판적 점유와 내재적 비판이다. 비고츠키는 이 학자들이 사용

한 다수의 용어들(예: '자기중심적 말', '복합체', '의사개념')을 비판적으로 점유하게 된다. 그러나 그는 또한 이 전제들을 비판적으로 수용함을 통해 이들이 피아 제와 스턴의 연구에서 초래한 모순들을 봄으로써, 문제를 성공적으로 접근 하기 위해 지양해야 할 점을 보여 줄 것이다. 비판적 점유와 내재적 비판 모두 비고츠키에게는 위의 저자들에 대한 **이데올로기** 투쟁의 무기로 간주된다.

B) 사회적 의사소통 및 실천적 지능의 계통발생적인 **근원**에 대한 조사 그리고 말에 있어서 前前 논리적 근원 및 아동 지능에 있어서 前前 언어적 근원에 대한 연구

i. 두 부분으로 제시되는 **개념 형성**에 관한 연구: '실험적으로 형성된, 인위적 개념'을 이용한 논리적·구조적인 설명(샤카로프-비고츠키, 블록 연구)과 실제 개념에 대한 개체발생적·관찰적인 현장 연구(쉬프-비고츠키, 초등학교에서 사회 과학 개념 형성에 대한 연구)

ii. 마지막 장: 말하고자 하는 정서적-의지적 동기로부터 이를 발화한 낱말로 실현하기까지 말로 하는 생각이 전개되는 **미소발생적** 기능에 대한 분석

XVIII 비고츠키는 본 장을 피아제 이론을 대표하는 낱말, '**발달**'을 점유하면서 결론짓는다. 그러나 피아제가 사고의 발달을 언어 이전에 가정함으로서 발달에 대한 인과적 원리를 제공하지 못한 반면, 비고츠키는 발달은 곧 낱말 가치의 발달이며, 인과적 원리는 심리학적 신형성체를 야기하는 사회적 상호작용이라고 주장한다. [1-47]

비고츠키가 염두에 둔 연구방법은 구조주의도 기능주의도 아니며, 그렇다고 순수하게 발생론적(발달론적)이지도 않다. 이는 '발달'이 궁극적으로는 설명되어야 하는 대상이고 발달로 발달을 설명하는 것은 결국 순환논법이 되기 때문이다. 비고츠키의 방법은 기능을 통해 구조를 설명하는 방식이며, 역사를 통해 기능의 변화를 설명하는 방법이다. 이러한 이유로 비고츠키는 이러한 방식을 '인과-역동적'이라고 일컫는다.

그러나 첫째로, 비고츠키는 피아제의 연구방법을 비판적으로 점유한다.

2) 여기서 비고츠키는 원자적·기능주의적 방법을 비판하고 게슈탈트 학파의 입장에 서는 것으로 보인다. 물론, 당시 소련에서 신랄한 비판을 받던 게슈탈트 학파에 대해 비고츠키가 다소간의 역성을 들었던 것은 사실이지만, 비고츠키는 게슈탈트 이론의 맹점에 대해 정확히 간파하고 있으며 다음과 같은 점에서 게슈탈트 이론과 구분된다.

A) 비고츠키는 낮은 수준의 심리적 구조와 고등 수준의 심리적 구조를 분명히 구분한다.

B) 비고츠키의 '전체로서의 의식'은 개인의 정신뿐 아니라 발달을 위한 사회적 환경 Social Situation of Development을 포함한다. 이는 변화와 발달의 가능성을 제공한다.

C) 비고츠키는 기능주의적 접근 내에서 구조적 차이를 주장한다. 5장에서 보게 될 바와 같이, 의사개념과 진개념은 기능적으로 동일하지만 구조적으로 상이하다.

3) 현대 심리학의 아버지인 분트는 고등 심리과정에 대한 반성적인 내관과 하등 심리과정에 대한 실험적인 내적 지각을 구분하고 전자를 부정하였다. 분트는 고등 과정은 속성상 문화적이므로 민속-심리학적 방법을 통해서만 연구될 수 있으며, 모든 하등 과정은 감각(시각), 느낌(감정), 심상(사고)로 나타낼 수 있다고 주장하였다. 그러나 분트의 제자 중 한 명이었던 퀼프는 1896년 뷔르츠부르크에 연구소를 세우고 내관법을 통한 고등정신기능의 연구를 실시하였다. 몇 년 후 이 연구소에서는 감각, 느낌, 심상으로는 설명될 수 없는 심리적 과정이 발견되었다는 보고를 한다. 이들은 곧, '의식의 집합', '의식적 파악', 그리고 사고Gedanken로 이들은 한데 묶여 '비심상적 사고'로 불린다. 5장에서 아흐의 '의식의 집합'이나 피아제의 '의식적 파악'에 대해 언급하면서 다시 나오겠지만, 내관법이 심리적 과정에 대한 직접적인 정보를 제공하지 못하고, 고등정신기능이 하등의 정신기능과 비매개적으로 직접 연결되어 있지 않다고 비고츠키가 생각한 이유는 하나이다. 이 둘 모두 언어에 의해 매개되기 때문이다. 내관, 의식적 집합, 의식적 파악, 그리고 사고, 이 모두는 언어의 산물이다. 이와 같이, 뷔르츠부르크 학파에 대한 비고츠키의 비판은 분트나 티치너의 비판과 매우 다르다. 사고는 비심상적일 수도 있지만 결코 비언어적일 수는 없다. 사고는 언어와 연결되어 있고, 언어를 통해 사회·문화적 환경과 연결되어 있기 때문에, 사고는 언어를 통해 연구될 수 있는 것이다. 이와 같은 식으로 비고츠키는 분트의 문화적 심리학을 좀 더 높은 수준의, 더욱 의미론적이고 심리학적인 단면으로 상승시킨다.

4) 자연에 존재하는 소리의 영역의 다른 모든 소리로부터 구분해 주는 유일한 특정한 자질들을 잃게 된다. 따라서 말로 하는 생각에서 그들은 오직 그 물리적·정신적 자질들만을, 즉 이 소리에 특정하지 않으며 자연에 존재하는 다른 모든 소리들과 공유되는 것들만을 연구하기 시작하였다 이 연구는 따라서 이러저러한 물리적·정신적 자연에 존재하는 소리의 심리적 속성은, 동물들이 내는 소리가 동물들 스스로에게 의미하는 바라고 생각해 볼 수 있다. 개가 짖을 때 그 소리가 의미하는 바는 상황에 따라 매번 달라질 수 있다. 즉, 소리와 그 지시 대상은 분리되어 있다. 반면 인간의 말소리와 의미의 관계는 매우 제한적이다. 말은 사회적 합의의 결과물이기 때문이다.

5) 뒤에서 보게 될 바와 같이 비고츠키는 낱말의 의미에 대해 볼로시노프와 비슷한 개념을 가지고 있다. 첫 번째 유형의 의미는 '자연적' 의미로서 각 상황마다에 특정한 지칭의 대상을 가지게 되는 것이고 두 번째 유형의 의미는 비교적 안정적이고 문화적으로 의미 범위가 제한된 의미이다. 볼로시노프는 전자를 테마theme, 후자를 의미meaning이라고 불렀는데 비고츠키는 전자를 'смысл'(영어: 'sense'), 후자를 'значение'라고 지칭한다. 예를 들어 "this apple", "an apple", "that apple", "two apples"와 같이 특정

한 상황이 가지는 apple의 의미는 상황의 맥락에 온전히 종속되므로 'смысл(뜻)'이고 "I like apples."라고 말할 때의 'apple'은 추상적 개념을 나타내는 것으로 앞의 예시들에 비해 그 의미가 상당히 고정적이므로 'значение(의미)'에 속한다고 하겠다.

여기서 문제가 되는 것은 смысл을 '뜻'으로 번역하고 значение를 '의미'로 번역할 경우 значение만이 진정한 의미라는 오해를 살 수가 있다는 점이다. 오히려 사실은 그 반대이다. 고정된 의미는 다양한 뜻의 응결체라는 의미에서 의미의 한 일반화된 사례일 뿐이며 오히려 다양한 발화를 통해 맥락에서의 의미를 구현하는 것은 смысл이기 때문이다. 이러한 오해를 피하기 위해 뜻과 의미를 모두 포함하는 상위 개념으로 '낱말 가치value'가 설정된다. 이를 도식적으로 표현하면 다음과 같다.

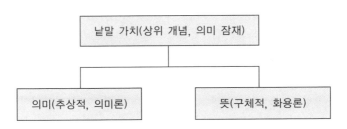

6) 일반적인 낱말의 의미 분석이 아니라 낱말 의미의 발달에 대한 의미론적 분석을 뜻한다. 5, 6장에서 비고츠키는 '지름', '높이', '비록 ○○ 하지만, '○○ 때문에'와 같은 특정한 낱말과 '시계가 떨어졌다'는 구체적인 절의 의미가 어떻게 발달, 변화하는지에 대해 상세히 기술한다.

7) '생생한 경험', 또는 '정서적 체험' 따위로 번역되는 'переживаний'는 비고츠키가 어린이의 정서 발달을 분석함에 있어 분석의 단위로 삼은 개념이다. 정서적인 경험은 외부 경험과 개인의 기존 경험으로 형성된 관점과의 상호작용이므로 переживаний는 '무언가가 나에게 일어난 느낌'으로, 두 가지를 모두 포함하는 최소한의 단위로 설정된다. 다음은 『Vygotsky Reader』의 「Problem of the Environment」 342쪽에서 비고츠키가 정서적 체험에 대해 말하고 있는 부분이다.

"정서적 체험переживаний은 한편으로는 개인적인 상태에 환경이, 즉 경험되고 있는 것이 반영되는(정서적 체험переживаний은 언제나 개인 외부의 무언가와 연관된다) 단위이며 다른 한편으로 반영되는 것은 나 자신이 이 상황을 어떻게 경험하고 있는가 하는 것이다. 즉, 모든 개인적 특성과 모든 환경적 특성이 정서적 체험에 반영된다. 현재 일어나고 있는 사건과 관련하여, 환경으로부터 선택된 모든 것, 우리의 성격과 연관된 모든 것, 또 우리의 성격에 따라 선택된 모든 것, 그들의 모든 특징적 자질, 그 구성

요소들이 포함된다. 따라서 정서적 체험переживаний 안에서 우리는 언제나 그에 반영된 개인적 특성과 상황적 특성의 보이지 않는 통일을 취급하고 있다."

8) 여기서 비고츠키는 기호, 낱말, 소리를 한데 묶어 이들을 낱말의 가치, 의미와 구분하고자 하고 있다. 기호, 낱말, 소리 자체가 의미를 포함하고 있다는 것은 지나치게 단순화된 형태의 주장이다. 비고츠키에게 있어 기호, 낱말, 소리는 일반화라는 창조적인 작업 결과물에 대한 언어적 보고일 뿐이며 정말 발달해야 하는 것은 일반화 작용이다.

9) 이 문단에서는 두 가지의 상반된 주장이 혼재하는 것으로 보인다.

A) 일반화는 사회적 접촉의 발달과 함께 가능해진다.

B) 가장 고차적인 형태의 사회적 접촉은 일반화로 인해서만 가능해진다.

그러나 A)는 개체발생적 차원에서 사실이며(어린이의 일반화 발달은 사회적 접촉을 통해서 가능해진다), B)는 계통발생적 차원에서 사실이다(고차적 형태의 사회적 접촉은 오직 일반화를 통해서만 가능해진다. 예컨대 오늘날의 과학적 생각의 발아가 나타나는 데에는 수천 년의 기간이 소요되었다).

10) 비고츠키가 강조하는 것이 일반화나 개념 자체가 아니라 그에 상응하는 경험이라는 것을 파악하는 것이 중요하다. 일반화를 할 줄 모르는 어린이는 실상 그에 상응하여 표현할 경험이 없는 것이다. 개념, 즉 낱말의 가치는 표현과 경험의 단위이기 때문이다. 경험은 항상 표현에 선행하는 것일까? 어떤 경험은 그래야 하겠지만, 말로 하는 사고의 경우, 우리는 항상 언어적 표현이 실제 일반화에 선행하는 것이 자연스러운 경우를 접하게 된다. 이 사실은 뒤이어 나오는 말과 생각 사이의 인과-발생적 분석을 가능하게 한다.

11) 일반적인 분석은 개념이 없는 상태와 개념이 있는 상태를 비교하는 것으로 이는 두 과정 사이의 역동적인 관계와 인과 요인을 알아내는 데 무용하다. 비고츠키의 인과-발생적 분석은 덜 발달한 형태와 더 발달한 형태를 비교함으로써 발달된 낱말 가치가 가지는 상이한 기원적 계기들을 비교하는 것이다. 이렇게 함으로써 사회적 상호 작용과 심리적 내적 작용 사이의 역학 관계에서, 어린이가 청소년기에 접어들수록 점차 비중이 후자 쪽으로 옮아가는 것을 확인할 수 있다. 6장을 참고할 것.

12) 러시아판 각주와 메카치Mecacci의 각주는 이 언어학의 진전이 드 소쉬르에 대한 언급이라고 적고 있다. 물론 소쉬르 저서는 1921년에 출판되어 비고츠키도 읽었을 것이며, 소쉬르의 제자들(카르세브스키, 페터르슨, 셰르바, 이후의 소르에 이르기까지)을 통해 러시아에서 매우 널리 알려져 있었다. 그러나 문제는 소쉬르의 이론은 비고츠키가 비판하고 있는 연합주의적 관점을 채택하여, 낱말 속에서 의미와 소리가 단절되어 있기 때문에 둘 사이의 관계는 순전히 자의적이라는 주장을 한다는 데 있다(랑그와 파롤의 구분). 따라서 여기서 비고츠키가 지시하는 언어학자는 바로 앞에서 인용하였던 에드워드 사피르로 보는 것이 더욱 개연성이 높아 보인다. 사피르는 (소쉬르와는

반대로) 음소는 무의미한 단위가 아니라 유의미한 구분이며 이 유의미한 구분은 언제나 전체의 일부, 즉 음소 자체라기보다는 형태소로 이루어진다고 주장한다.

13) 이는 소쉬르의 이론에 대한 반박으로 보인다. 과연 소쉬르가 전통적인 언어학자의 범주에 들 수 있는가 하는 것은 질문거리이다. 그러나 볼로시노프는 그의 저서 『마르크시즘과 언어철학』에서 사어死語에 기반한 '추상적 객관주의'의 대표자로서 소쉬르를 들고 있는 것으로 볼 때, 비고츠키에게도 소쉬르의 이론은 전통적인 것에서 벗어나지 못했다고 보였을 수 있다.

14) 비고츠키는 음성학과 음운론을 구분 짓는 논의로 넘어가는 준비를 하고 있다. 이러한 개념 구분은 비고츠키 시대에는 새로운 것이었으며, 소쉬르는 이에 대해 언급한 바가 없으나 사피르는 자신의 저서에서 이에 대해 언급한다.

15) 메카치는 이 연구가 당시 프라하 학파에서 발달되고 있던, 트루베츠코이Trubetzkoy의 '구조적 음성학'을 지칭한다고 지적한다. 러시아판은 음성학이 "음소의 구조와 기능을 연구하는" 학문이라고 적고 이 학문은 소쉬르와 보두앵 드 쿠르트네이Baudouin de Courtenay, 빌러로부터 유래하였으며 프라하 언어학파에서 실험 연구되고 있다고 덧붙이고 있다. 그러나 위에서 기술한 이유로 인해 이러한 설명은 설득력이 떨어진다. 여기서는 형식주의보다는 오히려 소리와 음성적 자질 간의 관계를 강조하고 있는 사피르, 볼로시노프, 마르의 언어학을 지칭한다고 보는 것이 더욱 타당할 것으로 보인다. 7장에서 비고츠키는 "시계가 떨어졌다"라는 문장을 예시로 들면서 표현적·평가적 억양과 강세가 실제의 의사소통에서 의미와 고유한 관계를 맺는 것을 보이고 있다.

16) 비고츠키의 피아제에 대한 반론은 단순히 개념적·방법론적 또는 철학적인 것이 아니라 말 그대로 이데올로기 투쟁이다.

17) 여기서 이론적, 실험적 연구들의 관계에 대해 명확히 하는 것은 다소 어렵다. 7장은 말로 하는 사고를 주제로 한다는 점을 제외하고는 5장, 6장과의 관련성이 적다. 두 가지 가능성을 생각해 볼 수 있다.

A) 여기서의 이론적 실험적 연구는 7장의 논의만을 지칭한다. 7장에서는 독립적인 이론적·실험적인 논의(피아제의 이론을 논박하는 '결정적 실험')가 제시된다.

B) 5장, 6장에서 우리가 발견하게 되는 발달에 대한 기술은 7장에서 기술된 과정들이 형성되는 발생론적 설명이다.

2장
피아제의 가르침에서
어린이의 말과 생각의 문제
: 비판적 연구

2-1 [1)]

2-1-1] 피아제가 행한 연구는 어린이의 생각과 말에 관한 연구와 어린이의 논리와 세계관에 대한 연구 발달에 신기원을 열었다. 그것의 역사적 중요성은 충분히 주목받아야 한다.

2-1-2] 어린이의 생각과 말을 연구하기 위해 피아제는 아주 대범하고 심도 있게 그리고 폭넓게 과학에 도입하고 발전시킨 임상적 방법을 사용하여 처음으로 어린이 논리의 특별한 자질을 완벽하게 새로운 방식으로 체계적으로 연구할 수 있었다. 피아제 스스로, 두 번째 저작을 끝맺으며, 이 문제의 오랜 연구에서 도달한 전환점의 가치를 간단한 비교를 통해 명백하고도 정확하게 지적한다.

2-1-3] "따라서 레비-브륄L. Lévy-Bruhl[2)]이 정의한 '원시적 생각', 프로이트[3)]와 그의 제자들에 의해 기술된 자폐적 사고와 상징적 사고, 그리고 블롱델Ch. Blondel[4)]에 의해 도입된 개념인 (이것이 단순히 프로이트의 개념과 같지 않다고 가정할 때) '병리적 의식'과 같은 수준에 정상적인 어른의 생각에 대한 어린이의 생각이 위치할 그날이 올 것이라는 것이 우리의 믿음이다(1, p. 408)."**

2-1-4] 실제로, 이 첫 번째 저작의 출현은 그것이 심리적 사고 발달에 대한 미래의 참고 자료로서 지니는 역사적 중요성이란 차원에서 본다면, 『야만 사

---

* 괄호 안의 첫 번째 숫자는 참고 문헌에 제시된 저작의 순서이고, 두 번째 숫자는 인용한 쪽수이다.

회에서의 정신 기능』[5]과, 프로이트의『꿈의 해석』혹은 블롱델의『병리적 의식』[6]의 출현과 비견되어야만 한다.

2-1-5] 과학적 심리학 분야의 전개과정에서 이 현상들 사이에는 그들의 역사적 중요성의 수준에서 결정되는 형식적 유사성뿐만 아니라, 그들의 철학적 심리적 경향성에서 나타나는 깊은 내적 친족성, 즉 본질적인 연관성이 있다. 피아제 본인이 그들의 연구에 대단히 많이 의지하고 이 세 연구와 저자들을 바탕으로 연구를 구성해 나간 데에는 충분한 이유가 있다.

2-1-6] 우리는, 어린이의 생각과 말의 연구 앞에 새로운 길과 전망을 열어 놓았던 연구에서 피아제가 만들어 낸 전환점이 정확하게 무엇으로 이루어졌는지를 상세히 설명하기 위해 지체할 수 없다. 그러한 설명은 클라파레드 Claparède[7]가 쓴 그 책의 프랑스판 서문에 훌륭하게 제시되어 있다. 그는 다음과 같이 말한다. "내가 잘못 알고 있는 것이 아니라면, 어린이의 생각이라는 문제가 순수하게 양量의 문제로 간주되어 왔지만, 피아제 씨는 그것을 질質의 문제로 제시했다. 이전에는, 어린이의 지성에서 이루어진 진보는 새로운 경험의 증가나 특정한 오류의 제거와 같이 양을 더하거나 뺀 것의 결과로 여겨졌으며 과학이 해야 할 것은 이러한 현상에 대한 설명이었다. 이제, 어린이 지성이 바로 그 특성에서 점진적인 변화를 겪는다는 사실에 최우선적으로 이 진보는 의존할 것이라고 우리는 본다(1, p. 60)."

2-1-7] 이와 같이 새롭게 어린이 생각의 문제를 질적인 문제로 위치시킴으로써 피아제는 이전의 지배적이던 경향과 대조되는, 어린이 정신의 긍정적 특성화라 불릴 수 있는 것에 도달했다. 이전까지 전통적 심리학은 부정적 특성을 통해, 즉 어린이 생각을 어른의 생각과 구분 짓는 어린이 생각 속의 결점, 결핍, 부족함을 나열함으로써 어린이 생각이라는 차액을 획득하였다. 이전에 학자들은 어린이가 **가지지 못한 것**, 어른이 가지고 있는 것과 비교하여 빠진 것에 관심을 두었고, 어린이가 추상적 생각, 개념 형성, 판단과 연역 그리고 결론 사이의 연결 및 기타 등등의 것을 할 수 없다는 사실에 근거하여 어린이 생

각이라는 특별한 자질들을 결정했다.

2-1-8] 최근의 새로운 연구들은 **어린이가 지니고 있는 것**, 즉 어린이의 생각이 어떻게 변별적인 특별한 자질과 속성을 소유하게 되는지에 주의의 초점을 둔다.

2-1-9] 본질적으로 그렇기 때문에, 피아제가 창조한 새롭고 위대한 것은 많은 위대한 것이 흔히 그렇듯이, 너무 평범하고 단순해서 기존의 흔한 입장의 도움을 통해 표현되고 기술될 수 있다. 피아제 자신이 그의 책에서, 어린이는 작은 어른이 아니고 어린이의 생각은 결코 어른 생각의 축소판이 아니라고 한 루소Rousseau[8]의 말을 인용하고 있다. 피아제가 발견했으며 그가 발견한 사실들을 적용한 이 단순한 진리 뒤에는 또 다른 본질적으로 단순한 관념, 즉 발달의 관념이 숨어 있다. 이 단순한 관념은 그 위대한 빛으로 피아제가 행한 실험에 관한 수많은, 매우 의미 있는 지면紙面들을 비추고 있다.

2-1-10] 그러나 동시대의 심리학적 사고가 겪어 온 깊은 위기는 어린이의 논리에 관한 연구에서 취한 새로운 방향에도 역시 그 흔적을 남기지 않을 수 없었다. 이 위기의 시기에 나온 모든 심리학적 연구의 뛰어나고 혁신적인 방법이 그러했듯이, 이 위기는 어린이 논리에 대한 연구에서도 이원성二元性이라는 낙인을 남겼다. 이런 의미에서도 피아제의 저작은, 우리가 위에서 이야기한 프로이트, 블롱델 그리고 레비-브륄의 저작과 비견될 수 있는 타당한 이유를 가진다. 이들 모두는 모두 다 위기의 소산이다. 이 위기는 우리 과학의 기초 토대를 둘러싸고 있고, 심리학이 정확하고 완전한 의미에서 과학으로 변형되었음을 의미하며, 과학의 사실적 자료와 방법론적 근거가 날카롭게 모순된다는 사실로부터 파생된다.

2-1-11] 심리학 앞에 놓인 위기는 무엇보다도 이 과학의 방법론적 토대에 있어서 위기이다. 그 근원은 그 자신의 역사에 깊이 뿌리박혀 있다. 그 본질은 무엇보다도, 어떤 다른 과학에서는 아직 직면하지 않은 것처럼 보이는 날카로움과 강렬함으로 이 지식 분야에서 서로가 직면하고 있는 문제는 유물론적

경향과 관념론적 경향의 투쟁이다.

2-1-12] 우리 과학의 역사적 상황은, 브렌타노Brentano[9]의 말을 빌리면, "많은 심리학이 존재하지만, 통합된 심리학은 존재하지 않는" 상태이다. 여러 가지 다양한 심리학이 출현하는 것은 일반적인, 통합된 심리학이 없다는 사실 때문이다. 이는, 동시대 심리학의 모든 지식을 포괄하고 통합할 수 있는 통일된 과학적 체계의 부재는 우리로 하여금 어떤 심리학 분야에서건 단순히 축적된 요소들을 넘어서는 새로운 사실이 발견된 경우 어쩔 수 없이 그 자신의 이론, 즉 새롭게 발견된 사실들과 그들 사이의 의존성에 대한 그 자신의 설명과 해석의 체계를 만들도록 하였으며 많은 심리학들 중 하나인 그 자신의 심리학을 형성하도록 내모는 상황으로 이끌었음을 의미한다.

2-1-13] 이런 식으로 프로이트, 레비-브륄, 그리고 블롱델은 그들만의 심리학을 창조했다. 그들의 연구의 토대인 사실들과 이 토대 위에 세워진 이론적 구조물 사이의 모순, 각 저자들 간 대단히 고유한 표현을 수용하는 이들 체계의 관념론적 본성, 그들의 전체 일련의 이론적 구조물 속에 배어 있는 형이상학적 뒷맛, 이 모두는 우리가 위에서 위기가 남긴 낙인으로 언급한 이원성의 불가피한 운명적 결과이다. 이 이원성은 사실적 자료를 축적하는 영역에서 한 걸음 나아간 과학이 그것들의 이론적 조명과 해석에서 두 걸음 후퇴한다는 사실로부터 도출된다. 거의 모든 횡보에서, 과학의 자부심과 최신의 이론을 구성하는 가장 새롭고 가장 중요한 발견들이, 오히려 과학을 임기응변적이고[10] 반半형이상학적 이론과 체계로 덮어 버리는 전前 과학적 관념에 적극적으로 순종하도록 잠식해 버린다는 점에서 동시대 심리학은 측은한 광경을 자아낸다.

2-1-14] 피아제는 이 운명적인 이원성을 매우 단순한 방법으로 회피하고자 한다. 그는 편협한 사실의 영역 내에 스스로 가두고자 한다. 사실 이외에 그가 알고자 원한 것은 없다. 그는 의식적으로 일반화를 회피하며, 그 결과 자신의 심리학적 문제의 한계를 넘어서서 인접한 영역인 논리학, 인식론, 철학사의 영

역으로 나아가려 하지 않는다. 그에게 가장 굳건한 토대는 순수 경험론의 토양인 것으로 보인다. 피아제는 자신의 저작에 대해 다음과 같이 말한다. "이 연구들은 무엇보다도 사실과 자료의 수집이며 ……우리의 다양한 장章을 통합하는 고리는, 다양한 결과를 낳은 방법에 있어서의 통일성이지 우리로 하여금 체계적인 설명을 할 수 있도록 만들어 주는 것은 결코 아니다(1, p. 64)."

2-1-15] 이것이 현재 우리가 관심을 가지고 있는 작업에서 가장 소중한 것이다. 새로운 사실들의 습득, 심리적 사실을 다루는 과학적 문화, 그것에 대한 철저한 분석, 자료들의 분류, 그것들이 말하고자 하는 바를 들을 수 있는 능력-이 모두는 클라파레드가 표현한 것처럼 의심할 바 없이 피아제가 행한 연구의 가장 강한 측면을 이룬다. 크고 작으며, 최우선의 또한 부차적인 가치를 지닌 사실들의 새로운 바다[11]는 새로운 것을 열고 이전에 발견했던 것을 보충하면서, 피아제의 지면에 근거하여 아동심리학에 파도처럼 밀려들었다.

2-1-16] 새로운 사실들을 습득하기 위해, 그것들에서 금광을 찾기 위해 피아제는 최우선적으로 그가 도입한 새로운 방법인 임상적 방법에 의존해야 했다. 이 방법의 힘과 독창성은 그것을 심리학 연구 절차들 중에서 최고의 위치로 나아가게 했으며, 또한 변화하고 발달하면서 복잡하게 전체로 형성되는 어린이 생각에 대한 연구를 하기 위해 대체할 수 없는 수단으로 만들었다. 이 방법은, 어린이 생각에 연결된 조화롭고, 결정적으로 소중한 임상적 그림으로 피아제의 연구들을 묶어 내면서, 피아제의 그 다양한 실제적 연구 모두에 실질적인 통일을 제공한다.

2-1-17] 새로운 사실들과 그것들을 획득하고 분석하는 새로운 방법은 많은 새로운 문제를 낳았다. 이 문제들의 상당부분은 일반적으로 처음으로 과학적 심리학 앞에 드러났고, 또 다른 부분은 전적으로 새롭지는 않더라도 새로운 형태로 제시되었다. 이러한 문제들의 예로써 어린이 말의 문법과 논리의 문제, 어린이 내관의 발달과 논리적 조작의 발달에 있어서 그것의 기능적 가치의 문제, 어린이들 사이에서 말로 하는 사고를 이해하는 문제, 그 외 많은 다

른 문제들을 제시하는 것은 의미 있는 일이다.

2-1-18] 그러나 다른 모든 조사자들처럼, 심리 과학이 처한 동시대의 위기에서 동시대 심리학 분파의 가장 대표자들조차 파멸시켰던 그 운명적인 이원성을 회피하는 것은 불가능하다는 것을 피아제는 알았다. 그는 그 위기로부터 사실이라는 신뢰할 수 있는 높은 담 뒤에 은신처를 구할 수 있기를 희망했다. 그러나 그러한 사실들은 변덕스러웠으며 그를 배반했다. 그것들은 그를 문제에 직면하게 했으며 또한 그 문제들은 그를 이론으로 인도하였다. 물론 이는 대단히 정교하고 심오한 이론은 아니지만 어찌 되었든 이는 피아제가 그토록 피하고자 했던, 사실상의 이론이었다. 그렇다. 그의 책들에는 이론이 있다. 이는 피할 수 없다. 이는 운명이다.

2-1-19] 피아제는 우리에게 말한다. "우리는 한 걸음 한 걸음씩 경험이 우리에게 전달한 사실들을 그저 따르고자 하였다. 실험은 늘 그 실험을 낳은 가설гипотеза에 의해 결정된다는 것을 우리는 확실히 알고 있지만, 우리는 당분간 전적으로 사실들을 논하는 것에 한정하려 한다(1, p. 64)." **그러나 사실들을 검토하는** 사람은 어쩔 수 없이 그것들을 특정 이론 혹은 다른 이론에 비추어 검토한다.

2-1-20] 사실들은, 특히나 피아제에 의해 발견되고, 기술되고, 분석된 어린이의 생각 발달에 관한 사실들은, 철학과 분리될 수 없도록 서로 짜인다. 그리고 이와 같이 풍부한 새로운 사실들의 모음에서 핵심을 찾고자 하는 사람이라면 누구나 가장 먼저 사실의 철학, 즉 사실의 축적과 해석에 대한 철학을 드러내야만 한다. 이것이 없다면 사실들은 침묵하고 죽은 채로 남아 있을 것이다.

2-1-21] 그러므로 피아제에 의한 연구를 비판적으로 검토하고 있는 이 장에서, 우리는 여러 가지 다양한 문제들로 못 박힌 채 꼼짝 못하고 있진 않을 것이다. 이들을 통일로 취하고 어린이 생각에 대한 이 모든 문제들을 일반화하여 그들의 공통적 근원, 즉 이 문제들에 기본, 핵심, 결정적 요소를 파악하고자

하는 것이 필요할 것이다.

2-1-22] 그러나 그렇기에, 그 연구들을 이해하고 그들의 가치를 가늠하도록 해 주는 열쇠를 발견하기 위해 우리의 진로는 그 연구들의 근원에 놓인 **이론 체계와 방법론적 체계**를 비판하는 것으로 방향을 잡아야 한다. 오직 사실이 이론과 관계를 맺는 한에서만 혹은 그것이 연구방법론을 구체화하는 경우에만 우리는 사실에 관심을 가져야 한다.

2-1-23] 피아제 저작에 드러난 어린이의 생각과 말이라는 문제에 대한 우리의 비판적 사례 연구가 취하는 진로는 그와 같아야 한다.

2-1-24] 피아제가 행한 수많은 유의미한 연구들의 토대에 놓인 복합적인 모든 구성물을 한눈에 움켜잡으려는 독자에게 이 저자가 자신의 연구과정과 결과물을 제시하는 방식은 만족스럽지 못하다. 피아제는 의식적으로 그리고 의도적으로 그의 설명에서 체계를 회피한다. 그는 그의 자료들에 대한 불충분한 일관성에 대한 비판을 두려워하지 않는데, 그것이 피아제에게는 사실들을 다루는 순수 연구이기 때문이다.

2-1-25] 피아제는 어린이의 생각에서 발견한 실제적이고 구체적이며 특별한 자질들의 다양성을 하나의 통합된 체계에 포괄하려는 성급한 시도를 경계하고 있다. 무엇보다도, 직접 표현한 것처럼, 그는 너무 체계적인 설명을 자제하고 있으며, 어린이 심리학의 경계를 벗어난 일반화는 더더욱 자제한다. 교사에게 그리고 어린이에 대한 정확한 지식을 요구하는 활동에 종사하는 모든 사람들에게 사실들의 분석이 이론보다 더 중요하다고 그는 확신한다.[12]

2-1-26] 결국 전체 연구의 끝자락에 이르러서야, 피아제는 종합을 제공하겠다고 약속한다. 그렇지 않았다면 종합은 끊임없이 사실에 대한 보고들로 방해받았을 것이고 또 한편으로 사실적 보고를 지속적으로 왜곡하려 했을 것이다. 이와 같이 사실들의 분석으로부터 이론을 엄격하게 분리하려는 시도와, 개별적 연구들에 대한 설명으로부터 모든 자료를 전체로 종합하는 것, 그리고 실험으로 제시되는 사실들을 한 걸음 한 걸음 따라가려는 그의 갈망으로 인

해 피아제가 선택한 길을 쉽게 구별할 수 있다.

2-1-27] 우리가 위에서 이미 말한 바와 같이, 만약에 우리가 한눈에 그의 구성물을 전체적으로 움켜잡고 그의 결정적인 원리들, 즉 그의 건축물의 초석들을 이해하려 한다면, 우리는 저자가 제시한 경로를 따라갈 수 없다. 사실의 전체 연쇄에 있어서, 핵심 구성요소로부터 연쇄가 사방으로 퍼져나가 다른 나머지 구성요소들이 연결되게 된다. 우리는 전체로서의 모든 구성물을 지탱하는 이 핵심 구성요소를 찾고자 노력해야 한다.

2-1-28] 이런 면에서, 우리는 저자로부터 도움을 받는다. 자신의 저서 결론 부분에서 내용에 대한 간략한 요약을 하면서 피아제는, 자신의 연구들을 규정된 체계 내에 조직화하고자, 개별적으로 획득된 연구들의 결과들 사이의 연결을 맺고자, 사실들의 이 복잡한 다양성에 통일성을 부여하고자 포괄적으로 모든 실험들을 아우르는 일반적인 고찰을 행한다.

2-1-29] 여기서 제기된 첫 번째 질문은, 피아제가 행한 연구에서 확립된 어린이 생각의 특별한 자질 모두의 객관적 연결과 관련된다.

2-1-30] 이 특별한 자질 모두는 각각으로부터 독립적이며 공통된 원인으로 환원될 수 없는 분리된 현상일까, 아니면 이러한 자질들은 그들의 통일성을 조성하는 핵심 사실에 토대를 두는 모종의 구조 또는 통일된 전체를 나타내는 것일까? 이들 연구에서, 어린이 생각이 가지는 일련의 특별한 자질들, 예컨대 생각과 말의 자기중심성, 지적 실재론, 혼합주의, 논리적 관계에 대한 이해 결여, 의식적 파악의 어려움, 내관을 위한 능력 부족, 기타 등등이 수면 위로 떠오른다.

2-1-31] 문제는 다음과 같다. "이러한 현상들은 현상 사이에 어떤 관계도 없는, 우연적이고 파편적인 다양한 일련의 원인에 기인하는 일관성 없는 전체일까, 아니면 이 현상들은 일관성 있는 전체를 구성하고 그럼으로써 그들의 고유한 논리를 나타내는 것일까?(1, p. 370)." 이 질문에 대한 저자의 긍정적인 대답은, 자연히 저자를 사실 분석의 영역으로부터 이론의 영역으로 이동하게 하

며, 그리고 (비록 저자의 설명에 따르면, 사실을 분석하는 것이 이론의 공식화에 앞서지만) 사실을 분석하는 것이 실제로 어느 정도까지 이론에 의해 결정되는지를 드러낸다.

2-1-32] 어린이 생각의 개별적인 자질 모두를 통일체로 환원시킬 수 있도록 해 주는 그 중심 요소는 무엇일까? 피아제의 기본 이론에서 보면, 그것은 어린이 생각의 자기중심성으로 이루어져 있다. 이것이 그의 전체 체계에 기본이 되는 중추신경이다. 이것이 전체 구성물의 주춧돌이다.

2-1-33] 그는 말한다. "우리는 어린이 논리의 특징을 구성하는 주요부분들을 자기중심성으로 환원시키고자 하였다(1, p. 371)." 이 모든 자질이 어린이의 논리를 결정하는 하나의 복합적인 묶음을 형성하며, 이 복합적인 묶음의 토대에는 어린이 생각과 어린이 활동의 자기중심적 성질이 놓여 있다. 어린이 생각의 특별한 자질들을 특징짓는 다른 모든 것이 이 기본적인 특별한 자질로부터 흘러나오고, 그리고 어린이의 자기중심성을 인정 혹은 부정함에 따라, 어린이 논리의 개별적 자질 모두를 하나의 전체로서 이해하고 통합하는 이론적 일반화를 돕는 다른 모든 실은 강화되거나 소멸된다.

2-1-34] 그래서 예컨대 저자는, 어린이 생각의 중심 자질들 중의 하나(거명한다면 혼합주의)에 관하여, 그것은 "마찬가지로 어린이의 자기중심성으로부터 유래한다(1, p. 389)"고 직접적으로 말한다.

2-1-35] 그러므로 먼저 어린이 생각의 자기중심적 성질이 무엇으로 이루어졌는지를 그리고, 어른의 사고와 비교하여 총체적으로 어린이 사고의 질적 독특성을 구성하는, 남아 있는 다른 자질 모두와 자기중심적 성질을 연결시키는 것이 무엇인지 들여다봐야만 한다. 피아제는, 발생적, 기능적, 구조적 관점에서 볼 때,[13] 자폐적 사고와 방향적, 이성적 사고 사이에 배열된, 생각의 이행적인 중간적 형태로 자기중심적 사고를 정의한다. 이것은 이와 같이, 발생적으로 고리들을 연결하는 이행적인 단계이며 생각 발달의 역사에서 중간적 형성물이다.

2-1-36] 블로일러Bleuler가[14] 자폐적 사고라고 부르자고 제안한 비非방향

적 사고와 방향적, 이성적 사고를 서로 구별하는 것을, 피아제는 정신분석 이론으로부터 차용한다. 피아제는 다음과 같이 말한다. "방향적 사고는 의식적이다. 바꿔 말하면 그것은 생각하는 사람의 마음에 제시된 목표를 추구한다. 그것은 지적이다, 바꿔 말하면 그것은 현실에 적용하고 현실에 작용하려 한다. 그것은 진실과 잘못에 민감하다. ……그리고 그것은 언어로 의사소통될 수 있다.

2-1-37] 자폐적 사고는[15] 무의식적이다. 바꿔 말하면 그것이 추구하는 목적이나 그것이 제시하는 문제는 의식에 존재하지 않는다. 그것은 외적 실제에 적용할 수 없고 단독으로 상상의 현실 혹은 꿈과 같은 현실을 창조한다. 그것은 진리를 확립하려 하지 않고 욕망을 만족시키려 하며, 순수하게 개인적인 것으로 남는다. 그 자체는 언어와 같은 수단에 의해 의사소통되지 못하고 사실상 무엇보다도 심상에 의해 감지되며, 이것이 의사소통되기 위해서는 상징과 신화에 의하여 그것을 촉발하는 감상을 불러일으킴으로써, 자폐적 사고는 간접적인 절차에 호소해야만 한다(1, p. 95)."

2-1-38] 전자와 같은 생각 형태는 사회적이다. 그것의 발달에 비례하여 그것은 더욱더 경험의 법칙과 순수 논리의 법칙에 잘 복종한다. 이에 반하여 자폐적 사고는, 그 이름이 나타내는 것처럼, 개인적이고 "여기서 정확하게 기술할 필요가 없는 ……일련의 특별한 법칙에 복종한다."

2-1-39] 이 두 극단적인 사고 형태 사이에, "그것들이 지닌 의사소통 가능성의 정도라는 측면으로 나눌 수 있는 다양한 사고 형태가 있다. 중간에 놓인 이 다양한 형태들은 자폐적 논리와 지성의 논리 사이의 중간에 놓인 각각의 특별한 논리에 당연히 복종해야만 한다. 우리는 이 중간적 형태 중 가장 중요한 것을 **자기중심적 사고로**[16] 명명하자고 제안한다. 우리는 이 용어를 통해, 현실에 적용하고자 하지만 그 자체로는 의사소통의 가능성이 없는, 어린이의 사고와 같은 것을 말하고자 한다(1, p. 96)."

2-1-40] 자기중심적인 어린이 사고의 중간적 성질에 관한 이 입장은 다른

곳에서 피아제에 의해 더 명료하게 공식화되었다. 거기서 피아제는 "모든 자기 중심적 사고는 그 구조상, 변덕(몽상과 같은)에 좌우되어 떠다니는 '비非방향적' 인 자폐적 사고와 '방향적' 사고 사이 중간에 있다(1, p. 229)"고 말한다.

2-1-41] 이러한 형태의 생각이 지닌 구조뿐만 아니라 기능 역시 발생적으로 자폐적 생각과 사실적 생각 사이에 자기중심적 생각을 위치시키는 것을 필요 하게 한다. 이미 위에서 언급한 것처럼, 이 생각의 기능은 현실에 적응하는 데 있다기보다는 스스로의 욕구를 만족시키는 데 있다. 이 생각은 현실을 향해 지향되기보다는 욕망의 만족으로 지향된다. 이것이 자기중심적 사고를 자폐 적 생각에 가깝게 한다. 그러나 동시에 자폐적 생각과 갈라지게 하는 본질적 인 자질이 있다.

2-1-42] 새로운 이 기능적 계기들은 자기중심적 사고가 꿈의 논리와 몽상 그리고 환상을 훨씬 넘어서서 현실로 지향된 어른의 사실적 사고 쪽으로 가 도록 이끈다.

2-1-43] 피아제는 "어린이의 생각을 자기중심적이라 칭하는 것으로, 생각이 여전히 그 구조에서는 자폐적이지만, 그것의 관심은 더 이상 배타적으로, 순수 한 자폐증처럼, 유기체적 혹은 유희적 필요의 충족으로 향하지 않고, 이미 어 른의 사고와 비슷한 지적 적응으로 향한다는 것을 의미하기를 희망한다(1, p. 374)"고 말한다.

2-1-44] 이와 같이 우리는 자기중심적 사고를 다른 두 개의 극단적 형태의 생각들 중 하나와 가까이 끌어당기고 다른 하나와는 구분하는 계기들을 기 능적으로 구별할 수 있을 것이다. 이런 계기들을 검토하면, 우리는 피아제의 기본 가설을 구성하는 결론인 "······어린이의 생각은 우리 자신의 생각보다 더 자기중심적이고 ······그것은 엄격한 의미의 자폐증과 사회화된 사고 사이 의 중간 지점에 있다(1, p. 376)"는 명제에 다시 도달한다.

2-1-45] 처음부터, 자기중심적 사고의 이 이중적 특징들에서, 피아제가 늘 자기중심적 사고와 자폐증을 나누는 계기들보다는 자기중심적 사고를 자폐

증 쪽으로 가까이 다가가게 하는 계기들을 강조했다는 것은 지적할 만한 가치가 있을 것이다. 그의 책 마지막 부분 어느 문단에서 그는 진리라 확고하게 믿고 "총괄하면, 자기중심적 생각에 있어서 놀이는 헌법의 위상을 가진다(1, p. 401)"고 단정했다.

2-1-46] 어린이 생각을 자기중심성으로부터 분리하는 것보다 자기중심성으로 수렴시키는 계기들에 대한 이와 같은 강조는 자기중심성의 기본적 표현, 곧 혼합주의에 대한 특징의 서술에서 각별히 두드러진다. 피아제는 혼합주의가, 어린이 논리의 다른 자질들과 마찬가지로, 어린이 자기중심성의 직접적 결과물이라고 판단했다. 어린이 논리의 가장 중심적인 자질에 대해 그는 이렇게 말한다. "우리의 결과물을 읽으면서 사람들은, 이런 혼합적 현상을 만드는 자기중심적 생각은 논리적 생각에 가깝다기보다는 자폐적 생각과 꿈에 가깝다는 믿음에 도달하게 될 것이다. 우리가 이제까지 기술한 사실은, 사실상, 꿈 혹은 망상에 속하는 여러 측면을 나타낸다(1, p. 173)."

2-1-47] 그렇지만 심지어 여기서도 피아제는 혼합적 사고의 기제를, 논리적 사고와, 정신분석이 배짱 좋게 꿈의 "상징주의"라고 불렀던 것 사이에 있는 중간적 계기로 간주하려 한다. 우리가 아는 바와 같이, "프로이트는, 본질적인 두 기능이 ……꿈에서 ……심상의 형성을 주재한다는 것을 보여 주었다. 한편에는 여러 개의 개별적 심상들을 하나로 융해하는 응축Verdichtung이 있고 ……다른 한편에는 한 대상에서 다른 대상으로 전자에 속한 특징들을 이동시켜 위치시키는 전위Verschiebung가 있다(p. 152)."

2-1-48] 라르손Hans Larsson을 따라 피아제는 응축과 전위라는 "이 두 기능과 (일종의 응축인) 일반화 기능 사이에 ……거기에 모든 중간적 고리가 꼭 있어야만 한다고 추정한다. 혼합주의는 정확하게 이러한 고리들 중 가장 본질적인 것이다(1, p. 174)."라고 말한다. 이와 같이, 우리는 자기중심성이 어린이 논리의 토대로 간주될 뿐 아니라 혼합주의와 같이 그것의 주요한 모든 표명들이 피아제의 이론에서 꿈의 논리와 생각의 논리 사이의 중간적, 과도기적 형태로

검토되는 것을 볼 수 있다.

2-1-49] 피아제는 다른 곳에서 말한다. "앞으로 보게 되겠지만, 혼합주의는 바로 그 기제 때문에, 자기중심적 생각의 다른 모든 표명과 마찬가지로 자폐적 사고와 논리적 사고의 중간쯤에 있다." 우리가 혼합주의 사례를 꼼꼼하게 살핀 것은 바로 이 이유 때문이다. 우리가 본 바와 같이, 피아제는 자신이 혼합주의와 관련하여 단정했던 것을, 어린이의 자기중심적 사고를 드러내는 다른 모든 특별한 자질로도 확대한다.

2-1-50] 피아제 생각 전체에서 중심적 착상인 어린이 생각의 자기중심적 성질을 설명하기 위하여, 우리에게 남겨진 것은 세 번째이며 가장 근본적인 계기-정확하게 표현하면, 자기중심적 사고를 한편으로 꿈의 논리에, 순수 자폐증에 연결시키고 그리고 다른 한편으로는 이성적이고 논리적인 생각에 결합시키는 발생적 관계들을 개괄하는 것이다. 우리는 이미 앞에서 피아제가 구조적, 기능적으로 자기중심적 사고를 생각 발달의 두 극단을 중간에서 연결시키는 고리로 파악하는 것을 보았다. 정확하게 동일한 방식으로, 피아제는 생각 발달에서 출현하는 이 세 무리를 통합시키는 발생적 연결과 관계의 문제를 해결한다.

2-1-51] 전체로서 생각 발달에 대한 피아제의 전체 개념에 관한 최초의, 기본적 발달과 어린이 자기중심성에 대한 발생적 규정의 원천은 최초적이고 필연적이며 아동 심리상 가장 자연스러운 생각 형태가 자폐적 형태라는 입장으로 이는 정신분석에서 차용한 것이다. 이와는 대조적으로 사실적 생각은 어린이 외부로부터, 어린이의 사회적 환경이 조성하는, 오랜 기간에 걸친 체계적인 강요의 도움을 통해 어린이에게 도착한 후기의 산물이다.

2-1-52] 피아제는 말문을 연다. "논리적 활동은 지성의 전부가 아니다. 사람은 매우 논리적이지 않으면서도 지적일 수 있다." 정신의 다양한 기능들은, 다른 기능 없이 혹은 다른 기능에 앞서 나타날 수 없다는 식으로 서로 간에 연결되지 않는다. "논리적 활동은 진실을 입증하고 밝히는 것이다……. 이 해

결책의 발견은 상상에 의존하지만 논리적 활동의 결핍, 필요 자체는 매우 늦게 나타난다(1, p. 372)."

2-1-53] 피아제가 말하길, 이렇게 늦는 것은 "두 가지 까닭" 때문이다. "첫째는, 생각은 진리 추구를 위해 스스로를 제약하기 훨씬 전에 즉각적인 만족에 봉사한다는 것이다. 생각의 가장 자연발생적인 출구는 놀이 혹은, 적어도 욕망이 일자마자 그것이 실현되었다고 믿게 해주는 의사-환각적 상상이다. 이것이 놀이, 어린이의 증언 그리고 어린이의 거짓말을 연구하는 모든 저자의 관점이다.

2-1-54] 이것이 '쾌락원리'Lustprinzip가 '현실원리'Realitätsprinzip에 앞선다는 것을 보이면서 프로이트가 정력적으로 재진술한 것이다. 이제 어린이는 7세 혹은 8세까지 유희적 경향성으로 충만하게 되는데, 그것은 이 연령 전에는 어린이가 우화와 사실로 받아들여진 사고를 구별하는 데 극단적인 어려움을 겪는다는 것이다(1, p. 372)."

2-1-55] 그래서 발생적 관점에서 보면, 자폐적 생각은 생각의 초기, 우선적 형태로 제시되고, 논리는 상대적으로 늦게 출현하며, 자기중심적 사고는 발생적 관점에서 보면 자폐증에서 논리로 나아가는 생각 발달에서 과도기적 단계를 형성하는 중간적 위치를 차지한다.

2-1-56] 안타깝게도 어디서도 저자에 의해 체계적으로 일관성 있게 공식화되지 않았지만 어디서나 그의 전체 구성물에 결정적인 요소로 등장하는 어린이 생각의 자기중심성이라는 개념을 전체적으로 명료하게 하려면, 우리는 정확하게 표현하면, 어린이 생각의 자기중심적 성질의 기원이라는 문제에 대해, -이렇게 표현하는 것이 허락된다면, 그것의 부피 혹은 넓이에 대해-어린이 생각의 각 영역과 관련하여 이 현상의 경계와 한계에 대해 한 번 더 숙고해야만 한다.

2-1-57] 피아제는 자기중심성의 근원을 두 가지 환경에서 찾는다. 먼저, 정신분석을 따라, 어린이의 탈사회성에서 찾고, 다음으로, 어린이의 실행 활동[17]

의 독특한 성질에서 찾는다.

2-1-58] 피아제는 여러 번 자기중심적 사고의 중간적 성질에 관한 자신의 기본 입장은 가설적이라고 말한다. "그러나 이 가설은 올바르고", 아주 명확해서 "어린이의 자기중심성이라는 사실은" 그에게 "거의 반론의 여지가 없는 것으로 보였다." 그의 저작에서 이론적 부분은 "자기중심성이" 그가 검토하고 있는 "표현들과 논리적 현상을 이해하기 곤란하도록 이끄는 것인지 아니면 그 관계가 정반대인지를 알아보려는 포괄적인 문제"를 다룬다.

2-1-59] 그는 "그러나 발생적 관점에서 보면, 어린이의 생각을 설명하기 위하여 우리는 명백히 어린이의 활동으로부터 출발해야만 한다"고 적고 있다. "이제, 이 활동은 부정할 수 없이 자기중심적이고 이기적이다. 분명한 형태를 취하는 사회적 본능은 더 나중에야 발달한다. 이런 측면에서 우리는 최초의 결정적 시기를 7세나 8세쯤에 위치시킬 수 있다(1, p. 377)." 따라서 피아제는 이 연령대가 논리적 반성이 이루어지는 최초의 시기이자 또한 자기중심성의 결과물로부터 벗어나려는 어린이의 노력이 처음으로 펼쳐지는 시기라고 설명한다.

2-1-60] 일반적으로 말하면, 자기중심성을 사회적 본능의 늦은 발달로부터 그리고 어린이 성질의 생물학적 이기심으로부터 도출하려는 이 시도는 자기중심적 사고를, 피아제에게는 이성적 사고 혹은 사실적 사고와 일치하는, 사회화된 사고에 대조되는 개인적 사고로 정의한 데에 이미 담겨 있다.

2-1-61] 이 자기중심성의 영향력이 미치는 영역의 부피 혹은 넓이에 관한 두 번째 질문에 관하여, 피아제는 자기중심성의 영향력을 어린이가 지닌 생각과 행동 전체에 대한 기본적이며 우선적인 근원일 뿐만 아니라 보편적 근원으로 간주하면서, 피아제가 그것에 절대적인 현상으로서의 보편적 가치를 부여하려 한다는 것을 나는 지적하지 않을 수 없다. 이와 같이, 우리는 피아제가 어린이 논리를 나타내는 풍부하고 다양한 모든 결정적 표명을 어린이 자기중심성의 직접적 혹은 간접적 표명들로 간주하는 것을 보았다.

2-1-62] 그러나 이것으로 끝나지 않는다. 자기중심성의 영향력은, 이로부터 파생된 결과의 노선을 따라 위로 뻗어 나갈 뿐만 아니라, 그것이 출현하도록 이끌어간 원인의 노선을 따라 아래로 뿌리 내린다. 이미 언급했던 것처럼, 피아제는 어린이 활동의 이기적 성질을 어린이 생각의 자기중심적 특징 앞에 위치시키고, 그것을 8세에 이를 때까지 표출되는 어린이 발달 전체의 탈사회적 성질과 결부시킨다.

2-1-63] 어린이의 자기중심성에 대한 가장 중심적인 표명들 중 한 사례, 즉 어린이 사고의 혼합주의와 관련하여, 피아제는, 이 특별한 자질이 어린이 생각의 이러저러한 영역들을 구분하는 것이 아니라, 전체로서의 어린이 생각을 결정한다는 것을 직접적으로 분명하게 보여 준다. 그는 "혼합주의는 어린이 생각의 모든 것을 관통한다"(1, p. 390)고 말한다. 다른 곳에서 그는 다음과 같이 말한다. "이제, 자기중심성은, 오직 사회적 사고의 습관이 형성되기 시작하는 7세나 8세쯤까지만 비중을 가지는 것으로 보인다.

2-1-64] 그러므로, 약 7 1/2세에 이르기까지, 어린이의 모든 사고는, 그것이 순수하게 언어적(언어적 지성)이든 혹은 그것이 직접적 관찰(지각적 지성)이든 간에, 자기중심성, 특히 혼합주의의 결과물들로 오염될 것이다. 7세나 8세를 넘기면, 자기중심성의 이 결과물들은 즉각적으로 사라지지 않고, 정신의 가장 추상적이며 접근할 수 없는 부분(순수한, 말로 하는 생각의 영역)에 결정화되어 남는다(1, p. 153)."

2-1-65] 이 마지막 부분은, 자기중심성의 영향력의 범위가, 피아제에 따르면, 8세에 이르기까지는 전체로서 어린이의 생각과 지각 전 영역과 정확하게 일치하게 될 것이라는 사실에 대해 추호의 의심도 남기지 않는다. 8세 후에 어린이 생각 발달에 나타나는 새로운 단절은 사고의 자기중심적 성질이 어린이 생각의 한정된 부분에만, 추상적 추론의 영역에만 남는다는 사실로 이루어진다. 8세와 12세 사이에는 자기중심성의 영향력이 사고의 한 영역으로, 관련되는 한 부분으로 제한된다. 그러나 8세에 이를 때까지는, 그것은 제한되지 않

고 전반적으로 어린이 사고 전체 영역에 미친다.

2-1-66] 이것이, 이미 밝힌 바와 같이, 피아제 연구에서 핵심적이고 결정적인 가치를 지니며 그의 저작을 구성하는 모든 사실적 자료들에 대한 분석을 이해하는 데 열쇠가 되는 개념인 자기중심성을 특징짓는 기본 노선에 대한 간략한 설명이다.

2-1-67] 이 개념의 당연한 결과로 피아제의 입장이 성립된다. 사고의 자기중심적 성질은 필연적으로, 내적으로 어린이의 심리적 성질과 연결되며, 사고의 자기중심적 성질은 지속적으로, 규칙적으로, 회피할 수 없이, 안정된 양식으로 어린이의 경험과 독립하여 표명된다. 피아제는 다음과 같이 말한다. "경험 자체는 이런 식으로 지향된 정신을 결코 깨우치지 못할 것이다. 경험은 그릇될 수 있지만, 아동 자신은 그렇지 않다, 언제까지나!"

2-1-68] 마술적 의식으로 비가 내리기를 기원하는 미개인은 성공에 이르지 못한 것을 사악한 정신 때문이라고 설명한다. 유명한 상투적 표현을 빌리면, 그는 '경험에 좌우되지 않는다.' 경험은 기술(경작, 사냥 그리고 제조)의 매우 특별한 지점들에서만 그를 깨우치게 하지만, 사실과의 일시적이고 부분적인 이와 같은 접촉은 생각의 일반적인 방향에 영향을 미치지 못한다. 부모의 돌봄으로 그 모든 물질적 필요를 예측하는 어린이에게, 이것이 얼마나 더 잘 적용되겠는가! 이런 연유로 어린이가 사물의 저항을 배우는 것은 손으로 유희를 할 때뿐일 것이다(1, pp. 372~373)."

2-1-69] 이처럼 어린이가 경험에 좌우되지 않는다는 것이 피아제에게는 다음과 같은 그의 기본 관념과 연결된다. "확실히, 어린이 생각을 교육의 요소들로부터 그리고 성인이 어린이에게 행사하는 모든 영향력으로부터 고립시킬 수 없다. 그러나 이러한 영향력은, 마치 사진 원판에 흔적을 남길 수 있는 것처럼, 어린이에게 영향력의 흔적을 각인시킬 수 없다. 이러한 영향력은 동화된다. 말하자면, 경험을 겪고 이 경험을 본인의 실체와 통합시키는 살아 있는 존재에 의해 이러한 영향력은 변형된다. 우리가 기술하고자 했고, 어느 정도까지는 설

명하고자 했던 것은 바로 어린이의 이 심리적 실체, 바꾸어 말하면 어린이 생각에 있어 고유한 구조와 기능이다(1, p. 408)."[18]

2-1-70] 위와 같은 말에서, 사회적 매체의 영향을 동화하고 이들을 어린이 정신의 고유한 법칙에 따라 변형시키는 어린이의 심리적 실체를 연구하려는 피아제 연구 전체의 기본적인 방법론적 기초가 나타난다. 한마디로 말하면, 피아제가 기술한 것처럼, 어린이의 심리적 실체에 깊은 뿌리를 두고 있는 어린이 생각의 자기중심성은 사회적 생각의 형태가 왜곡된 결과로서, 이 왜곡은 그것을 키우고 발달시키는 법칙에 의해 만들어진다.

2-1-71] 피아제가 가볍게 던진 것처럼 보이는 이 마지막 진술을 통해, 우리는 피아제의 조사 전체에 나타난 철학의 발견에, 어린이의 심리 발달에서 드러난 사회적 경향성과 생물학적 경향성의 문제에 그리고 전체로서 어린이 발달의 본질에 대한 질문에 아주 가까이 접근한다.

2-1-72] 저자의 설명에서 가장 설명되지 않은 채로 남아 있는, 방법론적으로 가장 복잡한 문제의 이 측면을 우리는 아래에서 상세하게 이야기할 것이다. 이에 앞서, 우리는 우리가 제시한 어린이의 자기중심성이라는 개념의 이론적, 실제적 정당화 가능성이라는 관점에서, 이 개념의 실체에 대한 검토와 비판에 관심을 둔다.

●

1) 2장은 처음에 피아제의 첫 두 저작(『어린이의 언어와 사고』 그리고 『어린이의 판단과 추론』)
의 러시아 번역본 서문으로 쓰였다. "그 안에서 비판하는", 내재적 비판의 형태를 취
하여 쓰였다. 비고츠키는 피아제의 최초 저작들로부터 가정들을 (그리고 매우 긴 인용
을) 취하며, 방법론적, 이론적, 그리고 심지어 철학적 함축성을 해부하려 한다.

이 요약에서, 우리는 인용을 무시하고 단지 전체로서 취한 장으로 비고츠키의 주장을
전달하려 한다. 우리는 우리가 1장의 두 괴물 같은 "문단"을 사용했던 방식처럼, 우리
요약에서 다양한 제안을 위한 번호 매기기를 위한 장치로, 이 장을 9절로 나눈다.

심리학은 젊은 분과이고, 게다가 아동심리학은 매우 젊은 분과이다. 한 분과가 젊은
때, 사실들의 발견을 **통합**할 수 있는 일반적으로 받아들여지는 체계가 없고, 그리고
모든 새로운 조사자들은 자신의 설명 원리를 가지고 자신의 심리학을 창조하려 한
다. [2-1-1~2-1-9]

Ⅰ 프로이트, 레비-브륄, 블롱델의 설명 원리들은 (각각, 무의식, 융즉, 그리고 "병리적 의
식") 모두 다 객관적이며, 신뢰할 수 있는, 사회-문화적 현상(예를 들면, 더 일반적
으로 말과 인간관계)으로부터 심리적 현상(예를 들면, 사고와 분위기)을 나누려 했고,
그리고 결과적으로 그들은 모두 이원론적 경향과 비고츠키가 **"형이상학적"** 뒷
맛이라고 부른 것을 지닌다. [2-1-10~2-1-13]

Ⅱ 이에 대한 피아제의 최초의 반응은 **경험주의적**인 것이었다. 부연하면, 그는 자신
의 초기 저작을, 오직 맨 마지막에 출현하는 설명만을 허용하면서, 사실적 관찰
에만 한정하려 했다. 그렇지만 비록 이를 해 내려는 피아제의 시도가 피아제의
사실적 관찰들의 공통된 근원을 파악하려는 비고츠키의 과제를 훨씬 더 어렵게
만들었지만, 이론을 회피하는 데 전적으로 성공할 수 없었고, 그리고 당연히 이
원론을 회피하는 데 성공할 수 없었다. [2-1-14~2-1-24]

Ⅲ 비고츠키는 역순으로 나아간다. 부연하면, 어린이 생각의 특수한 자질들이 단일
한, 공통된, 기저에 놓이는 원인을, 즉 어린이 생각의 **자기중심성**을 가지는 것 같
다는 결론에 피아제가 도달한 피아제의 두 번째 저작 『어린이의 판단과 추론』의
끝부터 시작한다. [2-1-25~2-1-34]

Ⅳ 피아제는 자기중심성을 **이행 중인** 한 단계로, 바꿔 말하면 "자폐증"과 성인의 사
회화된 생각의 중간 길로 간주한다. 그러나 비고츠키는 이 이행 단계를 위치시키
려는 피아제의 모든 노력이 후자보다는 전자에 훨씬 더 가까이 위치시키려는 경
향이 있음을 알아차린다. [2-1-35~2-1-55]

  A) 자기중심성은 **발생적으로** 이행적이다. 그 까닭은 그것이 변덕과 갈망의 먹

이가 되는 원시적인 "자폐적 생각"과 객관적인 목적을 향하는 이성적 생각 사이에 놓이기 때문이다. 이런 연유로 가상놀이(1967년 피아제의 "상징적" 놀이)를 하려는 어린이의 경향이 출현한다. 가상놀이는 구성적 결과물을 가지지 못하고 단지 꿈이 즉각적으로 실현되는 상상의 상황을 창출한다.

B) 자기중심성은 **기능적으로** 이행적이다. 그 까닭은 그것이 여전히 욕망의 만족을 향하고 욕망을 현실에 조절하기보다는 현실을 욕망에 동화하려고 하기 때문이다. 이런 연유로 어린이의 "혼합주의"가 출현한다. 혼합주의는 모순에 둔감하고, 인과적 관계에 연연하지 않으며 사실들을 병치하는 경향이 있고, 그리고 내관을 허용하지 않는다.

C) 자기중심성은 **구조적으로** 이행적이다. 그 까닭은, 비록 어린이의 행위가 이제 의식적 통제에 복종하지만, 어린이 생각 과정은 그렇지 않기 때문이다. 어린이 생각 과정의 구조는 꿈처럼, "응축"(즉, 구체적인 대상으로 욕망을 구체화)과 "대체"(즉, 한 욕망을 다른 욕망으로 이동)에 의하여 특징지어진다.

V 비고츠키는 하나는 피아제 이론에서 자기중심성의 **원인** 그리고 다른 하나는 그로부터 흘러나오는 **결과**의 영역과 범위, 이 둘에 대한 질문을 던지면서 이 절을 끝낸다. 자기중심성은 어린이 생각의 (말로 하는) 분야에 침투할 뿐만 아니라, 또한 활동에서, 피아제에 따르면, "의심할 바 없이 자기중심적"인 생각의 (실천적) 근원을 지배한다. [2-1-56~2-1-72]

A) 피아제는 자신의 타당한 두 **원인**을 프로이트에게 의존한다. 부연하면, 하나는 어린이의 "탈사회성"이고, 두 번째는 어린이의 노동 없이도 대체로 만족될 수 있는 어린이의 생물학적 필요다.

B) 피아제는 자기중심적 생각이 7세가 될 때까지는 어린이 행동을 위한 생각의 **결과**에 스며든다고 간주한다. 그 까닭은, 마치 어린이 활동이 어린이 생각을 결정하는 것처럼, 어린이 생각이 말을 결정하기 때문이다. 7세를 넘어서면, 자기중심적 생각은 추상적 사고의 영역으로 자리를 옮긴다. 추상적 사고의 영역에서 어린이는 단순한 사실들에 의해 자신의 자기중심적 생각에서 깨어날 수 없다.

VI 마지막으로, 비고츠키는 피아제에게 있어서 자기중심성의 기원은 어린이 생각을 사회화된 생각에 대립되는 **개인적** 생각으로 정의하는 피아제의 방법에 있다고 적고 있다. [2-1-60~2-1-72]

2) 레비-브륄(1857~1939). 프랑스의 사회학자·철학자. 뒤르켕 학파의 학풍을 계승하여 인식 사회학에 공헌하였고, 미개인의 정신 구조를 고찰하여 원시 심성을 주장하였다. 저서에『콩트의 철학』,『미개 사회의 사유思惟』따위가 있다.

3) 지그문트 프로이트(Sigmund Freud, 1856~1939). 오스트리아의 정신과 의사. 철학자이자 정신분석학파의 창시자이다. 프로이트는 무의식과 억압의 방어 기제에 대한 이론,

그리고 환자와 정신분석자의 대화를 통하여 정신 병리를 치료하는 정신분석학적 임상 치료 방식을 창안한 것으로 유명하다. 또 그는 성욕을 인간 생활에서 주요한 동기 부여의 에너지로 새로이 정의하였으며, 자유 연상, 치료 관계에서 감정 전이의 이론, 그리고 꿈을 통해 무의식적 욕구를 관찰하는 등 치료 기법으로도 알려져 있다.

4) 블롱델(1861~1949). 프랑스의 철학자. 행위의 철학을 논하고 행위에서 발생하는 신앙을 사실의 인식 위에 놓았다. 저서에『행위·생활의 비판 및 실천의 철학 시론』이 있다.

5) 원제목은『Les fonctions mentales dans les sociétés inférieures』.

6) 원제목은『La conscience morbide』.

7) 클라파레드(1873~1940). 스위스 출신의 아동 심리학자. 피아제에게 연구소 자리를 넘겨줌. 지능은 새로운 상황에 적응하는 능력이라고 함.

8) 루소(1712~1778). 프랑스의 작가·사상가. 이성보다는 감성을 중요시하는 낭만주의의 기초를 마련하였으며 인위적인 문명사회의 타락을 비판하고 자연으로 돌아갈 것을 역설하였다. 저서에『인간 불평등 기원론』,『사회 계약론』 따위가 있다.

9) 브렌타노(1838~1917). 독일의 철학자. 마음의 내용보다는 마음의 행동에 관심을 갖는 행동심리학 또는 지향성이론을 세운 것으로 평가받는다. 시인 클레멘스 브렌타노의 조카이다. 저서에는『경험적 심리학 Psychologie vom empirischen Standpunkte』(1874),『감각심리학 연구 Untersuchungen zur Sinnespsychologie』(1907),『심리 현상의 분류에 관하여 Von der Klassifikation der psychischen Phänomene』(1911) 따위가 있다.

10) 비고츠키는 라틴어 'ad hoc'를 사용했다. 그 뜻은 "특별한 목적을 위해서"지만, 다음과 같이 사용될 수 있다. 1) 특정한 문제나 일을 위해 만들어진 관습적인 해결책. 2) 일반화할 수 없는 해결책, 3) 어떤 다른 목적에 적응시킬 수 없는 해결책.

11) 비고츠키는 라틴어 'Mare novum'을 사용했다. 여기에는, 비고츠키가 피아제를 콜럼버스나 바스코 다가마 또는 마젤란과 같이 새로운 항로를 따름으로써 새로운 사실의 바다를 발견한 탐험가에 비유하는 함의가 숨어 있다.

12) 교사에게 일반적인 이론이 아니라 사실들의 수집과 분석이 더 중요하다고 하는 피아제의 주장과 관련하여, 이론적 타당성과 별개로 교재 연구 시간도 없다고 하는 한국의 교사에게 수업 시간에 벌어졌던 것들을 정리하면서 사실들을 분석하라는 것은 실천적 측면에서 공허하기만 하다. 이러한 주장의 현대적 변용을 아이들의 학습을 장려하는 방법이 무엇인지는 알려 줄 수는 없지만, 수업을 관찰하여 하나하나 사실을 분석하며 이를 찾아보자는 "배움의 공동체"에서 확인할 수 있다.

13) 비고츠키는 발생적, 기능적, 구조적 분석을 통해 인과적 역동성을 파악한다. 독자는 분석 대상의 발생, 기능, 구조의 변화를 종합적으로 연결하여 파악하는 모습을 이 책 전반에서 지속적으로 만나게 된다.

14) Paul Eugen Bleuler(1857~1939). 스위스의 정신 의학자. 프로이트의 정신 분석학을 응용하여 정신 의학 분야에 많은 업적을 남겼다.

15) 자폐적 사고로 피아제가 사용한 프랑스어 표현은 "pensée Autistique."

16) 자기중심적 사고로 피아제가 사용한 프랑스어 표현은 "pensée égocentrique."

17) 실행활동에 사용된 러시아어 단어는 "**деятельности**"이다. 그러나 여기서 피아제가 말하는 활동은 목적지향적인 활동이 아니라 어린이의 놀이이다.

18) 피아제의 개인적 구성주의에서, 독립적 학습자관은 이 문단에서 인용된 피아제의 진술과 밀접한 관계가 있어 보인다.

2-2¹⁾

2-2-1] 그러나 개체발생적 또는 계통발생적 발달의 관점 중 무엇으로 검토를 하더라도 자폐적 생각은 어린이나 또는 인류의 정신 발달에 있어 완전히 초보적인 단계는 아니다. 그것은 완전히 원시적 기능, 발달의 전체 과정의 시발점, 그로부터 다른 모든 것들이 생겨나는 최초의 그리고 기본적인 형태가 아니다.

2-2-2] 생물학적 진화의 관점에서, 그리고 영아의 행동에 대한 생물학적 분석의 관점에서 검토하더라도 자폐적 생각은 프로이트가 제시하고 피아제가 받아들인 기본적 입장, 즉 자폐적 생각이 기초적이며 기본적이고 생각의 발달에 있어 그 위에 다른 모든 단계들이 상층구조로 서게 되고 가장 일찍이 나타나는 사고는, 피아제의 표현을 인용하면, 이 '의사-환각적 상상'이며, 자폐적 생각을 지배하는 쾌락 원칙은 합리적 생각의 논리를 통제하는 현실 원칙에 우선한다는 입장을 정당화하지 못한다.

2-2-3] 최근에 그는 '자폐적 생각'이라는 말이 대단히 많은 오해를 낳았다는 사실을 지적하였다. 이 개념 안에는 자폐적 생각과 정신분열적 자폐증이 한데 묶여 있거나, 자폐적 생각을 이기적 생각과 동일시하는 등의 내용이 한데 꾸려져 있다. 따라서 블로일러는 자폐적 생각을 현실적이고 합리적인 생각과 대비시켜 '비현실적 생각'으로 부를 것을 제안하였다. 이와 같은 지칭상의 어쩔 수 없는 변화에, 이 명칭이 나타내는 가장 중요한 개념상의 변화가 내포

되어 있다.

2-2-4] 이러한 변화는 자폐적 생각에 대해 쓴 블로일러 자신의 저작에 훌륭히 나타나 있다. 이 연구에서 그는 자폐적 생각과 합리적 사고 사이의 발생적 관계에 대한 질문을 직접 제시한다. 그는 일반적으로 자폐적 생각은 합리적인 생각보다 발생적으로 이른 시기를 차지한다고 받아들여지는 것을 지적한다. "현실의 복잡한 요구를 만족시키는 현실적 기능la function du réel은 질병의 영향 하에 자폐적 생각보다 훨씬 더 쉽게 분열되고 자폐적 생각은 병리적 과정의 결과 전방으로 나타나게 되므로 자네를[2] 필두로 한 프랑스 심리학자들은 현실적 기능이 가장 고도의, 가장 복잡한 기능이라고 주장하였다. 그러나 이와 연관해서는 오직 프로이트만이 명확한 입장을 견지한다. 그는 발달의 경로에서 쾌락의 기제가 최초로 나타난다고 직접적으로 지적한다. 그에 따르면 다른 노력 없이 어머니에 의해 진정한 욕구들이 완전히 충족되는 젖먹이 아기와, 껍질로 둘러싸여 바깥세상과 단절된, 부화중인 병아리 모두는 훨씬 더 자폐적인 삶을 산다고 상상할 수 있다. 말하자면, 영아는 불편함의 정도가 커짐이나 불만족에 대한 불쾌감을 울음이나 팔다리의 휘젓기와 같은 운동 반응으로 나타내어 환각적인 만족을 야기함으로써 그 내적 욕구들에 대한 환각적인 만족을 얻는 것으로 보인다(2, pp. 55~56)."

2-2-5] 보다시피 블로일러는 여기서 아동 발달에 대한 정신분석 이론의 기본적 입장을 공식화한다. 피아제는 이를 토대로 자기중심적인 어린이 생각을 이 최초의, 시초적 자폐성(유아기의 심리에 대한 다른 연구에서 피아제는 이를 매우 일관되게 자기중심성이라고 부른다), 그 논리적 한계까지 나아간 것 즉 유아론唯我論과 현실적 생각 사이의 이행적 단계로 규정한다.

2-2-6] 이 입장에 반하여, 블로일러는, 우리 생각에, 발생적 관점에서 난공불락의 주장을 내세운다. 그는 말한다. "이에 대하여 나는 동의할 수 없다. 나는 아기가 환각적인 만족을 하는 것을 발견할 수 없다. 나는 실제 음식이 정말 섭취되었을 때에만 만족함을 발견하며, 나는 계란 속 병아리는 스스로가 나아

갈 길을 헤쳐감에 있어서 표상의 도움이 아니라 화학적이고 물리적으로 실제적인 조장을 통해 그렇게 한다고 말해야 한다.

2-2-7] 더 성장한 어린이를 살펴보면, 나는 또한 이 어린이가 상상의 사과를 실제의 사과보다 더 선호하는 것을 거의 관찰하지 못한다. 정신 지체자나 야만인들은 모두 현실 정치의 신봉자들이며 후자는 (지적 능력의 정점에 있는 우리와 똑같이) 이성과 경험의 결핍이 있을 경우, 즉 세상, 자연의 현상에 대한 자신의 관념, 질병이나 다른 운명적 역경에 대한 스스로의 이해, 그들로부터 자신을 보호하려는 대책의 마련, 그리고 스스로에게는 너무 복잡한 다른 관계들에 있어 결핍이 있을 경우에만 자폐적인 우둔함을 나타낸다.

2-2-8] 정신 지체자에게 자폐적 생각은 현실적 생각과 마찬가지로 단순화된다. 나는 어떤 생물체가, 그것이 발달상 아무리 낮은 단계에 있다 한들, 가장 먼저, 최우선적으로 실제에 반응하지 않고 현실에 전혀 무관하게 반응하는 것은 어디서도 발견할 수 없을뿐더러 그런 것은 상상할 수도 없다. 또한 나는 유기체의 특정한 단계 이하에서는 자폐적 기능이 존재한다는 것을 상상할 수도 없다. 이를 위해서는 과거를 회상하는 복잡한 능력이 필요하다. 따라서 동물들의 심리는 (고등 동물에게서 발견되는 소수의 관찰을 제외하면) 오직 현실적 기능만을 알 뿐이다.

2-2-9] 그러나 이 모순은 쉽게 해결될 수 있다. **자폐적 기능은 단순한 형태의 현실적 기능만큼 원시적이지 않지만 어떤 의미에서 그것은 인간의 그것과 같이 후자의 가장 고등한 형태보다는 더욱 원시적이다.** 가장 하등한 동물은 오직 현실적 기능만을 가진다. 절대적으로 자폐적으로만 생각하는 살아 있는 실체는 없다. 특정한 발달 단계로부터 아래로 따라 내려가 보면 우리는 현실적 기능이 자폐적 기능과 조우하여 그때부터는 함께 발달하는 것을 발견한다(p. 57~58).[3]

2-2-10] 사실 쾌락 원칙의 최초성이나, 생각의 현실적 기능에 대해 환상, 꿈적인 논리의 우세를 주장하는 일반적인 논증에 당면해서 지적 활동의 최초 형

태는 외부 환경의 변화하는 상황에서 새로운 조건에 적응하는 근본적 형태를 대표하는, 현실을 지향하는 능동적이고 실제적 생각임을 확신하기 위해서는 단지 생물학적 진화의 과정에서 나타나는 생각 발달의 진정한 과정들을 조사하는 것으로도 충분하다.

2-2-11] 생물학적 진화의 관점에서 몽상의 기능과 꿈의 논리가 일차적이라고 가정하는 것이나, 최하등의 동물 형태로부터 고등의, 그리고 고등으로부터 인간으로의 생물학적 이행의 노선에서 자기만족의 기능으로, 쾌락 원칙에 종속된 과정으로 생각이 생겨나고 발달했다고 가정하는 것은 바로 생물학적 관점에서 볼 때 얼토당토않다. 쾌락원칙의 우선순위를 생각 발달의 앞에 두는 것은, 우리가 지성 또는 생각이라 부를 수 있는 새로운 심리적 기능의 출현과정을 애초부터 생물학적으로 설명할 수 없게 만든다는 것을 의미한다.

2-2-12] 그러나 개체발생의 노선에서도 똑같이 욕구의 환각적인 만족을 어린이 생각의 최초 형태로 인정하는 것은 의심할 여지가 없는 사실, 블로일러가 표현했던, 만족은 오직 음식을 실제로 섭취한 후에만 시작된다는 사실을 무시하는 것을 뜻한다. 이것은 더 성숙한 어린이 역시도 가상의 사과를 실제 사과보다 좋아하지 않는다는 사실을 무시하는 것이다.

2-2-13] 우리가 아래에서 보이고자 하는 것처럼, 블로일러의 기본적인 발생적 명제가 자폐적 생각과 현실적 생각 사이에 존재해야만 하는 발생적 연결과 연관된 모든 질문을 완전히 해결하지 못하는 것은 사실이지만, 두 가지 측면에서 이는 우리가 보기에 논의의 여지가 없는 것으로 보인다.

2-2-14] 첫째는, 자폐적 생각이 비교적 늦게 나타나는 것에 대한 지적이다. 둘째는 자폐성이 주요한, 최초적 특성이라는 생각을 생물학적으로 해결할 수 없다는 것에 대한 지적이다.

2-2-15] 우리는 블로일러가 이 두 형태의 생각의 출현과정에 있어 주요 단계들의 개요를 그리고 서로 묶어두려 시도했던 계통발생적 발달의 도표에 대해 더욱 심도 있게 다루는 작업을 시작하지는 않을 것이다. 다만, 우리는 개념

이 외적 세계의 자극적인 작용 영역 밖에서 연결되어 '논리적 기능에 따라 연결된 축적된 경험과 상응하고, 경험한 것으로부터 미지의 것으로, 즉 과거로부터 미래로 도출된 결론과 상응하며' 행동의 다양한 우연성과 자유로움의 가능이 가능해질 뿐 아니라 감각기관이나 우발적인 욕구의 무작위적 자극과는 아무런 관련도 없이 오로지 기억의 형태로의 생각으로만 구성되는 일관된 생각 또한 가능해지는 때인 생각 발달의 네 번째 단계에서만 자폐적 기능이 출현한다는 것을 말하고자 한다.

2-2-16] 블로일러는 다음과 같이 장황하게 말하고 있다. "오직 여기에서 자폐적 기능이 생겨날 수 있다. **여기에서만 강렬한 쾌락의 느낌과 연결되어 있고, 환상에서의 실현으로 만족되는 욕구를 만들어 내는 생각, 불쾌하거나 개인 자신이 고안해 낸 쾌락의 관념에 기여하지 못하는 것은 생각하지 않거나 치워 둠으로써 만들어지는 표상에 다른 외적 세계의 사고를 전환하는 것과 연결된 관념이 존재할 수 있다.** 따라서 비현실적인 기능은 현실적 생각의 요소에 비해 더 원시적일 수 없다. 그것은 후자와 동등한 방식으로 발달해야 한다."[*]

2-2-17] 한편으로, 개념 형성과 논리적 생각이 더 복잡해지고 더 변별될수록, 현실에 대한 그들의 적응은 더 정확해지고, 정서적 영향력으로부터 해방될 가능성은 더 커진다. 다른 한편으로, 똑같은 정도로, 과거로부터 감정적으로 채색된 기억심상의 중대한 영향이 그리고 미래와 관련된 감정적 표상이 발현될 가능성이 증대한다.

2-2-18] 다양한 인지적 조합이 무한히 다양한 환상을 가능하게 하는 동시에, 과거로부터 무수히 많은 정서적 기억과 미래에 대한 동등한 감정적 관념도 정신을 환상의 방향으로 밀어낸다.

2-2-19] 그들이 발달함에 따라, 두 형태의 생각이 드러내는 차이들은 훨씬 더 극명해지며 그들은 마침내 서로 완전히 정반대가 되어 더욱더 위중하고 심

---

[*] 우리는 이 둘을 평행하게 진행되는 과정으로 지칭하는 것이 부정확하고, (여기서 블로일러가 제시하는) 이 두 형태의 생각 발달 과정은 발달의 진정한 복잡성과 일치하지 않는다고 간주하려 한다.

각한 갈등으로 나아가게 된다. 그리고 이 양극단이 개인 내에서 모종의 근접한 평형을 획득하지 못하면, 그러면 한편으로는 유별나게 허황된 조합에 사로잡혀 현실에 둔감하고 활동을 기피하는 유형이 나타나며 다른 한편으로는 명료한 현실적 생각에 따라 현재만을 위해 살며 미래를 바라보지 않는 세속적인, 현실주의적 인물이 나타난다.

2-2-20] 그러나 계통발생적 발달에서의 이러한 평형론에도 불구하고, 많은 근거들을 토대로 볼 때 현실적 생각은 더욱 발달된 것으로 드러나며 일반적 정신 이상의 경우 현실적 기능이 대체로 더욱 심각하게 둔화된다(pp. 60~62)."[4] 블로일러는 자폐적 기능과 같이 계통발생적 측면에서 비교적 새로운 기능이 어떻게 그와 같이 만연하고 큰 힘을 얻어, 2세 또는 그 이상의 어린이들에게 있어서 자폐적 생각이 이미 그들의 (백일몽이나 놀이와 같은) 정신적 기능의 큰 부분을 지배할 수 있는지에 대해 질문을 제기한다.

2-2-21] 그런데 블로일러의 이 질문에 대한 대답을, 말의 발달은 자폐적 생각에 최대한 호의적인 조건을 만들어 내며, 덧붙여, 블로일러 자신이 지적한 바와 같이 자폐성은 인지적 능력들의 실현에 매우 우호적인 토양을 제시한다는 사실에서 찾을 수 있다.

2-2-22] "어린이가 군인 놀이를 하거나 엄마 놀이를 할 때, 이 어린이는 고양이가 장난을 통해서 살아 있는 사냥감을 사냥할 준비를 하는 것과 유사하게, 필요한 생각과 감정의 복합체를 시행한다(2, p. 76)."

2-2-23] 그러나 자폐적 기능의 발생적 본질에 대한 질문이 그런 식으로 설명된다면 그 성질에 대한 이 새로운 이해는 그 과정의 기능적 구조적 측면들의 관계에 대한 수정의 필요성을 전면에 드러낸다. 자폐적 생각에 의식이 결여되어 있다는 문제는 이러한 관점에서 우리가 보기에는 핵심적이다. 프로이트와 피아제는 서로 유사하게 "자폐적 생각은 무의식적이다"는 정의를 토대로 나아갔다. 피아제가 주장하기를, 자기중심적 생각은 완전히 의식적이지는 않고, 이러한 측면에서 그것은 성인의 의식적 추론과 꿈의 무의식적 활동의 가운데,

중간지점을 차지한다.

2-2-24] "어린이가 혼자서 생각하는 한 이 어린이는 사실, 자신의 추론 기제에 대한 의식적 파악을 할 필요가 전혀 없게 된다(1, p. 379)"고 피아제는 말한다. 피아제는 "무의식적 추론"이라는 표현이 매우 미덥지 못하다고 생각하여 사실상 이 표현을 피하며, 따라서 어린이의 생각에서는 아직 생각의 논리가 없기 때문에 행동의 논리가 지배한다고 말하는 쪽을 택한다. 이러한 이유는 자기중심적 사고가 무의식적인 것이기 때문인 것으로 보인다. 피아제는 "어린이 논리 현상의 대부분은 일반적 원인으로 귀속시킬 수 있다. 이 논리의 근원과 그 어려움의 이유들은 7, 8세의 연령에 이르기까지 어린이 생각의 자기중심성과, 그와 함께 딸려 오는 의식의 결핍에 있다(1, p. 381)." 피아제는 어린이가 내관(內觀)을 할 수 있는 능력이 불충분한 점과 의식적 파악에 곤란을 겪는 점에 천착하여, 자기중심적인 개인이 다른 이들보다 스스로를 더 잘 이해하며 자기중심성은 더욱 정확한 내관으로 이끈다는 일반적 관점이 옳지 않음을 확립하였다. 그는 "자폐성의 개념은, 정신분석에서, 생각의 의사소통 불가한 특성이 얼마만큼이나 모종의 의식의 결핍으로 이끄는지를 명확히 밝혀 준다(1, p. 377)"고 말한다.

2-2-25] 따라서 어린이의 자기중심성은 어느 정도의 의식적 파악의 결핍을 수반하며 이에 따라, 이는 어린이 논리의 어떤 특징들을 설명한다. 어린이가 얼마만큼이나 내관을 할 수 있는지 조사한 피아제의 실험적 연구는 이러한 입장에 대한 확신으로 이끈다.

2-2-26] 엄밀히 말하면 자폐적, 자기중심적 생각의 속성은 자기를 의식하는 것이 아니라는 입장은 자기중심적 생각에 대한 피아제의 관념의 가장 기초에 놓여 있다. 그의 기본 정의에서 이 사고는 그 목적과 과업을 실현하지 않는, 무의식적 충동을 충족시키는 사고이기 때문이다. 그러나 그에 덧붙여 자폐적 생각에서 의식의 결핍을 견지하는 입장은 불안정함이 새로운 연구들에서 증명되었다. 블로일러는 말한다. "프로이트에게 자폐적 생각은 무의식과 아주

가까이 위치하고 있어 범부凡夫들이 보기에 이 두 개념들은 서로 쉽게 병합된다(2, p. 43)."

2-2-27] 반면, 블로일러는 이 두 개념들이 엄격히 구분되어야 한다는 결론에 도달한다. 그는 "자폐적 생각은 원칙적으로 무의식적인 만큼이나 의식적일 수 있다"고 말하며 자폐적인 생각이 어떻게 이 상이한 두 형태를 취하는지 구체적인 사례를 제시한다(2, p. 43).

2-2-28] 결국, 자폐적 생각과 그 자기중심적 형태가 현실을 향하고 있지 않다는 생각은 새로운 연구들에 비추어 볼 때 불안정하다는 것이 증명되었다. "자폐적 생각이 자라나는 토양에서 우리는 현실로부터 떨어진 정도에 따라 그 두 변이형을 발견한다. 이들은 비록 극명히 차이가 나지는 않지만 그럼에도 그들의 전형적 형태들에 있어 충분히 큰 차이를 드러낸다(2, pp. 26~27)." 한 형태가 현실과 더 근접한가 덜 근접한가에 따라 다른 형태와 구분된다. "정상적이고 깨어 있는 사람의 자폐성은 현실과 연결되어, 거의 반드시 정상적으로 형성되고 견고히 확립된 개념만을 통해 작용한다(1, p. 27)."

2-2-29] 우리는 다소 앞서 나가, 후에 제시될 우리 자신의 연구결과를 미리 꺼내어 보면서 이 입장은 특히 어린이에게 적용될 때 정확하다는 것을 말하고자 한다. 그의 자폐적 생각은 가장 밀접하고 분리될 수 없이 현실과 연결되어 있고, 거의 절대적으로 어린이를 둘러싸고 있으며, 어린이가 마주치는 사실들에 대해서만 작용한다. 꿈에서 그 표현을 찾을 수 있는 다른 형태의 자폐적 생각은, 현실과의 분리로 인해 전혀 터무니없는 생각을 만들 수 있다. 그러나 꿈과 질환은 바로 그들의 현실 왜곡으로 인해 꿈과 질환이 되는 것이다.

2-2-30] 이와 같이 우리는 그 발생적 측면에서건 구조적 또는 기능적 측면에서건 자폐적 생각이 최초 단계가 아니고, 이로부터 생각의 진전된 형태들이 자라나는 토대가 아닌 것을 볼 수 있으며 그에 따라 어린이 생각의 자기중심성을 최초의, 기본적 형태로부터 생각의 최고 형태 사이의 중간적, 이행적 단계로 보는 관점은 명백히 수정이 필요함을 알 수 있다.

●

1) 그러나 어린이 생각의 기원적인, 우선적인 상태가 **개인적이** 아니라고 추정할 수 있을까? 어린이의 자폐증이 사실상 늦게 출현하는 경향이란 말인가? 이것이 비고츠키가 이 절에서 고찰하려는 것이다. [2-2-1]

 I 자폐증은 계통발생과 개체발생에서 발달의 출발점이라는 관념이 프로이트에 의해 진전되었고 피아제에 의해 받아들여졌지만, …… 그러나 피아제의 스승인 (자폐적 생각을 전공한) 블로일러를 포함하는 '생물학적 지향의 심리학자들'에 의해 **거부되었다**고 비고츠키는 지적한다. [2-2-2]

 II 블로일러는 '자폐증'은 매우 다른 개념들(예를 들면, 어린이의 '이기심'과 정신분열증, 전의식과 무의식, 따위)이 무질서하게 모여 있는 덩어리가 되었다고 지적한다. 그러나 블로일러는 이 개념들 중 어느 것도 **계통발생적으로, 사회발생적으로,** 혹은 **개체발생적으로,** 자폐증을 먼저 위치시킬 수 있는 근거를 제공하지 못했다고 주장한다. [2-2-3~2-2-12]

  A) 살아 있는 유기체는 생존하기 위하여 실제로 만질 수 있는 음식을 추구해야만 하는 것이지, '욕망' 혹은 '표상'을 추구하면 안 된다. 그래서 **계통발생**에서 자폐증이 우선 출현한다는 근거를 찾을 수 없다.

  B) 소위 '야만'은 인간이 사물을 이해하는 영역(농업, 제조업, 그리고 무역)에서 근대인처럼 이성적이고 실용적이다. 그것은 오직 질병에 걸렸을 때 그리고 명백하게 '자폐적' 생각 양식이 관찰될 수 있는 인간의 이해를 넘어선 사물과 천체의 움직임과 관련될 때만 그렇다. 상황은 우리와 똑같다. 그래서 **사회발생**에서 자폐증이 우선할 토대가 없다.

  C) 매우 어린 어린이는 울음을 멈추기 위하여 음식을 요구하지, '환각적인 만족'을 요구하지 않는다. 좀 큰 어린이는 가상의 사과보다 실제 사과를 더 좋아한다. 그래서 **개체발생**에서 자폐증이 우선할 토대가 없다.

 III 비고츠키는 심리적 지향의 가장 빨리 나타나는 형태는 실제를 지향하는 것이고, 오직 후에만 '비현실적' 자폐적 기능이 나타난다는 블로일러의 견해에 **동의한다.** 비고츠키는 이 지점을 지나면서 '현실적' 기능과 '비현실적' 기능이 나란히 발달한다는 블로일러의 신념에 **동의하지 않는다.** 이렇게 평행한다는 견해에서, 두 기능 간의 연관은 실제로 외적이고 그리고 궁극적으로 몽상적인 성인과 현실적인 비열한 성인으로 나뉘는 분기점에 도달한다. [2-2-6~2-2-16]

 IV 비고츠키는 발달은 한 지향으로부터 다른 지향으로, 나란히 나아가기보다는 연이어서 나아가는, 위기가 동반된 **지그재그로** 진행된다고 생각한다. 바로 '비현실적' 기능을 토대로 관념적 표상이 나타나고, 그리고 이것들은 심지어 현실적 지향의 고등 형태들(아마도 과학적 개념들?)을 낳는다. 이런 개념들의 토대 위에, 심지어 '비현실적' 기능의 고등 형태들(아마도 심미적 개념들 혹은 윤리적 개념들?)이 출현한다. [2-2-13~2-2-19]

V 블로일러는 '비현실적' 지향 같은 계통발생적으로 초기에 나타나는 기능이 어떻게 두 살에서 다섯 살 사이 어린이들의 삶에, 거의 전체적으로 놀이와 게임에 지배당하는 그들의 삶에 매우 광범위하게 침투하게 되는지를 묻는다. 공상적 놀이는 사냥을 가상하는 놀이가 고양이에게 하는 것처럼 적응적 기능을 수행한다고 그는 대답한다. 그러나 비고츠키는 바로 **말**이 상상력과 공상을 위한 '호의적인 토양'을 창조한다고 주장한다. [2-2-20~2-2-22]

VI 비고츠키는 이어서 프로이트와 피아제의 유아기 자폐증의 기능적 원인과 결과 그리고 구조적 원인과 결과에 대해 질문을 던진다. 자폐적 생각의 주요 기능은 **무의식적** 욕망의 실현이고 그리고 자폐적 생각의 주요 구조적 측면은 **무의식**이다. [2-2-23~2-2-25]

VII 무의식이라는 관념은, 필연적으로 대상을 의식하지 못한다고 그들이 자폐적 생각에 대해 내린 정의에 **내재한다**고 비고츠키는 한 번 더 불평한다. 만약에 그것이 자폐적 생각에 대한 정의에 내재한다면, 그것은 원인도 결과도 있을 수 없다. [2-2-26]

VIII 비고츠키는 '비현실적' 생각은 의식적(상상 그리고 공상) 혹은 비의식적(꿈과 환영)일 수도 있다는 블로일러에 동의한다. 그러나 그는 어린이의 '비현실적' 생각은 거의 전적으로 **의식적인 것**, 현실지향적인 것이라고 주장한다. 그런 이유로 인해, 어린이의 초기 역할놀이(예를 들면, '집', '병원', '학교')는 현실적인 것에 집중되고, 그리고 어린이의 환경에 근거하지 않는 역할놀이(예를 들면, '전쟁', '우주여행', '이상한 나라의 앨리스')는 나중에 등장한다. [2-2-27~2-2-29]

IX '자폐증'은 발생적, 기능적, 구조적 관점에서 볼 때 처음의 혹은 우선적인 것이 아니기 때문에, 피아제의 '자폐적', '자기중심적', 그리고 성인 생각이라는 순서 배열은 너무도 **신뢰할 수 없다.** [2-2-30]

2) 자네(Janet, Pierre-Marie-Felix, 1859~1947). 프랑스의 심리학자, 신경학자. 신경장애와 정신장애 분야에서 임상전문가로 활동. 독립적인 활동능력의 상실, 히스테리·강박관념·기억상실·성격 등 넓은 범위의 주제에 대해 연구하였다.

3) 네 문단에 걸쳐 길게 인용하고 있다.

4) 다섯 문단에 걸쳐 길게 인용하고 있다.

2-3 1)

2-3-1] 이와 같이 어린이의 자기중심성이라는 개념은 피아제 이론에서, 모든 지점에서 유래한 실들이 한 지점에서 교차하고 모이는 그러한 중심 초점의 위치를 차지한다. 이 실들의 도움으로 피아제는 어린이 논리를 특징짓는 개별적 자질들의 총체적 다양성을 하나로 통일시킨다. 그리고 그는 그것들을 일관적이지 못하고 무질서한 혼동의 실 뭉치로부터 단일한 원인으로 귀속시킬 수 있는, 단단하게 구조화된 복합적 현상으로 전환시킨다. 그러므로 어린이의 자기중심성이라는 개념에 토대를 두는 전체 이론적 구조에 대해 의문시하기 위해서는 나머지의 이론들이 의존하는 이 기본적 개념을 흔드는 것으로 충분하다.

2-3-2] 그러나 이 기본 개념의 견고성과 신뢰성을 검증하기 위해서, 이 기본 개념이 의존하고 있는 사실적 토대와, 연구자로 하여금 의문의 여지없이 가설의 형태로 이 개념을 허용하도록 한 사실이 무엇인지 자문해 보아야 한다. 위에서 우리는 진화심리학과 인간의 역사심리학의 데이터에 근거한 이론적 고려에 비추어 이 개념을 비판적으로 검토하려 했었다. 그러나 우리가 사실적 토대를 검증하고 확증하는 방법을 모른다면 이 개념에 대한 최종판단을 유보해야 한다. 그렇지만 이 사실적 토대는 오직 경험적 연구를 통해서만 확증될 수 있을 것이다.

2-3-3] 여기서 이론적 비판은 실험적 비판에 그 자리를 내어주어야 한다. 즉

설득과 불복의, 주장과 반박의 게릴라전은, 논박하려는 이론의 토대로 추정되는 사실들과 맹렬하게 다투는 새로운 사실들이 줄지어 집결하여 밀접한 대형을 이룬 진지전眞摯戰에 자리를 내주어야만 한다.

2-3-4] 저자가 자신의 개념을 지지하는 사실들의 토대로 파악하고 있었던 것을 가능한 한 정확하게 확정하기 위하여, 무엇보다도 먼저 우리는 피아제 본인의 생각을 설명하고자 한다.

2-3-5] 피아제 이론의 기초는 어린이 말의 기능을 설명하는 데 바쳐진 피아제의 첫 연구에서 발견된다. 이 연구를 통해, 피아제는 어린이의 모든 대화는 크게 자기중심적 말과 사회적 말로 지칭될 수 있는 두 묶음으로 나누어질 수 있다는 결론에 도달한다. 자기중심적 말이라는 명칭을 통해 피아제는 무엇보다 그 기능에 의해 구분되는 말을 의미하고자 한다.

2-3-6] 피아제는 말한다. "이 말은 자기중심적이다. 그 까닭은 첫 번째로 어린이가 오로지 자신에게 말하기 때문이며, 무엇보다도 어린이가 대화자의 관점에서 자신을 위치시키고자 하지 않기 때문이다(1, p. 72)." 어린이는 다른 사람이 듣고 있는지에 관심이 없고, 대답을 기대하지 않으며, 대화자에게 영향을 미치고자 하는 욕구나 실제로 그에게 무언가를 보고하고자 하는 욕구를 경험하지 못한다. 이것은 독백이고, 연극의 방백과 닮았으며, 그것의 본질은 다음과 같이 표현될 수 있다. "어린이는 마치 크게 소리 내어 생각하는 것처럼 자신에게 이야기한다. 그는 어느 누구에게도 말을 걸지 않는다(1, p. 73)." 어린이가 열중하고 있을 때, 그는 자신의 행동에 조각말들을 수반시킨다. 여기서 이것들은 어린이의 행동에 대한 언어적 수반물이다. 피아제는 이들을 자기중심적이라 명명하여 그들과는 완전히 기능이 다른, 어린이의 사회적 말과 구별한다. 여기서 어린이는 실제적으로 타인과 사고를 교환한다. 즉 그는 요구하고, 명령하고, 위협하고, 보고하고, 비난하며 질문도 제기한다.

2-3-7] 어린이의 자기중심적 말에 대한 철저한 임상적 도출과 기술, 그것의 측정, 그리고 그 운명의 추적이 지닌 논박할 수 없는 엄청난 공헌은 피아제의

몫이다. 피아제는 어린이 생각이 자기중심적이라는 것에 대한 우선적인, 기본적인 그리고 직접적인 증거를 바로 자기중심적 말이라는 사실에서 찾는다. 자기중심적 말의 측정은 초기 연령에서 자기중심적 말의 상관계수가 매우 크다는 것을 보여 주었다. 이러한 측정에 근거하면 6세나 7세에 이른 어린이가 진술한 것의 절반 이상이 자기중심적이라고 말하는 것이 가능하다.

2-3-8] 자신의 첫 연구의 결론에서 피아제는, "만약에 우리가 어린이 말에서 확립한 첫 범주에 속하는 세 하위 범주(반복된 말, 독백, 그리고 집단적 독백)가 자기중심적이라는 것을 인정한다면, 그러면 어린이의 생각은, 구어 표현들에서, 6세 반의 연령에서 44%에서 47% 정도가 여전히 자기중심적이다(1, p. 99)"라고 한다. 그러나 만약에 우리가 더 어린 어린이에 대해 이야기한다면, 심지어 6~7세의 어린이에 대해 말한다 하더라도 이 수치는 상당한 수준으로 증가해야만 한다. 이 수치의 증가는, 이후의 연구에서 나타난 것처럼 자기중심적 말뿐만 아니라 사회화된 말에서도 어린이가 자신의 자기중심적 생각을 보이고 있다는 사실에 기인한다.

2-3-9] 피아제는 확언한다. "그러므로 단순하게 표현한다면 성인은 혼자 있을 때에도 사회적으로 생각하고 7세 미만의 어린이는 공동체에 있을 때에도 자기중심적 방식으로 생각하고 말한다고 우리는 진술할 수 있다." 만약에, 낱말로 표현된 사고 이외에도 어린이에게는 엄청난 양의 표현되지 않은 자기중심적 생각이 있다는 부가적인 상황을 추가한다면 자기중심적 생각의 상관계수가 자기중심적 말의 상관계수보다 상당하게 더 크다는 것이 자명해질 것이다.

2-3-10] 어린이 생각의 자기중심적 특성이 어떻게 형성되는가를 설명하면서 피아제는 다음과 같이 말한다. "무엇보다 여러 명의 어린이 발화를 무작위로 선택하여 각 어린이 발화 전체를 한 달 동안 ……기록하면서, 우리는 5세에서 7세까지 혹은 그 이상 연령 사이의 어린이들이 자신이 원하는 대로 일하고 놀고 말했음에도 불구하고 이들의 자연발생적인 발화의 44%에서 47%가 여전

히 자기중심적이라는 것을 발견했다. 3세에서 5세 사이의 어린이에게서 우리는 54%에서 60%를 획득했다(……)."

2-3-11] "그러므로 자기중심적 말의 기능은 원리상 개인적 생각 혹은 개인적 행동과 동반할 수밖에 없다. 자네가 언어에 대한 그의 연구에 적고 있는 '행동에 수반하는 울음'이 이런 대화에 일부 포함된다. …… 따라서 어린이 언어의 많은 부분에 나타나는 이 특성은 생각 자체의 어떤 자기중심성을 증명하는 데, 특히 어린이가 자신의 행동에 리듬을 유지하는 데 사용하는 낱말 이외에도, 어린이는 수많은 표현 불가능한 사고들을 분명히 지니고 있기에 더더욱 그렇다. 이 사고들이 표현될 수 없는 까닭은 바로 어린이들에게 이를 위한 수단이 없기 때문이다. 이 수단은 타인과 의사소통하고자 하며 그들의 관점을 취하고자 하는 필요의 영향하에서만 발달한다(1, pp. 374~375)."

2-3-12] 이와 같이, 피아제에 따르면 자기중심적 생각의 상관계수가 자기중심적 말의 상관계수를 훨씬 초과한다는 것을 우리는 알 수 있다. 그럼에도 불구하고 어린이의 자기중심적 말은 어린이의 자기중심성이라는 전체 개념의 토대를 제공하는 근본적인 사실이며, 기록으로 남겨진 증거이다.

2-3-13] 자기중심적 말에 대한 명제를 진술한 자신의 첫 번째 연구를 요약하면서, 피아제는 이런 질문을 던진다. "이 연구에 근거하여 어떤 결론을 도출할 수 있을까? 6세나 7세쯤 되는 특정 연령까지 어린이들은 어른들보다 더 자기중심적인 방식으로 생각하고 말하며, 어린이들은 서로 간에 지적 탐색에 대한 의사소통의 정도가 어른들보다 덜하다고 주장할 수 있는 것으로 보인다(1, p. 91)."

2-3-14] 피아제의 견해에 따르면 이러한 까닭은 두 부분으로 이루어져 있다. "그 까닭은 한편으로는 7세에서 8세 이하의 어린이들 사이에서는 지속적인 사회적 삶이 부재하다는 것과 관련되고, 다른 한편으로는 어린이의 진정한 사회적 말, 즉 어린이의 주요 활동—놀이—에서 사용하는 말은 낱말로 표현되는 말인 만큼이나 제스처, 동작, 그리고 흉내의 말이라는 사실과 관련된

다(1, p. 93)."

2-3-15] "실제로 표현한다면 7세나 8세 전의 어린이들 사이에는 진정한 의미의 사회적 삶이 없다(1, p. 93)." 제네바 유치원에서 어린이들의 사회적 삶에 대해 피아제가 행한 관찰 결과에 의하면, 7세나 8세에 이르러서야 어린이들에게서 함께 작업할 욕구가 생겨난다.

2-3-16] 피아제는 말한다. "이제 우리는 정확하게 이 연령의 마지막에 이르러서 자기중심적 낱말들이 그 중요성을 상실한다고 믿는다." "다른 한편으로, 만약에 어린이의 말이 여전히 6세 반에 이를 때까지도 사회화가 덜 되었다면, 그리고 만약에 자기중심적 형태가 정보, 대화 등등의 역할과 비교해서 아주 상당한 역할을 한다면, 그것은 실상 어린이 언어가 실은 확연히 구별되는 두 가지 종류들을 포함하기 때문이다. 하나는 말에 동반하는 혹은 완벽하게 말을 대신하는 제스처, 동작, 흉내 등등으로 이루어지고 다른 하나는 오직 낱말로만 이루어진다(1, pp. 94~95)."

2-3-17] 이 연구에 근거해서, 초기 연령대에서 말의 자기중심적 형태가 지배적이라는 것을 확립하게 한 사실들에 근거해서, 피아제는 자신의 근본적인 작업가설을 세웠다. 우리가 위에서 제시한 바 있는 이 작업가설은 어린이의 자기중심적 사고는 자폐적 생각의 형태와 현실적 생각의 형태 사이에서 이행하는 형태로 간주된다는 사실로 되어 있다.

2-3-18] 피아제가 세운 전체 체계의 내적 구조와, 그것의 개별 성분들과 요소들 사이의 논리적 의존상태와 상호관계를 이해하기 위해서는 피아제 이론 전체의 기초가 되는 그의 주요 작업가설이 어린이의 자기중심적 말에 직접적으로 기반하고 있다는 점을 지적하는 것이 대단히 중요하다. 이것은 그가 수집한 자료들을 구성하는 데 요구되는 기술적 고려 때문도 아니고 설명의 순서적 배열 때문도 아니다. 이는 전체 체계의 내적 논리 때문이다. 어린이의 자기중심성의 본질에 대한 피아제의 가설과 유년기 자기중심적 말의 출현이라는 이 두 사실의 직접적 연결이 그 전체 체계의 근저에 놓인다.

2-3-19] 그러므로 만약에 우리가 이 이론의 실제 토대를 아주 정밀하게 탐구하기를 원한다면, 우리 앞에 놓인 과제는 어린이 말의 자기중심성에 대한 연구의 기저에 놓인 실제 전제에 대해 멈추어 잠시 생각해 보는 것이다. 이 장에서 우리는 피아제 본인이 행한 연구 사례에서 얻은 데이터 자체에는 관심을 두지 않는다. 피아제의 이 책에 있는 풍부한 내용을 구성하고 있는 개별적 연구 전부는 물론 심지어 주요한 것들까지도 가장 압축적인 방식으로나마 분석하는 것은 우리의 과제로 설정될 수 없다.

2-3-20] 이 장에서 우리의 과제는 상당히 다르다. 우리의 과제는, 모든 체계를 하나의 전체로서 한눈에 두고 봄으로써 이 각각의 연구들을 이론적으로 하나의 통합된 전체로 연결하는, 아무데서나 쉽게 눈에 띄지 않는 실들을 드러내고 비판적으로 이해하는 것이다. 간략하게 진술하면, 우리의 과제는 이 연구의 철학을 드러내는 것이다.

2-3-21] 오로지 이 관점에서, 오로지 이 철학의 실제적 실체화라는 관점에서, 여러 방향들에서 나아가는 연결들에 대해 이 지점이 가지는 중심적 가치라는 관점에서 우리는 특별한 조사를 통해 이 특정한 문제를 살펴야만 한다. 이미 언급했듯이, 이 비판적 검토는 사실적인 것 이외의 다른 것일 수 없다. 즉 최종분석에서 그것은 결국 임상적 연구와 실험적 연구에 의존해야만 한다.

●

1) 자폐적 생각 → 자기중심적 생각 → 사회화된 생각이라는 발달 순서를 그리고 자폐증의 우선순위를 그리고 여전히 '**자기중심성**'이라는 이론적 구성물에 걸려 있는 피아제의 관념을 우리는 쉽게 폐기할 수 있을까? 결국 피아제의 후기 저작에서 (그리고 『생각과 말』에 대한 피아제의 논평에서) 피아제가 한 일이 이러한 폐기이다. 이 절에서 비고츠키는 그러한 가능성을 검토한다. [2-3-1~2-3-21]

  I 비고츠키는 서로 만나는 다른 줄들(활동, 생각, 말)로 얽혀진 **거미줄**의 이미지로 시작한다. 어린이의 자기중심성은 거미처럼 가운데 앉아 있다. 그러나 우리가 중심에 앉아 있는 거미를 떨어내기만 하면 거미줄은 사라지게 된다. [2-3-1]

  II 이렇게 하기 위하여 이론만으로는 충분하지 않다. 비고츠키는 다른 이미지를 사용한다. 부연하면, 이론적 비판이라는 게릴라전은 진영을 갖춘 엄청난 사실들의 **진지전**에 굴복해야만 한다. [2-3-2, 2-3-3]

  III 『어린이의 사고와 언어』라는 피아제의 최초 연구에서, 피아제가 자신의 이론을 지탱하기 위하여 집결시킨 주요 사실들은 **말**에 관한 사실들이고, 그리고 특히 피아제가 '자기중심적 말'이라고 불렸던 것이다. 이것은 의사소통을 혹은 보고를 겨냥한 말이 아니고, 행위에 따르는 음악적 반주에 더 가까운 말이다. [2-3-4~2-3-6, 11]

  IV 피아제는 6세 혹은 7세에 이를 때, 어린이 발화의 **절반 혹은 그 이상**이 이 범주에 속한다는 것을 발견하고, 어린이의 생각은 말보다 훨씬 더 자기중심적이라고 추정한다. 피아제는 이에 부정적인 두 이유를 제시한다. [2-3-7~2-3-16]

   A) 피아제가 주장하길, 7세 혹은 8세에 이를 때까지 어린이는 "진정한 의미에서 사회적 삶이 **부재**"하다.

   B) 그들의 주된 활동-놀이는 낱말의 사용을 많이 요구하지 **않는다**.

  V 이러한 수치들과 그리고 사고영역으로의 이러한 외삽법이 '자폐적 생각 → 자기중심적 생각 → 성인의, 사회화된 생각'이라는 발생적 순서를 위한 사실적 **토대**이다. [2-3-17~2-3-18]

  VI 어떤 지점에서 (참고, 다음 절과 7장) 수치들에 의문을 제기하고 그것들을 점검하는 것이 필요할 것이다. 그러나 이 절의 주요한 과제는 이러한 사실들로부터 근거한 외삽법에 질문을 던지고, 그리고 더 광범위하게 그것들 뒤에 놓여 있는 **철학적 가정**들을 드러내는 것이다. [2-3-19~2-3-21]

2-4¹⁾

2-4-1] 자기중심적 말에 대한 피아제 연구의 기본 내용은 그의 책에서 충분히 분명하게 제시된, 순전히 사실적 측면은 가외로 하고 그 이론적 설명에 초점을 맞춘다면 다음으로 구성된다. 어린 시기의 어린이 말은 대부분 자기중심적이다. 그것은 의사소통을 위한 목적에 기여하지 않으며 의사소통 기능을 수행하지 않고 오직 추임새를 넣고 리듬을 유지하며 마치 반주가 주선율에 수반되듯이 어린이의 활동과 정서적 경험에 수반된다. 이 경우, 반주가 주선율의 경로나 순서를 본질상 변화시키거나 방해하지 않는 것과 마찬가지로 어린이의 말은 어린이의 활동이나 정서적 경험에 있어 본질적으로 아무 것도 변화시키지 않는다. 이 둘 사이에는 내적 연결보다는 모종의 어울림이 있다.

2-4-2] 피아제가 기술한 어린이의 자기중심적 말은 우리가 보기에 어린이 생각의 자기중심적 성질의 증상, 곁가지 또는 부산물인 것처럼 보인다. 어린이에게 이 시기 최고 법칙의 특징은 놀이이다. 피아제가 말하는 바와 같이 어린이 생각의 원래적 형태에는 어린이의 자기중심적 말로 표현되는 상상의 신기루가 있다.

2-4-3] 따라서 우리 추론의 연속적 경로의 관점에서 볼 때 대단히 중요하게 보이는 첫 번째 입장은, 자기중심적 말은 어린이 행동에 있어 객관적으로 유용하고 필요한 기능을 수행하지 않는다는 주장이다. 이것은 혼자서 자기만족을 위해 하는 말이며, 있어도 되고 없어도 되며 어린이 활동에서 본질적으로 아무

런 변화를 낳지 못한다. 자기중심적 동기에 완전히 종속되어 있고 주변 사람들에게 거의 이해가 불가능한 이 말은 어린이의 언어적 꿈으로서, 또는 어떤 경우에든 사실적 생각의 논리보다는 꿈과 환상의 논리에 더 가까이 있는 그의 정신적 산물로서 나타난다고 말할 수 있다.

2-4-4] 두 번째 주장은 이 연구에서의 어린이의 자기중심적 말의 기능에 대한 질문과 직접적으로 연결되어 있다. 정확히 말하면 그것은 어린이의 자기중심적 말의 운명에 대한 주장이다. 자기중심적 말이 어린이의 몽환적 생각의 표현이라면, 만일 그것이 꼭 필요한 것이 아니고 어린이 행동에 어떤 기능을 수행하지 않는다면, 만일 그것이 어린이 활동의 부산물이며 어린이의 활동과 정서적 경험에 음악의 반주와 같이 수반한다면, 여기서 어린이의 생각의 연약함과 미성숙의 증상을 발견하는 것이 자연스러우며 어린이 발달의 과정에서 이 증상이 사라질 것이라고 기대하는 것이 당연하다.

2-4-5] 기능적으로 무용하고, 어린이의 활동의 구조와 직접적으로 연결되지 않는 이 반주는 마침내 그것이 어린이의 습관적 말에서 완전히 사라질 때까지 점차적으로 그 소리가 줄어들 것이다.

2-4-6] 피아제의 사실적 연구는 실제로 어린이의 성장에 따라 자기중심적 말의 상관계수가 떨어지는 것을 보여 준다. 7세, 8세에 그것은 0으로 수렴하며 이 사실 자체가 자기중심적 말이 학령기를 막 넘어선 어린이의 특징이 아님을 나타낸다. 물론 어린이가 자기중심적 말을 버린 후에도 그의 생각의 결정적 요인으로 자기중심성이라는 토대를 포기하지 않고 이 요인은 또 다른 단면으로 옮겨지고 전이되는 것으로 피아제는 간주한다. 그것은 어린이의 자기중심적 진술에서 직접적으로 나타나는 것이 아니라 새롭고 고유한 모습으로 스스로를 드러내어 추상적인, 말로 하는 생각의 영역을 지배하기 시작한다.

2-4-7] 따라서 자기중심적 말은 어린이의 행동에서 아무 기능을 하지 않는다는 확신과 완벽한 조화를 이룬다. 피아제는 한 발 나아가 자기중심적 말은 단순히 죽어 없어지고, 시들어 사라지며 학령기로 접어들 때 소멸된다고 주장

한다. 자기중심적 말의 기능과 운명에 대한 이 문제는 그 연구 전체의 운명과 직접적으로 연결되어 있으며 피아제가 발달시킨 자기중심적 말에 대한 전체 연구의 중추신경인 것으로 보이는 것을 구성한다.

2-4-8] 우리는 어린이의 자기중심적 말의 운명과 기능에 대한 질문을 실험적, 임상적 탐구방법으로 연구하였다.[*] 이러한 연구들은 우리가 흥미를 가지고 있는 과정을 특징짓는 매우 본질적인 측면들을 확립하도록 해 주었다. 그것들은 피아제가 발달시킨 것과는 상이한, 어린이의 자기중심적 말의 심리적 본질의 이해로 인도하였다.

2-4-9] 우리는 이 연구의 기본적 내용, 절차 그리고 결과를 제시하기 시작하지는 않을 것이다. 이 모두는 다른 곳에서 이전에 보고된 바 있으며 현재는 그 자체로서는 흥미롭지 않다. 지금 우리의 관심을 끄는 것은 오직 피아제가 제시한 기본 주장(어린이의 자기중심적 말에 대한 피아제의 전체 연구가 여기에 기대고 있음을 상기하자)에 대한 사실상의 확증이나 거부를 위해 우리가 얻을 수 있는 사실에 있다.

2-4-10] 어린이의 자기중심적 말은 대단히 일찍부터 그의 활동에서 극단적으로 고유한 역할을 수행한다는 결론을 우리의 연구는 이끌어 내었다. 우리의 연구에서 전반적으로 피아제의 실험과 유사한 실험을 통하여 어린이의 자기중심적 말이 어떻게 유발되는지 그리고 어떠한 이유로 그것이 생성되는지 추적하고자 하였다.

2-4-11] 이것을 위하여 우리는 어린이의 행동을 피아제와 동일한 방식으로 조직하되 어린이의 행동을 가로막는 일련의 계기를 도입하는 차이만을 두었다. 예를 들면, 어린이가 자유롭게 그림을 그리는 상황에서 우리는 필요한 순간에 어린이에게 필요한 색연필, 연필, 종이, 물감이 없는 상황을 만들어 방해하였다. 간단히 말해 우리는 어린이 활동의 흐름에서 실험적으로 방해와 어려

---

[*] 이 연구들은 루리야, 레온티에프, 레비나와의 밀접한 협력을 통해 수행되었다. 그 내용은 뉴헤이븐 제9회 국제 심리학회에 제출된 간략한 보고서를 참고하라.

움을 일으켰다.

2-4-12] 우리의 연구에서 난관이 제시된 경우에 측정된 어린이의 자기중심
적 말은 피아제가 발견한 일반적 어린이의 상관계수나, 난관이 제시되지 않는
상황에서의 동일한 어린이에게서 측정된 상관계수에 비해 급격하게 두 배로
증가되는 것을 보인다. 우리 어린이들은 이와 같이 어려움에 처한 상황에서 자
기중심적 말의 증가를 보였다. 어린이는 난관을 마주치고 난 후 상황을 가늠
하고자 시도하였다. "연필이 어디 있지? 군청색 색연필이 필요한데…… 상관
없어. 그 색 대신 붉은색으로 그리고 물로 적셔야지. 그럼 어둡게 되어서 파랗
게 보일 거야." 이 모두는 혼자서 하는 추론의 형태이다.

2-4-13] 실험적으로 유발된, 활동에 대한 방해가 없는 동일한 상황을 계산
함에 있어 우리는 피아제보다 심지어 더 낮은 상관계수를 얻었다. 이와 같이 우
리는 활동의 원활한 진행을 가로막는 난관이나 방해는 자기중심적 말을 부르
는 여러 주요한 것 중 하나, 여러 요인 중 하나라고 가정할 수 있게 되었다.

2-4-14] 피아제 저서의 독자들은 우리가 발견한 사실들 자체는 이론적으
로 피아제가 여러 지점에서 자신을 설명을 통해 반복적으로 발달시킨 두 주
장, 두 개의 이론적 입장과 쉽게 비견될 수 있다는 것을 금방 알 수 있다.

2-4-15] 이것은 클라파레드가 첫 번째로 공식화한 것으로, 자동적으로 펼
쳐지는 활동에서 난관과 방해는 그 활동에 대한 의식적 파악으로 이끈다는
의식적 파악의 법칙이다. 다음으로, 말의 출현은 언제나 이러한 의식적 파악 과
정의 증거라는 주장이 있다. 우리는 우리 어린이들에게서 유사한 무엇인가를
관찰할 수 있었다. 그들의 자기중심적 말은, 달리 표현하면 상황을 말을 통해
이해하고 결과의 개요를 그리며 다음에 할 행동의 계획을 세우려는 시도는 친
숙하지만 좀 더 복잡한 상황에서의 어려움에 대한 반응으로 생겨났다.

2-4-16] 더 큰 어린이는 다르게 행동했다. 그는 면밀히 조사하고 숙고한
후 (우리는 이를 유의미한 휴지(休止로 판단하였다) 해결방법을 발견하였다. 무슨 생각
을 하고 있었냐는 질문에 그는 유의미한 정도로 유치원생들의 말로 생각하기

와 관련지을 만한 응답을 항상 내놓았다. 따라서 유치원생에게는 크게 말하기를 통해 도달되는 동일한 작용이 초등학생에게 있어서는 내적이고 소리 없는 말에서 이미 도달된다고 우리는 가정한다.

2-4-17] 그러나 이에 대해서는 좀 더 나중에 말하고자 한다. 자기중심적 말의 문제로 돌아가, 자기중심적 말이 명백히 순수하게 표현적 기능과 분출의 기능 이외에도, 단순히 어린이의 활동과 함께 수반된다는 사실 이외에도 매우 쉽게 진정한 의미에서 생각의 도구가 됨을, 즉 과업의 달성을 허용하며 행동 이전에 나타나는 계획 형성의 기능을 수행함을 우리는 말해야만 한다. 명료한 설명을 위해 하나의 예시만 들어 보자. 우리 실험에서 어린이(5 1/2)는 전차를 스케치하다가, 바퀴 중 하나를 그리기 위해 원을 그리다가 연필을 너무 세게 눌러서 연필심을 부러뜨린다. 어린이는 그럼에도 원을 완성하기 위해 연필을 종이에 대고 세게 누르지만 종이 위에는 부러진 연필 부분의 자국만 남을 뿐 아무 것도 그려지지 않는다. 어린이는 혼잣말하듯 중얼거린다. "부러졌네." 그리고는 연필을 내려놓고 물감을 이용해서 사고가 난 후 수리 중인 고장 난 기차를 시시 때때로 그림 주제의 변경과 관련된 혼잣말을 계속하면서 그리기 시작한다. 어린이의 이러한 우발적인 말은 그의 활동의 전체 과정과 아주 밀접히 연관되어 있고, 너무도 명백히 전체 그림의 전환점을 형성하며 상황에 대한 인식과 난관의 깨달음, 해결을 위한 탐색, 새로운 목표와 향후 행동의 전체 경로를 결정한 계획의 생성에 대해 뚜렷하게 언급하고 있으므로, 짧게 말해서, 그 기능에 있어 전형적인 생각의 과정과 구별이 불가능하기 때문에 그것을 단순히 기본 선율을 방해하지 않는 반주라든가 어린이 활동의 단순한 부산물로 받아들이는 것은 전혀 불가능하다.

2-4-18] 우리는 어린이의 자기중심적 말이 언제나 그리고 유일하게 이 기능에서만 드러난다고 무조건 말하고자 하는 것은 아니다. 나아가 우리는 이 자기중심적 말의 지적 기능이 어린이에게서 처음부터 나타난다고 주장하려 하는 것도 아니다. 우리의 실험에서 우리는 어린이의 자기중심적 말과 그의 활동 간

의 상호 작용에서 대단히 복잡한 구조적 변화와 이동을 충분히 자세하게 살펴볼 수 있었다.

2-4-19] 우리는 어린이의 실제적인 활동에 수반되는 자기중심적 진술들을 통해 어린이가 어떻게 궁극적인 결과에 대해 생각하거나 실제적 조작의 순간에 주요한 전환점을 숙고하여 그들을 교정하는지를 관찰할 수 있었다. 어린이 활동이 발달함에 따라 이 말이 훨씬 점점 더 중간으로 가까워지고, 그런 후 계획의 기능과 미래 행동을 유도하는 기능을 취하는 작용이 최초로 움직이는지를 볼 수 있었던 것이다. 행동의 대차대조표를 표현하는 낱말이 그 덕분에 이 행동과 불가분으로 얽혀 있으며 바로 이 강력한 사실 덕분에 그것은 그 자체에 실제적인 지적 조작의 주요한 구조적 순간의 흔적을 남기고 반영하며, 어린이의 의도와 계획에 행동을 종속시켜 그것을 방편적 활동의 수준으로 격상시켜 낱말 자체가 어린이의 행동을 계도하고 지휘하기 시작하는 것을 우리는 관찰할 수 있었다.

2-4-20] 여기서 어린이의 최초 그림 그리기에서 제목과 그리는 활동의 전치轉置와 관련하여 오래전 실제적으로 관찰되었던 것과 유사한 무언가가 생겨난다. 알려진 바와 같이 처음으로 연필을 손에 쥐고 그림을 그리는 어린이는 스케치를 한 후에야 그것에 대한 제목을 부여한다. 점차적으로 그의 활동이 발달함에 따라 그림 주제를 이름 짓는 것은 과정의 중간으로 바뀌며 이후에 그것은 처음으로 나아가서 앞으로의 행동과 그것을 수행하는 의도 모두를 지정하고 정의하기 시작한다.

2-4-21] 이와 유사한 것이 또한 더욱 일반적으로 어린이의 자기중심적 말에서도 발생한다. 우리는 앞에서 언급한 바 있는 더 일반적인 공통적 법칙의 특별한 경우를 어린이의 그림 그리는 과정에서 제목 붙이기의 전치를 통해 보고자 한다. 그러나 자기중심적 말이 수행하는 일련의 다른 기능들 사이에서 계획기능이 가지는 특정한 비중에 대한 면밀한 결정이나 어린이의 자기중심적 말의 발달에 있어서 구조와 기능 변화에 대한 전체적인 역학에 대한 자세한

조사는 우리의 즉각적 과업에 포함되지 않는다. 이에 대해서는 다른 곳에서 더 다룰 것이다.

2-4-22] 본질적으로 다른 것이 우리의 관심을 끄는데 이는 자기중심적 말의 기능과 운명이다. 자기중심적 말이 하는 기능의 문제를 다시 생각하는 것 뒤에는 자기중심적 말이 학령기가 시작할 때 사라진다는 사실을 어떻게 해석할 것인가 하는 문제가 놓인다. 여기서 이 질문의 가장 핵심이 되는 내용을 다루는 실험적 연구는 지난한 어려움을 겪게 된다. 우리는 자기중심적 말이 말의 발달에 있어 외부로부터 내부로 이행하는 단계로 간주될 수 있을 것이라는 가설 형성을 위한 토대를 제공하는 간접적 데이터만을 실험으로부터 찾을 수 있다.

2-4-23] 말할 필요도 없이 피아제 자신은 이에 대해 생각해 볼 만한 토대를 우리에게 제공하지도 않고 어디서도 자기중심적 말이 이행적 단계로 검토되어야 한다고 지적하지 않는다. 오히려 피아제는 자기중심적 말의 운명은 소멸이라고 생각한다. 비록 어린이 내적 말의 발달에 대한 질문은 피아제의 어린이 말에 대한 모든 질문 중 일반적으로, 무엇보다 가장 모호한 채로 남아 있지만 그럼에도 내적 말은 우리가 이 말을 심리적 의미에서 이해한다면, 즉 자기중심적인 외적 말이 수행하는 것과 유사한 내적 기능을 수행하는 말로 이해한다면 외적 말, 또는 사회화된 말에 선행한다는 생각이 분명히 드러나는 것으로 보인다.

2-4-24] 발생적 관점에서 이러한 입장이 아무리 괴기스러워 보일지라도, 피아제가 사회적 말은 자기중심적 변이형보다 늦게 나타나며 후자가 멸종한 뒤에야 완전히 확립된다는 취지로 발전시킨 주장을 연속적으로 끝까지 따라가면 반드시 도달해야만 하는 것은 바로 이 결론이라고 우리는 생각한다.

2-4-25] 그러나 피아제 자신의 이론적 관점에도 불구하고 우리의 연구는 물론 피아제 자신의 연구로부터의 전체 일련의 객관적 데이터도 우리가 위에서 제시한 가정을 우호적으로 지지한다. 이 가정은 물론 여전히 가설일 뿐이

지만 어린이 말의 발달에 대해 우리가 아는 모든 사실들의 관점에서 볼 때 이
는 과학적으로 가장 잘 설정된 가설인 것으로 보인다.

2-4-26] 사실 어른에게 자기중심적 말이 훨씬 풍부하다는 것을 지적하기
위해서는 어린이와 이른의 자기중심적 말을 징량직으로 비교하는 것만으로도
충분하다. 우리가 조용히 생각하는 모든 것은 기능 심리학의 관점에서 볼 때
사회적 말이 아니라 자기중심적 말이기 때문이다. 왓슨은 그것은 사회적 적응
이 아닌 개인적 적응을 위해 사용된 말이라고 할 것이다.

2-4-27] 이와 같이 어른의 내적 말과 학령기 어린이의 자기중심적 말을 한
데 모으는 첫 번째의 포인트는 그들의 공통된 기능이다. 이 모두는 의사소통
의 과업과 주변 사람들과의 연결의 과업을 수행하는 사회적 말과는 달리 혼
자서 하는 말이다. 어른들의 이와 같은 소리 내어 생각하기와 어린이의 자기중
심적 말 사이의 깊은 유사성을 보기 위해, 제시된 인지적 문제를 큰 소리로 풀
게 하여 내적 말을 외적으로 탐지할 수 있게 한 왓슨의 심리학적 실험의 노선
에 의지하는 것은 가치 있는 일이다.

2-4-28] 어른의 내적 말과 어린이의 자기중심적 말을 한데 모으는 두 번째
포인트는 그들의 특별한 구조적 특징들이다. 사실 피아제에게는 자기중심적
말이 다음과 같은 자질을 가지고 있음을 보이는 것이 이미 가능했다. 우리가
단순히 그것을 전사 자료로 적어 두었을 때, 즉 그것이 생겨난 구체적 행동과
상황으로부터 떨어뜨렸을 때 다른 이들에게는 이해가 불가능하다.

2-4-29] 그것은 축약되기 때문에 오직 자신만이 식별할 수 있다. 그것은 생
략과 지름길을 택하는 경향을 보인다. 그것은 눈앞에 있는 것은 무엇이든 생
략하며 이와 같은 식으로 복잡한 구조적 변화를 겪는다.

2-4-30] 이러한 구조적 변화가 내적 말에서의 기본적인 구조적 경향성으로
인식될 수 있는 소위 축약으로의 경향성과 완전히 유사한 경향성을 보이기 위
해서는 단순한 분석을 행하는 것으로도 충분하다. 마침내, 피아제가 확립한
사실인 학령기에서 자기중심적 말의 급격한 소멸은, 우리로 하여금 이 경우에

벌어지는 것은 단순한 자기중심적 말의 소멸이 아니라 그것의 내적 말로의 변형 또는 그것의 내부로의 침전일 것이라고 가정할 수 있게 해 준다.

2-4-31] 이러한 이론적 고려에 우리의 실험적 연구에서 알게 된 또 다른 것을 더하고자 한다. 우리의 실험은 동일한 상황에서 유치원생과 초등학생이 한편으로는 자기중심적 말을 또 한편으로는 무언의 숙고, 즉 내적 말의 과정을 사용함을 보여 주었다. 이 연구는 동일한 실험적 상황에서 이행적 시기의 연령에 있는 어린이들이 자기중심적 말을 사용하는 것을 비판적으로 비교해 보면 무언의 숙고 과정은 자기중심적 말과 그 기능적 측면에서 동등하다는 것을 의심할 바 없는 사실로 확립할 수 있도록 인도해 줄 것임을 보여 주었다.

2-4-32] 후행하는 연구들로부터 우리의 가정이 정당화된다면 우리는 내적 말의 과정들은 대략 학령기의 첫 번째 시기에 어린이에게 형성되고 조성되며 이는 학령기의 자기중심적 말의 상관계수에서 급격한 하락을 가져오는 바탕이 된다는 결론을 도출할 수 있을 것이다.

2-4-33] 레메트레나 다른 저자들의 학령기 내적 말에 대한 관찰은 이를 지지한다. 이 관찰들은 학생들에게서 발견되는 내적 말의 유형은 최고도로 불안정하고 불확실한 것으로 보인다는 것을 드러내 주었다. 이는 우리가 보는 것이 발생적으로 젊고 충분히 형성, 규정되지 않은 과정임을 나타낸다. 이와 같이, 사실적 연구가 우리를 인도한 기본적인 결과를 요약하고자 한다면, 자기중심적 말의 운명과 기능 모두에 대해 사실적인 데이터는 위에서 기술한 바와 같이, 어린이의 자기중심적 말은 그의 사고의 자기중심성을 직접적으로 표현한다고 본 피아제의 입장을 전혀 확증하지 않는다.

2-4-34] 우리가 앞에서 제시한 입장은 6세 또는 7세까지의 어린이가 어른보다 더욱 자기중심적으로 행동한다는 주장을 지지하지 않는다. 어떤 경우에도 우리가 이 절에서 조사한 자기중심적 말은 이것의 확증으로 간주될 수 없다.

2-4-35] 내적 말의 발달과 그 기능적 특질과 직접적인 연관을 가지고 있는

것으로 보이는 자기중심적 말의 지적 기능은 어떤 식으로든 어린이 생각의 자기중심성의 직접적 반영이 아니다. 대신 그것은 자기중심적 말은 매우 일찍부터 그리고 적합한 조건하에서 어린이의 현실적 생각의 수단이 될 수 있다는 것을 보여 준다.

2-4-36] 따라서 피아제가 자신의 연구로부터 도출하고, 피아제로 하여금 유년기에 자기중심적 말이 존재한다는 것으로부터 어린이 생각의 자기중심적 본질에 대한 가설로 넘어갈 수 있도록 한 기본적 결론은 다시 한 번 사실에 의해 확증되지 않는다. 피아제는 6 1/2세 어린이의 말의 44~47%가 자기중심적이라면 6 1/2세 어린이의 생각 또한 최소한 44~47%가 자기중심적이라고 가정한다. 그러나 우리의 실험은 자기중심적 말과 자기중심적 생각의 성질 사이에는 어떤 연결도 없을 수 있다는 것을 보여 주었다.

2-4-37] 여기에 이번 장의 과업으로 정한 목표의 관점에서 본 우리 연구의 주요 관심사가 놓여 있다. 우리는 의심할 바 없는 사실을 실험적으로 확립하였다. 이 사실은, 이 사실과 연결되어 있는 가설이 잘 설정되었느냐 또는 잘못 설정되었느냐에 상관없이 유효하게 남아 있다. 반복하건대, 그것은, 어린이의 자기중심적 말은 자기중심적 생각의 표현이 아니라 반대로 자기중심적 생각과 정면으로 배치되는 기능, 즉 환상과 꿈의 논리와 수렴되는 것이 아니라 합리적인 기능을 수행하는 자기중심적 말이라는 사실과, 이 사실에 덧붙여진 어린이 생각의 자기중심적 본질과 관련된 주장 사이의 직접적인 연결은 실험적 비판을 견뎌내지 못한다. 이것은 주요하고 기본적이며 중심적이다. 이 연결과 함께 어린이의 자기중심성이라는 개념이 세워진 중심적인 경험적 토대 역시 무너져야만 한다. 우리는 앞 절에서 생각 발달에 대한 일반적 연구의 관점에서 이 관념의 이론적인 지불불능 상태를 펼쳐 보이고자 시도하였다.

2-4-39] 피아제가 자신의 연구의 경로와 결론 모두에서 어린이 생각의 자기중심적 생각은 우리가 검토한 하나의 연구뿐 아니라 세 가지의 특별한 연구들에서도 확립된다고 지적하는 것은 사실이다. 그러나 우리가 이미 위에서

지적한 바와 같이 자기중심적 말에 대한 첫 번째 연구는 피아제가 제시하는 모든 사실적 논증 중 가장 명백하며 가장 직접적이며 기본적이다. 특히 그것은 피아제로 하여금 연구의 결과로부터 그의 기본 가설로 곧장 옮아갈 수 있도록 해 주며 나머지 두 연구들은 첫 번째 연구의 증거로 기여한다.

2-4-40] 그들은 기본 개념을 지지하는 본질적으로 새로운 사실적 토대를 도입한다기보다는 첫 번째 연구가 포함하는 논증을 더욱 설득력 있게 만드는 데 기여한다. 이런 식으로 두 번째 연구는 말의 자기중심적 형태는 어린이 언어의 사회화된 부분에서조차 관찰되는 것을 보여 주고 마지막으로 세 번째 연구는 피아제 자신이 인정하듯이 앞의 두 연구를 확인, 증명하고 어린이의 자기중심성의 원인을 더욱 정확히 설명하는 데 기여한다.

2-4-41] 피아제의 이론이 설명하고자 한 그 문제들의 진전된 연구의 경로에서 이 두 연구들 역시 실험적 분석을 거쳐야 함은 두 말할 필요도 없다. 그러나 본 장의 과정은 우리로 하여금 이 두 사실적 연구들을 한편으로 밀어두게 한다. 이들은 피아제가 어린이의 자기중심성에 대한 이론에 도입한 증명과 추론의 기본적 과정에 어떠한 근본적인 새로운 사실도 제공하지 않기 때문이다.

●

1) 앞 절에서 그랬듯이, 비고츠키는 이 절을 한 이미지를 가지고 시작한다. 설명하자면, 그것은 한국의 판소리에서 명창에게 리듬을 제공하려고 고수가 추임새를 넣는 방식으로, 어린이 활동에 박자를 넣거나 어린이 활동을 '따라 하는' 자기중심적 말의 이미지이다. 비고츠키는 피아제의 자기중심적 말에 대한 관점을 요약한다. 자기중심적 말은 의사소통적 기능을 가지지 못하고, 그와 동반하는 활동의 '멜로디'로 어떤 것도 변화시키지 못하며, 본질적으로 행위의 부산물이다.

  I 이런 관점에 따라, 비고츠키는 경험적으로 점검될 수 있는 **두 주장**을 도출한다. [2-4-3~2-4-7]

    A) **첫 번째 주장**은 자기중심적 말은 실행적 지능을 위해 어떤 기능도 하지 못하고, 그리고 어린이 행동에 영향을 미치지 못하는 일종의 말로 하는 백일몽이라는 것이다.

    B) **두 번째 주장**은 자기중심적 말은 실제에 적용되지 않기 때문에 발달 경로에서 사라질 운명이라는 것이다.

  II 자기중심적이라고 판단된 어린이의 발화 비율이 어린이가 발달하는 동안에 실제로 떨어진다고 비고츠키는 피아제에 대한 연구에서 적고 있다(그렇지만 피아제는 자기중심성이 그 후에 추상적인 말로 하는 생각의 새로운 기능으로 이동한다고 주장한다). 그럼에도, 어린이의 활동을 방해함으로써(예를 들면, 그리기에 필요한 연필과 종이를 감춤으로써), 비고츠키와 그의 동료들은 그 비율을 두 배로 만들 수 있었다. 이러한 결과는 자기중심적 말이 어린이의 활동을 방해하지 않는다는 첫 번째 주장과 자기중심적 말이 사용하지 않는 근육처럼 시들어 버릴 운명이라는 두 번째 주장에 **의혹**을 던진다. [2-4-8~2-4-13]

  III 비고츠키는 판을 뒤집어 버린다. 이 지점에 이르러 그는 사실적 작업으로부터 피아제가 도출한 결론에 대한 이론적 비판을 시작한다. 이번에는 피아제의 이론적 설명 **2개**를 자기중심적 말을 불러일으키는 비고츠키 그룹의 사실적 작업으로부터 도출될 수 있는 결론과 비교하는 데로 비고츠키가 우리를 초대한다. [2-4-14~2-4-16]

    A) 첫 번째 것은, 활동에 대한 의식적 파악은 이전에 부드럽게 펼쳐지지 않았던 과정에서의 어려움들과 동반돼야만 한다고 말하고 있는, 클라파레드의 '**의식적 파악의 법칙**'이다.

    B) 두 번째 것은, **말**이 늘 이런 의식적 파악을 동반하고 의식적 파악의 증거가 된다는 것이다.

  IV 비고츠키는 좀 자란 어린이들은 과제 내의 어려움에 직면했을 때 자기중심적 말을 내적 말로 **대체**하는 것처럼 보인다고 적고 있다. 그렇기에, 아마도 그들의 내적 말이 질문을 하면서 외적 말로 전환되는 동안에, 말이 의식적 파악을 동반하고 의식적 파악의 증거가 된다는 것은 명백하게 늘 사실일 수 없다. 그리고 내적 말이 계획 기능을 할 수 있기 때문에, 활동에 대한 의식적 파악이 오직 수행에서의 어려움과 동반돼야 한다는 것도 사실일 수 없다. [2-4-17]

V 비고츠키는 자기 지시적 ('자기중심적') 말은 늘 자아를 지시하는 기능을 가지는 것이 아니라고 경고한다. 개체발생적으로, 자기 지시적 말은 동반하는 것으로 그리고 심지어 뒤따르는 것으로 시작한다. 그러나 어린이는 자기 지시적 말의 '계기'를 행위의 끝에서부터, 중간으로, 맨 처음으로 이동시킨다. **결과물**이었던 것이 이제 **도구**가 되고, **결과**였던 것이 이제 **원인**이 된다. [2-4-18, 2-4-19]

VI 예를 들면, 어린 어린이는 그림을 그리고 난 후에야 생각을 하고 나서 그림에 이름을 붙인다. 그러나 나이 든 어린이들은 그들이 그리고 싶은 것을 먼저 결정하고, 제목을 정하고, 그 후에 그 제목에 적합한 그림을 그린다. 이런 식으로, 자기 지시적 '자기중심적' 말은 시들어 사라지지 않는다. 그저 **'안으로 소용돌이쳐 들어가고'** 그리고 내적 말로 변형된다. [2-4-20~2-4-22]

VII 자기중심적 말은 발생적으로 사회화된 말을 앞선다는 피아제의 주장으로 제안된 대안적 설명은 내적 말은 발생적으로 자기중심적 말을 다소 앞선다고 말하는 것임을 비고츠키는 지적한다. 비고츠키는 발생적 관점에서 보면, 이것은 **기괴한** 것이라고 한다. 그 까닭은, 이러한 주장은 말이 제우스의 머리에서 다 성장한 후 무장한 채 태어난 아테나처럼 아마도 태어날 때부터 아주 이른 시기부터 정신에 미리 형성되어 존재한다고 주장하는 것이기 때문이다. [2-4-23, 2-4-24]

VIII 비고츠키는 어린이의 자기 지시적 '자기중심적' 말과 나이든 사람들이 내적 말을 사용하여 말로 하는 생각을 비교하는 **세 지점**을 제안한다. [2-4-25~2-4-35]

  A) 그것들은 **발생적으로** 유사하다. 다른 것이 사라질 때, 예를 들면 나이 든 어린이들이 내적 말을 사용하는 상황과 아주 똑같은 상황에서 어린이들이 자기중심적 말을 사용할 때, 그리고 자기중심적 말이 전적으로 사라지고 어른의 내적 말로 대체될 때, 정확하게 바로 그런 계기에 다른 것이 출현하는 한에 있어서 그 둘은 **발생적으로** 유사하다.

  B) 그것들은 **기능적으로** 유사하다. 왜냐하면 그것들이 둘 다 기능적으로 사회적, 의사소통적 말의 기능과 인지적 규제의 말의 기능으로 구분될 수 있기 때문에 그것들은 **기능적으로** 유사하다.

  C) 그것들은 **구조적으로** 유사한다. 우리가 맥락에서 벗어났을 때, 그리고 프로토콜로 그것들을 적을 때, 우리가 둘 다 이해할 수 없는 지점으로 변형된다는 것을 발견할 수 있을 것이라는 측면에서 그것들은 **구조적으로** 유사하다.

IX 어린이와 어른을 이렇게 세 지점에서 비교한 결과, 우리는 어린이가 어른보다 더 자기중심적으로 생각한다는 증거로 자기 지시적 '자기중심적' 말을 드는 것에 회의적일 수밖에 없다. 이러한 결과는 반대로 자기 지시적 말은 내적 말을 경유하여 생각을 **지시하는** 수단이 될 수 있다는 것을 제안한다. [2-4-36~2-4-38]

X 물론, 우리는 단지 어린이의 자기중심성에 봉헌된 피아제의 『**세 마리 고래**трех китов』(『어린이의 언어와 사고』, 『어린이의 판단과 추론』, 그리고 『세상에 대한 어린이의 개념화』) 중에서 첫 번째 것을 검토했을 뿐이라고 비고츠키는 적고 있다. 그러나 나머지 두 연구는 첫 번째 연구에서 설정된 가설로부터 시작되어 "자기중심적 말"과 자기중심적 생각 사이의 가설적 연관에 근거하여 대체적으로 진행되었고, 비고츠키는 이 연관이 어떤 경우에도 입증될 수 없다는 것을 증명했다. [2-4-39~2-4-41] 세 마리 고래는 레닌의 세 마리 고래(임시정부 타도, 모든 권력을 소비에트로, 평화와 토지 분배)로부터 차용한 표현이다.

2-5 [1]

2-5-1] 우리는 이제 이 책의 목적에 따라 피아제에게서 어린이의 자기중심성이 의지하는 세 마리 고래 중 첫 번째 것에 대한 실험적 비판을 토대로 도출할 수 있는, 긍정적 특징에 대한 일반적인 근본적 결론에 더 많은 관심을 두어야만 한다. 이러한 결론들은 피아제 이론을 전체로서 올바르게 평가하는 데 중요하다. 이들은 다시 한 번 우리로 하여금 문제를 이론적으로 고찰하도록 이끌며, 이 장의 앞부분에서 우리가 이미 개괄했지만 공식화하지 않았던 몇 가지 결론으로 우리를 이끈다.

2-5-2] 우리가 우리 연구의 몇몇 빈약한 결론을 제공하기로 하고 그것들 위에 세워진 가설을 공식화하기로 결정한 것은, 그것들의 도움으로 어린이의 자기중심성에 관한 피아제 이론에서 사실적 토대와 이론적 결론 사이의 연결을 끊는 데 성공했기 때문이라기보다는, 그것들이 어린이의 생각 발달과 말 발달에서 기본 노선들의 방향과 섞여 짜임을 결정하는 더 포괄적인 전망을, 어린이 생각 발달의 관점에서 개괄하는 것을 가능하게 만들었기 때문이다.

2-5-3] 어린이 생각 발달의 주요 노선은 피아제 이론의 관점에서 보면 일반적으로 자폐증에서 사회화된 말로, 그리고 상상력의 신기루에서 관계의 논리로 나아가는 기본적 통로를 경유한다. 이미 위에서 제시한 바 있는 피아제 자신의 표현을 빌리자면, 피아제는 주변 어른의 생각과 말이 어린이에게 행사한 사회적 영향력이 어린이의 심리적 실체에 의해 어떻게 동화되는지, 즉 변형되는

지를 추적하고자 한다. 피아제에게 어린이 생각의 역사는 어린이의 심리를 결정하는 심오하고 친숙한, 내적, 개인적, 자폐적 계기들을 점진적으로 사회화하는 역사이다. 사회적인 것은 발달의 끝에 놓이며, 심지어 사회적 말은 자기중심적 말을 앞서지 않고, 도리어 발달의 역사에서 자기중심적 말의 뒤를 따른다.

2-5-4] 우리가 발전시킨 가설의 관점에 따르면, 어린이의 생각 발달의 기본 노선은 다른 방향으로 배열되며, 방금 제시한 관점은 발달의 이 과정에서 가장 중요한 발생적 관계를 왜곡된 형태로 펼쳐 보인다. 우리가 보기에 위에서 제시한 상대적으로 제한된 데이터 이외에도 어린이 말 발달에 관하여 우리에게 알려진 많은 사실이, 실상 이처럼 여전히 불충분하게 연구된 과정에 관하여 우리가 알고 있는 모든 것이 예외 없이 우리에게 우호적으로 증언한다.

2-5-5] 우리는 생각의 명료함과 일관성을 유지하기 위해, 우리가 위에서 발전시킨 가설을 우리의 출발점으로 삼을 것이다.

2-5-6] 만약에 우리의 가설이 우리를 오도하지 않는다면, 조사자들이 어린이에게서 자기중심적 말이 만발한다고 기록하고 있는 지점으로 이끄는 발달 경로는 위에서 개괄했던 피아제의 관점에 대한 우리의 설명과 전적으로 다른 방식으로 제시되어야만 한다. 게다가 어떤 의미에서 자기중심적 말이 출현하도록 이끈 길은 피아제가 자신의 연구에서 묘사하는 길과 반대 방향을 향하는 것으로 보인다. 만약에 우리가 짧은 기간 동안 자기중심적 말이 출현하는 순간부터 사라지는 순간까지 발달의 이동 방향을 가설적으로 추정하는 법을 알 수 있다면, 우리가 알고 있는 바에 따라 경험적 관점에 근거하여 우리는 전체로서 발달 과정의 방향에 관하여, 자기중심적 말의 발달에 대한 우리의 가정을 입증할 수 있는 방법을 알 수 있게 될 것이다.

2-5-7] 바꾸어 말하면, 발달의 전체 과정이 총체적으로 복속하게 되는 규칙성закономерности의 맥락에 우리가 발견한 규칙성을 집어넣음으로써 이 짧은 기간에 대한 이 규칙의 타당성을 입증하는 방법을 우리는 알 수 있게 될 것이다. 이것이 우리의 입증 방법이 될 것이다.

2-5-8] 이제 우리가 관심을 가지고 있는 기간 동안에 펼쳐진 발달 경로를 간결하게 기술하고자 한다. 도식적으로 말하자면, 우리의 가설은 아래와 같은 방식으로 우리가 발달의 전체 경로를 제시하도록 요구하고 있다고 말할 수 있다. 의사소통과 사회적 연결의 기능은 말의 최초 기능이며 이는 어린이와 어른에 있어서 동일하다. 즉, 말을 통해 주변에 있는 사람들에게 작용을 하는 것이다. 이와 같이 어린이의 최초의 말은 순전히 사회적인 것이며 이를 사회화된 것이라고 부르는 것은 이 말이 시초부터 사회적이지는 않았고, 변화와 발달 과정을 통해서 그렇게 되었다는 관념과 연결되어 있기 때문에 부정확한 명명이 될 것이다.

2-5-9] 이후의 성장과정에서 다기능적인 어린이의 사회적 말은 개별 기능 분화의 원리에 따라 발달하고 특정 연령에 이르러서야 충분히 파악할 수 있는 방식으로, 자기중심적 말과 의사소통적 말로 분화한다. 우리가 위에서 이미 지적한 이유뿐만 아니라 앞으로 보게 될 이유 때문에, 즉 우리 가설의 관점에서 말의 이 두 형태가 모두 다 말의 사회적 기능이긴 하지만 다른 방향을 향한 말의 기능으로 보인다는 것 때문에, 우리는 피아제처럼 '사회화된socialisée' 이란 표현으로 말의 그 형태를 명명하기보다는 의사소통적 말이라 명명하기를 선호한다. 따라서 이 가설에 따르면, 집단적 협력의 형태인 행동의 사회적 형태를 개인의 심리적 기능의 영역으로 전이시키는 어린이에 의해 자기중심적 말은 사회적인 토대로부터 나타난다.

2-5-10] 어린이가 이전에 사회적 형태였던 행동과 똑같은 형태의 행동을 자신에게 적용하려는 이런 경향은 피아제도 주목하였으며, 이는 논박으로부터 어린이에게 반성이 출현하는 것을 설명하기 위해 그 자신의 책에서 적절하게 활용되었다. 피아제는 어떻게 어린이의 반성이 진정한 의미에서 어린이들 사이의 집단적 논쟁 후에 나타나는지, 어떻게 오직 토론 중 논쟁을 통해서만 어린이 발달을 촉진시키는 기능적 요소들이 나타나는지 충분히 설득력 있게 설명하였다.

2-5-11] 어린이가 이전에 다른 이들에게 말하던 것과 정확히 동일하게 스스로에게 혼자 말하기 시작할 때, 그리고 상황의 요구에 따라 어린이가 스스로에게 혼자 말할 때, 크게 말하면서 생각하기 시작할 때 유사한 일이 일어난다는 것이 우리 의견이다.

2-5-12] 그 후에 어린이의 사회적 말로부터 깎아 낸 자기중심적 말을 토대로 하여 한편으로는 어린이의 자폐적 생각의 토대가 되고 다른 한편으로는 어린이의 논리적 생각의 토대가 되는 어린이의 내적 말이 출현한다. 결과적으로, 피아제에 의해 묘사된 어린이 말의 자기중심성에서 우리는 외적 말로부터 내적 말로 이동하는 통로라는 발생적 의미에서 가장 중요한 계기를 보고자 한다. 비록 피아제 본인은 그걸 깨닫지 못했지만, 만약에 우리가 피아제가 우리에게 제공한 사실적 자료를 주의 깊게 분석한다면, 피아제가 우리에게 어떻게 외적 말이 내적 말로 이동하는지를 명료하게 보여 주었다는 것을 우리는 알게 될 것이다.

2-5-13] 피아제는 자기중심적 말이 그것의 심리적 기능에서 내적 말이며 그것의 생리적 성질과 관련해서 외적 말임을 보여 주었다. 말은 이와 같이 실제로 내적이 되기 전에 심리적으로 내적이 된다. 이를 통해 우리는 어떻게 내적 말의 형성 과정이 발생하는지를 설명할 수 있게 된다. 그것은 말의 기능분화로, 자기중심적 말의 분리로, 자기중심적 말의 점진적인 축약으로, 최종적으로 자기중심적 말의 내적 말로 변형으로 성취된다.

2-5-14] 자기중심적 말은 외적인 말에서 내적 말로 이행하는 동안 나타나는 형태이다. 바로 이것이 자기중심적 말이 이론적으로 초미의 관심을 끄는 이유이다.

2-5-15] 그러므로 총체적으로 전체 도식은 이런 형태를 취한다. 사회적 말→자기중심적 말→내적인 말. 한편 우리는 구성 계기들의 배열을 이런 도식으로 보는 관점을 내적인 말 형성의 전통적 이론과 대치시킬 수 있는데, 전통적 이론은 계기들을 이렇게 배열한다. 외적인 말→속삭이는 말→내적 말.

그리고 다른 한편으로 이는 피아제의 배열과도 대치된다. 그것은 말로 하는 논리적 생각 발달에서 중요한 계기들의 발생적 배열을 다음과 같이 설정한다. 말을 사용하지 않는 자폐적 생각→자기중심적 말과 자기중심적 생각→사회화된 말과 논리적 생각.[2]

2-5-16] 이 도식 중 첫 번째 것을 우리가 제시한 까닭은, 이것과 피아제의 공식화 사이에 사실적 내용에 있어서 전면적인 소원함이 있음에도 불구하고 일반적으로 이야기하면, 단지 이 둘 사이에 방법론적으로 엄청나게 관련 있어 보인다는 것을 보여 주고자 함이다. 왓슨은 외적인 말로부터 내적 말로의 이행은 중간 단계를 경유하여, 즉 속삭이는 말을 거쳐 달성되어야만 한다고 가정한다. 이와 비슷하게 피아제는 사고의 자폐적 형태에서 논리적 형태로의 이행을 중간 단계를 경유하는 것으로, 즉 자기중심적 말과 자기중심적 생각을 거치는 것으로 설계한다.

2-5-17] 이런 도식적 관점에서 보면, 이런 식으로 우리가 어린이의 자기중심적 말로 지칭한 어린이 생각 발달에서 동일한 바로 그 지점이 어린이 발달의 완벽하게 다른 두 경로 위에 놓여 있다. 피아제에게 이것은 자폐증과 논리적 사고 사이에 위치한 대단히 개인적인 것으로부터 사회적인 것으로 나아가는 이행의 한 단계cтупень이지만, 우리에게는 이것은 외적인 말과 내적 말 사이에 위치한, 사회적인 말로부터 자폐적인 말로 하는 생각*을 포함하는 개인적인 말로 나아가는, 이행의 한 형태이다.

---

* 이와 연계해서, 융(Jung)과의 논쟁에서 블로일러(Bleuler)가 한 언급은 매우 흥미롭다. "내 판단으로는, 자폐적 생각은 규제될 수 있고, 낱말을 사용하여 자폐적으로 생각하는 것이 가능한 것처럼, 그것을 개념으로 혹은 나아가 낱말로 전이하지 않은 채, 방향적인 그리고 심지어 (논리적으로) 현실적인 방식으로 생각할 수 있다." 그는 더 나아간다. "누구라도 낱말과 그것의 연상이 빈번하게 게임에서 행하는 그 중요한 역할을 정확하게 강조해야 한다."(2, p.9). 우리가 행하고 있는 특별한 연구를 통해 확립한 두 가지 사실을 우리는 여기에 더할 수 있다. 첫 번째는 2세 이후에 아동의 자폐적 생각이 급격하게 진전된다는 사실이다. 이에 대해 블로일러가 언급한 바에 따르면 그것은 의심할 바 없이 말의 성취와 관련되어 있고 게다가 직접적으로 그에 의존한다. 두 번째는 성적 성숙의 시기와 관련이 있다. 그 내용은 사춘기의 상상력이 만발하는 것에 그리고 이 연령 시기에 개념 형성의 기능이 펼쳐진다는 것에 직접적으로 강력하게 의존한다.

2-5-18] 그러면 총체적으로 그림의 전체 내용을 복원하려고 할 때, 우리가 밑그림을 그린 발달의 그림이 우리가 토대로 간주했던 그 지점에 대한 상이한 이해에 어느 정도까지 좌우되는가를 우리는 알게 된다.

2-5-19] 그다음에, 우리는 우리가 행한 추론 과정에서 우리 앞에 출현했던 기본 질문을 다음과 같이 공식화할 수 있다. 어린이 생각 발달의 과정은 어떻게 진행되는가? 그것은 자기중심적 말이라는 결정적 지점을 가로지르며, 자폐증으로부터, 상상력의 신기루로부터, 그리고 꿈의 논리로부터 사회화된 말과 논리적 생각으로 나아갈까? 아니면 그것은 반대로, 어린이의 사회적 말로부터 자기중심적 말과 내적 말을 경유하여 (자폐적 생각을 포함하는) 생각으로 나아갈까?

2-5-20] 우리가 이 장의 앞부분에서 이론적으로 공격을 시도했던 바로 그 질문으로 실제로 돌아왔다는 것을 확인하기 위해서는 이 질문을 이런 형태로 제기하는 것으로 충분하다. 사실상, 총체적으로 발달을 연구한다는 관점에서 자폐적 생각은 사고 발달의 역사에서 우선적 단계라고 말하고 있는 정신분석으로부터 피아제가 차용한 기본 조건이 이론적으로 정당화 가능성이 있는지에 대한 문제의 연구를 우리는 다루어 왔다.

2-5-21] 우리가 이 입장의 지급불능 상태를 인정하는 데 도달하도록 떠밀리어 온 것처럼, 마찬가지로 이 관념의 바로 그 토대를 비판적으로 조사하면서 완벽하게 하나의 원을 그림으로써 우리는 다시 동일한 결론에 도달했다. 그 결론은 우리가 관심을 가지고 있는 관념이 잘못된 방식으로 어린이 생각 발달에 관한 전망과 기조를 제시한다는 것이다.

2-5-22] 어린이의 생각 발달 과정에서 진정한 이동은 개인적인 것에서 사회화된 것으로 달성되는 것이 아니라 도리어 사회적인 것에서 개인적인 것으로 달성된다. 이것이 우리가 관심을 두고 있는 문제에 대한 이론적 연구와 실험적 연구의 주요 결론이다.

●

1) 자기 지시적 말과 자기중심적 생각 사이에 피아제가 구성한 필요한 연결을 잘라내었
   으므로, 비고츠키는 이제 더 긍정적인 결론을 도출할 위치에 선다. 그러나 이러한 긍
   정적 결론들은 한 번 더 경험적 성격보다는 **이론적** 성격을 가진다. [2-5-1, 2-5-2]

   I 피아제의 이론은 어린이가 사회적 영향력을 **변형** 과정을 통해 자신의 심리적 성
      분에 동화한다는 것이다. 점진적으로만 그 성분은 사회적 영향력을 조절한다(혹
      은 반대로 진술한다면, 점진적으로만 사회는 어린이의 심리적 성분을 동화한다). "사회적
      인 것은 발달의 맨 끝에 놓이고, 그리고 단지 사회적 말은 자기중심적 말을 앞서
      는 것이 아니라 단지 발달의 역사에서 그를 뒤따를 뿐이다." [2-5-3]

   II 비고츠키의 제안은 발달의 방향을 **뒤집는** 것이다. 마치 현실적인 지그가 자폐적
      인 재그를 앞서야 하는 것처럼, 자기 지시적 말 앞에 사회적 말을 위치시키는 것
      이 필요하다. 이 제안은 개인의 자유가 사회화 속에서 사라지기보다는 사회화로부
      터 출현한다는, 다소 추상적, 이념적 의미에서도 긍정적이다. 또한 훨씬 더 구
      체적, 방법론적 방식에서도 긍정적이다. 부연하면, 그것은 내적 말을 연구할 수
      있는 그리고 궁극적으로 바로 생각을 연구할 수 있는 실행 가능한 프로그램을
      제안한다. [2-5-4~2-5-6]

   III 사회적 말로부터 자기중심적 말이 분화되는 계기로부터, 자기중심적 말이 내적
      말로 '안으로 소용돌이쳐 들어가는' 계기로 자기중심적 말이 발달하는 것을 연
      구하는 것부터 비고츠키는 시작하고자 한다. 이 잘 알려진 발달의 펼쳐짐은 이
      제 그 과정의 감춰진 부분들에 의해, 예를 들면, 내적 말로부터 생각으로 그리고
      정서적-의지적 동기들로, **외삽법**에 의해 추정될 수 있다. 이런 식의 외삽법이 우리
      가 관찰할 수 있는 것과 그리고 전체적으로 발달 과정의 방향에 관하여 우리가
      알고 있는 것과 일치하는 한에 있어서, 우리는 이런 외삽법이 그럴듯하다고 간주
      할 수 있다. [2-5-5~2-5-7]

   IV 비고츠키는 이어서 말 발달 역사를 **도식적으로** 제시하러 나선다. 처음에, 말은 사
      회적으로 의사소통적이고 사회적 접촉의 수단이고 그리고 인간 간 환경에서 다른
      사람들에게 작용한다. 이것은 우리가 말을 시초부터 사회적인 것으로 간주해야
      만 한다는 것을 의미한다(그리고 다소간 사회적이 아닌 것으로부터 사회적인 것이 된다는
      의미를 함축하는, '사회화된'과 같은, 그런 것이 아니라는 것을 의미한다). [2-5-8~2-5-9]

   V 자기 지시적 '자기중심적' 말은, 인간 간 환경에서 타인에게 작용하는 영역으로부터
      자기 자신에게 그리고 자신의 정신 기능에 작용하는 영역으로 이 사회적 말이 **굴절
      적응**한 것이다. 피아제 자신도 어린이들이 논쟁과 논박(예를 들면, 구슬치기 놀이에

서)을 반성과 그리고 궁극적으로 자기규제로 변형시키는 방식으로 굴절 적응의 이러한 예를 언급했다. [2-5-10]

VI 피아제는 또한 자기 지시적인 '자기중심적' 말이 어떻게 사회적으로 지시된 의사소통적 말과 기능적으로 다르지만, 그러나 생리적으로는 다르지 않은지를 보여 준다. 이를 알지 못한 채로, 그는 또한 어떻게 생리적 형태에서의 변화가 기능에서의 변화를 따르는지, 어떻게 자기 지시적 '자기중심적' 말의 형태가 점진적으로 **감소**되는지를 보여 주었다. [2-5-11~2-5-13]

VII 피아제처럼, 비고츠키는 자기 지시적인 '자기중심적' 말을 발달적으로 말의 개인적 형태와 의사소통적 형태의 중간에 위치시킨다. 그는 발달의 **방향**과 목적에서 피아제와 다르다. 피아제에게는 최종 도착지가 '사회화된' 말이었지만, 반대로 비고츠키에게는 내적 말이다. 이 내적 말은 계속해서 기능에서 분화하고 이어서 형태에서 분화한다. 예를 들면, 자폐적 말로 하는 생각은 이어서 형태적 변화가 뒤따르게 되는 이 기능적 분화 과정의 한 결과물이다. [2-5-14~2-5-17]

VIII 비고츠키는 2절에서 확대된 '**자폐증**'이라는 쟁점으로 돌아간다. 그는 자기 지시적 '자폐적' 생각을 처음이라기보다는 늦게 출현하는 것으로 간주한 결과는 '자폐증'과 '사회화된 말'을 발생의 양극단으로 간주하지 않을 수 있게 한다고 지적한다. 그들은 더 이상 발달의 최종 지점으로 간주될 수 없기 때문에, 그들은 블로일러가 제안한 '평행주의'보다 더 가깝고, 심지어 더 친숙한 관계에 놓일 수 있다. [2-5-18~2-5-22]

IX 비고츠키는 자기 지시적인 '자폐적' 생각은, 마치 자기 지시적인 자폐적 생각이 낱말로 실행되는 것이 가능한 것처럼, 개념들이 혹은 심지어 낱말들이 **없이도** 규칙적인, 논리적인 그리고 목표 지향적인 것이 될 수 있다는 블로일러의 관찰을 약간 흥분한 상태에서 각주에 언급한다. 이러한 관찰을 지지하려고 비고츠키는, 자기 지시적 '자폐적' 생각은, 처음에 진개념들 없이도, 어린이가 말을 습득하고, 놀이를 시작할 때, 그리고 이어서 낱말도 없이, 사춘기 청소년이 성적 성숙을 겪고, 말도 없이 개념을 가지고…… 그리고 표현 방식을 가지고 조용히 작업할 수 있을 때, 활짝 피어난다는 것을 보여 주는 특별한 연구를 인용한다. 우리는 이어서, 내적 말도 계속해서 한편으로 말이 정교해지는 방향으로 (작문과 정신적으로 유사한 내적 말), 그리고 다른 한편으로 말로 표현되는 것이 감소하는 방향으로 (연인들 사이에서 너무도 생략된 말과 정신적으로 유사한 내적 말) 발달한다고 상상할 수 있다. [2-5-17]

2) 내용을 표로 정리하면 다음과 같다.

발생 순서	비고츠키	왓슨(행동주의)	피아제(구성주의)
↓	사회적 말	외적인 말	말을 사용하지 않는 자폐적 생각
	자기중심적 말	속삭이는 말	자기중심적 말과 자기중심적 생각
	내적인 말	내적 말	사회화된 말과 논리적 생각

2-6[1]

2-6-1] 이제는 피아제의 이론에서 제시된 어린이의 자기중심성의 개념에 대해 우리가 다소 오랫동안 실행한 조사에 대한 대차대조표를 그려 볼 수 있을 것이다.

2-6-2] 이 개념을 개체발생적이고 계통발생적인 발달의 관점에서 검토하였을 때, 그 토대에는 자폐적 생각과 현실적 생각 사이의 발생적 양극화라는 왜곡된 관념이 놓여 있다는 결론에 불가피하게 도달하게 된다는 것을 보이고자 우리는 노력하였다. 특히 우리는 생물학적 진화의 관점에서 볼 때 생각의 자폐적 형태가 심리적 발달의 역사에 있어 주요하고 최초라는 가정은 근거가 없다는 생각을 발전시키고자 노력하였다.

2-6-3] 우리는 나아가 이 개념이 의지하는 사실적인 기반, 즉 어린이의 자기중심성을 직접적으로 발현하고 표현한다고 저자가 생각하는 자기중심적 말에 대한 연구를 검토하고자 하였다. 어린이 말의 발달에 대한 우리의 분석을 토대로, 자기중심적 말이 어린이 생각의 자기중심성을 직접적으로 반영한다는 생각은 그 기능적 측면이나 구조적 측면 모두를 토대로 하는 사실적인 확증과 상응하지 않는다는 결론에 우리는 다시 한 번 이르러야 했다.

2-6-4] 그렇다면 생각에서의 자기중심성과 혼자서 하는 말 사이의 연결은 어린이 말의 성질을 결정짓는 안정적이고 필연적 가치를 가지는 것이 결코 아니라는 것을 우리는 안 것이다.

2-6-5] 마지막으로 우리는 어린이의 자기중심적 말은 어린이의 활동의 부산물이자 내적 자기중심성의 일종의 외적 발현으로 어린이가 7세나 8세쯤 되면 사라지는 것이 아니라는 것을 보이고자 하였다.

2-6-6] 이와 같이 우리의 흥미를 끄는 개념의 사실적 밑바탕조차 확고하지 않음이 증명되었다. 그와 함께 이 모든 개념은 전체로서 무너져야 한다.

2-6-7] 이 장의 마지막 부분에서 결말을 맺기 전에 이제 우리에게는 우리가 도달한 결과들로부터 모종의 일반화를 하는 일이 남는다.

2-6-8] 우리의 전체 비평을 이끄는 관념으로 내세울 수 있는 가장 기본적인 주장은 다음과 같이 공식화될 수 있을 것이다. 즉 우리는 생각의 두 형태들이 정신분석과 피아제의 이론에서 제시된 바로 그 방법이 부정확하다고 생각한다. 욕구의 만족은 현실에 대한 적응과 대비되어서는 안 된다. 어린이의 생각을 동기화하는 것은 무엇인가? 내적 욕구를 만족시키는 경향인가, 아니면 객관적인 현실에 적응하는 경향인가? 이와 같은 질문은 제기될 수 없다. 그 까닭은 발달 이론의 관점에서 바라보면, 욕구라는 개념 자체가 욕구는 현실에 대한 어떤 적응에 의해 충족된다는 사실을 포함하고 있기 때문이다.

2-6-9] 블로일러는 위에서 인용된 구절에서 영아는 환각적인 즐거움으로 자신의 욕구의 만족에 도달하는 것이 아니고, 음식을 실제로 섭취한 후에 그 욕구의 만족이 시작된다는 것을 충분히 설득력 있게 보여 주었다. 이와 정확히 같은 방식으로, 좀 더 나이든 어린이가 상상의 사과보다 실제의 사과를 더 좋아한다면 이것은 그가 실제로의 적응이라는 명목하에 자신의 욕구를 잊었기 때문이 아니라 그의 생각과 활동이 바로 그의 욕구에 의해서 움직이기 때문이다.

2-6-10] 사실은 유기체나 개인의 욕구와는 독립적으로 적응 자체를 위한 객관적인 현실에의 적응은 존재하지 않는다는 것이다. 모든 적응은 욕구에 의해 현실로 지향되어 있다. 이것은 너무나도 진부하고 이것은 자명한 이치이다. 이는 우리가 검토한 이론에서 어떤 이해할 수 없는 방식으로 잊혀졌다.

2-6-11] 내적 욕구의 만족 기능을 수행하는 한 가지 형태의 생각을 현실에 적응시키는 기능을 수행하는 다른 형태에 반목시키는 것이 전혀 말이 되지 않는 이유들이 있다. 그 이유들은 바로 현실로의 적응이라는 전체 과정을 결정하는 음식과 관련된 욕구, 따뜻함과 관련된 욕구, 이동과 관련된 욕구, 이 모든 기본적 욕구, 동기 그리고 지향적 힘들이다. 욕구와 적응은 그들의 통합체로 검토되어야 한다. 삶에서 만족되지 않은 욕구를 상상에서 얻으려고 갈구하는 발달된 자폐적 생각에서 관찰되는 현실과의 분리 자체는 후기 발달의 산물이다. 자폐적 생각은 그 기원에 관한 한 사실적 생각과 그 기본적 결과인 개념적 생각의 덕택이다. 그러나 피아제는 프로이트로부터 "쾌락 원칙이 현실 원칙에 우선한다(1, p. 372)"는 그의 입장뿐 아니라 그와 함께 쾌락이 보조적이고 생물학적으로 종속된 계기로부터 독립적인 필수적 시초, 원동자(原動子 a primum movens), 즉 심리적 발달 전체의 최초의 동인으로 변환된다는 쾌락 원칙의 모든 형이상학을 받아들였다.

2-6-12] 피아제는 "자아에게 쾌락이 유일한 시계 스프링이기 때문에 자폐주의가 현실로의 적응을 인식하지 못한다는 것을 보여 준 것은 정신분석의 장점 중 하나이다. 따라서 자폐적 생각은 실제를 변형시켜 자아에게 채택시킴으로써 욕구와 흥미에 대한 즉각적이고 무한한 만족을 제공하는 고유한 기능을 가진다(1, p. 401)"고 말한다. 쾌락과 욕구를 현실로의 적응과 분리시키고 그것들을 품위 있는 형이상학적 기원으로 물들인 후 논리적인 필연성에 따라 피아제는 다른 형태의 생각, 즉 현실적 생각을 실제적인 욕구와 흥미 그리고 욕망으로부터 완전히 뜯겨져 나간 순수한 생각으로 나타내도록 내몰렸다. 그러나 적응 없이 만족되는 욕구가 없는 것 같이 그러한 형태의 생각은 자연에 존재하지 않으며 그들을 서로 뜯어내는 것도, 그들을 서로 반목시키는 것도 가능하지 않다. 같은 방식으로 어린이는 현세적인 것에서 떨어져 나간, 자신의 욕구와 욕망 그리고 흥미에서 떨어져 나간 순수한 진실을 향한 생각은 전혀 가지고 있지 않다.

2-6-13] 피아제는 자폐적 생각을 현실적 생각과 대비시켜 특징지으며 말한다. "그것은 진실의 확립이 아니라 욕망의 만족을 향하는 경향이 있다." 그러나 언제나 현실을 배제하는 욕망이란 것이 있을 수 있는가? 아니면 (우리의 논증이 어린이의 생각을 대상으로 한다는 것을 상기하면) 실제적인 요구와는 절대적으로 독립되어 진실 자체를 위한 진실의 확립만을 목표로 하는 어떠한 사고가 있을 수 있는가? 실제적인 내용이 제거된 공허한 추상화만이, 오직 논리적 기능들만이, 오직 사고의 형이상학적인 실체만이 그와 같이 제한적일 수 있다. 어린이의 실제의, 살아 있는 생각의 경로는 어떤 경우에도 그와 같을 수 없다.

2-6-14] 감각적인 대상들과 분리된 피타고라스의 숫자에 대한 연구와, 관념에 대한 플라톤의 연구에 대한 아리스토텔레스의 비평에 대한 적절한 관찰에서 V. 레닌은 다음과 같이 말한다.

2-6-15] "원시적 관념론: 일반(개념, 관념)은 개별적 존재라는 것. 이는 터무니없고 어처구니없이(좀 더 정확히는 유치하게) 멍청한 것으로 보인다. 그러나 현대 관념론, 칸트, 헤겔, 신이라는 관념은 같은 본성(절대적으로 같은 본성)을 가지고 있는 것이 아닌가? 책상, 의자 그리고 책상과 의자에 대한 관념; 세상과 세상의 관념(신); 사물과 "누멘noumen", 알 수 없는 "물자체"; 지구와 태양, 자연 일반과의 연결-그리고 법칙, 로고스, 신. 인간 지식의 양분兩分과 관념론(=종교)의 가능성은 이미 최초의 기초적인 추상화에 놓여 있다. ……(인간) 정신의 특정한 대상으로의 접근, 이에 대한 복제(=개념)의 획득은 단순하고 즉각적인 행위, 죽어 있는 반영이 아니라 복잡하고 두 갈래로 나뉘며, 지그재그로 움직이고, 삶 밖으로의 환상의 비행을 그 안에 포함한다. 더욱이, 추상적 개념, 관념이 환상(in letzter Instanz = 신)으로 변형되는 (게다가 인간이 알 수 없는 감지할 수 없는 변형) 가능성. 가장 단순한 일반화에서조차, 가장 기초적인 일반적 관념(일반적인 "탁자")에서조차 일말의 환상적인 조각이 있기 때문이다."

2-6-16] 이미 가장 기초적인 일반화에서, 인간이 만들어 낸 가장 최초의 개념에서 이미 그 통합성이 형성되어 있는 상상과 생각이 발달에서 상충한다는

사고를 이보다 더욱 명백하고 심도 있게 표현하기는 불가능하다.

2-6-17] 대립물의 통일과 대립물의 구분정립에 대한, 그리고 생각과 환상의 지그재그적인 발전에 대한 지적, 어떤 일반화에건 한편으로는 삶으로부터의 도피가 다른 한편으로는 그 삶 자체에 대한 심도 깊고 더욱 정확한 반영이 공존한다는 사실, 모든 일반적 개념에는 조그만 환상의 조각이 있다는 사실, 이러한 지적은 현실적이고 자폐적인 생각의 연구를 위한 진정한 통로를 열어 준다.

2-6-18] 우리가 이 통로를 따라가면 자폐성이 어린이 생각 발달의 시작에 놓이면 안 되며 그것은 사고의 발달에 포함되는 대립들 중 하나로 분화된 후기 형성을 나타낸다는 사실에 우리는 어떠한 의심도 품을 수 없게 된다.

2-6-19] 그러나 우리의 실험에서 우리는 여태껏 계속해서 연구해 온 이론의 관점에서는 새로운, 한 가지 추가적이고 대단히 중요한 포인트를 지적할 수 있을 것이다. 우리는 어린이의 자기중심적 말은 그 자체가 현실, 어린이의 실제적 활동, 진정한 적응과 동떨어진 허공에 매달린 말임을 나타내지 않는다는 것을 보았다. 이 말이 어린이의 추론적 활동에 필요한 계기로 들어가고, 그리고 기초적인 목표 지향적 활동에 정신을 참여시키며, 의도의 형성을 위한 도구로 기여하기 시작하여 그 자체가 지성화되어 어린이의 좀 더 복잡한 활동을 계획하는 것을 우리는 보았다.

2-6-20] 활동과 실행, 여기에 자기중심적 말의 기능을 새로운 조망에서 발가벗겨 그 온전한 중요성을 부여하고, 보통 관찰자의 시야로부터 벗어나 있는 달의 이면과 같은 어린이 생각 발달의 완전히 새로운 측면을 보여 주는 것을 가능하게 하는 새로운 계기가 있다.

2-6-21] 피아제는 사물은 어린이의 정신을 형성하지 않는다고 주장한다. 그러나 실제 상황에서 어린이의 자기중심적 말이 실제 활동과 연결되어 있는 경우, 그것이 어린이의 생각과 연결되어 있는 경우에 어린이의 마음은 실제로 사물에 의해 형성된다는 것을 우리는 보았다. '사물'은 실재를 의미한다. 그러

나 그것은 실재가 어린이의 지각에 수동적으로 반영된다는 뜻이 아니고 순수하게 추상적인 관점에서 알려진 실재를 뜻하는 것도 아니며 어린이가 실행의 과정에서 마주치는 실재를 뜻하는 것이다.

2-6-22] 이 새로운 계기, 실재와 실행의 문제와 그들이 어린이 생각의 발달에서 하는 역할에 대한 문제는 전체 그림을 통째로 바꾸어 놓는다. 그렇지만 우리는 피아제 이론의 기본 노선에 대한 검토와 방법론적 비판과 함께 아래에서 그들을 다시 다룰 것이다.

1) (보편적인 요소들로 분석하는) 일반화는 실행 과제를 푸는 데 충분하지 않으며, 그리고
다른 과정들이 요구된다는, 한 '단위'로 선별하고 추상화하는 것이 요구된다는 방법
론적 주장을 1장에서 비고츠키는 내세웠다. 아주 충분하게, 비고츠키는 피아제의 데
이터 혹은 비슷한 데이터를 사용하여 비판적으로 분석하기 위하여 단 하나의 이론적
개념화('자기중심성')를 **추상화**했다. 그러다 보니, 비판적 분석은 예상했던 것보다 훨
씬 더 길게 되었다. 그는 그렇지만 피아제의 기저에 놓인 철학적 체계에 대한 이러한
비판적 분석을 **일반화**하는 데 세 개의 장을 더 할애한다.

 I 비고츠키는 그가 행했던 것을 **요약**하는 것으로 시작한다. [2-6-1~2-6-11]

   A) **이론적 개념**을 분석하면서, 심지어 어린이의 자기 지시적 생각도 필요에 대
   한 현실적 방향을 가지고 있다고 말할 수 있기 때문에, '자기중심성'이라는
   피아제의 개념 구성이 자기 지시적 행위, 생각, 그리고 말에 대한 왜곡된 관점
   임을 비고츠키는 발견했다.

   B) **사실적 토대**를 분석하면서, 자기중심적 말이 단순히 자기중심적 생각을 실
   현한다는, 그런 '자기중심적 생각'과 '자기중심적 말' 사이의 직접적인 연결이
   없다는 것을 비고츠키는 발견했다.

   C) 실제로, '자기중심적 말'이 자기중심적 생각의 죽어가며 헐떡이는 마지막 숨
   이라기보다는 내적 말의 선행 주자이어야 하기 때문에, 거기에 연결은 **필요**
   하지 않다.

 II 피아제의 구성물 그리고 '자기중심적 생각'과 '자기중심적 말' 사이의 연결, 이를
   위한 진정한 토대는 그가 발견했던 진정한 사실들의 풍족한 '금광'에 있지 않고,
   욕망에 대한 지향과 현실에 대한 지향을 반대하는, **정신분석**에 대한 그의 부채負
   債에 있다. 현실에 대한 적응과 욕망을 분리시킴으로써, 정신분석자들은 그러한
   욕망을 왜곡시켰을 뿐만 아니라, 또한 늘 마주하는 개별적인 욕망에서 혹은 필
   요에 따라 발생하는, 현실에 대한 적응 과정을 왜곡시켰다. [2-6-11~2-6-13]

 III 비고츠키는 레닌이 최근에 출판한 『철학노트』에서 길게 인용한다. 그는 개념 형
   성은 언제나 현실로 한 걸음 다가가고 그리고 현실로부터 한 걸음 멀어지는 그
   런 식으로, 관념과 실재 사이에서 **지그재그하는** 식으로 펼쳐진다고 주장한다. 예
   를 들면, 마치 의자나 혹은 탁상을 만들기 위한 계획이 우리가 앉을 수 있는 실
   제 의자와 우리가 식사하는 물질적 탁상을 관념화한 것인 것처럼, 신은 실재의,
   구체적인, 자연 세계와 그 법칙을 관념화한 것이다. [2-6-14~2-6-16]

 IV 심지어 절대적으로 필요한 세속적인 사고도 약간의 상상의 작용을 포함하고, 그

리고 심지어 공상의 가장 거친 비행도 지상을 출발점으로 취해야 한다. 상상력과 현실적인 생각, 둘은 발달의 그 시작부터 있지만, 그러나 둘은 **실천** 속에서, 바꿔 말하면, 어린이의 **활동**에서 구현되어 구체화된다. [2-6-17~2-6-22]

2-7¹⁾

2-7-1] 우리가 현대 심리학 전반으로, 특히 아동심리학으로 고개를 돌리면, 최근에 심리학 발전을 결정하고 있는 새로운 경향을 쉽게 식별할 수 있다. 이런 경향은 독일 심리학자 아흐Ach의 한 실험 참가자에 의해, 그가 직접 동시대 심리 실험으로부터 받은 인상에 의해 아주 잘 표현된다. 이 실험 참가자는, 실험이 끝날 무렵 실험자가 그의 연구 서문에 그에 대해 이야기할 정도로 만족스럽게, "그러면, 이건 실험 철학이네!"라고 탄성을 질렀다.

2-7-2] 심리학 연구와 철학 문제의 이런 화해는 수많은 철학적 문제에 근본적인 중요성을 지닌 문제들을, 그리고 역으로 심리학 연구에서 문제를 제기하고 해결하는 데 철학적 이해에 가장 의존해야 하는 그런 문제들을 심리학 연구 과정에서 직접적 방식으로 발전시키려는 시도이다. 이런 시도는 동시대 모든 연구에 속속들이 배어 있다.

2-7-3] 우리는 이 점을 잘 보여 주는 예시를 풀어놓지는 않을 것이다. 우리는 단지 다음과 같은 사실을 지적할 것이다. 그 사실은 우리가 지금 검토하고 있는 피아제가 행한 연구는 철학적 탐구와 심리학적 탐구의 경계선에서 펼쳐지고 있다는 것이다. 피아제 본인은 말하고 있다. "어린이 논리는 매우 복잡한 주제다." 그래서 모든 전환점에서 우리는 암초와 충돌한다. "우리는 논리학의 문제와 심지어 인식론의 문제에 직면한다. 이 미궁에서 풀어놓은 실을 꽉 쥐고 있는 것은 쉬운 일이 아니며 게다가 심리학과 연결되지 않은 문제 모두

를 체계적으로 배제하는 것은 더더욱 쉽지 않은 일이다(1, p. xvii)."

2-7-4] 피아제가 피하고자 한 가장 큰 위험은 실험 결과에 대한 조숙한 일반화, 즉 '선입견적인 관념에 굴복하는 위험' 혹은 '논리 체계의 편견'이 지닌 권위에 굴복하는 위험이다. 그러므로 이미 언급했듯이, 저자는 '너무 체계적인 설명을 ……그리고 아동심리학 영역 밖에서 행한 일반화를 통해 얻은 후험적a posteriori 지식을 제공하는 것(1, p. xviii)'을 원칙적으로 주저하고 피한다. 그의 의도는 배타적으로 사실의 분석에 스스로를 한정하고 사실의 철학으로 나아가지 않는 것이다. 그렇지만 논리학, 철학사, 지식 이론은 아동 논리 발달과 보기보다는 더 밀접하게 연결되어 있는 영역이라는 것을 피아제는 인정해야만 한다. 그러므로 비록 놀라우리만치 일관성 있는 자세로 치명적인 벼랑 끝(철학)에 이를 때마다 자신의 생각을 그만두었지만, 그것을 행하고자 하는 의지를 가지고 있든 없든 간에, 인접 분야에서 제기된 이런 일련의 문제를 피아제는 언급해야만 한다.

2-7-5] 클라파레드는 피아제의 책 서문에서 다음을 지적한다. 피아제는 재능을 타고나, "달팽이 대신에 심리적 자료를 수집하면서" 자연과학 사유의 제 원리를 통달하고, "자료들이 스스로 말하게 하는 혹은 그것이 말하는 바를 듣는 놀라운 재능을 지닌" 자연주의자의 능력과 철학적 질문에 가장 정통하고, "세세한 구석구석을 알고 있어 구 논리학(텍스트의 논리학)의 모든 함정을 숙지한" 과학자의 박학함을 겸비하고 있다. 그는 "새로운 논리학의 희망을 공유하고 인식론의 미묘한 문제도 잘 알고 있다. 그러나 이와 같이 지식의 다른 영역에 대한 철저한 숙지는 의심스러운 사색에 빠지게 하지 않았다. 오히려 피아제가 심리학과 철학 사이에 매우 선명한 금을 긋고 엄격하게 심리학의 입장에 머물게 만들었다. 그의 저작은 순수한 과학책이다(1, p. 62)."

2-7-6] 우리가 아래에서 제시할 것처럼, 피아제는 실제로 철학적 구성물을 회피하는 데 사실 성공하지 못했고, 조금도 성공할 수도 없었기 때문에, 게다가 철학이 없어야 한다는 것 자체가 명백하게 특수한 철학이기 때문에 우리는

클라파레드의 이러한 단정에 동의할 수 없다. 철저하게 순수 경험론의 경계 내에 남고자 하는 시도는 피아제 연구 전반의 특징을 이룬다. 자신을 어떤 선입관이 담긴 철학 체계와 연결시키는 것에 대한 두려움이, 우리가 이제 그것의 중요한 기본적 자질을 드러내려 하는 특정한 철학적 세계관의 비로 그 징후이다.

2-7-7] 우리는 위에서 피아제의 자기중심적 말 이론에 의존하는, 피아제가 어린이 논리를 특징짓는 모든 자질들로 환원시킨 어린이 자기중심성 개념을 검토했다. 이러한 검토를 통해, 이론적으로든 경험적으로든 이 기본 개념이 명백하게 부적절하다는 결론, 즉 이 이론에서 어린이 발달 과정은 왜곡된 형태로 제시되었다는 결론에 우리는 도달했다.

2-7-8] 이 장章의 과제를 고려해 보면, 어린이 자기중심성의 모든 결과물을 세세하게 이야기하는 것은 아마도 불가능할 것이다. 이것은 피아제가 행한 연구로 구성된 모든 장章을 하나하나 검토해야 한다는 것을 의미할 것이다. 그런 작업은 새로운 방식으로 피아제의 주제들을 검토하게 하여, 최종 분석에서는 비판적으로 검토하고 있는 이 장을 다른 저작으로 변화시킬 것이다. 우리는 우리의 과제가 본질적으로 다르다고 생각한다. 우리의 과제는 독자가 피아제의 책에 담겨 있는 풍부한 자료와 일차적 일반화를 비판적으로 숙달하도록 촉진하는 것이다. 그러나 이를 위해서는 피아제가 행한 연구의 방법론적 측면을 검토하고 그것을 비판적으로 평가해야만 한다.

2-7-9] 우리는 피아제가 이야기하는 과학적 생각의 논리를 결정하는, 기본적이며 중심적인 계기로부터 시작할 수 있다. 우리가 염두에 두고 있는 것은 인과성의 문제이다. 피아제는 어린이에게서 나타나는 전前 인과성의 문제를 다룬 간결하고 중요한 장으로 책을 마무리한다. 피아제가 보기에 어린이 논리를 분석하면서 도출한 최종 결론은, 어린이에게 인과성 개념은 여전히 낯선 것이고 그리고 어린이 생각이 이 문제에 직면할 때 여전히 위치하게 되는 단계를 전 인과성의 단계라 칭함이 가장 적절한 명명이라는 것이다.

2-7-10] 이 문제가 피아제 전체 이론에서 아주 두드러진 위치를 점하고 있어서 그는 별도의 책, 그의 네 번째 연구서에서 어린이의 물리적 인과성 개념을 다룬다. 이 새로운 사회적 연구를 통해 피아제는 세계에 대한 어린이의 관념, 움직임에 대한 어린이의 설명, 기계와 자동 장비에 대한 어린이의 이해, 줄여 말하면 외부 실재에 대한 어린이의 생각 전체에는 진정한 의미에서 인과성이 부재不在한다는 결론에 다시 도달한다.

2-7-11] 그러나 이상하게 들리겠지만, 연구를 하면서 피아제 자신이야말로 의식적으로 그리고 의도적으로 자신을 붙잡아 끌며 그가 지적한 의미에서 전 인과성의 단계에 자신의 생각을 정지시키고자 갈망한다. 그 자신이 "어린이에게 그러한 것처럼, 마찬가지로 과학도 그러하다(1, p. 368)"고 지적했다. 진실로 자신이 인과성에서 퇴각한 것을, 피아제는 아마도 초超인과성의 단계에 든 것으로, 바꾸어 말하면, 인과성 개념을 이미 초월한 단계임을 나타내는 더 세련된 과학적 생각의 표현으로 간주하려 한다. 그러나 실제로 인과성 관념을 거부하는 사람은, 피아제 자신이 어린이 생각을 분석하면서 매우 잘 기술記述한 것처럼, 원하든 원하지 않든 간에 전前 인과성의 단계로 굴러떨어진다.

2-7-12] 그러면 피아제에게 인과성 원리와 대치된 것은 무엇일까? 피아제는 자신이 조사한 현상에 대한 인과적 설명을 발생적 관점으로 대체한다. 인과성의 원리가 심리 현상의 설명방식에서 폐기되고 발달이라는 더 높은 수준의 원리로 대체된다. 피아제는 스스로에게 묻는다. "심리적 현상을 설명한다는 것은 무엇을 의미할까? 볼드윈Baldwin이 섬세한 분석에서 보여 준 것처럼, 발생적 방법이 없다면, 우리는 심리학 분야에서 우리가 결과를 원인으로 취하지 않았다고 확신할 수 없을 것이고, 심지어 설명할 문제를 적절하게 제기할 수도 없다는 것을 알지 못할 것이다. 그래서 원인과 결과의 관계는 그 낱말의 수학적 의미대로, 함수적 의존의 일반개념을 전항과 후항의 일반개념에 결합시키는 발생적 수열의 관계로 대체된다.

2-7-13] 그래야만 출발점으로 처음 출현한 현상을 선택함으로써, 우리가

그것을 기술할 순서를 정할 가능성을 간직하면서, 현상 A와 B에 대해 B가 A의 기능인 것처럼 A는 B의 기능이라고 말할 수 있는 권리를 우리는 가진다. 발생적으로 이야기하면, 이렇게 하는 것이 가장 '설명에 도움이' 된다(1, p. 371)."

2-7-14] 이렇게 피아제에게서는 발달과 기능적 의존의 관계가 인과성의 관계를 대체한다. 그는 여기서 행위로부터 추론으로의 고양은 순수 역사적 지식이라는 취지로 괴테가 매우 반짝이는 공식화로 표현한 원리를 망각한다. 진정한 지식은 추론으로 고양된 지식이라는 취지의 베이컨의 더 유명한 주장도 그는 망각한다. 부연하면, 그는 발달에 대한 인과적 이해를 기능적 이해로 대체하고, 부주의하게도 그렇게 함으로써 발달의 개념에서 그 내용물 모두를 빼앗아 버린다. 모든 것이 이런 발달에서는 조건적인 것이 된다. A 현상이 B 현상의 기능으로 간주될 수 있으며 반대로 B 현상이 이번에는 A 현상의 기능으로 간주될 수도 있다.

2-7-15] 이런 분석 결과에 의하여, 인과에 대한 질문, 즉 발달의 요인에 대한 질문이 저자에게서 제거된다. 발생적 의미에서 가장 잘 설명할 수 있는 것으로 보이는, 관찰할 첫 번째 현상을 선택할 권리만을 그는 여전히 지닌다.

2-7-16] 이런 까닭에, 피아제는 어린이 생각에서 발달 요인의 문제를 그가 인과성의 문제를 해결하는 것과 똑같은 방식으로 해결한다. 피아제는 스스로에게 묻는다. "이제, 이와 같이 '설명에 도움이 되는' 현상은 무엇일까? 생각을 다루는 심리학은 이런 측면에서, 근본적인 두 요소(생물적 요소와 사회적 요소)에 언제나 직면하며, 심리학은 이 둘의 관계를 설명해야 할 과제를 가지게 된다. ……전적으로 생물학적 관점에서, 혹은 전적으로, 최근 유행하는 사회학적 관점에서 기술하면, 우리는 실재의 절반을 그림자 속에 내버려두게 된다. 그래서 이 두 극단을 시야에 두어 어느 것도 희생시키지 않는 것이 중요하다.

2-7-17] 그러나 우리는 시작하기 위해서 다른 하나를 희생시키고 한 언어를 선택해야만 한다. 우리는 사회학적 언어를 선택했다. 그러나 우리는 이런 사실에 어떤 배타성을 담은 것이 아니라고 주장한다. 우리는 어린이 생각에 대

한 생물학적 설명으로 돌아갈 권리, 그래서 우리가 여기서 시도한 생물학적 설명에 대한 기술을 참고할 권리를 보유한다.

2-7-18] 그러므로 시작하기 위하여 우리가 시도했던 것은, 이런 측면에서 가장 특징적인 현상(어린이 생각의 자기중심성)을 출발점으로 취하면서, 사회 심리학의 관점에서 우리가 기술할 순서를 정한 것뿐이다. 어린이 논리의 특징 대부분이 자기중심성임을 주목하게 하려 우리는 노력했다(1, p. 371)."

2-7-19] 누구나 여기서는 사회학적 용어로 제시된 기술이 다른 책에서도 똑같이 성공적으로 생물학적 기술로 변경될 수 있다는 사실로 이루어진 역설적 결론을 얻는다. 사회 심리학의 관점으로 기술을 늘어놓는 것은 단순히 저자의 취사선택 문제이다. 자신의 취향에 따라 다른 것을 희생시키고 어떤 한 언어를 자유롭게 선택할 수 있는 것이다. 이러한 단정이 피아제 방법론 전체에 중심적이고 결정적이며, 피아제의 검토에 따르면, 어린이 생각 발달에서 사회적 요소라는 개념을 구성할 실마리를 제공한다.

2-7-20] 잘 알려진 바와 같이, 어린이 생각의 역사에서 사회적 요인들의 단면이 사고의 구조와 기능에 전면적인 영향력을 미치게 된다는 사고가 피아제의 책 전부에 흠뻑 배어 있다.

2-7-21] 피아제의 책 러시아판 서문에서, 그는 숨김없이 자신의 책에 담긴 기본 관념을 구성하는 것이 이런 것이라고 적고 있다. 그는 다음과 같이 적고 있다. "어린이 생각은 태생적인(낯선, 냉담한, 적대적인- LSV) 심리 생물학적 요소로부터만 혹은 물리적 환경의 영향력으로부터만 도출될 수 없으며 어린이와 그의 사회적 환경 사이에 확립된 그 관계로부터 지배적으로 유추되어야 한다고 이해해야만 한다는 것이 출판된 이 저작에서 중심 관념이다. 나는 단순하게 어린이는 어린이를 둘러싼 사람들의 의견과 관념을 반영한다고 말하고 싶지 않다. 이건 너무 진부한 말이다. 개인의 생각 구조는 사회적 환경에 좌우된다. 개인이 단지 혼자서 생각할 때, 그는 자기중심적으로 생각하고 (그리고 이것이 어린이에게 전형적인 그런 경우다), 그의 사고는 자신의 공상, 욕망 그리고 인격의 영역에

위치한다. 이때 생각은 이성적 생각을 특징짓는 특별한 자질과 완벽하게 다른 수많은 특별한 자질을 드러낸다. 개인이 결정적인 사회적 환경의 측면에 근거한 체계적인 상호작용을 경험할 때(예를 들면, 어린이가 성인의 권위에 의한 영향력을 경험할 때), 그때서야 그의 사고는 어떤 외적 규칙에 복종한다⋯⋯. 개인들이 서로 협동하는 정도에 따라, 이 협동의 규칙들은 발전하며, 이 규칙들이(이론적·실천적 두 측면에서 추론을 형성하고) 생각을 규율에 복종하게 한다.

2-7-22] 자기중심성, 강제, 협동, 이 셋은, 이들 사이에서 발달하는 어린이의 생각이 끊임없이 변화하는 방향성이며, 어린이의 생각이 자폐적으로 머무느냐 혹은 이런저런 유형의 사회적 조직의 속에서 성장하느냐에 따라 이 방향성을 통해 어린이의 생각은 어른의 생각과 이러저러한 정도로 연관을 맺는다(1, pp. 55~56)."

2-7-23] 그렇게 피아제의 지배적인 관념은 전개된다. 그의 책 전반에서처럼, 여기 이 도식에, 어린이 생각 발달에서 결정적인 힘으로 사회적 요소를 극단적으로 선명하고 정확하게 인정하는 내용이 담겨 있는 것으로 보일 수 있다. 그러나 우리는 방금 전 인용에서, 이러한 인정은 저자가 기술을 위해 사회학적인 언어를 선택했다는 사실로부터 나오지만, 똑같은 사실을 가지고 똑같이 성공적으로 그 내용을 생물학적 설명으로 환원하는 것도 가능하다는 것을 보았다. 그러므로 피아제 이론에서, 어린이의 생각 발달에서 사회적 사실과 생물적 사실이 어떻게 관련되는가를 검토하는 것이 우리의 긴박한 과제가 된다.

2-7-24] 피아제가 보기에, 자신의 이론에 놓인 이 문제의 본질은 생물적인 것과 사회적인 것의 간극(間隙)이다. 생물적인 것은 기원적이고, 일차적이며, 어린이 내부에서 구성되는 그리고 자신의 심리적 본질로 형성되는 것으로 간주된다. 사회적인 것은 어린이에게 낯선 힘으로, 어린이에게 고유한 생각방법과 어린이의 내적 성질에 상응하는 생각방법을 대체하며 반드시 외부로부터 어린이를 속박하는 외적인 힘으로써 강제를 통해 작용한다.

2-7-25] 그러므로 피아제의 새로운 도식에서, 그가 두 극단적 지점(자기중심

성과 협동)을 세 번째 용어(강제)에 연결하는 것은 실상 놀라운 일이 아니다. 이것(강제-K)이, 사회적 환경이 어린이 생각 발달을 감독하는 데 도움을 제공하는 기제에 관한 피아제의 개념이 표현되는 핵심적인 낱말이다.

2-7-26] 본질적으로 이러한 생각은 피아제와 정신분석학자들에게 공통적이다. 여기서 외적 환경은 인격에 압력을 가하고 인격의 영향력을 제한하며 인격을 변화시키고 대안적 경로를 지향하도록 하는 것으로 간주된다. 강제와 압력, 이 둘이 어린이 발달에 사회적 환경의 영향력이 행사됨을 표현하는 일이 필요할 때면 언제나 피아제 책의 지면에 나타나는 낱말이다.

2-7-27] 피아제가 이러한 영향력의 과정을 동화로 간주하는 것을 우리는 이미 보았다. 그리고 이 영향력이 어떻게 동화되는가를 즉, 이 영향력이 살아 있는 존재에 의해 어떻게 변형되고, 어린이의 본질에 어떻게 뿌리내리게 되는가를 그가 연구하는 것도 이미 보았다. 그러나 이러한 어린이 인성의 심리적 본질은, 즉 어른의 생각과 비교할 때 어린이 사고의 질적 독특성을 구성하는 어린이 사고에 고유한 이 구조와 그 기능 방식은 자폐증에 의해 결정된다. 바꿔 말하면 어린이의 본질인 생물적 속성에 의해 결정된다. 어린이는 태어난 첫날부터 자신이 속한 전체의 공적 삶에 참여하는 사회적 전체의 한 부분으로, 사회적 관계의 한 주체로 간주될 수 없다. 사회적인 것은 어린이에게 압력을 행사하고 어린이의 고유한 생각 양식을 대체하는, 어린이에게서 멀리 떨어져 있는 낯선 힘으로, 어린이 밖에 있는 어떤 것으로 간주된다.

2-7-28] 클라파레드는 자신이 쓴 서문에서 피아제에게 소중한 이 관념을 아주 잘 표현하고 있다. 그는 피아제의 연구는 새로운 방식으로 어린이 정신을 제시하고 있다고 적고 있다. "피아제는 어린이 정신이, 말하자면 하나 위에 다른 것이 위치한, 서로 다른 두 직기織機에서 동시에 짜인 것임을 보여 준다. 생애 첫해에 아래 틀에서 만들어진 작업이 훨씬 더 중요하다. 이것은 어린이를 만족시킬 수 있는 모든 것을 무작위로 끌어당기고 자신의 필요성에 따라 그것들을 결정화한 어린이 스스로 한 일이다. 이것이 주관성, 욕망, 놀이, 변덕,

(프로이트가 말했듯이) 쾌락원리의 단면이다.

2-7-29] 대조적으로 위 틀은 점진적으로 사회적 환경에 의해 구성된다. 어린이는 사회적 환경의 영향력을 점점 더 많이 감지한다. 이것이 객관성의 단면, 말의 단면, 논리적 개념의 단면, 간략하게 말하면 현실의 단면이다. 이 위 틀은 처음에는 불안정하다. 과부하에 걸리자마자, 이것은 구부러지고, 금이 가며, 부러진다. 그것을 이루는 요소들은 아래 표면을 마주하고 위 단면에 속하는 요소들과 섞인다. 일부는 하늘과 지상 사이에 머문다. 이 두 표면은 자신의 논리를 가지고 각각은 다른 쪽 논리와 연결될 때 소리 높여 항의한다. 그러므로 이 두 표면을 보지 못하는 관찰자가, 그리고 이 경기가 오직 한 단면에서만 수행된다고 생각하는 관찰자가 극단적인 혼동의 인상을 가질 수밖에 없다는 것은 이해할 만하다(1, pp. 59~60)."

2-7-30] 우리가 본 바와 같이 피아제 이론에서 어린이 생각의 독특성은, 어린이 정신이 두 직기 위에서 짜인다는 사실, 그리고 주관성, 욕망, 변덕의 틀 위에서 짜인 첫 번째 것은 어린이 자신이 한 일이기 때문에 가장 중요한 것으로 보인다는 사실에 놓여 있다. 비록 피아제와 클라파레드 중 어느 누구도 프로이트와 쾌락원리를(그 근거로-K) 언급하지 않았지만, 어린이 본질의 특별한 생물적 자질로부터 어린이 생각의 특수성을 도출하려 시도한, 순수하게 생물학적 개념이 자기 앞에 놓여 있다는 사실을 어떤 독자라도 추호도 의심하지 않을 것이다.

2-7-31] 어린이 발달에서 생물적인 것과 사회적인 것이 피아제에게서는 기계적으로 서로에게 작용하는 외적인 두 힘으로 그려졌다는 것을, 그가 자신의 연구로부터 도출한 결론 부분에서 볼 수 있다.

2-7-32] 피아제가 이후에 행한 연구를 묶어 낸 두 저작에 토대가 되는 중심적인 결론은, 어린이가 이중의 현실에 살고 있다는 사실에 관한 내용인 것으로 보인다. 한 세계는 어린이 자신의 본질에 속하는 고유한 생각에 근거하여 구성된다. 다른 세계는 주변 사람에 의해 그에게 강요된 논리적 생각에 근거

하여 구성된다.

2-7-33] 그러므로 피아제 관념에서 어린이 사고의 이와 같은 분기分岐의 결과로, 어린이에게 현실은 이중으로 보여야만 한다는 결론이 논리적으로 따라 나온다. 다른 두 직기, 다른 두 직물, 생각의 두 방법 그리고 두 현실, 어린이 생각이 엮이고 짜이는 각각의 두 표면은 자신만의 논리를 가지고 있기 때문에, 가장 권위 있는 목격자에 따르면, 다른 표면의 논리와 연결될 때 비명을 지른다. 명백히 아동의 생각은 둘로 나뉜, 부서진 현실일 뿐 아니라 결합될 수 없고 절대적으로 이질적이며 원칙적으로 적대적인 직물조각으로 짜인 형성물이다. 이 직물조각은 서로 연결하려 하면 저항한다. 결국, 자폐적 사고는, 피아제에 따르면, 스스로 상상의 현실이나 꿈의 현실을 창조한다.

2-7-34] 마찬가지로 논리적으로 불가피하게 질문이 제기된다. 어린이 사고가 짜이는 두 직기 중 어느 것이 더 중요한가, 어린이 사고의 두 직물 중 어느 것이 더 우월한가? 클라파레드는 우리 첫 번째 질문에 대해, 우리가 위에서 본 것처럼, 생애 첫해에 아래 표면에서 만들어진 작업이 훨씬 더 중요하다고 명료하게 대답한다. 우리가 아래에서 볼 수 있듯이, 피아제는 지금 당장의 현실이 우리보다 어린이에게 훨씬 덜 현실적이라고 단정함으로써, 두 번째 질문에 범주적으로 대답할 것이다.

2-7-35] 이후에 우리는 논박의 여지 없이 이어지는 추론의 동일한 논리에 따라, 신비한 시인의 말처럼, 어린이의 생각이 마치 그가 이중적 존재인 듯, 그의 영혼이 두 세계에 살고 있는 듯 문지방을 오간다는 것을 인정할 수밖에 없다.

2-7-36] 그러므로 피아제에게는 어린이 자기중심성 문제와 관련하여 다른 질문이 제기돼야만 한다. "어린이를 위한 단지 하나의 현실만이 존재해야 하는가? ……모든 다른 것의 초석(인 단 하나의 현실-K) ……아니면 오히려, 자기중심성 혹은 사회화라는 그의 상태에 따라, 어린이는 어느 것도 다른 것을 대체할 수 없는 똑같은 현실의 두 세계에 직면한 자신을 발견할까? 명백하게도 후자

의 가설이 가장 그럴듯하다(1, p. 401)." 어린이가 자신의 현실 세계에서 이런 이중의 극성으로 고통받고 있는지 아닌지는 입증되어야 할 것으로 남는다고 피아제는 추정한다. 게다가 그는 어린이가 둘 혹은 여러 개의 자신의 현실을 가진다는 사고를 용인한다. 그리고 이러한 현실들은, 실제로 우리에게 그리한 것처럼 위계적 관계 속에 자리 잡기보다는, 번갈아가며 현실이 된다는 사고를 용인한다.

2-7-37] 특히 2세에서 3세까지 지속되는 첫 번째 단계에서, "현실적인 것은 순수하고 단순하게 욕망하는 것이다." 프로이트가 말한 '쾌락의 법칙'이 어린이가 갈망한 세계로 변형하고 그 세계를 형성한다. 두 번째 단계는 이질적이고 똑같이 현실적인 두 세계의 등장으로 구분된다. 놀이의 세계와 관찰의 세계(1, p. 402). "어린이 놀이를 통해 놀이에 반反하는 '진짜' 현실은 우리보다 어린이에게 훨씬 덜 '진짜'라는 것을 이해하면서, 어린이는 어린이 놀이로 자율적인 현실을 구성한다고 말해야만 한다(1, pp. 402~403)."

2-7-38] 이 사고가 배타적으로 피아제에게만 속하는 속성은 아니다. 근본적으로 피아제의 이론과 똑같은 입장에서 흘러나온 아동심리학의 모든 이론은 이 관념에 속속들이 젖어 있다. 어린이는 두 세계에 산다. 사회적인 모든 것은 외부로부터 어린이에게 강요된 어린이에게 낯선 것이다. 최근에 자율적인 어린이 말을 언급하면서 엘리어스버그Eliasberg는 이 관념을 가장 명료하게 표현했다. 어린이가 말을 통해 숙달하는 세계에 대한 관념을 조사하면서, 이 모든 것이 어린이의 본질과 일치하지 않는다는 결론, 우리가 어린이의 놀이와 그림에서 본 모든 것과 정반대라는 결론에 그는 도달한다. 그에 따르면, 성인의 말을 함께 하면서 어린이는 범주적 형태, 주관적인 것과 객관적인 것의 분리, 나와 너, 여기와 저기, 이제와 이후를 숙달한다. 이 모든 것이 더 완벽하게 제시될 수 없다. 이어 괴테의 유명한 구절을 인용하면서 저자는 말한다. 두 영혼이 어린이에게서 살고 있다. 연결로 충만한 원래의 영혼과 성인의 영향력으로 출현하는 그런 세계에 살고 있는 다른 영혼, 두 영혼, 두 세계, 두 현실, 이것이,

사회적인 것과 생물적인 것이 서로에게 외적인 힘으로 작용하고 처음부터 끝까지 서로에게 낯선 것이라는 근본 주장으로부터 도출된 결론이며 필연적인 논리적 귀결이다.

●

1) 이 절을 시작하면서, 피아제의 많은 연구는 모두 다 그나 그의 동료들이 자기중심적 말에 대한 연구를 제기 공히는 것과 아주 똑같은 방식으로 다시 개신한 깃이라고 비고츠키는 지적한다. 그렇지만 그 대신, 피아제의 설명적 구성물이 사실적 자료라기보다는 그의 정신분석의 선先개념화에 근거하고 있음을 보여 주었던 **철학** 일반에 대한 비판을 확대함으로써, 비고츠키는 그의 모든 연구에 비판적으로 숙달하는 것을 촉진할 수 있다고 제안한다. 먼저, 일반적으로 인과 관계의 문제를 검토하고, 그 후에 그는 심리적 현상이 사회학의 언어로 설명될 수 있는지 아니면 생물학의 언어로 설명될 수 있는지 고려한다.

    Ⅰ 비고츠키는, 5장의 토대를 이루는 '무게'와 '형태' 같은 개념들의 형성을 연구하는 '조사방법Suchmethode'의 창시자인, 독일 심리학자 아흐의 일화로 시작한다. 실험이 끝날 무렵, 한 실험 참가자는 "그러면, 이건 **실험 철학**이네!"라고 탄성을 질렀다. 이렇게 비고츠키는 임상적 관점에서 심리학의 가장 실천적 분야의 하나로 더해질, 학습 심리학의 전망을 보았다. 그에게 거기는 사적 유물론과 탈脫역사적 관념론 간의 투쟁을 위한 경험적 실험이 전개되는 전쟁터였다. [2-7-1, 2-7-2]

    Ⅱ 피아제는 궁극적으로 자신의 작업을 위한 철학적 중요성을 인정하고 심지어 포용했다. 1960년대에, 피아제는 자신은 정말로 심리학을 하고 있는 것이 아니라고 했다. 그 대신에 인간이 어떻게 역사를 통해 그들이 아는 것을 알게 되었는가를 연구하는, '발생적 인식론'을 조사하고 있다고 그는 주장했다. 그러나 생각과 말이 쓰여질 무렵, 피아제는 철학적 쟁점을 **회피**하겠다고 주장했다. [2-7-3~2-7-8]

    Ⅲ 그의 네 번째 저작(『어린이의 물리적 인과 관계』, 1927)에서, 피아제는 **전前 인과성** 단계에서의 동학과 정학에 관한 어린이 생각의 많은 것을 확인한다. 전 인과적 도식에서, 사건들은 단순하게 병합되고, 어떤 인과적 관계를 가지지 못하거나, 혹은 필요보다는 변덕과 의지에 의해(예를 들면, 제네바 호수는 제네바 시에 의해 만들어졌다는 믿음에 의해, 혹은 눈은 땅에 눕고 싶어서 하늘에서 내려온다는 믿음에 의해) 발생한다. [2-7-9~2-7-10]

    Ⅳ 피아제는 발생적 인식론자다. 피아제에게 있어, 어린이들이 (예를 들면, '원자들', 자기중심적 보편성, 전 인과성) 하는 것과 똑같은 관념들을 소크라테스 이전의 사상가 그리고 이른바 '원시적 사상가들'이 많이 가지고 있었던 것으로 보이는 이유는 지식이 인간에게서 발달하는 방식이 유사-보편적이기 때문이다. 그래서 피아제는 어린이들이 그런 것처럼, '근대' 과학도 마찬가지라고 말한다. 부연하면, 피아제는 현상에 대한 우리 '설명들' 가운데 많은 것이 **비非 인과적** 설명이고 오직 그럴 수

밖에 없다고 말한다. 예를 들면, 물질에 대한 우리의 이해는 여전히 근본적으로 '원자적'이고, '우주'에 대한 관념은 자기중심적이며, 그리고 복합적인 현상은 보통 단 하나의 필요 충분한 이유로 설명될 수 없다. [2-7-11~2-7-12]

V 비고츠키는 **"초인과성"** 관념이 피아제에게 있다고 한다. 피아제는 인과성을 발생적 (역사적) 진행으로 대체하고자 한다(예를 들면, '이전'으로부터 '이후'로의 진전은 수학적으로 그리고 가역적으로라는 의미에서, 기능적으로 사건들이 서로 의존하는 것일 수 있다는 관념을 더한다). 그러나 비고츠키는 인과적 설명이 거부되자마자, 오직 '전 인과성'만이 대안으로 남는다고 주장한다. (물론, 진정한 인과적 설명은 마찬가지로 발생적이어야만 한다. 바꿔 말하면, 진정한 인과적 설명은 인과적 역동성을 가져야만 한다!) [2-7-11]

VI 그래서 피아제는, 만약에 A가 B의 (수학적) 기능이라면, 우리는 똑같이 B는 A의 기능이라고 말할 수 있을 것이라고 말한다(A=2B는 1/2A=B와 똑같다). 똑같은 방식으로, 정신적 발달은 사회 심리학에서 개별적 어린이의 평형화의 관점으로 고려될 수 있지만, **똑같이** 개별적인, 생물학적인 어린이의 사회 조절의 관점으로 고려될 수도 있다. [2-7-12~2-7-13]

VII 비고츠키는 현실에서 결과들은 이유들을 가진다는 것에 그리고 효과들은 원인들을 가진다고 주장한다. 우리가 발달 과정의 실제 이유들을 시간적 순서와 기능적 의존으로 대체할 때, 우리는 발달을 역동적이지만 그럼에도 불구하고 인과적인 과정으로 이해하는 대신 단지 발달 순서에 대한 관찰과 인상들로 채우는 것으로 마무리하게 된다. 이런 식으로 하는 것은 발달에서 그 실제 내용을 **빠뜨린다**. 부연하면, 그것은 실제 (그리고 비가역적인) 역사적 변형을 추상적인 (가역적인) 공식으로 전환시킨다. [2-7-14~2-7-15]

VIII 피아제의 '기능적 의존'은 자기중심성을 강제를 통한 협동으로 연결시키는 것과 관련된다. 한 번 더, 비고츠키에게는 이것은 개인들 간의 협동은 자기중심적 말을 통해 개인 내에서 상호 조정하는 것과 연결된다는 것을 제안하는 피아제의 사실들에 의존하지 않는다. 그 이유는 피아제가 프로이트의 억압 본능, 즉 **강제** 이론을 차용하였기 때문이다. [2-7-16~2-7-26, 2-7-30, 2-7-37]

IX 비고츠키는 피아제의 이 관점을 피아제의 멘토인 클라파레드로부터 빌려온 정말로 무시무시한 은유를 통해 설명한다. 어린이 생각이 하나는 객관적인 사회적 강제고 다른 하나는 주관적인 개인의 욕망인, '두 직조기 위에서 짜인'다고 클라파레드는 적고 있다. 사회화는 과적된 위 직조기의 부서진 조각들이 바삐 움직이는 아래 직조기 위로 쏟아져 내리는 기괴한 과정이다. 비고츠키가 지적한 것처럼, 이 이미지가 시종일관하는 정도까지, 그것은 발달의 **생물학적** 혹은 적어도 개인적 토대라 할 수 있지만 그러나 사회적 토대는 아니다. [2-7-27~2-7-31]

X 비고츠키가 이 장 처음에 예견했던 것처럼, 그 결과는 근본적으로 사회와 자아

를 이질적인 두 성분으로, 하나는 사회적인 것이고 다른 하나는 생물학적인 것으로 파악하는 **이원론적** 이론에 의한 것이다. 진정한 심리학적 성분은 오직 강제와 강요에 의해서만 생산될 수 있다. [2-7-32~2-7-38]

2-8¹⁾

2-8-1] 이 결과에 따르면, 사회화되는 과정에 대한 극단적으로 독특한 이해가 피아제 이론에서 중심적 위치를 점한다. 우리는 이미 위에서 이런 발상은 발달 이론의 관점에서 보면 비판을 견디어 낼 수 없음을 입증하려 했다. 그리고 사실상 피아제에 의해 대강 그려진 어린이 사고의 사회화 과정은 도대체 무엇일까? 우리는 이미 그것이 어린이에게 외적이고 이질적인 것임을 보았다. 이제 우리는 더 본질적인 한 계기에 주의를 기울이려 한다. 피아제는 사회화를 논리적 생각이 발달하는 유일한 원천으로 보았다. 그러나 사회화의 실질적 과정이 도대체 어디에 놓일 수 있는가? 우리가 알고 있듯이, 그것은 어린이가 자기중심성을 극복하는 과정이다. 그것은 어린이가 스스로 생각하는 것을 시작할 수 없고, 오히려 타인의 생각에 자기 생각을 순응시키기 시작한다는 사실로 이루어져 있다. 홀로 내버려진다면, 어린이는 결코 논리적으로 생각할 필요와 충돌하지 않는다. 그가 행동할 때 그것을 오직 상상력의 도움으로 이루어진다. 피아제의 의견에 따르면, "사물은 정신을 논리적으로 입증하려는 필요로 이끌 수 없다. 오히려 사물이 정신에 의해 형성된다(1, p. 373)."

2-8-2] 이렇게 단정하는 것은 사물, 바꾸어 말하면 외부의 객관적 실재가 어린이의 생각 발달에서 결정적인 역할을 하지 못한다고 주장하는 것이다. 오직 "우리 사고와 이질적인 사고들과의 충돌만이 의혹을 제기하고 입증할 필요를 야기한다. 다른 사고들이 없다면, 경험의 기만은 우리를 과잉 보상된 상

상력으로, 섬망譫妄으로[2] 이끌 것이다. 거기에는, 끊임없이 우리 내에서 생성되지만, 타인과의 접촉으로 시들어 가는 너무도 많은 잘못된 관념들, 기만적 생각, 이상향, 신비한 설명, 의혹, 그리고 과장된 공상이 있다. 증명을 하고자 하는 우리 욕구의 기원은 타인들과 생각을 니̌누고 생각을 의사소통하며 실득하고자 하는 사회적 욕구에 있다. 증명은 토론에서 태어난다. 하여튼, 그 속(잘못된 관념들, 기만적 생각, 이상향, 신비한 설명, 의혹, 과장된 공상)에서 동시대 심리학이 일용할 양식이 나온다(1, p. 373)."

2-8-3] 논리적 생각에 대한, 그리고 진리가 되는 지식에 대한 필요가 어린이의 의식과 다른 이들의 의식들과 접촉을 통해 출현한다는 사고를 더 명료하게 표현하는 것은 가능하지 않다. 이것은 그것의 철학적 성질상, 인간의 사회적 삶으로부터 시간뿐만 아니라 공간을 그리고 하나의 전체로 객관적인 실재 전부를 도출해 내는 뒤르켕과 다른 사회학자들의 사회학 연구에 아주 가깝지 않은가! 이것은 다음과 같이 말하고 있는 보그다노프Богданов의 입장과 아주 가깝지 않은가. "물리적 상태의 객관성은 **보편적인 의미**를 갖는다. 우리가 경험에서 직면하는 물리적 실체의 객관성은 최종분석에서 다양한 사람이 행하는 발화의 상호 입증과 상호 조정에 의해 확립된다. 일반적으로 물리적 세계는 사회적으로 상호 조정되고, 사회적으로 조화를 이루며, 한마디로 **사회적으로 조직된 경험**이다."

2-8-4] 우리가 위에서 이야기한 인과성 개념을 떠 올린다면 피아제가 여기서 마흐와 수렴한다는 것을 의심하는 것은 가당치 않다. 어린이의 인과성 발달에 대해 말하면서, 피아제는 아래와 같은 극단적으로 흥미로운 사실을 확립했다. 클라파레드에 의해 확립된 의식적 파악의 법칙에 의존하여, 그는 의식적 파악이 행동 뒤에 온다는 것을, 그리고 자동적 적용이 어려움에 직면할 때 출현한다는 것을 보여 주었다. 피아제는 다음과 같이 가정한다. 인과, 목적 등에 대한 표상이 어떻게 나타나는지 자문한다면 "기원에 대한 이 문제는 개인이 어떻게 인과, 목적, 공간에 점차 관심을 갖게 되는지에 대한 것으로 환원된

다. 그리고 행동이 범주에 잘못 적용되었다는 것이 발견되는 경우를 제외하고는, 이런 흥미는 범주에 대해 영향을 미치지 못한다고 우리는 타당하게 생각한다. **바로 이런 필요가 의식을 창조**하며, 원인에 대한 의식은 ……인과적 관계에 적용할 필요성이 ……느껴질 때를 제외하고는 정신에 출현하지 않는다 (1, p. 223)." 그러나 자동적인, 본능적인 적응이 이루어지는 동안에는 정신은 범주를 파악할 수 없다. 자동적인 작용을 수행하는 것은 정신의 과제가 아니다. 거기에는 어려움이 없다. 이것은 필요성이 없다는 뜻이다. 거기에는 따라서 의식이 없다.

2-8-5] 이러한 클라파레드의 사고를 제시하면서, 클라파레드는 범주를 의식한다는 사실이 범주의 성질 자체를 전환시킨다고 가정하면서, 어떤 의미에서는 기능 심리학의 길로 한층 더 내려갔다고 피아제는 말한다. 그는 이렇게 말한다. "우리는 ……그러므로 '어린이는 원인에 대한 관념을 가지기 오래전부터 어린이는 원인이다'라는 공식을 받아들였다……(1, p. 224)."

2-8-6] 어린이 활동에서 객관적 인과성은 그의 의식과 독립적으로, 그리고 그에 관한 어떤 개념 전에 존재한다는 사고를 더 명료하게 표현하는 것은 불가능해 보인다. 그러나 이 경우에 자신이 이야기하고 있는 사실이 인과성에 대한 관념론적 이해가 아니라 유물론적 이해를 드러내는 것임을 알고 있었던 피아제는 아래와 같은 내용의 유보 조항을 만들었다. "오직 언어(즉, 만약 우리가 주의를 기울이지 않는다면 우리를 심리학 밖에 놓이는, 지식에 대한 철저한 실재적 이론과 결부시키는 언어)의 편이성을 통해서만, 우리가 인과성에 대해 가지는 의식적 파악과 전적으로 독립된 관계로, '인과성'을 이야기하는 것이 가능하다. 사실상 인과성을 의식하는 형태와 정도에 따라 많은 인과성의 형태들이 있다. 어린이가 '원인'일 때 혹은 하나가 다른 것의 원인이었다는 것을 아는 것처럼 행동할 때, 비록 어린이가 인과성을 의식적으로 깨닫지 못했을지라도, 이것은 인과성의 초기 형태이고, 다르게 말하면 기능적으로 인과성의 등가물이라 표현할 수 있다. 그래서 같은 어린이가 여기서 논의 중인 관계를 의식하게 되었을

때, 바로 그 순간의 필요와 관심에 좌우되기 때문에 이 의식적 파악은 다른 많은 형태들 즉 물활론적 인과성(모든 것이 인간의 손에 의해 인위적으로 만들어졌다는 생각과 연결된- LSV), 인위적인, 목적론적인, (접촉에 의한) 기계론적인, 혹은 역동적인 (힘) 등을 취할 수 있다. 그 형태의 목록은 결코 완벽한 것으로 간주될 수 없다. 요즈음 성인과 과학자들에 의해 사용되는 관계의 형태들은 어린이와 야만인에 의해 사용되었던 것처럼 아마도 그저 임시적인 것일 것이다(1, p. 224)."

2-8-7] 피아제는 심리주의의 관념론적 관점을 취하면서, 그리고 "발생학자는 그러므로 어린이가 가로지르는 모든 이해 단계에서 이런 범주들의 출현과 사용에 주목해야만 할 것이고 또한 생각의 기능적 법칙 아래로 이러한 사실을 가져와야만 할 것"(1, p. 224)이라고 단정하면서 자신이 인과성에 대해 단언했던 사실, 즉 인과성의 객관성에 대한 부정을 다른 모든 범주로 확장한다.

2-8-8] 논리적 범주에 대한 자신의 연구에서 스콜라 학파의 실재론과 칸트의 선험론을 거부하면서, 피아제는 스스로 실용주의적 경험론의 관점을 취한다. 그러한 관점에서는 "실용주의적 경험론자들이 스스로 설정했던 과제가 사고의 역사에서 범주가 탄생하는 것에 따라서, 그리고 과학의 역사에서 범주를 점진적으로 사용하는 것에 따라서 범주들을 정의하는 것이기 때문에, 그것(실용주의적 경험론의 관점-K)을 심리학적인 것으로 특징짓는 것은 지나친 일이 아니다(1, p. 224)."

2-8-9] 우리는 피아제가 주관적 관념론의 입장을 취할 뿐 아니라 그가 취합한 사실과도 날카롭게 모순되는 것을 본다. 이 사실은, 그 자신이 말했듯이 우리가 그것을 신뢰한다면 우리를 지식에 대한 실재론적 이론으로 인도할 수 있는 것들이다.

2-8-10] 그러므로 자신의 연구에 근거하여 더 나아간 결론을 도출하면서, 세계에 대해 어린이에게 존재하는 그런 관념을 설명하는 데 바쳐진 세 번째 저서(3)에서 피아제가 생각의 실재론, 물활론, 인공론이 어린이 세계관의 지배적

인 세 특질이라는 결론에 도달했다는 것은 놀랄 일이 아니다. 그리고 이러한 결론은 자신의 출발점으로 내적인 것, 즉 정신적인 것과 외적인 것, 즉 물리적인 것 사이의 구분이 본질적으로 내재된 것이 아니라는 것을 보여 주려는 마흐의 단정을 취한 조사자에게는 어찌할 수 없는 것이다. "그러나 이러한 관점들은 여전히 이론적이다. 마흐는 스스로 진정한 발생적 심리학에 근거하지 않았으며 그리고 볼드윈의[3] '발생적 논리'는 실험적(실험의 결과물- LSV)이라기보다는 구성적(주관적- LSV)이다(3, p.5)." 그리고 이렇기에 피아제는 어린이 논리 발달의 관점에서 마흐의 이 초기 입장을 증명하려는 과제를 명백하게 스스로에게 부과한다. 그리고 이 경우에 피아제는 한 번 더 모순에 빠진다. 피아제 자신이 어린이 생각의 기원적 특성은 실재론자의 특성과 같다고 기술하였기 때문이다. 바꿔 말하면, 피아제가 어린이의 속성으로 지적한 소박한 실재론은 의식의 근본적 속성이 최초부터 객관적 실재를 반영해야 한다는 사실을 분명하게 가리킨다.

2-8-11] 이런 발상을 더 발전시켜서, 피아제는 저서 네 권의 결론으로 논리와 실재의 관계라는 문제를 제기한다. 그는 다음과 같이 말하고 있다. "경험은 이성을 만들고 이성은 경험을 만든다. 그러므로 실재적인 것과 이성적인 것 사이에 상호 의존이 있다…….(논리와 실재 사이의 관계라는- LSV) 그 문제는 우선 지식 이론에 속하지만, 그러나 발생적 관점으로도 논할 수 있고, 또한 심리학 내에 속할 수도 있다. 어떤 경우라도 여기에는 다음과 같이 공식화될 수 있을 법한 문제가 있다. 논리 전개가 (인과성 등의- LSV) 실재 범주들을 결정하는가 아니면 인과성 등의 실재 범주가 논리 전개를 결정하는가?(4, p. 337)"

2-8-12] 피아제는 실재 범주의 발달과 형식 논리의 발달 사이에 유사점이 있다는 것을 그리고 심지어 일정한 평행관계가 있다는 것을 지적하는 것에 머물고 있다. 그의 견해에 따르면, 논리적 자기중심성뿐만 아니라, 존재론적 자기중심성도 있다. 어린이의 논리적 범주와 존재론적 범주는 평행을 이루며 전개된다.

2-8-13] 우리는 이 평행관계를 규명하지 않을 것이며, 심지어 간결하게라도 규명하지 않을 것이다. 우리는 단도직입적으로 피아제의 최종 결론으로 넘어 가겠다. 그는 이렇게 말한다. "이 평행 관계가 일단 확립된 후에, 사람들은 요소들의 어떤 기제가 작동하는지 질문할 수 있을 것이다. 생각의 실제적 내용이 논리적 형태를 형성하게 할까, 혹은 그 반대로 논리적 형태가 생각의 실재적 내용을 형성할까?

2-8-14] 이렇게 애매한 방식에 머물러 있으면 당연히 그 문제는 의미가 없어진다. 그러나 만약에 우리가 신중하게 논리적 형태를 우리가 심리적인 것이라고 부를 수 있는 것으로부터 구분할 수 있다면……, 아마도 그 문제는 긍정적인 해결을 허용할 것이다. 그럼에도 불구하고, 우리는 당분간 그 대답을 미리 판단하지 말도록 하자(4, p. 342)." 이렇게 피아제는 결론을 내린다.

2-8-15] 그래서 피아제는, 불가지론의 입장을 보존하기를 갈망하면서, 신중하게 자신을 관념론과 유물론의 경계선에 위치시키지만, 그러나 실제로는 논리적 범주들의 객관적 가치를 부정하고 그리고 마흐의 관점을 공유하면서, 온갖 헛된 힘을 쓰며 관념론과 유물론의 경계선에 애처로이 머물려 한다.

●

1) 바로 앞 절에서, 비고츠키는, 피아제가 **발생적** 순서를 자기중심성->강제->협동으로 놓았다고 적고 있다. 바꿔 말하면, 각각은 시간적으로 후에 위치하고 기능적으로 이전 것에 의존한다(강제는 자기중심성 후에 오고 자기중심성의 기능을 하고, 협동은 강제 뒤에 오고 강제의 기능을 한다).

Ⅰ 비고츠키는 이제 자신의 철학적 공격을 **마흐**를 포함하면서 확장한다. 마흐는 뛰어난 실험 물리학자였다(예를 들면, 자신의 아들과 함께 날아가는 총알에 의해 만들어지는 충격파를 사진으로 찍은 최초의 학자였다). 그렇지만 철학적으로, 마흐는 모든 과학 이론은 하루살이처럼 덧없는 것이라고 믿었다. 예를 들면, 그는 원자의 객관적 존재를 받아들이지 않았고, 뉴턴의 법칙을 거부했다. 마흐에게는 오직 사회적으로 공유되고 비교되어진 감각만이 진정한 실재였다. 이처럼 마흐의 인과성 개념은 피아제와 아주 가깝다. [2-8-1~2-8-4]

Ⅱ 비고츠키는 우리에게 "의식적 파악의 법칙"을 상기시킨다. 그 법칙에 따르면, 의식은 고난과 투쟁의 시기에만 생기고, 평탄하게 굴러가는 과정 동안에는 생기지 않는다. 피아제는 한 걸음 더 나아간다. 예를 들면, 그에게 과정을 의식하게 되는 것은 질적으로 그 과정의 심리적 성질을, 자동적인 것으로부터 의도적인 것으로 변화시키는 것이다. 그래서 피아제는 어린이가 원인을 알기 훨씬 전에(즉 어린이가 인과관계가 무엇인지를 알기 전에) 원인**이라는** 데(즉 어린이가 자기 자신의 활동의 원인이다)에 동의한다. 그러나 피아제는 자신은 "원인"이라는 낱말을 정말로 다른 두 가지 의미로 사용하고 있다고 말한다. 예를 들면, 첫 번째 경우에는, 어린이가 자동적인, 생각도 않는 원인이라는 것이다. 그러나 두 번째의 경우에는 어린이가 의도적인 그리고 의식적인 원인이라는 것이다. [2-8-5~2-8-6]

Ⅲ 문제는, 피아제가 깨달았듯이, 심지어 인과 관계마저도 시간상 그 관계를 우리가 의식하기 전에 그리고 그 관계를 우리가 의식하는 것과 독립적으로 존재한다는 것을 이런 공식화가 함축하고 있다는 것이다. 그러나 피아제는 다양한 형태의 원인이 있고 그리고 원인이 **되는** 어린이가 필연적으로 원인을 **알고** 있는 어린이를 촉발하는 것은 아니라고 말한다. [2-8-7~2-8-9]

Ⅳ 증거로, 피아제는 심지어 원인을 **알고** 있는 어린이도 원인들을 인공론(예를 들면, 제네바 호수는 제네바 시에 의해 만들어졌다) 혹은 물활론(예를 들면, 눈은 땅에 떨어지고 싶다) 혹은 실재론(예를 들면, "암소"라고 불리는 개는 실제로 뿔이 자라고 우유를 생산할 것이라는 것) 탓으로 돌리려 하는 사실을 인용한다. 어린이의 "소박한 실재론"은 필연적으로 실재적 지향으로부터 유래하지는 않는다. "시간", "공간", 그리고

"무게" 같은 (주관적) 심리적 범주의 발달 그리고 (객관적인) 형식 논리의 범주 사이에는 일종의 "평행주의"가 있다. [2-8-10~2-8-13]

Ⅴ 피아제는 심리적 범주가 논리적 범주를 낳는 것인지 아니면 논리적 범주가 심리적 범주에 반영되는 것인지 **말할 수 없다**. 자신의 인과 관계에 충실하고자, 비록 의미 있는 질문으로 고쳐 말할 수 있지만(예를 들면, 만약에 우리가 어떻게 형식 논리의 요소들이 고대 그리스에서 시작되었는지 혹은 어떻게 어린이들이 실험 과정에서 무게와 부피에 대해 배우는지에 대하여 이야기한다면), 그런 질문은 의미가 없다고 그는 말한다. [2-8-14]

Ⅵ 비고츠키가 지적한 것처럼, 마흐의 입장이기도 한 이런 철학적 입장은 존재론적인 실재론과 관념론 **사이**, 유물론과 주관주의 사이에 어딘가에 위치한다. [2-8-15]

2) 섬망譫妄: 외계外界에 대한 의식이 흐리고 착각과 망상을 일으키며 헛소리나 잠꼬대, 또는 알아들을 수 없는 말을 하며, 몹시 흥분했다가 불안해하기도 하고 비애悲哀나 고민에 빠지기도 하면서 마침내 마비를 일으키는 의식 장애. 만성 알코올 의존증, 모르핀 중독, 노인성 치매, 대사 장애 따위에서 볼 수 있다.

3) 볼드윈(James Baldwin, 1861~1934). 진화론적 관점에서 아동 심리의 연구로부터 출발하여 인격의 형성을 밝혔으며, 듀이 등에 영향을 주어 미국 사회 심리학의 기초를 세웠다. 저서에 『아동과 민족의 정신적 발전』이 있다.

2-9¹⁾

2-9-1] 만약에 우리가 결론삼아 중심적이고 기본적인 것을, 직설적으로 말하면, 피아제가 일반적으로 개념을 형성하는 방식을 일반화하고자 한다면, 우리는 두 계기를 이야기해야만 한다. 이 두 계기의 부재는 자기중심적 언어와 관련된 협소한 문제를 연구하면서 이미 감지되었다. 실재의 부재不在와 어린이의 이 실재에 대한 관계, 즉 어린이의 실천적 활동의 부재는 이 경우에 근본적인 것이다. 어린이 생각의 사회화 자체가 피아제에 의해 실천 밖에 놓여 있는 것, 현실과 분리된 것, 사고 발달로 이끄는 정신의 순수한 접촉으로 간주된다. 이 지식이 가능하게 되는 데 도움을 주는, 진리와 논리적 형식에 대한 지식은 실재를 실천적으로 숙달하는 과정에서가 아니라, 어떤 사고를 다른 사고에 순응시키는 과정에서 출현한다. 사물들과 현실은 어린이의 정신을 발달 경로로 몰아세울 수 없기 때문에 진리는 사회적으로 조직화된 경험이다. 여기서 피아제는 명백하게 보그다노프의 입장을 반복하고 있다. 사물들은 정신에 의해 처리된 것이다. 그러므로 홀로 내버려진다면 어린이는 정신착란 수준의 발달에 도달할 뿐이다. 어린이가 접한 현실은 그에게 결코 논리를 가르칠 수 없을 것이다.

2-9-2] 여기서 현실을 숙달하도록 방향 잡힌 어린이의 사회적 실천을 조금도 고려하지 않은 채, 현실로부터 완벽하게 초연한 순수한 의식들과의 접촉으로부터 어린이의 논리적 생각과 어린이의 발달을 도출하려는 시도가 피아

제의 전체 구성물에서 중심점을 이룬다.

2-9-3] 레닌은 헤겔『논리학』의 주석을 달면서, 관념론 철학과 심리학에 널리 확산된 유사한 관점에 대해 다음과 같이 말했다. "인간의 합목적적 활동이 결론schluss이며 주체(인간)는 이 논리적 '식式'-'결론'의 항項의 역할을 한다고 주장하며 인간의 합목적적 활동을 논리학의 범주에 포함시키고자 애썼을 때, 이는 단순한 (논리학-K) 지점의 확장도, 게임도 아니다. 여기에는 매우 심오한, 순수한 유물론적 내용이 있다. 다만 우리는 그것을 뒤집어야 한다. 인간의 실천적 활동은 인간의 의식으로 하여금 다양한 논리적 식을 수십억 번 반복하도록 하게 했다. 그리하여 이러한 식은 공리의 의미를 획득하게 된 것이다. …… 수십억 번 반복된 인간의 실천은 인간의 의식에 논리적 식으로 정착된다. 논리적 식은 이처럼 수십억 번 반복됨에 따라 (그리고 오직) 그럼으로써만 편견의 고정성과 공리적 성질을 가지게 되는 것이다(5, pp. 183~207)."

2-9-4] 그러므로 맥락이 없는 언어적 사고를 어린이가 이해할 수 없다는 사실을 피아제가 확립한 것은 놀랄 일이 아니다. 행위가 없는 대화는 이해할 수 없다. 어린이들은 서로 이해할 수 없다. 피아제는 여기에 도달한다. 그는 이렇게 말한다. "어린이들이 놀 때 혹은 그들이 함께 어떤 공동의 자료를 조작할 때, 자신만만하게 그들은 서로를 이해한다. 그 까닭은 그들의 언어가 비록 알기는 어렵지만, 그것이 행위의 시작이자 그리고 대화자에게 예로서 이용되는 일종의 흉내를 포함하는 몸짓을 동반하기 때문이다. 그러나 말로 하는 생각과 언어 자체가 어린이들 사이에서 이해되고 있는지, 즉 행동 없이 말할 때 어린이들이 서로를 이해하는지 그렇지 않은지 우리는 질문할 수 있다. 그 까닭은 바로 언어적 단면에서 어린이는 어른의 생각에 그리고 논리적 사고의 도제 생활에 적응하려고 자신의 노력을 경주하기 때문이다(1, p. 376)." 피아제는 이 질문에 부정적으로 대답한다. 부연하면 그는, 자신의 특별한 연구들에 의존하여, 어린이들은 말로 하는 사고를 이해할 수 없고 타인의 실제적 언어도 이해할 수 없다고 단정한다.

2-9-5] 여기에는 모든 논리적 사고의 교수-학습은 행위로부터 독립된, 말로 하는 사고의 순수한 이해로부터 출현하다는 발상이 있다. 그것이 피아제가 발견한 어린이들 사이의 이해력의 부족이라는 사실의 토대이다. 확인할 수 있듯이 피아제 자신이 그의 저서에서 행위의 논리가 생각의 논리를 앞선다고 유창하게 진술했다. 그럼에도 불구하고 그는 계속해서 생각을 현실에 근거한 활동으로부터 완벽하게 뜯긴 것으로 간주한다. 그러나 현실에 대한 앎과 반성이 생각의 기본적인 기능이기 때문에, 당연하게 현실 밖에 있는 것으로 간주되는 이런 생각은 유령의 움직임이 되고, 잔인한 정신 착란자들의 행렬이 되고, 그림자들의 원무圓舞가 되며, 현실적이고 의미 있는 어린이의 생각이 되지는 못한다.

2-9-6] 이것이 인과성의 법칙을 발달 법칙으로 대체하려던 피아제가 행한 조사에서 바로 발달 개념이 사라져 버린 이유이다. 피아제는 논리적 생각이 어떻게 어린이의 생각으로부터 발달하는지 우리가 알 수 있도록 어린이 생각의 자질들과 (어린이가 후에야 도달하게 되는) 논리적 생각의 자질의 관계를 규명하지 않았다. 이와 반대로, 피아제는 어떻게 논리적 사고가 어린이 생각의 특별한 자질을 대체하는지를, 어떻게 논리적 사고가 외부로부터 어린이의 심리적 본질에 뿌리를 내리게 되고 그 후에 그것에 의해 어떻게 변형되는지를 보여 준다. 그러므로 어린이 생각의 모든 특성이 일관성 없는 전체를 형성하는지 혹은 자신의 특별한 논리를 형성하는지의 문제에 대해, "진리가 둘 사이에 있다는 것은, 부연하면 어린이는 독창적인 지적 구조를 증언하지만 그것의 발달은 경험적인 환경에 복속한다는 것은 명백해 보인다(1, p. 370)"고 피아제가 대답한 것은 놀라울 것이 없다. 독창적인 지적 구조는 본질상 어린이 속에 내재하며 발달 과정에서 나타나는 것이 아니라는 발상을 이것보다 더 단순하고 더 직접적으로 표현하는 것은 불가능하다. 발달은 자율적인 자기 추동력이 아니고, 무작위적인 환경의 논리에 따른다. 자율적인 자기 추동력이 없는 곳에는, 발달이라는 낱말의 깊고 실질적인 의미에 적합한 발달을 위한 여지가 없다. 바꿔 말

하면, 여기서는 하나가 다른 하나를 대체하지만 그것은 다른 것으로부터 출현하지 않는다.

2-9-7] 우리는 단순한 예를 통해 이것을 설명할 수 있다. 어린이 생각의 특별한 자질을 기술하면서, 성인 생각과 비교하며 어린이 생각의 약짐, 파산상태, 불합리성, 그리고 비非 논리성을 피아제는 보여 주고자 한다.

2-9-8] 그러면 대답하기 난해한 질문이 자연스럽게 제기된다. 그것은 당시에 원시인의 생각에 대한 이론에 대해 레비-브륄에게도 역시 제기된 질문이었다. 만약에 실제로 어린이가 예외 없이 혼합적으로만 생각한다면, 즉 만약에 혼합주의混合主義가 어린이의 모든 생각을 관통한다면, 그러면 어떻게 어린이의 실제적 적응이 발생하는지를 이해할 수 없게 된다.

2-9-9] 명백하게, 사실들로 무장된 피아제의 입장 바로 그곳에 두 가지 중요한 수정을 가할 필요가 있다. 먼저 논의할 것은 피아제가 이야기하고 있는 그러한 특별한 자질이 미치는 영향력의 실제적 범위를 제한하는 것이 필요하다는 사실이다. 우리도 어린이가 연결된 논리적 방식으로 생각할 수 없는 경우에 혼합적으로 생각하는 것을 보았고, 우리 실험들도 이것을 확증했다. 누군가가 어린이에게 왜 태양이 떨어지지 않느냐고 질문할 때, 그에 대해 어린이는 물론 혼합적인 대답을 할 것이다. 이러한 대답들은, 어린이의 사고가 자신의 경험으로부터 찢긴 영역에서 움직이고 있을 때 어린이의 사고를 이끄는 그러한 경향들을 인식할 수 있는 중요한 징후로 볼 수 있다. 그러나 만약에 어린이의 경험으로 접근할 수 있고, 어린이가 실천적으로 확증할 수 있으며, 그리고 훈련에 의존하여 발견할 수 있는 그런 것의 범위 안에 있는 사물에 관하여 우리가 어린이에게 질문한다면, 그런 경우에는 당연히 어린이에게서 혼합적인 대답을 기대하기가 어렵다. 예를 들면, 왜 넌 돌에 걸려 넘어졌느냐는 질문을 받았을 때, 심지어 매우 어린 어린이도 왜 달이 지구에 떨어지지 않느냐고 질문 받았을 경우 그가 피아제에게 대답했던 방식으로 대답하지는 않을 것이다.

2-9-10] 이와 같이 어린이가 보여 주는 혼합주의의 영역은 어린이의 경험에 의해 엄격하게 결정된다. 따라서 이에 의존하여, 혼합주의 바로 거기서 피아제가 지나치듯이 이야기한 선구자를, 원형을, 미래에 펼쳐질 인과 관계의 배아를 발견하는 것이 필요하다.

2-9-11] 실제로, 어린이가 겪는 어려움에도 불구하고 어린이를 점진적인 적응으로 이끄는, 혼합적 도식들의 도움으로 이루어지는 생각을 누구라도 과소평가해서는 안 된다. 조만간 혼합적 도식들은 선별과 상호작용을 겪음으로써 가설이 유용한 지역에서 조사의 도구로 사용될 수 있는 탁월한 도구로 변형될 것이다.

2-9-12] 혼합주의 영향력의 영역을 이렇게 제한하는 것과 함께 우리는 또 하나의 추가적인 본질적 수정을 도입해야만 한다. 피아제에게는 어린이는 경험으로도 어쩔 수 없는 것을 가지고 있다는 입장이 어찌 되었든 기본적인 신조信條로 남는다. 매우 흥미로운 설명이 이렇게 이어진다. 피아제에 따르면, 극히 적은 특별한 기술의 사례를 예외로 하면, 경험은 원시인의 그릇된 생각을 깨우쳐 주지 못한다. 그러한 드문 사례의 앞자리에 피아제는 농업, 사냥 그리고 도구 제작의 이름을 올린다. 이에 대하여 그는 "그러나 이런 일시적인, 부분적인 실재實在와의 접촉은 원시인의 사고 지향에 어떤 중요한 영향을 미치지 못한다. 그러면 어린이에게도 똑같은 일이 벌어지는 것은 아닐까?(1, p. 373)"라고 말한다.

2-9-13] 그러나 실제로 도구 제작, 사냥, 농업은 실재와 일시적인 접촉을 만들지 않고, 도리어 원시인의 생존을 위한 토대를 이룬다. 그리고 이것을 어린이에게 적용하면서 피아제 자신도 매우 분명하게 그가 자신의 연구에서 확립한 그러한 특별한 자질의 근원과 원천을 드러낸다. 그는 저작의 어느 쪽에서 "어린이는 노동을 하지 않기 때문에 사물과의 어떤 실질적인 접촉을 확립할 수 없다. 그는 그것들을 가지고 놀거나 정말로 살펴보지 않고 믿어 버린다(1, p. 373)." 여기서 우리는 피아제 이론의 중심점을 정말로 발견하게 된다. 이를

검토하면서 우리는 우리의 전체 기술에 결론을 내릴 수 있다.

2-9-14] 피아제가 확립한 이러한 규칙들, 바꿔 말하면 그가 발견한 이러한 사실들은 보편적인 가치를 지니지 못하고 제한된 가치를 지닌다. 그것들은, 비로 지금 여기에서hic et nunc 수집한 데이터에서만 사실이며, 그 사회적 환경에 의해 결정된다. 그것들은 생각하는 어린이의 일반적인 발달이 아니고, 피아제가 연구했던 생각하는 어린이들의 발달일 뿐이다. 피아제가 발견한 규칙들이 자연의 영원한 법칙이 아니라 역사적인 법칙이고 사회적인 법칙이라는 것이 자명하여 피아제를 비판한 스턴과 같은 사람은 다음과 같이 기록했다. 스턴이 이렇게 말했다. "초기 아동기 전체에 걸쳐 그리고 7세에 이르기까지 어린이가 사회적이라기보다는 더 자기중심적으로 말한다고 그리고 이 연령의 경계선을 넘어서야만 말의 사회적 기능이 지배적이 되기 시작한다고 피아제가 주장할 때, 그는 너무 나아갔다. 이러한 오류는 피아제가 사회적 상황의 가치를 충분히 고려하지 못했다는 사실에 근거한다. 어린이가 더 자기중심적으로 혹은 사회적으로 말하느냐는 연령뿐만 아니라 어린이가 자신을 발견하게 되는 주변 조건에도 의존한다." 가족과의 삶의 조건들은, 어린이의 양육 조건들은 여기서 결정적이다. 그의 관찰은 유치원에서 함께 놀고 있는 그런 어린이들과 관련된 것이다. 이러한 법칙들과 상관계수들은 피아제가 관찰한 어린이들의 특별한 환경에서만 사실이기에, 일반화될 수 없다. "어린이들이 배타적으로 놀이 활동에 사로잡혀 있는 곳에서, 놀이 중 독백의 이어짐이 아주 광범위하게 확장되는 것은 자연스럽다. 함부르크에서 무초우[2]는 유치원의 특수한 구조가 여기에 결정적으로 중요하다는 것을 발견했다. 몬테소리[3] 유치원처럼 어린이들이 서로 나란히 앉아 개별적으로 단순하게 노는 제네바에서 자기중심적 말의 상관계수는 그룹 별로 놀고 있는 어린이들 간에 더 밀접한 사회적 접촉이 펼쳐지는 독일 유치원에서보다 더 높았다.

2-9-15] 말로 하는 교수-학습 과정이 너무도 철저하게 사회적인 그런 가족 환경에 있는 어린이의 행동은 더더욱 독특하다(여기서 스턴이 언어 그 자체를 숙

달하는 순간에 이미 명백해진 말의 사회적 기능의 우월성을 확립하는 방식을 주목하자. - LSV). 여기서 어린이에게 매우 많은 실천적 필요와 정신적 필요가 제기되며, 또한 어린이가 요구해야만 하고, 탐구해야만 하고, 들어야만 하는 사물이 너무 많이 출현한다. 그래서 이해하고 이해되어야 하는 경향이, 바꾸어 말하면 사회화된 말로 나아가는 경향이 생애 첫해 내내 중요한 역할을 하기 시작한다(6, pp. 148~149)."

2-9-16] 이를 확증하기 위하여, 스턴은 우리에게 자신의 책에 있는, 사실들을 담은 부분들을 제시한다. 거기에 그는 어린이의 초기 몇 해에 어린이 말 발달을 특징짓는 엄청난 양의 자료를 모아 놓았다.

2-9-17] 이 경우에 스턴이 확립한 사실들의 수정만이 우리의 관심을 끄는 것은 아니다. 그것은 단지 자기중심적 말의 양의 문제만이 아니다. 부연하면 그것은 피아제에 의해 확립되었던 규칙들에 담겨진 질의 문제이다. 이미 언급한 바와 같이, 이 규칙들은 피아제가 연구를 했던 그 사회적 환경에 관한 한, 거기에서는 적합한 것이다. 상대적으로 약간의 차이는 있겠지만, 독일에서 이 규칙들은 이미 다른 형태를 취했다. 그렇다면, 만약에 우리가 이런 현상과 이런 과정을 우리 조국의 어린이를 둘러싼 완벽하게 다른 사회적 환경에서 연구하면, 그것들이 얼마나 심원하게 발산될까! 피아제는 러시아 번역판 서문에 이것을 직접적으로 언급했다. "연구자가 내가 작업하도록 강요되었던 방식으로 연구하면, 즉 제네바 어린이들의 사회적 환경처럼 단지 한 사회적 환경에서 연구하면, 어린이 생각의 개인적인 것과 사회적인 것을 정확하게 확립하는 것이 불가능하다. 이를 달성하기 위해서는 가능한 한 가장 다양한 그리고 너무도 여러 종류의 사회적 상황에서 어린이들을 연구하는 것이 절대적으로 필요하다(1, p. 56)."

2-9-18] 이것이 피아제가 긍정적인 태도로, 그가 연구하는 사회적 환경과 매우 다른 사회적 환경에 있는 아이들을 연구하는 소비에트 심리학자들과의 협력 연구에 주목한 까닭이다. 그는 "러시아 심리학자들이 다른 나라에서 행

해진 연구에 익숙해진다면, 그것보다 과학에 더 유용한 것은 없을 것이다(1, p. 56)"고 말했다.

2-9-19] 또한 완벽하게 다른 사회적 환경에 놓여 있는 아이의 생각 발달, 특히 피아제의 어린이와 대조되는, 노동하는 어린이들의 생각 발달을 연구하는 것이, 지금 여기서 가치를 지니는 규칙을 확립하는 것을 가능하게 할 뿐만 아니라 또한 일반화를 가능하게 할, 극단적으로 중요한 규칙성들을 확립하는 데로 우리를 이끌 것이라고 우리는 추정한다. 그러나 이렇기 때문에, 아동 심리학은 그 방법론적 기본 방향을 근본적으로 변경해야만 한다.

2-9-20] 알려진 바와 같이, 괴테는 『파우스트』의 결론 부분에서 합창단의 입을 통하여, 우리를 추켜세우는 영원한 여성성을 노래한다. 최근에 아동심리학은, 폴켈트의⁴⁾ 입을 통하여, "어린이의 정상적인 정신적 삶을 다른 인간 형태로부터 구분하는, 그리고 영원한 아동성의 그 본질과 가치를 구성하는, 원시적 총체성을(7, p. 138)" 노래한다. 폴켈트는 여기서 그 자신의 개인적 사고뿐만 아니라, 무엇이 영원히 아동적인 것인가를 발견하려는 영감靈感에서 촉발된, 동시대 아동심리학 전체의 기본적인 영감도 표현하고 있다. 그러나 심리학이 해야 할 정확한 과제는 영원한 아동성을 발견하는 것이 아니라 오히려 역사적인 아동성을 혹은 괴테의 시적 낱말을 인용한다면, 이행적인 아동성을 발견하는 것이다. 집 짓는 자가 버린 돌이 모퉁이 돌이 돼야만 한다(시편 118:22-K).

1) 어린이에 대한 피아제와 비고츠키의 관점을 다음과 같이 대조하는 것은 전통적인 방식이다. 피아제는 어린이를 실험을 통하여 실재에 관한 진리를 직접적으로 발견하는, 고독한 탐구자로 본다. 이에 반하여 비고츠키는 어린이를 무리를 지어 사냥하고 자신의 사회적 환경으로부터 배우는, 사회적 동물로 파악한다. 그러나 2장의 마지막 절에서, 우리는 **정반대의 관점이** 또한 사실이라는 것을 살펴볼 것이다. 그 까닭은 피아제가 어린이를 가르칠 대상들 자체의 능력을 부정하고 자기중심성에서 협동으로 전환할 때 사회적으로 조직된 경험에 의존한다고 한 반면에, 비고츠키는 놀이와 같은 사회적으로 조직된 경험이, 다른 사람들이 어린이들에게 하라고 말하는 것에 매우 독립적으로 무게, 크기, 그리고 색을 가지는 실재 대상을 포함하는 맥락에서 늘 발생한다고 주장하기 때문이다.

   I   비고츠키는 피아제의 저작에서 어린이가 자기중심성으로부터 협동으로 이행하는 데 **두 가지 요소가** 결여된 것 같다고 언급한다. [2-9-1]

     A) 물질적 대상의 **실재.** 특히 어린이를 위한 사회적으로 조직된 경험은 무게, 형태 그리고 부피를 가진 실재 대상이 포함되는 맥락에서 발생하지 않을까?

     B) 어린이의 그 실재에 대한 **관계.** 어린이의 놀이는 (공유하는) 대화, (리듬을 헤아리는) 연속, 가역성 (싸움들)에 직접적으로 관여하는 것과 연루되지 않을까?

   II 두 본질적인 것이 없다면, "의식의 순수한 상호작용"을, 즉 강제와 협동을 통하는 것을 **제외하고는,** 어린이가 발달할 수 있는 방법이 없다고 비고츠키는 적고 있다. [2-9-2]

   III 비고츠키는 이 관점과 헤겔이 이야기한 인간 활동이 말로 하는 논리로부터 **도출**되는 방법과 비교한다. 그는 이어서 헤겔 『논리학』에 대한 레닌의 저작을 인용한다. 거기서 레닌은 대신에 인간 활동으로부터 말로 하는 논리를 도출한다. 수십 억 번 반복된, 실천적 활동이 인간의 무게, 부피, 시간, 그리고 심지어 심리적 조작(가역성, 보존, 배열 따위)에 대한 심리적 범주가 생기는 원천이라고 레닌은 주장한다. 그러나 정확히 그것이 수십억 번 반복된 활동의 한 부분이기 때문에, 이러한 범주들과 이러한 조작들은 **객관적인,** 형식 논리의 범주와 **객관적인,** 형식 논리의 조작으로 이어져야만 한다. [2-9-3]

   IV 피아제가 어린이들이 말단의 말로 하는 생각 방식에서 "의식의 순수한 상호작용"을 이해하지 못한다는 것을 발견하였다는 것에 대해 비고츠키는 조금도 놀라지 않는다. 하지만 그는 말단의 말로 하는 생각에 근거한 이 말이, 실제 어린이 놀이와 무관한 '유령들의 원무'임을 지적한다. [2-9-4, 2-9-5]

Ⅴ 비슷하게, 피아제가 어린이 논리에 기원이 되는 모든 것이 어린이 "내부에서" 기원하지만 그러나 발달적으로 주변 환경에 부수附隨하는 것임을 발견한 것에 대해 비고츠키는 조금도 놀라지 않는다. 그러나 이것은 발달이 **자율적인 운동의 법칙**이라기보다는 무작위적인 환경에 부수하는 것이라는 받아들일 수 없는 관념으로 이끈다. 자율적인 이동의 법칙이 없다면, 발달은 발달에서 인과 관계의 내용을 상실한다. [2-9-14~2-9-18]

Ⅵ 자율적인 자기-운동의 법칙이라는 다소 어려운 관념을 예증하기 위하여, 비고츠키는 장기간에 걸쳐 형성되는 **문화적 변화**를 보여 준다. 먼저, 그는 만약에 피아제가 옳아서 "실재가 어린이를 기만하지 않는다."면, 적응을 설명하기가 너무 어려워진다는 것을 지적한다. 왜, 레비-브륄이 "원시 종족"이 한다고 가정했던 방식처럼, 어린이들은 "미발달된" 상태로 남아 있지 않을까? [2-9-7]

Ⅶ 비고츠키는 혼합적 생각에 대한 피아제의 관찰에 중요한 두 **수정된 내용**을 제공한다. [2-9-8~2-9-13]

　A) 피아제의 관찰은 아주 특수한 상황에 **한정**된다. 예를 들면, 어린이에게 왜 해가 하늘에서 떨어지지 않는지를 질문하지만 그러나 어린이에게 왜 그가 자전거에서 떨어지지 않는지를 질문하지 않는 특수한 상황이다. 비고츠키는 어린이의 맥락에서의 추론은 결코 희망이 없는 것이 아님을 지적한다. 예를 들면, 자전거가 너무 빨리 달려서 넘어질 수 없기 때문에 자전거가 넘어지지 않는다고 설명하는 것은 결국 왜 달이 지구로 떨어지지 않는가를 설명하는 것으로 이어질 수 있다.

　B) 피아제 본인도 혼합주의에 **예외**가 있다는 것을 관찰한다. 그런 예외적인 것으로, 사실들이 실제로 '야만인'을 가르쳤던 '특별한 기술이 요구되는 아주 적은 지점'을 들고, 농업, 사냥 그리고 제조를 구체적인 예로 든다. 비고츠키는 이러한 것들이 드문 것이 아니고, 특별한 지점들이라고 지적한다. 바꿔 말하면, 그것들이 삶의 굳건한 토대라는 것이다.

Ⅷ 비록 비고츠키가 부분적으로 그것들을 재연하는 데 성공했지만, 피아제도 인정한 이 두 수정 결과를 토대로, 피아제의 결론은 보편적인 것이 **아니라고** 비고츠키는 주장한다. 예를 들면, 어린이들이 노동에 참여하는 사회에서, 발달의 매우 다른 속도와 통로가 예견될 수 있다(이런 문화적 변화의 관념에서, 우리는 비고츠키가 6장에서 정교하게 다듬을 "근접발달영역"이라는 관념이 싹 트고 있음을 알 수 있다).

Ⅸ 비고츠키는 아동심리학은 이제 바로 이런 문화적 변화를 이해하는 데로 나아가야만 한다고 주장한다. 인지적 보편성을, '영원한 아동성을' 발견한다는 미명하에, 우리는 사실로 침투할 수 없고 경험에 영향을 받지 않는 것들에 집중했다. 우리는 이제 역사적으로 그리고 지리적으로 **변화할 수 있는** 어린이를, 문화적으

로 무수하게 다른 방식으로 **자율적인** 운동 법칙에 복종하는 어린이를 더 가까이 들여다봐야만 한다. [2-9-19~2-9-20]

2) 무초우(Marta Muchow, 1892~1933). 독일 출신 아동심리학자. 1919년 이후 함부르크 대학에서 죽을 때까지 연구. 『도시 어린이의 삶의 공간』은 발달 심리학과 생태 심리학을 연결하는 논문임.

3) 몬테소리(Maria Montessori, 1870~1952). 아동의 자발성과 자유의 존중, 교육 환경 정비와 감각 기관의 훈련을 위한 놀이 기구 사용을 중시하는 몬테소리 교육을 창안함으로써 유아 교육의 개혁과 체계 만들기에 공헌하였다.

4) 폴켈트(Hans Volkelt, 1886~1964). 독일 아동심리학자. 자연과학적인 물리주의를 배격하면서 정신생활의 전체성을 강조하는 심리학 추구.

3장
W. 스턴Stern의 이론에서
말 발달의 문제

3[1)]

3-1] 스턴w. Stern의 체계에서 가장 변하지 않은 채로 남아 있으며 후속하는 발달에서 심지어는 강화되고 공고하게 된 것은 **어린이의 말과 그 발달에 대한 그의 순수히 주지주의적인 관점이다.** 스턴의 철학적·심리학적 인격주의의 내적 괴리와 과학적 부적절성과 그의 관념주의적 본질이 바로 이 지점보다 더욱 명백하게 드러난 곳은 없다.

3-2] 스턴 자신은 자신의 주도적 관점을 인격주의적-발생론적 관점이라고 부른다. 우리는 후에 인격주의의 기본 개념을 독자에게 상기시킬 것이다. 우선은 발생론적 관점이, 미리 말한다면, 다른 모든 주지주의적 이론과 마찬가지로 그 자체의 본성상 反발생주의인 이 이론에서 어떻게 실현되었는지 설명하고자 한다.

3-3] 스턴은 말의 세 근원wurzeln을 구분한다. 표현적 경향, 의사소통으로의 사회적 경향 그리고 '의도성'. 앞의 두 가지 근원들은 인간 말의 변별적 특징을 구성하지 않는다. 그들은 동물들의 초보적인 말에도 존재한다. 그러나 세 번째 계기는 동물들의 말[2)]에는 전혀 부재하며 인간 말의 특정한 특징이다. 스턴은 의도성을 일정한 뜻을 향한 지향성이라고 정의한다. 그는 "인간은 정신 발달의 특정한 단계에서 발음을 하면서 '무언가를 염두에 두는etwas zu meinen', '어떤 객관적인 사물을' 지칭하는 능력[3)]을 획득한다"(6, p. 126)[4)]고 말한다. 이는 사물 또는 어떤 다른 내용, 사실, 문제 등 어떤 것에든 이름을 붙이는

것일 수 있다. 이러한 의도적인 행위는 본질적으로 생각의 행위Denkleistungen이며 의도성의 출현은 따라서 말의 지성화와 객관화를 나타낸다. 이러한 이유로 훗설[5]의 이론에 기초한 뷸러나 특히, 류무스Reumuth와 같은 사고 심리학의 새로운 대표자들은 어린이 말의 논리적 요소의 중요성을 강조한다. 그들이 지나치게 어린이 말을 논리화한다고 스턴이 주장한 것은 사실이나 이 생각 자체는 스턴에게서 지지를 얻는다. 이 사상에 완전히 동의하면서 그는 말의 발달에서 "이 의도적인 순간이 말에 특별히 인간적인 특성을 부여하는(6, p. 127)" 지점임을 정확히 지적한다.

3-4] 인간 말은 그 발달된 형태에서 뜻을 부여받아 객관적인 의미를 가지게 되며 따라서 그것은 필요조건으로 반드시 일정한 수준의 생각의 발달을 전제로 하고, 마지막으로 말과 논리적 생각 사이에 존재하는 어떤 형태의 연결이 필요하다는 생각을 거부하는 것은 불가능한 것처럼 보인다. 그러나 인간의 발달된 말의 이러한 특징은 발생적 설명(그것이 말 발달에서 어떻게 나타났는지)이 필요함에도 스턴은 발생적 설명을 주지적 설명으로 대체한다. 스턴은 말 발달의 근원과 원동력, 최초 경향성, 거의 충동적인, 어떤 경우든, 무언가 발생시키는 것을 본다. 이것은 사실상 말 발달의 최초부터 존재하여 발생적 기능에서 표현적, 의사소통적 경향성과 같은 무리에 놓일 수 있으며 스턴 자신은 이를 〈intentionale〉 Triebfeder des Sprachdranges(〈의도성〉 언어욕구의 태엽-K)라고 부른다.[6]

3-5] 특히 이 경우에서 드러나듯이 **본질적으로 설명되어야 할 바로 그 사실로부터 설명을 진행하려 한다**는 데에 모든 주지주의적 이론의 기본적 오류가 있다. 여기에 그 반발생주의가 있다(말의 가장 고차적 형태를 구별하는 특징이 그 시작으로 소환된다). 여기에 그 내적인 파산, 그 공허함, 무의미함이 있다. 인간 말의 지성이 어떠한 근원과 어떠한 경로를 통해 나타나는가라는 질문에 대해 이 이론이 "의도적 경향성 즉, 지성을 향한 경향성으로부터 나온다"라고 대답할 때 본질적으로 그것이 설명하는 것이 아무것도 없으며 단지 논리적 악순환을 기술

하기 때문이다. 그러한 설명은 아편의 수면 작용을 아편이 가지고 있는 수면적 능력으로 설명한, 몰리에르의 희곡 속 의사의 고전적인 설명과 항상 유사할 것이다. 스턴은 직접적으로 말한다. "정신 발달의 특정한 단계에서 인간은 자신이 말을 하는 것으로 무언가를 '염두에 두는', 객관적인 무언가를 **가리키는 능력**Fähigkeit을 획득한다.[7]" 라틴어 어휘에서 독일어로의 변화가 위와 같은 설명의 순수하게 언어적 성질, 즉 설명으로 풀어야 할 바로 그 대상을 다른 말로 표현함으로써 한 낱말을 다른 낱말로 단순히 대체했음을 더욱 두드러지게 만든 것을 제외하면, 애초부터 설명이 필요한 동일한 대상을 다른 말로 표현하면서 설명할 때 이것이 몰리에르의 의사와 차이점을 가질 수 있겠는가?[8]

3-6] 어린이 말에 대한 이러한 논리 전개가 얼마나 지나치게 나아갈 수 있는지는 고전이 되어 지금은 아동심리학의 모든 수업, 강좌에서 등장하는 이 순간에 대한 발생적 설명에서 쉽게 볼 수 있다. 이 시기(1:6에서 2:0 사이)* 어린이들은 전 생애에서 가장 훌륭한 발견을 한다. 어린이는 "각각의 대상에는 그것을 가리키고 의사소통을 하기 위해 사용되는 고정된 상징이 있으며 이것은 음성적 복합과 상응한다는, 즉 **모든 것은 이름을 가지고 있다**는 것을 발견한다."(6, p. 190). 스턴은 이와 같이 태어난 지 두 번째 되는 해에 "상징에 대한 의식과 그 필요성에 대한 깨우침"(ibid)을 배정한다. 스턴은 후속하는 저서에서 이와 동일한 생각을 완전히 일관된 방식으로 발달시키면서 낱말의 상징적 기능에 대한 이러한 발견은 진정한 뜻에서 이미 어린이의 인지적 활동이라고 말한다. "여기서 어린이에게 분명히 드러나는, 기호와 그 가치 사이의 관계에 대한 이해는 소리 형태, 대상의 표상 그리고 그들 간 연합의 이용과는 원칙적으로 다른 무언가이다. 어떤 종류이건, 각 대상에는 명칭이 부여될 것이 요구되며 이는 (아마도 가장 최초의) 진정한 **어린이의 일반화된 개념**으로 간주될 수 있을 것이다(21, p. 90)."[9]

---

* 스턴이 도입한 이와 같은 나이 표시는 현재는 관습적인 것이 되었다. 1:6은 1년 6개월을 가리킨다.

3-7] 이와 같이 우리가 스턴을 따라 이를 받아들인다면, 우리는 이와 더불어 1살 반에서 2살의 어린이에게는 기호와 그 가치 사이의 관계에 대한 이해, 말의 상징적 기능에 대한 깨달음, "언어의 의미에 대한 의식과 그것을 정복하려는 의지(6, p. 150)" 그리고 마지막으로 "일반 법칙, 일반적 생각의 존재에 대한 의식" 즉, 앞서 스턴이 '일반적 사고'로 지칭했던 일반 개념에 대한 의식이 있다는 것을 수용해야 한다. 이러한 가정에 대한 사실적 또는 이론적 근거가 있는가? 우리가 볼 때 이 문제에 대한 지난 20년간의 모든 진전은 이 질문에 대해 필연적으로 부정적인 답으로 우리를 이끈다.

3-8] 1.5-2세의 어린이의 정신적 모습에 대해 우리가 아는 모든 것은 가장 높은 정도의 복잡성을 가진 지적 작용인 "언어가 가지는 가치에 대한 의식"을 가지고 있다는 가정과 대단히 어긋난다. 더욱이 많은 실험적·관찰적 연구들은 기호와 그 가치의 관계, 기호의 기능적 사용에 대한 파악은 대단히 이후에 나타나며 이 나이의 어린이는 전혀 접근할 수 없는 능력임을 직접적으로 드러냈다. 상징 사용의 발달과 상징 기능으로의 이행은 체계적 실험적 연구들이 보여 주었듯이 결코 어린이의 단일한 발견이나 발명의 단순한 결과가 아니며, 결코 한 단계를 통해 즉각적으로 성취되는 것이 아니다. 스턴이 어린이는 "상징의 본질적 원칙을 발견하는 데 단 한 순간만이 필요하다(6, p. 194)"는 것을 증명하기 위해 상정한 것처럼 어린이가 말의 가치를 단번에 발견하여 영원히 간직하게 되는 것은 아니다. 이것은, 반대로 스스로의 "기호의 자연적 역사", 즉 행동의 더욱 원시적인 층위에 자연적인 근원과 이행적 형태들(예를 들면 게임에서의 대상의, 소위 가상적 가치라는 것이나 또는 이보다 더 이르게는 지시적인 제스처 등등이 있다)을 가지고 있다. 이 기호의 문화적 역사는 여러 개의 국면과 단계로 나뉠 수 있고 그 자체의 양적, 질적 그리고 기능적 변화를 가지고 있으며, 그 자체의 성장과 변형, 자체의 역동성과 규칙을 가지고 있다.**

** 이와 관련해서는 다음 장 '생각과 말의 발생적 근원'을 참조할 것.

3-9] 스턴은 상징적 기능을 진정한 성숙으로 인도하는 바로 이 복잡한 전체 경로를 완전히 무시했으며, 말 발달 과정의 표상 자체는 한없이 단순화되었다. 그러나 이는 진정한 발생적 경로의 전체적 복잡성을 계산하는 대신, 논리적 설명으로 내체하는 모든 주지주의적 이론의 운명이다. 어린이 말의 뜻이 어떻게 변하는가라는 질문에 그러한 이론은 다음과 같이 대답할 것이다. 어린이는 말에 뜻이 있다는 것을 발견하게 된다. 그러한 설명들도 틀림없이 존재할 가치가 있으며 그 본성상 유사한 명성을 가진, 언어의 발명을 주장하는 주지주의적 이론이나 사회적 계약을 제시하는 합리적 이론 등과 어깨를 나란히 해야 한다. 그러한 설명들의 가장 큰 불운은 다음과 같다. 본질상 이들은, 앞에서 말한 바와 같이 전혀 **아무것도 설명하지 못한다.**

3-10] **그러나 순수하게 사실적 측면에서도** 이 이론은 일관성이 없다. 왈롱, 코프카K. Koffka, 피아제, 들라크루아 및 다른 이들의 정상 어린이들에 대한 관찰과 K. 뷜러의 농아 어린이에 대한 특별한 관찰은 1) 어린이가 '발견하는' 낱말과 사물 사이의 연관은, 고차적으로 발달한 언어적 생각을 구분 짓는(스턴이 논리적 분석을 통해 발견했으며 발생적으로 최초의 시기에 위치시켰던) 상징적 기능의 연관이 아니며 어린이에게 오랫동안 낱말은 상징이나 기호가 아니라 대상이 가지는 여러 자질 중 한 속성(왈롱)이거나 자질(코프카)이고, 따라서 이 시기의 어린이는 기호와 가치의 내적 연결이 아닌 대상과 낱말의 순수하게 외적 구조를 파악하며 2) 정확히 그 순간을 파악할 수 있는 '발견'은 일어나지 않으며 반대로 실제 일어나는 것은 장기간에 걸친, 복잡한 여러 개의 '분자적' 변화들로, 이들은 말의 발달에 있어 우리를 이 결정적인 순간으로 인도함을 보여 주었다.

3-11] 이 점에 있어서도 스턴의 관찰이 가지는 사실들은, **일반적으로 볼 때** 그의 첫 저서가 출판된 이후 20년이 지나도록 논박할 수 없는 확증을 받아 왔음에 주목해야 한다. 어린이의 전체적인 언어적·문화적·지적 발달을 위한 중요하고 결정적인 계기는 스턴에 의해 올바르게 **발견**되었으나, 그는 그것을 주지주의적으로, 즉 그릇되게 설명하였다. 스턴은 두 가지의 **객관적** 현상을

지적하였는데 이들은 말 발달에 있어 더 말할 나위 없이 결정적 순간의 시작을 판별하는 것을 가능하게 한다. 1) 이 순간의 도래와 동시에 발생하는, 사물의 이름에 대한 질문의 출현. 2) 어린이 어휘의 거세고 비약적인 증대.

3-12] 어린이 **스스로가 낱말을 모색하고** 자신이 알지 못하는 대상의 이름을 물어봄으로써 나타나는 활발한 낱말의 확장은 실제로 동물의 '말' 발달로부터 유사성을 조금도 찾을 수 없다. 그것은 어린이 발달의 이전 국면들과는 아주 다른 새로운 국면을 나타낸다. 어린이는 말의 신호적 기능으로부터 상징적 기능으로, 신호로서의 소리로부터 소리의 적극적 사용으로 넘어가는 것이다. 사실, 어떤 연구자들(왈롱, 들라크루아 및 다른 이들)은 이 현상의 보편적 의의를 부정하고, 한편으로는 이에 상이한 해석을 부여하려 했고, 다른 한편으로는 이 명칭에 대한 질문의 시기와 두 번째의 '질문하는 나이' 사이에 명백히 있는 단절된 간극을 지워 버리고자 하였다.[10]

3-13] 그러나 두 개의 입장은 견고히 남아 있다. 1) I. P. 파블로프의 표현을 빌리면 어린이가 '말의 장대한 기호화'를 다른 신호적 자극의 더미로부터 발견하여 기호적 기능이라는, 행동에서 아주 특별한 기능을 획득하는 것은 바로 이때이다. 2) 이에 대한 논박 불가능한 증언을 하는 완전히 객관적인 현상들이 있다. 이 두 가지 주장을 확립시킨 것은 스턴의 지대한 공적이다.

3-14] 그러나 이 두 사실을 설명함에 따라 벌어지는 괴리는 더욱더 놀랍다. 말의 본래적 근원으로, 어떤 능력으로 '의도적 경향성'을 인정하는 것으로 요약될 수 있는 이 설명의 주지주의적 특성을 마침내 확실히 하려면 이 설명을 말의 다른 두 가지 근원에 대해 우리에게 알려진 사실과 비교하는 것으로 충분하다. 사실 우리가 말의 표현적 경향성에 대해 말할 때 우리는 완전히 명료하고 발생적으로 매우 원시적이며 그 근원이 본능과 무조건적인 반응에 있고 그 체계가 오랜 기간에 걸쳐 발달의 과정에서 변화되고 재구성되었으며 복잡화된 '표현적 움직임'의 체계를 다루어야 한다. 이 동일한 발생적 성질이 말의 두 번째 근원, 즉 의사소통 기능을 특징짓는다. 의사소통적 기능의 발달은 가

장 하등의 사회적 동물로부터 유인원, 원숭이 그리고 사람에 이르기까지 추적이 가능하다.

3-15] 발달에서 이 두 기능의 근원, 이동경로, 인과적 요인들은 명확하며 잘 알려져 있다. 이러한 용어들 뒤에 발달의 진정한 과정이 존재한다. 그러나 이는 의도적 경향성에는 그렇지 않다. 그것은 난데없이 나타나며 역사를 갖고 있지 않으며, 어떤 식으로든 야기되지 않는다. 그것은, 스턴에 따르면 본원적이고 제1차적이며 스스로 "단박에" 나타난다. 어린이는 이 경향성에 의해 순전히 논리적인 조작을 통해 낱말의 가치를 발견한다.

3-16] 물론, 어디서도 스턴은 이렇게 직접적으로 말하지는 않는다. 반대로 스턴 자신은 위에서 말했듯이, 지나치게 논리화한 데 대해 류뮤스를 나무란다. 그는 아멘트Ament에 대해서도 그가 어린이 말 연구의 주지주의적 시대에 마지막을 고했다며(6, p.5) 비판하였다. 그러나 바로 이 스턴은 어린이 말의 요소를 정서-의지적 과정으로 전락시키고 어린이 말의 출현에서 모든 지적 요소의 참여를 부정한, 말에 대한 반反주지주의적 이론(분트, 모이만, 아이델버거 등등)과 투쟁하면서, 사실상 아멘트와 류뮤스 등등이 견지하고 있는 관점과 완전히 동일한, 순수한 논리적 반발생적 관점에 도달한다. 그는 스스로를 이 관점의 좀 더 온건한 대변자로 자처하지만 실상 그는 이 노선을 따라 아멘트보다 훨씬 더 나아간다. 아멘트에서 주지주의가 순수하게 경험적·실증적 본성을 가지고 있었다면 스턴에서는 그것은 명백히 형이상학적이고 관념적인 개념으로 성장한다. 아멘트는 어린이가 논리적으로 생각할 수 있는 능력을 어른과 비유하여 단순하고 소박하게 과장하였다. 스턴은 이러한 오류를 반복하지 않고 스스로 더욱 심각한 오류를 만들어 낸다. 그는 지적 순간을 최초 원리로 승격시키고 최초 시작점부터 생각을 가정하고 그것을 의미가 부여된 말의 근원이자 원래적 원인으로 간주한다.[11]

3-17] 주지주의가 가장 근거 없고 무력해 보이는 것이 바로 생각에 대한 연구인 것은 역설적으로 보일 수 있다. 바로 여기가 그것의 적합한 적용의 영역

인 것처럼 보일 수 있다. 그러나 쾰러의 대단히 정확한 관찰에 따르면 주지주의는 바로 지성에 대한 연구에서 파탄에 이르게 됨이 증명되며 쾰러는 이것을 완벽한 설득력으로 그의 모든 연구에서 증명하였다. 우리는 이와 같은 훌륭한 증거를 스턴의 저서에서 볼 수 있다. 그것의 가장 취약하고 내적으로 모순되는 측면은 생각과 말의 내적 연결에 대한 문제에 대해서이다. 말의 핵심문제(유의미성)를 의지적 경향성과 지적 조작으로 환원함으로써 문제의 이 측면, 즉 생각과 말의 연결과 상호작용이 가장 완전한 설명을 얻어야 하는 것처럼 보일 수도 있다. 그러나 사실은 이 질문에 대해 이미 형성된 지성을 미리 전제하는 이와 같은 접근이야말로 바로 지성과 말 사이의 가장 복잡하고 변증법적인 상호작용을 설명하는 것을 불가능하게 하는 것이다.

3-18] 게다가 내적 말에 대한 문제, 즉 그 출현과 내적 말이 생각과 다른 문제들과 가지는 연결들과 같은 문제들은, 저자의 생각에 따르면, 아동 과학의 정점에 다다르기 위해서 필요한 이 책 속에 명백하게 전무하다. 저자는 피아제가 수행한 자기중심적 말에 대한 연구의 결과(6, pp. 146~149)를 제시하지만, 이 결과들을 온전히 어린이 대화의 관점에서만 다루고 이러한 형태의 말의 기능, 구조 또는 발생적 중요성에 대해서는 언급하지 않았다. 이들은 우리가 공식화한 가설에 따르면 외적 말로부터 내적 말로의 이행을 나타내는 이행적인 발생 형태로 간주될 수 있는 것들이다.

3-19] 저자는 일반적으로 어디서도 말 발달에 연관된 생각의 복잡한 기능적·구조적 변화를 추적하지 않는다. 어린이의 첫 번째 낱말을 성인의 언어로 '번역'하는 데에서만큼 이러한 정황이 더욱 명백한 곳은 없다. 이 질문은 모든 어린이 말에 대한 이론에 대해서 일반적인 시금석이다. 따라서 이 문제는 이제 어린이 말의 발달에 대한 최근 연구의 모든 기본 방향이 향하는 초점이다. 따라서 어린이의 첫 번째 낱말을 이와 같이 번역하는 것은 어린이 말에 대한 전체 연구를 완전히 재구성하는 것이라고 해도 전혀 과장이 아니다.

3-20] 스턴은 어린이의 첫 번째 낱말들을 그처럼 해석한다. 그는 그들을

순전히 정의적·의지적 방식이나 순전히 주지주의적 방식 외의 다른 방식으로 설명하는 가능성을 알지 못한다. 알려진 바와 같이 모이만(완벽히 타당하게도 스턴은 모이만에게 엄청난 장점이 있음을 발견한다)은 "처음에는 어린이의 능동적 말이 환경 가운데의 **어떠한 대상이나 과정을 가리키거나 지시하지 않는다.** 이러한 낱말들의 가치는 **철저히 정서적이고 의지적이다**"(8, p. 182)[12]라는 주장으로 어린이의 낱말이 대상을 지시하는 것이라는 주지주의적인 해석에 대해 평형추를 맞춘다. 전혀 논박할 수 없는 방식으로 스턴은 모이만에 반대하여 어린이의 첫 낱말을 분석함으로써 거기에는 "온전한 정서적 분위기"를 "압도하는, **대상에 대한 지시**"가 종종 더불어 나타난다는 것을 보여 준다. 이는 후에 엄청난 중요성을 가진다. 따라서 논쟁의 여지없이 사실로 나타나 스턴 자신도 인식하였던 바와 같이, **대상에 대한 지시**(Hindeuten[13] auf das Objekt)는 어떤 의도나 발견 등과 같은 것이 나타나기 전에 어린이 말에서 가장 이른 '전 단계들(primitiveren Entwicklunsstadien)'과 함께 나타난다. 이 현상 하나만으로도 최초의 의지적 경향성에 대한 가정을 충분히 설득력 있게 **반박**하는 것으로 보일 것이다.[14]

3-21] 스턴 자신이 진술한 다른 일련의 전체 사실들도 동일한 것을 밝히는 것으로 보인다. 예를 들면 첫 낱말들의 낱말 가치를 확립하는 데 있어 제스처, 특히 지시적인 제스처들이 하는 매개적인 역할이다. 한편으로는 첫 낱말의 객관적 가치가 정서적 가치에 대해 가지는 우세와, 다른 한편으로는 첫 낱말의 지시적 기능("어떤 객관적인 대상을 가리키는 것") 사이의 직접적 연결을 보여 준 스턴의 실험, 다른 저자들과 스턴 자신의 유사한 관찰 등등이 있다.

3-22] 그러나 스턴은 의도성이 발달의 과정에서 어떻게 나타나며, 어떤 뜻을 향한 지향성으로서의 말의 뜻이 대상을 향한 (제스처의, 첫 낱말의) 지시적 신호의 경향성으로부터 어떻게 생겨나는지, 그리고 따라서 마지막 분석에서는 정서적 지향성으로부터 대상으로의 지향성이 어떻게 생겨나는지를 발생적으

로 설명하는, 즉 과학적 관점에서 유일하게 가능한 설명의 경로에서 갈팡질팡한다. 그는 이미 말한 바와 같이, 발생적 설명의 길고 복잡한 변증법적 경로보다 주지주의적 설명(뜻이 출현하려는 경향성으로부터 뜻이 출현한다)의 단순화된 지름길을 선호한다.

3-23] 이것이 스턴이 어린이의 첫 번째 낱말을 번역한 방식이다. "어린이의 '엄마'를 발달된 말로 번역하면 '어머니'를 가리키는 것이 아니라 '엄마, 이리 오세요', '엄마, 그거 주세요', '엄마 의자에 앉혀 주세요', '엄마 도와 주세요' 등의 명제를 가리킨다(6, p. 180)"고 스턴은 말한다. 우리가 다시 데이터로 돌아가 보면, '엄마 의자에 앉혀 주세요'와 같이 어른의 언어로 해석되어야 하는 것은 본질적으로 '엄마'라는 말 그 자체가 아니라 그 순간의 어린이의 전체 행동이라는 것을 금방 알 수 있다(어린이는 몸을 의자 쪽으로 기울이고 튀어나온 부분을 잡으려고 하는 등의 모습을 보인다). 유사한 상황에서, (모이만의 언어로 표현한다면) 대상을 향한 '정서적·의지적' 경향성은 한 가지 중요한 의미에서 '의도적 경향성'과 전혀 분리될 수 없다. 양쪽 모두가 미분화된 통합체로 용해되어 있으며, 어린이의 **엄마**라는 말이나 일반적으로는 어린이의 첫 낱말들에 대한 유일하게 정확한 해석은, 그것이 **지시적 제스처**라는 것이다. 이는 처음부터 어린이의 첫 낱말과 서로 동등하며 인습적인 대체물들이다.

3-24] 우리는 의도적으로 스턴의 전체 방법론적·이론적 체계의 중심이 되는 이 지점에 멈추어 섰으며, 이를 설명하기 위해 어린이 언어 발달의 개별 단계들에 대해 스턴이 제시한 구체적인 설명들 중에서 몇몇 계기만을 인용하였다. 우리는 그의 책의 풍부한 내용 전체나 심지어 그의 주요 질문들을 모두 자세히 펼칠 수는 없다. 다만 그의 모든 설명이 가지는 동일한 주지주의적 본성, 동일한 반발생적 경향성은 개념의 발달에 대한 문제, 말과 생각의 발달에 있어서 기본적 단계 등등과 같은 다른 주요한 문제들을 다룸에 있어 그 자체를 드러낸다는 것만을 말하고자 한다. 이러한 특징을 지적하면서, 따라서 우리는 스턴의 전체 심리학 이론, 한 발짝 나아가 그의 전체 심리학적 체계의 중추 신

경을 지적하는 것이다.

3-25] 우리는 결론적으로, 이 특징은 우연적이지 않으며 그것은 인격주의, 즉 스턴의 전체 방법론적인 체계의 철학적 전제로부터 필연적으로 흘러나오며 그들에 의해 완전히 결정된다는 깃을 보이고자 한다.

3-26] 스턴은 어린이 말에 대한 그의 연구에서, 좀 더 일반적으로는 어린이 발달에 대한 그의 이론에서 극단적인 경험주의와 생득론을 극복하고자 노력한다. 그는 말 발달에 대한 자신의 관점을 한편으로는 어린이의 말이 "어린이를 둘러싸고 있는 환경의" 산물이며 "환경에 대해서는 어린이 자신은 사실상 수동적으로만 참여한다"고 생각한 분트의 관점과 대조시켰으며 다른 한편으로는 어린이의 처음 말 전체(의성어 또는 소위 유모말Ammensprache[15])는 수천 년 동안의 셀 수 없이 많은 어린이들의 발명이라고 생각한 아멘트의 관점과 대조시켰다. 스턴은 모방과 말의 발달에 있어 어린이의 자주적 활동의 역할을 고려하고자 시도하였다. 여기서 그는 말한다. "우리는 융합의 개념을 사용해야 한다. 어린이의 언어 습득이 일어나는 것은, 오직 말하고자 하는 경향성에 놓인 내적 소질과 이러한 소질을 적용할 기회와 그 실현을 위한 재료를 제공하는, 어린이를 둘러싼 사람들의 말이라는 환경적 조건과의 지속적인 상호작용 속에서뿐이다(6, p. 129)."

3-27] 스턴에게 있어 융합은 단지 말 발달을 설명하는 방법이 아니다. 그것은 인간 행동의 인과적 설명을 위한 일반적 원칙이다. 여기서 이 일반적 원칙은 어린이가 말을 숙달하는 특별한 경우에 사용된 것이다. 그리고 여기에, 괴테의 말로 하면 "과학의 언어에 실체가 숨어 있다"는 사실의 추가적인 사례가 있다. 이 '융합'이라는 그럴듯한 말은 단번에 절대적으로 논쟁 불가한 방법론적 원칙(말하자면, 발달을 유기체와 환경 사이의 상호작용으로 결정되는 과정으로 연구해야 하는 필요성)을 표현하면서 동시에 말 발달에 있어 어떠한 사회적·환경적 요인에 대한 분석으로부터 사실상 저자를 해방시켜 준다. 스턴이 어린이 언어 발달의 요인들 중 사회적 환경이 주요한 것이라고 확고히 주장(6, p. 291)하는 것은 사실이

나 실제로는 그는 이 요인의 역할을, 그 경로가 그들 자신의 내적인, 내재적인 규칙에 의해 종속되는 발달의 과정들을 지연시키거나 촉진시키는, 순수하게 양적인 영향으로 제한한다. 이것은 우리가 말의 뜻을 설명하는 예에서 보이고자 했듯이, 저자를 내적 요인들에 대한 엄청난 과대평가로 인도한다. 이 과대평가는 스턴의 기본 관념으로부터 흘러나온다.[16]

3-28] 스턴의 기본 관념은 인격을 정신생리학적으로 중립적인[17] 통일체로 보는 인격주의의 관념이다. 그는 "우리는 어린이의 말을 주로 인격의 통합성에 근원을 둔 과정으로 간주한다(6, p. 121)"[18]고 말한다. 스턴은 인격을 "다양한 부분을 가지고 있음에도 실제의, 독특하고 고유하게 가치로운 통합체를 형성하고, 그 자체는 각 부분의 기능의 다양함에도 불구하고 지향된 활동의 통일체를 나타내는 존재(9, p. 16)"[19]로 이해한다.

3-29] 이와 같이 인격에 대한 사실상 형이상학적-관념주의적 개념(단자론)은 저자로 하여금 말에 대한 **인격주의적** 이론, 즉 말의 근원과 기능을 "목적을 추구하며 발달하는 인격의 총체"로부터 이끌어 내는 이론으로 인도할 수밖에 없다. 이로부터 그 주지주의와 반발생주의가 나타난다. 인격에 대한 이와 같은 형이상학적 접근이 발달의 문제에 대한 접근에서만큼 이렇게 두드러지게 나타난 곳이 없다. 인격의 사회적 본질을 고려하지 않는 이러한 극단적인 인격주의가 행동의 사회적 기제인 말의 연구에서만큼 이와 같이 터무니없는 주장으로 인도한 경우가 없다. 발달의 모든 과정들을 그 내재적인 가치로부터, 그 자체로 종결된 종국(終局)의 끝으로부터 이끌어 내는, 인격에 대한 형이상학적 개념은 인격과 말의 진정한 발생적 관계들을 거꾸로 뒤집는다. **말이 마지막 역할을 하지 않는 인격 발달의 역사 대신 그것은 인격 자체로부터, 인격의 마지막으로부터 말을 발생시키는 인격의 형이상학을 만들어 낸다.**[20]

●

1) 전 장과 마찬가지로 본 장은 비평론이다. 비고츠키는 두 저서를 채택하였는데, 생각
과 말의 문제에 내해 스턴이 이론을 처음으로 제시한 1905년작 『Person und Sache』
와 클라라와 윌리엄 스턴의 세 자녀(특히 첫째 아이)에 대한 관찰 내용을 기술한 1928
년 작 『Die Kindersprache』이다. 그러나 피아제 이론은 **어떤 자기 이동의 자율적 법
칙도** 제시하지 못한다는 논박으로 마무리된 이전 장과는 달리, 비고츠키는 스턴이
그 외 어떤 시사점도 주지 못한다는 비평으로 본 장을 시작한다.

  I 비고츠키는 언어 발달에 대한 스턴의 관점이 순수하게 **주지주의적**이라는 점을
지적한다. 즉, 이는 편협하게 인지적이며, 스턴의 두 책이 보여 주듯이 20여 년간
근본적으로 변하지 않았다는 것이다. [3-1, 3-2]

    A) 이 관점은 **제한적**이다(예를 들어, 말 발달의 주지주의적 측면에만 제한되어 있다.).

    B) 이 관점은 모순점, 즉 **비일관성**과 **괴리투성**이이다(예를 들어, 이는 말의 발달을
의도를 통해서 설명하나 그 의도 자체를 설명하지 못한다.).

  II 이 관점은 **관념적**이다(예를 들어, 말 발달을 어린이 관념의 직접적인 결과물로 간주한다.).
스턴은 인간 언어의 세 가지의 근원을 추출하였으나, 비고츠키는 맨 마지막 요
소만이 인간의 언어 사용의 특유성이라 지적하였다. [3-3]

    A) **표현적** 경향성(예: 공포의 울음, 고통에 찬 신음, 기쁨의 안도, 웃음 등)

    B) **의사소통적** 경향성(예: 인사, 경고, 초대, 위협 등)

    C) **의도적** 경향성(예: 무언가를 마음에 품고, 의도적으로 이를 보고報告 형태로 남에게
표현하는 것)

  III 비고츠키는 '무언가를 마음에 품고' 그것을 남에게 보고의 형태로 표현하는
것은 단순히 언어 사용을 부르는 또 다른 명칭일 뿐이라고 비판하였다. 따라
서 스턴의 이론은 설명이 아니라, 설명되어야 할 것에 대해 말을 바꾸어 **재언급**
한 것뿐이다. 비고츠키는 이를 몰리에르의 소극인 〈뜻하지 않게 의사가 되어Le
Médecin Malgré Lui〉에 등장하는 가짜 의사의 엉터리 설명에 비유한다. "아편
은 그 졸음을 유발하는 성분 때문에 우리를 잠들게 하지요." [3-4, 3-5]

  IV 스턴은 2세의 어린이가 '모든 사물에는 이름이 있다'는 사실을 발견한다고 주장
한다. 표면적으로 볼 때 이는 사소하고 진부하다. 아이는 단순히 모든 개별 사
물이 '어떤 것'으로, 또는 심지어 '이것'이라고 불릴 수 있다는 사실을 발견한 것
뿐이다. 그러나 스턴이 의미하는 것은 아동이 기의記意와 기표記標의 **완전한 구
별**을 이해하고 있다는 것이다. 불에 연기가 필연적으로 따르는 것처럼, 발자국과
발은 불가피한 연관성을 지닌다. 손가락이 가리키는 방향과 검지손가락도 또

한, 방향이 훨씬 더 일반적인 기의임에도 불구하고 이와 유사한 관계를 형성한다. 스턴이 주장하고자 하는 것은, 2세의 어린이가 모든 소리가 어떤 주어진 대상을 상징하는 것이 될 수 있다는 사실을 이해한다는 것이다. 만일 이것이 사실이라면, 이는 진정 아이의 삶에서 가장 위대한 발견이 되었을 것이며, 뒤따르는 모든 언어 학습은 이 커다란 횡재에 따르는 이익의 실현에 불과할 것이다. [3-6~3-8]

V 그러나 비고츠키는 이것은 사실이 아니라 주장한다. 반대로, 발자국과 발, 연기와 불, 손가락과 가리키는 방향, 말판과 말은 오랜 시간과 많은 기능적 변화를 거치는 복합적인 **문화—역사적** 발전의 일부이다(이에 대한 자세한 설명은 4장에서 제시된다). 유사한 복합성을 띠는 기호의 문화적 역사는 상징적 기능의 획득으로 인도하지만, 스턴이 주장하는 것과는 대조적으로 과도기(사춘기)에 이르기 전까지는 이것이 기호 자체에 대한 일반적인 개념은 물론, 일반적 개념의 형성에 이르지 못한다는 것이다. [3-9, 3-10]

VI 그렇다면, 어린이가 어떻게 성인을 상대로 말할 수 있는 것일까? 답은, 어린이도 성인과 **동일**하게 단어와 대상을 연결 짓지만 이를 성인과는 **다른** 방식으로 수행한다는 것이다(이에 대한 자세한 설명은 5장에서 제시된다). 사실, 어린이는 어른들보다도 단어와 대상이 훨씬 더 긴밀하게 연결되어 있는 것으로 볼 것이다. 이는 발자국과 발, 연기와 불, 손가락과 가리키는 방향 사이의 연결과 유사하다. 이러한 이유로 아동은 사물의 명칭이 그것을 가리키는 대상의 실제 속성 또는 특징이라고 추정한다. [3-11]

VII 비고츠키는 스턴의 업적을 콜럼버스의 **발견**에 견주어 평가한다. 그의 발견은 대단하고 중요하지만, 그가 발견했다고 생각한 그것이 아니었다. 스턴은 다음과 같은 것을 발견하였다. [3-12~3-14]

A) 아동은 사물에 명칭이 있다는 사실을 발견하며 이 명칭들은 단순한 조건반사의 결과 이상임에 분명하다. 파블로프는 이것을 '**장대한 기호화**'라 규정하였다.

B) 이 지식이 한편으로는 내재적 지식이 아니며 다른 한편으로는 조건반응의 결과도 아니라는 것을 보여 주는 객관적 지표들이 존재한다. 예를 들어, 아동은 적극적으로 사물의 이름을 **묻는다**(보편적으로, 질문의 "첫 단계"는 주로 "이게 뭐예요?"이며, 비고츠키와 다른 학자들은 이를 질문의 "두 번째 단계"에서 주를 이루는 "왜요?"와 구분한다).

VIII 이 발견의 결과는 스턴이 이를 설명하기 위해 사용한 세 '근원'에 대해 회의를 가지게 한다. 표현적 기능(흐느낌, 킥킥거림 등)은 개체발생적으로나 계통발생적으로 매우 오래된 것이다. 의사소통적 경향(사교 댄스, 영역 쟁탈) 또한 마찬가지다. 그러나 중요한 의도적 경향성은 난데없는 '**침입자**'이다. 이는 과거의 개체발생적, 계통발생적 편력 없이 불시에 나타난다. 비고츠키는 이에 대해 의구적

인 태도를 보였다. [3-15, 3-16]

IX 스턴, 류무스Reumuth와 아멘트Ament는 말이 적나라한 감정과 순수한 의지의 산물이라고 주장한 분트Wundt, 모이만Meumann과 아이델버거Idelberger를 마땅히 비판하였다. 그러나 스턴이 그의 '의지적 경향'에 대한 역사를 제시하지 못하기 때문에, 결국 그는 어린이들이 어른과 같이 논리직으로 사고하려 노력함에 따라 말을 배우게 된다고 설명하려 한 류무스와 아멘트와 같은 입장에서 그치게 된다. 어떤 면에서 스턴은 이보다도 열위列位인데, 그는 어린이의 생각은 태어난 시점부터 '**최초의 원칙**'으로 존재한다고 가정했기 때문이다. 만약 말이 단지 생각에서부터 기인한다면, 생각은 어디에서부터 비롯되는 것인가? [3-17~3-19]

X 아동의 말에 대한 이론은 모두 어린이의 첫 단어를 **번역할** 수 있어야 하며, 이 번역은 이론에서 시대착오, 목적론, '어린이 행동에 대한 성인 관점의 해석 adultomorphism'의 징후를 진단하는 데 좋은 시금석이 되기도 한다. [3-20~3-25]

A) 스턴은 아동의 첫 단어가 순수하게 감정적이거나 정서적이라는 견해를 마땅히 **부정한다**. 그는 어린이가 대상 지칭으로의 뚜렷한 지향성을 가지며, 특별히 자극되지 않는 이상 감정중립적인 어조를 사용한다고 지적한다. 그러나 대상 지칭으로의 지향성은 뚜렷하게 의도적으로 '의중에 무언가를 품기'에 앞서 나타나며, 이는 기의記意와 기표記標의 구분을 발견하기 한참 전에 발생하는 것이다. 비고츠키는 대상에 대한 지향성이 핵심이라고 판단하였다. 어린이의, 주어진 기호적 의미에 대한 지향은 외부 대상에 대한 (정서적, 그리고 인지적인)지향으로부터 최초에 태어나는 것이다.

B) 스턴은 어린이의 '엄마Mama'라는 말이 '엄마, 저거 주세요.' 또는 '엄마, 의자에 앉혀 주세요'와 같이 종종 대상을 지향하는 **전체적인 발화**임을 올바르게 지적한다. 그러나 비고츠키는 이에 두 속성을 **덧붙인다**. 먼저, 어린이의 제스처, 시선, 동작 및 전체적 상황이 의미 형성 과정에 포함되어야 한다. 이 과정은 일반적이지 않으며 주어진 상황에 특정하다. 이는 어린이의 의미 형성 과정과 일반적인 기호의 개념을 구분한다. 둘째로, '무언가를 마음에 품는' '의도적' 경향성은, 그것이 모두 발현되는 범위에서 볼 때 어린이의 대상에 대한 정서적-의지적 경향성과 **구분되지 않는다**.

XI 어린이의 말을 대상으로 하는 모든 이론은, 한편으로는 사회적 환경이 그리고 다른 한편으로는 어린이가 심리적으로 타고난 자질이 기여하는 바를 **설명할** 수 있어야 한다. 이 역시 이론에서 경험주의 그리고/또는 생득주의적 경향성을 진단하기에 좋은 방법이다. [3-26~3-28]

A) 스턴은 어린이가 자신의 환경에서부터 수동적으로 '이해 가능한 입력 (comprehensible input)'을 수용한다는 견해를 마땅히 **부정한다**.

B) 의성어나 엄마 말motherese이 수 대에 걸쳐 어린이들에게 전달되는 것이 사실이나, 스턴은 언어가 의성어나 '엄마가 아이에게만 쓰는 말motherese'을 통해서 어린이들에 의해 발명될 수 있다는 생각에 대해서도 의구심을 품는다. 그는 말의 발현을, 환경과 어린이의 (재) 발명의 융합(convergence)에 의해 생기는 것으로 간주할 수 있다.

XII 비고츠키는 이 모호한 '융합'이라는 말의 사용이 환경과 유기체의 역할을 **구체화**하는 책무로부터 풀어 주며, 특히 스턴이 이들을 연결 짓는 사회적 요소에 대한 분석과 씨름하지 않아도 되도록 만들어 준다고 비판하였다. 물론, 스턴은 어린이의 말 발현을 인격의 통합성에서 비롯되는 과정으로 귀속시킨다. [3-29]

XIII 그러나 비고츠키의 관점에서 **인격**은 말의 결과물이며 따라서 말의 원천이 될 수 없다. (당시 심리학자들은 '자아'와 인격'을 구분하여 다루었다는 점을 상기하자. '자아'는 3세 정도의 이른 시기에 습득되는 것인 반면에, '인격'은 청소년기 또는 이른 성인기에 형성되는 것으로 간주되었다.) [3-30]

2) 1982년 러시아어판에서 말speech은 언제나 인용부호가 있었다Mecacci. 세브Sève와 미닉Minick이 번역 텍스트로 사용한 1982년 판에는 인용부호가 있으나 메카치Mecacci가 사용한 1934년 판에는 인용부호가 없다.

3) 시야 안에 대상을 포함시키고, 사물을 지칭하는 것은 언어의 표상적 기능(representational function)이다. 이는 할리데이Halliday의 관념적 기능(ideational function)과 같은 것으로, 할리데이가 말하는 언어의 기본적 기능인 interpersonal function, ideational function 중에서 ideational function은 오직 인간에게만 나타난다.

4) C. and W. Stern, 『Die Kindersprache』, J. A. Barth, 4th Edition. Leipzig 1928, pp. 126~127 (Sève).

5) Edmund Husserl(1859~1938). 철학자, 교육자, 수학자, 현상학 창시자. 현상학은 우리가 삼각형을 봄으로써 그 본질을 알듯이 관조를 통해서 심리적 본질을 직접적으로 알 수 있다고 믿는다. 현상학은 또한, 우리가 삼각형의 내각의 합이 180도가 되는 이유를 설명하려 하지 않듯이 발생적 설명을 피하려 한다. 후설은 자신의 학생인 구스타프 슈페트를 통해 비고츠키에 큰 영향을 미쳤지만 비고츠키와 볼로시노프는 현상학을 거부하고 낱말의 의미를 구조, 기능 그리고 무엇보다도 그 역사를 통해 설명하려 하였다.

6) 이 부분 역시 스턴의 『Die Kindersprache』의 126쪽에서 인용되었다Sève. 'intentional' motive of desire to speak이라고 번역할 수 있다. 메카치는 the intentional impulse of the desire to speak이라고 번역하고 인용부호를 사용하지 않았다.

태엽은 시계 스프링을 지칭한다. 따라서 언어를 사용하고자 하는 욕구를 만들어 내는 동인이 의도성이라는 의미이다. 이 명제에 포함된 순환적 논리에 대해 스턴 역시 인식하고 있었기 때문에 '의도성'에 인용부호를 사용한 것이며 비고츠키는 이를 놓치지 않고 있다.

7) 이 부분 역시 스턴의 『Die Kindersprache』의 126쪽에서 인용되었다.

8) 몰리에르의 희곡 〈뜻하지 않게 의사가 되어〉 속에 등장하는 가짜 의사는 아편의 수면적 기능을 통해 아편의 수면 작용을 설명한다. 이와 동일하게 스턴은 의도적 능력을 설명하기 위해 의도적 동기라는 개념을 이용한다.

9) 『Psychologie der frühen Kindheit』, Quelle et Meyer, Leipzig, 1928, p. 133.

10) 대상의 명칭에 대한 질문의 시기와 이유에 대한 질문의 시기의 구분을 일컫는다.

기능	질문	나이
이름 붙이기	What's this?	1;6-2;0
설명	Why?	4;0-5;0

이 두 질문은 어린이의 상이한 발달 단계에 따라 나타나므로 둘 사이에는 커다란 괴리가 있다.

11)

분트	스턴	후설, 류뮤스, 아멘트
정서, 감정이 말을 만들어 낸다.	의도성(의지)이 말을 만들어 낸다.	지성이 말을 만들어 낸다.

스턴은 주정주의와 주지주의를 모두 거부했다고 생각했지만, 의도성이라는 개념은 필연적으로 지성을 포함한다.

12) 원래 독일어 텍스트를 정확히 번역한다면 "어린이는…… 이 대상의 **정서적 또는 의지적** 측면을 가리킨다"가 된다Mecacci.

13) 미닉은 1982년 러시아어판에는 'Hindenten'이라고 나와 있다고 지적한다. 그러나 다른 어떤 판에서도 그렇게 나타나지 않으며, 이것은 독일어 낱말이 아닌 것으로 보아, 단순한 실수인 것으로 보인다.

14) 스턴은 모이만의 입장이 극단적인 주지주의(예를 들면, 브렌타노)에 대한 적절한 반론이라고 인정한다. 그러나 한편으로는 어린이의 처음 말에서 지시적인 기능이 정서적인 기능을 압도하는 모습을 제시하며 모이만의 주장을 반박한다. 물론, 낱말의 값이 초기에 온전히 정서적-감정적인 것은 아니다. 오직 어린이의 희망, 욕망에 대한 만족, 불만족을 나타내는 경우에만 그에 해당한다고 할 수 있다. 지시적·명명적 기능

이 정서적 기능을 압도하는 것은, 어린이의 첫 낱말이 객관적인 욕망의 대상을 먼저 가리킨 후에야 그에 대한 정서적인 지향이나 의지를 나타내기 때문이다. 따라서, 스턴의 논박은 스턴 자신의 이론으로 그 비수를 겨누게 된다. 어린이가 자신의 첫 낱말에서 지칭하는 것은 'etwas zu meinen(마음 속의 무언가)'가 아니라 손이나 눈에 보이는 객관적인 대상이기 때문이다. 따라서 어린이의 첫 말에서 '자신의 생각을 향한' 의도성이라는 개념은 설명될 수 없다.

15) Motherese. 모성어라고도 한다. 엄마가 말을 배우는 영유아들을 대상으로 사용하는 말투로, 단순한 구문 사용, 반복, 구체적 대상 지칭, 느린 속도, 과장된 억양 등으로 특징지어진다.

16) 이와 동일하게, 언어 습득의 주요한 두 기둥을 입력input과 사용use이라고 주장하는 것 역시, 전혀 새로운 사실을 말하지 못한다. 언어 습득의 과정에서, 한편으로는 입력의 양적 측면에 강조하면서 개개인의 내적인 언어적 지향성에 온전히 기대는가 하면, 다른 한편으로는 사용의 양적인 측면을 강조하여 언어 습득의 과정을 온전히 자극-반응의 연합 과정으로 다루는 것은 오늘날에도 전혀 새롭지 않다.

17) 뒤에 나오듯이 스턴은 인격을, 그것을 구성하는 요소들의 총체로 간주하기 때문에 각 구성 요소들은 고유한 영역과 기능을 인정받는다. 이러한 의미에서 인격은 중립적인 통일체이다. 따라서 정신과 육체, 말과 생각 같은 명확한 이분법적 사유가 가능하며, 이들은 각각은 신의 명령에 의해 특정한 활동을 지향하게 된다.

18) 『Die Kindersprache』, p. 121.

19) 『Person und Sache』(Person and Thing), J. A. Barth, Leipzig, volume 1, 1906.

20) 비고츠키는 말의 발달에 따라 인격이 형성된다고 생각한다(말→인격). 그러나 스턴은 미리 인격을 상정하고 말을 이미 발달한 완성체로부터 이끌어 내고 있지만(인격→말) 인격이 어떻게 생성되는지 설명하지 않기 때문에 형이상학이라고 지칭한 것이다.

4장
생각과 말의
발생적 근원

4-1[1]

4-1-1] 생각과 말을 발생적으로 검토하면서 우리가 직면하지 않을 수 없는 근본적인 사실은, 두 과정의 **관계**가 언제나 변화가 없는 것은 아니라는 것, 즉 그것이 발달의 전 기간 동안 불변가치가 아니라 가변가치라는 것이다. 생각과 말의 관계는 발달 과정 동안 질적인 가치에서도 변화하고 그리고 양적인 가치에서도 변화한다. 바꾸어 말하면, 생각과 말의 발달은 나란히 그리고 똑같이 전개되지 않는다. 두 발달 곡선은 반복적으로 수렴收斂하고 그 후 발산發散한다.[2] 즉, 두 곡선은 교차하고 쭉 뻗어가고, 한 직선처럼 나아가고 잠시 동안 평행하여 진행하고, 그리고 심지어 한동안 결합하고 다시 새로운 나뭇가지처럼 갈라져 나간다.[3]

4-1-2] 이러한 생각과 말의 발달 곡선은 계통발생과 개체발생 둘 다에 해당된다. 나아가 우리는 다음을 확립하려 한다. 해체 과정에서, 퇴화 과정에서, 그리고 병리적 변화에서 생각과 말의 **관계**는 지능에서 또는 말에서 펼쳐지는 혼란의, 지연의, 퇴행의 혹은 병리적 수정의 모든 사례에서 항상적이지 않고, 오히려 매번 병리적 과정의 그 형태에, 즉 해당하는 혼란과 지체의 그림에 들어맞는 특징들과 특정한 형식을 취한다.[4]

4-1-3] 발달로 돌아가면서, 우리는 무엇보다 먼저 생각과 말이 발생적으로 완벽하게 다른 근원을 가진다고 명백히 해야 한다. 이 사실은 동물심리학 분야에서 이루어진 일련의 연구를 통해 굳건하게 확립된 것으로 간주될 수 있

다. 전체적으로 동물의 왕국에서 한 기능 혹은 다른 기능의 발달은 다른 근원을 가질 뿐만 아니라 다른 노선을 따른다.[5]

4-1-4] 유인원類人猿의 지능과 말에 대한 최근 연구들, 특히나 쾰러Köhler(10)와 R. 여키스Yerkes(11)의[6] 연구는 초미의 중요성을 지닌 이 사실을 확립하는 데 결정적으로 중요하다.

4-1-5] 쾰러의 실험들에서 동물에게서 지능의 조짐들, 즉 진정한 의미에서의 생각은 말 발달과 독립적이고 말의 진전과 완전히 무관한 것으로 보인다는 사실에 대한 명백한 증거를 우리는 취할 수 있다. 도구의 생산과 사용에서 나타난, 그리고 문제 해결 중 '우회로'를 적용하는 데서 드러난 유인원의 '발명 능력'은 추호도 의심할 바 없이 생각 발달의 첫 번째 국면을 이루지만, 그것은 **말 이전의** 국면이다.

4-1-6] 쾰러 본인도,[7] 자신의 연구 전부에 놓인 기본 결론은, 침팬지는 인간과 똑같은 형태와 종류의 지적 행동의 조짐을 드러낸다는 사실을 확립한 것이라고 생각한다(10, p. 191). 말의 부재는 그리고 '조짐 자극'의, 이른바 '표상'의 한계[8]는 유인원과 가장 원시적인 인간 사이에 존재하는 너무도 큰 차이의 근본 이유인 것 같다. 쾰러는 다음과 같이 말한다. "한없이 중요한 이 기술적 보조수단(언어язык - LSV)의 부재, 가장 중요한 지적 자료, 즉 '표상'의 본질적인 한계, 이것들이 바로, 문명의 어떤 조짐도 침팬지에서 왜 출현하지 않았는가에 대한 주된 까닭이다(10, p. 192)."

4-1-7] 인간과 유사한 유인원의 지능이 존재한다는 것, 그러나 이와 관련하여 인간과 유사한 유인원의 말이 전혀 부재하다는 것, 그리고 그들의 '말'로부터 그들의 지적 조작이 독립되어 있다는 것, 이것들이 우리가 관심을 가지고 있는 문제를 위해 쾰러의 연구로부터 도출할 수 있는 기본 결론을 간결하게 공식화한 것이다.

4-1-8] 잘 알려진 바와 같이, 쾰러의 연구는 많은 반대자들의 비판을 불러일으켰다. 바꿔 말하면 이 질문을 다룬 문헌은, 비판하는 저작의 수라는 측면

에서 그리고 그 안에 제시된 이론적 관점과 근본적 원리의 다양성이라는 점에서 요즈음 극단적으로 급격하게 증가하고 있다. 심리학의 다른 경향과 다른 학파 간에,[9] 쾰러에 의해 보고된 사실들에 어떤 이론적 설명이 제공돼야 하는가에 내한 의견들의 일치가 이루어지지 않고 있다.

4-1-9] 쾰러는 스스로 자기 과업의 범위를 제한하였다. 그는 지적 행동에 대한 어떤 이론도 전개하지 않고(10, p.134), 실제 관찰한 내용을 분석하는 것까지로 자신의 역할을 제한한다. 이를 위해 그는 무작위적 시행착오를 통해, 즉 성공적인 사례를 추출하여 개별 운동과 기계적으로 연합하는 경로를 통해 출현한 반응과 비교되는 지적 반응의 특정한 독특함을 보여 주기 위하여 꼭 필요한 경우에만 이론적 설명을 한다.[10]

4-1-10] 침팬지의 지적 반응의 기원에 대해 설명하면서 우연의 이론을 거부함으로써, 쾰러는 자신의 입장을 **순수하게 부정적인** 이론적 입장으로 제한한다. 그만큼 단호히, 그러나[11] 한 번 더 순수하게 부정적인 방식으로 쾰러는 하르트만Hartmann[12]의 무의식에 대한 연구에서 도출된 관념적인 생물학적 개념, 베르그송[13]의 '생명력élan vital', 신활력론자, 그리고 생명체 내의 '목적 추구 성향'[14]의 가정을 지닌 심리 활력론자들과 자신을 분리시킨다. 노골적으로 혹은 암묵적으로 초감각적 행위자에 혹은 명백한 기적에 호소하는 이 모든 이론은 그가 보건대 과학적 지식의 다른 편에 놓여 있다(10, pp. 152~153).[15] "그리고 이것이 내가 일부러 우리가 절대로 우연인지 혹은 초감각적 행위자Agenten jenseits der Erfahrung인지를 양자택일하지 말아야 한다고 강조하는 까닭이다." (10, p. 153)라고 그는 말한다.

4-1-11] 그래서 다른 경향의 심리학자들 가운데에서, 심지어 저자의 동료들 중에서도 우리는 어떤 완벽하고 과학적으로 설득력 있는 지능 이론을 발견할 수 없다. 도리어 생물학적 심리학의 지지자들(손다이크, 와그너[16], 보로브스키[17])와 주관적 심리학자들(뷜러, 린드보르스키[18], 옌쉬[19]) 등은 그들의 관점에서, 한편으로는 침팬지의 지능을 잘 알려진 시행착오의 방법으로 환원할 수 없음과 관련

하여, 다른 한편으로는 침팬지와 인간의 지적 능력의 유사성, 즉 유인원이 갖는 인간과 유사한 생각과 관련하여 쾰러의 기본 입장을 논박한다.

4-1-12] 더더욱 주목할 것은 다음과 같은 정황이다. 지능의 근원을 원숭이의 최고 행동 정도조차로도 끌어내리기를 두려워하는 심리학자들뿐만 아니라, 침팬지의 행위에서 본능과 '시행착오'의 기제로부터 이미 결론 내린 사실을 넘어서는 어떤 것, 즉 '우리에게 친숙한 습관 형성 과정 이외에 어떤 것을(12, p. 179)' 인식하지 못하는 심리학자들도 우선 쾰러의 관찰에 있는 사실적 내용, 그리고 다음으로 특히 우리에게 중요한 것, 즉 침팬지 행위가 말로부터 독립되었음을 똑같이 인정한다.

4-1-13] 그래서 뷜러Bühler는 매우 타당하게, "침팬지의 수행은 **완벽하게 말로부터 독립**되어 있고, 그리고 인간의 후기 삶에서 기술적, 도구적 생각은 생각의 다른 형태보다 말과 개념에 훨씬 적게 연결된다(13, p. 100)"고 말한다. 더 나아가려면 우리는 뷜러의 이 가르침으로 다시 돌아가야만 한다. 우리가 지금 실험적 연구와 임상적 관찰 영역으로부터 이 문제에 관해 실제로 얻을 수 있는 것은 모두 사실상 성인의 생각에서 지능과 말과의 관계가 지적인 활동과 말로 하는 활동의 모든 기능과 모든 형태에서 항상적이지도 동일하지도 않다는 것을 확증함을 우리는 보게 될 것이다.

4-1-14] 동물에게 '실행판단능력'이 있다고 한 호브하우스Hobhouse[20]의 의견과 고등한 유인원에게서 '관념화' 과정을 발견한 여키스의 의견을 논박하면서 보로브스키B. Боровский는 이렇게 자문자답한다. "동물에 인간의 말 습관과 비슷한 것이 있는가? 우리 지식의 현 상태를 잣대로 보면, 유인원 혹은 인간을 제외한 다른 어떤 동물에게 말로 하는 행동습관이 있다고 할 이유가 부족하다고 말하는 것이 전적으로 더 타당한 것으로 보인다(12, p. 189)."

4-1-15] 만약에 우리가 말의 어떤 조짐을, 말과 발생적 친족관계에 있는 것을 실제로 발견하지 못한다면 그 문제는 아주 쉽게 해결될 것이다. 그러나 새로운 연구들이 보여 주는 바와 같이, 사실상 우리는 침팬지에게서, 어떤 측면

(무엇보다도 음성적 측면)에서 어느 정도는 인간과 비슷한, 상대적으로 잘 발달된 '말'이 있다는 것을 발견했다. 가장 주목할 것은 침팬지의 말과 침팬지의 지능이 서로 따로 독립적으로 기능한다는 사실이다. 쾰러는, 자신이 테네리페 (Tenerife) 섬[21]의 인류학 연구소에서 수년간 관찰했던 침팬지의 '말'에 대하여, "예외 없이 음성적[22] 표명은 단지 그들의 경향과 주관적 상태를 표현하고, 결과적으로 그것은 감정적 표현이지 결코 '객관적인' 어떤 것을 나타내는 기호가 아니다(14, p. 27)"라고 적고 있다.

4-1-16] 그러나 우리는 침팬지의 음성에서 인간의 음성과 닮은 소리 요소들을 많이 발견할 수 있기에, 우리는 침팬지에게 '인간의 언어와 유사한' 언어가 없는 것이 주변적인 요인 때문이 아니라고 확실히 말할 수 있다. 이것은 다음과 같은 사실을 지적한 들라크루아의 지적과 완벽하게 일치한다. 침팬지의 언어에 관한 쾰러의 결론은 절대적으로 옳다고 들라크루아는 간주하면서, 유인원의 제스처와 흉내는 (물론 이들은 주변적인 요인에 의하지 않는다) 객관적인 어떤 것을 표현한다는(좀 더 정확히는 의미한다는), 즉 **기호의 기능을 수행**한다는 일말의 암시도 드러내지 못했다고 지적한다(15, p. 77).

4-1-17] 침팬지는 고도의 사회적 동물이어서 그 행동은 오직 다른 동물들과 함께 있을 때에만 적절히 이해될 수 있다. 쾰러는 침팬지 사이에서 '말로 하는 의사소통речевой общение'의 극단적으로 다양한 형태를 기술한다. 첫 번째 자리에 우리는 침팬지에서 매우 두드러지고 풍부한, 감정적으로 표현적인 동작(흉내, 제스처, 소리 반응)을 놓아야만 한다. 다음 자리에, 사회적 감정을 표현하는 행위(인사 제스처, 그와 같은 것들)가 온다. 그러나 그들의 "표현적인 소리와 같은 제스처는 객관적인 어떤 것을 지시하거나 기술하지 못한다"고 쾰러는 말한다.

4-1-18] 동물들은 서로의 얼굴 표정과 제스처를 잘 이해한다. 쾰러에 따르면 제스처를 통해 그들은 자신들의 정서적 상태를 '드러낼' 뿐만 아니라 다른 유인원 혹은 다른 대상에 대한 욕구와 충동을 '드러낸'다. 그런 경우에 가장

흔히 발견되는 방법은, 침팬지가 하고자 하는, 혹은 다른 동물에게서 이끌어 내고자 하는(다른 동물을 미는 것, 다른 동물에게 함께 가자고 '부를' 때 한 걸음 앞서는 것 혹은 원숭이가 동료에게서 바나나를 얻고자 할 때 무엇을 잡는 움직임을 하는 것 등) 동작이나 행동을 시작하는 것이다. 이 모든 것은 행동 그 자체에 직접적으로 연결되는 제스처이다.

4-1-19] 전반적으로 이러한 관찰 결과는 완벽하게 분트Wundt[23)]의 다음과 같은 사고를 승인한다. 어찌 되었든 인간 언어 발달에서 가장 원시적인 단계를 구성하는, 무언가를 **가리키는** 제스처조차도 동물에게서 거의 마주칠 수 없고, 심지어 유인원에서도 이 제스처는 잡으려는 움직임과 가리키려는 움직임 사이의 이행 단계에 위치한다(『Die Sprache』, l, 1900, p. 219). 어쨌든, 우리는 이 이행하는 제스처에서 순수하게 감정적인 말로부터 객관을 향한 말로 나아가는 매우 중요한 발생적 단계를 보려 한다.

4-1-20] 이와 비슷한 제스처들의 도움으로 어떻게 '말로 하는 교수'가 '원시적 설명'으로 실험적 상황에서 대체될 수 있음이 확립되었는지를 쾰러는 다른 곳에서 보여 준다(『원숭이를 대상으로 한 심리학적 조사방법(Die Methoden der psychologischen Forschung an Affen)』, p. 119). 이 제스처는 에스파냐인 관리인의 언어적 명령에 유인원이 곧장 따르는 것이나 혹은 이와 본질적으로 다를 바 없는, 같은 명령에 대한 개의 복종('먹어come: 개가 먹이를 먹는다', '이리 와entra[24)]: 개가 주인에게 다가간다'와 같은 것들)보다 인간 말에 더욱 가깝다.

4-1-21] 쾰러에 의해 관찰된, 유색 찰흙으로 '그림 그리기'를 하고 있는 침팬지는 붓 대신에 처음에는 입술, 그 후에는 혀를 이용하고 마지막에는 실제 그림붓을 사용한다(10, p. 70). 그러나 이 동물들은 늘 대체적으로, 심각한 상황(실험)에서 그들이 채택한 행동 양식(도구의 사용)을 놀이로 전이하며 그리고 그 역도 성립하지만, 그러나 삶에서 놀이방법을 사용하면서 그 동물들은 그림을 그리며 기호들을 생산하는 미약한 조짐도 결코 드러내지 못했다. 쾰러가 한 말에 따르면, "…… 그러나 우리가 아는 바에 따르면, 침팬지가 남겨진 (그림

의-K) 흔적을 기호 비슷한 것으로 본다고는 생각할 수 없을 것이다(13, p. 320)."

4-1-22] 저자가 다른 곳에서 말한 것처럼, 이 상황은 침팬지의 행동에서 "인간 같은 특성"을 정확하게 평가하는 데 일반적 가치를 지닌다. "거기에는 사실상 침팬지의 행위들을 과대평가하지 말라는 경고가 담겨 있다. 어떤 여행자도 고릴라나 침팬지를 사람으로 착각하지 않는다는 것, 다른 사람들 사이에서 차이를 지니는, 그리고 한 시기에 만들어지고 이후에 세대에서 세대로 전수된 발명의 산물을 나타내는 전통적인 도구나 실행을 그들 중에 어느 누구도 발견하지 못한 것은 잘 알려져 있다. 어떤 모습을 묘사하는 것으로 혹은 놀이 속에서 긁혀진 그림 그리기로 여겨지고 받아들여질 만한, 사석(沙石 혹은 진흙 위에 남겨진 긁힌 자국이 없다. 표상적인 언어, 바꾸어 말하면, 이름에 대한 소리적 등가물이 없다. 이 모든 사실들에는 그 내적인 이유가 있음에 틀림없다(13, pp. 42~43)."

4-1-23] 여키스는 침팬지들에게서 인간과 같은 언어가 부재한 원인을 '내재적 이유들'에서 찾지 않았다는 점에서 유인원에 대한 새로운 연구자들 가운데 독특한 사람인 듯하다. 오랑우탄의 지능을 연구하여 그는 대체적으로 쾰러의 데이터와 매우 유사한 결론에 도달했다(16:10, p. 194). 그렇지만 이런 결과들을 해석함에 있어 그는 쾰러보다 훨씬 더 나아갔다. 비록 오랑우탄이 3세 어린이의 생각을 능가하지 못하는 것이 사실이지만, 그는 오랑우탄이 '고등 관념화'를 달성하는 것이 가능하다고 추정한다(16, p. 132).

4-1-24] 그러나 여키스의 이론에 대한 비판적 분석으로 인해 그의 사고의 기본적 결점, 즉 오랑우탄이 직면한 문제를 **'고등 관념화'** (즉 관념 혹은 자극 조짐) 과정의 도움으로 푼다는 사실에 대한 객관적 증거가 없음이 쉽게 드러났다. 최종 분석에서 우랑우탄과 인간의 행동에 나타난 외적 유사성에 근거한 유추가 여키스에게서는 행동의 '관념화'를 결정하는 데 결정적으로 중요했다.

4-1-25] 그러나 이것은 명백하게 충분히 설득력 있는 과학적 작업은 아니다. 우리는 일반적으로 이것이 고등 동물의 행동을 연구하는 데 사용될 수 없

다고 말하고자 하는 것은 아니다. 예를 들면, 쾰러는 **과학적 객관성의 범위 내에서** 그것을 사용하는 것이 어떻게 가능한지를 멋지게 보여 주었다. 우리도 나중에 그런 유추에 의존할 것이다. **그러나** 그와 유사한 유추에 근거하여 결론 전체를 **확립**할 수 있게 해 주는 과학적 데이터는 전혀 없다.

4-1-26] 이와 반대로 쾰러는 실험적 분석의 정확함으로 바로 시각적 지각에 활용할 수 있는 즉각적 상황의 영향력이 침팬지 행동을 결정한다는 것을 보여 주었다. (특히 실험 초기에는) 문제 해결을 강하게 방해하거나 빈번히 해결 불가능하게 만들기 위해서는 침팬지가 과일을 확보하기 위해 사용한 막대를 조금 멀리 떨어뜨려 놓아, 막대기[25]가 여전히 창살 안쪽에 있으면서도 막대기(도구)와 과일(목적)이 단일한 시각장 내에 있지 않도록 하는 것만으로도 충분했다.

4-1-27] (침팬지가 한 막대를 다른 막대의 구멍 속으로 밀어 넣어 길이를 늘려 멀리 있는 대상에 닿을 수 있었던) 두 막대를 침팬지 손에 X모양으로 엇갈리게 쥐어 주는 것만으로도 이미 여러 번 해서 친숙한 조작이 침팬지에게 불가능하도록 만드는 데 충분했다.

4-1-28] 부가적인 실험을 통해 같은 결과를 이야기하는 발견을 몇 배로 부풀려 산출하는 것도 가능하겠지만 다음의 두 가지 사실을 회상하는 것이면 충분하다. 1) 매우 단순하고 시각적으로 제시된 상황의 존재를, 침팬지의 지능에 대한 모든 연구를 위한 일반적이고 기본적이며 필수 불가결한 체계적 조건으로, 그 조건이 없다면 침팬지의 지능이 기능하도록 강제될 수 없는 그런 조건으로 쾰러가 간주했다는 것이다. 그리고 2) 쾰러의 결론에 따르면 정확하게 '표상(관념화)'의 **근본적인 한계**가 침팬지의 지적 행동을 특징짓는, 기본적이고 공통적인 특성으로 보인다는 것이다. 이처럼 여키스의 결론이 너무도 의심스럽다는 것을 발견하기 위하여 이 두 주장을 회상하는 것이면 충분하다.

4-1-29] 하나 더 추가하면 이 두 입장은 일반적인 고찰이나 확신이 아니고, 아무렇게나 가볍게 확립된 것도 아니며, 쾰러가 수행한 모든 실험의 유일한 논

리적 결론일 뿐이다.

4-1-30] 유인원의 '관념화 행동' 가정과 연계하여, 침팬지의 지능과 언어에 관해 최근에 여키스가 행한 조사들[26]이 있다. 지능 면에서 보면, 거기서 나온 새로운 결론은 이전 연구의 데이터를 확대하거나 심화하거나 정확히 말하면, 경계를 정해 주는 것이 아니라 저자나 다른 심리학자의 이전 연구에 의해 확립된 것을 확인해 줄 뿐이다. 그러나 말의 연구라는 면에서 보면, 이러한 새로운 실험과 관찰은 새로운 사실적 자료를 그리고 침팬지에게서 '인간과 같은 말'의 부재를 설명하기 위한 새로운, 극단적으로 대범한 시도를 제공한다.

4-1-31] "발성 반응은 어린 침팬지에게서 매우 빈번하고 다채롭지만, 인간에게 해당하는 의미에서 말은 존재하지 않는다(11, p. 53)"라고 여키스가 말한다.[27] 그들의 발성 기관은 발달했고 인간의 발성 기관보다 더 빈약하게 기능하지는 않지만, 그들은 소리를 흉내 내는 경향성이 부족하다. 그들이 흉내 내는 것은 거의 배타적으로 시각적 자극의 영역으로 한정된다. 바꿔 말하면 그들은 행위를 흉내 내지만 소리는 흉내 내지 못한다. 그들은 앵무새가 성공적으로 수행하는 업적을 할 수 없다.

4-1-32] "만약에 침팬지의 지능을 특징짓는 자질이 앵무새의 흉내 내는 경향과 결합한다면, 침팬지는 틀림없이 말을 소유할 것이다. 이는 침팬지가 인간의 발성 기제에 비교될 수 있는 발성 기제를 가졌고 그리고 말하려는 목적을 위해 필요한 소리를 충분히 사용할 수 있는 지능의 형태와 정도를 소유했기 때문이다(11, p. 53)."

4-1-33] 여키스는 인간의 소리 사용 혹은 그 스스로가 표현했듯이 말을 침팬지에게 훈련시키는 네 가지 방법을 실험에서 사용했다. 이 모든 방법은 부정적인 결과를 낳았다. 물론 **본래** 부정적인 결과 자체가, 침팬지에게 말을 이식하는 것이 가능한가, 가능하지 않은가라는 **근본적인 문제**에 결정적으로 중요하지 않을 수도 있다.

4-1-34] 이전 실험자들이 도달한 침팬지의 지능 존재에 대한 부정적인 결

과들이 무엇보다도 부적절한 실험 배열에, '난이도 영역'을 무시함에, 부연하면 그 속에서 침팬지 지능이 출현할 수 있는 유일한 범위를 무시함에, 그리고 이 지능의 기본적 속성, 즉 지능의 즉각적인 시각적 상황과의 관계 등을 무시함에 있음을 쾰러는 보여 주었다. 부정적인 결과가 나온 까닭이 조사하려는 현상에 있기보다는 조사자 자신에게 있는 경우가 훨씬 더 많을 수 있다. 동물이 특정한 조건하에서 특정한 과제를 풀어내지 못했다는 사실로부터 바로 동물은 어떤 조건하에서 어떤 과제도 결코 해결할 수 없다는 추론이 자연스럽게 나올 수는 없다. 쾰러가 영민하게 언급한 것처럼 "지적 재능에 대한 모든 조사는 필연적으로 실험 참가자와 함께, 실험자 자신을 평가한다(10, p. 191)."

4-1-35] 그러나 여키스 자신의 실험이 낳은 부정적 결과의 몇 가지 원칙적 의미를 부각시키지 않으면서 우리는 원숭이의 말에 대한 다른 문헌에서 알게 된 것과 이것을 연관 지을 만한 충분한 근거를 갖는다. 이와 연결하여 이 연구는 한편으로 '인간과 같은 말'의 배아조차 침팬지에게 없으며 추정컨대, 존재할 수 없다는 것을 보여 준다(물론 말의 부재와, 말을 가르칠 목적으로 실험적으로 창안한 인위적인 조건에서 말을 가르칠 가능성은 구별해야 한다).

4-1-36] 그렇다면 이러한 까닭은 어디에 있을까? 여키스의 협력자 러언드 Learned의 실험과 관찰이 보여 주는 바와 같이, 성대 기관의 발달 미숙, 음성학의 빈곤은 그 이유에서 배제된다. 여키스는 그 까닭을 청각적 모방의 부재에서 혹은 약함에서 찾는다. 물론 청각적 모방이 그의 실험 실패에 근접한 이유가 될 수 있다는 한에서는 여키스가 옳을 수 있다. 그렇지만 그가 이 사실에서 말 부재의 근본적 이유를 찾는 것은 옳을 수가 없을 것이다. 우리가 침팬지의 지능에 관하여 알고 있는 모든 것은, 여키스가 객관적으로 확립된 입장이라고 범주적 방식으로 선언한 **가정에 역행한다.**

4-1-37] 침팬지가 인간과 같은 말을 창조하는 데 필요한 형태와 수준의 지능을 가지고 있다고 단정할 수 있는 (객관적) 토대가 어디에 있을까? 여키스에

게는 자신의 입장을 확증하고 증명할 실험방법, 어떤 이유에서인지 그가 사용하지는 않았지만 우리 입장에서는 외적 조건만 허락한다면 이 문제의 실험적 해결을 위해 즉각 의지할 만한 실험방법이 있다.

4-1-38] 이 방법은 침팬지에게 말을 교수하는 실험에서 청각적 모빙의 효과를 제거하는 방식이다. 말은 결코 배타적으로 말의 소리 형태로 구현되지 않는다. 청각장애자는 말의 시각적 형태를 창조하고 사용하며, 그들은 청각 장애 어린이가 자신들의 말을 이해할 수 있도록, 입술의 움직임을 읽도록(바꾸어 말하면, 입술의 운동을 사용하도록) 훈련시킨다. 레비 브륄이 보여 준 것처럼, 원시인의 말에서는 제스처를 통한 말이 소리에 근거한 말과 함께 존재하고 본질적인 역할을 한다. 마지막으로, 원칙적으로 말이 어떤 특정한 자료(예를 들면 글말)와 반드시 연결되어야 하는 것은 아니다. 여키스 본인이 지적했다시피, 청각장애인들이 하는 것처럼 손가락을 사용하여 배우는 것은, 바꾸어 말하면, 아마도 침팬지가 그들의 '수화手話'를 배우는 것은 가능할 것이다.

4-1-39] 만약에 침팬지의 지능이 인간 말에 숙달할 수 있는 정도라는 것이 정확하다면, 그리고 불행히도 그렇지 못한 까닭이 단지 침팬지에게 앵무새와 같은 소리 흉내를 낼 수 있는 능력이 부족한 데 있다는 것이 정확하다면, 침팬지는 의심할 바 없이 실험 과정에서, 그 심리적 기능에서 조건적인 소리에 완벽하게 대응할 수 있는 조건적인 제스처를 숙달해야만 할 것이다. 바-바 혹은 파-파 같은 여키스가 사용했던 소리 대신에, 침팬지의 말 반응은 청각 장애인이 어떤 소리나 동작을 나타내는 데 사용하는 수화 알파벳과 같이, 손의 특정한 동작으로 이루어질 것이다. 실제로 문제의 본질은 결코 소리에 있는 것이 아니라, 인간 말에 대응하는 **기호를 기능적으로 사용**[28]하는 데 있다.

4-1-40] 그런 실험은 행해지지 않았고, 그래서 우리는 그것들이 어떤 결과를 낳을지 자신 있게 예견할 수 없다. 그러나 여키스의 실험으로부터 우리가 알게 된 것을 포함하여 우리가 침팬지의 행위에 관하여 알고 있는 모든 것은, 침팬지가 기능적 의미에서 말을 실제로 동화할 수 있다는 것을 예상할 수 있

는 근거를 우리에게 결코 제공하지 못한다. 우리가 그렇게 믿는 까닭은 우리는 침팬지가 기호를 사용한 사례를 단 하나도 알지 못하기 때문이다. 객관적으로 확실하게 침팬지의 지능에 대하여 우리가 알고 있는 모든 것은 '관념화'의 존재가 아니라, 단지 특정 조건하에서 침팬지가 가장 단순한 도구를 제작하고 사용할 수 있고 '우회로'를 적용할 수 있다는 사실뿐이다.

4-1-41] 우리는 이것으로 '관념화'의 존재가 말 출현의 필요조건이라고 단정하려 하지 않는다. 이것은 다른 문제이다. 그러나 여키스에게 있어서, 유인원의 지적 활동의 기본 형태로 '관념화'를 가정하는 것과 유인원이 인간 말에 접근할 수 있는 능력이 있다고 단정하는 것 사이에는 의심할 바 없이 연결되는 게 있다. 이 연결은 매우 명백하고 중요하므로 '관념화' 이론이 무너지면, 즉 침팬지의 지적 행동에 대한 다른 이론을 받아들이면, 이와 함께 침팬지가 인간과 같은 말을 할 수 있다는 테제도 붕괴된다.

4-1-42] 사실상, 만약에 '관념화'가 침팬지의 지적 활동의 토대라면, 유인원이 도구를 적용하여 문제를 해결했듯이, 유인원이 말 혹은 일반적인 기호를 사용하여 표현된 '과제를 해결'할 수 있을 것이라고 왜 우리는 추정할 수 없는가? (이것은 물론 확립된 사실과 거리가 있는 그저 가정일 뿐이다.)

4-1-43] 이제 우리가 도구를 적용한 과제와 말을 지적으로 사용하는 과제 사이의 심리적 유추가 얼마나 정확할 수 있는가에 대해 비판적으로 검토할 필요는 없다. 우리는 말의 개체발생을 검토하면서 이를 비판적으로 검토하게 될 것이다. 지금은 여키스가 발전시킨 침팬지의 말에 관한 이론에서 전체적인 불확실성, 이론적 붕괴, 그리고 경험적인 근거 없음을 드러낸 '관념화'에 관하여 우리가 이미 말했던 것을 상기하는 것이면 완벽하게 충분하다.

4-1-44] '관념화', 즉 과거 혹은 현재의 자극에 대한 비현실적인 흔적을 사용하는 조작이 실제로 부재하다는 것이 침팬지 지능의 특징임을 회상하자. 처음부터 끝까지 볼 수 있는, 즉각적인, 시각적인, 이미 지각할 수 있는 상황이 펼쳐지는 것이 유인원이 도구를 올바르게 사용하는 데 필요한 조건이다. 침팬

지가 기호의 기능적 사용을, 말의 사용을 발견해야만 하는 상황에 이런 조건이(우리는 여기서 이런 조건으로 의도적으로 **오직 하나의** 그리고 **순수하게 심리적인** 조건을 이야기하는 까닭은 우리가 줄곧 여키스의 실험적 상황을 염두에 두고 있기 때문이다) 존재할까?

4-1-45] 이 질문에 부정적으로 내답하기 위하여 득별한 분석이 필요한 것은 아니다. 더 나아가, 말의 사용은 어떤 상황에서도 시각장을 파악하는 시각 구조의 기능이 될 수 없다. 이것은 침팬지에서 발견된 **형태나 정도가 아닌**, 다른 종류의 지적 조작을 요구한다. 침팬지의 행동에 관해 알려진 사실 중 어느 것도 침팬지의 행동에서 그런 조작이 존재한다는 것을 증명하지 못한다. 오히려 반대로, 위에서 보인 바와 같이, 조사자 대다수에 따르면 정확하게 바로 이런 조작이 부재하다는 것이 침팬지의 지능과 인간 지능의 차이에서 발견할 수 있는 가장 본질적인 특징이다.

4-1-46] 두 입장은 어떤 경우에도 논박의 여지를 제공하지 않는 것으로 간주될 수 있다. 첫 번째 입장에서, 유의미한 말의 사용은 지적 기능이고, 어떤 상황에서도 직접적으로 시각적인 구조에 의해 결정되지 않는다. 두 번째 입장에서, 즉각적인 시각 구조가 아니라 다른 종류의 (예를 들면, 기계적인) 구조로 된 과제와 관련되어서, 침팬지는 행동의 지적 형태로부터 순수한 시행착오의 방법으로 돌아간다. 그래서 인간의 관점에서 보면 상자를 다른 상자 위에 놓고 균형을 관찰하는 과제처럼 혹은 못에 걸려 있는 링을 치우는 과제처럼 단순한 조작이, 침팬지의 '소박한 정역학靜力學'과 소박한 역학力學에서는 거의 불가능한 것으로 보인다(10, pp. 106~107). 똑같은 것이 비시각적 구조에도 일반적으로 유효하다.

4-1-47] 이 두 입장으로부터 논리적 필연성에 의해, 침팬지가 인간의 말을 능숙하게 사용할 수도 있다는 가정은 심리학적 관점에서 보면 **아주 그럴듯하지 못하다**는 결론에 도달한다.

4-1-48] 쾰러가, 침팬지의 지적 조작을 명칭하기 위하여, **통찰**(洞察, 글자 뜻대로라면 내관內觀이고, 더 일반적인 의미는 각성이다)이라는 용어를 도입한 것은 흥미롭

다. 쾰러는 이 용어로 무엇보다 먼저 순전히 시각적인 전체적 통찰을 이해했고 (18, p. 130), 그 후에 맹목적인 작용에 대비되는 일반적인 관계에 대한 통찰을 이해했다고 카프카G. Kafka는 정확하게 지적한다.

4-1-49] 사실 쾰러는 결코 이 용어의 정의를 혹은 이 '통찰'의 이론을 제공하지 않았다. 기술된 행동을 위한 이론이 부재하기 때문에 그 용어는 모호한 가치를 지닐 수밖에 없다는 것 역시 사실이다. 이 용어는 침팬지가 생산한 작동의 전형적인 특이성 자체, 즉 행동의 구조를 지적하며, 또한 이러한 행동들을 준비하고 이에 선행하는 내적인 심리생리적 과정을 지칭하는데, 이와 관련하여 침팬지의 행동은 이 작용의 내적 단면에 대한 실현일 뿐이다.

4-1-50] 뷜러는 특히 이 과정의 내적 성질을 강조한다(13, p. 33). 보로브스키 역시 원숭이가 "눈으로 관찰할 수 있는 시도를 만들어내지 않는다 해도(손을 뻗지 않는다 해도) 그 근육조직 수준에서는 '시도'를 한다"고 추정한다(12, p. 184).

4-1-51] 우리는 그 자체로도 엄청나게 중요한 이 문제를 잠시 동안 한편으로 내놓겠다. 우리는 지금 상세하게 그것을 검토하는 데 몰두할 수 없고, 이제는 그 해결을 위한 사실적 데이터가 충분한 것도 아닌 것으로 보인다. 하여간 어떤 경우든 이에 대한 언급은 사실적 실험 데이터보다는 일반적인 이론적 추론에 그리고 고차적 행동 형태와 저차적 행동 형태 사이의(동물의 시행착오 방법과 인간의 생각 사이의) 유추에 더 의존한다.

4-1-52] 우리는 분명하게 쾰러의 실험들(특히 덜 객관적으로 후속된 다른 심리학자들의 실험들)은 이 질문에 조금도 명료하게 답하지 못했다는 것을 인정해야만 한다. 쾰러의 실험들은 지적 반응의 기제가 무엇인지에 대해 어떤 확정적인 혹은 심지어 가설적인 대답도 제공하지 않는다. 그렇지만 의심할 바 없이, 우리가 어떻게 이 기제의 작동을 시각화한다 할지라도 그리고 우리가 '지능'을 어디에 위치시킨다 할지라도, 침팬지의 그 행위에서 혹은 내적 (심리생리적인 대뇌의 혹은 신경 근육의) 준비 과정에서, 즉각적인 시각적 이해 범위 밖에서 침팬지의 지능은 기능하지 못하기 때문에, 이 반응의 토대가 (지적-K) 조짐이라기보다는 즉

각적인 상황이라는 입장은 여전히 유효하다. 이제 우리의 관심을 끄는 것은 정확하게 이것이며 오직 이것뿐이다.

4-1-53] 쾰러는 이에 대하여 "최상의 도구가, 대상이 발견되는 영역에서 동시적으로 혹은 유사-동시직으로 눈으로 지각될 수 없는 그런 상황에서는 도구의 가치를 전적으로 잃게 된다(10, p. 39)"라고 말한다. 이 유사-동시적 지각이라고 말하면서 쾰러가 염두에 두고 있었던 것은, 상황의 개별적 요소들이 목표와 함께 눈으로, 직접 그리고 동시에 인식되지 못하지만 그러나 상황의 개별적 요소들이 대상과 직접적인 시간적 근접성으로 인식되는 때, 혹은 상황의 개별적 요소들을 전에 반복적으로 해 보았던 상황, 바꿔 말하면 그것들이 심리적 기능에서 동시적으로 출현했던 그런 상황이다.

4-1-54] 이렇게 다소 긴 이 분석은, 여키스와 대조적으로, 한 번 더 침팬지의 인간 같은 말의 가능성에 대하여 완벽하게 정반대의 결론으로 우리를 인도한다. 부연하면, 비록 지능을 지닌 침팬지가 소리를 흉내 내는 앵무새의 경향과 능력을 지니게 되는 경우일지라도, 침팬지가 말을 숙달할 수 있을 것이라는 가정은 너무도 그럴듯하지 못하다.

4-1-55] 비록-이것이 모든 문제에 있어서 가장 중요하다-침팬지가 어떤 측면에서는 매우 인간 같은 말을 풍부하게 지니고 있지만, 그러나 이 상대적으로 고도로 발달된 침팬지의 말은 여전히 또한 상대적으로 고도로 발달된 침팬지의 지능과 여러 가지 직접적 공통성을 갖지 않는다.

4-1-56] 러언드는 32개의 '말' 혹은 '낱말' 요소로 이루어진 침팬지 언어의 어휘 사전을 만들었다. 이 32개 요소들은 음성학적 의미에서 인간의 말 요소들과 밀접하게 닮았을 뿐만 아니라 예컨대 욕망, 혹은 유쾌, 불쾌, 분노, 위험의 느낌 혹은 공포 등과 같은 특수한 상황에 고유하다는 뜻에서 규정된 가치를 가진다(11, p. 54). 이 '낱말'들은 먹을 것을 기대하고 있는 동안, 식사하는 동안, 사람들이 함께 있을 때, 그리고 두 침팬지가 함께 있을 때에 수집되고 기록되었다.

4-1-57] 이것이 감정적 가치를 담은 사전이라고 우리는 쉽게 지적할 수 있다. 이들은 음식 등과 연관된 여러 자극에 조건 반사의 방식으로 다소간 변별되고 다소간 연결된 정서적 반응들을 발성화한 것이다. 이런 식으로 우리는 본질적으로, 이 사전에서, 쾰러가 침팬지의 말에 대해 일반적으로 표현한 것, 즉 감정을 표출하기 위한 말(эмоциональная речь)을 본다.

4-1-58] 우리는 여기서 침팬지의 말이 지닌 이 특징과 연계하여 세 가지 계기를 확립하는 데 관심을 가질 것이다. 먼저, 말을 감정을 표현하는 행위, 특히 강한 정서적 자극의 순간에 분명해지는 침팬지의 행위와 연결시키는 것은, 아무리 해도 유인원의 특수한, 독특한 자질을 나타내지 못한다. 오히려 반대로, 발성 기관을 지닌 모든 동물의 공통적인 자질로 이해하는 것이 더 바람직하다. 그리고 표현적인 발성 반응의 똑같은 형태가 확실히 인간 말의 출현과 발달의 기초가 된다.

4-1-59] 두 번째로, 감정적 상태, 특히 정서적 상태는 침팬지에서 발성 표명으로 매우 풍부하게 표현되는, 그리고 지적 반응이 기능하는 데 극단적으로 불리한 행동의 영역을 나타낸다. 쾰러는 어떻게 감정적 반응이, 특히 정서적 반응이 침팬지의 지적 조작을 완벽하게 파괴하는지를 반복적으로 언급한다.

4-1-60] 그리고 세 번째로, 이 감정적 측면은 침팬지의 말 기능에 한정되지 않으며, 유인원의 인간과 유사한 말의 배타적인 속성이 아니다. 도리어 이 감정적 측면은 침팬지의 말을 다른 많은 동물의 말 형태와 제휴시키며 동시에 인간 말에서 상응하는 기능의 명백한 발생적 근원이다. 말은 감정을 표현하는 반응일 뿐만 아니라 같은 종끼리 심리적으로 접촉*하는 수단이다. 쾰러가 관찰한 유인원, 여키스와 러언드의 침팬지, 둘 다 그들 말의 이 기능을 명료하게 드러냈다. 그렇지만 연결 혹은 접촉이라는 이 기능은 결코 지적인 반응, 즉

---

* 헴펠만은 비록 동물의 경고하는 발성 기호 등이 객관적으로 의사소통의 기능을 수행하는 것을 부정하지 않지만, 동물 언어의 표현적 기능만을 인정한다(F. Hempelmann, 『Tierpsychologie vom Standpunkt des Biologen』(동물학자의 관점에서 본 동물 심리학), Leipzig, 1926, p. 530.

동물의 생각과 연결되지 않는다. 이것은 전체적으로 똑같은 감정적 반응이고, 감정적 징후 전반의 복잡한 전체 가운데 명백하고 확실한 한 부분을 이룬다. 그러나 이것은 생물학적 관점과 심리학적 관점 둘 다에서 보면 정서적 반응이 아닌 다른 기능을 수행하는 한 부분이다. 이 반응은 어떤 것의 의도적, 지적인 의사소통을 혹은 그와 유사한 행동을 결코 상기시키지 못한다. 본질적으로 이것은 본능적 반응이거나, 아니라면 적어도 그것에 극단적으로 가까운 어떤 것이다.

4-1-61] 말의 이 기능이 생물학적으로 행동의 가장 오래된 형태에 속한다는 것, 그리고 동물 사회의 지도자에 의해 나타나는 시각적이며 음성적인 신호와 발생적 친족관계에 놓여 있다는 것을 의심하기는 어렵다. 최근에 프리쉬 K. von Frisch는,[29] **꿀벌 언어**를 연구하면서, 극단적으로 흥미롭고 이론적으로 매우 중요한 행동 형태를, 그리고 연결 혹은 접촉의 기능을 수행하는 행동 형태를 기술했다. 그에 따르면, 이 형태의 모든 독창성과 그것의 분명한 본능적 기원에도 불구하고, 우리는 행동의 이 형태가 그 성질상 침팬지의 발성을 통한 의사소통과 관계있다는 것을 인정하지 않을 수 없다(cf. 10, p. 44). 이로 판단컨대, 지능으로부터 이 발성을 통한 의사소통이 완벽하게 독립되어 있다는 것을 의심하는 것은 가당치 않다.

4-1-62] 우리는 요약하고자 한다. 우리의 관심사는 생각 기능과 말 기능의 계통발생에서 생각과 말의 관계였다. 우리는 이것을 설명하고자 실험적 연구에 대한 분석에 그리고 유인원의 언어와 지능에 대한 관찰 결과에 의존했다. 우리는 이제 간결하게 우리가 도달한 그리고 더 진전된 연구에 필요한 기본 결론을 공식화할 수 있다.

4-1-63] 1. 생각과 말은 서로 다른 발생적 근원을 갖는다.

4-1-64] 2. 생각 발달과 말 발달은 다른 노선을 따라 발생하고 그리고 두 발달은 각각 독립적이다.

4-1-65] 3. 생각과 말의 관계는 계통발생 기간 동안 항상적이지 않다.

4-1-66] 4. 유인원은 어떤 측면(도구 사용 조짐들)에서 인간과 같은 지능을 그리고 완전히 다른 측면(말의 음성적·감정적 기능과 말의 사회적 기능의 조짐들)에서 인간과 같은 말을 보여 준다.

4-1-67] 5. 유인원은 생각과 말의 밀접한 관계와 같은, 인간에게 고유한 관계를 보여 주지 못한다. 침팬지에서는 생각과 말이 직접적으로 연결되지 않는다.

4-1-68] 6. 생각과 말의 계통발생에서, 우리는 지능 발달에서 말 이전의 국면을 그리고 말 발달에서 지능 이전의 국면을 분명하게 설정할 수 있다.

●

1) 3장에서, 스턴이 어린이 말을 역사를 가지지 못한, 갑자기 말과 똑같은 계기에 출현하는 '의도 성향(intentional tendency)'에 호소함으로써 설명하는 것을 비고츠키는 비판했다. 비고츠키가 말했다시피, 이것은 반反발생적 접근이다. 그러면 진정한 발생적 접근은 어디서 출발해야 할까? 비고츠키는 그 질문에 전인간적 계통발생(즉 호미노이드의 진화)에서 그리고 말 이전 개체발생(영아와 초기 유아기)에서 어린이 말의 근원을 찾으면서 대답하려 한다.

이 장은 이 책에서 가장 오래전에 쓰인 부분이다. 이 부분은 비고츠키의 짧은 경력에서 거의 절반쯤 지난, 1929년에 쓰였고 그리고 여러 면에서 이 부분에는 행동주의적 그리고 반응론적 조짐들이 사라지기 시작했음을 암시한다. 관념들 중의 일부(예를 들면, '안으로 소용돌이치는' 네 번째 구조)는 전에는 결코 들어 본 적이 없는 것이다. 그리고 그것은 사적 유물론의 모든 원리를, 비고츠키 후기 저작의 장인 같은 논조와 아주 다른 개체 심리학 연구로 가져가자는 호소로 끝난다. 그럼에도 불구하고, 4장의 기본 관념들은 '생각과 말'의 기본 관념이다. 압축적으로 표현하면, 의식의 계통발생과 의식의 개체발생을 의식의 **사회발생**을 연구함으로써 연결시키는 심리학을 세우고자 한다.

1절에서, 우리는 비고츠키가 5장, 6장, 그리고 7장에서 적용하려는 일반적인 **방법**을 처음으로 적용한 시도를 본다. 먼저, 비고츠키는 사물이라기보다는 과정 혹은 발달 노선인 분석 단위를 찾는다(이 경우는 한 개의 정신 기능의 형성이다). 이어서 그는 그 발달에서 다른 계기 셋을 발견한다(이 경우에, '물 자체'인 발성의 계통발생적 과정, '타인을 위한' 발성의 사회-의사소통적 과정, 그러나 '타인을 위한 동시에 자신을 위한' 발성의 사용, 즉 인간 같은 말).

  I 비고츠키는, 우리가 그것을 계통발생적으로 혹은 개체발생적으로 보든지 간에, 생각과 말의 관계는 당연한 것으로 받아들여질 수 **없다**는 것을 반복한다. 이것은 계통발생과 개체발생뿐만 아니라, 심지어 (그와 반대로) 생각 그리고/혹은 말의 마모는 임상적으로 각각의 사례에서 다른 병리 발생에도 적용된다. [4-1-1~4-1-4]

  II 비고츠키는 이어서 생각과 말은 **계통발생**에서 다른 근원을 가진다는 것을 확립한다. 이것을 입증하기 위하여, 그는 테네리페 섬에서 침팬지를 가지고 한 쾰러의 작업과 미국에서 침팬지와 오랑우탄을 가지고 여키스가 한 작업을 비교한다. [4-1-3~4-1-40]

    A) 쾰러는 침팬지들은 '**말**'의 형태를 가지지만 그러나 그것은 관념화(즉 표상적인 것)는 아니라고 말한다. 그 까닭은 그것은 스턴이 지적한 오래된 두 기능들, 즉 한편으로는 표현에, 다른 한편으로는 의사소통에 제한되기 때문이

다. 흥미롭게도, '의사소통적' 말의 일부(예를 들면, 침팬지가 다른 침팬지를 다른 곳에 가서 먹자고 초대하는 것)는, 단순하게 신호의 기능만을 가진(예를 들면, 식사할 시간일 때), 근위병에 의해 침팬지에게 지시된 말보다는 관념화에 훨씬 더 가깝다. 비슷하게, 침팬지들이 (식사하는 행위를 흉내 내면서) 상징적 놀이에 탐닉하고 그리고 그림을 그리기 위해 도구를 사용하지만, 그러나 우리가 아는 한, 침팬지들은 어떤 종류의 관념화의 기호들을 만들지 못한다.

B) 여키스는 침팬지들은 (일부) 인간(그는 명백하게 '하등한' 인종으로 유태인이나 흑인을 마음에 담고 있었다)에 비교될 수 있는 '관념화된' **지능**을 가지고 있다고 말한다. 이것은 쾰러의 작업뿐만 아니라, 언어를 유인원에게 가르치는 데 모두 다 실패한 여키스의 실험들과도 모순된다. 여키스는 그 실패를 유인원이 앵무새 같은 음성적 흉내를 낼 능력이 부족한 탓으로 돌렸다. 비고츠키는 왜 여키스가 유인원에게 기호 언어를 가르치려고 시도하지 않았는지 궁금해 한다. 후에 기호 언어를 가르치려는 실험은 (우리가 알다시피) 일부 성공을 거두었다.

Ⅲ. 비고츠키는 관념화가 말 출현을 위한 필요조건이고 충분조건이라는 주장(스턴의 입장과 매우 근접한 주장)을 조심스럽게 회피한다. 그렇지만, 그는 쾰러의 실험들은 침팬지의 인간 같은 말의 부재를 설명할 수 있는 **대안적인** 이론을 제공한다고 적고 있다. [4-1-41~4-1-57]

A) 의미 있는 말 사용은 **지적** 기능이고, 그리고 그것은 결코 지각에 대한 단순한 반응이 아니다.

B) 침팬지가 지각 장에 대한 반응으로 문제를 풀 수 없을 때, 침팬지들은 **시행착오**를 하며 지능을 포기하는 것으로 보인다.

Ⅳ 비고츠키는 침팬지 '말'은 인간의 의미에서 보면 유의미하지 않다(예를 들면, 그것은 표상이 아니라)고 적고 있다. 그렇지만 그것은 풍부하게 분화되었으며, 그리고 풍부하게 분화된 지능과 함께 존재한다. 비고츠키는 세 '**계기**'를 구별한다. [4-1-58~4-1-60]

A) 정서적 흥분의 연결은 표현적인 **감정적 행위**들을 낳는다.

B) 감정적 행위들(예를 들면, 좌절의 제스처)은 **지적 반응들**(문제 풀이를 위한 노력들)을 파괴한다.

C) 그렇지만 감정적 행위들은 다른 동물에서도 그렇듯이, **사회적 접촉**의 부가적 기능을 수행한다.

Ⅴ 이런 감정의 '전염'은 관념화와 인간 같은 말과 구분된다. 똑같은 징표로, 그것은 여러 종으로 거슬러 올라가 닿아 있는 발달의 매우 **오래된** 노선과 연관될 수 있다(예를 들면, 거위 떼는 구성원 중의 하나가 날아오르면 놀라서 같이 날아올랐다). [4-1-61]

Ⅵ 비고츠키는 **결론** 내렸다. [4-1-62~4-1-68]

A) 생각과 말은 다른 발생적 **근원**을 가진다.

B) 생각과 말은 **발달**의 다른 **노선**을 가진다.

C) 생각과 말 사이에는 필요한 혹은 항상적인 **관계**가 없다.

D) 유인원은 어떤 측면(도구 사용)에서 인간과 같은 지능을 그리고 완전히 **다른** 측면(감정 표현 그리고 사회적 의사소통)에서 인간과 같은 말을 보여 준다.

E) 유인원은 생각과 말을 기호 사용과 **연결**할 수 없다.

F) 유인원에서 우리는 지능에서 말 **이전**의 국면을 그리고 말에서 지능 **이전**의 국면을 분명하게 설정할 수 있다.

2) 다음 문장에서 수렴을 두 직선의 교차, 한 직선처럼 나아감, 그리고 한동안 결합하는 것으로 부연하고, 발산을 쭉 뻗어감, 평행하여 진행, 그리고 새로운 가지처럼 갈라짐으로 구체적으로 설명하고 있다.

3) 수렴과 발산을 처음 두 번은 수학적 이미지, 평면과 직선의 이미지로 표현하였다면, 세 번째로 사용하고 있는 것은 나무의 이미지이다. 뿌리가 줄기에서 합쳐지는 것, 결합하는 것, 합류하는 것을 수렴으로, 줄기에서 다양한 가지들로 뻗어나가는 것을 발산으로 그리고 있다.

4) 말의 퇴행과 병리적 현상이 단일한 요인에 따른 것이 아니라 각 현상에 해당하는 생각과 말의 특정한 관계를 반영함을 설명하고 있다.

5) 동물 심리학의 연구 성과를 끌어 왔다. 기능의 다른 근원과 발달 노선의 예로 고래의 소리 내는 기능과 이동하는 기능을 들 수 있다. 고래의 소리 내는 기능은 박쥐의 초음파를 쏘아 내는 기능과 유사하고, 이동하는 기능은 어류인 물고기의 수영하는 기능과 유사하다. 외형상 동일한 기능을 하고 있는 것이 이렇게 그 근원과 발달 경로에서 차이가 난다.

6) 로버트 여키스(Robert M. Yerkes, 1876~1956). 미국의 비교동물심리학자. 악명을 떨친 '군대 알파 테스트'라는 지능검사를 개발.

7) 비고츠키는 이론적 분석을 하는 경우, '내재적 비판'이라는 방식을 자주 사용한다. 여기서처럼 쾰러가 자신의 저작을 평가한 글을 인용하기도 한다. 이런 맥락을 살리려 '쾰러 본인도'라고 번역하였다.

8) '조짐 자극의 한계'라는 표현은 이 책에서 4장이 가장 오래전에 쓰인 부분이라는 명백한 증거이다. 비고츠키는 여전히 반사학의 어휘를 사용하고 있다. 그러나 비고츠키는 반사학과 거리를 두고 있기에 '이른바'라는 표현과 '인 것 같다'는 표현을 사용하고 하고 있다.

9) 쾰러와 형태주의 학파는 소비에트에서 혹독하게 비판받았다. 비고츠키는 이러한 비판에 동의하지 않았다. 그러한 입장이 4장에 녹아 있다. 이렇기 때문에 1956년에 루리야와 레온티에프는 4장을 『생각과 말』에 포함할 것인지 말 것인지를 가지고 논쟁을

하였다. 여기서 비고츠키는 쾰러에 대해 비판이 소비에트 안과 밖에서 그리고 유물론적 심리학자와 관념론적 심리학자로부터 행해지고 있었다는 것을 표현하고 있다.

10) 이 문단은 비고츠키의 문체를 잘 드러내고 있다. 간단한 문장과 그 문장을 확장한 긴 문장으로 구성되어 있다. 그 확장된 긴 문장은 먼저 부정으로, 이어 제한으로, 마무리는 제한에 대한 정교한 부연으로 구성되어 있는데 이는 매우 헤겔적인 진술 방식이다. 구체적으로 이를 확인하면, 두 번째 문장에서 순서가 1) 지적 행동에 대한 어떤 이론도 전개하지 않고(부정), 2) 실제 관찰한 내용을 분석하는 데 머무르면서(제한), 3) 이어지는 내용 전부(제한에 대한 부연)로 되어 있다. 또한 1) 무작위적 시행착오, 2) 성공적인 사례들의 선택, 3) 별개의 동작에 대한 기계적인 연상, 이것은 한 과정에서 의존적인 세 단계를 기술한 것이다. 이것이 연합주의에서 본 개념 형성 방법이다.

11) 여기서 '그러나'는 비고츠키가 양비론이 아니라 비판하는 각각에서 취할 것을 선별하고 있음을 잘 드러내는 표현이다. 간결하게 정리하면, 행동주의자들은 지성은 행동이라고, 인간에게 독특한 것이 아니라고 주장하고, 관념론자들은 지성은 관념화라고, 인간에게 독특한 것이라고 주장한다. 비고츠키는 두 입장이 "반은 맞고 반은 틀렸다"고 평가하고 있다. 즉 지성은 인간에게 독특한 것은 아니지만 관념화라고, 혹은 행동의 한 형태이며 인간에게 독특한 것이라고 분석하고 있다. 이것이 변증법적 유물론에서 바라본 인간의 독특성에 대한 입장이다. 비고츠키는 두 입장이 어떻게 관념화가 행동으로부터 발달했는지를 그리고 어떻게 인간이 (비인간적 속성을 지닌) 동물로부터 발달했는지를 입증하지 못했기에, 두 입장이 발달적 관점에서 보면 틀렸다고 명증하고 있다.

12) 하르트만(Eduard von Hartmann, 1842~1905)은 쇼펜하우어에 가까운 독일 철학자이다. 그는 의지와 활동성이 일차적이라고 보았다.

13) 관념론적 심리학자인 베르그송Bergson은 윌리엄 제임스William James의 친구이며 여러 면에서 생각을 공유한다. 베르그송은 '생명력'이 모든 살아 있는 물질에 스며 있다고 믿었으며 이를 가지고 정신을 설명했다.

14) '목적 추구 성향'은 한편으로는 스턴을 다른 한편으로는 아흐를 겨냥하고 있다. 비고츠키는 6장에서 레온티에프Leontiev의 '활동 이론(Activity Theory)'에 대해 '목적 추구 성향'을 빗대어 비판한다. 실제로 레온티에프는 '정신 발달의 문제'에서 의도성을 초파리에게 그리고 정신 표상을 메기에게 할당하고 있다.

15) 쾰러의 독일어 원본에는, 우연과 초감각적 행위자라는 대안이 존재하지 않는다는 표현이 없다. 상식적으로 우연은 존재하며, 물론 의지는 적어도 오감에 의하여 많은 것을 취하지 않는다는 의미에서 '초감각적'이다. 쾰러가 말하고 있는 것은 우리는 잘못된 선택, 잘못된 이분법, 강요된 양자택일을 피해야 한다는 것이다. 이에 대하여 비고츠키는 이어지는 내용에서 쾰러의 이러한 태도를 중간 계급의 양비론과 유사하

다고 비판한다. 비고츠키는 이런 양비론은 생각과 말에 대한 수미일관된 이론을 제
공할 수 없다고 단정한다.

16) Вагнер(1849~1934). 모스크바 대학에서 비고츠키의 동료로 활동. 행동생물학자.

17) Боровский(1882~?). 행동생물학자. 스탈린의 대숙청 기간에 살해된 것으로 추정됨.

18) Johannes Lindworsky(1875~1939). 체코계 독일 심리학자.

19) Erich R. Jaensch(1883~1940). 지각을 연구한 심리학자. 나중에 나치주의자가 됨. 초
심리학의 신봉자.

20) Leonard T. Hobhouse(1864~1929). 영국의 사회학자이며 철학자. 옥스퍼드대학교
(1887~97)와 런던대학교(1907~29)에서 교수 생활을, 영국 자유노조 의장(1903~05)도
역임했다. 그는 어느 정도의 보편적 협력이 개인의 잠재력이 실현되는 데 필수적이라
고 믿었고, 페이비언 사회주의에 대해서는 그것을 통해 촉진되는 협동이 관료주의를
조장할 뿐 진보를 방해하게 될 것이라고 보고 부정적인 입장을 취했다. 저서로는
『인식론』(1896), 자신의 철학을 전체적으로 설명한 『발전과 목적』(1913), 『사회학의
원리』라는 제하의 4권의 저서『형이상학적 국가론』(1918), 『합리적인 이익』(1921), 『사
회정의의 요소』(1922), 『사회발전』(1924) 등이 있다.

21) 스페인령 카나리아 제도에서 가장 큰 섬.

22) 비고츠키는 여기서 음성적phonetic이라는 낱말로, 소쉬르적 의미인 음소(phonemes,
최소 대립 쌍[minimal pairs]과 변별 요소[segmental elements])가 아닌 사피르적 의미인
음소(언어의 소리 제스처)를 사용한다.

23) Wilhelm Max Wundt(1832~1920). 독일의 심리학자·철학자(1832~1920). 실험 심리학
분야를 개척하고, 진화론적 철학 체계를 수립하였다. 저서에 『생리학적 심리학』, 『철
학 세계』, 『심리학 원론』 따위가 있다.

24) 비고츠키는 스페인어로 예를 들고 있다. 즉 come, entra는 스페인어다.

25) 여기서 막대기는 대나무 막대기이다.

26) 최근의 조사 결과는 다음 저서이다. Yerkes, R. W. and Learned, B. W.(1925),
『Chimpanzee intelligence and its vocal expression』.

27) 비고츠키는 지금 위 주석에 나오는 책의 내용을 인용하고 있기 때문에 두 저자를
다 언급해야 했다.

28) 기호의 기능적 사용이 문제의 핵심임을 강조하고 있음.

29) Karl von Frisch(1886~1982). 독일의 동물행동학자. 꿀벌 언어 연구 등으로 1973년
노벨 생리의학상을 수상.

4-2[1]

4-2-1] 개체발생에서 두 발달 노선의 관계, 즉 생각 발달과 말 발달 사이의 관계는 훨씬 더 모호하고 혼란스럽다. 그러나 여기서 개체발생과 계통발생의 평행 관계에 대한 문제나, 이들 사이의 더욱 복잡한 또 다른 관계에 대한 문제를 온전히 제쳐둔다면, 우리는 생각 발달과 말 발달에서 상이한 발생적 근원과 서로 다른 노선을 확립할 수 있을 것이다.[2]

4-2-2] 아주 최근에서야, 우리는 발달에서 생각하는 어린이가 말 이전 단계를 통과한다는 사실을 뒷받침하는, 실험을 통해 얻은 객관적 증거들을 확보했다. 침팬지를 대상으로 한 쾰러의 실험들이 적절한 수정을 거쳐 아직 어떤 말도 숙달하지 못한 어린이를 대상으로 행해졌다. 쾰러 자신도 여러 번 어린이와 비교하는 실험에 관심을 표명했다. 뷜러는 이런 측면을 반영하여 한 어린이를 체계적으로 조사했다.

4-2-3] 뷜러가 자신의 실험에 대해 이렇게 말했다. "이것들은 완벽하게 침팬지의 행위에 비교될 수 있는 행위들이다. 그러므로 어린이의 삶에서 이러한 국면은 충분히 정확하게, **침팬지의 연령**[3]이라 명명할 수 있는데, 어린이의 10개월, 11개월, 그리고 12개월이 이에 해당된다. ……침팬지의 연령에서 그 어린이는 물론 자연스럽게 원시적인 첫 작은 발명을 하지만, 그러나 그 발명은 정신적 의미에서 극단적으로 중요하다(13, p. 97)."

4-2-4] 침팬지에게 행해진 실험에서와 마찬가지로, 이 실험들에서 이론적으

로 가장 큰 가치를 지니는 것은 지적 반응의 흔적들이 말로부터 독립적이라는 것이다. 이를 언급하면서 뷜러는 다음과 같이 적고 있다. "인간 발달의 시작부터 말이 있었다고 주장되고 있다. 그럴 수도 있다. 그러나 그 이전에 도구적 생각, 말하자면 기계적 목적을 확성하고 기계적 목적에 적합한 기계적 수단을 생성하는 것이 있었다. 짧게 말하면 말 이전에 주관적 의미를 가지는 행동이 있으며 그런 의미에서 우리는 그 행동이 의식적으로 목적을 지향한다고 생각할 수 있다(13, p. 48)."

4-2-5] 어린이 발달에서 말의 전前 지적 근원은 아주 오래전에 확립되었다. 울음, 옹알이 그리고 어린이의 최초의 낱말은 말 발달에서 완벽하게 분명한 단계들이고, 모두 다 전前 지적인 단계들이고, 그것은 생각 발달과 관련이 없다.

4-2-6] 전통적인 관점은 말 발달에서 이 시기 어린이 말을 주로 감정적 행동의 한 형태로 간주한다. 최근의 연구들 (어린이에게서 사회적 행동의 첫 번째 형태들에 관한 그리고 첫해의 어린이 반응의 목록에 관한 뷜러Ch. Bühler[4]와 다른 사람들의 연구들 그리고 인간 목소리에 대한 어린이의 초기 반응에 관한, 그녀의 협력 연구자인 헤처Hetzer와 튜더-하르트 Tudor-Hart의 연구들) 때문에 어린이 삶의 첫해에, 바꾸어 말하면 정확히 말 발달의 전前 지적 국면에서 우리는 말의 사회적 기능이 충분히 발달함을 새로이 확인하게 되었다.

4-2-7] 상대적으로 복잡하고 풍부한 어린이의 사회적 접촉이 극단적으로 이른 '관계 수단'[5]의 발달을 이끈다. 이미 삶의 첫 세 번째 주에 어린이에게서 인간 목소리에 대한 단일한 가치를 지닌,[6] 특수한 반응(전前 사회적 반응)을 그리고 두 번째 달에 인간 목소리에 대한 첫 사회적 반응을 확립하는 것이 확실히 가능하다(20, p. 124). 아주 똑같은 방식으로, 어린이 삶의 첫 달에 웃음, 옹알이, 가리키기, 그리고 제스처가 사회적 접촉 수단의 역할을 하는 것으로 보인다.

4-2-8] 우리는 이렇게 삶의 첫해에 속하는 어린이에게서, 이미 계통발생에서 지적한 말의 두 기능[7]이 명백히 나타남을 발견한다.

4-2-9] 그러나 어린이 생각과 말 발달에 관하여 우리가 알아야 할 가장 중

요한 것은, 초기유년기(두 살쯤)에 발생하는 어떤 계기에 이르러, 여태까지 별개의 방식으로 진행되었던 생각 발달과 말 발달의 노선이 이제 교차하고, 일치하고, 그리고 완벽하게 새로운 행동의 형태를 창조하게 되는데, 이것이 인간의 특성이 된다는 것이다.

4-2-10] 스턴은 어린이 심리 발달에서 이 가장 중요한 사건을 다른 누구보다 이른 시기에 잘 기술했다. 그는 어린이에게서 "어떻게 언어 가치에 대한 희미한 의식이, 그리고 그것을 숙달하려는 의지가 깨어나는가를" 보여 주었다. 이 시기 어린이는 스턴이 **그의 삶에서 가장 위대한 발견**이라고 명명한 것을 행한다. 그는 "**각각의 것은 그 이름이 있다**"는 것을 발견한다(21, p. 89).

4-2-11] **말이 지적인 것이 되고 생각이 말로 표현되는 것**이 시작되는 그 결정적 계기는 완벽하게 객관적이고 부정할 수 없는 두 징표에 의해 특징지어진다. 이 징표들을 가지고 우리는 이 급격한 변환이 말 발달에서 발생했는지 또는 하지 않았는지를, 그리고 (비정상적이고 지체된 말의 발달 사례들에서) 어떻게 이 계기가 정상적인 어린이의 발달과 비교하여 시간적인 차이를 보이는지를 타당하게 발견할 수 있을 것이다. 이 두 계기[8]는 밀접하게 상호 연관되어 있다.

4-2-12] 첫 번째 징표는 이 단절을 겪고 있는 어린이가 각각의 새로운 것에 대해 무엇이라고 불러야 하냐고 물으면서, 자신이 보유하는 낱말, 어휘를 능동적으로 확장하기 시작하는 계기에서 드러난다. 두 번째 징표는, 어린이가 **어휘를 능동적으로 확장**하는 것에 토대를 두고 출현하는, 어휘가 극단적으로 빠르게 돌발적으로 증가하는 계기에서 나타난다.

4-2-13] 잘 알려진 바와 같이, 동물은 인간 말의 개별적 낱말들을 숙달할 수 있고, 적절한 상황에서 사용할 수 있다. 이 시기가 도래하기 전까지는, 어린이 또한 개별적인 낱말, 어린이에게 있어 조건 자극인 낱말, 혹은 개별적인 대상, 사람, 행위, 상태 혹은 갈망을 대체하는 낱말을 숙달한다. 그러나 이 단계에서 어린이는 그 주변의 사람들에 의해 그에게 제시되는 만큼의 낱말만을 안다.[9]

4-2-14] 이제 원리상 입장이 완전히 달라진다. 새로운 대상을 보면 어린이는 무어라고 불러야 하냐고 질문한다. 어린이 스스로 낱말을 필요로 하고 능동적으로 그 대상에 속하는 기호를, 부연하면 이름으로 사용되며 대상에 내해 의사소통할 수난으로 사용되는 기호를 숙달하려 시도한다. 만약에 모이만Meumann이 적절하게 보여 주었다시피, 심리적 가치가 관련되는 한에 있어서 어린이 말 발달의 첫 단계가 정서적-의지적 단계로 보인다면, 이 시점부터는 말은 말 발달의 지적 국면에 들어선다. 어린이는 말하자면 말의 상징적 기능을 펼친다.

4-2-15] 스턴은 다음과 같이 말하고 있다. "방금 기술된 과정은 진정한 의미에서 어린이의 인지적 활동으로 규정될 수 있음에 이미 의심의 여지가 없다. 여기서 어린이가 보여 준, 기호와 그 가치 사이의 관계에 대한 이해에는 단순한 표상의 사용과 그들의 연합과는 근본적으로 다른 무언가가 있다. 각각의 대상이 나름의 명칭[10]을 갖는 종류에 속해야 한다는 요구는 사실상, 아마도 어린이의 최초의 일반적 개념으로 간주될 수 있을 것이다(21, p. 93)."

4-2-16] 우리는 여기서 멈춰야만 한다. 그 까닭은 여기에서, 생각과 말이 교차하는 발생 지점에서, 처음으로 이른바 생각과 말의 문제라고 지칭되는 매듭이 묶이는 곳을 발견하기 때문이다. 무엇이 이 계기, 즉 "어린이 삶에서 가장 위대한 발견"일까? 그리고 이에 대한 스턴의 해석은 옳은 것일까?

4-2-17] 뷜러는 이 발견을 침팬지의 발명에 비유한다. 그는 "우리는 우리가 원하는 바에 따라 이 상황을 이런저런 식으로 해석하고 다르게 볼 수 있다. 그러나 늘 결정적인 지점에서 우리는 침팬지의 발명과 심리적으로 평행한 것이 드러남을 발견할 수 있을 것"(22, p. 55)이라고 말한다. 똑같은 발상이 코프카에 의해 펼쳐진다.

4-2-18] 코프카의 말에 따르면, "명명하기 기능은 침팬지의 발명과 완벽하게 평행함을 드러내는, 어린이의 발견이며 발명이다. 우리는 침팬지의 발명들이 구조화된 행위로 나타남을 보았다. 따라서 우리는 명명하기에서도 마찬가지

로 구조화된 행위를[11] 볼 수 있다. 우리는 과일을 획득하고자 원하는 상황의 구조에 막대기가 들어간 방식으로, 낱말이 사물의 구조로 들어간다고 말하고자 한다(23, p. 243)."

4-2-19] 코프카의 말이 맞든 틀리든 간에, 어린이에 의한 낱말의 의미화 기능 발견과 침팬지에 의한 도구로써 막대기의 '기능적 가치' 발견이라는 유추가 어느 정도까지 정확하든, 이 두 조작이 무엇에서 다르든 간에 우리는 특히 생각과 말의 기능적 관계와 구조적 관계를 설명하는 동안 이 모두에 대해 이야기할 것이다. 여기서, 우리에게 있어 중요한 것은 원리상 중요한 한 계기를 주목하는 것이다. 생각 발달과 말 발달의 상대적으로 높은 어떤 단계에서만, "어린이의 삶에서 가장 위대한 발견"이 가능해진다는 것이다. 말을 '발견'하기 위하여, 먼저 말은 생각되어져야만 한다.

4-2-20] 우리는 다음과 같이 간결하게 우리의 결론을 공식화할 수 있다.

4-2-21] 1. 생각과 말의 개체발생에서 우리는 또한 두 과정의 다른 근원을 발견한다.

4-2-22] 2. 생각 발달에서 '말 이전 단계'를 설정할 수 있었듯이, 어린이의 말 발달에서 우리는 분명하게 '전前 지적 단계'를 확정할 수 있다.

4-2-23] 3. 특정한 계기까지 전자와 후자는, 서로 독립적으로, 다른 노선을 따라 발달한다.

4-2-24] 4. 특정한 지점에서, 두 노선은 교차하고, 그 후에 생각은 말이 **되고**становиться[12] 말은 지적인 것이 **된다.**

●

1) 2장에서 비고츠키가 계통발생으로부터 얻은 증거들(예를 들면, 뷜러의 작업, 생물학 지향
의 전문가들의 작업)과 개체발생으로부터 얻은 증거들(피아제의 자료들)을 반복적으로
비교하였던 것을 기억하자. 여기서도 역시 비고츠키는 계통발생으로부터 얻은 증거
들을 검토하면서, 개체발생으로부터 데이터를 취한다. 비록 그가 (해클과 홀에 의해 주
장된) 개체발생이 계통발생을 반복하는가라는 질문을 옆으로 치워두었지만, 비고츠
키는 여기서도 생각과 말의 근원이 분리되어 있음을 발견한다. 부연하면, 어린이는 2
세가 되기 전에, 그의 말이 前 지적이고 그의 생각이 말 이전인 한에 있어서, **"침팬지
와 같은"** 연령을 가진다.

    I 뷜러는, 말 이전 단계의 어린이를 대상으로 쾰러의 실험을 재연하면서, 많은 **유사
점**을 발견한다. 예시하면, 표상 없는 발성 (예를 들면, 옹알이) 그리고 스턴이 인간
과 동물이 공유한다고 지적한 두 기능, 즉 표현(예를 들면, 울음)과 사회적 접촉(제
스처)이다. [4-2-1~4-2-8]

    II 비고츠키는 우리에게 스턴의 '발견'을 상기시킨다. 부연하면, 그것은 확실히 기호
의 기능적 의미가 아니라, 두 객관적 징후에 의해 두드러진, **이름**의 기능적 사용
이다. [4-2-9~4-2-15]

        A) 어린이의 **능동적인** 이름에 대한 질문("이게 뭐예요." 질문 단계).

        B) 수개월 혹은 심지어 수 주 사이에 두 배로 늘어나는, 도약과 약동에 의한 어
휘의 **증가**.

    III 특히 뷜러의 작업에 견주어보며, 비고츠키는 스턴의 주장에 대해 **회의적**이다. 형
태주의자인 뷜러는, 어린이들의 명명적인 말의 기능과 침팬지의 '발명들'을 비교
한다. 막대기가 과일을 얻으려고 노력하는 침팬지의 문제 풀이 구조에 적합한 것
과 똑같은 방식으로, 이름은 "이게 뭐예요?"라는 질문의 문제 해결 구조에 적합
하다. 두 사례에 구조화된 행위가 있고, 그리고 '발명'은 장場에, 전체에 적합하
다. 이것이 어린이들이 이름들이 대상의 실제적 부분들이라고 믿는 이유이다(예를
들면, '달'이라는 낱말은 달의 일부이고 태양의 일부가 될 수 없다). [4-2-16~4-2-19]

    IV 비고츠키는 **결론** 내린다.

        A) 개체발생적 발달에서도, 생각과 말은 다른 발생적 **근원**을 가진다.

        B) 개체발생에서도, 우리는 지능의 말 **이전** 국면을 그리고 말의 前 지적 단계
를 본다.

        C) 개체발생에서도, 생각과 말은 다른 **발달 노선**을 가진다.

        D) 그렇지만, 어떤 지점에서 노선들은 **만난다**. 그 결과 생각은 말이 되고, 그리

고 말은 이성적이고 지적이 된다.

2) 발달에 대한 해클Haeckel의 주장은 개체발생이 계통발생을 반복한다는 명제로 요약될 수 있다. 비고츠키는 이에 동의하지 않는다. 그는 이들이 평행적인 관계를 가지기보다는 연속적인 관계를 가지고 있고, 서로 연관이 있지만 또 한편으로는 각 발달의단계가 그 자체의 고유한 법칙을 가진다는 점을 지적한다. 따라서 개체발생과 계통발생의 복잡한 관계에 대한 논의를 미루어 두고, 4장 1절에서는 계통발생을 주요 소재로 다루었다면 이번 절에서는 개체발생을 소재로 생각 발달과 말 발달의 발생적근원과 각각의 발달 노선에 대해 논의를 전개할 것임을 천명하고 있다. 비고츠키는이 책에서 발달을 계통발생, 사회발생 혹은 문화역사적 발생, 개체발생, 미소발생으로 나누고 고찰하고 있다.

3) 침팬지의 연령에 아이들이 하는 일에는 막대기 쥐는 법, '엄마', '아빠' 말하기가 있다.

4) Charlotte Bühler(1879~1963). 독일의 심리학자. 사고思考 작용을 연구하여 언어와 정신 발달의 문제에 관한 업적을 남겼다.

5) 의사소통.

6) 어린이의 첫 번째 말은 고전적 S-R에서 불빛(혹은 종소리)이 개에게 음식을 의미하듯 (주인이 온다. 점심시간이다 등의 분화된 생각을 의미하는 것이 아닌 것처럼) 아기에게 '엄마'라는 말은 '엄마'를 지칭하는 것이 아니라 '음식', '기저귀' 등 그 상황의 단일한 의미가치만을 가진다는 의미이다.

7) 감정적 기능과 의사소통적 기능. 이 둘을 인간과 원숭이 모두 공유한다.

8) 두 계기는 이것의 이름이 무엇이냐고 묻는 것과 어린이의 어휘가 두 배로 증가하는것임.

9) 노엄 촘스키와 달리 비고츠키는 어린이는 낱말을 생성할 능력을 가지고 있지 않다고주장하고 있다.

10) 스턴은 개념이라는 표현을 사용했지만, 비고츠키는 이것을 거부하고 있다.

11) 게슈탈트는 어린이가 구조의 일부라고 생각하여 구조화된 행위(structured action)라는 표현을 사용하지만, 비고츠키는 어린이가 상황을 파악하는 주체라 생각하였기에 이를 구조화하는 행위(structuring action)이라고 칭한다.

12) 'становиться'은 'becoming'의 의미이다. 여기서도 헤겔 변증법의 적용을 확인할 수있다. "Being is becoming", 즉 존재는 생성되는 것이라는 헤겔이 사용한 표현이 엿보인다.

4-3[1]

4-3-1] 우리가 생각과 말의 관계에 관한 복잡하고 여전히 논쟁적인 이론적 문제를 어떻게 해결한다 할지라도, 우리는 생각 발달에 미친 내적 말 과정의 결정적이며 예외적인 가치를 인정하지 않을 수 없다. 우리의 생각 전체에 미친 내적 말의 가치가 아주 크다 보니 많은 심리학자들은 심지어 내적 말을 생각과 동일시한다. 그들의 관점에서 보면, 생각은 그저 억제된, 보류된, 침묵의 말일 뿐이다. 그럼에도 불구하고, 외적 말이 어떻게 내적 말로 변형되는지, 대체 몇 살쯤에 이 가장 중요한 변화가 달성되는지, 어떻게 그 중요한 변화가 발생하는지, 그런 변화가 일어나는 원인이 무엇인지, 그 변화의 전반적인 발생적 특징이 무엇인지를 심리학에서 우리는 아직 설명하지 못하고 있다.

4-3-2] 이 질문이 '단지 우연에 근거하여 연구'되었기 때문에, '어린이 언어 조직화의 어떤 지점에서 어린이가 드러난 언어에서 속삭이는 언어로 그리고 이어서 암묵적인 언어로 이행을 하는지(24, p. 293)'[2]를 우리는 알 수 없다고, 생각과 말을 동일시한 왓슨Watson은 올바르게 언급한다. 그럼에도 불구하고 우리에게 (우리가 행한 실험과 관찰에 근거하여 살펴보면 그리고 또한 일반적으로 어린이의 말 발달에 관하여 알고 있는 사실에 근거하여 보면) 왓슨이 질문을 제기하는 방식은 근본적으로 잘못된 것으로 보인다.

4-3-3] 내적 말의 발달이 순수하게 기계적으로, 말의 공명의 점진적인 감소로 이루어진다고, 그리고 외적(명백한) 말에서 내적(감추어진) 말로 경과하는 것

이 속삭이는 말을 통해, 바꾸어 말하면 반 침묵의 말을 통해 이루어진다고 추정할 타당한 근거는 없다. 어린이가 점진적으로 점점 더 조용하게 말하는 것이 늘고 이런 과정의 결과로 마침내 소리 없는 말에 도달한다는 것은 너무도 그럴듯하지 않다. 달리 표현하면, 우리는 어린이 말 **발생** 단계를 다음과 같이 배열하는 것을 부정하고자 한다. 큰 소리로 하는 말-속삭이며 하는 말-내적 말.

4-3-4] 그 문제들은 또한 사실적으로 입증되는 않은 왓슨의 다른 가설로부터도 도움을 받지 못한다. 그는 더 나아가서 "아마도 세 형태 모두 출발부터 함께 나아간다(24, p. 293)"고 말한다. 이 '아마도'를 지지하는 결정적인 객관적 데이터는 없다. 도리어 왓슨 자신의 것을 포함한 모든 것으로부터 인정되듯이, 명백한 말과 내적 말 사이에는, 그에 반하는 내용을 말하고 있는, 기능적 차이와 구조적 차이가 깊게 놓여 있다.

4-3-5] "그들은 정말로 크게 말하며 생각한다"고 왓슨은 이른 연령의 아이들에 대해 이야기한다. 그는 "그들의 환경이 명시적 말을 암묵적 말로 급격하게 변형하도록 요구하지 않고(24, p. 293) 있다"는 사실로부터 근본적인 이유를 보았다. 그는 같은 사고를 훨씬 더 진전시키며, "비록 우리가 암묵적 과정들이 일어나게 하고 그것들을 감광판에 기록한다 할지라도, 혹은 축음기 실린더에 기록한다 할지라도, 아마도 거기에 그것들은 너무 생략되어 있어서, 너무 단절이 심해서, 너무 경제적으로 사용되어서, 만약에 암묵적 과정들의 형성이 특성상 완전하고 사회적인 최초 지점부터 사회적 적응이 아닌 개인적 적응에 종사하는 최종 단계까지 관찰되지 않는다면, 암묵적 과정들은 인식될 수 없을 것이다(24, p. 294)"[3]라고 말했다.

4-3-6] 외적인 말과 내적 말의 과정같이 **기능적으로** 다르고(사회적 적응과 개인적 적응) 그리고 **구조적으로** 다른(생략, 단절, 경제성의 결과로 인식할 수 없을 지점까지 변화하는 말 과정) 이 두 과정이, 제3의 일시적 과정(속삭이는 말)을 통해, 즉 기능적이거나 구조적인 뜻에서가 아닌, 말하자면 유전형遺傳型[4]적으로 이행적인 것이

아니라 순수하게 기계적이고 형식적으로 외적인 양적 속성을 통해 발생적으로 평행하게 함께 움직인다고, 즉 동시적으로 연속적으로 서로 연결된다고, 말하자면 순수하게 표현형表現型을 통해 다른 두 과정 사이의 가운데 지점을 차지한다고 증명되리라고 가정할 만한 토대가 어디에 있는가?

4-3-7] 방금 전 단정을, 우리는 이른 연령의 어린이가 구사하는 속삭이는 말을 연구하면서 실험적으로 입증할 수 있었다. 우리의 연구는 다음과 같은 세 가지 사실을 보여 주었다. 1) 구조적 측면에서 속삭이는 말은 큰 소리로 말하는 것으로부터 어떤 의미 있는 변화 혹은 이탈을, 그리고 무엇보다도 내적 말을 향한 경향을 특징짓는 변화를 입증하지 못한다. 2) 기능적 의미에서도 마찬가지로 속삭이는 말은 내적 말과 너무도 다르고 유사성을 향한 어떤 경향을 보이지 못한다. 3) 마지막으로 발생적 의미에서 속삭이는 말은 매우 이른 시기부터 이끌어 낼 수 있지만 그것은 스스로 **자연발생적으로는** 거의 학령기까지 주목할 정도로 발달하지는 않는다. 왓슨의 주장을 확증하는 유일한 사실은 겨우 세 살짜리도 사회적 요구라는 압력하에서는 다소의 어려움을 겪으며 짧은 시간 동안 목소리를 낮추고 속삭이는 말하기로 넘어간다는 것이다.

4-3-8] 우리는 상세하게 왓슨의 주장을 살펴보았다. 그 까닭은, 그의 주장이 그가 대표하는 생각과 말의 이론에서 가장 널리 공유되고 있는 전형적인 것이거나 또는 명료하게 그 문제에 대한 표현형적 연구와 유전형적 연구를 대치시키는 것을 가능하게 하기 때문이 아니라, 상당 부분 긍정적인 모티브[5] 때문이다. 왓슨이 추정한 질문을 제기하면서, 올바른 작동 지침서를, 전체 문제 해결을 위하여 따라야만 하는 방식을 우리는 보고자 한다.

4-3-9] 이 방법론적 경로는 중간 고리, 즉 외적 말의 과정과 내적 말의 과정을 연결시키는 사슬을 묶는 고리, 한 과정과 다른 과정 사이에서 이행하게 하는 성분을 발견해야 할 필요성으로 이루어진다. 위에서 이 중간에서 연결하는 고리가 속삭이는 말이라는 왓슨의 의견이 어떤 객관적인 확증을 충족시키지

못한다는 것을 우리는 보여 주고자 했다. 오히려 어린이의 속삭이는 말에 대해 우리가 알고 있는 모든 것은 속삭이는 말이 외적 말과 내적 말 사이에서 이행하는 과정이라는 가설에 우호적이지 않다. 그럼에도 심리학 연구의 대부분이 빠뜨리고 있는 이 중간 고리를 발견하려는 시도는 왓슨이 제공한 올바른 가르침이다.

4-3-10] 우리는 외적인 말과 내적 말 사이의 이 이행 과정을, 스위스의 심리학자 피아제에 의해 기술된, '자기중심적'이라고 간주된 어린이의 말에서 보고자 한다(참고, 1장, 44쪽).[6]

4-3-11] 이것에 우호적인 진술을 우리는 학령기 내적 말에 대한 르메트르 Lemaitre와 다른 저자들의 관찰에서 취할 수 있다. 이러한 관찰 결과를 통해 우리는 학령기 소년들에서 발견된 내적 말의 형태가 극도로 변화하기 쉽고, 불안정하다는 것을 알게 되었다. 그리고 이것은 물론 여전히 발생적으로 미숙한, 불충분하게 형성된, 불확정적인, 과정들을 우리 앞에 가지게 됨을 증언한다.

4-3-12] (자기중심적 말의 문제로 돌아가서)[7] 단순히 어린이 활동에 동반하는 역할은 물론, 순수하게 표현적인 기능과 방출적인 기능에 더하여, 자기중심적 말은 행동으로 나타나는 조작을 계획하는 기능과 새로운 문제를 해결하는 기능을 가지면서, **매우 쉽게 진정한 의미에서 생각이 된다**고 우리는 말해야만 한다.

4-3-13] 만약에 이 가설이 더 진전된 실험 과정을 통해 정당화된다면 우리는 이론적으로 비상하게 중요한 결론을 도출할 수 있을 것이다. 우리는 말이 생리적으로 내적인 것이 되기 훨씬 전에 심리적으로 내적인 것이 됨을 보게 될 것이다. 자기중심적 말은 그 기능에 있어 내적 말, 자신을 향한 말, 내적으로 물러서는 과정에 위치한 말, 이미 주변 사람들이 반쯤은 이해할 수 없는 말, 아동의 행동에서 벌써 깊이 안쪽으로 성장한 말이며, 동시에 생리적으로 외적 말로 남아 있다. 그리고 자기중심적 말은 속삭이는 말로 혹은 다른 어떤 반 침

묵의 말로 전환될 경향을 추호도 드러내지 않는다.

4-3-14] 우리는 또한 이제 다른 이론적 질문, "즉 **왜** 말은 내적 말이 되는 가?"라는 질문에 대한 답을 얻을 수 있을 것이다. 말은 그 기능을 변화시킨다 는 강점 덕분에, 말이 내적인 것이 된다는 것이 그 대답이 될 수 있을 것이다. 그러면 왓슨이 제안한 것과 다른, 말 발달에서의 새로운 배열이 개괄될 수 있 을 것이다. 크게 하는 말, 속삭이는 말, 소리 없는 말의 삼 단계를 대신하여, 우 리는 배열에 있어서 다른 세 형태를 얻을 수 있을 것이다. 이들은 외적인 말, 자 기중심적 말, 내적 말이다. 동시에 말의 체계적 관계와 그 구조적, 기능적으로 특별한 특징들, 그 살아 있는 형태들과 그들의 형성에 대한 연구를 할 수 있게 해 주며, 더 나아가 이러한 특별한 자질들이 이미 외적인 말로 드러나는, 실험 에 활용할 수 있는 측정치를 구할 수 있기에 객관적인 것이 될 수 있는, 매우 중요한 방법론적 관점을 우리는 획득할 수 있을 것이다.

4-3-15] 이 측면에서 기억 기법을 사용한 암기, 계산 과정 혹은 기호를 사 용하는 어떤 다른 지적 조작이든지, 기호 사용에 의존하는 모든 심리 조작의 발달이 복속해야 하는 일반 규칙에서 말이 예외가 아님을 우리의 연구는 보여 준다.

4-3-16] 비슷한 종류의 다양한 성질을 지닌 조작에 대한 실험적 조사를 통해, 일반적으로 이야기하면 우리는 이 발달이 네 가지 주요단계를 경과한 다는 것을 확립할 수 있었다. 첫 번째 단계는 이른바 원시적·자연적 단계이다. 거기서 행동의 가장 최초 단계에서 조작이 출현하던 그 형태로 이런 저런 조 작이 이루어진다. 발달의 이 단계는 우리가 위에서 이야기한 이른바 前前 지적 말 단계와 말 이전의 생각 단계와 일치할 것이다.

4-3-17] 그 후에 우리가 실행 지능 분야에서 조사자들이 '소박한 물리학 наивной физикой'이라 명명한 것을 유추하여 '소박한 심리학наивной психологии' 의 단계라고 가설적으로[8] 명명한 단계가 이어진다. 그들에게 '소박한 물리학' 이란 어린이나 동물을 둘러싼 대상들, 사물들, 도구들의 영역에서, 그리고 신

체의 물리적 속성의 영역에서 이루어진 동물 혹은 어린이들의 소박한 경험을, 즉 어린이에 의한 도구 사용을 그리고 어린이의 실행 정신에 의한 최초 조작을 본질적으로 결정하는 소박한 경험을 지칭한다.

4-3-18] 유사한 어떤 것을 우리는 어린이 행동 발달 영역에서도 관찰할 수 있다. 여기서도 어린이에게 필요한 가장 중요한 심리적 조작의 속성들과 관련된 기본적인 소박한 심리 경험이 획득된다. 그렇지만, 실행 행위 발달과 여기 모두에서 어린이의 이 소박한 경험은 정확한 의미에서 대체로 불충분하고, 불완전하고, **소박하기에** 이는 어린이의 심리적 속성, 자극, 반응의 부적절한 사용으로 이끈다.

4-3-19] 말 발달의 영역에 있어서 이 단계는 어린이 언어 발달 전체에서 극도로 두드러지며, 이는 어린이에게 있어 문법적 구조와 형태는 특정 형태와 상응하는 논리적 구조와 조작의 숙달보다 먼저 생겨난다는 사실로 표현된다. 어린이는 인과관계, 시간관계, 조건관계, 대조 관계 등을 파악하기 전에 '○○ 때문에', '○○ 이래로', '비록 ○○ 하지만', '○○ 할 때', '○○와 대조적으로', 혹은 '그러나' 같은 말의 형태로 표현되는 종속절을 파악한다. 어린이는 사고의 통사синтаксисом мысли를 파악하기 훨씬 전에 말의 통사синтаксисом речи를 파악한다.[9] 피아제의 연구는 분명하게 다음 두 가지 사실을 보여 주었다. 하나는 어린이 논리 발달 전에 어린이 문법 발달이 이뤄진다는 것이다. 다른 하나는 어린이가 오래전에 숙달했었던 문법 구조에 상응하는 내용을 논리적으로 능숙하게 조작하는 것은 비교적 늦게 이루어진다는 것이다.

4-3-20] 이 단계 후에, 소박한 심리 경험의 점진적 축적을 통해 외적 조작의 도움을 통해 어린이가 특정한 내적 심리 과업을 해결할 수 있는 외적 기호внешнего знака의 단계[10]가 이어진다. 이 단계는 우리가 잘 알고 있다시피, 어린이 산수 계산 발전에서 손가락을 이용하여 계산하는 단계, 암기하는 과정에서 기억 기법으로 외적 기호를 사용하는 단계이다. 말 발달에서 어린이의 자기중심적 말이 이에 해당된다.

4-3-21] 이 세 번째 단계에 이어, 무엇보다도 먼저 외적 조작이 내적 조작이 되고 심대한 변화와 연결되면서 외적 조작이 안에서 작동한다는 사실에 의해 특징지어지기 때문에, 우리가 비유적으로 '내적 변혁의вращивания' 단계[11]라고 지칭하는 네 번째 단계가 시작된다. 이 단계는 어린이 발달에서 마음속으로 혹은 암산으로 산수 계산이 가능한 단계이다. 이것이 소위 내적 기호의 형태로 내적 관계들을 사용하는 '논리적 기억'이라 불리는 것이다.

4-3-22] 말의 영역에서는 내적 혹은 소리 없는 말이 이에 해당된다. 이 측면에서 가장 주목할 만한 것은 특정한 각각의 사례에서 외적 조작과 내적 조작 사이에 항상적인 상호 작용이, 지속적으로 한 형태에서 다른 형태로 변화하는 조작이 있다는 사실이다. 이러한 상호작용을 우리는 내적 말의 영역에서 가장 명료하게 볼 수 있다. 들라크루아가 확립한 것처럼 내적 말은 행동에 단단하게 연결될수록 외적 말에 가까워지고 외적 말을 준비하는 문제가 제시되면(예를 들면, 해야 할 말, 강의에서 할 말 등을 고려할 때) 그것은 심지어 내적 말과 완벽하게 동일한 형태를 취하는 듯하다. 이런 의미에서 행동에는 실제로 외적 말과 내적 말 사이에 선명한 형이상학적 경계선이 없으며, 하나는 다른 것으로 쉽게 넘어가고, 각각 다른 것의 영향을 받으며 발달하게 된다.

4-3-23] 만약에 우리가 이제 내적 말의 기원으로부터, 어떻게 내적 말이 성인에게서 기능하는가라는 질문으로 전환한다면, 우리는 무엇보다도 먼저 동물과 어린이와의 관계에서 우리가 제기한 똑같은 질문에 직면하게 될 것이다. 그 질문은 다음과 같다. 어른의 행동에서 생각과 말이 필연적으로 연결되어야 하는가, 그렇지 않은가? 그리고 이 과정들을 동일시하는 게 가능한가, 가능하지 않은가? 이에 대하여 우리가 알고 있는 모든 것은 우리에게 부정적으로 대답하고 있다.

4-3-24] 이 경우에 생각과 말의 관계를 서로 교차하는 두 개의 원으로, 말 과정과 생각 과정의 일정 부분이 일치하는 원으로 도식적으로 나타내는 것이 아마 가능할 것이다. 여기서 교차하는 부분이 이른바 '말로 하는 생각'의 영역

이다. 그러나 이 말로 하는 생각은 사고의 모든 형태를 그리고 말의 모든 형태를 포함하지 않는다. 말로 하는 생각과 직접적으로 관계되지 않을 생각의 큰 영역이 있다. 여기에 무엇보다도 먼저, 이미 뷸러가 지적했던, 도구적이고 기술적인 생각이 포함된, 그리고 최근에야 이런 강화된 연구 대상이 된 이른바 실행 지능으로 지칭되는 전체 영역이 일반적으로 포함된다.

4-3-25] 게다가, 이미 알려진 바와 같이 뷔르츠부르크 학파의 심리학자들은 연구를 통해 내관으로 분별할 수 있는 그 어떤 언어적 형태와 운동의 참여 없이도 생각이 이루어질 수 있다는 것을 확립했다. 가장 최근에 있었던 실험적 작업도 또한 내적 말의 활동과 형태는 실험에 참여한 대상자의 혀 혹은 후두의 움직임과 어떤 직접적이고 객관적인 관계가 없다는 것을 보여 주었다.

4-3-26] 마찬가지로 인간에게서 말로 하는 활동의 모든 형태가 생각에 기인해야 할 심리적 토대라는 건 도대체 있을 수 없다. 예를 들어, 내가 내적 말 과정에서 외우고 있던 시를 낭송할 때, 혹은 나에게 제시된 어떤 실험용 구절을 반복할 때 이 모든 경우에 이런 조작들이 생각의 영역에서 유래된다고 할 데이터를 우리는 어디서도 찾을 수 없다. 이 오류를 왓슨은 범한 것이다. 생각과 말을 동일시하였기에 왓슨은 필연적으로 말 과정의 모든 것을 지적이라고 인정해야만 했다. 심지어 그는 말 자료를 암기하여 단순하게 재생하는 과정에서도 이것을 생각으로 지칭해야만 한다고 주장하는 데까지 나아갔다.

4-3-27] 비슷하게 감정적-표현적 기능을 지닌 말, 모든 말의 기호를 포함하고 있는 '서정적으로 채색된' 말은 역시 정확한 뜻에서 지적 활동으로 분류될 수 없다.

4-3-28] 우리는 이와 같이, 어른들에게 생각과 말의 합류는 말로 하는 생각의 영역에 적용되는 경우에만 힘과 가치를 가지는 부분적 현상이며, 그 이외의 비언어적 생각이나 비지적 말의 영역은 이와 멀리 떨어져 있고 직접적 영향을 받지 않으며 그들과 인과적 관계는 전혀 가지지 않는다는 결론에 도달한다.

●

1) 이 절에서 비고츠키는 어떻게 외적인, 사회적인 사람 사이의 과정이 내적인, 심리적인 사람 내의 과정으로 변형되는지를 기술한다. 그가 사용하는 예는 친숙한 셋이나. 그건 외적 말이 자기중심적 말을 경유하여 내적 말로 변형되는 것이다. 이에 더하여, 그는 이 과정의 네 '계기'를 펼쳐 보이고 그리고 그것을 모든 심리 기능의 '안으로 소용돌이치는', 혹은 안으로 회전하는 그리고 혁명적인 변형으로 일반화하려 한다.

I 비고츠키는 다소 진귀한 자료를 비판적으로 점유하는 것으로 시작한다. 그것은 '내적 말'을 단순히 운동 요소가 점진적으로 금폭해지는 외적인 말로 보고 있는 행동주의자 왓슨의 자료다. 엄격한 행동주의자 왓슨은 철저하게 기능적 접근을 거절한다(왜냐하면 이것들이 행동에 앞서는 의도성과 고의성을 함축하기 때문이다). 그는 속삭이는 말과 외적 말이 기능(사회적 의사소통)에서 동일하다는 것을 알지 못한다. 그럼에도 그는 내적 말이 구조적으로 훨씬 축약되고 생략되어 있는 반면에, 구조적으로 유사하다는 것(즉 그 말에 담긴 문법이 대체로 똑같다는 것)을 인정한다. 비고츠키는 외적 말에서 내적 말로 이어지는 세 계기에서 '**올바르게 작용하는 교훈들**'을 발견한다. 그러나 그는 속삭이는 말의 중심적 연결을 제거하고 어린이의 자기 지시적("자기중심적") 말을 그 자리에 놓음으로써 이어지는 세 개의 계기를 무력화시킨다. [4-3-1~4-3-8]

II 비고츠키는 어린이들의 속삭이는 말에 대한 실험적 연구들을 결합함으로써 그리고 **구조적·기능적** 그리고 무엇보다도 **발생적** 설명으로 왓슨의 사색적 작업을 보충함으로써 이것을 해 낸다. 그는 발견한다. [4-3-6~4-3-11]

A) 속삭이는 말과 크게 하는 말은 **구조적으로** 서로 비슷하고 내적 말과는 다르다. 한편으로, 어린이의 자기 지시적 (자기중심적) 말은 생리적으로 크게 하는 말과 비슷하지만 문법적으로 말하기와 내적 말 사이 어딘가에 있다.

B) 속삭이는 말과 크게 하는 말은 또한 **기능적으로** 서로 비슷하고 그리고 내적 말과는 다르다. 한편으로, 어린이의 자기 지시적 (자기중심적) 말은 외적 말의 기능 일부뿐만 아니라 내적 말의 기능을 가질 수 있다.

C) 속삭이는 말은 거의 학령기까지 자연발생적으로 어린이 삶에서 발달하지 않지만, 그것은 **발생적으로** 아주 어린 어린이들에서 도출될 수 있다. 이것이 어떻게 왓슨이 두 이론을 따라잡았는지 설명해 준다. 부연하면, 한편으로 이 속삭이는 말은 이행의 한 단계이고, 다른 한편으로 그것은 크게 하는 말과 내적 말과 나란히 발달한다. 그러나 비고츠키는 속삭이는 말이 아니라, 어린이의 자기 지시적 (자기중심적) 말이 발생적으로 크게 하는 말에서 내적

말로 이행하는 것을 발견한다.

Ⅲ 자기 지시적 '자기중심적' 말이 내적 말로 발생적 측면에서 변형하는 것을 모델로 사용함으로써, 비고츠키는 **일반적으로** 정신 기능들이 네 단계 발달을 거치는 것을 발견한다. 그는 일반적으로 이야기해서, 비록 두 과정이 평행하기보다는 순서상으로 가장 잘 고려될 수 있지만, 이 단계들이 계통발생에서 그리고 개체발생에서 펼쳐지는 것으로 본다. Mescheryakov가 네 발생 법칙을 논의하는데 지금이 절에 의존한 것으로 보인다(Mescheryakov, 2006). [4-3-12~4-3-20]

  A) **자연적** 기능은 문화적 기능 전에 발달한다. 예를 들면, 진화에서 그리고 아동 발달에서, 전前 지적 말과 말 이전의 생각은 지적인 말과 말로 하는 생각 전에 발달한다.

  B) 즉각적인 맥락에 그리고 사회적 접촉이 필요한 맥락에 깊이 연관된 '**소박한**' 기능은 의지적·개별적으로 통제되는 기능 전에 발달한다. '소박한 물리학'에서 유인원과 어린이는, 실행과 관련된 문제를 더 의도적이고 정교하게 풀기 전에, 시각 장場에 즉각적으로 반응함으로써 문제를 풀어간다. '소박한 심리학'에서, 어린이는 정신적 조작인, 정신에 의한 상징적 확장이라기보다는 먼저 신체에 의한 물리적 확장으로서 도구, 장난감, 그리고 심지어 기호를 숙달한다. 이름들은 대상의 확장으로서, 그리고 그것들로부터 분리될 수 없는 것으로 보인다. 그리고 심지어 복합적 문법(예를 들면, 'ㅇㅇ 때문에', 'ㅇㅇ 이래로', '만약에 ㅇㅇ 한다면', 'ㅇㅇ할 때', 혹은 '비록 ㅇㅇ 하지만'을 사용하는 종속절)은 관련된 논리적 관계에 대한 어떤 내적·심리적 분석 없이 그리고 어떤 의지적·개별적으로 통제된 사용 없이 즉각적인 상황(예를 들면, '듣고 따라하기')에 응답하면서 발달한다.

  C) 도구 혹은 암기 기법에 의해 매개된 **정신 외적** 기능은 기호나 상징에 의해 매개된 정신 내적 기능에 앞서 발달한다. 예를 들면, 말로 하는 생각 발달 과정에서 자기지시적, '자기중심적' 말은 내적 말에 앞선다. 수 개념의 발달 과정에서 가리키며 세기나 혹은 손가락으로 세기는 낱말로 세기에 앞선다.

  D) 이전에 **외적**이었던 구조는 '내부로 파고드는', 기능적으로 안을 향하고 그리고 구조적으로 안에서 회전하는, 순수하게 내적인 구조로 혁명적 과정을 통해 변형된다. 예를 들면, 내적 말은 '논리적 기억'으로 변형되고, 낱말을 사용하는 세기는 암산으로 변형되고, 그리고 어린이의 수 개념은 더 이상 대상 혹은 심지어 양에 의존하지 않고 순수하게 추상적인 관계로 재구조화될 수 있다.

Ⅳ 비고츠키는 다음에는 발생적 분석에서 기능적 분석으로 이동한다. 그는 다양한 '단계들'은 실제로 분리되지 않고, 항상적으로 **상호작용**한다고 적고 있다. 다음 단계는 이전 단계의 영향을 받으며 발달하고 이전 것을 쉽게 뒤로 하며 이끌어갈 수 있다(예를 들면, 우리가 내적 말을 통해 외적 발화를 준비할 때). 독백은 (햄릿과 맥베

스에서 그랬던 것처럼) 도구 사용을 발생시킬 수 있다. 도구 사용은 즉각적인 상황에 대응하면서 잊힐 수 있고, 그리고 우리는 놀람 혹은 공포 분위기 장면에 대응하면서 순수하게 자연적인 기능들로 되돌아갈 수도 있다. [4-3-21~4-3-23]

Ⅴ 비고츠키는 생각과 말은 **절대로** 완벽하게 일치하지 **않는다**고 결론 내린다. [4-3-24~4-3-28]

　　A) 뷔르츠부르크 학파가 보여 주었던 것처럼, 전적으로 **말을 사용하지 않고** 생각하는 것은 완벽하게 가능하다. 그래서 행동주의자들이 그랬던 것처럼, 생각을 단순하게 '약화된' 운동 요소로 된 말 과정이라고 추정하는 것은 그릇된 것이다. 그리고 우리는 말이 없는 그리고 단지 반쯤 말로 하는 생각의 여러 형태(예를 들면, 음악 듣기)를 발견할 수 있다.

　　B) 어떤 사람이 시를 암송하며 **빠르게 말할 때** 혹은 어린이들이 이해도 못하면서 외국어 낱말을 반복할 때와 똑같이, 전적으로 **생각하지 않고** 말을 하는 것이 가능하다. 심지어 반쯤은 음악적인 말의 '서정적 채색'도, 순수하게 생각하는 과정들이 의미를 생성하는 데 결정적인 역할을 하지 못하는 말의 형태로 간주될 수 있다.

2) 왓슨의 영어 원본에서 직접적으로 인용하였다. Watson, J. B. (1919), 『Psychology from the standpoint of a behaviorist』. p. 322.

3) 왓슨의 영어 원본에서는 322쪽이다.

4) 표현형과 유전형의 의미가 현재 사용하는 유전학적 의미와 차이가 있다. 여기서는 표현형은 현상과 관련된 것으로, 유전형은 본질과 관련된 것으로 사용되고 있다.

5) 말 발생 순서를 관찰하여 이를 근거로 생각의 발생 순서를 외삽하고자 한다.

6) 이 책에서는 2장이다. 비고츠키는 1장(저자 서문)을 나중에 이 책에 포함했다. 병상에서 작업하고 있던 비고츠키는 이를 반영하여 퇴고하지 못했음을 알 수 있다.

7) 1982년 판에는 괄호가 생략되어 있다.

8) 메카시와 세브는 условно를 관행적인, 진부하게라고 번역하였지만, 가설적으로, 조건적으로, 임시적으로라는 뜻으로 이해하는 것이 적절하다.

9) 비고츠키는 말이 생각을 선도한다고 말하고 있지 않다. 이는 피아제도 마찬가지다. 단지 말 관계의 숙달이 생각 관계의 숙달에 앞서 이루어진다는 것을 분명하게 지적할 뿐이다.

10) 외적 기호의 단계에 해당하는 사례는 혼잣말, 장바구니 목록적기, 메모하기, 노트필기하기 등, 손가락계산, 숫자막대 사용하는 계산, 대상을 기호로 표시하여 계산 따위.

11) '내적 변혁의 단계'라는 비유를 통해 비고츠키가 전달하고자 하는 심상은 무엇이었을까?

　　정신기능 발달의 마지막 단계를 내재화, 점유화라고 표현하였고(프로이트의 조어인 내면화는 정말 적절하지 못한 번역이다), 그 과정을 묘사하기 위해 '안으로 소용돌이쳐 들어가는'이라는 표현을 사용하기도 했다. 하지만 여기서 비고츠키는 명백하게 '내적 변혁'이라는 표현을 사용하고 있다(그리고 동료 연구자들에게 XMCA를 통하여 이러한 사실을 처음으로 통지하였다). 그는 정신기능 발달의 완결은 혁명적 변화이고, 주인과 노예의 전환이며, 그리고 무에서 유가 창조되는 것에 비유됨을 강조하고 싶었던 것 같다. 판타지 영화에 나오는 외부의 실제 검이 주인공의 몸으로 들어가는 그런 믿기 힘든 변화임을 강조하고 싶었던 것이기보다는, 아마도 동물에서 인간으로 탈바꿈이 벌어지는 혁명이라는 그런 이미지를 담고 싶었던 것은 아닌지 상상해 본다.

4-4 [1]

4-4-1] 우리는 이제 우리의 탐구가 이끈 결과들을 요약할 수 있을 것 같다. 우리는 무엇보다도 비교 심리학의 데이터에 입각하여 생각과 말의 발생적 근원을 추적하고자 했다. 이 분야의 동시대 지식의 상태를 보면, 우리가 살펴보았듯이, 인간 이전 시대의 생각과 말의 발생 경로를 어느 정도 충실하게 추적하는 것은 불가능하다. 이제 근본적인 문제는 여전히 의문으로 남아 있다. 우리가 인간에게서 발견하는 형태와 종류의 지능이 고등 유인원에게 존재한다고 확립하는 것이 어떤 식으로든 가능할 것인가? 쾰러Köhler는 이 질문에 긍정적으로 대답하고 다른 저자들은 부정적으로 답변한다. 그러나 이 논쟁이 새로운 그리고 아직도 찾지 못한 데이터에 의해 어떻게 결정될 것인가와 별개로, 지금도 한 가지는 명확하다. 즉 동물 왕국에서, 인간의 지능에 이르는 길과 인간의 말에 이르는 길은 일치하지 않는다. 생각과 말의 발생적 근원은 다르다.

4-4-2] 실제로 쾰러의 침팬지들에서 지능이 존재함을 부정하는 성향의 사람들조차도 그 침팬지들에서 우리가 지능에 이르는 **경로**, 지능의 근원, 즉 습관 생성의 **최고** 형태를 관찰했다는 것을 부정하지 못하고 실제로 부정할 수 없다.* 심지어 쾰러보다 훨씬 이전에 이 문제를 검토하고 부정적으로 대답한

---

* 손다이크는, 가장 하등한 영장류(명주원숭이)에 대한 자신의 실험에서 목표 성취에 적합한 새로운 동작을 갑자기 획득하는 과정을 그리고 적합하지 않은 동작을 빨리, 자주 즉시 포기하

손다이크조차도, 행동 형태에 의하면 동물 세계에서 최고 위치는 유인원에게 해당된다고 평가했다. 보로브스키Боровский와 같은 다른 저자들은 동물뿐만 아니라 인간에게도 습관 위에 상부구조를 건설하는, 지능이라는 특별한 이름을 가지는 이 최고 수준의 행동의 존재를 부정한다.[2] 이런 저자들에게는, 따라서, 유인원에게 인간과 같은 지능이 있는가라는 질문 자체가 새롭게 제기되어야 한다.

4-4-3] 분명하게 우리에게는 침팬지 행동의 최고 형태는, 우리가 그것을 어떻게 간주한다 할지라도, 도구 사용에 의해 특징지어진다는 측면에서 인간의 근원이 되는 것으로 보인다. 마르크스주의에 있어서 쾰러의 이 발견은 결코 예상하지 못했던 바가 아니다. 이에 대하여 마르크스는 다음과 같이 말했다. "노동 수단의 사용과 창조는, 비록 그것이 동물의 어떤 종에서 미발달된 형태로 존재한다 할지라도, 명확한 인간[3] 노동과정의 특징적인 자질을 이룬다(26, p. 153)." 같은 방식으로 플레하노프Плеханов[4]도 "어찌 되었든 동물학은 가장 원시적인 도구를 개발하고 사용하는 능력을 이미 소유한 호모Homo 속屬에게 역사를 양도했다(27, p. 138)"라고 말했다.

4-4-4] 이렇게 우리 눈앞에서 창조 중인 동물 심리학의 최고의 장은 **이론적으로** 마르크스주의에 절대적으로 새로운 것이 아니다. 플레하노프가 비버의 집짓기처럼 **본능적인 활동이 아니라**, 도구를 개발하고 사용하는 능력, 즉 지적 조작의 능력에 대해 명료히 언급하고 있음을 지적하는 것은 흥미로운 일이다.**

4-4-5] 마르크스주의에 있어서 인간 지능의 근원이 동물의 왕국에 뿌리내

는 과정을 관찰했다. 이 과정의 신속함은 '인간에 상응하는 현상과 비교'될 수 있다고 그는 말했다. 이런 형태의 해결은, 목표로 이끌지 못하는 동작을 점진적으로 소거하는 고양이, 개, 닭의 결정과 다르다.

** 물론, 침팬지에서 우리가 보는 것은 본능적인 도구 사용이 아니라 도구를 이성적으로 적용하려는 조짐이다. 플레하노프는 "백주대낮처럼 명확하게, 아무리 불완전하다 할지라도 도구의 사용은 정신 기능의 엄청난 진전을 가정한다(27, p. 138)"고 말한다.

려져 있다는 개념은 전혀 새로울 게 없다. 그래서 지능과 이성의 헤겔적 구분이 지닌 의미를 설명하면서 엥겔스는 다음과 같이 적고 있다. "우리는 이성적 활동의 모든 상이한 형태를 동물과 공유한다. 이런 형태에 **귀납, 연역**, 그리고 결과적으로 **추상**(디도[Dido, 엥겔스의 개 이름-K]의 네 발 동물과 두 발 동물에 대한 개념), 미지의 대상 **분석**(이미 호두를 깨는 데서 분석의 조짐을 담고 있음), **종합**(동물이 행하는 기만행위의 사례), 그리고, 둘(분석과 종합-K)을 결합한 **실험하기**(새로운 장애물과 예견치 못한 상황과의 조우)가 포함된다. 이런 방법들은, 즉 논리적으로 알려진 과학적인 모든 조사 수단은 그것들의 질적 측면에서 인간에게서 그리고 최고 고등 동물에게서 발견된 것들이 완벽하게 동일하다. 그것들은 단지 발달의 정도(다른 경우를 위한 다른 방법들)에서만 다르다(28, p. 59)." *

4-4-6] 동물 말의 근원에 대하여도 엥겔스는 매우 단호하다. "앵무새 표상의 영역 경계선 내에서 앵무새는 말해야 할 것을 이해하도록 배울 수 있다." 이어서 엥겔스는 이 '이해理解'에 대한 완벽하게 **객관적인** 기준을 제공한다. 당신은 앵무새에게 욕설을 가르쳐서 앵무새가 스스로 그 가치를 숙달할 수 있게 할 수 있다(이런 일은 적도 지역의 나라로부터 귀환하는 선원들의 하나의 유흥임). 만약에 당신이 앵무새를 약올리면, 당신은 앵무새가 베를린 시장 아줌마처럼 정확하게 욕설을 사용하는 것을 곧 발견할 수 있을 것이다. 똑같은 일이 먹을 것을 달라고 할 때도 벌어진다(28, p. 93)." ** 고 말한다.

---

* 다른 곳에서 엥겔스는 다음과 같이 말했다. "말할 필요도 없지만, 우리는 체계적이고 의도적인 행위(즉 쾰러의 침팬지에서 우리가 발견한 행위 - LSV)를 할 수 있는 동물들의 능력을 부정하는 것을 꿈도 꾸지 않을 것이다." 그런 행위의 배아胚芽는 "살아 있는 단백질이 존재하고 반응하는 원형질(原形質)이 있는 모든 곳에 존재"하지만, 이 능력은 "포유동물에 이르러 진전된 수준에 도달한다(28, p. 101)."

** 다른 곳에서 엥겔스는 똑같은 주제에 대해 다음과 같이 말한다. "가장 잘 발달되었다 하더라도 이 후자(즉 동물)가 서로에게 보고해야 하는 것은 분절된 말의 도움 없이도 이루어질 수 있을 것이다." 엥겔스에 따르면, 가축은 말의 필요성을 느낄지 모른다. "그러나 불행하게도 그들의 성대 기관은 이미 결정된 방향으로 특화되어 있어서 이러한 부족은 어떤 식으로도 채워질 수 없다. 그럼에도 말을 위한 기관의 상태가 좀 더 호의적인 경우에 이 무능력은 어느 정도의 한계 내에서, 극복될 수 있다. 앵무새를 예로 들 수 있다(28, p. 93)."

4-4-7] 우리는 우리가 동물에게서 인간의 말과 생각을 혹은 심지어 인간과 유사한 말과 생각을 발견한다는 생각을 엥겔스의 업적이라고 할 의향이 전혀 없으며 심지어 이를 옹호하려 하지도 않는다. 우리는 아래에서 엥겔스의 이러한 주장의 적법한 경계와 그리고 그것의 진정한 의미를 설명할 것이다. 이제 우리에게 중요한 것은 단 하나의 사실을 확립하는 것이다.[5] 즉 동물의 왕국에 생각과 말의 발생적 근원이 존재한다는 것을 부정할 어떤 근거도 없으며 그리고 우리의 데이터가 보여 주는 바와 같이, 이러한 근원들은 생각과 말에 있어 서로 다르다. 동물의 왕국에서 인간의 지능과 말에 이르는 발생적 경로들의 존재를 부정할 어떤 근거도 없으며 게다가 우리가 관심을 두고 있는 행동의 두 형태를[6] 위한 경로도 서로 다름이 입증되었다.

4-4-8] 예를 들어 앵무새에 있어, 말을 배울 수 있는 진전된 능력은 그 속에서 생각의 조짐이 높은 수준으로 발달하였다는 것과 직접적인 관련을 함축하지 않으며, 그리고 거꾸로 말하면, 동물의 왕국에서 이런 조짐들의 높은 수준으로의 발달은 말의 진전과 어떤 가시적인 연결을 함축하지 않는다. 각각은 특정한 경로를 따르고, 각각은 다른 발달 경로를 보인다.[***]

4-4-9] 우리가 개체발생과 계통발생의 관계라는 문제를 어떻게 보고 있는가와 완벽하게 별개로, 새로운 실험적 연구에 근거하여, 어린이 발달에서도 역시 지능과 말의 발생적 근원 그리고 지능과 말의 발생 경로는 다르다는 것을 확립할 수 있었다. 특정한 시점까지 우리는 어린이의 전前 지적인 말의 성숙을 추적할 수 있고, 이와 별개로 어린이의 말보다 앞선 지능 성숙을 추적할 수 있다. 어린이 말 발달에 대한 심오한 관찰자인 스턴에 따르면, 특정한 시점에서 두 발달 노선은 조우하고 **교차**한다. 그러면 말은 지적이 **되고**, 생각은 말이

[***] 바스티안 슈미트(Bastian Schmidt)는 동물의 왕국에서 말 발달은 심리와 행동 발달의 직접적 지표가 아니라고 적고 있다. 그래서 코끼리와 말은 이런 측면에서는 돼지와 닭의 뒤에 위치한다 (『동물의 말과 다른 표현 형태Die Sprache und andere Ausdrücksformen der Tiere』, Munich, 1923, p. 46).

된다. 우리는 스턴이 여기서 **어린이의 가장 위대한 발견**을 보았다는 것을 알고 있다.

4-4-10] 들라크루아를 위시한 몇몇 조사자는 이것을 부정하려 한다. 이런 저자들은 어린이 실문의 두 번째 시기(4세의 연령부터, 행해지는 "왜?"로 표현되는 질문)와 대조되는 어린이의 질문의 첫 시기(이걸 뭐라고 해요?)의 보편적 중요성을 부정하려 하며, 또한 어떤 경우에도 이 현상이 발생하는 곳에서, 스턴에 의해 부착된 가치를, 어린이가 "모든 것은 그 이름을 가진다(15, p. 286)"는 것을 발견하였음을 나타내는 징후로서의 그 가치를 부정하려 한다. 왈롱Wallon[7]은 어린이에게 그 이름이 잠시 동안은 대상의 대체물이라기보다는 대상의 속성에 가까운 것으로 보인다고 추정한다. "1살 반 된 어린이가 어떤 대상의 이름을 물었을 때, 그는 자신이 새롭게 발견한 연결을 드러내지만, 그러나 어떤 것도 그가 이름을 대상의 단순한 속성으로 보지 않는다는 것을 나타내지 못한다. 오직 체계적으로 일반화된 질문들만이 그것이 임의의 혹은 수동적인 연결의 문제가 아니라, 모든 실재하는 대상을 대신하는 특정한 상징적 기호의 기능에 앞서는 경향임을 입증할 수 있다(15, p. 287)."

4-4-11] 우리가 본 바와 같이, 코프카K. Koffka는 두 의견의 중간에 위치한다. 한편으로는, 뷜러를 따라, 그는 침팬지의 도구 발명과 어린이에 의한 언어의 명명 기능의 발견, 발명 사이의 유추를 강조한다. 다른 한편으로는, 코프카는 이 유추를 낱말은 사물의 구조에 들어간다는 사실로 제한한다. 그렇지만 낱말이 기호의 기능적 가치를 꼭 지니는 것은 아니다. 다른 요소들이 그런 것과 똑같은 방식으로 그리고 그런 요소들과 함께, 낱말은 사물의 구조에 들어간다. 잠시 동안, 낱말은 어린이에게 대상의 다른 속성들과 나란히 **대상의 한 속성**свойством вещи이 된다.

4-4-12] 그러나 사물의 이 '속성(사물의 이름)'은 사물로부터 분리될 수 있다. 예를 들면, 마치 엄마의 눈이 지속되지만, 엄마가 고개를 돌리면 볼 수 없는 것처럼, 분리될 수 있는 엄마의 기호이듯이, 사물의 이름을 듣지 않고도 사물을

보는 것이 가능하다. "그리고 우리에게 있어 이것은 이 소박한 태도와 똑같다. 파란색 옷은 어둠속에서 우리가 그 색을 보지 못할 때조차도 파란색으로 남는다." 그러면 그 이름은 모든 대상의 한 속성이고, 어린이는 이 규칙을 활용하여 모든 구조를 보충한다(23, p. 244).

4-4-13] 뷜러 역시 모든 새로운 대상은 어린이에게 전반적인 구조적 도식, 즉 명명하기에 따라 해결되어야 할 상황적 과제가 됨을 보여 준다. 새로운 대상을 지시할 낱말이 없을 경우 어린이는 어른에게 그 명칭을 요구한다.

4-4-14] 우리는 이 의견이 진리에 가장 가까운 것이라고 생각하며, 그것은 멋지게 스턴과 들라크루아 논쟁에서 출현한 난점을 제거했다고 생각한다. 인종 심리학의 데이터와 특히 어린이 말에 대한 심리학의 데이터(특히 피아제, 29 참고)는 우리에게 낱말은 오랜 기간 어린이에게 **사물의 상징이기보다는 사물의 한 속성**이라고 말한다. 바꿔 말하면, 우리가 본 바와 같이, 어린이는 **사물의 내적 구조보다 사물의 외적 구조**를 더 먼저 파악한다. 즉 어린이는 (낱말과 사물의) 외적 구조를 파악하고 그런 연후에야 낱말과 사물의 관계를 상징적 구조로 본다.

4-4-15] 그렇지만, 쾰러의 실험이 그랬던 것처럼, 우리는 과학에 의해 아직 실제적 해결이 이루어지지 않은 문제 앞에 여전히 서성거리고 있는 우리를 발견하게 된다. 우리는 수많은 가설로부터 단지 가장 그럴듯한 것을 선택할 수 있을 뿐이다. 가장 그럴듯한 그런 가설은 '중용의 길'[8]이다.

4-4-16] 어떤 내용이 중용의 길을 지지할까? 첫째, 쉽게 한 살 반 유아에게 말의 상징적 기능 발견을 할당하는 것, 즉 일반적으로 한 살 반 유아가 보이는 전반적인 정신 수준과 조응할 수 없는 의식적인 지적 조작 그리고 가장 높은 정도의 복잡한 지적 조작을 할당하는 것을 우리는 거부할 수 있다. 둘째, 우리의 결론은 완벽하게 실험적 데이터와 일치한다. 심지어 낱말보다 더 단순한 기호의 기능적 사용이 상당히 늦게 출현함을, 그리고 그것은 한 살 반 유아가 결코 접근할 수 없다는 것을 그 모든 데이터는 보여 준다. 셋째, 이 경우

에 우리의 결론은 오랜 기간 어린이는 말의 상징적 가치를 깨닫지 못하고 사물의 속성들 중의 하나로 낱말을 사용한다는 것을 입증하는 어린이 말을 다룬 심리학의 전반적인 데이터에 일치한다. 넷째, 스턴이 언급한 장애 아동들 (특히 헬렌 켈러)에 대한 관찰 결과는, 말을 배우는 농아 어린이들에게 이러한 전환점이 어떻게 일어나는지 직접 관찰한 뷸러가 말한 바와 같이, 초 단위로 추적될 수 있는 그와 같은 '발견'은 일어나지 않음을 보여 준다. 반대로, 너무도 많은 '분자적' 변화들이 발생하여 발견으로 도약했다.

4-4-17] 마지막으로, 다섯 번째로, 이것은 이전 부분에서 실험적 연구에 근거하여 우리가 개관했던 기호 숙달의 일반 경로와 완벽하게 일치한다. 우리는, 학령기 어린이에게서조차도, 즉각적으로 기호를 기능적으로 사용하도록 이끄는 직접적인 발견을 관찰할 수가 없었다. '소박한 심리학'의 단계, 즉 **순수히 기호의 외적 구조**를 숙달하는 단계가 그것에 늘 선행한다. 이 단계는 오직 나중에, 기호 조작 과정에서 어린이가 올바르게 기호를 기능적으로 사용하는 것을 가능하게 한다. 사물의 다른 속성들과 함께 낱말을 그저 또 다른 사물의 한 속성으로 간주하는 어린이는 정확하게 어린이 말 발달의 이 단계에 위치한다.[9]

4-4-18] 이 모든 것은, 외적 유사성, 즉 **표현형**의 유사성에 의해 그리고 어린이의 질문에 대한 자신의 해석에 의해 의심할 바 없이 오류로 인도된 스턴의 입장에 우호적인 내용이다. 그러면 동시에, 이것이 우리가 도출한 생각과 말의 개체발생적 발달의 도해에 근거하여 만들어진 우리의 기본적인 결론을 붕괴시킬 수 있을까? 구체적으로 말하면, 특정한 시점까지 생각과 말의 개체발생이 다른 발생적 경로를 따라 진행되고 특정한 시점을 경과한 후에만 두 노선이 교차한다는 우리의 기본적인 결론을 붕괴시킬 수 있을까?

4-4-19] 결코 그럴 수 없다. 스턴의 입장이 유지되어야 혹은 붕괴되어야 하는가와 그 입장에 대신 다른 어떤 것을 놓느냐와 무관하게 이 결론은 여전히 올바르다. 쾰러 자신과 다른 이들에 의해 실험적으로 확립된 바와 같이, 어린

이의 지적 반응들의 최초 형태는, 침팬지의 행위들처럼, 말로부터 독립되어 있다는 것에 모든 이가 동의한다(15, p. 283). 더 나아가, 어린이의 말 발달에서 최초 단계는 전前 지적 단계라는 것에도 모든 이가 동의한다.

4-4-20] 만약에 이것이 유아의 옹알이에 대하여 명백하고 의심할 바가 없다면, 그러면 최근에는 어린이의 최초 낱말들에 관해서도 이것이 확립된 것으로 간주될 수 있다. 어린이의 최초 낱말들이 완벽하게 정서적·의지적 성질을 가지고 있다는 모이만의 입장, 즉 이것은 여전히 동물들의 말처럼 객관적 의미와 이질적이고 전적으로 주관적 반응들에 대해 제시된 '갈망과 정감'의 기호라는 취지로 이루어진 모이만의 입장이 최근에 많은 저자들에 의해 논박되었다는 것은 사실이다. 스턴은 심지어 이 첫 낱말들에도 아직 변별되지 않은 객관성의 요소들이 있다고 생각하였다. 그리고 들라크루아는 그 첫 낱말들과 객관적 상황 사이에서 직접적 연결을 보았다. 그러나 두 저자는 그럼에도 불구하고 낱말은 항상적이며 안정적인 객관적 가치를 지니지 않고 있다는 데 의견의 일치를 보았다. 즉 첫 낱말은 객관적인 성질에서 학습된 앵무새의 욕설과 유사하다. 그 까닭은 갈망과 기분 그리고 감정적 반응이 객관적인 상황과 관계를 가지기 때문이다. 이렇게 낱말들도 객관적 상황과 연결될 수 있지만 이런 내용은 결코 모이만의 기본적인 입장을 논박하지 못한다(15, p. 280).

4-4-21] 우리는 이제 말과 생각의 개체발생에 대한 이제까지의 검토가 산출한 것을 요약할 수 있다. 생각과 말에서 발생의 근원과 발달 경로는 **특정한 시점까지는** 다른 것으로 보였다. 새로운 것은 **발달의 두 경로가 교차[10]**하는 일이 출현한다는 것이다. 그리고 이것은 어느 누구에 의해서도 논박되지 않았다. 이 교차가 한 시점에서 혹은 여러 시점에서 발생하는지, 즉 이 교차가 즉각적이며 대변동으로 완성되는지 혹은 점진적이며 느리게 점증적으로 완성된 후에 돌발적으로 햇빛을 보게 되는지, 또는 그것이 발견의 결과인지 혹은 단순한 구조적 행위와 장기간의 기능적 변화의 결과인지, 즉 그것이 2세에 발생하는지 혹은 학령기에 발생하는지, **현재도 논의 중인 이런 질문 모두에 구애받**

지 않는 여전히 명명백백한 근본적인 사실 하나가 있다. 그것은 바로 **이 두 발달 노선이 교차한다는 사실이다.**

4-4-22] 우리에게는 내적 말을 검토하면서 산출한 내용을 요약하는 것이 아직 남아 있다.[11] 한 번 너 많은 가설에 내한 타개책을 찾아야 했다. 내적 말의 발달은 속삭이는 말을 통해 발생하는가 아니면 자기중심적 말을 통해 발생하는가? 내적 말의 발달은 외적 말의 발달과 동시에 성취되는가 아니면 내적 말의 발달이 상대적으로 앞선 단계에 나타나는가? 내적 말과 내적 말에 연결된 생각은 모든 문화적 행동 형태의 발달에서 특정한 단계로 간주될 수 있는가? 그 자체로도 극도로 중요한 이런 질문들이 사실적 연구 과정에서 어떻게 해결되는가와 무관하게, 근본적인 결론은 여전히 똑같다. 이것은 내적 말은 오랜 기간의 기능적 변화의 축적과 구조적 변화의 축적을 통해 발달하고, 내적 말이 말의 사회적 기능과 자기중심적 기능의 변별과 함께 어린이의 외적 말로부터 갈라져 나오며, 최종적으로 어린이가 숙달한 말의 구조들이 어린이 생각의 기본 구조들이 된다는 것이다.

4-4-23] 기본적인, 확실한, 그리고 결정적인 사실 하나가 이와 함께 드러났다. 즉 생각 발달이 말에, 생각의 수단에, 그리고 어린이의 사회-문화적 경험에 의존한다는 것이다.[12] 내적 말의 발달은 본질적으로 외부로부터 규정된다. 피아제의 연구가 보여 준 것처럼, 어린이 논리 발달은 어린이의 말이 사회화됨에 따른 결과이다. 어린이의 생각은 (우리가 이런 식으로 우리의 발상을 공식화하는 것이 허락된다면) 사회적 수단을 숙달하는 데 의존하는 방식으로, 즉 말에 의존하는 방식으로 발달한다.

4-4-24] 그리고 우리는 이것을 가지고 우리 전체 작업의 기본적인 입장 즉, 문제 설정을 위한 최고의 방법론적 가치를 지닌 입장을 공식화하는 데 도달했다. 이 결론은, 내적 말과 말로 하는 생각의 발달을 말과 지성의 발달에 대비함으로써, 발달이 동물의 세계와 초기유년기에 어떻게 고유하고 구분된 노선에 따라 나아가는지 대비함으로써 도출된다. 이와 같은 **대조**는, 한 발달이

단순하게 다른 발달의 직접적 연속이 아님을, 오히려 **발달의 형태가 변화함**을 보여 준다. 즉 생물적인 것에서 사회-역사적인 것으로 변화함을 보여 준다.

4-4-25] 앞에서 기술한 내용은, 말로 하는 생각이 일차적, 자연적 행동 형태가 아닌 사회-역사적 형태임을, 따라서 생각과 말의 자연적인 형태에서 나타날 수 없는 일련의 전체 **고유한 특성과 법칙**에 의해 구별된다는 것을 충분히 명백하게 보여 주었다고 나는 생각한다. 그러나 주요한 것은 우리가 말로 하는 생각의 역사적 성질을 인식함으로써 인간 사회의 역사적 현상 전부에 대하여 사적 유물론이 확립했던 모든 방법론적 원리를 행동의 이 형태까지 확장해야만 한다는 사실이다. 마지막으로, 우리는 역사적 행동발달 유형 자체가 본질적으로 인간 사회에서 펼쳐진 역사 발전의 일반 법칙에 직접 의존함이 입증되리라고 예견해야만 한다.

4-4-26] 그러나 이것들 때문에 생각과 말의 문제는 자연과학의 방법론적 제방을 넘어서서 인간의 역사심리학, 즉 사회심리학의 중심 문제로 전환된다. 동시에 방법론적으로 그 문제를 제기하는 방식도 변화시킨다. 만약에 그에 충실하게 전체 문제를 조사하지 못한다 할지라도, 이 문제의 몇몇 **결절**結節 **지점***들에 대해서, 즉 방법론적 의미에서 가장 어려운, 그러나 변증법적 유물론과 사적 유물론을 토대로 인간 행동을 분석할 때 가장 중심적이고 중요한 결절 지점들에 대해 생각해 볼 필요가 있다.

4-4-27] 정확하게 생각과 말의 **이 두 번째 문제**는, 두 과정의 관계에 대한 기능적 분석과 구조적 분석에서 언급했었던 많은 다른 개별적 계기들처럼, 특별한 연구의 주제가 되어야만 한다.

---

* 중요지점.

●

1) 만약에 어떤 것이 있다면, 도대체 무엇이 인간을 **독특하게** 만드는 것일까? 한편으로, 강력한 다윈주의자 비고츠키는 **그런 건 없다**고, 혹은 적어도 생물학적으로 그런 건 없다고 대답할 것 같다. 다른 한편으로, 헤겔주의자로서 그리고 마르크스주의자로서 비고츠키는 모든 것이 다 그렇다고, 적어도 사회문화적으로 **모든 것이 다 그렇다**고 대답할 것 같다. 헤겔의 관점에서 보면, 인간으로 인해, 그리고 오직 인간으로 인해서만 자연은 스스로를 의식하게 된다. 마르크스의 관점에서 보면, 비록 유인원이 이미 도구 사용과 도구 생산을 위한 지적 자료들을 가지고 있었지만, 오직 인간으로 인해서만 자연에 적응하는 것이 자연을 개조하는 것이 된다.

I 이것이 심리학과 무슨 관련이 있을까? 아주 많은 관련이 있다. 동물은 인간의 지능 형태에 매우 가까운 지능 형태를 발달시켰지만, 그러나 그것은 문제 해결을 위한 똑같은 양식으로 표현되지 않는다는 것을 쾰러의 유인원의 예에서 우리에게 보여 준다. 심지어 쾰러의 유인원 지능에 대한 평가를 거부하는 사람들도 유인원이 신체적으로 우리와 가장 가까운 친척일 뿐만 아니라, 심리적으로도 가장 가까운 친척이라는 것에 동의한다. 바로 이런 사실로 판단할 때, 우리는 말과 지능이 동물의 왕국에서 **분리**되어 있다는 것을 알게 된다. 그 까닭은 다른 동물들은 분명히 외부로 드러나는 말을 더 잘 흉내 낼 수 있기 때문이다(예를 들면, 엥겔스의 욕하는 앵무새). [4-4-1~4-4-8]

II 이런 분리가 개체발생에서도 **반복**될까? 비고츠키는 긍정과 부정으로 대답한다. 개체발생과 계통발생을 순서에 의해 이어지는 것으로 보든 아니면 평행한 것으로 보든지 간에, 어린이들도 두 기능이 확실히 분리되어 있는 지능의 말 이전 국면과 그리고 말의 前 지적 국면을 가진다는 것을 우리는 볼 수 있다. 그러나 스턴이 적고 있는 것처럼, 생각과 말은 2세 전후에, 처음으로 지적으로 되는 말과 말로 되는 생각으로 융합한다. [4-4-9~4-4-10]

III 그 융합의 결과물은 완벽하고 절대적일까? 스턴은 그렇다고 대답한다. 다른 학자들은 아니라고 대답한다. 비고츠키는 '**중간 길**'을 제안한다. 생각과 말의 융합물은 어린이가 완벽하게 기호 의미로부터 기호 표현을 분리해 냈다는 것을 의미하지 않는다. 왈롱과 코프카가 이름은 사물의 '속성'으로 간주된다고 주장했을 때, 심지어 사물의 속성이 사물로부터 분리될 수 있다고 하더라도(예를 들면, 심지어 우리가 사람의 눈동자를 보지 않을 때도 사람의 눈동자가 거기에 있는 방식으로 그리고 드레스의 색이 어둠 속에서도 파란 색으로 남아 있는 방식으로), 그들은 진리에 더 가까이 다가갔다. [4-4-11~4-4-12]

Ⅳ 이것은 비고츠키가 기호 숙달을 위해 펼쳐 놓은 일반적인 순서를 **확증한다**. 하나의 이름은 한 사물의 한 '속성'이라는 믿음은 '소박한 심리학'의 단계와 일치한다. 그러므로 거기에서 순간적으로 이루어지는 언어 '발견'은 없다. 바꿔 말하면, 어린이는 사물들을 명명하며 대상의 속성을 발견하는 걸 경험한다. 비록 어린이들이 발견한 것에 관하여는 너무도 틀렸을지라도, 스턴은 발견의 시기에 관해서는 정말로 정확하다. 비슷하게, 비록 스턴이 어린이의 첫 낱말이 대상을 지향한다는 것에 대해서는 정확했지만, 모이만이 어린이의 표현을 성질상 '정서적이고 의지적'이라고 본 것은 더 정확하다. [4-4-13~4-4-20]

Ⅴ 그 후에 비고츠키는 내적 말에 대한 그의 검토 결과를 요약한다. 형태는 기능을 따른다. 마치 외적 말이 자신의 기능이 변함으로써 그리고 자신의 양식과 구조가 변함으로써, 자기지시적, 자기중심적 말로 발달하는 것처럼, 내적 말은 침묵의 사고로 변형되는 구조적 변화가 뒤따르는 **기능적** 변화를 통해 발달한다. [4-4-21~4-4-22]

Ⅵ 이것은 생각 역시, 사적 유물론의 모든 기본 원리에 복속하는, 행동의 **문화-역사적** 형태라는 것을 의미한다. 또한 어린이에게서, 의식이 존재를 규정하는 것이 아니라 존재가 의식을 규정하지만, 이 경우에 그렇게 되는 것은 노동이 아니라 활동의 다른 형태 때문이다. 활동의 이러한 형태들에 대한 특별한 연구는 이어지는 두 장에서 다루어진다. [4-4-23~4-4-25]

2) 발생 과정과 무관하게 '지능', '이성', '의도', '의지', '절대 정신'이 인간에게 있다고 주장하는 것을 비고츠키는 거부하고 있다. 이러한 태도가 오늘날까지도 관념론적으로 인간을 정의하는 이원론의 형태로 제기되고 있다. 육체는 동물의 세계에서 진화했을지 모르나 정신의 한 특성인 '이성'은 동물세계에서 찾을 수 없는 인간만의 독특한 무엇이라고 주장하는 것이 그런 예이다.

3) 미닉Minick은 '명확한 인간'이 두 낱말을 빠트렸다. 우리가 보기에 이 두 낱말은 의미 전달에서 핵심적 역할을 하고 있다. 비고츠키는 인간이 다른 동물과 무엇이 다른가라는, 인간을 다른 종과 다르게 만든 요인이 무엇인가라는 전체 문제를 논증하고 있다.

4) 플레하노프(Georgy Valentinovich Plekhanov, 1856~1918)는 러시아의 혁명가이다. 그는 러시아 마르크스주의의 대부로 지칭된다.

5) 단 하나의 사실을 확립한다고 했지만, 두 가지 사실을 확립하였고, 또한 그 내용을 좀 다른 형태로 부연하였다.

6) 행동의 두 형태는 말과 생각이다.

7) 앙리 왈롱(Henri Wallon, 1879~1962). 프랑스의 심리학자.

8) 일반적으로, 비고츠키는 중용의 길을 선호하지 않는다. 도리어, 그는 진리는 중간이

아닌 양극단 너머에 있다는 것을 보여 주었다. "모든 이론은 회색이며, 생명의 나무만
이 푸르다."는 괴테의 금언을 비고츠키와 루리야는 잊지 않고 있다.

9) 개체발생에서 말 발달의 네 단계. 나열하면 원시적(자연적) 말, 소박한 심리적 말, 혼잣
말, 내적 말. 앞의 두 개는 외적 말로 묶일 수 있다.

10) 발달의 두 경로가 만나는 관계를 표현하는 것을 합류와 교차로 구분하였음.

11) 앞 문단에서 4장 4절의 내용을 요약하였고, 이 문단에서는 4장 전체 내용을 요약하
고 있다.

12) "생각 발달이 말에, 생각의 수단에, 그리고 어린이의 사회-문화적 경험에 의존한다는
것이다." 여기서 생각 발달이 의존하는 것은 하나다. 그건 물질적으로 표출되는 말
이다. 말이 여기서는 생각의 수단이고, 사회-문화적 경험을 직접적으로 매개하는 것
이다. 동일한 것을 세 측면에서 기술하고 있다.

5장
개념 발달에 대한
실험적 연구

5-1¹⁾

5-1-1] 최근까지 개념을 연구하는 분야에서 주된 난관은 개념 형성 과정을 더욱 깊이 분석하고 그 심리적 본질을 연구하는 데 사용할 수 있는 적절한 실험적 방법이 없다는 것이었다.

5-1-2] 개념을 연구하는 모든 전통적 방법은 기본적으로 두 개의 그룹으로 나뉜다. 첫 번째 그룹에 속하는 방법의 전형적 예는 소위 정의定義를 내리는 것과 이것에 유사한 것들이다. 이 방법은 어린이에게 이미 기능하고 있으며 이미 형성된 개념의 내용에 대한 언어적 정의를 조사하는 것이 그 특징이다. 심리 검사에 바탕한 대부분의 연구들이 채택하는 것이 바로 이 방법이다.²⁾

5-1-3] 비록 널리 사용되고는 있지만 이 방법이 가지는 두 가지의 근본적 결함 때문에, 과정에 대한 깊은 조사가 필요한 경우 우리는 이에 의지할 수 없게 된다.

5-1-4] 1. 이 방법은 이미 완성된 개념 형성 과정의 결과, 즉 최종 결과물을 다룰 뿐, 이 과정의 역동성이나 발달, 그 경로의 시작과 끝을 다루지 않는다. 이는 결과물을 형성해 온 과정이 아니라 결과물에 대한 연구라고 할 수 있다. 이 때문에 이미 형성된 개념을 정의할 때, 우리는 흔히 어린이의 사고과정이 아니라 이미 습득된 정보와 이미 이해된 정의에 대한 재생산과 반복을 다루게 된다. 어린이가 이러저러한 개념들에 대해 내린 정의를 분석할 때 우리는 진정한 의미에서 어린이의 생각에 대해 알게 되기보다는 그의 지식, 경험, 그리고 언어

발달의 수준에 대해 알게 된다.

5-1-5] 2. 정의의 방법은 거의 전적으로 낱말의 사용에 따르는데, 이는 특히 어린이에게 있어 개념은 감각적 재료와 밀접히 관련되어 있다는 사실을 망각한 것이다. 감각적 재료에 대한 지각과 재가공의 과정을 통해 개념이 생겨나게 된다. 감각적 재료와 낱말 모두가 개념 형성 과정의 필수 불가결한 자질이므로 낱말이 재료와 분리되면 이 개념 정의의 전체 과정은 어린이에게는 부자연스러운, 순수한 언어적 측면으로 변형된다. 이 때문에 이 방법을 사용하면 우리는 어린이가 순수하게 언어적 정의를 사용하여 낱말에 부여하는 의미와 낱말이 지칭하는 객관적 현실과의 생생한 관계에서 낱말에 부여되는 진정한, 실제의 의미 사이의 관계를 확립하는 것이 거의 불가능하다.

5-1-6] 이 때문에 개념에서 가장 본질적인 것, 즉 실재와의 관계는 탐구되지 않은 채 남아 있다. 우리는 다른 낱말을 통하여 어떤 낱말의 의미에 접근하고자 하였으며, 이러한 조작의 결과로 우리가 얻는 것은, 어린이 개념에 대한 진정한 반영에 적용할 수 있는 것이 아니라 어린이가 습득한 각각의 어군語群 사이에 존재하는 관계에 적용할 수 있는 것이다.

5-1-7] 개념 연구의 방법 중 두 번째 그룹은 순수하게 언어적인 정의의 방법이 갖는 단점을 극복하고 개념을 싹 틔우는 시각적 경험의 분류와 개념 형성 과정의 기초에 놓여 있는 심리적 기능과 과정을 이해하려 하는 추상화抽象化의 연구이다. 여기서 어린이는 일련의 구체적 대상으로부터 그에 공통적인 특징을 선택하는 과업을, 지각 과정에 존재하는 일련의 여러 특징 가운데에서 변별적 자질을 구분, 추상하여 이 공통적 특징들을 전체적인 일련의 인상에 따라 일반화하는 과업을 부여받는다.

5-1-8] 이러한 방법들의 두 번째 그룹의 결점은 복잡한 과정을 과정의 부분인 기초적 과정으로 대체하고 개념 형성의 과정에서 말이나 기호의 역할을 무시한다는 데 있다. 그렇게 함으로써 추상화는 전체 과정의 핵심적인 특징을 대표하는, 개념 형성의 과정과 낱말 사이의 특별하고 특징적인 관계 밖에 있

는 것처럼 다루어졌으며, 그에 따라 추상화 과정 자체는 과대 단순화되었다. 따라서 개념에 대한 전통적인 연구방법들은 둘 다 똑같이 말을 객관적 재료와 분리시키는 것으로 보인다. 그들은 객관적 재료 없이 말을 통해서만 작용하거나 말을 제외한 재 객관적 재료를 통해서만 작용한다.

5-1-9] 이 두 특징, 즉 개념 발달의 토대가 되는 재료와 개념이 생겨나게 하는 말을 모두 포함하는 개념 형성 과정을 성공적으로 반영한 실험적 방법의 창조는 개념 연구의 영역에서 중요한 일보 진전이었다.

5-1-10] 우리는 이 새로운 개념 연구방법이 발달해 온 복잡한 역사에 대해 길게 다루지는 않을 것이다. 이것이 도입됨으로써 연구자들에게 완전히 새로운 세계가 열려서 연구자들이 이미 형성된 개념뿐 아니라 그 형성의 과정도 연구하기 시작했다는 것을 지적하는 것으로 충분할 것이다. 이 방법은 특히 아흐Ach가 사용한 형태에 따라 통합적-발생적統合的-發生的이라고 합당하게 불릴 수 있다. 이는 개념 확립의 과정, 개념을 구성하는 일련의 제 특징들의 통합 그리고 개념 발달의 과정을 연구하기 때문이다.

5-1-11] 이 방법의 저변에 깔려 있는 원칙은, 처음에는 피험자들에게 무의미하며 어린이의 사전 경험과 연결되어 있지 않은, 실제 존재하지 않는 낱말들과 실험적 목적을 위해 정상적 개념의 영역에서는 발견되지 않는 일련의 자질들을 조합하여 특별히 구성되었다. 그것은 특정한 연합의 과정에서 나타나는 말에서 의미를 부여받게 되는 인공적 개념들을 실험에 도입하는 것이다. 예를 들면, 아흐의 실험에서 '가즌'이라는 낱말에 대해 피실험자는 처음에는 무의미 단어로 받아들였지만 실험의 과정에서 이 단어는 점차 의미를 획득하여 크고 무거운 것을 뜻하기 시작했다. 또한 '팔'이라는 낱말은 작고 가벼운 것을 뜻하기 시작했다. 실험을 통한 경험 획득의 과정에서 무의미 낱말의 뜻을 알아내려는 노력의 전체적 경로, 즉 낱말 의미의 습득과 그 개념의 구성이 시작된다. 무의미 낱말과 인위적 개념의 도입 덕분에 다른 방법들에 깊이 스며 있는 가장 심각한 결점 중 하나로부터 벗어날 수 있게 된다. 즉, 피실험자에게 어떠한 사전

경험이나 배경 지식도 전제되지 않으므로, 실험에서 당면한 과업을 해결하는 데 있어서 어린이와 어른의 입장은 동등해진다.

5-1-12] 아흐는 자신의 방법을, 실험 대상들을 그들의 지식이라는 관점에서는 동등하게 위치시키면서, 다섯 살짜리 어린이와 어른에게 동일하게 적용하였다. 그 결과 그의 방법은 어른에게도 적용이 가능하여 개념 형성 과정을 그 순수한 형태로 연구할 수 있게 해 주었다.

5-1-13] 정의의 방법이 가지는 주요 잘못 중 하나는, 개념이 자연스러운 연결로부터 단절되어, 그것이 일반적으로 발견되고 유래하며 거주하는 실제의 사고 과정과의 연관 밖에서 경직되고 정적인 형태로 조사된다는 것이다. 실험자가 불쑥 한 낱말을 선택하면 어린이는 그것을 정의해야 한다. 그러나 경직된 형태로 취해진 추출, 고립된 낱말에 대한 정의는 그 낱말이 실제 활용에서 어떻게 이해되며 어린이가 문제 해결의 생생한 상황에서 그것을 어떻게 다루고 실제 생활에서 그것을 어떻게 사용하는지에 대해 조금도 알려 주지 않는다.

5-1-14] 아흐에 따르면, 이와 같이 기능적 요인을 무시하는 것은 본질상 개념이 고립되어 살지 않고, 경직되고 고정된 현상을 나타내지 않으며 반대로 개념은 언제나 생생하고 다소간에 복잡한 생각 과정에서 언제나 의사소통적, 해석적, 또는 이해적 기능을 수행하거나 아니면 문제를 해결하려 한다는 사실에 대한 고려를 거부하는 것이다.

5-1-15] 그러나 새로운 방법은 개념 형성의 바로 이러한 기능적 측면에 핵심적 위치를 부여하므로 위와 같은 결점을 갖지 않는다. 그것은 생각 과정에 의해 생성된 이러저러한 문제나 필요와 연결하여, 형성 중인 개념 없이는 실행할 수 없는 설명이나 문제 해결의 상황에서 이해나 의사소통과 연결하여 개념에 접근한다. 모든 것을 종합할 때 이 새로운 방법은 개념 발달을 이해하는 데 중요하고 가치 있는 도구가 된다. 아흐 자신은 청소년기의 개념 형성 문제에 대하여 특별히 연구를 수행한 바 없으나, 그럼에도 자신의 연구 결과에 비추어

볼 때 그는 내용과 사고의 형태 양자를 모두 포함하는 이중의 혁명을 알아차릴 수밖에 없었다. 이는 청소년기의 지적 발달기에 일어나며 개념적 사고로의 이행을 나타낸다.[3)

5-1-16] 리마트Rimat는 청소년기의 개념 형성에 수반되는 과정들에 대해 면밀하고 특별한 연구를 실시했다. 그는 아흐의 방법을 조금 변형시켜 연구를 시행하였다. 이 연구의 결과로 다다르게 된 기본 결론은 개념 형성이 오직 청소년기의 도래와 함께 나타나며 그 전까지는 어린이가 개념 형성에 도달할 수 없다는 것이다.

5-1-17] 그는 다음과 같이 기술한다. "일반적인 객관적 개념을 독립적으로 형성할 수 있는 능력에 대한 뚜렷한 향상이 오직 12세 이후에야 나타난다는 것을 확실히 말할 수 있다. 나는 이 사실을 고려하는 것이 중요하다고 생각한다. 시각적 경험과는 거리가 먼 기능인 개념적 사고는…… 12세 이전까지는 어린이의 심리적 능력을 넘어서는 요구를 만들어 낸다(Rimat, 1925. p. 112)."[4)

5-1-18] 우리는 그 실험을 수행함에 있어 사용된 방법이나 저자가 실험으로부터 도출할 수 있었던 이론적 결론과 결과에 대해 논의하지 않을 것이다. 우리는, 청소년기에 새로운 심리적 기능이 출현한다는 것을 부정하고 세 살짜리 어린이가 이미 청소년기의 생각 과정을 구성하는 지적 작용을 소유하고 있다고 주장하는 일부 심리학자의 견해에 반하여, 특정 연구는 오직 12세 이후에만, 즉 사춘기의 시작이자 초등학교 학령기의 마지막에만 개념과 추상적 생각의 형성이 어린이에게서 시작된다는 것을 보여 준다는 점만을 지적하고자 한다.

5-1-19] 아흐와 리마트의 연구로부터 도출할 수 있는 기본적 결론 중 하나는 개념 형성에 대한 연합적 관점에 대한 논박이다. 아흐의 연구는 여러 언어적 기호와 다양한 대상들 사이에 연합적 연결이 아무리 많고 견고하더라도 이 사실 하나만으로는 개념 형성이 일어나는 원인이 되기에는 턱없이 부족하다는 것을 보여 주었다. 따라서 여러 대상들에 공통적인 속성에 상응하는 어

떤 연합적 연결의 강력한 강화와 이 대상들 사이의 서로 다른 속성에 상응하는 다른 연합들의 약화로 인해 생기는 연합적 경로에 따라서만 개념이 생겨난다는 이러한 생각은 실험적 증거에 의해 확증되지 않았다.[5]

5-1-20] 아흐의 실험은 개념 형성 과정은 재생산적이 아니라 언제나 창조적 특성을 가진다는 것을 보여 주었다. 개념이 생겨나서 형성되는 것은 문제의 해결을 지향하는 복잡한 작용을 통해서이다. 단지 외적 상황의 존재와 낱말과 대상 사이 관계의 기계적 확립은 개념 발생을 위한 충분한 원인이 아니다. 이와 같은 개념 형성의 비연합적이고 생산적인 특성의 확립과 더불어, 이 실험들은 이에 못지않게 중요한 결론으로 인도한다. 이는 이 과정의 전체 경로 일반을 규정짓는 근본적 요소의 확립이다. 아흐에 의하면 이 요인은 바로 소위 결정적 경향성[6]이라 불리는 것이다.

5-1-21] 아흐는 우리의 표상과 행동을 규제하는 경향성을 지칭하는 데 이 용어를 사용한다. 이 경향성은 행동들이 지향하게 되는 목표에의 표상과 활동이 성취하고자 하는 과업으로부터 나타난다. 아흐 이전에 심리학자들은 우리 지각의 흐름에 종속된 두 가지 기본적인 경향성을 구분했는데 이들은 바로 재생산적 또는 연합적 경향성과 보존적 경향성이다.

5-1-22] 이 중 첫 번째 것은 관념의 연속에서 기존의 경험으로부터의 정보와 연합적으로 연결되어 있었던 것들을 불러일으키는 경향성을 지칭한다. 두 번째 것은 각각의 관념이, 관념의 조류潮流로 계속하여 회귀하고 반복적으로 잠입하려는 경향성을 나타낸다.

5-1-23] 아흐는 자신의 초기 연구에서 이 두 가지 경향성으로는 문제 해결을 지향하는 의도적, 의식적 생각 작용들을 충분히 설명할 수 없다는 것을 보여 주었다. 그는 또한 이 생각 작용들이 연합적 연결에 따른 개념의 재생산이나 각각의 표상이 의식으로 반복하여 스며들고자 하는 경향성에 의해 규제되는 것이 아니라 목표라는 관념으로부터 유래하는 특정한 결정적 경향성에 따라 규제된다는 것을 보여 주었다. 아흐는 또한, 새로운 개념 발생에 있어 필수

불가결한 핵심 자질은 피실험자가 당면한 문제로부터 유래하게 되는 결정적 경향성의 규제 작용이라는 것을 보여 주었다.[7]

5-1-24] 따라서 아흐의 도식에 의하면 개념 형성은, 한 고리가 연합에 따라 연결된 다음 고리를 소환하여 그에 연결시키는 연합의 연쇄가 아니라 기본 문제의 해결과 관련하여 수단의 역할을 하는 여러 개의 조작으로 구성되는 의도적 과정의 유형에 따라 형성된다. 단어를 외우고 그것을 대상과 연합하는 것 자체는 개념 형성으로 인도하지 않는다. 개념 형성 과정이 착수되려면 개념 형성의 도움 없이는 다른 어떤 방법으로도 해결이 불가능한 문제에 피험자가 대면하게 되어야 한다.

5-1-25] 위에서 이미 언급된 바와 같이, 개념 형성의 과정이 특정한 문제 해결의 구조 안에 포함되게 되며, 이 특징의 기능적 의미와 역할이 연구되었다는 측면에서 아흐는 이전 연구자들에 비해 큰 걸음을 내디뎠다. 그러나 이것으로는 충분치 않다. 그 자체로서 문제인 목적은, 물론, 과정에 절대적으로 필요한 특성을 구성하며, 그 해결이 솟아오르는 데 기능적으로 연결되어 있다. 그러나 유치원생 또는 그보다 어린 어린이들의 활동에도 목적은 있다. 그러나 이 두 그룹 중 어떤 어린이들도 또는, 일반적으로 말해서 앞에서 말한 것과 같이 12세 미만의 어린이들은 문제가 존재함을 정확히 알면서도 아직 새로운 개념을 형성하지 못한다.

5-1-26] 그리고 유치원생들이 당면한 문제를 해결하려는 시도에서 성인이나 청소년과 그 접근법이 다른 것은 어린이들이 목적을 더 정확하거나 또는 더 부정확하게 이해했기 때문이 아니라 문제 해결을 시도하는 전체 과정을 발달시킴에 있어 완전히 다른 방식으로 진행했기 때문이라는 것을 이미 아흐 자신의 연구에서 밝힌 바 있다. 아래에서 논의할 전 학령기 어린이의 개념 형성에 대한 복잡한 실험 연구에서 우즈나드즈д. Узнадзе는 어린이들이 기능적 측면에 있어서, 과제에 대면하며 개념을 조작할 때에는 어른들과 동일한 방식을 사용하지만 문제 해결에서는 전혀 다른 방법을 사용한다는 것을 보여 주었다. 어

른과 같이 어린이는 말을 도구로 사용한다. 따라서 어른에게서와 똑같이 어린이에게 낱말은 의사소통, 의미부여, 이해의 기능과 연결되어 있다.

5-1-27] 따라서 어린이의 시각적 생각과 대비하여, 어른의 다른 생각 유형들 사이의 본질적 발생적 차이를 조성하는 것은 문제 자체나, 그로부터 생겨나는 목적 또는 결정적 경향성 때문이 아니라 우즈나드즈가 언급하지 않는 다른 요인 때문인 것으로 보인다.

5-1-28] 우즈나드즈는 아흐의 연구가 전면에 내세웠던 요인 중 하나인 의사소통의 순간, 즉 말을 통한 사람들 사이의 상호이해의 순간에 특별한 주의를 기울인다. "말은 사람들 사이의 상호 이해를 위한 도구로 사용된다"고 우즈나드즈는 말한다. "개념 형성에 있어서 결정적인 역할을 하는 것은 바로 이 상황이다. 상호 이해의 필요가 생겨나면 특정한 음성적 복합은 특정한 의미를 가져서 낱말이나 개념이 된다. 이러한 상호작용의 기능적 측면 없이는 어떠한 음성적 복합이라도 의미든 무엇이든 간에 그것의 전달자가 될 수 없을 것이며 개념도 형성될 수 없을 것이다.(1966. p. 76)."[8]

5-1-29] 어린이가 대단히 일찍부터 자신의 환경과 접촉한다는 것은 잘 알려진 사실이다. 아주 처음부터 어린이는 사방이 언어적 환경으로 둘러싸인 채 자라나며 어린이 자신도 두 살 이후부터는 이미 이 말의 기제를 적용하기 시작한다. "이들이 뜻 없는 음성적 복합이 아니라 진정한 단어라는 것에는 의심의 여지가 없다. 어린이는 자라면서 더욱 분화된 의미를 이들과 연합시키는 법을 배운다."[9]

5-1-30] 그러나 동시에 우리는 완전히 발달된 개념을 형성하는 데 필요한 생각의 사회화 단계에 어린이가 도달하는 것은 비교적 후기라는 것 또한 확실히 알고 있다.

5-1-31] "따라서 우리는 한편으로는, 비교적 늦게 발달하는 어린이 생각 과정의 고차적 수준을 전제하는, 완전히 성숙한 개념을 보는 반면 또 한편으로는, 비교적 일찍 말을 사용하여 자신들과 어른들 사이의 상호이해의 단계에 이

르는 것을 본다.

5-1-32] 따라서 완전히 발달한 개념의 단계에 도달하지 않은 낱말은 후자의 기능을 취하여 화자들 간의 의사소통의 수단으로 사용되는 것이 명백하다. 이 연령대의 집단에 대한 특별한 연구는, 개념이라기보다는 그에 대한 기능적 등가물로 이해되어야 할 이러한 생각의 형태가 어떻게 발달하는지, 또한 완전히 발달된 생각을 나타낸다고 볼 수 있는 단계에 이들이 어떻게 도달하는지 보여 줄 수 있을 것이다."[10]

5-1-33] 우즈나드즈의 전체 연구는 개념적 사고에 대한 기능적 등가물에 해당하는 이와 같은 생각의 형태가 청소년이나 성인의 더욱 발달된 생각과 (질적, 구조적 관점에서 볼 때) 조금 다르다는 것을 보여 준다. 또한 이 차이는 아흐가 제시한 요인에 바탕을 둘 수 없다. 특정 문제에 대한 해결책의 제공이라는 의미와, 목표에 대한 표상으로부터 생겨나는 결정적 경향성이라는 의미에서 우즈나드즈가 보여 준 것과 같이, 이 형태들은 기능적 관점에서 개념의 등가물이 되기 때문이다.

5-1-34] 따라서 우리는 다음의 상황에 귀착하게 된다. 문제와 그로부터 생겨나는 목적에 대한 표상은 어린이 발달 단계에 있어 비교적 이른 시기에 어린이가 접근할 수 있는 것으로 나타난다. 어린이에게 있어 개념의 기능적 등가물이 대단히 일찍부터 발달하는 것은 바로 어린이와 어른에 있어서 이해와 의사소통의 문제가 기본적으로 동일하기 때문이다. 그러나 문제가 동일하고 기능적 특징이 동등하다 할지라도 문제 해결의 과정에서 기능하는 생각의 형태들 자체는 어린이와 어른이 근본적으로 다르다. 이는 그들의 조성, 구조, 작용 방식이 다르기 때문이다.[11]

5-1-35] 전체 과정을 스스로 결정하고 규제하는 것은 문제나 문제의 일부인 목적의 표상이 아니라, 아흐가 무시하였던 다른 요소라는 점이 명백해진다. 그 문제와 그에 연결된 결정적 경향성은 어른과 어린이들 사이에 나타나는 생각의 기능적 등가물의 형태에서 발견되는 발생적·구조적 차이를 적절하게 설

명하지 못한다는 것 또한 명백하다.

5-1-36] 일반적으로 목적은 이에 대한 대답을 제공할 수 없다. 목적 없이는 목적 지향적 행동이 불가능한 것이 사실이지만 이 목적의 존재가 어떤 식으로든 그 발달과 구조에 도달하는 전체 과정을 설명할 수는 없다. 아흐 자신이 과거의 방법에 관련해 언급한 바와 같이, 목적과 그에 따라 생기는 결정적 경향성이 그 과정을 발동시키지만 그것을 규제하지는 않는다. 목적과 문제의 존재는 목적 지향적 활동이 발생하는 데 있어 필요조건이기는 하지만 필요충분조건은 아니다. 어떠한 목적 지향적 활동은 그것을 시작하게 하고 방향을 제시하는 목적이나 문제가 없이는 생겨날 수 없다.

5-1-37] 그러나 목적과 문제가 있다고 해서 고유한 목적 지향적 활동이 생겨난다는 것을 보장하는 것은 아니며, 어떤 경우라도 그것은 그러한 활동의 과정과 구조를 규정하고 규제할 만한 마법적 힘을 전혀 가질 수 없다. 어린이와 어른의 경험은 발달의 어떤 단계에서 답이 없는 질문, 해결되지 않거나 불완전하게 정교화된 문제들, 또는 얻지 못했거나 얻을 수 없는 목적들에 각 개인이 당면하는 다양한 사건으로 가득 차 있다. 단순히 문제가 존재한다는 사실은 그에 대한 해결의 성공을 전혀 보장하지 않는다. 일반적인 법칙으로 우리는 목적을 출발점으로 삼아야 하지만, 문제의 해결로 이끄는 심리 과정의 본질을 설명하려 시도하는 경우에는 그에 제한되어서는 안 된다.

5-1-38] 이미 언급한 바와 같이 목적은 과정을 설명할 수 없다. 전체로서의 개념 형성의 과정과 목표 지향적 활동의 과정에 연결된 가장 중요하고 기본적 문제는 어떤 심리 작용을 수행하는 데 또는 어떤 목표 지향적 활동을 달성하는 데 사용된 방법에 대한 문제이다.

5-1-39] 인간의 목표지향적 활동, 즉 노동이 인간이 마주치게 되는 특정한 목적이나 문제에 의해 생겨났다고 하는 것은 만족스러운 설명이 될 수 없다. 노동 활동이 생겨날 수 있게 한 도구의 사용과 특별한 수단의 적용을 언급함으로써 노동을 설명해야 하는 것과 같이, 인간이 자기 스스로의 행동의 과정

을 통달하게 되는 수단의 문제는 우리가 보는 고차적 형태의 행동을 설명하고자 함에 있어서 중심적인 문제가 된다.

5-1-40] 여기서 우리가 논의하지 않는 연구들은 모든 고등정신기능이 하나의 공통된 특징으로 묶인다는 것을 보여 주었다. 말하자면 그들이 매개된 과정임을, 즉 그 구조에 과정 일반의 핵심적·기본적 부분으로 기호의 사용을 통합한 것임을 보여 준 것이다. 이 기호는 심리적 과정을 조절하고 통달하는 기본적 수단으로 사용된다.

5-1-41] 여기서 다루어지고 있는 개념 형성의 문제의 맥락에서 기호는, 개념을 형성하는 도구의 역할을 하며 후에 그 상징이 되는 낱말로 표상된다. 개념 형성 과정을 이해하는 오직 유일한 열쇠는, 연령대별로 가지각색이며 양적으로 구분되지만 발생적으로 서로 간에 연관되어 있는, 낱말들의 기능적 사용과 그들의 발달 그리고 그 사용의 다양한 형태들을 연구하는 것이다.

5-1-42] 아흐 연구방법의 주요 약점은 그것이 개념 형성의 발생적 과정을 설명할 수 있게 해 주지 않고 그 과정의 존재 유무만을 확인해 준다는 데 있다. 그 실험이 조직된 방식에 의하면, 개념 형성을 도와주는 도구, 즉 처음부터 주어지는, 기호의 역할을 하는 실험적 낱말은 실험의 전체 경로에 걸쳐 변하지 않는 항상적 자질이 된다고 가정하며, 덧붙여, 낱말들이 사용되어야 할 방식은 실험 사전 교육을 통해 명시된다. 처음부터 낱말들이 기호의 역할로 생겨나게 되지 않는다. 낱말은 실험에서 나타나는 다른 자극들과, 낱말과 연결된 대상들과 원칙적으로 다를 것이 없다. 아흐는 그 자신의 비판과 논쟁의 야망을 위해서, 또한 낱말과 대상들 사이의 단순한 연합적 연관은 의미 출현을 위해서는 불충분한 바탕이며, 낱말이나 개념의 의미는 음성적 복합과 일단의 대상 사이의 연합적 연결과 동등하지 않다는 것을 증명하려는 시도에서, 개념 형성의 모든 과정의 전통적 경로를 고스란히 유지하였다. 그리고 그는 그것을 다음과 같은 방식으로 표현될 수 있는 널리 알려진 도식에 종속시켰다. 아래에서 위로, 개별의 구체적 대상들로부터 그들의 의미를 포함하는 몇 개의 개념

들로.[12]

5-1-43] 그러나 아흐 자신이 확립했듯이, 이와 같은 실험적 경로는 우리가 아래에서 보게 될 바와 같이, 결코 몇 개의 연합적 연쇄의 토대로 구성되지 않는, 개념 형성 과정의 진정한 경로와는 정면으로 배치된다. 이제는 널리 알려진 포겔Vogel의 유명한 진술을 인용하면, 개념 형성은 개념의 피라미드를 오르는 것과, 구체로부터 더욱 추상적인 것으로의 이행과 동등하지 않다.

5-1-44] 이것이 바로 아흐와 리마트의 연구가 인도한 근본적인 결과 중 하나이다. 그것은 개념 형성에 대한 연합적 접근법의 부족함을 드러냈으며 개념의 창조적·생산적 특징을 지적하였고 개념 형성의 기능적 측면의 근본적 역할을 설명하였다. 또한 그것은 개념에 대한 특정한 요구나 필요가 있을 때에만, 특정한 목표의 달성이나 특정 문제의 해결을 지향하는 모종의 지적 활동의 도중에만 개념이 생겨나서 형성될 수 있다는 것을 보여 주었다.

5-1-45] 이러한 연구는 개념 형성에 대한 기계적 관념을 단숨에 매장시켰지만 그럼에도 불구하고 이 과정의 본질적 특성을, 즉 발생적·기능적·구조적 특성을 나타내지는 못했으며, 목적 자체가 결정적 경향성의 도움에 의해 적절하고 목적 지향적인 활동을 만들어 내며, 문제가 그 자체 안에 해결을 포함하고 있다는 주장으로 본질적으로 요약되는, 고차적 기능에 대한 순수하게 목적론적 설명의 경로에 머물렀다.

5-1-46] 이미 지적된 바와 같이, 일반적으로 철학적으로 방법론적으로 건강하지 못한 것과는 별개로, 이런 설명은 순수하게 사실적 관점에서 볼 때도, 문제의 기능적 측면이 동일함에도 어린이들이 이러한 문제를 해결할 수 있게 해주는 생각의 형태들이 각 연령대에 따라 근본적으로 다른 이유를 설명하지 못하며 해결 불가한 모순으로 이끌 뿐이다.

5-1-47] 이러한 관점에서 볼 때 생각의 형태들이 발달을 겪는다는 사실은 전혀 이해가 불가능하다. 이것이 아흐와 리마트의 연구가 개념 연구의 새 시대를 열었음에도 불구하고 이 문제는 그 역동적·인과적 해결이라는 관점에서는

온전히 미해결로 남겨진 이유이며, 실험적 연구가 개념 형성의 연구에 있어서
그 발달 중의 역동적·인과적 조건에 대해 조사해야 하는 이유이다.[13]

1) 1929년에 쓰인 4장과 마찬가지로, 5장 역시 『생각과 말』에서 가장 오래된 부분이다. 5장은 비고츠키의 1931년 책인 『청소년기의 아동학』 10장에 '청소년 사고의 발달과 개념 형성'이라는 제목으로 처음 출판되었다. 『청소년기의 아동학』은 아동학pedology 에 대한 다른 저작들과 함께 1936년에 금서 조치되었다.

이 장은 2장이 쓰인 지 2년 후인 1931년에 출판되었다. 5장은 모스크바 대학이 소련 의 벽지에서 근무하는 교사들에게 통신강좌의 교재로 사용하도록 하기 위해 비고츠키가 저술한 『청소년기의 아동학』이라는 책의 일부분이었다. 1931년에 러시아 공산당 (볼셰비키)은 직접적으로 비고츠키와 그의 동료들을 겨냥하여 아동학에 대한 금지 선언을 발표하였다. 따라서 비고츠키는 러시아 내에서는 정기적으로 간행될 수 없었던 자료를 널리 퍼뜨리기 위해 자신의 통신강좌를 이용했던 것이 아닌가 생각된다. 아동학에 대한 금지조치는 1936년에는 소련 전역으로 확대되었다.

통신 강좌용 교재로 출간된 것으로 알 수 있듯이 150쪽짜리 이 장은 한 편의 완전한 전문서專門書의 구조를 가지고 있다(5장에 해당하는 부분을 뺀 나머지는 15쪽에 지나지 않는다). 여기에 제시되지 않는 처음 다섯 절들에서 비고츠키는 청소년기에서의 생각 발달이 점진적이고 양적인지 아니면 갑작스럽고 질적인지 묻고, 청소년기는 형태에 있어서 질적인 변화 없이 내용에 있어서 양적인 변화가 일어난다고 제시한 주류 이론들을 비판한 후 개념 형성을 청소년기의 신형성체로 확립한다.

Ⅰ 우리는 어떻게 하면 **'야생에서'**(6장에서 보게 될 바와 같이 실생활이 아닌, 실시간으로) 개념 형성을 연구할 수 있을까? 개념 형성을 연구하는 현존하는 방법들은 모두 적합하지 않다. 이들은 모두 산물에 주의를 기울인 나머지 과정을 간과하거나 과정에 주의를 기울인 나머지 산물을 무시하기 때문이다. 그러나 독일에서 발달된 '통합적-발생적' 방법은 비고츠키가 볼 때 이 둘 모두를 동시에 고려하는 방법이다. [5-1-1~5-1-10]

Ⅱ '정의'의 방법은 눈앞에 실제적인 예시나 감각적 자료를 제시하지 않고 어린이들에게 ('달팽이'나 '할머니' 같은)낱말을 정의하도록 요구하는 것에 토대를 둔다. 비고츠키는 자신의 통신 강좌 교재에서 이러한 방법을 실제로 해 보도록 숙제를 내기도 한다. 그러나 이 방법은 우리에게 개념 형성의 **산물**을 보여 주지만 그 과정을 보여 주지 못한다. 이 방법은 또한 산물을 맥락으로부터 떼어 냄으로써 그 의미의 많은 부분을 상실시킨다. [5-1-2~5-1-6]

Ⅲ 우리는 예컨대 (찰흙이나 블록과 같은) 감각적 놀이 재료를 가지고 노는 어린이들을 통해 개념 형성의 기능과 **과정**을 연구할 수 있을 것이다. 그러나 그러한 유희

적 상호작용은 흔히 (지각, 감각운동 활동과 같은) 낮은 수준의 심리적 기능과만 연관되며 꼭 개념을 낳지는 않는다. [5-1-7,5-1-8]

IV 독일의 아흐에 의해 창안된, 낱말과 재료 모두를 이용하는 '**통합적-발생적**' 방법이 있다. 첫째, 어린이들은 블록에 붙어 있는 ('가쫀'과 같은) 무의미 낱말들을 제시받고 이 낱말들이 의미하는 바('길쭉하고 무겁다')를 듣는다. 그런 후 실험자들은 어린이들의 이해도를 확인하기 위해 ("다음 줄의 블록에서 모든 '가쫀'을 모아보세요"와 같은) 과업을 제시한다. [5-1-10~5-1-15]

V 아흐와 리마트는 어린이들이 12세경까지는 새로운 개념을 형성하지 못하는 것처럼 보인다는 것을 발견하였다. 그들은 개념이 연합적으로, 즉 단순한 반복과 보존의 원리를 통해 형성되지 않는다는 것을 보여 주었다. 그들은 마음속에 목적이나 목표를 가지는 "**결정적인**" 경향이 있어야 한다고 결론지었다. [5-1-16~5-1-24]

VI 비고츠키는 분명히 마음속에 목적을 가지고 있는 어린이들이 어째서 12살이 될 때까지 개념을 형성하지 못하는지 의아해한다. 비고츠키는 목적 외에 다른 원리가 연관되어 있어야 한다고 말한다. 노동과 같이 개념 형성은 매개된 과정이다. 그러나 개념 형성의 수단은 도구가 아니라 **기호**이다. [5-1-25~5-1-39]

4장에서 보았다시피 낱말은 높은 수준의 상징적 기능뿐 아니라 낮은 차원의 지시적 또는 속성적 기능을 가지며 이 변화는 우리가 청소년기에 보는 질적 변화들을 설명할 수 있다. 문제는 리마트의 테스트에서 단순히 낱말이 주어지고 낱말의 의미가 변하지 않는다는 것이다. 이것이 비고츠키와 사하로프가 '기능적 이중 자극법'에서 **바꾼** 것이다.

2) 이 문장은 1934년 판에서는 나타나지만 1956년이나 1982년 판에서는 나타나지 않는다. 이후 판에서 나타나지 않는 이유는 '심리 검사'라는 말이 비고츠키 사후에 금지되었기 때문이다. 모든 형태의 심리 측정 검사는, 어떤 사람이 다른 사람에 비해 열등하다는 생각을 지지하는 데 사용될 수도 있다는 혐의를 받았다.

3) 이행적 연령은 어린이로부터 어른으로 넘어가는 이행기 전체를 가리키지만, 주로 13세의 위기가 시작되는 청소년기를 일컫는다. 비고츠키에게 이 위기는 성적 성숙과 연결되어 있는 것이 아니라, 다른 위기들과 마찬가지로 확대된 '발달의 사회적 상황'과 어린이의 이전 정신적 삶의 산물과의 부조화로 인해 나타난다.

4) pp. 96-7, Rimat, F. 1925: 「Intelligenzuntersuchungen anschliessend an die Ach' sche Suchmethode」. 『Untersuchungen zur Psycholologie, Philosophie und Pädagogik』, 5, 1-116.

5) 비고츠키의 '낱말'은 소쉬르가 설명한, '종이의 양면과 같이 한 면은 의미 다른 한 면은 형태로' 이루어져 있는 것이 아니다. 비고츠키의 낱말에 대한 생각은 다음의 T. S.

Eliot의 시에서 엿볼 수 있다.

Trying to use words, and every attempt

Is a wholly new start and a different kind of failure

Because one has only learnt to get the better of words

For the thing one no longer has to say

(East Coker, V)

낱말에 대한 비고츠키의 생각은 다음의 두 근원에서 유래한다.

A) 에드워드 사피르: 사피르는 낱말이 개개인의 창조적인 일반화 작용이라고 생각한다.

B) 볼로시노프: 볼로시노프는 낱말이 공유된 창조적 작용이라고 생각한다.

우리가 낱말은 창조적인 작용이며 맹목적인 모방이 아니라고 말할 때, 낱말의 사용들은 결코 같아질 수 없음을 뜻한다. 낱말의 의미가 유사한 의미의 반복적인 겹침을 통해 만들어진 고정된 산물이라고 설명한 갈톤의 사진 모형은 이에 부합하지 않는다. 그럴 경우 낱말의 의미는 발달할 수 없기 때문이다. 그러나 낱말의 의미는 미소발생적, 개체발생적 그리고 문화역사적 차원에서 분명히 변화한다. 엘리엇의 시는 다음과 같이 이어진다.

And so each venture

Is a new beginning, a raid on the inarticulate

With shabby equipment always deteriorating

In a general mess of imprecision

(Ibid.)

6) 레온티에프는 이를 동기motive라고 칭한다. 동기는 활동을 결정하는 추상적인 목적으로 작용한다. 뒤에 계속 언급되는 '목표에의 표상'은 이상적인 결과의 표상을 의미하며 아흐는 이것이 활동의 원동력이라고 설명한다.

7) 비트겐슈타인의 논거와 일치한다.

"2) (……) A는 돌로 빌딩을 짓고 있다. 벽돌, 기둥, 석판, 들보 등이 있다. B는 A가 원하는 순서대로 그 돌들을 전달해야 한다. 이것을 위해서, 그들은 벽돌, 기둥, 석판, 들보 등의 단어들로 구성된 언어를 사용한다. A가 소리 내어 부르면, B는 그 소리에 맞는 돌을 갖고 간다. 이것을 완전히 원시적인 형태의 언어라고 생각해 보자." (1958:3e)

이와 같이 의미에 대한, 유목적적이고 능동적인 기반을 '사회적 계약'이 아닌 공유된 노동, 즉 사회적 활동에 두고 있는 모습에 주목하자. 우리는 마르크스주의가 루소주의를 대체하기 전까지는 이와 같은 기호론의 관념이 받아들여질 수 없었던 까닭을 알 수 있다. 이것은 비고츠키의 친구이자 동료였던 우즈나즈에 의해 아래에서 발달된다.

8) p. 139, Uznadze. D. 1930: 「Die Begriffsbildung im vorschulpflichtigen Alter」.

『Zeitschrift für angewandte Psychologie』, 34, 138-212.

9) Ibid., p. 139.

10) Ibid., p. 140. 여기서 스턴에 대한 비고츠키의 입장을 엿볼 수 있다. 이는 동상이몽이라는 말로 표현할 수 있다. 어린이와 어른은 동일한 낱말을 사용하지만 그들이 각자 의미하는 바는 매우 나르다. 이러한 차이짐은 어디로부터 오는 것일까? 바로 실제적 활동의 차이로부터 유래한다.

11) 어린이와 어른이 사이보그 또는 '경제적' 동물에 대해 말할 때 기본적인 대화의 과업은 동일하다. 바로 서로를 이해하는 것이다. 그러나 여기에는 기능적인 등가물은 존재할지언정 기본적 도구, 의미 형성을 위해 이 도구를 사용하는 양식 그리고 그 결과는 완전히 다르다. 외국어 학습과 모국어 학습을 예로 들어 보자. 기능적인 과업은 동일하다. 그러나 도구, 수단, 방법은 전혀 다르다. 따라서 그 결과 또한 완전히 다르게 된다.

12) 아흐와 리마트의 방법은 기본적으로 어린이를 테스트하는 것이었음을 상기할 것. "이것이 라그일까 머르일까?" 따라서 낱말은 처음부터 존재하는 것이다. 이러한 방법은 개념이 연합적이지 않음을 보이고자 한 그들의 목적에는 적합한 것이었다. 그러나 비고츠키는 임상적臨床的 학자였다. 그는 개념을 형성시키는 실제 과정을 보고자 하였다. 어린이들이 낱말을 만들어 낸다면 어떻게 될까?

13) 비고츠키는 다음의 항목들을 대조시키고 있다.

산출물 분석: 정의의 방법

과정 분석: 활동 중 어린이에 대한 관찰

통합된 분석: 통합적-발생적 방법

첫 번째 방법은 마지막, 즉 이미 형성된 개념으로부터 시작하므로 효용이 없다. 두 번째 방법은 구체적 자료를 사용함으로써, 시작하자마자 끝이 나 버리기 때문에 효용이 없다.

그렇다면 어째서 낱말과 행동을 결합한 아흐의 방법은 효과가 없는 것일까? 그 까닭은, 아흐 역시도 낱말을 먼저 제시하고 그런 후 (예컨대 "팔" 위에 '가즌'을 올려두세요"와 같이) 그 낱말들이 사용되는 다양한 과업을 제시함으로써, 마지막으로부터 시작했기 때문이다. 그는 낱말들이 단순히 형태와 의미의 연합이 아니라는 것을 보이기 위해 이와 같은 방식을 택하였다. 모든 낱말은 추상화이며 이는 낱말이 일반화하는 구체적 대상보다 높은 수준에 위치한다.

그러나 개념은 개별로부터 사례로, 사례로부터 일반적 개념으로의 단순히 연합의 수직적 연쇄가 아니다. 사실 어린이들은 개별로부터 시작하기보다는 전체로부터 시작한다. 어린이들은 개별 사례들이 가지는 특징을 추상화하기 전에 전체로부터 개별 사례를 구별하는 일부터 시작한다.

예를 들어 영아들은 외국인의 얼굴에서 뭔가 다른 점을 인식하지 못한다. 그들에게 외국인은 다른 사람들과 마찬가지로 환경을 구성하는 배경의 일부일 뿐이다. 그러나 나이를 조금 더 먹은 유아들의 경우 얼굴형에서의 차이를 인식하고 외국인을 하나의 사례로 구별하게 된다. 나이가 좀 더 든 어린이의 경우 외국인은 특정한 유형의 사례가 된다.

만일 우리가 '외국인'이라는 말로부터 시작한다면 개념에 대한 목적론적 설명에 이르고 말게 된다. 엄마가 어떤 사람들은 외국인이라고 설명했기 때문에 어린이들은 그들을 외국인으로 인식하게 된다. 그러나 이는 영아와 유아들의 행동을 설명하지 못하며 따라서 우리에게는 실제적 행동과 낱말의 의미를 결합하는 새로운 방법이 요구된다.

비고츠키는 이 방법을 (도구와 기호를 모두 사용하므로) 이중 자극의 (과업이 처음부터 제시되는 실행방법이므로) 기능적 방법이라고 칭하였다.

5-2¹⁾

5-2-1] 이 문제를 해결하려는 시도로 우리는 특별한 실험적 연구방법에 의지하였다. 이것은 이중 자극дъойной стимуляции이라는 기능적 방법으로 기술될 수 있다. 이 방법의 핵심 특징은 두 세트의 자극을 이용하여 고등 심리기능들의 활동이 발달하는 것을 연구한다는 것이다. 이 자극의 세트들은 피실험자의 행동에 대해 각기 상이한 역할을 한다. 한 세트는 피실험자에게 주어지는 과업의 역할을 하는 반면 다른 그룹은 이 활동을 조직하도록 돕는 기호의 역할을 한다. 현 맥락에서는 어떻게 이 방법이 개념 형성의 과정을 연구하는 데 적용되었는지 상세히 기술하지 않을 것이다. 이는 우리의 동료인 사하로프 Л. C. Сахаровым에 의해 이미 밝혀졌기 때문이다. 우리는 위에서 논의된 모든 것과 일반적으로 연관되어 근본적인 중요성을 가지는 기본적 특징들을 지적하는 데 논의를 제한할 것이다. 이 실험의 목적은 개념 형성의 과정에 있어서 단어와 그들의 기능적 사용이 가지는 특징을 밝히는 것이었으므로 어떤 의미에서 이 실험 전체는 아흐의 실험과는 반대로 설계되어야 했다.

5-2-2] 아흐의 실험은 외우기 단계로 시작한다. 이 단계에서 피실험자는 연구자로부터 문제를 제시받지는 못했으나 문제 해결에 필요한 모든 수단들, 즉 낱말들을 제공받는다. 피실험자는 자기 앞에 놓인 대상들을 집어 살핌으로써 모든 대상들의 이름을 기억한다.

5-2-3] 이와 같이 문제는 처음에는 제시되지 않고 나중에야 소개됨으로써

실험의 전체 경로에 있어 전환점을 만들어 낸다. 그러나 수단들(낱말들)은 처음부터 주어지며 자극 대상과 직접 연합적 연관을 맺는다. 이중 자극법을 사용함으로써 이 두 측면은 반대의 방식으로 나타난다. 피험자에게 실험 시작부터 문제는 온전히 노출되어 있으며 실험의 전체 단계에 걸쳐 변하지 않는다.

5-2-4] 우리가 이와 같이 하는 이유는 문제에 대한 진술과 목적의 출현이 전체로서의 과정이 나타나기 위해서 필요한 전제조건이라는 가정으로부터 시작하기 때문이다. 그러나 새로운 수단은 이전에 제공된 낱말로는 문제 해결이 여의치 않은 상황에서 피험자가 문제 해결을 위해 새로운 시도를 함에 따라 문제에 점차적으로 도입된다. 낱말을 기억하는 단계는 여기에는 없다. 따라서 문제 해결에 요구되는 수단, 즉 자극 기호 또는 낱말을 변량으로, 문제를 상수로 둠으로써 우리는 이러한 기호들이 어떻게 피험자의 지적 작용을 안내하는 수단으로 사용되는지, 그리고 이 낱말들이 사용되는 방식에 따라 어떻게 그 기능적 적용을 통해 개념 형성의 과정이 하나의 전체로서 생겨나며 발달하는지를 연구할 수 있게 된다.

5-2-5] 동시에, 우리는 아래에서 자세히 논의될 한 측면을 이 연구의 맥락에 있어서 가장 중대하고 제1의 중요성을 가지는 것으로 간주한다. 이는 소위, 연구가 이런 식으로 조직될 경우 개념의 피라미드가 거꾸로 뒤집힌다는 것이다. 실험의 과제를 해결하는 과정은 개념 형성의 실제 **발생적** 과정과 일치한다. 이 과정은 아래에서 보게 될 바와 같이, 갈톤의 집합적 사진[2]과 같은 방식으로 구성되지 않는다. 이 과정은 개념의 피라미드의 꼭대기로부터 그 바닥을 향하는, 즉 이동이 밑을 향하여 일반으로부터 특수로 이동하는 것 또한 그 반대의 과정인 추상적 사고의 정점으로의 상승만큼이나 그 특징으로 삼는 과정이다.[3]

5-2-6] 마지막으로 지적할 것은 아흐가 언급했던 기능적 측면이 매우 중요하다는 것이다. 개념은 정적이고 고립된 형태에서 출현하는 것이 아니라 과제를 생각하고 해결하는 핵심적인 과정에서 출현한다. 따라서 우리의 연구는 생

각에 있어서 이러저러한 기능을 수행하는 개념을 포함하는 일련의 별개 단계들로 나눌 수 있을 것이다. 우선 우리는 개념을 추출하는 과정을 가진다. 그 다음은 추출된 개념을 새로운 과업으로 전이시킨다. 그런 다음 개념을 자유 연상의 과정에서 사용한다. 마지막으로 판단을 내리는 데 추출된 개념을 사용하고는, 추출된 개념을 새롭게 정의한다.

5-2-7] 실험은 다음과 같이 진행된다. 두 개의 구역으로 나뉜 특별한 판 위에 다른 색깔과 형태, 높이와 크기를 가진 물체들이 피험자 앞에 무작위로 제시된다. 이 모든 형태들은 그림1에 도식적으로 제시되어 있다. 물체의 바닥에는 무의미 단어가 적혀 있으며 실험자는 이들을 한 번에 하나씩 피험자에게 보여 준다.

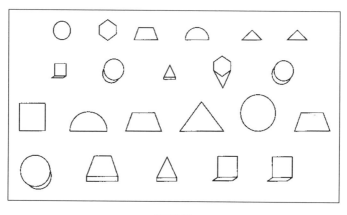

〔그림1〕

5-2-8] 실험자는 피험자에게 자신이 생각하기에 동일한 낱말이 적혀 있을 법한 모든 모양들을 판의 한 구역으로 옮기도록 요구한다. 매번 피험자가 문제를 해결하려 시도한 후에 연구자는 피험자가 새로 옮긴 블록을 뒤집어 확인시켜 준다. 이 블록은 이미 뒤집힌 블록과 같은 이름을 갖고 있으면서 어떤 면에서는 그와 유사하고 어떤 면에서는 상이한 특징을 갖고 있을 수 있다. 반대로 새 블록은 기존의 블록과는 다른 이름을 갖고 있으면서 어떤 측면에서는

그와 유사하고 다른 측면에서는 상이할 수도 있다.

5-2-9] 이런 식으로 해결하려고 시도할 때마다 뒤집힌 블록과 그들이 나타내는 무의미한 낱말의 수가 늘어나게 된다. 실험자는 그런 후 이러한 근본적 변화에 따른 변인으로 이 문제를 해결하는 방식이 어떻게 변하는지 관찰할 수 있다. 문제 자체는 실험의 모든 단계에 있어서 동일하게 남아 있다. 동일한 명칭이 블록에 매겨지고 이는 그 낱말이 지칭하는 동일한 실험적 개념을 나타낸다.

1) **'기능적 이중 자극법'**이란 무엇이며 왜 그렇게 불리는가? 비고츠키와 샤카로브가 사용한 아흐와 리마트의 실험방법은 기능적 방법이다. 그것은 개념 형성을 요구하는 목적을 가지거나, 성취해야 할 개념 형성의 기능적 등가물. 즉 블록 바닥에 쓰인 이름을 매번 들춰보지 않고도 블록을 분류하기라는 목적을 가진다. 그것은 두 가지 다른 자극, 즉 과업으로 기능하는 물리적 블록과 블록 판 그리고 기호로 기능하는, 지어낸 낱말을 투입한다. 물리적 블록은 낮은 수준의 심리적 기능을 이용하여 조작될 수 있지만 기호는 높은 수준의 심리적 기능을 이용하여 읽혀지고 이해되어야 한다는 사실에 주목하자. [5-2-1~5-2-9]

Ⅰ 아흐/리마트 사용한 테스트와 비고츠키가 사용한 과업은 모두 블록과 지어낸 낱말을 사용하고, 이 둘 모두 학습한 개념을 새로운 과업에 전이시키는 것을 포함한다. 그러나 비고츠키는 아흐/리마트 테스트는 (피아제가 장려한 '귀납적' 교수와 '행동' 학교와 같은) 구체로부터 추상으로, '개념의 피라미드에서의 하강'과 연관된다고 말한다. 그것은 각각의 블록으로부터 시작하여 많은 블록의 그룹들로 끝난다. 비고츠키/샤카로브 과업은 반대로 어린이에게 추상으로의 상승과 구체로의 하강을 모두 요구한다. 어린이는 자신이 추측하고 그 추측이 맞는지 아닌지 확인할 때마다 **일반화**하고 또 **특수화**해야 한다. 아흐/리마트 테스트에서는 피실험자들이 낱말의 용도에 대해 알기 전에 스티커에 쓰여 있는 낱말을 외워야 했기 때문에, 수단이 먼저 제시된다. 낱말은, 따라서 한 번에 고정되지만 과업 (움직이기, 분류하기, 짝짓기)은 변화한다. 이는 아흐/리마트의 절차는 본질적으로 **시험(테스트)**이고 이는 개념 형성의 과정이 아니라 산물에 초점을 맞춘다는 것을 의미한다. [5-2-2, 5-2-3]

Ⅱ 비고츠키/사하로프 과업에서 피실험자들이 적절한 개념을 형성하기 위해서는 그들이 도달해야 하는 목적을 알 필요가 있기 때문에 **과업이 먼저 제시.** 과업은, 따라서, 처음부터 한 번에 고정되지만, 피실험자가 블록을 들어 올려 바닥에 쓰인 낱말을 보고 그에 대한 가설을 세울 때마다 낱말의 의미는 변화한다. 이는 비고츠키/사하로프의 절차는 본질적으로 과업이고 그것은 개념 형성의 산물이 아니라 과정에 초점을 맞춘다는 것을 의미한다. 이는 이 절차가 발달의 여러 지점, 심지어 개념이 완성되기 이전에도 사용될 수 있다는 것을 의미한다. [5-2-4, 5-2-5]

Ⅲ 과업을 수행하면서(즉, 블록 바닥에 쓰여 있을 것이라고 생각되는 낱말에 따라 블록들을 블록 판 위에 모아 분류하면서) 피실험자는 자신의 가설을 두 가지 방법을 이용해 검증할 수 있다. [5-2-6, 5-2-7]

A) 지어낸 낱말을 규정하는 특징이라고 피실험자가 생각하고 선택한 것과 상이한 특징을 가지고 있으면서도 **동일한 명칭**을 가지고 있는 블록을 뒤집어 보여 준다(예를 들어, 어린이가 모든 '비크' 블록은 노란색이라고 결정했다면 실험자는 파란색 '비크'를 뒤집어 보여 준다).

B) 규정하는 특징으로 선택된 것과 동일한 특징을 가지고 있되 **다른 명칭**을 가지고 있는 블록을 뒤집어 보여 준다(예를 들어, 어린이가 모든 노란 블록들은 '비크'라고 결정했다면 실험자는 어린이에게 노란 '머르' 블록을 보여 준다).

IV 이런 식으로 과업은 개념 형성의 두 측면을 추론할 수 있게 해 준다. [5-2-8, 5-2-9]

A) 피실험자가 세우는 **가설**은 피실험자의 선택으로부터 추론할 수 있다(이는 Towsey and Macdonald가 한 2009년의 반복 실험에서의 주요 방법이었다).

B) **근접발달영역**은 어린이가 실험자의 조력을 취하거나 간과하는 모습에서 추론할 수 있다.

2) 다윈의 사촌이었던 프란시스 갈톤(Francis Galton, 1822~1911)은 유전학에 대해 연구하면서, 인종별로 다수의 인물의 사진을 찍은 후 인물 사진의 필름들을 여러 장 겹치는 방식으로 각 인종들의 특징적인 요소를 두드러지게 보여 주는 가상의 인물 사진들을 제작하였다.

3) 예컨대 어린이가 블록을 집어 들고는 이 블록의 색깔과 모양을 근거로 블록이 '비크' 종류일 것이라고 생각하고 다른 '비크' 블록과 함께 둔다. 어린이는 행동에서 의미로, 사례에서 사례의 그룹으로, 구체적인 조작(집기)에서 추상적인 활동(분류하기)으로 나아간다. 따라서 어린이는 개념 피라미드의 바닥에서 그 정상을 향해 올라가는 셈이다. 그런데, 옆에 있던 연구자가 블록을 들어 밑에 쓰인 글씨를 어린이에게 보여 준다. 불행히도, 바닥에는 '머르'라고 쓰여 있다. 이제 어린이는 피라미드 층계를 내려와 바닥에서 다시 또 다른 '머르'를 찾아야 하는 것이다. 어린이가 새로운 '머르'를 찾은 경우, 새로운 문제에 부딪히게 된다. 새로운 '머르'는 기존의 '머르'와 모양과 색깔이 다른 것이다. 또다시 어린이는 피라미드의 계단을 내려와서 '비크'와 '머르'에 대한 자신의 의미 개념을 수정한다.

5-3¹⁾

5-3-1] 개념 형성의 과정에 대한 일련의 연구들이 사하로프에 의해 우리 연구실에서 시작되었고 코텔로바Ю. В. Котеловй와 파쉬코브스카야Е.И. Пашковской의 협력으로 완성을 보았다. 300명 이상의 일반 아동, 청소년, 성인들이 이 연구들에 참여하였다. 이에 더하여 우리는 다양한 지적, 언어적인 병리현상으로 고통 받는 다수의 피실험자들을 연구하였다.

5-3-2] 이 연구의 기본적 결론은 현재 우리가 관심을 가지고 있는 주제와 직접적인 관련이 있다. 우리는 다양한 연령 집단의 피실험자들로부터 개념 형성을 특징짓는 발생적 통로를 연구할 수 있었다. 우리는 같은 조건하에 어린이, 청소년, 성인의 집단에서 일어나는 이 과정을 비교, 평가하였다. 이 실험적연구를 바탕으로 우리는 이 과정의 발달을 관장하는 기본법칙을 밝힐 수 있었다.

5-3-3] 발생적 맥락에서, 우리의 기본적 연구 결과는 다음과 같이 공식화될수 있다. 궁극적으로 개념의 형성으로 인도하는 과정들의 발달은 그 근본을유년기의 가장 초기에 두고 있다. 그러나 이러한 과정들은 오직 이행 시기에만성숙된다. 형성되고 발달하는 지적 기능들은 그들 스스로의 특정한 조합을통해 개념 형성 과정의 심리적 토대를 만든다. 개념적 사고 영역으로의 마지막이행이 나타나는 것은 오직 어린이가 청소년기에 접어들 때이다.

5-3-4] 이 나이에 이르기 전에 진정한 개념적 사고와 외적으로 유사한 독특

한 지적 형성이 존재한다. 피상적인 연구는 이 두 구성들의 외적 유사성에 의해 오도되어 진정한 개념이 아주 어린 시기에도 존재한다는 주장을 낳을 수 있다. 이러한 지적 측면들은, 훨씬 이후에 성숙하는 진정한 개념과 그 기능적 가능성에 있어서는 실제로 비견할 만한 것으로 보인다.

5-3-5] 그들은 개념이 수행하는 것과 유사한 기능을 이행하며 유사한 과업의 해결을 위한 기능을 수행한다. 그러나 실험적 분석결과는 그들의 심리학적 본질, 그들의 구성성분, 구조, 활동양식이 진정한 개념과 대단히 다름을 지적한다. 이러한 형태들과 진정한 개념의 관계는 배아가 성숙한 유기체에 대해 가지는 관계와 대단히 흡사하다. 우리가 이 두 형태를 동일시한다면 우리는 광범위한 발달의 과정을 무시한 채, 이 과정의 초기와 최종 단계 사이에 등호표시를 놓는 셈이 된다.

5-3-6] 과도적 시기에 나타나는 지적 작용을 세 살짜리 어린이의 지적 작용과 동일시하는 일반적인 경향은, 장래의 성적 요소, 미래에 찾아올 욕구의 부분적 요인이 이미 영아기에 발견되기 때문에 중학교 시기가 사춘기라는 것을 부인하는 것만큼이나 터무니없다고 해도 전혀 과장이 아니다.

5-3-7] 우리는 청소년기에 나타나는 진정한 개념과 유치원, 학령기 어린이들의 생각에서 발견되며 기능적으로 개념적 사고에 상응하는 구성을 면밀하게 비교할 것이다. 이 비교를 통해 우리는 청소년기 생각 영역에서 정말로 새롭고 고유한 것이 무엇인지, 또 성숙을 완성시키는 핵심을 구성하는 심리적 변화의 중심 자리에 개념 형성을 올려놓는 것이 무엇인지 확립할 수 있을 것이다. 그러나 먼저, 우리는 가장 일반적으로, 개념 형성 과정의 심리적 본질을 설명하고 이 과정을 숙달하는 것이 왜 사춘기 이후에야 가능해지는지 밝히고자 한다.

5-3-8] 개념 형성 과정에 대한 실험적 조사는, 주의력을 능동적으로 조절하는 수단, 속성들을 분할, 구분하며, 이러한 속성들을 추출하고 종합하는 수단으로 낱말이나 다른 기호를 기능적으로 사용하는 것은 전체로서의 과정의

기본적이고 필수 불가결한 부분임을 드러내 주었다. 낱말에 의한 개념 형성이나 의미 습득은, 모든 기본적인 지적 기능들이 그들의 특정한 조합을 통해 참여하는 (낱말이나 기호의 작용에 따른) 복잡하고 역동적인 활동의 결과로 생긴다.

5-3-9] 이는 우리의 연구가 이끌어 온 기본적 주장을 명확히 할 수 있게 해준다. 이 연구는 개념의 형성(즉, 이 독특한 사고 양식)을 결정짓는 직접적 요인은 (많은 저자들이 제시하듯) 연상이나, (뮐러[2]의 주장처럼) 지향된 주의력, (뷜러의 개념 형성에 대한 이론에서와 같이) 판단과 표상 사이의 상호 협력, 또는 (아흐가 제시했듯) 결정적 성향이 아니다. 이 모든 요인들과 과정들은 개념의 형성에 참여한다. 그러나 이 중 어느 것도 결정적이고 필수적인 요인은 아니다. 그러나 이들 중 어느 하나도 질적으로 고유하고, 다른 어떤 기초적 지적 작용과는 비교할 수 없는 새로운 생각 형태의 출현을 적절히 설명할 수 있는 결정적이고 본질적 특성을 포함하지 않는다.

5-3-10] 초보적인 지적 기능들 중 이 시기에 처음으로 등장해서 진정 새롭게 습득되는 것으로 간주되는 것이 없기 때문에 위에서 언급한 과정들 중 과도기를 통해 주목할 만한 변형을 겪는 것은 어느 것도 없다는 것을 다시 한번 강조하고자 한다. 기초적 기능들에 관한 한, 위에서 언급된 다른 심리학자들의 의견은 흠잡을 데 없이 정당하다. 그들은 어린이에게 이미 존재하는 것과 비교할 때 청소년의 지성에 진정 근본적으로 새로운 것은 나타나지 않으며, 우리가 관찰하게 되는 것은 이미 훨씬 어린 나이에 확립되고 성숙된, 동일한 기능의 지속적이고 규칙적인 발달이라고 주장한다.

5-3-11] 비록 연상, 주의, 표상, 판단 또는 결정적 성향의 과정 모두가 개념 형성의 복잡한 종합적 과정에 필수적인 것이기는 하지만 개념 형성의 과정은 이들 기능으로 환원될 수 없다. 연구를 통해 드러났듯이, 이 과정의 중심은 기호나 말의 기능적 사용으로 이를 통해 청소년은 스스로의 정신적 운용들을 숙달하고 지배하며, 자신이 직면한 과업의 해결을 위하여 이들의 활동을 지휘한다.

5-3-12] 개념 형성과 관련되어 흔히 언급되는 모든 기초 정신 기능들은 실제로 개념 형성의 과정에 참여한다. 그러나 이들의 활동은 일반적으로 생각되는 것과는 완전히 다른 형태를 취한다. 이들은 스스로의 내적인 논리에 따라 다른 과정들과 독립적으로 발달하는 과정으로 참여하지 않는다. 그들은 기호나 말에 의해 매개된 과정으로, 또한 주어진 과업의 해결을 위해 지향되는 과정으로 참여한다. 그럼으로써 이들은 새로운 조합이나 종합 안에 도입된다. 오직 이 새로운 종합 안에서만, 참여하는 각자의 과정들이 그 진정한 기능적 의의를 획득하게 된다.

5-3-13] 이것을 개념 발달의 문제에 적용해 보면 연상의 축적, 주의력의 용량이나 안정성, 표상 집단의 축적 또는 결정적 경향의 존재 등은 이 요인들이 아무리 많이 발달하더라도 그들 자체가 개념의 형성으로 인도하지 못한다는 것을 의미한다. 따라서 이들 과정 중 무엇도 개념의 발달을 근본적이고 본질적으로 결정짓는 것으로 볼 수 없다. 개념은 말 없이는 불가능하며 개념적 사고는 말로 하는 생각 없이는 불가능하다. 기본적으로 개념 발달을 책임지는 직접적 요인으로 간주될 수 있는, 전체 과정의 새롭고 본질적이고 핵심적인 특성은, 개념 형성 과정의 수단으로 특정하게 말을 사용하고 기호를 기능적으로 적용하는 것이다.

5-3-14] 우리의 연구에서 사용된 방법에 관한 논의에서 과업의 확립이나 개념 형성에 대한 욕구의 출현 등이 모두 개념 형성 과정의 충분한 바탕이 될 수 없음을 지적하였다. 이러한 요인들이 과업 해결의 단초를 제공할 수는 있겠으나, 과업 해결의 실현을 보장할 수는 없기 때문이다. 도달 목표를 개념 형성의 활동력과 동일시하는 것 역시 이 복잡한 개념 형성 과정의 토대를 이루는 역동적 인과관계와 발생적 관계를 설명할 수 없다. 이는 포탄의 목표가 되는 표적이 탄환의 비행 궤적을 설명할 수 없는 것과 마찬가지이다.

5-3-15] 물론 조준하는 포병의 입장에서는 최종 목표가 포탄의 실질적 궤적을 결정짓는 자질 중 하나임은 틀림없다. 이와 동일하게, 오직 개념 형성의

도움을 통해서만 해결될 수 있는, 청소년들을 가로막는 문제와 목적의 특성은 의심의 여지없이 기능적 측면의 하나를 차지한다. 이에 대한 고려 없이는 우리는 개념 형성의 전체 과정을 온전히 과학적으로 설명할 수 없을 것이다. 제기되는 문제가 존재한다는 사실, 새롭게 창조되고 자극을 제공하는 필요가 있다는 현실, 그리고 청소년 앞에 제시되는 목표들 때문에 사회적 환경이 청소년의 생각 발달에서 이 결정적인 일보 전진을 이루도록 자극하고 독려하게 된다.

5-3-16] 본능이나 선천적 경향의 성숙과는 대조적으로, 이 과정의 시작을 결정하고 행동의 성숙기제를 촉발하여 추후 발달의 경로에 맞추어 앞으로 추진시키는 것은 청소년의 내부가 아닌 외부에 있으며, 이러한 의미에서 사회적 환경에 의해 성숙의 단계에 있는 청소년에게 주어진 과업들, 즉 성인 세계의 문화적·직업적·사회적 입문과 연관된 과업들은 개념의 형성에 있어 중요한 기능적 요인들이다. 이 요인들은 생각 발달에 있어 내용과 형식의 상호 필연성, 유기적 연결, 내적 통합성의 계기를 반복적으로 지적한다.

5-3-17] 아래에서 제시한 청소년의 문화적 발달에 바탕이 되는 요인에 대한 논의에서 우리는 환경이 적절한 과업을 만들지 못하고, 청소년에 대한 새로운 요구로 진전하지 못하거나 새로운 목적을 통해 지성의 발달을 자극하지 못하는 경우를 볼 것이다. 오랫동안 과학적 관찰을 통해 확립된 것처럼 이 경우 청소년의 생각은 타고난 모든 잠재력만큼 온전히 발달하지 못하게 된다. 생각은 지성의 최고 형태를 획득하지 못할 수도 있고, 또는 매우 지연된 후에야 비로소 획득할 수도 있다.

5-3-18] 따라서 과도적 시기에 지적인 발달의 전체 과정을 기르고 지도하는 진정하고 강력한 요인으로 실생활 과업의 중요성을 알아보지 못하거나 무시하는 것은 잘못이라고 할 수 있다. 그러나 이 기능적 측면 속에서 역동적-인과적 설명을 감지하여 이를 발달의 기제를 드러내 주는 것으로 보거나, 또는 이 문제 해결의 발생적 열쇠로 간주하는 것 역시 그에 못지않은 잘못이다.

5-3-19] 연구자가 당면하게 되는 과제는, 이 두 측면 사이의 내적 연결을 발견하고, 청소년기와 발생적으로 연결되어 있는 개념 형성이, 청소년의 사회적·문화적 발달의 산물이자 생각의 내용과 기제를 모두 포함한다는 것을 드러내는 것이다. 기표сигнификативное로서의 말의 새로운 용법, 즉 개념 형성의 수단으로서의 용법은 유년기에서 청소년기로 넘어가는 문턱에서 일어나는 이 지적 혁명의 직접적 심리학적 원인일 가능성이 대단히 높다.

5-3-20] 기존에 발견된 기초적 기능과 전혀 다른, 새로운 기초적인 기능들이 이 시기에 나타나지는 않지만, 기존의 기초적 기능들이 변형을 겪지 않는다고 결론 내리는 것은 정확하지 않다. 그들은 새로운 종합에 편입되어 새로운 복잡한 개체의 부차적 부분이 됨으로써 새로운 구조 속에 병합된다. 이 구조의 법칙은 또한 그들 각 부분들의 운명을 규정짓는다. 개념 형성 과정을 위한 근본적 바탕은, 그 기본적이고 핵심적인 실체의 일부로서, 개인이 말이나 기호의 기능적 사용을 통해 스스로의 정신 과정을 숙달했느냐에 있다. 이와 같이 보조적인 수단을 통하여 자기 자신의 행동의 과정을 숙달하는 것은 다른 요소들의 도움과 함께, 오직 청소년기에만 그 발달의 최종적인 단계에 도달할 수 있다.

5-3-21] 개념의 형성은 습관의 형성과 동등하게 간주될 수 없음이 실험적으로 밝혀졌다. 성인 개념 형성에 대한 실험적 연구, 유년기 개념 발달에 대한 연구 그리고 지적 활동의 병리적 장애로 인한 개념의 붕괴에 대한 연구들은 다음과 같은 결론으로 인도한다. 고등한 지적 과정의 성질이 기초적이고 순전히 연합적인 연결 형성 과정 즉 습관과 동일하다는 손다이크의 가설은 내용, 기능적 구조 그리고 개념의 발생에 대한 사실적인 데이터와 날카롭게 모순된다.

5-3-22] 따라서 이 연구들은, 다른 모든 고등 지적 활동과 마찬가지로 개념 형성은 하등 형태가 단지 양적으로 대단히 복잡해지고 순수한 연합적 활동과 연합의 수에서 다르다는 차이를 가지는 것이 아니라는 것을 보여 준다. 이것은 어떤 범위의 연합적 연결로도 질적으로 환원될 수 없는, 새롭고 기본적

으로 상이한 유형의 활동이다. 이 연구는 질적으로 다른 두 종류의 지적 활동 사이의 기본적인 차이는 비매개적인 지적 과정으로부터 기호에 의해 매개된 조작으로의 이행에 있다고 할 수 있음을 드러내 주었다.

5-3-23] 기표적 구조(즉, 기호의 능동적인 사용과 관련된 기능)는 모든 고등 심리형태의 행동 구조에 공통이 되는 법칙이다. 이 법칙은 기초 심리과정의 연합적 구조와 같지 않다. 연상 연결들을 축적하는 것 그 자체로는 결코 고등 형태의 지적 활동을 생산하지 못한다. 생각의 하위 형태와 고등 형태의 차이는 연합의 양적인 변화로 설명될 수 없다. 손다이크는 지성의 본성에 대한 이론에서 "고등 형태의 지적 작용은 순수한 연합적 활동, 즉 연합 형성과 동일하고 이들이 같은 유형의 생리학적 연합에 의존하되 그 숫자를 훨씬 더 많이 요구한다"[3]고 주장한다.

5-3-24] 이러한 관점에서는 청소년의 지성과 어린이 지성의 차이가 연합의 양적 차이로 환원된다. 손다이크는 다음과 같이 말한다. "누군가가 더 강력하고 고차적이거나 다른 사람보다 나은 지성을 가졌다면 이 차이는 그가 새로운 유형의 생리학적 과정을 가졌기 때문이 아니라 남보다 훨씬 많은 양의 일반적 유형의 연합을 가졌기 때문이다."

5-3-25] 이미 지적했듯이, 이 가설은 개념 형성에 대한 실험적 분석이나 그 발달에 대한 연구, 또는 개념의 붕괴에 대해 우리가 아는 바와 비추어 볼 때 지지될 수 없다. 손다이크의 주장, 즉 "선택, 분석, 추출, 일반화 그리고 추론이 지성의 계통발생과 개체발생 양자 모두에서 연합의 양적 증대에 의한 직접적 결과로 일어나는 것으로 보인다"는 입장은, 아동과 청소년의 개념의 개체발생에 대해 실험적으로 조직되고 주의 깊게 조사된 연구에 의해 지지되지 않는다. 개념의 개체발생에 대한 조사는 하위에서 고등 형태의 개념으로 발달하는 것은 연합 수의 양적인 증대를 통해 일어나지 않고 질적으로 새로운 유형의 형성을 통해 획득된다는 것을 보여 준다. 특히, 고등 형태의 지적 활동을 구성하는 기본적 구성 요소인 말은 병행적 경로를 가지는 기능으로서 연합적으로

포함되는 것이 아니라, 합리적으로 활용되는 수단으로서 기능적인 방식으로 포함된다.

5-3-26] 말 자체는 순수하게 연상적인 연관에 바탕을 두고 있지 않고 기호와 지적 과정의 구조 사이에 근본적으로 다른 유형의 관련성을 요구한다. 이 관계는 일반적으로 고등 지적 과정의 특징이다. 원시인의 마음과 생각의 연구에 근거하여 지성의 계통발생적 발달을 탐구하여도, 역시 우리는 손다이크가 가정했던 바와 같이, 이 영역에서 발달의 통로가 연관 수의 양적 증대를 통해 하위에서 고등의 형태로 발달했음을 보이는 증거를 찾기가 힘들다. 쾰러 Köhler, 여크스Yerkes와 같은 유명한 연구자들과 그 외 연구자들에 따르면, 지성의 생물학적 진화가 생각과 연상의 동일한 성질을 확증하리라고 기대할 수 있는 이유가 없다.

●

1) 이 절에서는 300명의 피실험자가 이 과업을 한 결과에 대해 개괄한다. 어린이, 10대, 그리고 건강한 어른과 정신병 및 언어 장애를 겪고 있는 이들이 피실험자로 선택되었다. 이 장을 집필할 당시, 비고츠키는 샤카로브의 실험 결과가 다른 지면을 통해 출간되었을 것으로 가정하고 데이터에 대한 자세한 언급을 제시하지 않는다. 그러나 Paula Towsey는 이 실험을 반복실험 했으며 그 결과는 Towsey and Macdonald 2009에서 영상 자료와 함께 확인할 수 있다(http://vimeo.com/10689139).

I 어떤 면에서 비고츠키가 씨름하는 문제는, 비고츠키 스스로가 세운 과업인, 인간의 말이 동물 세계에서의 의사소통과 어떤 차이점이 있는지, 또한 어린이가 말을 배우기 시작할 때 인간의 개체발생에서 새롭게 나타나는 것은 무엇인지에 대해 4장에서 다룬 문제와 유사하다. 여기서 비고츠키의 과업은 청소년이 개념적으로 생각하기 시작할 때 **새롭게** 나타나는 것은 무엇인지를 명확히 말하는 것이다. 그는 놀라운 비유로 시작한다. 청소년기에 새로운 것이 나타나지 않는다고 말하는 것은 영아기부터 성性의 기원을 관찰할 수 있다고 해서 사춘기를 부정하는 것과 유사하다. [5-3-1~5-3-6]

II 청소년기에는 지각, 연합, 보존 등의 낮은 수준의 심리적 기능 중 **어떤 것도** 새로 나타나지 않으며 심지어 이들의 주목할 만한 변화도 일어나지 않는다. 개념 형성에 대해 기술한 다른 저자들에게는 이는 고등 심리기능에도 마찬가지인 것으로 보인다. 비고츠키는 이 모두가 개념 형성에서 실제로 역할을 한다는 데 동의하지만 이들 중 어떤 하나를 추출하거나 또는 이들 모두를 모아두는 것으로는 개념 형성의 설명에 충분치 않다고 지적한다. [5-3-7~5-3-13]

A) 방향, 즉 어린이의 **자각**과 집중의 "범위와 신뢰성"(뮬러)

B) 정신적 표상의 형성과 그로부터의 선택과 같은 **판단**과 **관념**의 상호협력(뮬러)

C) 목적 지향성과 같은 '결정적' 경향성(아흐와 리마트).

III 비고츠키는 개념 형성을 추진하는 동력은 청소년의 **밖에**, 사회가 (환경이 새로운 목적을 제시하지 못하면 발달도 일어나지 못한다는 부정적인 의미에서) 청소년들에게 부과하는 실제적 문제 속에 묻혀 있다는 사실에 동의한다. 그러나 비고츠키는 포탄의 궤적은 표적의 존재만으로는, 또는 심지어 포병의 조준만으로는 완전히 설명될 수 없다는 점을 지적한다. [5-3-14, 5-3-15]

IV 청소년의 목적이 진술되고, 사회가 제시하는 과업이 공식화되는, 그리하여 청소년의 개념이 형성되도록 하는 핵심 수단은 **낱말**이다. 그러나 물론 어린이들도 아주 어릴 때부터 이미 자유롭게 낱말을 다룰 줄 안다. 어째서 그들에게 개념 형성이 일어나기 위해서는 10년이나 더 있어야 하는 것일까? [5-3-16~5-3-18]

V 비고츠키의 대답은, 비록 낱말이 일찍부터 사용되기는 하지만 청소년기 낱말의 **상징적** 기능과 의미론적 구조는 매우 새롭다는 것이다. 이 대답은 3장과 4장에서 제시된 주장, 즉 "어린이에게 낱말 가치는 그의 일생에 있어 최대의 발견이" 아니라 여러 중요한 발견 중 하나이고 유아들은 낱말의 가치를 대상의 또 다른 속성으로 간주한다는 그의 주장과 명백하게 밀접한 관련을 가진다. [5-3-19~5-3-24]

VI 개념적인 낱말 가치는 그 **종류**상 다른 것들과 차별된다. 어린이의 낱말 가치로부터 청소년의 개념으로 가는 길은, 따라서, 어린이 주위의 양적인 증대 또는, 형태를 선택하는 정신적 표상의 수에 있어서의 증대가 아니며, 손다이크가 제시하는 바와 같은 연합의 수적 증대는 더더욱 아니다. 어린이의 낱말 가치로부터 청소년의 개념으로의 이행은 최소한 두 개의 주요한, 질적인 단절 중 하나를 뜻한다. 어린이의 낱말 가치는 변형되어야 하고, 그런 후 그것이 개념을 낳기 전에 다시 변형되어야 한다. [5-3-25, 5-3-26]

2) Georg Müller(1850~1934). 독일 심리학자. 인간의 기억에 대한 중요한 저작을 집필하였다. Müller, G. E. (1913) 「Zur Analyse der Gedächtnistätigkeit un des Vorstellungsverlaufes」. 『Zeitschrift für Psychologie un Physiologie der Sinnesorgane Ergänzungsband』 8. Leipzig: Barth.

3) 비고츠키는 이 인용과 아래 문단의 인용의 출처가 Thorndike, E. L. 1911/1965: 「Animal Intelligence」, 『Experimental Studies』. New York, London: Hafner임을 밝히고 있다. 그러나 이 인용부분은 이 책에서 찾을 수 없고, 손다이크의 다른 저작에서도 찾을 수 없었다. 물론, 이와 유사한 주장은 손다이크의 책들 여러 부분에서 나타난다(Van der Veer and Valsiner).

5-4¹⁾

5-4-1] 우리의 연구가 가지는 발생적 함의들을 도식적으로 나타내면 이를 통해 개념 발달의 경로는 세 개의 기본적 단계들로 이루어져 있으며 각 기본 단계들은 다시 별개의 여러 국면들로 나뉜다는 걸 알 수 있다.

5-4-2] 개념 형성의 첫 번째 단계는 유아의 행동에서 가장 흔하게 분명히 드러난다. 어른이라면 새로운 개념을 형성함으로써 해결할 과업을 어린이가 대면했을 때 어린이는 무질서하고 미숙한 형태의 더미를 형성한다. 어린이는 대상들이 무질서하게 모여 있는 **무리**куча²⁾를 만든다. 어린이가 충분한 내적인 기반 없이, 또 내적인 유사성이나 구성 부분들 사이의 관련성 없이 뽑아서 만든 대상의 더미는 단어 또는 이에 상응하는 기호의 의미가 분산적이고 방향성을 갖고 있지 않은 채로, 어린이의 인상에 따라 여러 개의 피상적으로 연결된, 그러나 내적으로는 단절된 요소들로 퍼지는 것을 전제로 한다.

5-4-3] 이 발달의 단계에서는 말의 의미는 불완전하게 정의되었으며 형태가 완성되지 않은, 개별 대상들의 혼합적 연쇄이다. 이 대상들은 각각이 어떤 식으로든 어린이의 표상과 지각에 결합되어 하나의 융합된 이미지를 형성한다. 어린이가 지각과 행위에 대해 가지는 **혼합주의**синкретизм³⁾는 이미지를 형성하는 데 결정적인 역할을 한다. 이 이미지는, 따라서, 대단히 불안정하다.

5-4-4] 어린이들이 그들의 지각, 생각, 행동에서의 하나의 인상을 토대로 매우 다양하고 서로 관련이 없는 요소들을 연관 지어서, 그들로부터 폐쇄적이고

공고화된 이미지를 형성하는 이와 같은 경향성을 가진다는 것은 잘 알려진 사실이다. 클라파레드는 이러한 경향을 어린이 지각의 혼합주의라고 부른다. 블론스키Блонский[4]는 이것을 어린이 사고의, 연결성이 없는 연결이라고 칭한다. 다른 부분에서 우리는 이와 동일한 현상에 대해 어린이가 객관적 연결의 결핍을 넘쳐나는 주관적 연결로 대체하여 사물들 사이의 연합을 인상과 사고의 연합으로 받아들인다고 기술한 바 있다. 물론 주관적 연결의 이러한 생성은 후속하는 어린이 생각의 발달에 있어 중요한 요인이다. 이것은 뒤따라 일어나는 과정인, 현실에 상응하는 연결들, 즉 실제를 통해 검증되는 연결들을 선택하는 과정의 토대가 된다. 표면적으로는, 일정 단계의 지각적 발달에 도달한 어린이가 발화하는 일부 낱말들의 의미는 실제로, 어른이 발화한 낱말의 의미 중 하나를 상기시킬 수 있다.

5-4-5] 어린이는 의미를 가진 말을 통해 어른과의 사회적 상호작용을 확립한다. 이 혼합적인 연결들 속에, 단어의 도움을 통해 형성된 이 무질서하고 혼합적인 대상들의 무리 속에 객관적 연결들이 대단히 많은 부분 반영되어 있다. 객관적인 연결들은 어린이 자신의 인상과 지각에 상응하는 만큼 여기에 반영된다. 따라서 어린이가 사용하는 말들의 의미는 흔히 어른의 말에서 확립된 의미와 대응되는 경우가 있다. 이는 말이 어린이 주변의 구체적인 대상과 연관되어 있을 때 특히 더 그렇다.

5-4-6] 따라서 어린이 말의 의미는 어른의 그것과 일치하는 경우가 자주 있다. 좀 더 정확히 말하면 주어진 말의 의미가 동일한 구체적 대상에 대해 어른과 어린이에게 종종 교차하는 것이다. 이는 어린이와 어른 사이의 상호 이해를 가능하게 한다. 그러나 이 교차점으로 인도하는 정신적 통로, 또는 생각의 양식은 완전히 다르다. 어린이 말의 의미가 어른의 말의 의미와 부분적으로 일치하는 경우일지라도 이는 완전히 다른 고유한 정신 작용으로부터 유래한다. 어린이 말의 근원은 그 의미 뒤에 서 있는 이미지들을 혼합적으로 섞어서 만든 산물이다.

5-4-7] 어린이 개념 형성에 있어서의 이 일반적인 단계는 우리가 자세히 연구할 수 있었던 세 개의 국면으로 나뉠 수 있다.

5-4-8] 혼합적 이미지 (즉, 이 단계에서 낱말сʌова[5])의 의미와 상응하는 대상들의 무리) 형성에 있어서 첫 번째 국면은 어린이 생각의 시행착오 시기와 일치한다. 이 국면에서 어린이는 새로운 대상들을 무작위로 모아 새로운 그룹을 형성하고 이에 뒤따라 그 오류의 본질이 드러날 때마다 대상들을 교체하는 개별적인 시도가 계속된다.

5-4-9] 이로부터 이어지는 두 번째 국면의 경우, 실험에서 결정적인 역할을 하는 것은 대상들의 공간적 분포이다. 시각적 장의 지각과 어린이 지각의 조직을 지배하는 순수한 혼합적 법칙이 다시 한 번 중요한 역할을 한다. 혼합적 심상 혹은 대상의 더미는 개별 요소들의 시공간적 만남, 직접적 접촉의 토대나 혹은 직접적 지각 과정에서 그들 (요소들-k) 사이에서 생겨나는 다른, 더욱 복잡한 관계의 토대 위에서 형성된다. 그러나 이 시기에 있어 항상 기본이 되는 요인은, 어린이가 사물들 그 자체 내에 있는 객관적 연결들이 아니라 어린이 자신의 지각에 따른 주관적 연결들에 의해 인도된다는 것이다. 대상들이 단일한 연쇄로 모아지며 일반적 의미에 종속되는 과정은 대상들 내에 존재하는 일반적 자질이 어린이에 의해 추출됨으로써 이루어지지 않는다. 이는 어린이가 받은 인상에 의해 확립된, 대상들 사이의 일종의 유사성에 근거해 일어난다.

5-4-10] 이 단계의 세 번째 국면은 이 단계의 완료와 개념 형성 과정의 두 번째 단계로의 이행을 나타낸다. 이 국면은 개념과 등가물인 혼합적 이미지가 더욱 복잡한 토대 위에 생겨나며, 이전에 하나의 의미 아래 어린이의 지각 속에 이미 통합된 적이 있는 다양한 그룹으로부터 견본을 수집하는 능력에 의존한다.

5-4-11] 이와 같이 새로이 종합된 연속 혹은 더미의 요소 각각은 앞에서 어린이 지각에서 통합되었던 대상들의 그룹을 대표한다. 그러나 이들을 모두 모

아 놓고 보면, 이 요소들 사이에는 내적인 연결들이 없다. 이들은 우리가 앞의 두 국면에서 보았던 것과 같은 종류의, 연결성 없는 연결로 이루어진 무리를 나타낸다.

5-4-12] 이 국면과 선행하는 두 국면들 사이의 유일한 차이는, 여기서는 어린이가 새로운 말의 의미의 토대로 삼는 연결들이 외떨어진 지각들의 산물이 아니라 소위 혼합적 연결들의 두 단계 처리 과정의 산물이라는 것이다. 우선 어린이는 혼합적 그룹들을 형성한다. 그에 따라 이 그룹들의 견본들이 추출되며 다시 한 번 이 대표들은 혼합적으로 통합되는 것이다. 따라서 어린이 말의 의미 뒤에서 우리는 일차원 평면이 아닌 삼차원적 공간을 발견하게 된다. 우리는 연결들의 이중적 연쇄, 이중으로 구조화된 무리를 발견한다. 그럼에도 이 연쇄들과 구조는 여전히 무질서한 무리, 은유적으로 말하면, 재고 더미를 초월하지 못한다.

5-4-13] 이 국면에 도달함으로써 어린이는 개념 발달의 첫 번째 단계를 달성한다. 이제 어린이는 지금까지 낱말 의미의 기본 형태를 나타냈던 무리를 버리고 두 번째의 단계로 전진한다. 우리는 이것을 **복합체**комплексов[6) 형성의 단계라고 칭할 것이다.

●

1) 5장의 나머지 부분은 블록 실험에서 나타난 **범주**를 설명하는 데 할애된다. 이 범주
는 세 종류의 혼합적 더미(혼합적 연합, 혼합적 공간 분포 그리고 혼합적 2단계 재분류)와
5가지 유형의 복합체(연합적 복합체, 수집체적 복합체, 사슬복합체, 분산복합체, 그리고 의사
개념), 그리고 잠재적 개념과 진개념이다. 이들은 개념 형성의 세 가지 '계기'에 속하는
데, 혼합주의를 만들어 내는 순수하게 주관적인 계기, 복합체를 만들어 내는 객관적
연결과 연관된 계기 그리고 마지막으로 두 발생적 근원인 일반화와 추상화를 개념
으로 병합하는 계기이다. 물론 이 범주들은 단순히 데이터에 드러난 것이 아니다. 이
들은, 2장에서 비고츠키가 레닌과 헤겔에 대해 언급한 것에 비추어 볼 때 헤겔의『논
리학』에서 볼 수 있는 존재being, 본질essence, 개념concept의 '계기'에서 많은 부분
영감을 얻은 것으로 보인다.

　I　위의 범주들은 **개념의 등가물**들이다. 즉, 청소년이나 성인이 ('지름' 또는 '높이' 또는
'지름+높이'와 같이) 진개념을 사용하는 방식으로 어린이들이 이들을 사용하거나, 아
니면 최소한 블록 실험에서는 그렇게 한다. 그들이 이 과업에서 낱말의 '의미'이다.

　II　개념 형성의 첫 '단계' 또는 '계기'에서 이 모든 기능적 등가물들은 **혼합주의**이다.
혼합주의는 어린이가 모순에 둔감하고 ("선물은 산타 할아버지가 주는 것이기도 하
고 부모님이 주는 것이기도 하다"와 같은) 두 개의 상반되는 생각을 동시에 가지는
것을 지칭하기 위해 피아제가 사용한 낱말이다.

　III　모순이야말로 발달의 동력이라고 믿는 비고츠키는 다소 상이한 방식으로 이 낱
말을 사용한다. 비고츠키에게 혼합주의는 대상들 사이에 존재하는 순수한 **주관
적** 연결이 잉여적이고, 과잉생산적이며 과다한 것을 일컫는다. 어린이는 객관적
특성들과 완전히 주관적인 낱말-대상 연합들을 구분하지 못한다.

　IV　그러나 어린이는 여전히 타인들과 **의사소통**을 할 수 있다. 낱말은 타인들도 볼
수 있는 물리적 대상을 가리키기 때문이며 또한 어린이들이 객관적인 연결을 알
지 못하고 있을지라도, 낱말은 타인에게 그 객관적인 연결을 의미하기 때문이다.
예컨대, 어린이가 자신이 무작위로 쌓아놓은 블록 더미를 가리키면서 "저쪽에 있
는 무더기"라고 말하면 다른 이는 그 블록들을 보고 이들이 모두 4개의 면을 가
진 대상들임을 알아차리는 식이다. 어린이와 어른은 부분적인 이해에 도달하지만
그 이해에 도달하는 과정은 전혀 다르다(한편은 주관적 행동이고 다른 한쪽은 객관
적인 지각이다).

　V　개념 형성에 있어서 이 **혼합적** 단계는 세 개의 하위 단계 또는 국면으로 나뉠 수
있다.

A) 첫째, 지어낸 말에 대한 반응으로, 어린이는 **시행착오(trial and error)**를 통해 대상들을 불안정하고 일시적으로 한데 묶는다. 대상 선택에 대한 다른 어떤 원칙도 없다.

B) 둘째, 낱말에 대한 반응으로, 어린이들은 공간이나 시간에 같이 속하거나 또는 자신만이 **감지**하는 순수하게 주관적인 다른 특징들에 따라 대상들을 무리 짓는다.

C) 셋째, 낱말에 대한 반응으로, 어린이는 무리를 지은 후 각 더미로부터 '**대표**'를 뽑아 이들을 가지고 새로운 무리를 만든다. 대표 선택에 대한 어떠한 객관적인 이유도 없으며 첫째 더미와 둘째 더미 사이에는 어떠한 공통적인 특징도 없다. 그들은 단순히 어린이 지각의 산물이거나 어린이의 무리 짓기 활동의 산물이다.

2) 무리 (куча, "heap"). 비고츠키가 의미하는 것은 어린이들이 놀이를 할 때 흔히 만드는 뒤죽박죽의 무질서한 모음이다. 이는 a)오직 어린이 자신들에게만 유의미하며(그들의 주관성에만 온전히 의지하기 때문이다) b) 대상들 사이의 어떠한 내적인 연결에도 기반을 두지 않는다.

이 장에 많은 도움을 준 헤겔의 '논리'에는 개념 형성의 세 단계가 제시된다.

A) 주체, 즉 '나', '에고', 존재. 이 경우에는 어린이가 된다.

B) 객체, 즉 대상, 물건. 이 경우에는 블록이 된다.

C) 개념, 즉 '그것'은 '나'의 일종이라는, 즉 대상 속에 존재가 있다는 개념. 이 경우에는 블록의 다양한, 측정 가능한 성질들이 타인을 향해 먼저 존재하고 그런 후에야 나를 향해 존재한다는 관념이다.

이 각각의 단계들은 개념의 출현에 있어 특징적인 조직 형태를 가진다. 무리는, 작용하는 주체인 어린이에 의해 온전히 결정되므로 그것은 첫 번째 단계에 해당한다.

이 단계에서 비고츠키는 세 개의 국면을 구분한다.

A) 완전히 무작위적인 뒤죽박죽으로 무엇에 근거해 전혀 기준을 알아보기 힘든 경우.

B) 판 위 대상들의 공간적 배열에 토대를 두는 뒤죽박죽의 모임.

C) 어린이가 처음으로 A)나 B)에 따라 더미를 만들고 각 뒤죽박죽의 모임으로부터 하나씩 대표를 선정하여 그에 따르는 새로운 더미를 만드는 2단계 뒤섞임. 이와 같이 절차가 반복되는 것은 일종의 일반화의 형태를 나타내며 심지어 다음 단계에서의 '수집체'와도 닮아 있다. 그러나 여기에는 대상들 사이의 객관적인 연결이 없기 때문에 우리는 아직 이 단계를 복합체라고 부르지 않는다.

3) 혼합주의(синкретизм, 'syncretism'). 여기서 비고츠키가 사용한 낱말은 모순된 신념들을 동시에 믿을 수 있는 어린이의 능력을 가리키기 위해 클라파레드와 피아제가 사용한 것과 동일하다. 그들은 그러한 이유를 어린이의 자기중심성과 탐구적 활동의 부족 때문으로 돌렸다. 자세한 내용에 대해서는 J. Piaget and B. Inhelder, 『The Psychology of the Child』(1969, p. 40) 참고. 우리가 보다시피 비고츠키는 혼합주

의를 조금 다르게 해석한다. 그는 어린이의 혼합주의를 현실적인 지향성으로 보고 있으며 따라서 탐구적 활동에 기반하고 있지만 다만 순수하게 주관적인 것으로 보고 있다.

4) 블론스키(Блонский, Blonskii or Blonsky, 1884~1941). 사변철학자이자 내관심리학자였던 첼파노프의 추종사였다. 그는 플라톤, 아리스도델레스, 헤겔 전문가였다. 러시아 혁명의 초기 지지자로 그는 레닌의 부인인 크룹스카야와 루나차스키와 함께 '하면서 배우기' 노동학교 프로젝트와 그 외 '아동학pedology'과 관련된 다른 진보적 교육혁명 계획에 참여하였다. 블론스키와 비고츠키는 모든 점에서 서로 동의하지는 않았으나(예를 들면, 블론스키는 치아가 나는 연령이나 내분비에 따른 시기구분을 믿었지만 비고츠키는 그렇지 않았다) 그들은 확실히 심리학은 발생적이어야 하며 행동은 역사적으로 설명되어야 한다는 점에 동의했으며, 블론스키의 연구에 대한 비고츠키의 논조는 대체로 긍정적이다. 자세한 설명은 van der Veer, R. (2007) 「"Vygotsky in Context 1900-1935"」, in 『The Cambridge Companion to Vygotsky』, pp. 39~41 참조.

5) 낱말(слова, 'word'). 비고츠키가 일반적인 낱말을 의미하는지 이 실험에서 사용된(머르, 라그, 비크, 세브와 같은) 인위적인 무의미 낱말을 의미하는지는 명확하지 않은 경우가 많다. 여기서는, 그러나 후자 쪽이다. 6장에서 비고츠키는 대상(물체)과의 관련성이 덜한 '왜냐하면'과 '~에도 불구하고'를 사용한다.

6) 복합체(комплексов, 'complexes'). 이 낱말은 '복잡성'과는 별 관계가 없다. 보다시피, 어린이의 복합체 중 일부는 복잡하지만 일부는 매우 단순하다. 어린이는 순수한 주관적 태도로부터 더욱 대상 지향적, 객관 지향적인 탐구활동으로 움직인다. 실험적 낱말들은 더 이상 단순히 '무리(더미, куча)'를 나타내지 않는다. 그들은 어린이들이 여러 대상들 사이에 존재한다고 생각하는 모종의 객관적인 연결을 포함한다. 물론 어린이가 대상들 사이에서 보는 것은 '지름'이나 '높이'와 같은 추상적 개념이 아니라 (공통된 형태, 색깔, 일치하는 면 등의) 구체적이고 지각적인 것이다. 이 때문에 이는 헤겔 논리에 있어서 개념 출현의 두 번째 단계, 즉 '대상'에 속한다.

비고츠키에게 개념은 성인 사고의 한 종류일 뿐임을 기억하는 것이 중요하다. 일상생활의 많은 부분은 개념적 생각을 전혀 포함하지 않으며 특히 예술적 사고는 흔히 복합체적이다.

5-5 [1]

5-5-1] 개념의 발달에서 두 번째의 주요 단계는 생각의 단일한 양식이 가지는 여러 다른 유형을 포함한다. 이러한 유형들은 기능적·구조적 그리고 발생적으로 변화한다. 다른 생각의 양식들과 마찬가지로 이것 역시 연관의 형성, 서로 다른 구체적 인상들 간의 관계 확립, 개별 대상들의 통합과 일반화 그리고 어린이 경험 전체의 통제와 체계화로 인도한다.

5-5-2] 그러나 상이한 구체적 대상들을 일반적 그룹으로 통합하는 방식, 이 과정 중에 확립되는 연결들의 특징, 그룹에 구성 요소로 편입되는 각 개별 대상들이 전체로서의 그룹과 맺는 관계로 특징지어지는 통합적 생각을 토대로 나타나는 구조-이 모두가 그 본질과 작용 방식에 있어 개념적 생각과는 근본적으로 다르다. 개념적 생각은 오직 성적 성숙기에만 발달한다.

5-5-3] 이 특정한 양식의 생각 방식을 식별하는 데는 '복합체적으로 생각하기'라고 이름붙이는 것보다 적절한 방법은 없어 보인다.

5-5-4] 이는 이러한 생각의 양식을 통해 획득된 일반화가 그 구조상 어린이의 상상 속에서 확립될 수 있는 주관적 연합 때문만이 아니라 대상들 사이에 실제로 존재하는 객관적 연결을 토대로 하여 이미 통합된 각각의 실제 대상이나 사물의 복합체를 나타낸다는 의미이다.

5-5-5] 위에서 말한 바와 같이 생각 발달에 있어서 그 첫 번째 단계가 어린이에게는 어른의 개념과 등가물인 혼합적 이미지를 형성하는 것으로 특징지어

진다. 두 번째 단계는 그와 동일한 기능적 중요성을 가지는 복합체의 형성으로 특징지어진다. 이는 개념의 숙달로 인도하는 길에 새로운 걸음을 나타내며, 선행하는 단계보다 머리 하나는 더 큰, 새로운 생각 발달의 단계를 나타내며 의심의 여지없이 어린이의 삶에 있어 대단히 중요한 진전이다. 이와 같은 고차적 생각 유형으로의 이행에서, 혼합적 생각의 토대를 이루는 '관련성 없는 관련'[2] 대신, 어린이는 유사한 대상들을 공통된 그룹 안에 통합하기 시작하고 마침내 그 어린이가 대상들 속에서 발견할 수 있는 객관적 연결의 법칙에 따라 그들을 결합시킨다.

5-5-6] 이러한 생각의 형태로 진전한 어린이는, 어느 정도는 자기중심성을 극복한 것이다. 이제는 더 이상 사물들 사이의 관련성을 만들기 위해 자기 스스로의 인상들 내의 관련성을 취하지 않고 대상들 사이의 실제 연결을 취하게 된다. 여기서 어린이는 혼합주의에서 객관적 사고의 숙달로 향하는 길로 결정적인 발걸음을 내딛는다. 복합체적 생각은 그 성질상 연합적인 동시에 객관적이다. 이 두 특징은 전 단계의 특징인 혼합적 사고로부터 복합체적 사고를 구분 짓는다. 그럼에도, 이러한 연합성과 객관성은 궁극적으로 청소년기에 획득되는 개념적 생각을 특징짓는 연합성과 객관성과는 여전히 다르다.

5-5-7] 개념 발달에 있어서 두 번째 단계와 세 번째 그리고 개념의 전체 개체발생을 포함하는 마지막 단계와의 차이는, 이 단계에서 형성되는 복합체가 개념에 적용되는 생각의 법칙과는 전혀 다른 법칙에 의해 형성된다는 것이다. 어른의 말 역시 복합체적 생각의 흔적을 많이 가지고 있다. 어른의 말에서 복합체적 생각의 다양한 유형이 가지는 구조의 기본 법칙을 가장 잘 보여 주는 예시는 가족의 '성姓'일 것이다. 예를 들어 페트로프[3]와 같이, 모든 성은 어린이 생각의 복합체적 생각과 가장 가까운, 이러한 유형의 개별 대상의 복합체를 포함한다. 어떤 의미에서 발달의 이 단계에서 어린이는 가족 성의 방식으로 생각한다고, 다르게 표현하면 어린이 관점에서 볼 때 개별 대상의 세계는 각각의 그러나 상호 간에 결속된 가족 성으로 합쳐지고 조직된다고 할 수 있다.

이 복합체는 개별 대상을 그 안에 편입시키고 있다. 이 복합체는 어린이 생각의 복합체적 특징과 대단히 유사하다. 어떤 의미에서는, 이 두 번째 발달 단계에서 어린이는 성姓에 따라 생각한다고 할 수 있다. 이 생각은 또 다른 방식으로도 공식화될 수 있다. 발달의 이 단계에서 낱말의 의미는 복합체나 그룹 속에 연결된 대상들의 가족 성으로 규정하는 것이 가장 정확하다.

5-5-8] 복합체의 구성을 구분 짓는 것은 그것을 이루는 것이 추상적인 논리적 연관들이 아니라 개별적 요소들 사이의 연관에 기반하고 있다는 것이다. 우리의 판단이 순전히 개인들 사이의 논리적 관계에만 기반을 둔다면 페트로프 일가에 포함되는 한 사람이 페트로프라는 이름으로 불리는 것이 적당한지 아닌지 결정하기는 불가능하다. 이 문제를 풀기 위해서는 그 개인이 그 집단에 속하는지 아닌지의 실증적 문제를 풀어야 한다. 이 문제는 오직 사람들 사이의 사실상의 결연관계나 친족관계를 토대로 해야만 해결될 수 있다.

5-5-9] 복합체적 사고는 개인의 즉각적 경험에서 생겨나는 경험적 연관들에 기초를 둔다. 복합체는 우선 무엇보다도 먼저, 각각의 대상들이 가지는 경험적 유사성에 기초를 두고 이들을 집합으로 구체적으로 통합해 놓은 것이다. 복합체적 생각의 다른 모든 측면들은 이것의 결과이다. 복합체적 사고의 가장 중요한 특징은 그것이 추상적-논리적 사고의 측면보다는 구체적-경험적 측면에서 일어난다는 것이다. 따라서 복합체적 생각은 그것을 확립하도록 돕는 연관들 사이의 통일성으로부터 이탈하지 않는다.

5-5-10] 개념과 같이 복합체는 이질적인 구체적 대상의 일반화 또는 통일이다. 그러나 이 일반화가 구성되게 되는 연관의 성질은 개념과 복합체가 서로 대단히 다르다. 경험적으로 존재하기만 한다면 어떤 연관이든 한 요소를 주어진 복합체와 연관 맺는 데 충분하다. 이것은 복합체 구성의 필수적 특성이다. 개념은, 단일하고 논리적으로 동일한 유형의 연관에 기반을 둔다. 반면, 복합체는 다양한 이질적인 경험적 연관들에 기반하고 있는데, 이 연관들은 서로 간에 공통점이 없는 경우가 흔하다. 좀 다르게 말하면 개념 형성의 경우 대상

들이 단일한 특성에 의거해 일반화되지만 복합체 형성의 경우 다양한 사실적 특징들에 의해 기반을 둔다.

5-5-11] 따라서 대상들 사이의 단일하고 필수적이며 한결 같은 연관은 개념에 반영되어 있는 반면 복합체 내에서의 연관들은 경험적, 우연적 그리고 구체적이다.

5-5-12] 따라서 복합체를 개념과 구분 짓는 주된 특징을 구성하는 초석을 제공하는 것은 바로 연관들의 이질적 성질이다. 개념은 일률적인 연관들에 기반하고 있다. 이는 일반화된 개념에 통합된 각각의 개별 대상들은 다른 모든 대상들과 동일한 기준을 토대로 포함되었다는 것이다. 각각의 요소는 개념에서 표현된, 그리고 개념을 통해 하나의 이미지로 통일된 단일한 유형의 연관에 의해 전체와 연결된다. 이와는 반대로 복합체의 요소들은 복합체에서 표현되며 복합체를 구성하는 각각의 요소들의 가장 다양한 관련에 의해 전체와 연결될 수 있다. 개념에서 이러한 연관들은 본질적으로 일반과 특수 사이의 관계이고 일반을 통한, 특수와 다른 특수 사이의 관계이다. 모든 구체적 관계에서 발견되는 매우 다양한 대상들 상호 간에 있을 수 있는 경험적 연속성과 경험적 친족성[4]처럼 복합체의 이 연관들은 매우 이질적이다.

5-5-13] 우리의 연구는 이 발달 단계 중에 어린이의 생각에서 생겨나는 일반화를 위한 기초를 제공하는 복합체들의 다섯 가지 유형을 보여 준다.

5-5-14] 우리는 첫 번째 유형의 복합체를 연합적 복합체[5]라고 부를 것이다. 이것은 복합체에 포함되어 있는 대상과 복합체의 핵으로 작동하여 어린이의 주의를 끄는, 대상의 모든 특징들 사이의 연상적 관계에 기반하고 있기 때문이다. 이 핵을 중심으로 어린이는 아무리 다양한 대상들도 그 구성요소로 사용하여 완전한 복합체를 세울 수 있다. 어떤 대상들은 핵과 같은 색깔이라는 이유로, 또 어떤 대상들은 형태, 크기 또는 그 외의 어린이의 주의를 끌었던 모든 특징에 의해 복합체에 포함될 것이다.

5-5-15] 어린이에게 명백해 보이는 모든 구체적 관계, 핵과 복합체 요소 사

이의 모든 연합적 연관은 그 대상을 그룹에 포함시키고 같은 성姓으로 이름 짓는 데 충분한 근거가 된다.

5-5-16] 이 요소들은 얼마든지 전혀 통일되지 않은 상태로 존재할 수 있다. 이들을 일반화해 주는 유일한 원리는 그들이 복합체의 주요 핵과 가지는 경험적 유사성이다. 동시에 그들이 주요 핵과 가지는 연관은 어떤 종류이든 가능하다. 한 요소는 그 색깔로 인해 형성 중인 복합체의 핵과 연결될 수 있다. 또 다른 요소는 그 형태로 인해 핵과 연결될 수도 있다. 이러한 연관이, 그 속성들의 차이뿐 아니라 두 대상들 사이의 관계의 특성에 의해서도 가장 일관성이 없을 수 있다는 점을 감안한다면, 복합체적 생각이 비록 객관적 연결에 토대를 두고 있기는 하지만 그 과정에서 매번 드러나는 다양한 구체적 특징의 변화가 얼마나 다양성이 많고 무질서하며 부적절하게 체계화되었으며 바르게 통일화되지 못했는지 명백해질 것이다. 그리고 이 다양성의 근원에는 단지 일관적인 속성의 일치뿐 아니라 그들의 유사성과 대조점, 단순 접촉에 의한 연관 등이 발견된다. 그러나 복합체는 언제나 실제의 연관들을 기반으로 하고 있다.

5-5-17] 어린이 발달의 이 단계에 있어서 어린이들에게 말은 더 이상 각자의 이름을 갖고 있는 개별 사물들을 지칭하는 수단으로 기능하지 않는다. 말은 성姓이 되었다. 따라서 어린이 발달의 이 시점에서 어린이가 말을 하면, 그는 상호 간에 가장 다양한 친척관계로 얽혀 있는 사물의 가족을 가리키는 것이다. 특정 사물을 그에 해당하는 명칭을 이용해 지칭하는 것은 어린이에게, 그것을 그에 연관된 특정 복합체와 연결하는 것을 뜻한다. 이 단계의 어린이에게 사물의 이름을 말하는 것은 그에게 가족의 이름姓을 부여하는 것이다.

●

1) 알다시피 비고츠키는, 유창한 작가였지만 스스로의 주장을 나누어 제시하는 데 항상 사려 깊었던 것은 아니다. 따라서 일부 장들은 길이상 균형이 맞지 않으며, 각 절에 제목이 있지도 않고 때때로 5절과 같이 두 개의 서로 다른 수준의 주장에 대한 두 개의 매우 다른 과업을 포함하는 절이 있기도 하다. 첫째, 비고츠키는 개념 발달의 두 번째 계기, 즉 복합체를 소개한 후 이를 첫 번째 계기인 혼합적 더미와 구분하는 한편, 또 이를 세 번째 계기, 즉 개념과 구분한다. 그러나 둘째로, 비고츠키는 이어지는 다섯 절들에서 다루어지는 다섯 가지 유형의 복합체 중 첫 번째를 소개한다. 이를 두 부분으로 나누어 요약해 보자.

I 복합체는 혼합적 더미와 **다르다.** 기준이 되는 특징이 어린이의 주관적인 활동이나 상상이 아니라 대상 자체에 속해있기 때문이다. 어린이는 대상들 사이에 ('파란색', '삼각형' 등등의) 어떤 식으로든 상응하는 점이 있기 때문에 대상을 선택하며 단순히 자신의 느낌이나 끌림에 따르지 않는다. [5-5-1~5-5-15]

A) 복합체는 또한 개념과는 다르다. 더미가 어린이의 주관적 연합들의 과잉을 포함했듯이 복합체는 **객관적 특징**들의 과잉을 포함하며, 이 모든 특징들은 대상들과 함께 복합체로 들어간다.

B) 특징들은 **연합**되고, 그리하여 일반화된다. 그러나 그들은 ('푸름'이라든가 '삼각형성'으로) 선택되고 추상화되지 않는다. 여기에는 각 특징들이 속하게 되는 ('색깔'이라든가 '형태'와 같은) 상위 범주가 존재하지 않는다.

C) 어린이는 복합체를 일단의 대상들이 단일한 추상적 특징에 연결되어 있다고 보는 것이 아니라, 일종의 '상위-대상', 또는 인간의 가족과 같이 다양한 방식으로 서로 연결될 수 있는, (엄마 블록, 아빠 블록, 아기 블록과 같이) 대상의 **가족**으로 생각한다.

II 가장 단순한 형태의 복합체는 **'연합적 복합체'** 이다. '2단계' 더미에서와 같이, 어린이 '대표' 대상을 선택하여 복합체의 "핵심"을 형성한다. 하지만 그 후 어린이는 이 핵심 대상과 다른 대상들을 그들의 물리적 유사성에 근거하여 연합한다. 예를 들어, 어린이는 파란 삼각형을 선택한 후에 파란 사각형을 선택하고, 다시 노란 삼각형을 선택한다. 사각형은 핵심 물체와 색깔에서 연관되어 있고 노란 삼각형은 그 형태에서 연관되어 있으나 어린이는 이를 오직 "이것들은 둘 다 첫 번째 블록과 같다"라고 생각한다. [5-5-16, 5-5-17]

2) 관련성 없는 관련 또는 단절된 관련성은 프랑스어 판과 이탈리아어 판에서 각각 '비일관적인 일관성', '응집성 없는 일관성'으로 번역되었다. 비고츠키의 요지는 어린이의

복합체는 오직 어린이만을 향한다는 것이다. 혼합적 이미지는 다른 사람들이 보기에는 그냥 대상들 자체일 뿐이다. 여기에서는 그 형성의 기준이 순전히 어린이의 객관적 인상이기 때문이다.

3) 페트로프는 '김'이나 영어의 '스미스'와 같이 평범한 러시아 성이다. 비트겐슈타인은 게임들 사이의 유사성과 차이점에 대해 기술하면서 이와 비슷한 설명을 한다. 그는 우리가 (게임에 대해 생각할 때가 아니라) 게임을 할 때 보드 게임과 카드 게임 등 어린이가 하는 게임들 사이에는 공통된 특징이 전혀 없다고 지적한다. 그는 다음과 같이 결론짓는다.

"나는 이러한 유사성을 특징짓는 데(체격, 인상, 눈동자 색, 걸음걸이, 기질 등과 같은) 가족 구성원들 사이의 다양한 닮음을 표현하는 '가족 유사성'이라는 표현보다 나은 것을 찾을 수 없다. 이러한 유사성은 서로 중첩되고 교차한다. 나는 '게임들'은 가족을 형성한다고 말하고자 한다(Philosophical Investigations, 32e)."

게임들은 개체발생의 비교적 초기부터(이행 시기 이전부터) 생겨난다. 이 발생적 기원은 그들이 어째서 구조적으로 전 개념적인지 설명해 줄 수 있을 것이다. 개념은 사회문화적 역사에서 비교적 늦게 생겨나며 이는 어째서 대가족이 그 구조에 있어 전 개념적인지 유사하게 설명해 줄 수 있을 것이다.

4) 친족성은 모든 가족 구성원들이 서로 간에 동일한 하나의, 특정한 보편적인 관계를 가지는 것이 아니라는 점을 지적하는 것이다.

5) 우리가 '연합적'이라는 말을 연합 심리학에서의 연합과 같은 뜻으로 받아들인다면 모든 복합체는 (따라서 모든 더미도 포함되어) 연합적이라는 주장이 될 것이다. 이들 모두는 복합체를 이루는 다양한 구성원들을 어떤 형태로든 연합하거나 짝짓는 것을 포함하기 때문이다. 그러나 이는 잘못이다. 비고츠키는 복합체 형성은 결코 순수한, 단순한 연합이 아니며 거의 언제나 어린이의 모방, 일반화 심지어 부정과 지양 sublation을 포함하기 때문이다(따라서 번역에서도 대상들 사이의 연합이라는 표현 대신 연관이라는 표현을 사용한다).

5-6 [1]

5-6-1] 복합체적 사고 발달의 두 번째 국면[2]은 대상과 사물의 실제 이미지를 특별한 그룹들로 모으는 것을 통해 형성된다. 이 그룹들은 흔히 수집품이라 불리는 것을 연상시킨다. 여기서 다양한 실제 대상들이 어떤 특징에 따라 상호 보완적인 토대 위에 통합되게 된다. 그리고 이들은 단일한 전체를 형성하는데 이 전체는 서로 다르고 상호보완적인 부분으로 이루어진다. 이 생각의 발달 단계에서 가장 특징적인 것은 구성요소들 간의 이질성, 수집체를 이용한 상호 보완과 상호 결합의 과정이다.

5-6-2] 실험 상황에서 어린이는 기준이 되는 특정 물체와 색깔, 형태, 크기나 그 외 특징이 다른 대상들을 짝지었다. 그러나 대상들이 무질서하고 우연적으로 선택된 것은 아니다. 대상들은 이러한 차이를 드러내는 속성에 따라, 그리고 기준 대상에 포함된 속성을 보완하는 것으로 어린이가 인식하여 통합의 근거가 되는 속성에 따라 인도된다. 이러한 구성의 결과로 나타나는 수집체는 색깔이나 형태가 다른, 다양한 대상의 모음을 만들고, 이는 실험재료 가운데 발견되는 기본 색깔이나 형태들을 대표한다.

5-6-3] 이러한 형태의 복합체적 생각이 연합적 복합체와 본질적으로 다른 것은 같은 특징을 가진 두 대상이 발견되지 않는다는 점이다. 각 그룹을 대표하는 표본은 그룹당 하나만 선택된다. 어린이는 유사성에 따른 연합보다는 대조에 따른 연합에 따라 행동한다. 이러한 사고의 형태는 위에서 기술했

던 사고의 연합적 형태와 흔히 동반되는 것이 사실이다. 이런 경우 우리는 상이한 특징에 근거한 수집체를 획득하게 된다. 각각의 수집체의 형성에 있어 어린이는 복합체 형성의 기본이 되었던 원리를 일관성 있게 지키지 않고 어린이는 연합에 의해 서로 다른 속성을 연결시키면서도 각 속성은 여전히 수집체의 토대로 둔다.

5-6-4] 장기간에 걸쳐 있고 안정된 어린이 생각 발달의 이 국면은 어린이의 구체적·시각적·실제적 경험에 깊은 뿌리를 두고 있다. 시각적·실제적 생각에서 어린이는 언제나 특정한 전체에 대해서뿐만 아니라 상호 간에 서로 보완하는 사물들의 집합체를 다룬다. 직관적 경험을 통해 어린이가 습득하게 되는 구체적 인상의 일반화에서 가장 흔한 형태는, 실제적 관점에서 중요성을 가지며 기능적으로 상호 간에 연관된 대상들을 수집체에 넣고, 이 대상들을 상호 보완적으로 분류하는 것이다. 컵, 받침 접시, 그리고 숟가락의 집합이나 포크, 나이프, 스푼과 접시 또는 옷가지의 집합은 어린이가 일상에서 마주치는 이러한 복합체-수집체의 좋은 예들이다.

5-6-5] 이에 따라, 어린이가 그의 말로 하는 생각에서도 이러한 종류의 복합체-수집체를 구성하며 기능적 보완의 원리에 따라 대상들을 구체적 그룹으로 결합하는 것은 당연하고 명백한 일이다. 더 나아가 이 복합체의 유형은 성인의 생각에서도 지극히 중요한 역할을 수행하는데, 특히 신경생리학적, 정신적 병자들의 경우 더욱 그렇다. 구체적 발화에서, 즉 어른이 접시나 옷에 대해 말할 때 그가 생각하는 것은 상응하는 추상적 개념이 아니라 수집체를 형성하는 일단의 구체적 사물인 경우가 자주 있다.

5-6-6] 혼합적 이미지가 무엇보다도 어린이들이 사물들 사이의 연합으로 지각하는 사물에 대한 인상들 사이의 감정적·주관적 연관에 기반을 둔다면, 또한 연합적 복합체는 다양한 대상들의 변별적 특징들 사이에 반복적·지속적으로 나타나는 유사성에 기반을 둔다면, 수집체의 기반에는 어린이의 직관적 경험과 실제적 활동에서 확립된 사물들 사이의 연결이 있다. 우리는 심지어

복합체 수집체는 단일한 실제적 조작에서 대상들이 서로 공모하는 것에 따라 그들의 기능적 협력을 토대로 하여 대상들을 일반화한 것이라고 말할 수도 있다.

5-6-7] 그러나 이 시점에서는 생각의 이 세 가지 상이한 형태들은 그 자체로서가 아니라, 하나의 목적, 즉 개념 형성으로 이끄는 상이한 발생적 통로라는 측면에서 우리의 흥미를 끈다.

●

1) 다음 유형의 복합체는 **수집체 복합체**이다. 혼합적 이미지와는 달리(또한 연합적 복합체와는 달리) 수집체 복합체는 정서적인 연합에 토대를 두지 않고 (옷을 입거나, 음식을 먹거나, 잠자러 가는 등과 같이) 무언가를 하는 도중에 기능적으로 생겨나는 연합과 관계에 토대를 둔다. [5-6-1~5-6-2]

   I   연합적 복합체에서와 같이 수집체 복합체는 여러 가지 다양한 연합적 연결들에 의해 만들어진다. 그러나 이 경우의 연결들은 **부정적인** 연결이다. '2단계' 더미와 연합적 복합체에서와 같이 수집체 복합체는 대표적 대상으로부터 형성되지만, 이 경우에는 대상들이 서로 달라야 한다. 이는 옷을 입을 때 셔츠, 바지, 양말이 다 있어야 하는 것이나, 밥을 먹을 때 포크, 나이프, 숟가락이 있어야 하는 것과 같다. [5-6-3]

   II   이 복합체가 대상들의 상이성과 기능적 보완성 때문에 대상들을 포함시키기는 하지만 어린이는 이 복합체를 대상들의 **구체적** 그룹으로 생각하며, 이를 추상적인 특징이나 또는 추상적인 공통적 기능에 따라 규정된 일반적인 집합으로 생각하지 않는다. [5-6-5~5-6-7]

   III   **어른들** 역시 수집체 복합체를 흔히 사용한다. 어른들도 '입을 것들' 또는 '먹는데 필요한 것들'의 집합을 형성하면서도 이들을 추상적인 개념이 아니라 ('제자가 선물로 준 까만 고어텍스 재킷', '스승의 날 선물로 받은 티셔츠', '내 오래된 까만 청바지'와 같이) 실제적 대상들의 사실적인 수집 목록으로 생각한다. [5-6-5]

2) 여기에서 비고츠키가 의미하는 것은 개념 형성에서의 두 번째 단계(복합체적 생각)가 아니라 복합체적 생각의 두 번째 하위 단계, 즉 수집체 복합체를 일컫는 것이다. 하위 단계를 표현하기 위해 국면이라는 표현을 사용한다.

5-7¹⁾

5-7-1] 실험적 분석의 논리에 따르면 우리는 어린이의 복합체적 사고의 두 번째 측면, 즉 수집복합체 뒤에 사슬복합체를 두어야 한다. 사슬복합체는 어린이가 복합체적 생각의 두 번째 국면에 뒤이어, 개념 정복을 하기 위한 등반 과정에서 필수 불가결한 계단이다.

5-7-2] 사슬복합체는 고립된 요소들을 통합된 사슬로 역동적·일시적으로 통합하는 원리와, 이 사슬의 고리들을 통해 의미를 이동시키는 원리에 따라 구성된다. 실험적 상황에서 이러한 유형의 복합체는 다음과 같은 방식으로 나타나게 된다. 어린이는 기준 물체에 대해 자신들이 가지고 있는 연상적인 연관에 근거해서 모델과 상응하는 하나 또는 여러 개의 대상을 선택한다. 그런 후 어린이는 계속해서 구체적 대상들을 선택함으로써 통합된 복합체를 형성한다. 그러나 이 선택은 앞에서 선택된 대상들의 부차적인 특징들에 따라 좌우된다. 이 특징들은 모델 자체에서는 전혀 발견되지 않을 수도 있다.

5-7-3] 예를 들면, 어린이는 노란 삼각형이 모델로 제시되었을 때 모서리나 각을 가지고 있는 여러 대상을 선택할 수 있다. 그리고 나서 어느 시점에 파란 대상이 선택되면, 이후로는 어린이는 원이건 반원이건 간에 파란색의 대상을 선택하기 시작하는 모습을 보인다. 이후 어린이는 새로운 특징에 따라 둥근 대상들을 더 선택하기 시작한다. 사슬복합체의 형성에 있어 우리는 이와 같이 한 특징에서 다른 특징으로의 끊임없는 전이를 발견한다.

5-7-4] 동일한 방식으로, 낱말의 의미는 사슬복합체를 구성하는 연결들에 따라 전달된다. 사슬의 각 고리는 선행하는 고리와 뒤따르는 고리에 결합된다. 이 유형의 복합체가 다른 유형과 구별되는 특징은 어떤 고리가 선행하는 고리와 연결되는 연관과 양식이, 후속하는 고리와 맺는 관계와 완전히 다를 수도 있다는 것이다.

5-7-5] 복합체는 다양한 구체적 요소들 사이의 연합적 연관에 또다시 의지한다. 그러나 이 연합적 연관들은 개별 요소를 꼭 기준 대상과 관련짓는 것은 아니다. 사슬의 각 고리들은 연결 속에 삽입되는 순간 기준 물체와 어깨를 나란히 하는 멤버가 되며 어떤 연합적 특징에 따라 일련의 구체적 대상 전체를 유인하는 핵심이 될 수도 있다.

5-7-6] 우리는 복합체적 생각이 어느 정도의 지각적-구체적, 심상적 특성을 가지고 있는지 구체적으로 알 수 있다. 연합적 특성에 의해 복합체에 편입된 대상은, 스스로를 복합체 내에 포함시켜 준 단일한 자질의 운반자로서가 아니라, 그 자체의 모든 특성을 가지는 구체적 대상으로 복합체에 들어가게 된다. 어린이는 다른 특징으로부터 이 단일한 특징을 추출해 내지 않으며 이 특징은 다른 특징들에 대해 어떤 특정한 역할을 수행하지 않는다. 그것은 그 기능적 의미로 인해 부각되지 않으며 여러 등가물 가운데 하나로, 많은 속성 중 하나로 남는다.

5-7-7] 여기서 우리는 복합체적 생각과 개념적 생각을 일반적으로 구분하는 일상적 특징을 감지하기 시작한다. 개념과는 반대로, 복합체에서는 속성들 사이에 위계적인 연결이나 위계적 관계가 없다. 모든 속성들이 가지는 그 기능적인 의미에서 원칙적으로 동등하다. 전체 일반화 과정의 구조를 지배하는 원리는 물론이고, 일반으로부터 특수의 관계(즉, 복합체가 그 구성요소 각각에 대해 가지는 관계)를 고려하든, 요소들 사이의 관계를 고려하든 이들은 개념구조에서 발견되는 모든 특징들과 근본적으로 다르다.

5-7-8] 사슬복합체 안에는 구조적 중심이 전혀 없을 수 있다. 모델의 핵심

요소를 거치지 않고도 특정한 요소들끼리 서로 묶일 수 있으므로 이들은 다른 요소들과 전혀 공통점을 갖지 않으면서도 동일한 복합체 내에 속할 수 있다. 그들은 다른 요소들과 공통된 특성을 가지며 이 다른 요소들은 그 나름대로 제3의 요소와 연결을 맺기 때문이다. 사슬에서 첫 번째와 세 번째의 요소는 그들이 각각의 특성을 통해 두 번째 요소와 연결되어 있다는 것 이외에는 공통점을 갖지 않을 수 있다.

5-7-9] 따라서 이러한 이유로 우리는 사슬복합체를 복합체적 사고의 가장 순수한 형태로 볼 수 있다. 사슬복합체는 연합적 복합체에서 우리가 보았던 것과 같은 중심적 요소를 가지고 있지 않기 때문이다. 이는, 연합적 복합체에서는 개별 요소들이 복합체의 중심을 형성하는 공통 요소와 안정적인 연결을 맺지만, 사슬복합체는 이러한 중심이 없다는 것을 뜻한다. 여기서는, 개별 요소들이 경험적으로 합쳐질 수 있는 곳이면 어디든지 연결이 존재한다. 사슬의 최종 요소는 그 시작 요소와 전혀 무관할 수 있다. 요소들이 중간에서 통합하는 요소들에 의해 연결된다는 사실로 이들이 단일한 복합체의 구성원이 되기에 충분하다.

5-7-10] 따라서 구체적인 개별 요소가 전체로서의 복합체와 가지는 관계를 특징짓는다면, 우리는 구체적 요소는 개념에서와는 달리 자신의 특징과 사실적 연관을 모두 간직하는 실제 대상으로 복합체에 들어간다고 말할 수 있다. 개념이 그 안에 포함된 구체적 대상들의 상위어인 것과는 달리 복합체는 그 요소들의 상위어가 아니다. 복합체는 복합체 내의 다른 대상들과 연결됨으로써 복합체를 구성하는 구체적인 대상들과 사실적으로 혼합된다.

5-7-11] 이와 같은 일반과 특수의 병합, 복합체와 그 요소의 병합(즉, 베르너가 정신적 혼합체라고 부른 것)은 일반적으로는 복합체적 사고의 본질적 자질을, 구체적으로는 사슬복합체의 본질적 자질을 구성한다. 복합체에 의해 통합된 대상들의 구체적 그룹과 복합체는 불가분의 관계이다. 복합체는 이 구체적 그룹과 병합된다. 그 결과, 복합체는 비규정적이며 유동적인 특징을 획득한다.

5-7-12] 사슬복합체를 형성하는 연결은 부지불식간에 교체되며, 이 연결들의 특징과 유형은 부지불식간에 변한다. 때로는 매우 적은 유사성이나 아주 피상적인 접촉만 있어도 사실적 연결의 형성에 충분한 경우가 있다. 여기서는 대상들 사이의 진정한 유사성보다는 어떤 공통성에 대한 희박하고 모호한 인상이 연결의 기초에 놓일 것이다. 실험적 분석을 위해서 이러한 조건하에서 나타나는 것을 분산혼합체라고 부를 것이다. 이 분산혼합체는 복합체적 생각의 발달에 있어 네 번째 국면을 구성한다.

1) 다음 유형의 복합체는 **사슬복합체**이다. 사슬에서 각 요소는 최종 요소와 연결되어 있는 동시에 다음 요소와 연결되어 있다. 그러나 여기에는 핵심 요소가 없다. 사슬은 무한히 계속될 수 있고 각 연결의 토대를 형성하는 특징은 일정하지 않다. 끝말잇기나, 술래잡기와 같이 진 사람이 다음 술래가 되는 게임은 기능적 활동들이 수집체 복합체를 만드는 것과 같은 방식으로 사슬복합체를 만든다.

  I 연합적 복합체와 같이 여기에는 다른 대상이 **짝지어지는** "핵심" 대상이 있다. 그러나 연합적 복합체와는 달리 짝지어진 그 대상이 바로 다음의 새로운 "핵심"이 된다. 한 대상은 두 번째의 대상으로 인도하며 이 대상은 세 번째의 대상으로 인도하지만, 이 세 번째 대상은 첫 번째 대상과 반드시 어떤 관계를 맺는 것은 아니다. [5-7-1~5-7-2]

  II 예를 들어 보자. 어린이는 노란 삼각형을 선택한다. 그런 후 이 어린이는 다른 삼각형 모양을 선택하여 이를 원래 삼각형과 맞추어 본다. 그런데 어린이가 선택한 다른 삼각형은 파란색이다. 이제 어린이는 파란색 블록들을 선택하는데 이들 중 상당수는 둥근 모양이다. 어린이는 벌써 삼각형에 대해서는 이미 까맣게 **잊어버렸다.** [5-7-3]

  III 우리는 이런 식으로 블록의 사슬 복합체에서 ('비크', '머르', '세브', '레그'와 같은) 낱말의 의미가 **일반화될** 것임을 알 수 있다. 문제를 해결하는 데 토대를 제공해야 하는 구체 특성이 지속적으로 변하기 때문이다. [5-7-4, 5-7-5]

  IV 그러나 낱말이 일반화되더라도 이에 연관된 생각은 여전히 구체적·시각적·사실적이며 **추상적이지 않다.** 사슬 속의 모든 대상은 그 자신의 시각적·사실적·구체적 특징을 고스란히 가지고 있는 대상이며, 그러한 특징 중 무엇이라도 다음 대상을 고르는 원리를 형성할 수 있다. 여기에는 한 대상이 선택되고 추상화되어 그 중요성에 있어 다른 것들의 위에 놓이는, 특징들의 위계가 없다. [5-7-6~5-7-8]

  V 사슬복합체는 가장 **"순수한"** 형태의 복합체적 생각이다. 연합적 복합체는 일종의 "상위-대상", 즉 하나의 중심 대상으로부터 추출한 특징의 확장이다. 의사개념은 (비록 어린이를 향한 것은 아니지만) 이미 다른 사람을 향한 개념이다. [5-7-9~5-7-11] 그러나 사슬복합체는,

    A) **객관적으로**(즉, 실험자에게) 하나의 구체적 대상이 아니라 대상들의, 일반화되고, 자유롭게 부유하는 사슬이다. 밖에서 보는 관찰자는 아마 사슬복합체를, 끝말잇기나 술래잡기에서와 같은 규칙의 집합으로 볼 수도 있을 것이다.

    B) **주관적으로**(즉, 어린이에게) 전혀 이상적인 존재를 가지지 않는다. 그러한 이

상은 사슬을 구성하는 실제의 요소들과 전혀 구분되지 않는다(어린이는 끝말잇기나 술래잡기를 추상적인 규칙으로 생각하는 것이 아니라 오직 요소의 고유한 연쇄나 술래역할을 하는 어린이의 연쇄로만 생각할 뿐이다). 사슬복합체에서 어린이에게 일반과 특수는 동일한 것이다.

5-8 [1]

5-8-1] 이 네 번째 유형의 복합체는 각각의 구체적 요소들과 복합체와의 연합적 연결을 가능하게 하는 특징이 확산적[2]이고 부정확하며 유동적이고 모호하다는 특징을 갖는다. 그 결과 그것은 다양하고 비규정적인 연결들을 통해 구체적인 것으로 보이는 심상이나 대상들의 무리를 재통합하는 복합체를 형성한다. 예를 들면, 어린이는 기준 물체인 노란 삼각형에 삼각형뿐 아니라 사다리꼴도 연결한다. 이는 어린이에게 위 꼭짓점 부분이 잘린 삼각형을 연상시키기 때문이다. 그런 후 어린이는 이 사다리꼴 옆에 정사각형을 두고 정사각형 옆에는 육각형을, 육각형 옆에는 반원을, 그리고 마지막으로 원을 놓는다. 이와 같이 기본적 특성으로 간주되었던 형태는 분산적·비규정적인 것이 된다. 색깔들 역시 이와 같이 때때로 색깔의 모호한 기준에 따라 복합체 속에 혼합된다. 이에 따라 어린이는 노란색 물체에 녹색 물체를, 녹색 물체에 파란색을 그리고 파란색에 검정색을 연결하게 된다. 이러한 형태의 복합체적 생각은 생각 발달을 위한 매우 지속적이고 중요한, 자연적 조건이다. 이것은 실험적 분석에 있어 대단히 흥미로운 것을 제시한다. 복합체적 생각에 있어서 새롭고 본질적인 특성의 구체적인 사례를 보여 주기 때문이다. 이는 그 경로의 부정확성과 원칙상 한계가 없는 그 경계의 확장이다.

5-8-2] 자손들이 하늘의 별과 바닷가의 모래알 같이 번성하기를 꿈꾸었던, 특정 개인들의 가문인, 성서의 옛 부족들과 같이[3] 어린이의 생각에서 확산

복합체는 무한한 확장의 가능성과 더욱 새롭고 구체적인 대상을 원래의 대상 집합에 포함시키는 가능성을 가지는, 대상들의 가족적 연합을 나타낸다.

5-8-3] 무엇보다도 복합체-수집체가 살아 있는 원형인 개별 대상들의 기능적 유사성을 기반으로 한 일반화로 나타난다면, 어린이 생각 발달에서 분산 복합체와 자연스럽게 연결될 수 있는 것은 무엇보다도 어린이가 경험적으로 증명하기 불가능한 생각의 영역에서 형성될, 다시 말해 비-구체적이고 비실제적인 생각의 영역에서 형성된 일반화일 것이다. 우리는 어린이가 스스로의 작은 세계의 구체적 대상과 실제적 경험을 넘어 추론하거나 생각할 때, 어른들은 이해하기 힘든, 특징들 간의 뜻밖의 조합이 얼마나 많이 일어나며 또한 과도한 생각의 비약과 대담한 일반화 그리고 확산적인 전이가 어느 정도까지 일어나는지 알고 있다.

5-8-4] 여기서 어린이는 변별적 특징들이 변화하고 동요하며 한편에서 다른 편으로 미묘하게 이동하는 분산적 일반화의 세계로 들어서게 된다. 여기에는 명백한 경계나 정해진 경로가 없다. 여기에는 무한한 복합체가 지배하며 그 속에서 발견되는 연결의 무궁무진성은 우리를 놀라게 한다.

5-8-5] 이러한 유형에서 주의 깊게 살펴볼 것은 그 구성의 바탕이 되는 원칙이 제한된 구체적 복합체를 구성하는 저변에 놓인 원칙과 동일하다는 것이다. 두 가지 경우 모두 어린이는 상이한 대상들 간의 구체적 심상이나 경험적 연결을 초월하지 못한다. 분산복합체에서 특별한 것은 그것이 어린이의 실제적 지식을 넘어서는 것들을 통합한다는 것이다. 그 결과 복합체의 통합성을 제공하는 연결들은 잘못되고 막연하며 비규정적인 특성들에 의존한다.

●

1) 다음 유형의 복합체는 **분산복합체**이다. 사슬복합체에서와 마찬가지로 분산 복합체는 대상을 그 안에 편입시키는, 일반화되고 자유롭게 부유하는 원리를 가지고 있다. 그러나 이는 끝없는 사슬의 형태를 취하지 않고 분산복합체가 확장하면 할수록 대상을 포함시키는 원리가 점점 자유로워지는, 계속해서 확장하는 그룹의 형태를 띤다. 비고츠키가 드는 예는, 성경에 나오는 아브라함의 가족이 바다의 모래와 같이, 하늘의 별과 같이 번성할 것을 약속받은 이야기이다. [5-8-3]

   I 사슬복합체와 같이 한 대상은 두 번째 대상으로 인도하고 두 번째 대상은 세 번째 대상으로 인도하지만 세 번째 대상이 첫 번째 대상과 반드시 관련을 맺는 것은 아니다. 예를 들어 보자. 어린이는 노란 삼각형을 선택한다. 그런 후 이 어린이는 초록색 감도는 노란색 삼각형을 선택한다. 그다음 어린이는 초록색 감도는 파란색 삼각형을 선택한다. 어린이는 그런 후 푸른색 감도는 검은 색을 선택하고 노란색과 검은색 사이의 모순을 알아채지 못한다. 사실, 여기에는 전혀 모순이 없다. 색깔이라는 개념이 없고, 오직 무한히 분산되는, **한계가 없는**, 구체적인 한 색깔과 다른 색깔과의 연합만이 있을 뿐이다. [5-8-1~5-8-3]

   II 만일 어린이들이 단순히 지각장에 (유인원같이) 반응한다면 이와 같은 **거칠고** 무제한적인 일반화는 명백히 불가능하다. 수집체 복합체의 자연적 습성이 (옷 입기, 먹기, 자러 가기 등과 같은) 어린이의 실제적 일상 삶이고 사슬 복합체의 자연적 습성이 술래잡기나 끝말잇기와 같은 게임이라면 분산 복합체를 낳는 발달의 노선은 아마 상상적 이야기일 것이다. 비고츠키는 어린이들이 지각장을 넘어서는 '사고의 동화童話', '대담한 일반화', '분산적 이행'을 언급한다. [5-8-4]

   III 그럼에도 어린이가 대상 편입을 위해 결정한 선택을 분석하면, 우리는 편입의 원리는 사슬복합체와 질적으로 동일하게 남아 있는 것을 보게 된다. [5-8-5]

     A) **객관적으로** (실험자가 보기에) '미덥지 못하고, 무한하며, 변화하는' 속성의 집합이다. 피상적인 관찰자들에게는 이 속성들이 (색깔이나 형태와 같이) 한 특성과 관련되어 있지만 실상 이들은 영속적으로 변한다.

     B) **주관적으로** (어린이에게) 여전히 구체적 그룹 뒤에는 관념이 없다. 그룹은, 그 안에 포함된 구체적 대상의 모임일 뿐이며 이 대상들의 시각적 유사성을 넘어서지 않는다.

2) 놀이에 대한 비고츠키의 강의에서 그는 어린이들이 진짜 말로부터 말이라는 관념을 구분해 내기 위해서는 막대기와 같은 '디딤대'를 통해 다리 사이에 막대기를 끼우고 말을 타는 시늉을 할 수 있는 것이 필요하다고 한다. 여기서 어린이는 구체적 사물을

디딤대로 사용하여 추상적인 특징을 구별해낸다.

그러나 어린이는 사물을 쥐고 있는 동시에 마음속에 추상적인 관념을 가지고 있는 것을 매우 어려워한다. 그래서 어린이의 특징은 어쩔 수 없이 구체적 사물들이 가지는 특징의 합으로 편향되는 것이며, 이들은 원칙적으로 한계가 없기 때문에 우리는 (녹색 또는 노란색 또는 삼각형 느낌의 사다리꼴과 같은) 분산복합체를 보게 된다.

이와 같은 현상을 피아제와 같이 "혼합적"으로 보아서는 안 된다. 그것은 서로 양립할 수 없는 개념들의 융합으로 일어나는 것이 아니다. 어린이는 아직 하나의 개념도 가지고 있지 않다.

어린이가 하는 것은 절대로 개념을 종합하는 것이 아니라 구체적 사물들의 특징을 점진적으로 추상화함으로써 이들이 이루고 있는 이질적인 복합체를 그들의 구성부분으로 구별하는 것이다. 어린이들은 하나의 사물로부터 다른 사물로 미끄러지면서 혹은 활공하면서 이것을 성취한다.

한 사물을 버리고 다른 사물로 옮겨 붙는 것은 한 특성을 버리고 다른 특성을 취하기 시작할 때는 약점이 된다. 따라서 분산복합체 의미에 있어서의 이행은 간접적으로, 어린이의 일반화가 언제나 변하는 구체적 대상을 토대로 일어난다는 점에 기인한다. 어린이는 아직 구체적 대상으로부터 특징을 완전히 구별하지 못한 상태이다.

3) 비고츠키는 하느님이 아브라함에게 한 약속을 언급하고 있다. 창세기, 22:17 '내가 네게 큰 복을 주고 네 씨로 크게 성하여 하늘의 별과 같고 바닷가의 모래와 같게 하리니 네 씨가 그 대적의 문을 얻으리라.'

5-9 [1]

5-9-1] 복합체적 생각의 발달의 전체 그림을 완성하기 위해서, 실험적 상황과 실제 삶 모두에서 아동의 생각에 커다란 중요성을 가지는 그 마지막 국면을 기술하는 일이 남아 있다. 이 국면은 개념 발달의 과거와 미래를 모두 비추어 준다. 한편으로 그것은 아동이 이미 경과한 복합체 생각의 국면들 [2]을 명료하게 하고 다른 한편으로 그것은 새롭고 더 높은 단계ступени에 이르는 다리, 즉 진정한 개념 형성에 이르는 다리 구실을 하기 때문이다.

5-9-2] 우리는 이 유형의 복합체를 의사개념(псвдопонятием, 擬似槪念) [3]이라고 지칭할 것이다. 어린이의 생각에서 형성되는 이 일반화는 외형상 어른이 그의 지적 활동에서 사용하는 개념을 떠올리게 하지만, 그럼에도 그 본질에 있어서 그 심리적 특성상 진정한 개념과는 완전히 다르기 때문이다.

5-9-3] 복합체 생각의 발달에 나타나는 이 최종적 국면에 대해 주의 깊게 연구해 보면 그것은 일련의 구체적 대상들을 복합체로 재통합한 것임을 알 수 있다. 즉 그것의 외형과 외적 특성을 종합해 볼 때, 의사개념은 개념과 완벽하게 일치한다. 그렇지만 발생적 성질과 그것을 출현, 발달시키는 조건들, 그리고 그것의 기저에 놓인 역동적 인과관계의 관계로 볼 때 의사개념은 결코 개념이 아니다. 그것은 외적으로 볼 때는 개념이지만 내적으로 보면 복합체이다. 이런 이유로 우리는 그것을 의사개념이라고 지칭한다.

5-9-4] 실험적 조건하에서 추상적 개념을 토대로 분류 및 재통합이 가능한

일련의 대상들을 기준 물체에 따라 분류할 때 어린이는 의사개념을 형성한다. 이러한 일반화는 개념을 토대로 생겨날 수도 있었을 터이지만 실제로는 어린 이의 복합체적 생각을 토대로 나타나는 것으로 보인다.

5-9-5] 복합체적 사고를 통한 일반화와 개념의 토대로 세워진 일반화가 일 치하게 되는 것은 오직 그 결과에 있어서이다. 예를 들어, 어린이는 기준 대상- 노란 삼각형-에 실험 물체 가운데 있는 모든 삼각형을 연결시킨다. 이러한 무 리 짓기는 오직 추상적인 사고(삼각형에 대한 개념이나 관념)를 기반으로 해서 나타 날 수도 있다. 그러나 연구에 나타나고 실험적 분석이 확증하다시피, 사실 어 린이는 대상들 사이의 구체적이고 사실적 연관, 연합적 유사성을 토대로 대상 들을 분류한 것일 뿐이다.

5-9-6] 어린이들은 오직 제한된 연합적 복합체를 구성했을 뿐이다. 다른 길 을 통해 같은 지점에 도달한 것이다.

5-9-7] 이런 유형의 복합체와 이런 형태의 구체적 생각은 기능적, 발생적 관 점 모두에 있어 어린이의 실제 생각을 지배한다. 따라서 우리는 어린이의 개념 발달에 있어서 복합체적 생각과 개념적 생각을 구분 짓는 동시에 개념을 형성 함에 있어 이 둘의 발생적 단계를 묶어주는 이 중요한 계기를 좀 더 세밀히 연 구해야 한다.

●

1) 이 절에서 비고츠키는 복합체 사고의 가장 고등 형태이자 또한 전 학령기 아동과 어른 사이 상호작용의 열쇠인 일명 **의사개념**에 대해 논의한다. 르네 반 데 비어와 장 발시너(Réné van der Veer & Jaan Valsiner)는 비고츠키가 이 용어를 창안한 것은 아니라고 지적한다. 이 용어의 기원은 스턴 또는 아마도 아멘트까지 거슬러 올라간다. 그러나 다른 경우와 마찬가지로 비고츠키는 용어에 자기 자신의 의미를 채워 넣는다. 이는, 헤겔주의자 방식으로 말하자면, 어린이 스스로를 향한 개념이 아니라 다른 이를 향한 개념이다.

I 예를 들어 보자. 때때로 어린이들은 어떻게인지 모두 파란색이거나, 모두 각이 있거나, 또는 모두 둥근 모양의 물체의 그룹을 만든다. [5-9-1~5-9-4]

A) **객관적으로**, 즉 기능적으로 이러한 대상들의 그룹은 ('색깔', '다각형'이나 '곡선', 심지어 '원뿔 곡선' 같은) 개념을 나타내는 것처럼 보인다. 그러나 우리는 어린이가 대상을 그룹에 포함시키기 전에 블록을 집어 (블록들을 겹쳐본다거나 아니며 이미 선택된 블록과 옆면을 대어 본다든가 하는 식으로) 다른 블록들과 물리적으로 비교한다는 사실을 주목할 수 있다.

B) 이러한 행동으로부터 우리는 어린이가 추상적으로 이상적 특징을 구체적·실제적 특징으로 **주관적으로** 대체한다고 추론할 수 있다. 그리고 이로부터 우리는, 그룹이 외적으로는 개념처럼 보일 수 있지만 그것은 내적으로(미소발생적으로 그리고 구조적으로) 복합체라는 것을 알 수 있다.

II **생각**의 산물로서, 이것은 전 학령기 어린이의 삶을 지배하는 구체적·지각적 토대를 둔 시각적 생각의 단순한 또 다른 사례이다. 이것은 한계를 가지고 있는 분산복합체와 같다(비고츠키는 이를 제한된 연합된 복합체라고 부른다). 그러나 개념과 달리, 이 한계는 어린이 스스로가 추상적 생각을 통해 정하는 것이 아니라 다른 이들과의 대화를 통해 정해진다. [5-9-5~5-9-6]

III **말**의 산물로서, 의사개념은 어린이 자신의 시각에 토대를 둔 구체적 생각과 어린이가 우연히 듣게 되는 어른의 낱말 사용 사이의 타협이다. 따라서 실제적 일상 삶과 수집체 복합체, 그리고 게임과 사슬복합체, 상상의 이야기와 분산복합체의 관계와 같이, 의사개념에 해당하는 어린이 삶에서의 주요 활동(비고츠키는 어린이 발달에 대해 쓴 자신의 미완성 저작에서 이를 '발달의 중심 노선'이라고 부른다)이 있다. 의사개념은 어른과의 언어적 상호작용을 통한-외적으로는 개념적이고 내적으로 복합체적인-타협의 산물이다. [5-9-2]

2) ступени(발걸음, 국면 또는 단계). 비고츠키는 ступени(발걸음)이라는 낱말을 두 가지

다른 뜻으로 사용한다. 한편으로 그는 한 형태의 복합체로부터 다른 형태의 복합체로의 이행을 나타내는 데 사용한다. 여기서 보듯이 분산복합체로부터 의사개념으로의 이행은 하나의 ступени이다. 다른 한편으로는 성인 개념의 기능적 등가물인 한 종류의 생각으로부터 대단히 다른 종류의 기능으로 이행하는 것을 의미할 때도 이 낱말을 사용한다. 예컨대 '더미'로부터 '복합체'로의 이행, 혹은 복합체로부터 개념으로의 이행은 하나의 ступени이다. 우리는 전자의 경우를 국면으로, 후자의 경우를 단계로 번역하였다.

3) 의사개념(псвдопонятием, pseudoconcept, 擬似槪念). 비고츠키는 스턴이 1928년 책에서 'Scheinbegriff' 혹은 'Pseudobegriff' 즉, 오개념誤槪念이라고 부른 것을 지칭한다. 그러나 3장에서 본 바와 같이 스턴은 어린이의 지적 과정이 매우 이른 시기부터 이미 형성되어 있다고 믿는다. 비고츠키에게 의사개념은 단순히 개념 형성(분석, 추상, 일반화)의 저변에 있는 실제 생각 과정이 아직 자리 잡지 못했음을 나타내는 또 하나의 신호일 뿐이다. 비고츠키에게 의사개념은 어린이가 생각으로 할 수 있는 것보다 행동할 수 있는 것이 더 많음을 보여 주는 또 하나의 사례이다. 개념 발달은 기능적 등가물로부터 구조적 등가물로 일어나며 그 반대는 성립하지 않는다.

5-10¹⁾

5-10-1] 무엇보다도 먼저, 중요한 것은 어린 어린이의 현실에서 이루어지는 사고과정 속에서, 전 학령기 어린이들에게서 보이는 복합체 내의 모든 다른 유형의 사고 중, 의사개념들이 가장 광범위하고 지배적이며, 대개는 가장 배타적인 형태를 이룬다는 점이다. 복합체 속에서 이러한 형태의 사고가 주를 이루는 것은 기능적 토대와 깊은 기능적 의미를 갖는다. 이렇듯 광범위하고 거의 배타적인 우위를 차지하고 있는 이 형태를 만들어 내는 상황은 말의 의미와 상응하는 유년기의 복합체들이 어린이 자신이 그리는 선을 따라 자유롭고 자연스럽게 발전하지 않고, 성인의 말 속에 담겨 있는 낱말에 부여된, 이미 정해져 있는 의미들에 의하여, 복합체의 발달 과정을 위해 미리 결정된 어떤 분명한 방향에 따라 발전한다는 사실이다.

5-10-2] 오직 실험이라는 조건하에서만 우리는 우리 언어 속의 낱말이 가진 조종하는 힘으로부터 어린이를 자유롭게 할 수 있으며, 그 어린이에게 의미를 가진 말들을 서서히 주입시켜 자신의 자유로운 판단에 따른 복합적인 일반화를 해 내도록 할 수 있다. 이 사실은 성인의 언어를 습득하는 데 관련된 어린이 자신의 행동을 밝히도록 해 주는 이 실험이 갖는 엄청난 중요성을 설명해 준다. 이 실험은, 만일 어린이가 자신을 에워싸고 있는 세상 속에서 듣게 되는 언어의 지배를 받지 않을 경우에 어린이들의 언어가 어떤 모양으로 나타날지, 또한 그 어린이의 사고가 어떤 일반화를 이루어 낼지를 우리에게

보여 주는데, 이는 주어진 단어의 의미가 적용될 수 있는 진정한 대상들의 범위를 결정한다.

5-10-3] 우리가 이렇듯 조건적인 상황을 사용하는 것에 대해 이것이 실험에 도움이 되기보다는 폐해를 미칠 수 있다는 반대가 가능하다. 왜냐하면, 결국, 실제로 어린이는 성인의 말로부터 익히게 되는 의미들을 발달시키는 과정을 겪는 동안 자유롭지 못하기 때문이다. 그러나 우리가 이러한 반대의견에 반박할 수 있는 것은, 이 실험이 우리에게 가르쳐 주는 것이 어린이가 어른들의 말이 갖는 안내적인 영향력에 상관없이 독자적으로 자유롭게 일반화를 해 낼 수 있을 경우 일어날 수 있는 것들에만 국한되지 않는다는 것을 지적할 수 있기 때문이다. 실험을 통해서 우리는 어린이가 일반화를 이루어가는 데 사용하는 실질적이며 지속적인 활동규율을 깨닫게 되는데, 이는 피상적인 관찰자에게는 쉽게 눈에 띄지 않지만, 사라지는 것이 아니라, 다만 스스로를 감출 뿐으로, 그를 둘러싸고 있는 사람들의 말이 갖는 안내적인 영향력 때문에 매우 복잡한 표현의 방법을 가지게 된다. 어린이의 사고 과정은, 기존의 일정한 의미를 갖는 말의 지배를 받지만, 어린이의 활동에 있어서 기본적인 법칙은 변하지 않는다. 이러한 법칙은 어린이의 사고과정의 진정한 발달이 이루어지는 구체적인 상황들 속에서만 명백하게 구현된다.

5-10-4] 어린이를 둘러싸고 있는 사람들의 말은, 확립되어 지속성을 갖는 의미를 통해, 어린이의 일반화 과정이 발달해갈 수 있는 길을 사전에 결정한다. 그것은 어린이의 개인적인 행위들을 제한하여 분명하게 한정되어 있는 특정 경로로 좁혀가도록 유도한다. 그러한 어린이는 이렇게 제한적이며 미리 정해져 있는 길을 여행하면서, 자신이 때마침 처해 있던 지성의 발달단계가 갖는 고유한 방식으로 사고를 해 나간다. 어린이와 구어적 의사소통에 참여함으로써, 어른은 어린이 일반화의 발달이 따르게 될 경로와 이 여정의 마지막, 즉 이로 인해 얻게 되는 일반화를 결정할 수 있다. 그러나 성인들은 자신들의 사고방식을 어린이들에게 전해줄 수 없다. 어린이는 성인들로부터 이미 정교화한 말의 의미들

을 획득하지만 이들을 구체적 대상과 복합체로 표현할 수밖에 없다.

5-10-5] 말의 의미가 보급, 전달되는 경로들은 어린이를 둘러싸고 있는 사람들과 구두로 의사소통을 하는 과정에서 제공된다. 그러나 어린이는 어른들 식의 사고를 즉시 자기 것으로 흡수하시 못하며, 어른들의 산출물과 비슷한 결과물을 습득할 뿐이다. 그러나 이러한 결과물은 어른들과는 완전히 다른 지적 작용을 통해서 습득되며 특별한 사고방식에 의하여 이루어진다. 이것이 바로 우리가 의사개념이라고 부르는 것이다. 표면적으로 우리가 보게 되는 것은 성인들이 낱말에 부여하는 의미와 실용적으로 일치하지만, 그러나 내적으로는 완전히 다르다.

5-10-6] 그러나 이러한 최종 생성물에서 발견되는 이중성을 어린이의 사고 과정에서 나타나는 부조화나 불일치의 산물로 바라보는 것은 큰 실수일 것이다. 그러한 부조화나 불일치는 이 과정을 두 개의 서로 다른 관점에서 연구하고 있는 관찰자의 눈에만 존재한다. 어린이 자신에게 있어서는 성인의 개념들에 상응하는 복합체, 즉 의사개념들이 존재하는 것이다. 우리는 실험적인 개념 형성 과정에서 꽤 자주 관찰할 수 있었던 이러한 유형의 경우들을 쉽게 상상할 수가 있다. 즉, 어린이는 구조적, 기능적, 발생론적인 관점에서 볼 때 복합체적 사고의 전형적인 모든 특징을 갖춘 어떤 복합체를 구성한다. 하지만, 이러한 복합체적 사고 과정의 최종 산출물은 개념적으로 사고하는 바탕 위에도 세워질 수 있는 일반화와 일치한다.

5-10-7] 사고의 최종 결과물 또는 최종 산출물의 이러한 일치 덕택에, 연구자들이 자신이 실제로 다루고 있는 것이 복합체적 사고인지 아니면 개념적 사고인지를 구별하기가 몹시 어려워진다. 의사개념과 실제 개념들 사이의 표면적인 유사성 때문에 일어나는 이러한 위장된 형태의 복합체적인 사고는 사고 과정을 발생론적으로 분석하는 데에 있어 중요한 장애물이다.

5-10-8] 바로 이러한 정황 때문에 이 장의 앞부분에서 우리가 논의했던 그릇된 생각으로 많은 연구자들이 오도된 것이다. 세 살짜리의 사고와 성인의

사고 간에 관찰될 수 있는 표면적인 유사성, 어린이들과 성인들 간의 구어적인 의사소통 및 상호 이해를 가능하게 하는 어린이와 성인의 단어 의미들 사이의 실용적 일치, 그리고 복합체와 개념 간의 기능상의 등가성 등이 연구자들로 하여금 세 살짜리의 사고 속에 비록 아직은 미완성된 형태나마 성인의 지적활동 유형이 전 범위에 걸쳐 이미 나타나고 있으며, 결과적으로 완벽한 개념들을 갖게 되는 데 있어 어떠한 본질적인 돌파구라든가 결정적인 새로운 진전은 청소년기에는 나타나지 않는다는 잘못된 결론을 도출하도록 만들었다. 그러한 잘못된 생각이 어디에서 비롯하였는가는 명백하다. 아주 어린 나이에 어린이들은 많은 수의 낱말들을 자기의 것으로 만드는데, 그에게 있어서 그러한 낱말들이 지시하는 바는 어른들에게 그 낱말이 지시하는 바와 동일하게 된다. 그러나 서로를 이해할 수 있는 이러한 가능성은 어떤 낱말의 의미가 발달하는 데 있어 도착점이 시작점과 일치하며, 전부터 존재하는 의미가 바로 처음부터 주어지고, 따라서 발달의 여지란 존재하지 않는다는 인상을 갖게 하였다. 첫 낱말의 의미에서 (아흐가 그랬듯이) 개념을 발견하는 이는 필연적으로 이러한 잘못된 결론에 도달하게 될 것이다. 그러나 이것은 착각에 기초한다.

5-10-9] 의사개념과 진정한 개념을 구분하는 경계를 찾아낸다는 것은 아주 어려운 일이며 표현형질적, 순수한 형식적 분석을 하기도 거의 불가능하다. 외면적인 유사성에 근거해서만 오롯이 판단을 해야 한다면, 의사개념은 고래가 물고기처럼 보이는 것만큼이나 진정한 개념과 유사해 보인다. 그러나 지력을 갖춘 동물적인 형태에 대한 『종의 기원』 이론을 받아들인다면, 의심할 여지 없이 의사개념을 '복합체로 생각하기' 범주에 넣어야 한다. 이는 고래가 포유류로 분류되는 것과 마찬가지이다.

5-10-10] 이렇듯 우리의 분석은 어린이의 생각에서 가장 널리 퍼져 있는 복합체적 생각의 구체적 형태인 의사개념은 그 이름에 이미 나타나 있듯 내적인 모순을 포함하고 있다는 결론으로 이끈다. 이 모순은 한편으로는, 의사개념에 대한 과학적인 분석에 대한 주요 장애물이기는 하지만, 또 다른 한편으로

는, 어린이들의 생각의 발달 과정 중 가장 중요한 결정 요인으로서의 엄청난 기능적 발생론적 중요성을 강조하고 있기도 하다. 이 모순의 본질은 의사개념의 형태로 그러한 복합체가 존재한다는 데 있다. 기능적 측면에서 보면, 어린이와 구어적 의사소통과 상호 이해의 상황에 연관된 어른이 이 복합체와 개념의 차이를 의식하지 못하는 한 의사개념은 개념과 등가물이다.

5-10-11] 따라서 우리는 한편으로는 실용적인 관점에서 개념과 동일하며, 사실상, 개념과 같은 범주의 대상들을 포함하는 복합체를 다루게 된다. 우리가 보는 것은 개념의 그림자, 또는 그것의 윤곽선인 것이다. 어떤 작가가 비유적으로 표현한 것처럼, 그것은 "결코 개념에 대한 단순한 표시라고 이해될 수 없는 이미지이다. 그보다는 오히려, 어떤 그림, 즉 개념을 나타내는 내면적인 스케치, 혹은 그것에 관한 짧은 이야기이다." 다른 한편으로는, 우리는 복합체, 즉 진정한 개념과는 전혀 다른 규칙에 근거하고 있는 일반화의 산물을 본다.

5-10-12] 우리는 이미 위에서 이러한 실제 모순이 애당초 어떻게 그리고 어떤 조건에서 발생하는가에 대하여 논의하였다. 우리는 어린이를 둘러싸고 있는 어른들의 말이 일정한 말뜻으로 어린이의 일반화 과정의 발달 경로와 복합체의 범주를 결정하고 있음을 살펴보았다. 어린이는 낱말의 의미를 선택하지 않는다. 그것은 어른들과 구두로 의사소통을 하는 과정에서 그에게 주어진다. 어린이는 자신의 복합체들을 마음대로 만들어 내지 않는다. 그는 다른 사람들의 말을 해석하는 과정에서, 이미 형성되어 있는 의미를 익힌다. 그는 복합체들에 포함될 개별의 구체적 요소들을 자유롭게 선택할 수도, 그것들을 통합하여 복합체들 중의 하나로 만들어 낼 수도 없다. 그는 주어진 낱말에 의하여 이미 일반화된 많은 기성품들을 받아들이는 것이다.

5-10-13] 그는 주어진 낱말을 주어진 목표 그룹에 자의적으로 배정하지는 않는다. 그는 그 낱말의 의미를 어떤 대상에서 다른 대상으로 전이시키며, 그렇게 함으로써 그 복합체에 포함되는 대상들의 범위를 넓혀 나간다. 그가 하는 일이라고는 성인의 말을 흉내 내며 자신에게 기성품으로 주어진 낱말들이

갖는, 이미 사회적으로 확립된 객관적인 정의들을 자기 것으로 흡수하는 것이다. 좀 더 간단히 말하자면, 어린이는 자신의 말을 만들어 내지 않는다. 다만 그의 주변에 있는 어른들이 사용하는 이미 만들어져 있는 말을 자기 것으로 받아들일 뿐이다. 이것이 그에 관한 모든 것이다. 또한 그것은 어린이 스스로가 낱말의 의미에 상응하는 복합체를 만들어 내지 않으며, 그들이 일상적인 낱말이나 명칭들에 의해 이미 형성, 분류되었음을 발견하게 됨을 함의한다. 이것이 바로 그의 복합체들이 성인의 개념과 일치하는 이유이며, 의사개념 또는 개념-복합체가 존재하게 되는 이유이다.

5-10-14] 우리는 이미 어린이의 생각은 그 외형과 결과 그리고 최종 산물에 있어 개념과 일치함에도 불구하고 어른의 생각과는 그 생각의 양식과 지적 작용의 유형에 있어 결코 일치하지 않는다는 것을 지적한 바 있다. 이것이 바로 의사개념이 특수하고, 이원적이며 내적으로 모순되는 형태의 유년기 사고 과정으로 그토록 엄청난 기능적인 중요성을 갖는 이유이다. 의사개념이 어린이들에게 있어 사고의 주요 형태가 아니라면, 어린이가 낱말의 주어진 의미의 제한을 받지 않는 실험적인 상황에서 종종 나타나는 것처럼 그들의 복합체와 성인의 개념은 전혀 상반된 방향으로 치달을 것이다.

5-10-15] 그렇다면 낱말의 도움을 통한 상호 이해와 어른과 어린이 사이의 구어적 의사소통은 불가능해질 것이다. 이러한 의사소통은, 실제로, 어린이들이 갖고 있는 복합체들이 성인의 개념과 일치하고 연결되기 때문에 비로소 가능하다. 개념 및 개념들이 갖는 내적인 그림들은, 이미 지적하였듯이, 기능적으로 동등한 것으로 판명되는데, 이에 따라 의사개념에 막대한 기능적인 중요성을 부여하는 아주 중요한 상황이 만들어진다. 복합체적 사고를 하는 어린이와 개념적 사고를 하는 어른은 그들의 생각이 서로 겹쳐지는 복합체-개념에서 서로 접촉할 수 있음에 따라 상호 간의 이해와 구어적 의사소통을 확립할 수 있기 때문이다.

5-10-16] 이 장의 첫머리에서 우리는 이미 어린 시절의 개념이 갖는 발생론

적인 문제에 관한 모든 어려움은 어린이들의 개념에 내재하고 있는 내면적인 모순을 이해하려고 하는 데 있음을 논의하였다. 어린이의 발달이 이루어지는 초기부터, 말은 어린이와 어른들 사이의 의사소통과 상호 이해의 수단이 된다. 아흐가 설명한 내로, 낱말이 한정된 의미를 획득하고, 그것들이 개념들의 운반자가 될 수 있는 것은 바로 상호 이해를 위하여 말을 사용하는 이러한 기능적인 요인 때문이다. 우즈나드즈가 말하고 있는 것처럼, 상호이해라는 기능적인 요인이 없다면, 어떠한 소리의 복합도 어떠한 의미의 전달자가 될 수 없을 것이며, 어떤 종류의 개념이든 결코 형성되지 못할 것이다.

5-10-17] 그렇지만, 잘 알려진 것처럼, 어른들과 어린이들 사이의 말을 통한 이해 및 접촉은 매우 일찍부터 나타나며, 이러한 사실은, 앞에서 이미 지적했듯이, 많은 연구자들로 하여금 개념이 그만큼 일찍부터 발달한다고 추정하게 만들었다. 한편, 우즈나드즈가 믿었던 바를 인용하면서 우리가 앞에서 말했듯이, 어린이들과 성인들 사이의 언어에 의한 상호 이해가 아주 일찍부터 이루어지는 것에 반하여, 충분히 발달된 개념들은 어린이들의 사고에 있어 상대적으로 늦게 발달한다.

5-10-18] 우즈나드즈는 말한다. "분명한 것은, 충분히 발달된 개념 상태에 아직 이르지 못한 말들이 개념의 기능을 취하여 화자들 사이의 의사소통의 수단으로 작용할 수 있다는 것이다." 따라서 연구자들은 이러한 형태의 생각의 발달 이면에 숨어 있는 원리들을 발견해야 하는 문제에 직면하게 되는데, 이러한 생각의 형태들은 개념이 아니라 개념과 기능적으로 동등한 것들이라고 보아야만 한다. 개념의 늦은 발달과 구어적인 이해의 이른 발달 사이의 이와 같은 모순은 어린이들과 성인들 사이의 사고와 이해의 과정이 상응하여 일어나는 복합체적 사고의 한 형태로, 의사개념에서 진정한 해답을 찾게 된다.

5-10-19] 이와 같이 우리는 이와 같이 각별히 중요한 어린이의 복합체적 사고의 형태가 가지는 원인과 그 의미를 밝혀냈다. 이제 우리에게 남은 일은 어린 시절 생각의 발달에 있어 이러한 마지막 단계가 갖는 발생적인 의미라는 주

제에 대한 의견을 말하는 것이다. 위에서 설명한, 의사개념이 갖는 이원적 기능적인 본질에 비추어 볼 때, 우리는 어린이들의 생각의 발달에 있어 이 단계가 발생론적으로 아주 이례적인 의미를 갖는 이유를 충분히 이해할 수 있다. 그것은 복합체적 사고와 개념적 사고 사이의 연결 고리의 역할을 한다. 어린이 생각의 발달에 있어 이러한 두 개의 중요한 단계를 연결하는 것이다. 이 단계는 어린이들이 개념을 형성해 가는 과정을 우리에게 보여 준다. 그 안에 내재하는 모순 덕택에, 의사개념은 하나의 복합체임에도 불구하고, 그 안에서 발전해 나갈 미래의 개념의 핵을 이미 내포하고 있다. 따라서 성인들과의 구어적인 의사소통은 어린이들의 개념 발달에 있어 강력한 추진력이며 불가결한 요인이 된다. 어린이에게 있어, 복합체적 생각에서 개념적 생각으로의 이행은 부지불식간에 이루어지는데, 이것은 의사개념들이 이미 실용적으로는 성인의 개념들과 일치하기 때문이다.

5-10-20] 그렇게 해서, 어린이들의 지적 발달에 있어 예외라기보다는 일반적인 규칙이 되는 특수한 발생론적인 상황이 만들어진다. 이러한 발생론적 상황이 갖는 특수성은 이 시기에 어린이가 개념에 대해 완전히 의식적으로 인식하기에 앞서 개념들을 실제로 사용하고 다루기 시작한다는 사실에 기인한다. 즉자적 개념과 대타적 개념은 대자적 개념 이전에 발달한다. 즉자적 개념과 대타적 개념은 이미 의사개념 속에 존재하며 이러한 개념이야말로 진정한 의미의 개념 발달을 위한 기본적인 발생론적 필수조건이다.

5-10-21] 따라서 의사개념은 어린이의 복합체적 사고의 발달에 있어 특별한 국면으로 간주된다. 그것은 어린이 생각 발달에 있어서 두 번째의 단계 전체를 완결 짓고 세 번째의 단계로 인도하는 동시에 그 둘 사이의 연결 고리로 작용한다. 그것은 어린이들에게서 나타나는 구체적이며 시각적-외형적인 사고의 영역과 추상적인 사고의 영역들 간을 잇는 다리를 나타낸다.

●

1) 다음 절들에서 비고츠키는 자신의 실험에 대한 **방법론적** 논의를 전개한다. 어린이 오염시킨 데이터를 제거, 정화하는 방법에 대해 (『The Child's Conception of the World』에서) 상당히 길게 설명하는 피아제와 같이, 비고츠키도 자신의 결과가 어린이 생각의 산물이 아니라 단순히 어린이에게 주어진 것의 반복, 메아리일 뿐일 수 있다는 가능성에 대해 고려해야 했다. 피아제의 경우와 같이 그의 주장은 궁극적으로 신념의 표현이었지만, 피아제의 맹목적 신념과는 달리 이 신념은 사실에 근거한 신념이며, 어린이의 의식은 사실상 그의 사회적 존재 특히 어린이의 발달의 사회적 환경에서 낱말이 사용되는 방식으로 결정된다고 주장하는 유물주의자의, 문화-역사적 이론에 대한 신념이다.

I 전 학령기 어린이들의 낱말 가치가 취하는 주요 형태가 의사개념이라면 복합체의 다른 모든 형태들은 어디서 유래하는 것일까? 비고츠키는 어린이가 듣게 되는 언어에 규제되지 않았다면 어린이의 생각이 **취할 수도 있었던** 형태를 나타내는 것이라고 주장한다. 비고츠키는 '취할 수도 있었던'이라는 표현은, 실험이 우리에게 어린이의 실제 생각의 양식을 보여 주는 것이 아니라 오직 이상한 상황에서의 어린이의 이상한 행동을 보여 주는 것을 나타낸다는 점을 지적한다. [5-10-1~5-10-3]

II 비고츠키는 흔히 어린이가 일반화를 만들어 내는 데 사용하며, 흔히 "어린이 주변 사람들이 하는 말의 안내적 영향"에 **가려져** 보이지 않는 "지속적인 활동규율"을 드러내게 된다고 주장한다. 말은 종종 지각적이기 때문에 그러한 영향은 모순을 만들어 낸다. 그러나 어린이는 이러한 모순을 모순으로 생각하지 않는다. 어린이는 자신의 의사개념과 비교해 볼 개념을 가지고 있지 않기 때문이다. [5-10-4~5-10-7]

III 연구자조차도 의사개념과 진개념을 구분하는 것이 쉽지 않으며 이 때문에 아주 어린 유아조차 개념을 가지고 있다는 널리 퍼진 오류가 생겨난 것이다(위와 아래에서 나오는, 뷜러 부부에 대한 비판을 참조할 것). 우리는 오직 개념의 기능적 등가물과 개념 속에서 진행되는 **미소발생적** 과정에 대한 주의 깊은 관찰을 통해서만 그 둘을 구분할 수 있다. [5-10-8~5-10-11]

IV 그러나 우리가 그렇게 하면 우리는 이 과정 중 다수가 추상적이고 엄격히 지적이라기보다는 시각적·영상적이라는 점을 깨닫게 된다. 의사개념은 (미상의 작자가 표현한 바와 같이) 개념을 나타내는 **내면적인 스케치** 혹은 그것에 관한 상상의 이야기이며 진개념이 포함하는 정신적 추상과 선택을 나타내지 않는다. [5-10-12]

V 어린이는 자신이 듣는 말에 주의를 기울이면서 낱말에 이미 만들어져 있는, 생각

의 일반화를 부여하지 않고, 자신이 듣는 낱말의 **복잡한 일련**의 사용법을 부여한다. 낱말의 의미는 원형적 사례, 어린이 경험에서의 기준 물체와 비교된다. 또는 의미는 실제적 활동과 연결된 물체들의 모음, 한 벌, 집합과 같은 것으로 표현된다. 또는 낱말은 게임의 역할과 같이 사용에서 사용으로 전이된다. 또는 그것은 이야기 속에서의 인물이나 줄거리와 같이 확장하는 분산복합체 속에서 일반화된다. 일반화의 한계가 정해지는 경우에 이들은 어린이 자신에 의해 의식적이고 의도적으로 정해지는 것이 아니며, 많은 경우 어린이들은 이를 이해하지도 못한다. [5-10-13~5-10-16]

Ⅵ 그러나 어린이와 어른이 자신들의 상이한 시각적 지각양식들이 모두, 지시해야 하는 대상의 세계를 공유하기 때문에 어린이의 혼합적 표상과의 의사소통이 가능했던 것 같이, 복합체와의 의사소통이 가능한 이유는 어린이가 이러한 낱말들을 자신이 어른들로부터 듣는 낱말의 사용과 **어울리도록** 만드는 방법을 배우기 때문이다. [5-10-17~5-10-19]

Ⅶ 상이한 발생적 과정을 숨기고 낱말의 저변에 숨어 있는 일반화를 점진적으로 어린이에게 드러내게 하는 이 어울림은 초기 연구자들에게는 이해될 수 없었던, 개념의 늦은 발달과 구어적인 이해의 이른 발달 사이의 시간적 지연을 설명해 준다. 그러나 이는 또한 영상적·시각적·구체적 생각과 개념적 생각 사이의 **다리**를 만들어 준다. 어린이는 이제 이 다리를 건너야만 하는 것이다. [5-10-20, 5-10-21]

5-11[1]

5-11-1] 어린이의 복합체적 사고 발달의 마지막 국면을 기술함으로써 우리는 개념 발달에 있어 하나의 단계 전체를 그려 낼 수 있었다. 이 단계를 하나의 전체로서 살펴보면서 우리는 다양한 형태의 복합체적 사고 각각의 특징을 다시 서술하지 않을 것이다. 이 다양한 형태를 분석함에 있어 우리는 하위 수준의 형태는 물론 상위 수준의 복합체적 사고의 윤곽을 명료하게 하였다. 즉, 우리는 복합체적 사고와 (한편으로) 개념적 사고를 구분 짓는 특징과 더불어 (다른 한편으로) 혼합적 이미지와 구분 짓는 특징을 밝혔다.

5-11-2] 관련들 사이의 통일성의 부재, 위계성의 부재, 복합체 내 관계들의 저변에 놓인 구체적-객관적 특성, 일반에서 구체로, 또 구체에서 일반으로의 관계,[2] 그리고 복합체적 일반화의 구성을 지배하는 법칙 등의 모든 고유성이 논의되었다. 우리는 복합체가 상위와 하위 형태 모두의 일반화와 대단히 다른 것을 보았다. 다양한 형태의 복합체적 생각의 논리적 핵심을 실험이 보여 줄 수 있는 한 최대로 명백하게 제시하였다. 그러나 우리는 앞에서 서술된 것으로부터 잘못된 결론을 도출할 기반을 제공할 수 있는 실험적 분석들의 일부 특징들에 대해 주의해야만 한다.

5-11-3] 실험을 통해 추출된 개념 형성의 과정은 결코 실제적인 발달의 과정을 거울에 비추듯이 완전하게 재현할 수 없다. 그러나 우리의 견해로는 이것은 실험적 분석의 약점이라기보다는 장점이다. 실험은 개념을 형성하는 발

생적 과정의 정수를 추상적 형태로 나타낼 수 있도록 한다. 실험은 어린이 개념 발달의 실제적인 과정을 어린이의 실제 삶에서 이해할 수 있는 열쇠를 제공한다.

5-11-4] 변증법적 생각은 지식을 얻는 데 있어 논리적 방법과 역사적 방법을 서로 대립시키지 않는다. 엥겔스의 잘 알려진 정의에 따르면 "탐구의 논리적 방법은 사실 역사적 방법과 같은 것이다. 논리적 방법은 역사적 형태와, 과학적 설명을 간섭하는 우연적인 요소들을 쳐냈을 뿐이다. 이러한 방법 역시 역사의 논리적 경로와 같은 것에서 시작하며 그 궁극적인 경로는 역사적 과정이 추상화되고 논리적으로 일관된 형태로 반영된 것 외에 다른 것이 아니다. 그것은 역사적 과정의 조정된 반영일 뿐이다. 그러나 우리로 하여금 역사적 현재를 알게 해 주는 각각의 조정된 법칙은, 연구의 논리적 방법으로서, 모든 발달의 계기를 가장 성숙한 단계와 고전적 형태로 연구할 수 있는 가능성을 제공한다."[3]

5-11-5] 이 일반적인 방법론적 입장을 우리 연구에 적용하면 우리가 앞에서 열거했던 구체적 생각의 기본적 형태들 역시 발달에서 가장 중요하고 성숙한 순간, 즉 고전적이고 순수하며 그 논리적 한계까지 밀고 간 형태들을 나타낸다. 발달의 실제적인 경로에서 이러한 생각의 형태들은 복잡하고 혼합된 형태로 나타난다. 그들의 논리적 서술-실험적 분석이 제시했듯이-은 개념 발달의 실제적 경로를 추상적으로 반영한 것이다.

5-11-6] "따라서 우리의 실험적 분석에 의해 나타난 개념 발달의 가장 중요한 순간들은 역사적 관점에서 조망되어야 하며, 어린이 생각 발달의 실제 과정에서 일어나는 가장 중요한 단계를 반영하는 것으로 간주되어야 한다. 이 시점에서 역사적 평가는 개념을 논리적으로 이해하는 열쇠가 된다. 발달적 관점은 과정을 전체적으로 밝히는, 그리고 개별 순간 각각을 명확히 하는 출발점이 된다."

5-11-7] 오늘날 심리학자 중 하나[4]는 발생적 분석 없이는 복잡한 정신적

형성과 현상의 형태적 분석은 필연적으로 불완전하다는 점을 지적하였다. 그에 따르면, "연구되는 과정이 복잡하면 할수록, 그들의 근거들을 선행 경험들에 더욱 의지하게 될 것이며, 따라서 그들은 정확한 문제의 공식화, 방법론적인 비교, 발달의 필요조건이라는 관점에서 본 지각힐 만한 연관들을 디욱 요구하게 된다. 이것은 의식의 단일한 부분으로부터 유래하는 활동의 요소들[5])을 고려할 때조차 그러하다."

5-11-8] 순수하게 형태론적인 연구는, 크뤼거가 보여 주었듯이, 정신 형성의 조직과 분화의 정도가 높아질수록 더더욱 불가능해진다. 발생론적 분석과 종합, 선행하는 형태에 대한 조사 그리고 구성 요소들의 일반적인 비교 없이는 이와 같이 본질적으로 복잡하고 내적으로 서로 연결된 문제를 결코 해결할 수 없다. 오직 발생적 과정의 여러 조각들의 비교 분석만이 심리적 구조들의 실제적인 구성과 그들의 내적 연관을 밝힐 수 있다.

5-11-9] 발달은 모든 고차원적 형태의 이해에 있어 열쇠가 된다. 게젤Gesell[6])은 다음과 같이 서술한다.

5-11-10] 고차적 발생의 법칙은 명백히 다음과 같다. 현재의 모든 발달은 과거의 발달에 기반을 두고 있다. 발달은 유전의 X 요인들과 환경의 Y 요인들이 합쳐짐으로써 완전히 결정되는 단순한 기능이 아니다. 그것은 각 단계에서 과거에 포함된 것을 선택하는 역사적인, 복잡한 이야기이다. 환언하면, 환경과 유전의 인위적인 이원론은 우리를 그릇된 길로 인도했다. 그것은 발달이 두 개의 줄로 조정되는 줄 인형이 아니라, 연속적이고, 독립적으로 결정된 과정이라는 사실을 숨긴다(1932, p. 218).

5-11-11] 이와 같이, 한편으로 개념 형성의 실험적 분석은 필연적으로 기능적이고 발생적인 분석으로 인도한다. 따라서 형태론적 분석을 넘어서 우리는 복합체적 생각의 주요 형태들과, 어린이 발달 과정에서 우리가 실제로 발견한 생각의 형태들을 상응시키려는 노력을 해야 한다. 우리는 역사적 관점, 발생적 관점을 실험적 분석에 도입되어야 한다. 다른 한편으로는 실험적인 분석을

통해 얻은 데이터를 이용하여 어린이 생각의 발달에 연관된 실제 과정을 명확히 하려는 노력을 해야 한다. 이런 식으로 분석의 실험적이고 발생적인 형태를 합침으로써-실험과 현실의 절충점을 찾음으로써-우리는 복합체적 생각의 형태론적 분석으로부터 작용 중인 복합체에 대한 연구로, 즉 복합체들의 실제 기능적인 의미와 그들의 실제 발생론적 구조에 대한 연구로 옮겨 갈 수 있게 된다.

5-11-12] 여기서 우리 앞에 열린 과업은 형태론적이고 기능적인 또는 실험적이고 발생적인 분석의 형태들을 한데 모으는 것이다. 실험적 분석으로부터 얻은 데이터는 어린이의 실제 발달의 데이터에 기초하여 입증되어야 한다. 이와 동일하게, 개념 발달의 실제 경로는 실험적 데이터를 통해 밝혀져야 한다.

●

1) 비고츠키는 이어지는 방법론에 대한 절을, 실험은 이상한 상황, 부자연스러운 상황이
며 실험을 통해서는 결코 개념 형성의 진정한 빌생적 과정을 재연할 수 없다는 점을
우리에게 상기시키며 시작한다. 그러나 비고츠키에게 이것은 약점인 동시에 **강점**이다.

    I   비고츠키에게, 실험자에게 있어 실험은, 어린이에게 있어 추상적인 생각의 과정이
하는 역할과 유사한 역할을 한다. 즉, 모든 진정한 역사적 연구의 방법에 필연적
으로 주어지는, 뒤섞인 세부 자료, 우연한 사건들, 정황에 따라 일어나는 사고들
이 깨끗하게 치워지고 그 이면의 **논리적** 형태들이 그들과 독립적으로 연구될 수
있는 것이다. [5-11-1~5-11-6]

    II   비고츠키는 어린 논리 형태를 이와 같이 실험적으로 드러내는 것을 '**형태론적**' 분
석이라고 부른다. 이 말은, 이 분석이 어린이 생각의 실제 기능과 발생적 과정이 아
니라 어린이 생각의 구조에 초점을 맞춘다는 것을 의미한다. 그러나 이는 동일한
것을 바라보는 두 방법이 될 수 있다. 그렇다면 주요한 문제는 실험적·발생적·형
태론적 그리고 기능적인 관점을 모두 다시 모으는 것이다. [5-11-7~5-11-11]

2) 대상이 특징에 대해 가지는 관계와 특징이 대상에 대해 가지는 관계를 말한다.

3) Marx and Engels, 『Collected Works』, v. 13, p. 497.

여기서 우리는 마르크스와 헤겔의 핵심적인 차이점을 확인하게 된다. 헤겔에게 있어
역사는 이상의 현실화를 통해 종착역에 닿게 되지만, 마르크스에게는 역사의 어떤 순
간도 역사의 끝이 될 수 없는 동시에 모든 순간이 역사의 끝이 될 수 있다. 현재를 상
황화시키는 것이야말로 현재를 일종의 실험으로 만들어 주는 것이다. 그 어떤 예술
작품도 나타나는 순간 고전이 될 수 없기 때문에 우리는 새로운 작품을 고전으로
경험할 수 없지만, 실험은 현재를 역사의 한 순간이 아니라 역사의 마지막에 있는 것
처럼 볼 수 있게 해줌으로써 모던한 작품을 고전으로 경험할 수 있게 해 준다.

4) 나치의 일원이 된 크뤼거(Felix Emil Krueger, 1874. 8. 10~1948. 2. 25)를 지칭하는 것으로
보인다.

5) 가장 쉬운 사례는 지각이나 단순한 자극-반응의 연합일 것이다. 파블로프가 보여
주었듯이 이러한 반사적 반응들은 과거 경험에 의해 조건화된다.

6) 게젤(Arnold Lucius Gesell, 1880. 6. 21~1961. 5. 29)이 환경과 유전의 균형에 대한 비판을
하고는 있지만 실제, 게젤 자신의 반 행동주의는 그로 하여금 생물학 심지어는 식물
학에 따르는 발달 심리학을 전개시키도록 하였다. 게젤은 발달이 내적으로 결정되
어 있고 프로그램으로 되어 있어 자연히 연속된다고 믿었다. 그의 발달이론이라는 줄
인형은 줄을 하나만 가지고 있었다.

5-12¹⁾

5-12-1] 개념 발달의 두 번째 단계에 대한 우리의 연구로부터 도출되는 근본적 결론은 다음과 같이 요약될 수 있다. 복합체적 사고의 단계에 있는 어린이는 낱말의 의미라는 관점에서 볼 때, 어른 생각의 대상과 동일한 대상에 대해 생각한다. 이는 어른과 어린이 사이의 이해를 가능하게 하지만 어린이는 어른과는 상이한 지적 작용에 기초하여 동일한 대상에 대해 다른 방식, 다른 양식, 다른 지적 조작을 통해 생각한다.

5-12-2] 이 이론이 정말 옳다면 그것을 기능적으로 증명하는 것 또한 가능해야 할 것이다. 다시 말해 어른의 개념과 어린이의 복합체가 작용하는 모습을 검사했을 때 그들의 심리적 본질의 차이가 명백해져야 한다는 것이다. 어린이의 복합체적 사고가 개념적 사고와 다르다면 복합체적 사고의 활동은 개념적 사고의 활동과 다른 방식으로 나타날 것이다. 따라서 우리는 어린이 생각의 특성에 대한 심리적 연구와, 일반적으로는 원시적²⁾ 생각의 발달에 대한 연구가 확립한 데이터를 우리의 연구 결과와 간략하게 비교하여 우리가 발견한 복합체적 사고의 특정성을 기능적으로 입증할 것이다.

5-12-3] 어린이 생각의 발달의 역사에 있어 우리의 주의를 끄는 첫 번째 현상은, 첫 번째 낱말의 의미가 순수하게 연합적인 경로를 통해 전이된다는 잘 알려진 사실이다.³⁾ 어린이의 첫 번째 낱말의 의미가 전이되는 과정에서 어떤 대상의 집합이 포함되고 어떻게 이들 대상이 결합되는지 알아낼 수 있다면 우리

는 우리의 실험에서 연합적 복합체와 혼합적 심상이라고 일컬었던 것이 섞여 있는 사례를 볼 수 있게 될 것이다.

5-12-4] 아이델버거의 연구로부터 발췌한 한 사례를 들어 보자. 태어난 지 251일 된 아이델버거의 아들은 '바우–바우'라는 낱말을 자신이 갖고 놀고 싶은, 장식장에 놓인 도자기 인형을 가리키는 데 사용하였다. 307일째 되는 날 그는 동일한 단어를, 밖에서 짖고 있는 개와 조부모의 초상화 그리고 자신의 목마와 벽시계를 가리키는 데 사용하였다. 생후 331일에는 이 단어는 개 머리 모양이 장식으로 달린 보온용 스카프와 장식 없는 스카프를 가리켰다. 특히 이 어린이는 유리 눈에 깊은 관심을 보였다. 생후 334일에는 이 단어가 누르면 소리를 내는 고무 인형을 가리켰으며 396일째에는 자기 아버지의 소매 단추를 나타냈다. 433일에는 드레스의 진주 장식을 보았을 때와 욕조의 온도계를 보았을 때 이 단어를 사용하였다.[4]

5-12-5] 이 사례를 분석하면서 베르너는 어린이가 '바우–바우'라는 낱말을 사용하면서 지칭한 여러 개의 대상들은 다음과 같은 방식으로 정렬될 수 있다고 결론지었다. 이 단어는 먼저 진짜 개와 개 인형들을 가리킨 다음 고무 인형이나 욕조 온도계 등과 같이 인형 형태에 포함될 수 있는 작은 물체들을 가리키는 데 사용 되었다. 그런 후 단추나 진주 구슬 등과 같은 작은 물체를 지칭하는 데 사용된다. 이러한 분류는 눈을 연상시키는 타원형의 형태와 빛나는 표면을 토대로 이루어진다.

5-12-6] 이와 같이 우리는 어린이가 복합체의 원칙에 따라 각각의 구체적 대상들을 무리 짓는다는 것과, 어린이 낱말의 발달에 있어서 그 역사의 첫 번째 장은 이러한 유형의 자연적 복합체로 가득 차 있다는 것을 볼 수 있다.

5-12-7] 흔히 인용되는 또 다른 예는, 어린이가 '쿠아'라는 낱말을 이용하여 처음에는 연못의 오리를 나타내다가 다음에는 모든 액체를 나타내고 그런 후에는 우유병 속의 우유를 지칭하는 것이다. 어느 날 이 어린이가 독수리 문양이 들어간 동전을 보고는 이 동전에 대해서도 같은 단어를 사용했을 뿐 아

니라 이후에는 이 동전을 연상시키는 모든 둥근 물체를 일컫는 데도 이 단어를 사용하였다. 여기서 우리는 각 대상이 다른 요소와 공통적인 특징을 가질 때에만 복합체 내에 포함되며, 대상들을 연결하는 이 공통적 특징은 무한히 변화할 수 있는 사슬복합체의 전형적인 사례를 보게 된다.

5-12-8] 어린이의 이러한 복합체적 사고의 형태는 동일한 낱말이 서로 다른 상황에서는 다른 의미를 가지며, 다른 대상을 지칭할 수 있다는 특징을 갖는다. 심지어 우리의 관심을 끄는 예외적인 상황에서는, 어린이들은 두 대상이 완전히 반대의 의미를 나타내더라도 이들이 포크와 나이프같이 서로 어떤 관련성이 있다면 동일한 낱말을 사용하여 그들을 지칭한다.

5-12-9] 어린이가 '전前'이라는 낱말을 '전前'뿐 아니라 '후後'의 의미를 나타내는 데 사용하거나, 전 날과 다음 날을 가리키는 데 모두 '내일'이라는 낱말을 사용하는 것은 히브리어나 중국어, 라틴어와 같은 고대 언어에 대한 연구가 내놓은 결과와 대단히 유사하다. 이러한 언어들은 두 개의 상반된 의미를 나타내는 데 같은 낱말을 이용한다. 고대 로마인들은 같은 낱말을 사용하여 높다는 의미와 깊다는 의미를 나타냈다.[5] 이와 같이 하나의 낱말에 반대되는 의미를 짝짓는 것은, 복합체 내에 편입되는 모든 구체적 대상들이 복합체의 다른 요소들 사이에서 스스로를 상실하지 않고 그 모든 구체적 독립성을 보존하는 복합체적 사고를 토대로 해야만 가능하다.

●

1) 다음 두 절에서도 비고츠키의 목적은 방법론적인 것이다. 실험의 결과가 어린이 주변의 어른 생각의 영향이라는 가면을 빗긴 모습으로 어린이 생각의 진정한 논리적 범주를 반영한다면, 다른 상황에서는 그들은 가면을 쓴 형태로도 나타나야 할 것이다. 이 절에서 비고츠키는 어린이 발달에 대한 **현장 관찰법**을 이용한다.

   Ⅰ 비고츠키가 처음으로 제시하는 예는 아이델버거가 자신의 아들은 매일매일 관찰한 자료이다. 아기는 이전에 도자기 인형을 지칭하는 데 사용했던 한 낱말을 이제는 짖는 개, 할아버지 초상화, 흔들 목말, 벽시계를 지칭하는 데 모두 사용하였다. 그다음의 127일간 이 아기는 털 의자로부터 목욕용 온도계에 이르는 온갖 다른 대상들에 이 낱말을 사용하였다. 비고츠키는 이것을 혼합적 이미지와 연합적 복합체의 "섞인 사례"로 소개한다. 그러나 베르너는 그것이 어린이에게 눈을 연상시키는 타원형의 형태와 빛나는 표면의 유사성에 토대를 둔 복합체적 사슬이라고 결론짓는다. [5-12-1~5-12-3]

   Ⅱ 비고츠키가 인용하는 두 번째 예시는 찰스 다윈이 자신의 아들을 관찰한, 잘 알려진 사례이다. 다윈의 아들은 '쿠아'라는 말로 오리, 연못, 액체, 홍차, 우유, 독수리, 동전을 그리고 둥근 물체를 통틀어 일컬었다. 여기서 추론은 아이델버거의 사례에서보다 좀 더 명확하므로, 비고츠키는 이를 사슬복합체라고 부른다. [5-12-4~5-12-6]

   Ⅲ 비고츠키는 때때로 어린이가(말하는 이와 듣는 이를 모두 일컫는데 '너'를 사용하는 것과 같이) 반대되는 것들을 표현하는 데 동일한 낱말을 사용한다는 중요한 관찰로 이 절을 마무리 짓는다. 비고츠키는 이것이 히브리어, 중국어, ('높다'와 '깊다'에 같은 낱말을 사용하는) 라틴어에서도 나타나는 특징이라고 지적한다. 물론 이는 영어의 학문적 용법에서 나타나는 특징이기도 하다('subject'는 작용자와 작용의 대상을 모두 의미할 수 있고 'agent'는 주체와 피주체 모두가 될 수 있다). [5-12-9]

2) 비고츠키가 어린이들의 생각과 원시적 생각을 같은 수준에 놓고 해석하는 것에 대해 많은 독자들이 충격을 받지만, 우리는 여기서 비고츠키가 계속해서 기호-역사적 시간 틀에서 구분하는 네 가지 차원을 구분할 필요가 있다. 이들은 계통발생적 진화, 사회문화적 진보, 개체발생적 성장, 미소발생적 변화이다. 계통발생적 진화가 나타났기 때문에 사회 문화적 진보는 그것을 반복할 필요가 없이, 가장 발달한 계통발생적 진화의 산물(인간의 뇌)을 기반으로 진보를 시작하게 된다. 다른 것들도 마찬가지이다. 사회문화적 진보는 개체발생적 성장에서 모두 반복할 필요가 없이 가장 발달한 형태로(교육) 개체발생적 성장에 영향을 미친다. 개체발생적 성장이 객관화됨에 따

라 미소 발생은 개체발생을 모두 반복하지 않고 그 가장 진보한 형태(발달)를 토대로 나아가게 된다.

여기서 비고츠키는 지속적으로 사회문화적 진보와 개체발생적 성장을 비교하고 있음에 주의해야 한다. 4장에서는 침팬지와 인간의 기호 사용을 비교함으로써 인간 말과 생각의 발생적 근원을 탐구하였다면, 여기서는 개념적 생각이 아닌 복합체적 생각에 근거를 둔 생각의 방식을 가진 사회에 대해 알아보고자 하는 것이다.

어떤 사람들이 비고츠키가 어린이와 원시인과 같다고 생각했기 때문에 그를 인종차별주의자라고 매도하는 것은, 다만 비고츠키에 대한 이해의 부족을 드러낼 뿐이다. 비고츠키는 어린이가 어른과 같다고 생각한다. 다만 어린이는 어른들이 가지고 있는 매개적 도구를 갖고 있지 않은 것뿐이다. 이것은 생소한 생각이 아니다. 대부분은 현대 사회에서도 성인의 일상적 생활은 개념적 생각을 토대로 돌아가지 않는다.

3) 아기들은 특정한 대상을 단일한 명칭으로 이름 붙이는 것보다 훨씬 많은 일을 첫 낱말을 통해서 이루고자 한다. 아기들은 다양한 대상들에 대해 동일한 낱말을 사용한다.

4) 이 사례는 H. 베르너의 『발달심리학입문(Einfürung in die Entwicklungpsychologie)』으로부터 재인용된 것이다.

5) 라틴어에서 '높다'와 '깊다'는 격에 따라 'altus, alta, altum'으로 표현된다.

5-13¹⁾

5-13-1] 어린이의 생각은 복합체적 사고를 기능적으로 증명하는 데 탁월한 수단이 되는, 대단히 흥미로운 특징을 보여 준다. 앞에서 제시한 예시의 어린이들보다 조금 더 높은 수준의 발달 단계에 있는 어린이들에게 있어서는 복합체적 생각은 이미 의사개념의 특징을 취하고 있을 것이다. 그러나 의사개념은 특성상 복합체이므로 진정한 개념과의 표면상의 유사성에도 불구하고 실제 작용의 모습에 있어서는 반드시 개념과 구별된다.

5-13-2] 상당히 오래전부터 연구자들은 한 가지 대단히 흥미로운 생각의 특징을 인지하고 있었다. 이 현상은 원시 사회와 관련하여 레비-브륄이 제일 먼저 기술하였으며 이후 스토크에 의해 정신병 환자들과 관련하여, 그리고 피아제에 의해 어린이들과 관련하여 기술되었다. 초기 발생적 단계에서 생각이 가지는 속성을 전형적으로 보여 주는 원시적 사고의 이러한 특징은 일반적으로 '융즉(融卽, participation)'이라고 일컬어진다. 이 용어는 원시적 사고에서, 부분적으로 일치하는 두 대상이나 현상들이 그 둘 사이에 어떠한 공간적 접촉이나 이해 가능한 결합이 부재하더라도 마치 이들이 서로 간에 영향을 미치는 것과 같은 관계가 확립되는 것을 나타낸다.²⁾

5-13-3] 위의 정의에 동의하는 피아제도 어린이의 생각에서 그와 같은 융즉의 사례, 즉 어린이에 의해 확립되었으며 상이한 대상과 행동들 사이의 연결들이 논리적 관점에서는 전혀 이해가 불가능하고 사물들 사이의 객관적 연결과

는 전혀 무관한 사례가 많이 관찰됨을 보고한다.

5-13-4] 레비-브륄은 원시 부족의 생각에서 이러한 종류의 융즉이 가장 확연히 드러나는 사례로 다음을 인용한다. 폰 덴 슈타이넨Von den Steinen에 따르면 북부 브라질의 부족인 보로로는 이 부족의 일원들이 아라라, 즉 붉은 앵무새임을 자랑스럽게 여긴다. 레비-브륄은 "이는 그들이 사후에 아라라가 된다거나, 또한 아라라가 보로로족으로 변형된다는 의미일 뿐이 아니라··· 문제는 전혀 다른 것과 관련이 있다"라고 말한다. 이 현상을 믿고 싶지 않았지만 부족들로부터 받은 단언적인 확언으로 인해 이를 확인할 수밖에 없었던 폰 덴 슈타이넨 "마치 애벌레가 자신은 나비라고 말했을 법하게 보로로족은 사실 그들이 붉은 앵무새라는 것을 차분히 확언하였다"라고 인정했다. 이는 그들이 스스로에게 붙인 명칭도 아니고 이들이 주장하는 친족관계도 아니다. 여기서 그들이 생각하고 있는 것은 본질적인 동질성이다.[3]

5-13-5] 정신 분열증 환자에게서 나타나는 고대의 원시적 사고를 면밀히 분석하였던 스토크Storch 역시 정신병 환자의 생각에서 동일한 융즉의 현상을 밝혀낼 수 있었다.[4]

5-13-6] 그러나 우리는 융즉 현상 그 자체에 대해서는 지금까지 충분히 설득력 있는 심리학적 설명이 주어지지 않았다고 생각한다. 우리의 견해로는 이는 두 가지 이유에 근거한다.

5-13-7] 첫 번째로, 원시적 생각이 여러 대상들 간에 맺는 특정한 연합적 관련에 대해 연구하면서도 연구자들은 하나같이 오직 이 현상의 내용적 측면만을 독립적인 계기로 연구하였다. 동시에 그러한 연합을 결정하고 만들어 내는 기능들과 생각의 형태들 그리고 지적 작용들은 무시하였다. 일반적으로 연구자들은 어떤 산물이 생겨나게 된 실제적인 과정이 아니라 결과물만을 연구해 왔다. 이 때문에 연구자들에게 원시적 사고의 결과 그 자체가 신비하고 불명료한 성격을 가지게 된 것이다.

5-13-8] 이 현상에 대한 올바른 심리학적 설명을 제공하고자 하는 시도와

관련한 두 번째 문제는 연구자들이 융즉을 연구하면서 원시적 생각에 의해 확립된 다른 연합들과 관계들에 대한 지식을 충분히 교류하지 않았다는 사실이다. 대체로 이러한 연합들이 연구자의 주목을 끈 것은 그들이 일상적인 생각의 양식에서 완전히 이탈함으로써 그 특이한 성질이 나타날 때뿐이었다. 일반적 관점에서 보기에 자신이 붉은 앵무새라는 보로로족의 주장은 너무도 터무니없었기 때문에 즉각 연구자들의 주의를 끌었던 것이다.

5-13-9] 반면, 원시적 생각이 만들어 낸 이러한 연합 중 겉으로 보기에는 일반적인 논리에서 크게 벗어나지 않는 것들을 주의 깊게 분석을 해보면 두 가지 유형의 연합에 있어 모두 본질적으로 동일한 복합체적 사고의 기제가 자리 잡고 있음을 다시 한 번 확인하게 된다.

5-13-10] 특정 발달 단계의 어린이가 복합체적 생각을 숙달했다는 사실과, 그 어린이에게는 낱말이 구체적 대상을 포함하는 복합체를 일컫는 수단으로 사용된다는 사실, 그리고 어린이가 구축해 나가고 있는 일반화와 연합을 위해 사용하는 기본적 형태가 의사개념이라는 사실을 감안한다면, 논리적 필연성에 따라 융즉은 그러한 복합체적 생각의 산물이라는 것이 절대적으로 명백해진다. 다시 말해, 개념적 사고의 관점에서는 불가능하고 상상하기 힘든 대상들 간의 연합과 연관은 복합체적 사고의 과정에서 나타나야만 한다.

5-13-11] 이 관점으로부터, 우리는 또한 어떻게 하나의 사물이 그것의 다양한 구체적 특징에 따라서 다른 복합체로 편입될 수 있는지, 또한 그 결과 그들이 속한 복합체에 따라 얼마나 다양한 이름으로 다양한 대상을 지칭하게 되는지 이해할 수 있다.

5-13-12] 실험적 연구에서 우리는 한 대상을 둘 이상의 복합체에 포함시킴으로써 한 대상이 여러 명칭을 가지게 되는, 위와 같은 유형의 융즉을 자주 관찰할 수 있었다. 그러한 경우 융즉은 예외적인 것이 아닐뿐더러 오히려 복합체적 생각에 있어서 일반적인 것이 된다. 논리적 사고의 관점에서는 불가능한, 융즉이라는 이름이 붙여진 그와 같은 연합이 원시적 사고의 모든 단계에서 드러

나지 않는다면 그것이 기적일 것이다.

5-13-13] 원시 부족들의 사고 과정에서 융즉을 이해하는 열쇠는 이러한 원시적 생각이 개념적이지 않고 그 특성이 복합체 유형과 같으며, 따라서 그들의 언어에서 낱말은 기능적으로 완전히 다르게 적용, 사용된다는 사실에 있다. 여기서 낱말은 교육의 수단이나 개념의 매개체가 아니라 사실적 유사성에 따라 결합된 실제 대상들의 모임을 지칭하는 데 쓰이는 가족의 성姓과 같은 역할을 한다.

5-13-14] 베르너가 정확히 명명한 이러한 유형의 복합체적 생각은 어린이에게서와 같이 필연적으로 여러 복합체들의 엮음을 낳을 것이며 이는 다시, 융즉을 만들어 내게 된다. 이러한 생각 과정의 토대에는 실제 대상들의 시각적 그룹이 놓여 있다. 이러한 원시적 생각에 대한 베르너의 탁월한 분석은, 융즉 현상을 이해하는 열쇠가 인간 지성 발달의 특정한 역사적 단계를 특징짓는, 말과 생각의 고유한 결합에서 발견될 수 있을 것이라는 것이다.

5-13-15] 마지막으로, 쉬토크가 설득력 있게 보여 주었듯이 정신 분열증적 생각 역시 그러한 복합체적 특징을 가지고 있다. 정신분열증 환자의 생각에서 우리는 특이한 동기와 경향성을 여럿 발견하게 되는데 쉬토크는 이에 대해 다음과 같이 말한다. "그들은 모두 생각의 원시적 단계와 연관이 있다는 점에서 하나의 공통된 특징을 갖는다. 이 환자들의 생각에서 개별적 관념들은 **복합체적이고 집합적인 속성**으로 통합되어 나타난다."[5] 정신분열증 환자는 개념적 사고로부터 더욱 원시적인 사고의 단계로 퇴행하는데, 뷸러에 따르면 이 원시적 단계는 심상과 상징의 풍부한 사용으로 특징지어진다. 스토크는 "원시적 생각의 가장 변별적인 특성은 아마도 추상적 개념 대신 **완전히 구체적인 심상**이 사용된다는 점일 것이다"[6]라고 말한다.

5-13-16] 투른발트Thurnwald가 원시 부족의 생각의 기본적 특징으로 간주한 것이 바로 이것이다. "원시 부족의 생각은 현상에 대한 집합적이고 미분화된 심상을 이용한다. …그들은 대상이 현실에 나타나는 구체적인 심상만으로

생각한다."[7] 분열증 환자의 사고 과정의 최전선에서 개념을 대신하여 나타나는 이와 같은 시각적이고 집합적인 형태들은 원시적 단계에서 논리적 범주의 구조를 대신하는, 개념과 유사한 심상들이다.

5-13-17] 따라서 정신병자, 원시부족 그리고 어린이의 생각에서 관찰되듯이 융즉은 생각 발달의 원시적 단계가 나타내는 일반적인 형식적 징후이며 특히 복합체적 생각의 징후인 것으로 보인다. 이는 이 세 가지 유형의 생각을 구분하는 예외적인 고유성을 감안한다 해도 마찬가지이다. 복합체적 생각의 기제와 낱말을 가족의 성과 같이 이용하는 기능적 사용이 이 현상을 뒷받침하고 있는 것으로 보인다.

5-13-18] 바로 이러한 이유로 우리는 융즉에 대한 레비-브륄의 해석이 옳지 않다고 간주하는 것이다. 자신들이 실제로 붉은 앵무새라고 주장하는 보로로들의 의미를 분석하면서 레비-브륄은 지속적으로 우리 자신의 논리에서 취한 개념을 사용하였기에 보로로들의 주장이 원시적 생각에서 존재의 동일성이나 같음을 나타낸다고 가정한 것이다. 우리의 의견으로는 이 현상에 대한 이러한 분석은 대단히 잘못된 것이다. 만일 보로로족이 실제로 논리적 개념을 통해 생각했다면 그들의 주장을 레비-브륄의 해석 이외에 다른 식으로 이해할 수 있는 방법이 없었을 것이다.

5-13-19] 그러나 보로로족에게 있어서 낱말은 개념을 전달하는 것이 아니라 구체적 대상을 지칭하는 가족적 성姓을 나타낼 뿐이므로 그들에게 있어 그러한 주장은 완전히 다른 의미임이 분명하다. 그들이 붉은 앵무새를 지칭하고 자신들을 그것의 하위 대상으로 분류하는 데 사용하는 아라라라는 낱말은 새와 사람이 모두 연결되는 어떠한 복합체 내에서 사용되는 공통 명칭이다. 그들의 주장은, 두 사람이 같은 성을 가지고 있으며 서로 관계가 있다는 진술이 그 두 사람의 동일성을 나타내는 것이 아닌 것과 마찬가지로 앵무새와 사람의 동일시를 나타내는 것이 아니다.

●

1) 이 절에서 비고츠키는 문화인류학과 정신분열증의 연구에서 복합체적 생각을 기술하는 것으로 보이는 설명에 대해 다룬다. 여기서 비고츠키의 목적은 원시적 생각과 분열증적 생각이 어린이의 생각과 정확히 같은 것이 아니라는 것을 보이는 데 있다. 또한 그는 세 가지의 전혀 다른 현상들을 포함하는 새로운 복합체적 범주를 만들려고 하지도 않는다. 그가 하는 것은 새로운 개념을 만드는 것과 가깝다. 그는 (이상적인 모듬 짓기와 구체적 사례들의 실제 집합을 구분하지 못하는 것과 같은) 일부 생각의 매우 특정한 특징을 추출한다. 그는 그에 대한 광범위한 사례를 한데 모아 그들의 유사성과 차이점을 비교한다.

  I 비고츠키는 **융즉**融卽의 두 가지 사례를 제시한다. 융즉은, 시험보기 전에 찹쌀떡을 먹는 것과 같이, 둘 사이에 인과적 관계가 없는 전혀 다른 두 현상을 연결 짓는 것에 대한 설명을 위해 레비-브륄이 정의한 것이다. 이 용어는 비고츠키가 아니라 레비-브륄이 '원시적' 생각을 분열증환자와 어린이의 생각에 연결시키기 위해 만든 것이라는 점을 기억하는 것이 중요하다. [5-13-1~5-13-7]

    A) 레비-브륄은 폰 데 슈타이너의 관찰을 인용한다. 폰 덴 슈타이넨은 북부 브라질 부족인 보로로가 자신들은 붉은 앵무새의 일종인 '아라라'라고 주장한다는 사실을 보고하였다.

    B) 스토크는 (자신이 예수나 악마라고 믿거나, 무언가를 위한 번제를 위해 살인을 하라고 부추기는 목소리를 듣는 것과 같은) 정신병자에게서 나타나는, 유사한 비논리적 신념에 대해 보고한다.

  II 비고츠키 스스로는 '융즉'에 대한 이러한 주장에 대해 회의적이었다. 그는 현상을 **잘못 해석**하게 만드는 두 가지 원천을 지적한다. 이 둘 모두는 연구자들이 '융즉'의 현상을 관찰하게 되는 상황이 우리들의 생활 실천상황과 본질적이고 극단적으로 상이하다는 데서 유래한다. [5-13-8~5-13-17]

    A) 연구자들은 관념의 사회적 **기능**을 무시하였다. 기능을 도외시하면서 '원시적' 생각의 형태를 거짓으로 신비화시킨 것이다. 심리학적 이상성은 대부분 맥락의 결여로 인해 생겨났다. 만일, 반대로 (보이스카우트나 군대에서 동물을 마스코트로 삼듯이) 보로로족族이 동물과 부족민 모두로 이루어져 있는 부족을 나타내는 '토템' 체계를 가지고 있다는 사실을 우리가 알게 된다면, 보로로들의 말은 전혀 이상할 바가 없어진다. 부족은 단지 인간과 동물을 모두 포함하는 구체적인 사회적 그룹인 것이다.

    B) 연구자들은 우리 자신의 것과 매우 **유사한** 그와 같은 관념들을 무시해 왔다.

우리의 관념과 비슷한 이러한 관념들을 검토해 보면 우리는 다시 한 번 복합체적 생각을 발견하게 된다(비고츠키는 이미 일반적인 어른의 언어가 복합체적 생각의 수준에서 일어나는지에 대해 충분히 보여 주었다). 우리 자신의 생각에서 한 대상이 두 개의 다른 복합체 속에 포함되는 것은 매우 흔한 일이다. 예를 들이 이머니는 자신의 남편의 가족에도 속하고 친정 가족에도 속한다. 같은 방식으로 정신분열증 환자는 자기 스스로인 동시에 예수가 되는 것이다.

   Ⅲ 비고츠키는, 단일한 복합체 내에 속해 있다는 것이 동일한 공통점을 공유하는 것을 의미하는 것은 아니기 때문에 보로로족이 앵무새와 사람을 동일시하는 것은 아니라는 결론을 짓는다. 복합체 내에 포함되는 대상들은 그 개의 특징들을 온전히 보존하면서 포함되며 한 특징을 우위에 두거나 다른 특징을 종속시키지 않는다. 동일한 복합체의 구성원들은 그 복합체에 속했다는 사실 이외에는 꼭 공통된 특징을 공유하는 것은 아니다. 어린이나 분열증환자의 생각과 소위 '원시적' 생각을 구분 짓는 '독특한 특이성'에도 불구하고 대상을 무리 짓는 생각의 기제가 모종의 추상적 본질을 공유하는 개념적 범주가 아니라 구체적 대상과 실제 사람의 모음이라는 점에 있어서 이들은 **동일하다**. [5-13-18, 5-13-19]

2) 프로 스포츠 선수들의 징크스를 비롯한 여러 미신적 풍습들은 융즉이다. 남고생들이 대입시험 전에 여고생들의 방석을 훔친다든지, 큰 시험 전에 손톱이나 머리를 자르지 않는 것 등도 융즉의 사례이다. 가장 개념적인 사고를 검증하기 위해 실시되는 행사를 위해 복합체적 사고로 준비한다는 것은 모순적이지만, 5-12에서 밝힌 바와 같이 현대 사회의 일상생활은 개념적 사고보다는 복합체적 사고에 더 넓은 기반을 두고 있다는 것을 인정해야 하며, 비고츠키가 '어린이의 생각' 또는 '원시적 생각'을 이야기 할 때 이는 무엇보다 사고의 방식에 대한 기술이라는 점을 인식해야 한다.

3) pp. 77~8 of Lévy-Bruhl, L. 1922: 『Les Fonctions mentales dans les sociétés inférieures』 (5th edn). Paris: Alcan.

4) pp. 31~4 of Storch, A. 1922: 『Das archaisch-primitive Erleben und Denken in der Schizophrenie』.

5) Ibid, pp. 8~9.

6) Ibid., p. 9.

7) 이 부분은 투른발트가 『Antoropos 저널』에 1917/1918과 1919/1920에 각각 기고한 두 편의 논문으로부터 인용된 것이다. 비고츠키는 이 부분을 스토크의 1922년 저서 9쪽으로부터 재인용하고 있다.

5-14[1]

5-14-1] 우리말의 역사를 돌이켜보면 우리는 복합체적 생각이 그에 고유한 모든 특성들을 유지한 채, 우리말이 발달하는 토대가 됨을 알게 될 것이다. 현대 언어학은 페터슨Пе терсона[2]이 밝힌 바와 같이 '낱말의 의미 또는 표현과 그 객관적 지시 대상을 구분하는 것이 필수적임' 알려 준다.

5-14-2] 의미는 하나이지만 지칭 대상은 다양한 경우가 있으며 반대로 의미는 다양하지만 대상은 단일한 경우도 있다. 우리가 '예나의 승리자'라고 하든지 '워털루의 패배자'라고 하든지 여기서 지칭되는 인물нaпoлeoн은 두 경우에 동일하다. 그러나 이 두 표현의 의미는 상이하다. 고유 명사와 같이 유일한 기능이 대상을 지칭하는 것인 경우도 있다. 이런 식으로 현대 언어학자들은 의미와 그 구체적 지시 대상을 구분한다.[3]

5-14-3] 어린이의 복합체적 사고의 문제에 이러한 구분을 적용시키면 우리는 어린이의 낱말이 지칭하는 구체적 대상에 있어서는 어른과 일치한다고 말할 수 있다. 즉, 낱말이 동일한 대상과 현상의 범위를 가리키는 것이다. 그러나 그들은 그 의미에 있어서 일치하지 않는다.

5-14-4] 위에서 보인 객관적 지시 대상에 있어서의 일치와 그 의미에 있어서의 비 일치는 어린이의 복합체적 사고의 가장 본질적인 특징으로 밝혀졌다. 우리 연구의 가장 중요한 결과는 어린이가 낱말의 의미를 통해 어른과 동일한 것을 생각한다는 것이다. 즉 어린이들은 어른과 동일한 대상을 가리키며

이를 통해 어른과의 상호이해가 가능해지는 것이다. 그러나 어린이들은 동일한 내용을 다른 방식으로, 다른 절차에 따라 상이한 지적 작용의 도움을 통해 생각한다.

5-14-5] 동등한 공식이 발달의 역사와 언이 심리학 일반에 온전히 적용될 수 있다. 우리는 매 행보에서 이 생각이 옳다는 것을 확신시키는 사실과 증거를 확인하게 된다. 낱말들이 각기 가리키는 지시 대상들이 서로 일치하기 위해서는 이들이 동일한 대상을 지칭해야 한다. 그러나 낱말들은 상이한 방식으로 동일한 대상을 지칭할 수도 있다.

5-14-6] 낱말 의미의 기저에 놓인 정신적 작용들이 일치하지 않지만 낱말들이 지칭하는 구체적 지시 대상이 일치하게 되는 이와 같은 전형적인 사례는 모든 언어에 존재하는 동의어이다. 러시아어에서 'Луна'와 'Месяц'는 동일한 대상(달[月])을 지칭하지만 각 낱말의 발달의 역사에 새겨진 방식에 따라 다른 양식으로 달을 가리킨다. 'Луна'는 '변덕스럽'고 '불안정'하며 '쉽게 변한다'는 뜻의 라틴어 단어와 어원상 연결되어 있다. 달에 이 이름을 붙인 사람은 그 형태의 변화, 한 위상에서 다음 위상으로의 전이를 달이 다른 천체와 다르게 가지는 가장 본질적인 차이로 강조하고자 했음에 분명하다.

5-14-7] 'Месяц'라는 낱말의 의미는 측정하다измерять는 의미와 연관되어 있다. 'Месяц'는 측정도구를 의미한다. 달에 이 명칭을 부여한 이는 달의 다른 특징, 즉 달 주기를 측정함으로써 시간의 흐름을 계산할 수 있다는 사실을 나타내고자 한 것이다.

5-14-8] 따라서 우리는 어린이의 낱말과 어른의 낱말이 동일한 대상을 가리킨다는 의미에서 동의어라고 할 수 있다. 그들은 동일한 대상을 나타내며 그 명명적 기능에 있어서 일치하지만 각각이 의지하는 생각의 작용은 상이하다. 어린이와 어른 각각이 명명하기에 도달하는 절차와, 그들로 하여금 동일한 대상을 생각하도록 하는 작용, 그리고 이 생각 작용과 동등한 낱말의 의미는 이 두 경우에 있어서 확연히 다르다.

5-14-9] 정확히 동일한 방식으로, 각기 다른 언어에서 동일한 대상들은 그들의 명명적 기능상 서로 일치하지만 그 동일한 대상에 대한 명칭은 각 언어마다 상이한 기준에 따라 정해진다. 재단사를 뜻하는 러시아어인 'портной'는 옛 러시아어에서 '천 한 조각' 혹은 '솔'을 뜻하던 'порт'에서 유래한다. 프랑스어와 독일어에서 재단사에 대한 명칭은 다른 기준에 의거한다—'tailleur'는 '자르다'라는 의미로부터 유래한다.[4]

5-14-10] "따라서 우리는 이러한 입장을 다음과 같이 공식화한다. 편의상 낱말의 의미라고 불리는 것에서 두 가지 계기를 구분할 필요가 있다. 이는 본래적 뜻에서의 표현적 의미와 그 기능, 즉 이런저런 대상, 그 지시 대상에 대한 명칭이다." 이로부터, 낱말의 의미에 대해 말할 때에는 낱말의 의미가 갖는 원래적 뜻과 낱말이 포함하는, 대상에 대한 지시를 구분해야 한다는 것이 명백하다(Шор).[5]

5-14-11] 우리는 낱말의 의미와 낱말이 대상과 가지는 관계 사이의 구분, 즉 의미와 명명 사이의 구분이 우리로 하여금 어린이 생각의 발달에 있어서 초기 단계를 정확히 분석할 수 있도록 해 주었다고 생각한다. 소르는 두 요소들 사이의 차이, 즉 의미(또는 표현 내용)와 소위 낱말의 의미가 지칭하는 대상 사이의 차이는 어린이의 어휘에서 확연히 드러남을 관찰하였다.

5-14-12] 모든 언어에서 그 낱말 발달의 역사나 그 의미의 전이를 관찰하면 우리는, 첫눈에는 이상하게 보일 수 있지만, 발달의 과정에서 이 낱말은 바로 어린이에게서 그러하듯이 그 의미를 변화시킨다는 것을 보게 된다. 위에서 인용된 사례에서와 같이 어린이가 '바우-바우'라는 동일한 낱말을 매우 다양하고 서로 관련이 없는 일련의 대상 전체에 사용하는 것처럼 우리는 낱말의 역사에서 그와 같은 의미의 전이를 발견한다. 이는 그들이 복합체적 사고의 기제에 의존하며 낱말들이 발달된 사고에서와 같은 개념적 작용과는 상이한 방식으로 사용된다는 것을 나타낸다.

5-14-13] 예를 들어, 러시아어 낱말일 'сутки'의 역사를 살펴보자. 최초에

그것은 '솔기', 즉 두 개의 천이 만나는 지점을 의미했다. 그런 후 그것은 모든 이음새, 집의 구석, 두 벽이 만나는 지점을 지칭하는 데 사용되었다. 이후 그 것은 은유적인 의미로 황혼, 즉 낮과 밤이 교차하는 시점을 나타내었으며 마침내 황혼에서 황혼까지의 시간 또는 새벽의 여명으로부터 그날의 저녁까지를 아우르는 시간을 포함하면서 이 낱말은 '낮과 밤', 말하자면 오늘날 우리가 뜻하는 24시간을 의미하게 되었다. 이 단어는 그 실제 뜻으로 '낮과 밤', 즉 'сутки'를 뜻하기 시작하였다. 이와 같이 우리는 말의 역사적 발달에 있어서 솔기, 집의 코너, 황혼과 24시간과 같은 다양한 현상들이 공통된 시각적 특징에 따라 단일한 복합체로 결합되는 것을 본다. 어린이 역시 시각적 특징을 이용하여 상이한 대상들을 하나의 복합체 안에 결합시킨다.

5-14-14] "어원을 연구하기 시작하는 사람은 누구나 처음에는 어떤 대상의 명칭과 관련된 표현들이 가지는 단조로움과 시시함에 놀라게 된다"고 소르는 말한다.

5-14-15] 어째서 돼지свинья와 여성женщина이 모두 생명의 제공자를 의미하며, 곰медведь과 비버бобр가 모두 '누렁이бурыми'로 불릴까? 왜 측정자измеряющий가 달Месяц을 뜻하며 '우는 것ревущий'이 황소를, '가시투성이колючий'가 침엽수림을 뜻하는 것일까? 이 낱말들의 역사를 조사하면 우리는 그 토대에 개념들 사이에 확립된 논리적 연결의 필요가 아니라 우리가 어린이 생각에서 연구할 수 있었던 것과 동일한 특징을 가지는 순수하게 심상적인 구체적 복합체와 연결이 있음을 알게 된다.

5-14-16] корова(소)는 원래 '뿔 달린 것'을 뜻한다. 이 동일한 어근은 다른 언어들에서 유사한 낱말을 낳았다. 이 낱말들 역시 뿔 달린 것을 의미하지만 지칭하는 것은 염소, 사슴 또는 다른 뿔 달린 짐승들이다. мыши(쥐)는 вор(도둑)을, бык(황소)는 ревущий(우는 것)을 뜻하며, дочь(소녀)는 젖 짜는 하녀доильщица를 뜻하고 어린이дитя와 하녀дева는 '젖을 짜다доить'라는 낱말과 결합하여 각각 젖먹이сосунка와 유모кормилицу를 뜻한다.

5-14-17] 이러한 단어군#의 재통합을 지배하는 규칙을 찾는다면 우리는 이 현상과 새로운 대상이, 논리적 관점에서는 전혀 중요하지 않고 보통 이 현상의 논리적 본질을 설명하지 않는 변별적 특징에 따라 명명된다는 것을 알 수 있다. 이제 막 생겨나기 시작했을 뿐인 명칭이 개념이 되는 일은 절대 없다. 따라서 논리적 관점에서는 명칭이 한편으로는 너무 협의적이며 다른 한편으로는 너무 광의적이다. 예를 들어, 소에 '뿔 달린 것'이라는 명칭을 붙이는 것이나 쥐에 '도둑'이라는 명칭을 붙이는 것은, 이들이 반영하는 변별적 특징들이 실제로 소나 쥐의 전체를 가리키지 않는다는 점에서 너무 협의적이다. 그러나 이들은 또한 너무 광의적이기도 하다. 동일한 명칭이 모든 일련의 대상에 사용 가능하기 때문이다. 언어의 역사에서 우리가 발견하게 되는 것이 개념적 생각과 복합체적인 원시적 사고 사이의 지속적·연속적인 투쟁인 것은 바로 이 때문이다. 복합체적 양식으로, 특정한 변별적 특징으로 인해 선택된 어떤 명칭은 그것이 묘사하는 개념과 모순되게 된다. 그 결과 개념과 명칭 선정의 바탕이 된 이미지 사이의 갈등이 뒤따른다. 이 이미지는 삭제되며 화자의 의식으로부터 망각되고 지워진다. 이에 따라 우리는 소리와 낱말의 의미로서의 개념 사이의 연결을 이해할 수 없게 된다.

5-14-18] 예를 들어, 오늘날 러시아어 화자 중 окно(창문)이 '우리가 바라보는 장소' 또는 '빛이 생겨나는 곳'을 의미하며, 창틀뿐 아니라 심지어 무언가를 연다는 개념도 전혀 포함하지 않는다는 사실을 아는 이는 없다. 그럼에도 우리는 유리판을 틀에 끼운 것을 지칭하는 데 'окно'라는 단어를 사용하며 이 단어가 'око'(눈)이라는 낱말과 가지는 어원론적 연관을 완전히 잊는다. 이는 'чернила'(잉크, 검은 것)이라는 낱말의 경우에도 마찬가지이다. 오래전에 이 낱말은 쓰기에 사용되는 액체를 의미했으며 그 외적인 변별적 특징, 즉 그 검은 색을 강조하였다. 우리가 '잉크'라고 말할 때 우리는 이 대상을 순전히 연합적 경로에 따라 검은색 물체의 복합체 안에 편입시켰다. 오늘날, 붉은 잉크, 초록색 잉크 또는 푸른색 잉크라는 단어 조합이 부조리하다고 해서 우리가 그러

한 이름을 사용하지 못하게 되지는 않는다.

5-14-19] 명칭의 전이를 연구한다면 우리는 명칭이 이미지에서와 같이 연상, 연속성, 유사성에 따라 전이됨을 보게 된다. 말하자면 논리적 생각의 법칙에 따라서기 아니라 복합체적 생각의 법칙에 따르는 것이다. 오늘날에도 새로운 낱말을 만들어 낼 때 광범위한 대상을 하나의 단일한 그룹에 이와 같이 복합체적으로 귀속시키는, 대단히 흥미로운 과정들의 사례가 매우 많음을 관찰할 수 있다. 예를 들어 병의 목이나 탁자의 다리, 문 손(손잡이-K) 또는 강의 분지分枝를 말할 때 우리는 바로 위와 같은 식으로 대상을 하나의 일반적 그룹으로 복합체적으로 귀속시키는 것이다.

5-14-20] 이러한 유형의 명칭 전이의 본질은, 여기서 낱말이 수행하는 기능이 의미론적이지도, 해석적이지도 않다는 것이다. 여기서 낱말은 명명적 또는 지시적 기능을 수행한다. 낱말은 지시하고 사물에 이름을 붙인다. 이 경우에 낱말은 사고의 작용에 연결된 어떤 의미에 대한 기호가 아니라 감각적으로 감지된 다른 사물과 연합적으로 연결된, 감각적으로 감지된 사물에 대한 기호이다. 명칭은 그것이 지시하는 대상과 연합적으로 연결되어 있으므로 그 전이는 일반적으로 다양한 연합에 따라 작용한다. 이러한 전이는 의미의 전이가 일어난 역사적 맥락을 정확히 알지 못하면 재구성할 수가 없다.

5-14-21] 이는 이러한 전이가 어린이의 생각에서 형성되는 복합체와 마찬가지로 사실적·구체적 연결을 그 토대로 하고 있음을 의미한다. 이를 어린이의 말에 적용하면, 어린이가 말을 이해할 때 우리가 위에서 제시한 예시와 매우 유사한 어떤 것이 일어난다고 말할 수 있다. 어린이와 어른이 동일한 낱말을 발화할 때 그들은 그 낱말을 동일한 인물이나 사물과 연결시키지만 한쪽은 예나의 승자를 생각하며 다른 한쪽은 워털루의 패배자를 떠올리는 것이다.

5-14-22] 포테브냐에 따르면 언어는 자신을 이해하는 수단이다. 우리가 언어나 낱말이 수행하는 기능을 어린이의 생각과 함께 연구하며, 이 언어를 통해 성인이 자신을 이해하는 것과는 다른 방식으로 어린이가 자신을 이해한다는

것을 확립해야 하는 것은 바로 이 때문이다. 이는, 어린이가 언어의 도움을 통해 수행하는 사고의 작용은 어른이 동일한 낱말을 발화할 때 어른의 생각에서 수행되는 작용과 일치하지 않음을 뜻한다.

5-14-23] 우리가 이미 앞에서 인용한 저자에 따르면 첫 낱말은 개념에 대한 단순한 기호로 볼 수 없다. 그것은 개념에 대한 이미지, 그림, 정신적 도해 또는 그에 대한 짧은 이야기에 가깝다고 할 수 있다. 사실 그것은 하나의 예술작품이다. 이로 인해 첫 낱말은 구체적인 복합체적 특성을 가지며 동시에 하나의 동일한 복합체에 연관될 수 있는 여러 대상들을 가리킬 수 있게 되는 것이다.

5-14-24] 다음과 같이 진술하는 것이 더 정확할 것이다. 대상을 그러한 그림-개념의 도움으로 명명할 때, 사람은 그것을 온갖 다른 대상들을 포함하는 하나의 그룹과 연결 지으면서 그것을 특정한 복합체와 관련짓는다. 포고딘 Погодин이 'весло'(노)라는 낱말이 везти(운전/운반하다)로부터 유래함을 언급하면서, 이 단어는 운송수단으로서의 보트나 마차 끄는 말을 지칭하는 데 사용되었으면 더 적당했을 것이라고 한 것은 타당하다. 우리는 이 모든 대상들은 우리가 어린이의 생각에서 관찰하였던 동일한 종류의 복합체와 연결되어 있는 것을 알 수 있다.

1) 이 절에서 비고츠키는 의미의 과정이 그 산물, 즉 객관적 지시물과 어떻게 다른지 보이기 위해 러시아어에서의 동의어나 유사 동의어를 사용한다. 이러한 생각 양식의 이상성이나 특이성을 강조하는 것이 아니라 비고츠키는 복합체적 생각이 '**우리 언어 발달의 토대**'라고 주장한다.

  I 이는 어린이 말의 **개체발생**에 대해 사실이다. 낱말의 지시물과 그 생각 과정 사이의 다소 기술적 구분은 어린이와 어른이 어떻게 동일한 객관적 지시물을 가지면서도 완전히 상이한 방식으로 의미하는 낱말을 사용하는지 설명해 준다. 낱말 의미의 과정은 개체발생 도중에 발달하는 것이다. 이 때문에 (할러데이가 기술하듯이) '의미하는 방법을 배우기'가 유년기를 채우는 과업이 된다. [5-14-1~5-14-4]

  II 그러나 이는 또한 언어 공동체 내에서 말의 **사회발생**에 대해서도 사실이다. 비고츠키는 자신의 언어로부터 이에 대한 많은 사례를 제시하고 있다. 한국말에서의 사례도 찾아보기 쉽다. (생각이나 언어와 같은) 우리말의 한자어와 (그와 거의 동일한 것을 지칭하는 마음, 말과 같은) 고유어 사이의 차이를 생각해볼 수 있다. 이들은 같은 대상을 가리키지만 의미가 실현되는 방식은 결코 같지 않으며 그들이 말에서 내비치는 뉘앙스 또는 맛이 전혀 다르다. [5-14-5~5-14-16]

  III 비고츠키는 많은 옛 낱말(고유어)들이 물리적·시각적·영상적 또는 기능적 속성을 지칭한다는 점을 지적한다(漁와 물고기를 비교해 보자). 어른의 개념과 같이 더 새롭고 외국어의 느낌이 나는 낱말들은 덜 맥락-내포적이고 더욱 낱말-의미관계가 불투명하다. 이들은 물리적·시각적 또는 기능적 속성을 지칭하지 않고 대신에 **개념적 내용**에 명표를 붙인다. 여기서 우리는 (6장에 나오는) 과학적 개념의 형성과 외국어 낱말의 학습 사이의 비유의 시초를 보게 된다. [5-14-17~5-14-24]

2) Петерсона(Mikhail N. Peterson, 1855~1962). 러시아 언어학자로 두 편의 중요한 논문을 발표하였다. 한 편은 1923년 소쉬르의 일반 언어학에 대한 것이며 다른 한 편은 1927년에 쓴 「언어의 사회적 본성」이다.

3) 이 구분은 발시너와 반 데 비어가 말하는 내연intension과 외연extension의 구분도 아니고 폴랑이 제시하는 함의connotation과 지시denotation의 차이도 아니다. 비고츠키는 지각과 개념 사이의 관계, 즉 눈으로 볼 수 있는 것과 생각할 수 있는 것 사이의 관계에 대해 구분하고 있는 것이다. 이에 대해서는 6장에서 자세히 기술된다.

4) 비고츠키의 주장은, 언어들 간의 차이점 역시 상이한 사고 과정을 반영한다는 것임을 주목해야 한다. 이것은 사피르-워프 가설과 일맥상통하며, 매우 상대론적이다.

5) Шор(Rozalija O. Sor, 1894~1939). 구조주의 언어학자로 1926년에 『Language in

society』를, 1927년에 『The crisis in contemporary linguistics』를 저술했다. 비고츠키와 볼로시노프 모두 이 책을 읽었다. 소르의 관점은 대단히 구조주의적이다. 그녀에 따르면 언어는 전적으로 사회적인 현상이며 개인의 창의성이 개입할 여지는 매우 제한적이다. 물론, 소쉬르의 '랑그' 개념은 이러한 주장을 펴는 데 중추가 된다.

이러한 주장과는 반대로, 비고츠키와 볼로시노프 모두 추상적인 의미를 개인의 객관적 대상에 대한 지칭하는 행위와 연결하여, 이러한 개인적 의미생성 행위sense로부터 추상적인 의미meaning가 나타나는지를 보여 주려 한다. 7장에서 비고츠키는 추상적 의미는 개별적 뜻의 가장 안정적인 영역이라고 주장한다.

5-15[1]

5-15-1] 농아 어린이들의 경우, 특히 관심을 끄는 순수한 복합체적 사고의 예를 보여 준다. 이들에게는 의사개념 형성을 결정하는 근본적인 원인이 결여되어 있기 때문이다. 앞에서 본 바와 같이 의사개념은, 어린이가 다양한 대상들을 하나의 그룹 안에 통합함으로써 자신만의 복합체를 마음대로 구성하는 것이 아니라 어른의 말 중에서 이미 한정된 그룹이나 대상들과 연결된 단어를 찾기 때문에 형성된다. 때문에 어린이의 복합체가 객관적인 지시성에 있어 어른의 개념과 상응한다. 어린이와 어른은 '개'라는 말을 서로 이해한다. 이들은 이 단어를 하나의 동일한 대상과 연결시키며, 동일한 구체적 대상을 마음속에 떠올린다. 그러나 한편은 구체적 복합체인 '개'를 떠올리는 반면 다른 한편은 추상적 개념인 '개'를 떠올린다.

5-15-2] 농아들의 경우 어른들과의 음성적인 상호작용이 없기 때문에 이러한 요인은 그 영향력을 잃는다. 이 어린이들은 단일 대상을 지칭하는 상이한 복합체를 마음대로 형성할 수 있다. 그 결과 복합체적 사고의 특성이 특히 명확하게 드러나게 된다.

5-15-3] 따라서 농아의 언어에서 '치아'는 '희다', '돌' 그리고 '치아'의 세 가지의 다른 의미를 가질 수 있다. 특정 의미와의 객관적인 관련성을 명확히 정의하기 위해서는 지시적이고 비유적인 제스처의 결합이 요구된다. 단어의 이 두 기능들은 물리적으로 분리되어 있다. 농아들은 먼저 치아를 지시한다. 그런

다음 치아의 표면으로 주의를 이끌거나 팔의 움직임으로 던지는 행위를 표현해 보임으로써 그 단어가 어떤 종류의 대상에 연결되었는지를 표현한다.

5-15-4] 어른의 생각에서도 대단히 흥미로운 현상이 발견된다. 비록 어른의 생각은 개념의 형성을 획득했으며 일반적으로 그 기초 위에서 작동하지만 어른의 생각이 모두 이러한 작동에 기반하지는 않는다.

5-15-5] 꿈에서 발견되는 가장 원시적인 형태의 인간 사고를 생각해 보면, 복합체적 사고의 고대의 원시적 기제인 구체적 이미지들의 혼합적 출현, 압축, 그리고 이미지들의 교차 등을 관찰할 수 있다. 크레취머Kretschmer가 올바르게 지적했듯이 꿈에서 관찰되는 일반화에 대한 연구는 원시적 생각을 바르게 이해하는 열쇠이다. 이는 생각에서의 일반화는 생각의 가장 발달된 형태, 즉 개념으로 생각하기에서만 생겨난다는 편견을 없애 준다.[2]

5-15-6] 옌쉬Jaensch의 연구에서, 순수하게 구체적 사고의 영역에도 특정한 형태의 일반화 또는 이미지의 조합이 관찰되었는데 이는 개념 또는 시각적 개념에 상응하는 구체적인 유사물로 간주될 만하다. 옌쉬는 이를 유의미한 구성과 유동체라고 칭한다. 성인의 생각에서 우리는 개념적 생각으로부터 구체적이고, 복합체적이며, 전이적인 생각으로의 전이를 흔히 발견한다.

5-15-7] 의사개념은 어린이만의 독점적 성취는 아니다. 일상생활에서 우리의 생각은 흔히 의사개념으로 일어난다.

5-15-8] 변증법적 논리의 관점에서 보면 우리 실생활의 살아 있는 발화에서 발견되는 개념들은 진정한 의미에서의 개념이 아니다. 그들은 사실 사물의 일반적 표상들이다. 그러나 이러한 표상들이 복합체 또는 의사개념으로부터, 변증법적 의미에서, 개념으로의 이행적 단계라는 데에는 의심의 여지가 없다.

●

1) 이 절에서 비고츠키는 여러 면에서 불행한 사례로 넘어간다. 농아들의 언어이다. 비고
츠키는 농아 어린이들의 언어는, 최소한 어린이가 어른과 언어를 공유하지 않는 경우
에서 보이는 복합체적 생각의 순수한 사례라고 말하면서 시작한다. 이는 비고츠키가
돌보고 있던 많은 농아 어린이들의 경우에는 아마 사실이었을 것이다. 그러나 물론,
이는 개념적 내용을 온전히 표현할 수 있는 수화手話에 대해서는 일반적으로 사실이
아니다.

  I 어린이가 낱말을 사용할 때, 그들은 환경에서 발견되며 특정한 대상에 **묶여 있는**
낱말을 사용한다. 따라서 '개'라는 낱말을 사용하는 어린이는 사랑하는 애완견
중 하나만을 생각하고 있을 수 있으며 부모는 갯과科의 모든 일원을 생각할 수
있지만 방안으로 (집에서 키우는) '바둑이'가 들어오는 순간 두 낱말 모두는 정확
히 동일한 시각적 장면을 지칭하게 된다. [5-15-1]

  II 이 상황은 농아 어린이가 수화를 하지 못하는 부모 슬하에서 자랄 때에는 **일어
나지 않는다.** 따라서 우리는 농아 어린이의 언어에서 일종의 '자연적 실험'을 발
견하게 된다. 치아를 가리키는 수화는 ('희다', '돌 같다', '치아' 등의) 여러 가지 다른
의미를 가질 수 있다. 이는 물론 입말에서도 마찬가지이다('이'는 사람이나 동물의
이뿐 아니라 그릇의 모서리를 칭하기도 하고 칼이나 가위, 도끼 등의 날카로운 부분을 칭
하기도 한다). [5-15-2, 5-15-3]

  III 비고츠키는 어른이 개념적으로 생각할 수는 있지만 **대부분의** 어른의 생각은 사
실상 복합체적인 생각이라는 점을 지적한다. 생각에서의 일반화는 개념적 수준
에서도 나타날 수 있지만 이는 복합체에서 발견되는 것이 더 흔하다. 일상생활에
서 우리가 사용하는 개념은 진정한 과학적 개념이 전혀 아니며 사물의 일반적인
표상일 뿐이다. [5-15-4~5-15-8]

2) 3가지 서로 연결된 논점을 주목하자.

  A) 압축이나 이미지들의 교차와 같은 꿈에서 발견되는 생각방식은 원시인이나 어린
이에게만 일어나는 것이 아니라 어른의 생각에서도 흔하게 발견된다.

  B) 이러한 생각은 추상의 과정 없이 구체적 심상들을 혼합한다. 이 때문에 프로이트
는 꿈이 무의식에 유용하다고 생각한 것이다. 추상화는 의식적 과정이기 때문이
다. 복합체적 사고를 통해 성적 욕망의 구체적 대상들을 상징화라는 의식적 과
정을 통하지 않고 다른 구체적인 심상과 혼합할 수 있게 된다.

  C) 일반화는 따라서 추상화에만 국한되는 것이 아니다. 일반화는 꿈에서, 또한 (앞
에서 보았듯이) 어원의 의미 분화에서도 심상의 구체적 혼합을 토대로 일어난다.

5-16¹⁾

5-16-1] 위에서 우리가 기술한 어린이의 복합체적 생각은 어린이 개념 발달의 이야기에서 첫 번째 원천을 구성할 뿐이다. 그러나 어린이 개념의 발달은 또 다른 근원을 가진다. 이 두 번째 근원은 어린이 생각의 발달에서 세 번째의 주요한 단계를 구성하는데, 이는 두 번째 단계와 마찬가지로 일련의 국면이나 개별적 스텝들로 나뉜다. 이러한 뜻에서 우리가 위에서 검토한 의사개념은 복합체적 생각과 어린이 개념 발달에서의 두 번째 근원 사이의 전이적 단계를 구성한다.²⁾

5-16-2] 우리는 어린이의 개념 발달의 경로에 대한 우리의 설명이 실험적 분석이라는 인위적 조건에서 보여졌다는 사실을 염두에 두어야 함을 이미 밝힌 바 있다. 이러한 인위적 조건은 개념 발달 과정의 논리적 연속성을 나타낸다. 따라서 그것은, 필연적으로 개념 발달의 진정한 경로와 달라진다. 이러한 이유로 어린이의 실제 개념 발달의 과정에서 각 단계 내에서의 다양한 단계와 개별 국면들의 순서는 우리의 그에 대한 서술과 일치하지 않는다.

5-16-3] 우리는 우리의 흥미를 끄는 문제의 분석에 있어 언제나 발생적 경로를 따르고자 노력했지만 우리는 또한, 각각의 발생적 계기들을 가장 성숙하고 고전적인 형태로 나타내고자 노력했으며 이로 인해 우리는 어린이 개념의 발달이 반드시 따라야 하는 복잡하고 꼬불꼬불하며 지그재그의 경로로부터 필연적으로 벗어나게 되었다.

5-16-4] 이 시점에서, 어린이 생각 발달의 세 번째이자 마지막 단계의 기술을 시작하기 전에 우리는 실제로, 복합체적 생각이 그 발달의 전체 주기를 완성한 후에 세 번째 단계의 첫 번째 국면이 즉각적으로 시작되는 것은 아니라는 점을 지적해야 한다. 반대로 더 고차적 형태의 복합체적 생각, 즉 의사개념은 일상적 언어에 기초를 둔 일상적 생각에 존속하는 이행적 형태라는 것을 보았다.

5-16-5] 우리가 이제 기술하려는 형태들의 기초적 기원은 의사개념의 형성보다 훨씬 선행한다. 하지만 그들의 논리적 본질의 관점에서 볼 때 그들은, 위에서 말한 바와 같이, 두 번째의 그리고 말하자면 개념 발달의 역사에 있어 두 번째의 독립적인 근원을 나타내며, 우리가 이제 보게 될 바와 같이, 그들은 완전히 다른 발생적 기능을, 즉 어린이 개념 발달 과정에서 상이한 역할을 수행한다.

5-16-6] 우리가 위에서 기술한 바와 같이, 복합체적 생각 과정의 가장 특징적인 자질은 이러한 생각 유형의 기저를 구성하는 연결과 관계를 형성하는 계기이다. 이 단계에서 어린이의 생각은 지각된 개별의 대상들을 복합체로 모으고 그들을 특정한 그룹들로 다시 모음으로써 분산된 인상들의 재통합을 위한 기초적인 토대를 형성하여, 경험의 분산적인 요소를 일반화하는 길로의 첫 번째 걸음을 내딛는다.

5-16-7] 그러나 개념은 그 자연스러운 형태에서 경험의 개별적·구체적 요소들의 재통합과 일반화만을 전제로 하지 않고 또한, 각 요소들의 추출, 추상, 분리와 이 요소들을 제공하는 구체적이고 사실적인 연합의 틀 밖에서 이러한 추출, 추상된 요소들을 바라볼 수 있는 능력도 전제로 한다.[3]

5-16-8] 이러한 측면에서 복합체적 사고는 무능하다. 그것은 연관의 과잉과 과잉 생산에 완전히 물들어 있으며 추상에 있어서는 매우 부족하다. 복합체적 사고를 통해 특징을 추출하는 과정은 매우 허약하다. 종합하면, 우리가 이미 말한 바와 같이, 개념은 그 진정한 형태에서 종합의 과정에 의지하는 만

큼 동등하게 분석의 과정에 의지한다. 흩어놓기와 한데 모으기는 개념 건설을 위해 필요한 내적 계기를 동일한 정도로 구성한다. 괴테의 유명한 표현에 따르면, 분석과 종합은 들숨과 날숨 같이 서로를 전제로 한다. 이는 사고 전체에 대해서 뿐 아니라 각각의 개념의 구성에 대해서도 동일하게 들어맞는다.

5-16-9] 우리가 어린이 발달의 진정한 경로를 관찰한다면, 우리는 독립된 형태의, 복합체를 형성하는 기능의 발달 노선을 볼 수도 없고, 개별 단위로 분해하는 기능의 구분된 발달 노선도 발견할 수 없을 것이다.

5-16-10] 사실 그들은 융합된 형태로 합쳐져 있으며 우리가 그들을 두 개의 개별적 노선으로 나타내는 것은 오직, 각각을 가능한 가장 정확히 연구하고자 하는 목적에서 과학적 분석을 하기 위함이다. 그럼에도 이 두 노선에 대한 이와 같은 분리는 다른 어떤 절차로 임의로 대체될 수 있는 우리 분석의 관습적인 절차가 아니다. 반대로 그것은 사물들의 본질에 심오한 뿌리를 가지고 있다. 각각의 심리적 본질이 상이하기 때문이다.

5-16-11] 이와 같이 우리는 어린이 생각 발달의 세 번째 단계가 가지는 발생적 기능은 분해, 분석, 추상임을 보았다. 이러한 측면에서 이 세 번째 단계의 첫 번째 국면은 의사개념의 그것과 엄청나게 유사하다. 이것은 요소들 사이의 최대한의 유사성이라는 토대 위에 다양한 대상들을 재통합한다. 이러한 유사성은 결코 완벽할 수 없으므로 우리는 심리학적 관점에서 대단히 흥미로운 상황에 마주치게 된다. 어린이는 주어진 대상의 다양한 속성을 균등한 조건에 두고 주의를 기울이지 않는다.

5-16-12] 그 전체로서, 기준 물체와 최대한의 유사성을 가진다고 해석되는 특징들은 어린이의 주의의 초점을 끌게 되고 그 결과 어린이 관심의 주변부에 남아 있는 다른 속성들로부터 분리와 추상의 과정을 겪는다. 우리는 여기서, 어린이는 변별적인 특징들을 명확히 구분함으로써가 아니라 공통성이라는 모호한 인상을 바탕으로 대상을 무리 짓기 때문에 보통은 알아채기 힘든, 이 추상의 과정이 출현하는 것을 처음으로 다소 명확히 관찰할 수 있다.

5-16-13] 그럼에도 어린이의 전체적인 지각에 간극이 생기고 벌어진다. 변별적 속성들은 이제 두 개의 평등하지 않은 부분으로 나뉘고 퀼프Külpe 학파가 긍정적, 부정적 추상이라고 이름 붙인 두 개의 과정들이 확인된다. 구체적 대상은 이제 그 모든 특징과 모든 사실적 통합성을 유지하면서 일반화의 형태로 복합체에 편입되지 못하며, 복합체에 들어가면서 그것은 그 요소들의 일부를 복합체의 문턱 밖에 버리고 빈곤해진다. 그러나 다른 한편으로는 대상이 복합체에 포함되는 토대로 기여한 속성들은 어린이 생각에서 특히 두드러지게 나타나게 된다. 최대한의 유사성이라는 토대 위에 어린이가 생성한 이 일반화는 의사개념에 비해 더욱 빈곤한 동시에 또한 더욱 풍요로운 과정으로 간주될 수 있다.

5-16-14] 그것이 의사개념보다 풍요로운 것은 공통된 지각적 특징의 그룹에서 중요하고 본질적인 것을 분리함으로써 구성되었기 때문이다. 그것이 의사개념보다 빈곤한 것은 이 구성이 기반을 두는 연결들이 대단히 모호한 공통적 인상 또는 최대한의 유사성에 제한되기 때문이다.

●

1) 이어지는 두 절에서 비고츠키는 복합체에서 고도로 발달한 정신적 기능, 즉 일반화는 개념의 두 근원 중 하나일 뿐이라고 말한다. 두 번째 근원인 **추상화**는 잠재적 개념의 형성에서 층리화層理化, 분석, 선택을 통해 발달된다(17절을 볼 것).

   I   비고츠키는 이 과정을 개념의 "두 번째" 근원이라고 부른다. 왜냐하면, [5-16-1~5-16-3]

      A) 이것은 논리적으로 (기능적으로) 일반화와는 **독립적이다**. 이것은 상이한 목적과 상이한 결과를 갖는다.

      B) 이것은 **이차적이다**. 실제의 특징들을 연합하고 종합하여 한 대상이나 대상의 더미로 만드는 것이, 그들을 분별하고 분석하여 관념적 특징을 추출하는 것보다 논리적으로 앞서기 때문이다.

   II 비고츠키는 이 두 번째 근원이 (혼합적 더미와 복합체를 잇는) 개념 발달의 '세 번째 주요 단계'를 **형성한다**고 말한다. 더미와 복합체와 같이 이것은 여러 국면으로 나뉠 수 있다. 6장에서 비고츠키는 여러 가지 이름(일상적 개념-과학적 개념, 또는 자연발생적 개념-비자연발생적 개념)을 붙이지만 여기서는 여러 국면에 대해 정확한 이름을 붙이는 것은 피한다. [5-16-4]

   III 복합체는 개별 대상으로부터 모둠으로의 일반화에 의지한다. 그러나 이것은 추상적 특징들을 무시하고 구체적 특징들을 짝지어 전체 모둠을 단지 그 부분의 합으로 만듦으로써 이루어진다. 층리화, 분석, 추상화하려는 어린이의 노력은 복합체적이라고 불릴 수 없다 그들은 복합체와 같이 특정한 구체적 특징들의 과잉에 의존하지 않기 때문이다. 반대로 층리화는 특정한 구체적 특징들을 **무시하는** 것을 포함하며, 분석은 여러 특징 중 어떤 특징을 선택하는 것을 포함하며, 추상은 그들을 관념화하는 것을 포함한다. 복합체적 생각은 여기에서 전혀 힘을 쓰지 못한다. [5-16-5, 5-16-6]

   IV 실제 개념 형성에서 두 발달의 노선은 말할 수 없이 뒤섞여 있다. 이는 어린이가 두 가지 모두를 동시에 발달시키기 때문일 뿐 아니라 분석과 종합은 들숨과 날숨이 서로를 전제로 하는 것과 같이 각각을 **전제**로 하기 때문이다. 이들이 개별적으로 제시된 것은 논리적으로 이들이 분리가능하기 때문이다. 들숨과 날숨 같이 이들은 생각의 숨쉬기, 삶에서 매우 상이한 기능을 한다. [5-16-7, 5-16-8]

   V 말로 하는 생각 이전의 생각과 논리적인 사회적 의사소통 이전의 의사소통의 병합이 유의미한 낱말을 생성했듯이, 일반화와 추상화의 **병합**은 진개념을 형성한다. 따라서 개념 형성의 첫 국면이 의사개념과 시기적으로 대단히 가깝게 일어나

는 것은 놀라운 일이 아니다. [5-16-10]

VI 의사개념은 어른의 입으로부터 전해진 낱말을 사용하여 형성되지만, 그들은 (예를 들어, 과일 샐러드 속이나 집안의 모든 과일로 이루어질 수 있는 '열매') 상이한 **구체적 대상들**의 통합을 토대로 형성된다. [5-16-11]

VII 이제 이들은 구체적 대상들이기 때문에 그 유사성은 '최대한'일 수 있지만 결코 전적으로 같을 수는 없다. 어른이 낱말을 사용하여 대상들을 모둠으로 묶을 때, 이 대상들이 유사하지 않다는 것을 알아챈 어린이는 꼼수를 배우게 된다. 유사성을 **강조**하고 차이점을 **억제**하는 것이다. 예를 들어, 한국 어린이들은 열매 속에 '씨가 있는' 성질을 확대하고 그 달콤함은 축소하는 것을 배우는 반면, 영어를 사용하는 어린이들은 'fruit'에서 달콤함을 확대하고 '씨가 있는' 성질은 축소하는 것을 배운다. '水果(과일)'라는 낱말에서 중국 어린이들은 과즙의 풍부함을 강조하고 '씨가 있는' 성질과 달콤함 모두를 축소하는 것을 배운다. 영어를 사용하는 어린이들에게 토마토는 과일이 아니고 중국 어린이들은 바나나가 과일이라는 것을 자연스럽게 받아들이지 못한다. [5-16-12]

VIII 처음으로 특징들의 **위계**가 나타난다. 어떤 특징들은 다른 것들에 비해 더욱 중요한 것으로 생각되는 것이다. 어린이는 더 이상 모든 대상들을 그 특징이 고스란히 보존된 채로 그룹 속에 포함시키지 않는다. 일부는 무시되어야 한다. 수박은 과일이지만 호박은 그렇지 않다. 어린이는 (크기, 씨를 먹을 수 있는 성질과 같은) 외적 유사성을 무시하고 (달콤함과 과즙의 정도와 같은) 내적 차이점에 주의를 기울일 줄 알아야 한다. [5-16-13]

IX 그 결과는 어떤 특징(즉, 핵심 특징)에서는 **풍부**하고 다른 특징들(한 곁으로 미루어 두어야 하는 구체적인 세부 특징들)에서는 **궁핍한**, 추상적 일반화이다. 이러한 초기의 추상적 일반화에게 이는 그들이 사실상 궁핍하다는 것을 의미한다. '핵심적' 특징들은 유사성에 대한 애매한 느낌일 뿐이기 때문이다. 어떠한 구체적 지시물도 없이 어린이들은 그들을 종이에 그리거나 마음에 떠올린다. 블로일러의 말을 다시 한다면, 어떠한 어린이도 진짜 사과보다 추상적인 '과일'을 더 좋아하지 않는다. [5-16-14]

2) 어린이 개념 발달의 두 근원은, 물론 복합체의 바탕을 구성하는 일반화generalization와 개념적 생각의 바탕을 구성하는 추상화abstraction를 일컫는다. 일반화로부터 추상화로의 전이는 의사개념을 통해 나타난다. 앞에서 본 바와 같이 의사개념은 분산 복합체의 풍부한 일반화를 제한, 환원함을 통해 구성된다.

3) 영어에서는 복수형을 통해 개념을 나타낸다. 이는 일반화의 방식을 보여 준다. 또한 상이한 성격의 대상들을 한 그룹에 묶어 넣는 것도 일반화의 한 방식이다. 그러나 개념의 형성을 위해서는 단순히 대상을 선택하는 것이 아니라 대상들 중의 특성

들을 선택할 수도 있어야 한다. (대상들 간의 유사성을 나타내는) 일부 특성은 강조하고 (차이를 나타내는) 일부 특성은 무시할 수 있는 추상화의 능력에 대해 설명이 이어진다.

5-17¹⁾

5-17-1] 개념 발달의 두 번째 국면은 우리가 잠재적 개념의 단계라고 부를 수 있는 것이다. 실험적 조건하에서 발달의 이 국면에 있는 어린이는 대체로, 자신이 단일한 공통적 속성에 따라 일반화한 대상의 그룹을 선택한다.

5-17-2] 다시 한 번, 우리는 얼핏 보기에는 의사개념을 상기시키며 그 외적 표현으로 판단할 때에는 진정한 의미에서 진개념으로 받아들여질 수 있는 그림을 마주치게 된다. 어른의 개념적 생각에서도 동일한 산물이 얻어질 수 있었을 것이다. 이 현혹적인 외양과 진개념의 표면적 유사성은 잠재적 개념과 의사개념이 관련 있다는 것을 보여 준다. 그러나 그들은 특성상 본질적으로 다르다.

5-17-3] 진개념과 잠재적 개념 사이의 구분은 개념 분석의 출발점으로 이 구분을 삼은 그로스K.Groos에 의해 심리학에 도입되었다. 그로스는 말한다. "잠재적 개념은, 우리가 그 가장 넓은 의미로 받아들인다면, 현실로 나타나기 위해서 습관적 행동 외에는 아무것도 필요로 하지 않는다. 가장 기초적인 형태에서 그것은, 따라서 기대하는 자세eigestellt 또는, 잘해야 이전에 우리가 경험했던 것과 유사한 상황에서 **유사한 인상**을 수용하는 자세로 구성될 뿐이다. 잠재적 개념이 단순히 기대나 습관적인 무언가를 향한 특정한 자세einstellung로 이루어져 있다면 그것은 어린이에게서 대단히 조기에 나타난다." 우리는 이것이 비교와 지적인 평가를 위해 필요한 예비적 조건이지만 **그 자체로서 무언**

가 지적인 것은 그 안에 전혀 포함하고 있지 않다고 믿는다.[2]

5-17-4] 이러한 측면에서 동시대의 심리학자들은 우리가 위에서 기술한 형태의 잠재적 개념은 동물 사고의 자질이라는 데 동의한다. 이러한 의미에서 크로H. Kroh가, 추상은 전이적 시기[3]에 처음으로 관찰된다는 의견에 반대한 것은 대단히 옳다. 그는 말한다. "추출적인 추상은 이미 동물에게도 존재한다."

5-17-5] 그리고 사실, 형태와 색깔의 추상 과정을 연구하기 위해 닭으로 한 특별한 실험은 잠재적 개념 자체는 아닐지라도, 개별적 속성의 추출, 분리를 포함하는, 그와 대단히 비슷한 것이 동물의 행동 발달의 아주 이른 단계에서 일어난다는 것이 드러났다.[4]

5-17-6] 이러한 관점에서 잠재적 개념을 습관적인 방식으로 반응하는 경향성으로 간주하고 이를 어린이 생각이 발달했다는 어떠한 신호로도 보기를 거부하며, 발생적 관점에서 그것을 전前 주지적 단계들 중 하나로 분류한 그로스는 대단히 옳다. 그로스는 말한다. "아직 진정하게 주지적인 특성을 가지고 있다고 말할 만한 것이 전혀 없다." 이 잠재적 개념들의 활동은 어떠한 논리적 과정에 기대지 않더라도 얼마든지 볼 수 있다. 이 경우 "낱말과 우리가 그 의미라고 부르는 것 사이의 관계는, 흔히 실제로 그 낱말의 의미를 포함하지 않는 단순한 연합이 될 수 있다."[5]

5-17-7] 우리가 어린이의 첫 번째 말을 조사하면 우리는 그 의미에 있어서 그들이 잠재적 개념과 사실상 대단히 가깝다는 것을 보게 된다. 이 개념들은 우선, 주어진 대상의 그룹과의 실제적 관계로 인해, 그리고 둘째로는 그들의 근본적인 특징을 구성하는, 추출하는 추상의 과정으로 인해 잠재적이다. 그들은 잠재성을 아직 실현하지 못한 잠재적 개념이다. 그것은 개념이 아니지만 개념이 될 수 있는 무엇인가이다.

5-17-8] 이러한 의미에서 뷸러는 어린이가 새로운 대상을 보았을 때 자신의 습관적인 낱말 중 하나를 사용하는 것과, 침팬지가 막대기가 유용한 상황에서는 여러 가지 물건이 막대기를 닮았다고 인지하지만 다른 상황에서는 전혀

막대기를 떠올리지 않는 것 사이의 대단히 타당한 유사성을 지적한다. 침팬지의 도구 사용에 대한 쾰러의 실험들에서, 그는 침팬지들이 막대기와 유사하거나 막대기의 기능을 할 수 있는 모든 범위의 대상으로 도구의 기능과 의미를 확장시켜, 광범위한 물건들을 막대기로 사용할 수 있음을 보여 주었다.

5-17-9] 우리의 개념과의 표면적인 유사성은 놀랍다. 그러한 현상은, 사실상 잠재적 개념이라는 명칭을 얻을 만하다. 쾰러는 침팬지에 대한 자신의 관찰을 다음과 같이 정리한다. "이런 식으로 막대기는 시각적인 장에서, 이 특정한 상황에서 어떤 **기능적 가치**를 획득하였으며 이 가치는 이 막대기와 형태와 일관성에 있어 공통적인 어떤 일반적인 자질을 가지는 다른 모든 대상들(이 대상들의 다른 자질들이 무엇이 되었든 간에)에 병합된다. 이것이 관찰된 동물의 행동과 정확히 일치하는 유일한 표현이다."[6]

5-17-10] 이러한 실험들은 침팬지가 밀짚모자의 챙, 신발, 철사 줄, 지푸라기, 손수건, 즉 긴 원통형의 형태를 띠고 그 외형상 막대를 대신할 만한 온갖 다양한 물체들을 막대기로 사용할 수 있다는 것을 보여 주었다. 따라서 우리는 어느 정도까지는 여기서도 일련의 모든 구체적 대상으로부터 일반화의 과정이 나타나는 것을 볼 수 있다.

5-17-11] 그러나 이것과 그로스의 잠재적 개념의 차이는 후자의 경우 유사한 인상에 대해 이야기 하는 반면, 여기서는 유사한 기능적 의미에 대해 말하고 있다는 데 있다. 그로스의 경우는 잠재적 개념이 시각적 생각의 영역에서 상술되는 반면 여기서는 실제적인 기능적 생각의 영역에서 상술된다. 앞에서 지적된 바와 같이, 베르너의 표현에 따르면, 운동적 개념 또는 역동적 개념과, 쾰러의 표현에 따르면, 그 기능적 가치들은 학령기 훨씬 이전부터 어린이의 생각에 존재한다. 개념에 대한 어린이의 정의는 이러한 종류의 기능적인 특징을 포함한다는 것이 알려져 있다. 어린이에게 있어 대상이나 개념을 정의한다는 것은, 그 대상이 하는 것이나, 더 흔히는 이 대상을 이용하여 할 수 있는 것에 이름을 붙이는 것과 같다.

5-17-12] 추상적 개념의 정의에 대해 말하게 되면 전면으로 나오게 되는 것은 일상적으로 행동을 수반하는 구체적 상황이다. 이는 어린이의 낱말 뜻과 등가물이다. 생각과 말에 대한 메서의 연구에서 이러한 측면에서 인용되는, 초등학교 1학년 학생의, 추상적 개념에 대한 다음과 같은 전형적인 정의를 볼 수 있다. "이유(즉, 추론)는" 어린이는 말한다, "내가 아주 더울 때에는 물을 마시지 않는 거예요."[7]

5-17-13] 복합체적 생각의 단계에서 이미 이러한 유형의 잠재적 개념은 엄청나게 중요한 역할을 하며 복합체 형성 도중에 흔히 그에 합쳐진다는 것이 언급되어야 한다. 따라서, 예를 들면 우리가 이미 위에서 보인 것과 같이 복합체의 건설은 다양한 요소들에 공통적인 어떤 속성을 추출하는 것을 전제로 한다.

5-17-14] 이 속성이 대단히 불안정하고 쉽게 다른 속성에게 자리를 내어주며, 남아 있는 다른 모든 속성과 비교할 때 전혀 우월한 특징을 가지고 있는 것으로 간주될 수 없다는 사실은 순수한 복합체적 생각의 특징이다. 이는 잠재적 개념의 특징은 아니다. 여기서 대상을 어떤 공통된 그룹에 포함시키는 토대 역할을 하는 주어진 속성은, 그것이 실제적으로 연결된 속성의 구체적인 그룹으로부터 추상된 우월한 속성이라고 볼 수 있다.

5-17-15] 우리 낱말의 발달의 역사에 있어서 잠재적 개념은 대단히 중요한, 유사한 역할을 한다는 것을 기억하도록 하자. 우리는 위에서 우리의 눈에 띄는 하나의 속성의 분리를 토대로 각각의 새로운 낱말들이 생겨나는 사례와, 이 속성들이 동일한 낱말에 의해 명명되고 지시되는 다수의 사물에 대한 일반화의 구성을 위한 토대로 이용되는 많은 사례들을 제시하였다. 그러한 잠재적 개념들 중 일부는 진개념으로 나아가지 않은 채 발달의 이 단계에 남아 있다.

5-17-16] 그러나 어떤 경우에든 그들은 어린이 개념 발달의 과정에서 엄청나게 중요한 역할을 한다. 이 역할의 중요성은, 여기서 처음으로, 상이한 속성

들을 추상함에 의해 어린이가 물리적 상황과 속성들의 구체적 연합을 초월하고 그렇게 함으로써 새로운 원칙을 적용시켜 이러한 속성들을 새롭게 조합하는 데 필요한 사전조건을 만든다는 사실에서 나타날 수 있다.

5-17-17] 복합체적 생각의 발달과 더불어 오직 추상의 과정을 숙달함으로써 어린이는 자신이 진개념을 형성할 수 있는 단계에 도달할 수 있다. 그리고 어린이 생각의 발달에 있어 네 번째[8]이자 마지막 국면을 구성하는 것이 바로 진정한 개념을 형성하는 이 능력이다.

5-17-18] 일련의 추상된 특징들이 새롭게 종합되고 이렇게 얻어진 추상적 종합이 생각의 기본적 행태가 되어 어린이가 자신을 둘러싸고 있는 현실을 이해하고 해석하는 데 이것을 적용할 때 개념이 나타난다. 이에 의해, 우리가 이미 말했듯이, 실험은 개념 형성에 있어서 결정적인 역할이 낱말에 주어지게 됨을 보여 준다. 어린이가 자신의 주의를 특정한 특징들에 기울이는 것은 낱말의 매개를 통해서이며, 어린이가 그들을 종합하는 것은 낱말을 통해서이며, 어린이가 추상적 개념을 상징화하고 그것을 인간이 만들어 낸 모든 신호 중 가장 뛰어난 신호로 활용하는 것은 낱말을 통해서이다.

5-17-19] 낱말은, 사실, 복합체적 생각에서도 대단히 명백한 역할을 한다. 복합체적 생각은, 우리가 위에서 기술하였듯이, 가족의 성과 같은 역할을 하며, 유사성의 인상에 따라 대상의 그룹을 재통합하는 낱말 없이는 나아갈 수 없다. 이러한 의미에서 다른 저자들과는 달리, 우리는 복합체적 생각을 말로 하는 생각의 발달의 확고한 단계로 구분하며, 이를 동물의 표상을 특징짓는 비언어적인 구체적 생각의 발달과 대조시킨다. 이러한 동물의 생각에서는, 베르너가 말한 바와 같이, 복합체적 생각이 상이한 인상들을 단순히 혼합함으로써 형성된다.[9]

5-17-20] 이러한 의미에서 이 저자들은 한편으로는 (우리의) 꿈에 나타나는 응축과 (다른 한편으로는-K) 전이의 과정, 즉 언어적 생각의 우월한 형태 중 하나이며 인간 지성의 오랜 기간 동안의 진화의 산물이고 개념적 사고에 있어 필수

적인 전조인, 원시인의 복합체적 생각 사이에 등호를 놓는 경향이 있다. 폴켈트Volkelt와 같은 권위자들은 심지어 더 나아가, 거미의 정서적 복합체적 생각을 어린이의 원시적인 언어적 생각과 동일시하기까지 한다.[10]

우리의 관점에서는 생각의 자연스러운 형태, 생물학적 진화의 산물과 역사적으로 나타나는 인간 지성의 형태를 구분하는 원칙적인 차이가 있다. 그러나, 낱말이 복합체적 생각에서 결정적인 역할을 한다는 것을 알았다고 해서 우리가 개념적 생각에서 낱말이 하는 역할과 복합체적 생각에서 낱말이 하는 역할을 동일시하게 되는 것은 결코 아니다.

5-17-21] 반대로, 우리가 발견한 복합체와 개념의 차이는 무엇보다도 이 일반화가 한 경우에는 낱말의 기능적 사용의 결과이며 다른 경우에는 완전히 다른 사용의 결과라는 사실에 있다. 낱말은 기호이다. 우리는 이 기호를 다양한 방식으로, 다양한 양식으로 사용할 수 있을 것이다. 그것은 지적 작용에 다양하게 기여할 수 있을 것이며, 복합체와 개념 사이의 근본적인 차이를 만들어 내는 것은 바로 이 다양한 지적 작용들이다.

●

1) 이 절에서 비고츠키는 개념 발달의 논리적 다음 국면인 **잠재적 개념**의 형성을 논의한다. 그러나 '잠재적 개념'의 '국면'은 복합체의 여러 국면 중 사슬복합체가 차지하는 의미에서와 같이 특정한 국면이 명백히 아니다. 잠재적 개념은 말 이전에 나타나며 심지어 동물들에서도 나타나기 때문이다.

 I 비고츠키는, '잠재적 개념'의 국면에 있는 블록 실험 대상 어린이들은 한편으로는 의사개념적 일반화를 하는 어린이들과 매우 유사하게 행동했으며 다른 한편으로는 진개념을 자유롭게 사용하는 어린이들과 매우 유사하게 행동했다고 말한다. 따라서 실험적 상황에서는, 어찌 되었든, 잠재적 개념과 의사개념은 서로 **연관되어 있다.** [5-17-1~5-17-2]

 II 그런데도 비고츠키는 그들이 **본질적으로** 다르다고 말한다. 우선 잠재적 개념은 더욱 오래된 것이다. 비고츠키는 유사성을 파악할 수 있는 능력은 어린이들이 영아기의 일상적 반복을 통해 발달시키는 것이라는 점에 대해 그로스와 동의한다. 그것은, 따라서 전前 지적인 현상이고 닭들의 '생각'에서도 발견될 수 있다. [5-17-3~5-17-6]

 III 비고츠키는 순전히 기능적인 분석이 얼마나 연구자를 **오도**誤導할 수 있는지 지적한다. 유인원이 우리의 철창에 있는 과일을 밀거나 당기기 위해 모자챙이나 철사 또는 타월을 '막대'로 사용하는 경우, 유인원이 도구로 사용될 수 있는 재료와 그렇지 않은 재료들을 분별하고 있으므로 '추상화'를 사용하고 있다고 말할 수 있다. 그러나 이는 그로스가 말하는 것과 매우 다른 것이다. 그로스는 '옷 입기', '아침 먹기', '외출하기', '집에 오기' 그리고 '자러 가기' 등과 같은 도식을 형성하기 위해 차이를 추출해 버리고 남은, 어린이 삶에서의 정서적 경험의 유사성에 대해 말하고 있는 것이다. [5-17-7~5-17-10]

 IV 그러나 기능적 개념과 '경험적' 잠재적 개념 사이의 이러한 차이는 과장되어서는 안 된다. 비고츠키는 우리가 어린이들에게 그들의 잠재적 개념을 정의하라고 요구하면 그들은 **기능적인** 정의를 제시한다고 지적한다. 이유(즉, 추론)는 내가 아주 더울 때에는 물을 마시지 않는 거예요. [5-17-11, 5-17-12]

 V 물론, 복합체 역시 일부 특징을 선택하는 과정을 포함한다. 예를 들어 연합적 복합체를 형성할 때 어린이는 기준 물체를 닮은 특징을 선택할 것이며, 수집체 복합체를 형성할 때 어린이는 다른 특징보다 기능적 적용에 초점을 두고(그리고 또한 더욱 추상적으로는 유사성보다는 차별성에 초점을 두고) 선택할 것이며, 사슬복합체를 형성할 때 어린이는 사슬에서의 마지막 고리와 유사한 것을 선택할 것이고

분산복합체를 형성할 때 무한한 변이의 가능성이 있지만 여전히 분산복합체의 기원에는 핵심적 특징의 집합이 존재한다. 그러나 이 모든 특징들은 구체적인 물리적 특성들이고 이들 중 특정한 특성의 **관념화**를 필요로 하는 것은 없다. 따라서 선택이 존재하기는 하지만 특성이 가지는 영속적인 우월성은 없는 것이다. 이는 잠재적 개념에 비해 복합체가 가지는 가변성을 설명해 준다. [5-17-13~5-17-14]

VI 비고츠키는 사회발생적으로(생선을 물고기라고 부르고 소를 뿔 달린 것 корова(소)으로 부르며 과일을 水果라고 부르는 것과 같이), 한 언어에서 얼마나 많은 낱말들이 현상의 특정한 측면을 우위에 둠으로써 시작하는지 우리에게 상기시킨다. 그는 그러한 낱말들이 진개념으로 진전하지는 못하지만(아마도 이 때문에 어린이들이 학교에서 과학적 개념을 학습할 때에는 고유어가 외국어/한자어 낱말로 된 용어로 대체될 것이다) 그들은 어린이의 생각에서 여전히 **중요한** 역할을 한다.

VII 이러한 낱말들의 경우, 어린이는 어떻게 한 특성이 선택되어 다른 특성들에 대해 (물고기는 물속에 사는 고기이며 소는 뿔을 가지고 있고 과일은 즙이 많다는 등의) 영속적인 우세성을 가지는지 알게 된다. 특성을 선택하고 이를 다른 특성들에 비해 **영속적으로** 우위에 두는 능력을 숙달함으로써 어린이는 우리가 개념이라고 부르는 관념적 범주를 형성할 수 있게 된다. [5-17-15~5-17-16]

VIII 이상하게도 비고츠키는 이와 같이 어떤 특성을 다른 특성에 영속적으로 우위에 두는 능력을 생각 발달에 있어서 네 번째이자 마지막 국면이라고 부른다. 아마도 그는 개념 발달이 인지의 개체발생에 있어서 네 번째이자 마지막 국면이라는 것을 의미한 것으로 보인다. 그러나 앞에서(그리고 뒤에도) 그는, 테스트의 결과는 어린이의 생각을 네 국면이 아닌 오직 세 국면으로 나눈다고 말한다. 아마도 그는 혼합주의, 복합체 그리고 전 개념에 뒤이은 개념을 말한 것일 수도 있다. [5-17-16]

IX 17절 나머지 부분에서 비고츠키는 **낱말**이 생각에서 수행하는 다양한 역할을 구분하지 않은 심리학자들을 타겟으로 삼는다. 말 없이 순수하게 시각적으로 하는 생각과 낱말을 통해 (이 낱말들이 복합체를 나타내더라도) 하는 생각은 전혀 다른 것이다. 심지어는 소위 원시적 사고라고 불리는 것조차 인간 지성이 오랫동안 역사적으로 진화해온 산물이며 개념적 생각의 명확한 선행주자를 나타낸다. 비고츠키는 이를 거미가 생각하는 방식과 동일시한 (폴켈트와 같은) 저자들에게 동의하지 않는다. [5-17-17~5-17-19]

X 그러나 (낱말에 의해 매개되느냐 그렇지 않느냐에 따라) 한편으로는 복합체적 생각과 다른 한편으로는 전-복합체적 생각 또는 동물의 생각 사이에 명확한 경계선을 그렸다고 해서 우리가 이와 똑같이 명백한 경계선을 복합체적 생각과 개념적 생

각 사이에 그을 수 없는 것은 아니다. 물론 이 둘 모두 낱말에 의해 매개되는 것은 사실이다. 그러나 낱말은 상이한 기능들을 가진다. 현상이 전체로서 하나의 부류에 배정되는 명명적 기능과, 어떤 핵심적 특징이 추출되고 현상의 전체 부류로 일반화되는 **상징적** 기능은 서로 간에 대단히 다르다. [5-17-20, 5-17-21]

2) pp. 196-7 Groos, K. 1921: 『Das Seelenleben des kindes』 (5thend). Berlin: Verlag von Reuther & Reichard.

3) 청소년기를 의미한다.

4) 우리는 5장이 아직 행동주의를 완전히 떠나지 않은 비고츠키의 목소리를 담고 있음을 엿볼 수 있다(5장은 1931년이나 1932년에 쓰인 것으로 알려져 있다). 특히 여기서 비고츠키는 동물의 행동과 인간의 생각 발달 사이에 연속적인 발달의 노선이 있다고 주장하는 것으로 보인다. 우리는 5장 마지막에서 비고츠키가 이러한 관점을 부정하고 행동주의와 결별을 고하는 모습을 보게 된다. 복합체와 개념의 차이는 양적이고 점진적이며 누적적인 것이 아니라 질적이고 급격하며 위기를 포함하는 것이다.

5) 그로스의 논점을 정확히 전달하고 있는 부분이기는 하지만 직접적인 인용으로 보기는 어렵다. p. 202 Groos(1921) 참조.

6) Köhler, W. 1929: 『Abriss der geistigen Entwicklung des Kindes』. Leipzig: Quelle und Meyer. P 57.

7) Messer, A. 1900: 『Kritische Untersuchbungen über Denken, Sprechen und Sprachunterricht』. Berlin: Reuther & Reichard에서 인용한 그로스 저서(1921)의 204쪽을 참조한 것이다. 여기서는 더울 때 찬 물을 마시면 좋지 않다는 상식을 의미한다. 여러 더운 지역에서는 찬 물 대신 따뜻한 차를 마시는 풍습을 가지고 있다. 이것의 구체적이고 기능적인 의미는 잠재적 개념의 고유한 심리학적 토대를 생성한다.

8) 개념 발달 단계의 두 번째 국면이 잠재적 개념(전 개념)으로 제시되었지만, 세 번째 국면은 제시된 바 없다. 왜 네 번째 국면이라고 기술하였는지는 알 수 없다.

9) 문화적 발달의 노선이 자연적(생물학적) 발달의 노선과는 구분된, 독립적인 것으로 보는 것을 시사한다.

10) Volkelt, H. 1912: 「Über die Vorstellungen der Tiere. Ein Beitrag zur Entwicklungspsychologie」. Doctoral dissertation, Leipzig.

5-18 [1]

5-18-1] 우리의 연구에서 가장 중요한 발생론적 결론은 오직 과도적 시기에만 어린이는 지적 발달의 세 번째 단계, 즉 개념적으로 생각하는 경지에 도달한다는 것이다.

5-18-2] 청소년의 생각을 대상으로 한 실험은 청소년의 지성 성장과 함께 원시적 형태의 혼합적이고 복합체적 생각이 점차 후퇴하고 잠재적 개념들 또한 그들의 생각에서 점차 드물어지는 반면 이들이 진정한 개념을 점차 많이 사용하기 시작한다는 것이 명확히 밝혀졌다.

5-18-3] 그러나, 우리는 이와 같은 상이한 사고의 형태와 발달의 국면이 연속하여 나타나는 과정을, 선행하는 국면이 완성되면 다음 국면이 시작되는 것과 같은 기계적인 과정으로 나타낼 수 없다. 발달의 그림은 이보다 훨씬 더 복잡하다. 상이한 지질학적 시대를 대표하는 지층이 지각 내에 혼합하여 공존하듯이 다양한 발생적 형태들이 공존한다. 이는 일반적으로 행동의 발달에 있어 예외라기보다는 일반적인 현상이다. 우리는 인간의 행동이 언제나 발달에 있어 동일하게 고양되고 고차적인 단계에만 위치하는 것이 아니라는 것을 알고 있다. 인간의 역사에서 최근에야 나타난 행동의 형태는 가장 고대의 형태와 함께 존재한다.

5-18-4] 이는 어린이 생각의 발달에 있어서도 마찬가지이다. 고차적인 사고의 형태에 숙달한 어린이, 즉 개념을 획득한 어린이가 가장 기초적인 사고

의 형태와 이별을 고하는 것은 아니다. 이러한 더욱 기초적인 형태들은 어린이 경험의 많은 영역에서 양적으로 지배적이고 우세적인 위치를 유지한다. 앞에서 지적했듯이 어른들조차도 언제나 개념적으로 생각하는 것은 결코 아니다. 성인의 생각은 종종 복합체적 수준으로 떨어지고 때로는 심지어 더욱 원시적인 수준으로 전락하기도 한다.

5-18-5] 순수하게 일상적 경험의 영역에 적용되면 성인이나 청소년의 개념들조차도 의사개념의 수준을 벗어나지 못하는 경우가 빈번하다. 그들이 형식적인 논리의 관점에서 개념의 특성을 모두 가지고 있을지는 몰라도 변증법적인 논리의 관점에서는 그들은 단순히 일반 표상, 즉 복합체일 뿐이다.

5-18-6] 그렇다면 청소년 시기는 생각의 완성의 시기가 아니라 위기와 성숙의 시기이다. 이 시기는 인간의 정신이 구현할 수 있는 높은 고차적 형태의 생각과 비교해 볼 때, 다른 모든 측면에서도 그렇듯이 과도적 시기이다. 청소년 생각의 과도적인 특징은 그 사고의 완성된 형태가 아니라 기능적인 증거에 비추어보면 특히 분명해진다. 이 형성이 그 새로운 심리적 본질을 보여 주는 것은 개념 활용 과정의 작용 속에서이기 때문이다. 그 작용을 연구함으로써 우리는 매우 중요하고, 이 새로운 형태의 생각의 토대가 되며, 청소년 지적 활동의 전체적 특성과, 후에 볼 것처럼, 청소년의 인성과 세계관의 발달의 일반적인 성격을 밝혀 주는 심리적 법칙을 관찰할 수 있게 된다.

5-18-7] 먼저, 실험에서 드러난 바와 같이 개념 형성과 개념의 구어적 정의 사이의 중대한 괴리를 주목해야 한다. 이 괴리는 청소년에게만 나타나는 것이 아니다. 그것은 성인의 생각에서도 발견되며 때로는 고도로 정교화한 생각의 과정에서도 발견된다. 개념을 가지고 있다고 해서 그 개념이 형성된 순간에나 기능하고 있는 순간에 그것을 의식하게 되는 것은 아니다. 개념의 출현은 개념에 대한 자각보다 먼저 생겨나며 이와는 독립적으로 작용할 수 있다. 개념을 매개로 현실을 분석하는 것은 개념 자체를 분석하는 것보다 훨씬 먼저 일어난다.

5-18-8] 그 사실은 청소년들을 상대로 수행된 실험에서 명료하게 드러났다. 이러한 실험들은 이 시기의 가장 특징적인 점, 즉 이러한 사고 형태의 과도적인 특징을 잘 나타내는 점들을 보여 준다. 이 특징은 개념의 형성에 있어 낱말과 행위의 불화이다. 구체적인 상황에서 청소년은 개념을 바르게 형성하고 적용한다. 그러나 이 개념의 구어적 정의에 마주치게 되면 청소년의 생각은 곧 극심한 난관에 봉착하게 된다. 이들이 내리는 개념의 정의는 언제나 그들이 개념을 통해 실제 사용되는 것에 비해 지극히 제한적이다. 여기서 우리는 개념이 단순히 이러저러한 경험의 요소를 논리적으로 정교화한 결과이거나 어린이가 자기 개념의 형성에 스스로 도달하는 것이 아니며, 개념은 이와 상이한 경로를 통해 생겨나며 어린이가 이들에 대해 의식하고 논리적으로 처리할 수 있게 되는 것은 훨씬 후의 일이라는 사실에 대한 직접적인 확증을 보게 된다.[2]

5-18-9] 청소년 시기에서 개념 적용의 특징을 나타내는 또 다른 점이 여기서 나타나게 된다. 청소년들은 개념을 구체적인 상황에서 사용한다. 개념이 구체적이고 감각적으로 지각된 상황으로부터 떨어지지 않은 경우에는 그것이 청소년의 생각을 더욱 쉽게 더 적은 오류를 낳으며 인도할 수 있다. 훨씬 큰 어려움들을 부과하는 것은 개념을 전이시키는 과정이다. 개념을 완전히 상이하고 이질적인 사물의 경험에 적용할 때, 한 개념에서 구분되고 종합된 특징들이 다른 특징들로 구성된 완전히 상이한 구체적 맥락에서 발견될 때, 이들이 이전과는 완전히 다른 비율로 조직될 때 이러한 어려움들이 생겨나게 된다. 따라서 구체적·감각적 상황이 변화하면, 다른 상황에서 구성된 개념을 적용하는 것은 극도로 어려워지게 된다. 그러나, 대체로, 청소년들은 생각 성숙의 첫 번째 단계에서 이러한 유형의 이행에 성공한다.

5-18-10] 개념이 발달되었던 구체적 상황으로부터 분리되어, 더 이상 구체적인 인상들에 의존하지 않고 완전히 추상적인 차원에서 작용하기 시작할 때 그러한 개념을 정의하는 과정은 훨씬 더 어렵다. 이 단계에서 개념을 언어적으로 정의할 수 있는 능력, 그에 대해 분명히 의식적으로 자각하고 정의할 수 있

는 능력은 현저한 어려움을 포함한다. 이에 따라, 우리는 실제로는 개념을 바르게 형성할 수 있는 어린이나 청소년이, 이미 발달된 개념을 정의하는 데 있어서는 가장 원시적인 수준으로 떨어져서 주어진 상황에서 개념이 포함하는 여러 구체적인 대상들을 열거하기 시작하는 모습을 실험에서 종종 관찰할 수 있었다.

5-18-11] 이와 같이, 청소년은 단어를 개념으로 사용하되 복합체로서 정의한다. 이와 같이 복합체적 사고와 개념적 사고 사이에서 주저하고 있는 것이 과도적 시기의 두드러진 특징이다.

5-18-12] 그러나 청소년 시기의 가장 큰 어려움이자 청소년들이 과도적 시기의 마지막에서야 비로소 극복하게 되는 난관은, 발달된 개념의 의미나 뜻을, 새로운 구체적 상황에 확장하여 전이시키는 것이다. 이 새로운 상황 역시 추상적인 도식하에서 생각하게 된다.

5-18-13] 그러므로 청소년들에게 추상으로부터 구체로의 길은 구체로부터 추상으로의 길만큼이나 어렵다는 것이 여기에서 나타난다.

5-18-14] 실험을 통해 전통적 심리학에서 일반적으로 수용되어 온 개념 형성의 과정에 대한 표상은 실제의 과정과 결코 상응하지 않음이 명확히 밝혀졌다. 전통적인 심리학은 형식적 논리를 맹종하는 노예로 개념 형성의 과정을 기술하였다. 전통적인 심리학은 개념 형성의 과정을 다음과 같이 묘사한다. 개념은 일련의 구체적 표상을 토대로 세워진다.

5-18-15] 어떤 심리학자는 '나무'라는 개념을 예로 들어 설명한다. 이것은 나무에 대한 일련의 유사한 표상의 결과로 생겨난다. "개념은 서로 유사한 개별 사물들에 대한 표상들로부터 생겨난다." 계속하여 그는 개념 형성 과정을 설명, 제시하는 도식을 도입한다. 먼저, 세 그루의 다른 나무를 보았다고 가정하자. 이 세 그루 나무의 표상은 각 나무의 형태, 색깔 그리고 크기를 나타내는 구성 부분으로 분해될 수 있다. 그 외의 구성 요소들은 세 나무의 표상에서 서로 유사하다. 이 유사한 부분들 사이에서 분명히 모종의 동화가 일어나

며 그 결과 서로 상응하는 변별적 특징의 일반적 표상이 생겨난다. 그리하여, 이 관념들 사이에서 일어나는 종합으로 인해 '나무'라는 일반적인 관념 또는 개념이 생겨난다.[3]

5-18-16] 이러한 관점에서 개념 형성의 과정은, 한 집안에 속한 개개인을 토대로 집합적인 사진을 찍어서 한 가족을 대표하는 초상화를 얻어내고자 한 갈톤의 작업 과정과 유사하다. 이 사진의 원리는 한 가족에 속한 각 개인의 이미지들이 서로 계속 포개지면 자주 중첩되는 특징들, 즉 가족 구성원들 사이에 공통적인 특징들은 뚜렷이 나타나는 반면 한 개인에게 고유한 특징들은 중첩의 결과 서로 희미해지고 지워진다는 것이다.

5-18-17] 이를 통해 유사한 특징들이 나타나게 되며, 동일한 방식으로 공통 특징의 모음이 일련의 대상들로부터 나타날 것이다. 전통적 관점에 따르면, 이러한 공통 속성들이 구분되어 합쳐진 결과로 진정한 개념이 나타난다.

5-18-18] 실제의 개념 발달 경로를 이보다 더 왜곡한 표현을 찾아보기 어렵다.

5-18-19] 사실, 우리 시대의 심리학자들이 인식하였고 우리들 스스로의 실험이 지극히 명료하게 나타낸 바와 같이. 청소년기의 개념 형성은 전통적인 도식이 묘사하는 논리적인 경로를 밟지 않는다. 포겔의 연구는 "어린이가 먼저 특정한 관점을 출발점으로 취한 후 그 관점을 극복함으로써 추상적 개념의 영역으로 들어가는 것이 아니다. 그와는 반대로, 어린이는 최초부터 가장 일반적인 개념으로부터 시작한다. 어린이는 추상화를 통해 또는, 하위에서 상위로 옮아감으로써 중간 수준의 개념에 도달하는 것이 아니라 당연히 상위에서 하위로 옮아감에 따라 도달한다. 어린이의 표상의 발달은 미분화에서 분화로 수행되며 그 반대로 움직이지 않는다. 생각은 속屬에서 종種으로, 종에서 변종變種으로 움직이며 그 반대로 움직이지 않는다"는 것을 보여 주었다.

5-18-20] 포겔의 예시적 표현에 따르면 개념의 피라미드에서 생각은 거의 언제나 정점으로부터 저점을 향하며, 수평으로 움직이는 경우는 드물다. 개념

형성에 대한 전통 심리학에서 이러한 주장이 혁신적인 것으로 받아들여지던 때가 있었다. 개념이 단순히 일련의 구체적 대상으로부터 공통된 특징이 출현한 결과라는 전통적인 관념에 매달리는 대신 연구자들은 개념 형성의 과정을 **생각이 개념의 피라미드 속에서 움직이는 복잡한 과정**으로 여기기 시작하였다. 이러한 과정은 일반에서 특수로 또한 특수에서 일반으로의 쉼 없는 움직임을 포함한다.

5-18-21] 최근 뷸러는 개념의 기원에 대해 이론을 발전시켰다. 포겔과 같이 뷸러는 공통 특성의 추출을 주장하는 전통적 개념발달이론을 거부하는 경향을 가진다. 그는 개념 형성에 있어 두 발생적 근원을 구별한다. 첫 번째 근원은 어린이가 그의 표상들을 분화된 그룹으로 통합하고, 이 그룹들을 복잡한 연합적 연결로 잇는 것이다. 이 연합적 연결은 이와 같은 관념의 그룹들과, 각 그룹에 편입된 다양한 요소들 사이에서 형성된다.

5-18-22] 뷸러가 개념의 두 번째 발생적 근원으로 생각하는 것은 판단의 기능이다. 생각이나 이미 형성된 판단의 결과로 어린이는 개념을 형성할 수 있는 단계에 다다를 수 있게 된다. 뷸러는 우리가 어린이의 연상 실험에서 자주 보았던 것과 같이 개념을 나타내는 어린이의 낱말이 이 개념과 연관된 판단을 매우 쉽게 재생산해 낸다는 사실을 이에 대한 설득력 있는 증거로 본다.

5-18-23] 확실히, 판단은 가장 단순한 것이며 개념이 나타나는 자연스럽고 논리적인 장소는 뷸러가 말하듯이 판단이다. 개념 형성의 과정에서 표상과 판단은 함께 작용한다.

5-18-24] 이와 같이 이 과정은 일반의 측면과 특수의 측면 양 방향에서 거의 동시에 발달한다.

5-18-25] 이 입장으로서는 어린이가 처음 사용하는 말이 사실은 일반적 지시이며, 구체적이고 특정한 지시는 이후에야 비로소 나타난다는 사실이 대단히 중요한 증거가 된다. 따라서 어린이는 개별 꽃들의 이름을 배우기 전에 '꽃'이라는 말을 배우게 된다. 그러나 비록 어떤 이유로든 어린이가 '꽃'이라는 말

보다 특정한 꽃 이름(예를 들면, '장미')을 먼저 숙달하게 되었다 하더라도 이 말은 장미 한 종류만이 아니라 모든 꽃들을 지칭하는 데 사용된다. 즉, 어린이는 특정한 지칭을 일반적인 것으로 사용하는 것이다.

5-18-26] 이러한 의미에서 뷸러가, 개념의 형성에 관련된 과정은 피라미드의 밑에서 위로 올라가는 것이 아니고, 토대에서 정상을 향하는 것이 아니라 터널을 뚫는 것과 같이 양 방향에서 동시에 수행되는 것이라고 말한 것은 전적으로 옳다. 물론, 이는 심리학에서 대단히 중요하고 어려운 문제와 연관이 있다. 어린이가 더 구체적인 대상보다 더 일반적이고 추상적인 명칭을 먼저 배운다는 사실을 인정하면서 많은 심리학자들은 추상적 생각이 비교적 나중에, 즉 사춘기에 발달한다는 전통적인 주장을 재고하기 시작하였다.

5-18-27] 이 심리학자들은 어린이 발달에서 일반적 이름과 구체적 이름의 순서에 대한 올바른 관찰에 근거하여, 추상적인 개념은 아동의 말에서 일반적 이름이 나타남과 동시에, 즉 대단히 일찍 나타난다는 잘못된 결론을 이끌어냈다.

5-18-28] 샬럿 뷸러의 이론은 좋은 예이다. 우리는 이 이론이 과도기적 시기의 생각에 특별한 변화나 중요한 진전이 없다는 잘못된 주장으로 이끄는 것을 보았다. 이 이론에 따르면 세 살짜리 어린이의 지적 활동에서 우리가 발견하는 것과 비교할 때 청소년의 생각에서 근본적으로 새로운 것은 나타나지 않는다.

5-18-29] 이 주장에 대해서는 뒷장에서 좀 더 자세히 다룰 기회가 있을 것이다. 이 시점에서는 우리는 일반적인 의미를 가지는 낱말의 사용이 결코 추상적 사고의 조숙한 숙달을 함의하는 것은 아니라는 사실만을 지적하고자 한다. 이 장에서 자세히 보인 바와 같이 어린이는 어른과 같은 낱말을 사용하고 이 낱말을 어른과 같은 부류의 대상을 지시하는 데 사용하지만, 이 대상들을 생각하는 양식은 어른들과는 완전히 다르기 때문이다.

5-18-30] 따라서 어른이 추상적인 사고에 사용하는 언어와 동일한 낱말을

어린이가 조숙하게 사용한다고 해서 이것이 어린이의 생각에서 어른의 생각과 동일한 의미를 갖는 것은 아니다.

5-18-31] 우리는 어린이 언어에서 나타나는 단어들이 어른의 말과 그 객관적인 관련성에 있어서 상응하지만 그 의미에 있어서는 그렇지 않음을 기억해야 한다. 따라서 어린이가 추상적인 말을 사용한다는 사실은 그가 추상적인 사고를 한다는 근거가 되지 않는다. 후속하는 장에서 밝히고자 하는 바와 같이 어린이가 추상적인 낱말을 사용하면서도 동시에 대단히 구체적인 방식으로 그에 상응하는 대상을 생각한다. 어떤 경우에도 개념의 형성에 대한 옛 사고, 즉 집합적인 사진이 만들어지는 방식에 비유될 수 있는 관념은 실제 심리학적 관찰이나 실험적 분석으로부터의 자료 어느 것과도 일치하지 않는다. 이는 논박의 여지가 없다.

5-18-32] 실험적인 데이터에 의해 완전히 확증되는 K 뷸러의 두 번째 주장 역시 논박의 여지가 없다. 개념은 실제로 판단과 추론 속에 자연스러운 위치를 가지며 이들은 능동적으로 개념을 구성하는 부분으로 기능한다. '집'이라는 낱말에 '크다'라는 말로 반응하고 '나무'라는 단어에 '사과가 달려 있다'라는 절로 반응하는 어린이는 사실상 개념이 일반적인 판단의 구조 안에만, 그 구조의 불가분한 부분으로 존재한다는 것을 보여 준다.

5-18-33] 이와 똑같이 단어는 절 안에 삽입된 채로만 존재한다. 심리학적으로 볼 때 어린이의 발달에 있어서 절은 개별적, 독립적 단어들보다 일찍 나타난다. 이와 똑같이 어린이의 생각에서 판단은 개별적, 독립적인 개념이 그로부터 떨어져 나오기 전에 생겨나게 된다. 따라서 뷸러의 주장과 같이 개념은 순수하게 연합의 결과물일 수 없다. 다양한 요소들이 맺는 연상적 연결의 확립은 개념의 형성을 위한 필요조건이기는 하지만 동시에 충분조건은 아니다. 뷸러의 견해로는, 표상과 판단의 과정들에서 개념의 이 두 근원들은 개념의 형성에 연관된 과정들을 올바르게 이해하기 위한 발생적인 열쇠가 된다.

5-8-34] 우리는 뷸러가 언급한 이 두 가지 특징들을 실험에서 효과적으로

관찰하였다. 그러나 개념의 이중 근원에 관한 그의 결론은 우리에게는 그릇된 것으로 보인다. 이미 린드너는 어린이들이 좀 더 일반적인 관념을 비교적 일찍 획득한다는 사실에 주목한 바 있다. 이런 의미에서, 어린이들이 대단히 일반적인 명칭의 올바른 사용법을 아주 어릴 때부터 배운다는 데에는 의심의 여지가 없다. 또한 어린이의 개념이 개념의 피라미드를 올라감으로써 발달한다는 생각에는 진실의 여지가 없는 것 역시 사실이다. 우리의 실험에서, 기준 대상이 주어졌을 때 어린이들은 그와 같은 이름을 가지고 있는 일련의 대상들을 기준 대상과 짝지음으로써 그 낱말의 의미를 확장시키고 이 명칭을 구체적이고 분화된 이름이 아닌, 매우 일반적인 뜻에서 사용하는 것을 흔히 관찰할 수 있었다.

5-18-35] 우리는 또한 개념이 어떻게 생각의 결과로 생겨나며 판단에서 그 유기적이고 자연스러운 위치를 찾는지를 보았다. 이러한 의미에서, 실험은 개념이 구체적 대상들의 집합적 사진으로서, 기계적으로 나타나지 않는다는 주장을 확증하였다. 정신은 집합적 관점을 취하는 카메라와 같이 작용하지 않으며 생각은 단순히 이러한 관점의 조합으로 이루어지지 않는다. 반대로, 구체적이고 능동적인 생각의 과정은 개념들 자체가 형성되기 훨씬 이전에 생겨난다. 개념 그 자체는 어린이 생각의 발달을 구성하는 길고 복잡한 과정의 산물이다.[4]

5-18-36] 이미 말한 바와 같이 개념은 지적인 조작의 과정에서 생겨난다. 개념의 구성을 이끄는 것은 연합의 작용이 아니다. 모든 기초적인 지적 기능들이 고유한 조합을 통해 개념 형성의 과정에 참여한다. 이 작용의 핵심 요소는 의지적으로 주의를 조절하고, 특징을 추상화하고 추출하며 종합하고 기호의 도움을 통해 이를 상징화하는 수단으로 낱말을 기능적으로 사용하는 것이다.

5-18-37] 실험의 과정에서 우리는 소위 지시적 기능, 즉 낱말이 한정적인 특징을 지시하는 기능이 낱말의 초기 기능임을 여러 번 보았다. 이 기능은 상

징적 기능, 즉 일련의 구체적 인상을 표현하고 그것에 의미를 부여하는 기능보다 발생적으로 먼저 나타난다. 우리의 실험에서 낱말의 의미가 처음에는 뜻을 갖고 있지 않고 오직 구체적인 상황만을 지시하였기 때문에 우리는 낱말의 의미가 최초로 어떻게 나타나는지 연구할 수 있었다. 낱말이 대상의 특정한 속성과 가지는 이 관계는 지각된 것이 그 추출과 종합의 과정에서 어떻게 낱말의 뜻, 의미가 되고 또한 어떻게 그것이 개념이 되며, 그런 후 이 개념이 어떻게 다른 구체적인 상황으로 확장되고 전이되고, 궁극적으로 의식적으로 되는지를 관찰함으로써 우리는 그 생생한 형태를 연구할 수 있다.

5-18-38] 개념의 형성은 언제나, 청소년이 어떤 문제를 해결해야 하는 과업에 직면했을 때 일어난다. 개념은 오직 이러한 문제의 해결의 결과로 생겨난다. 따라서 우리 실험의 분석을 통해 얻어진 데이터는 뷸러가 개념 형성의 이중적 근원에 대한 질문을 완전히 정확히는 제시하지 못했음을 보여 준다.

5-18-39] 개념은 사실 그들의 발달 경로에서 두 개의 근본적인 노선을 따라 여행한다.

5-18-40] 우리는 복합체화化의 기능, 또는 대상의 전체 그룹에 공통된 가족 성姓을 매개로 일련의 개별 대상들을 결합, 연결하는 것이 어떻게 발달하여 어린이의 복합체적 생각에 토대가 되는지 보이려 했으며, 모종의 공통된 특징의 추출에 토대를 두고 있는 잠재적 개념이 어떻게 개념 발달의 두 번째 경로를 구성하는지도 밝히려 하였다.

5-18-41] 이 두 형태는 개념의 진정한 형성의 근원들이다. 우리의 견해로는, 뷸러는 개념의 진정한 근원이 아닌 피상적인 근원에 대해 말하고 있다. 그 이유는 다음과 같다. 연합적 그룹이나 기억을 통한 개념의 정교화는 분명 낱말과는 관련이 없는 자연스러운 과정이다. 이것은 앞에서 언급한 복합체적 생각과 연관이 있으며 또한 낱말과는 관련이 없는 구체적 생각에서 나타난다.

5-18-42] 우리의 꿈이나 동물들의 생각에서 추출된 표상들의 연합적 복합체와 대단히 가까운 유사성을 볼 수 있다. 그러나 앞에서 보인 바와 같이, 개

념의 토대를 형성하는 것은 그와 같은 표상들의 구체적인 혼합이 아니라 낱말의 사용에 토대를 두고 형성된 복합체이다.

5-18-43] 따라서 우리가 보기에 뷜러의 첫 번째 오류는, 개념에 선행하는 그러한 혼합적 복합체에서 낱말의 역할을 잘못 이해하고 개념을 순전히 자연적인, 인상 발달의 형태로부터 이끌어 내려 시도한 것이다. 그는 역사를 통해 형성된 개념의 성질을 오해하는 동시에 낱말의 역할을 오해하여 기억에서 나타나며 옌쉬에게서 시각적 개념으로 표현되는 자연적 복합체와 고도로 발달된 말로 하는 생각에 토대를 두고 생겨나는 복합체를 구별하지 못하였다.

5-18-44] 뷜러는 두 번째의 근원을 판단과 생각의 과정에 두면서 같은 오류를 다시 범한다.

5-18-45] 한편으로, 뷜러의 주장은 개념은 숙고를 토대로 생겨나므로 그것은 논리적 추론의 결과라는 논리 정연한 관점으로 이끈다. 그러나 이미 우리는 우리의 일상적 언어에서 개념의 역사와 어린이 개념의 역사 모두 논리가 예측했던 경로를 얼마나 벗어났는지를 보았다. 다른 한편으로, 뷜러는 개념의 근원으로 생각을 언급하면서도 그는 상이한 생각 형태들의 차이들, 특히 생물학적인 것과 역사적인 것, 자연적인 것과 문화적인 것, 낮은 차원인 것과 높은 차원인 것, 비언어적인 형태와 언어적인 형태의 생각의 차이를 다시 한 번 간과한다.

5-18-46] 사실상 개념이 판단, 즉 생각의 작용으로부터 생겨난다면 우리는 구체적 또는 실제적 기능적 생각의 산물과 개념을 구분 짓는 것이 무엇인지 물어야 한다. 뷜러는 또다시 개념의 형성에 중심이 되는 낱말을 간과한다. 그는 개념의 형성에 기여하는 요인들의 분석에서 낱말을 고려하지 않으며, 그 결과 판단과 표상들의 결합과 같은 이질적인 두 개의 과정들이 어떻게 개념의 형성으로 이끌 수 있는지 이해할 수 없게 된다.

5-18-47] 이러한 잘못된 전제는 필연적으로, 뷜러로 하여금 세 살짜리 어린이가 이미 개념을 통해 생각을 하고 있으며 청소년들의 생각은 전혀 그들의

발달에 있어 근본적으로 새로운 단계를 구성하지 않는다는 잘못된 결론으로 이끌었다. 이 연구자는 외적인 유사성에 속아, 그들 사이의 피상적인 유사성에도 불구하고 발생적, 기능적 또 구조적 차원에서 완전히 다른 이 두 유형의 생각들 사이에 있는 역동적인 인과의 연관들과 연합의 심각한 차이점을 고려하지 못하였다.

5-18-48] 우리의 실험들은 완전히 다른 결론으로 우리를 이끌었다. 실험들은 개념 형성의 수단으로서의 낱말 사용을 토대로 하여, 심상들과 혼합적 연결들로부터 또한, 복합체적 생각과 잠재적 개념으로부터 우리가 진정한 의미에서 개념이라 부르는 특정한 상징적 구조가 어떻게 나타나는지 보여 주었다.

●

1) 이 절에서 중심적인 발견은 어린이가 '**이행적 연령기**'(청소년기)까지는 개념적 생각을 숙달하지 못한다는 것이다. 그러나 개념적 생각으로 인도하는 머나먼 여정과 단계는 겨울이 끝나야 봄이 시작되고 봄이 끝나야 여름이 시작되는 계절의 순환과 같지 않다. 개념은 사회역사적 실체이므로 이는 단계들이 서로 섞이고 이전 단계에 의해 세워진 토대 위해 또 다시 새 단계가 솟아오르는, 한 도시가 과거의 다른 도시 위에 세워지는 상황과 더욱 유사하다. 어린이가 개념을 숙달했다고 해서 이것이 복합체적 생각이나 심지어 혼합적 복합체가 사라졌음을 의미하는 것은 아니다. 오히려 친숙한 상황에서 낯선 상황으로 옮겨 가면서 생각에서의 변이는 나타났다 사라지고 다시 나타나기를 반복한다. 이는 마치 상이한 시대에 상이한 스타일로 건축된 도시 속 여러 동네를 걸어 다니는 것과 유사하다(서울 안에도 남산골이나 종로와 같은 곳이 있는가 하면 이제 막 세워진 뉴타운이 공존한다). [5-18-1~5-18-5]

I 청소년기는 발달의 끝이 아니며 위기의 계기라고 할 수 있다. 비고츠키는 혼돈의 세 가지 원천을 나열한다. [5-18-6~5-18-13]

   A) 개념이 획득되는 시기와 청소년들이 그에 대해 의식적으로 파악하고 이를 **정의**하고 자유롭게 이를 불러내어 사용할 수 있게 되는 시기 사이의 괴리가 있다. 청소년들은 흔히 낱말을 개념으로 사용하지만 이를 복합체적으로 정의한다.

   B) 청소년들은 개념을 (교실이나 시험 때와 같은) 완전히 **추상적인** 상황에서 사용하는 것을 매우 어려워한다.

   C) 반대로 청소년들은 추상적으로 학습한 개념을 **구체적인** 과업에 적용하는 것 또한 매우 어려워한다. 개념의 피라미드를 내려오는 것은 올라가는 것만큼이나 어렵다.

II 개념은 중첩된 사진을 제작하는 것처럼 한 이미지 위에 다른 이미지들을 계속 겹쳐놓음으로써 유사성은 강조되고 차이점은 흐릿해지는 식으로 **기계적으로** 만들어지지 **않는다**. 개념은 복합체에 의해 매개된 일반화와 잠재적 개념에 의해 매개된 추상화의 긴 역사적 산물이다. **추출되고 추상화된** 특징이 **이상화된** 표상에서 **재통합되었을** 때에야 우리는 진개념에 대해 말할 수 있게 된다. [5-18-14~5-18-18, 5-18-30, 5-18-34]

III 개념은 (**피라미드를** 건설할 때와 같이) 언제나 더욱 구체적인 일반화 위에 더욱 추상적인 일반화를 쌓음으로써 형성되는 것은 아니다. 비고츠키는 어린이가 낱말의 의미를 (꽃을 장미로)세분화하기 전에 매우 일반적인 의미로 사용한다는 사실에서 이에 대한 증거를 찾는다. 물론 낱말을 매우 일반적인 방식으로 사용한다고 해서 이것이 어린이가 매우 일반적인 방식으로 생각한다는 것을 의미하는 것은 아니다(예를 들어, 어린이는 '이것', '저것', '그', '그것' 등과 같은 낱말을 매우 일반적인 방식으로 사용하지만 이것이 추상적인 개념을 나타내는 것은 아니다). [5-18-19~5-18-24]

IV 비고츠키는 뷜러가 제시한 이미지에 **동의한다**. 개념은 피리미드를 관통하는 두 터널들과 같다. 이들 각각은 서로 만나기 위해 추상을 향해 올라가고 또 구체를 향해 내려간다. 그러나 비고츠키는 뷜러가 이름 지은 터널의 명칭에 대해서는 **동의하지 않는다**. 이들은 판단의 터널과 시각적 이미지의 터널이 아니다. [5-18-25—5-18-33]

V 이 장의 처음에서 비고츠키가 말했듯이 시각적 표상과 판단이(그리고 연합과 '결정적 경향성' 역시) 어떠한 **역할**을 한다는 것을 보이기는 쉬운 일이다. 그러나 이들 중 어느 것도 어째서 개념은 청소년기 이전까지는 나타나지 않는지 설명할 수 없으며 이들이 어째서 기초적 기능이 아닌 고차적인 지적 기능과 연관되는지를 설명하지도 못한다. [5-18-34~5-18-39]

VI 개념은 발달해야 하며, 이는 **낱말의 의미**의 영향하에서 발달해야 한다. 가리키고, 이름을 붙이고 선택하며 상징하는 것은 낱말의 의미이다. (복합체를 통해) 일반화의 터널과 (잠재적 개념을 통해) 추상화의 터널을 뚫는 것은 낱말의 의미이다. 이들을 한데 묶는 것은 낱말의 의미이며 이 두 터널이 진개념에서 만날 때에만 환한 한 낮의 태양 빛이 각 터널 속으로 속속 물결처 들어온다. [5-18-40~5-18-47]

2) 부분적으로 읽으면, 여기서의 비고츠키의 논지가 크라셴의 습득과 학습의 구분과 일맥상통하는 것으로 오해할 수 있다. 그러나 개념에 대한 의식적 파악은 무의식적 지식을 바탕으로 하며 이 둘이 서로 간 역동적인 관계를 맺으며 발달한다는 주장은 크라셴과 전혀 다르다.

3) 여기서 비고츠키가 비판하는 것은 칸트의 스키마 이론이다. 칸트는 인간이 선험적인 '정신의 기관'을 타고 난다고 믿는다. 크기, 색깔, 형태 등의 범주는 우리 마음속에 있으며, 이러한 범주는 경험을 통해 채워지게 된다고 주장한다. 물론, 이러한 범주의 통합을 통해 일반적인 개념이 생겨나기 위해서 요구되는 것은 '반복'적인 경험이다. 비고츠키는 시종, 의식의 의지적 개입을 가장 중요하게 생각한다.

4) 비고츠키는 의식을 단순한 자극-반응의 과정이나 일련의 자극-반응의 집합으로 전락시키기를 거부한다. 낱말은 심지어는 지각적인 수준의 복합체에서조차 중요한 역할을 한다. 의식 자체는 개념의 수준에서 중요한 역할을 한다. 개념은 의식, 선별, 사려 깊은 분별 과정의 산물이다. 이는, 인간과 동물, 그리고 어른과 어린이 발달 사이의 관계가 양적일 수 없다는 것을 의미한다.

6장

아동기 과학적
개념 발달 연구
– 작업가설을 세우기 위한 실험

6-1 [1]

6-1-1] 학령기 과학적 개념의 발달이라는 문제는 과학적 지식의 체계를 따라 아동을 교수-학습[2]하는 것이 학교의 당면 과제라는 점에서, 무엇보다도 중요한, 아마도 최우선의 중요성을 지닌 실천적 쟁점이다. 그럼에도 이 주제에 대해 우리가 알고 있는 것이 거의 없다는 것은 놀라운 사실이다. 이 문제의 이론적 가치도 이에 못지않게 중요하다. 그 까닭은 과학적 개념의, 즉 현실적인, 안정적인, 진개념의 발달을 연구하면 필연적으로 일반적인 개념 형성의 모든 과정에서 가장 심대하고, 가장 기본적이며, 그리고 가장 본질적인 규칙성을 분명하게 알 수 있기 때문이다. 이런 측면에서 어린이의 정신 발달이 전개되는 전체 역사를 이해하는 데 필요한 핵심적인 내용을 담고 있고, 그리고 어린이의 생각을 연구하려는 우리의 출발점이 되어야만 하는 이 문제가 최근까지도 전혀 연구되지 않은 채로 남아 있다는 것은 놀라운 일이다. 그런 연유로 우리가 이 장章에서 반복적으로 언급하게 될, 지금 이 지면이 도입부로 활용되고 있는 이 실험적 조사는 아마도 이 문제를 체계적으로 연구한 최초의 실험이다.

6-1-2] 쉬프Ж.И.Шиф[3]가 주도적으로 수행한 이 조사의 목적은 학령기 과학적 개념의 발달과 일상적 개념의 발달을 비교 연구하는 것이다. 쉬프가 맡은 핵심적 과업은 일상적 개념과 비교되는 과학적 개념이 보이는 독특한 발달 경로에 관한 우리의 작업가설을 실험적으로 확증하는 것이었다. 이 방식을 따르면 과제는 교수-학습과 발달이라는 일반적인 문제를 구체적인 지형에 근거

하여 접근할 수 있게 된다. 학교에서 행해지는 교수-학습 과정으로 야기되는 어린이 생각 발달의 실제 경로를 연구하려는 이 시도는 다음과 같은 네 가지 기본적인 전제로부터 싹텄다.[4] 첫째, 개념은 그리고 낱말слово의 의미[5]는 발달한다. 둘째, 과학적 개념도 발달하며 과학적 개념은 최종적 형태로 학습될 수 없다. 셋째, 일상적 개념에서 확립한 결과를 과학적 개념에 전이轉移하는 것은 잘못된 것이다. 넷째, 전체적으로 이 모든 문제는 실험을 통해 검증되어야만 한다. 비교 연구를 하고자 우리는 특별한 실험방법을 개발했다. 이 방법의 핵심은 실험 대상에게 동질적인 구조를 가진 문항들을 제시하고 일상적 자료와 과학적 자료에 관한 실험 대상자들의 해결 결과물을 병행하여 연구하는 것이다. 실험방법은 일련의 그림을 사용하면서 '○○ 때문에' 혹은 '비록 ○○ 하지만'이라는 낱말로 끝나는 이야기를 들려주고, 말을 완성하게 하는 것과, 그리고 과학적 자료와 일상적 자료에 대한 전후 관계와 인과 관계에 대한 파악 수준을 확인하기 위하여 우리가 이용한 임상적 인터뷰로 되어 있다.[6]

6-1-3] 사건의 논리적인 연쇄, 즉 시작, 가운데, 끝을 나타내는 그림들이 제시되었다. 학교에서 사회과 수업 시간에 다루어지는 내용을 나타낸 이 그림들은 일상적 생활을 표현한 다른 그림들과 비교되었다. 일상적 생활에 근거한 일련의 유형들이 만들어졌다. 예를 들면, "○○ 때문에 콜리야는 영화관에 갔다." "○○ 때문에 기차가 출발했다." 혹은 "비록 ○○ 하지만 올리야는 여전히 글을 잘 읽지 못한다." 등이다. 또한 2학년과 4학년 교육과정에서 사용하는 자료들에 근거한 문항들이 만들어졌다. 우리는 학생들이 이 두 경우와 관련된 문장을 완성하도록 했다.

6-1-4] 자료 수집을 효과적으로 하기 위하여 우리는 이런 목적을 위하여 특별히 마련된 어린이들의 수업을 관찰하면서 어린이의 상태를 점검했다. 조사 대상자는 초등학교 어린이였다.[7]

6-1-5] 이 연구 성과로 인해 우리는 과학적 개념의 발달이라는 특정한 문제와 학령기 어린이의 생각 발달이라는 포괄적 문제에 관한 결론을 도출할 수

있었다. 각각의 연령 집단을 고려한 비교 분석에 따른 결과처리를 통해 우리는 해당되는 교육과정상 계기에서 과학적 개념의 발달이 자연발생적 개념의 발달에 선행한다는 것을 확인했다. 표는 이런 결론을 지지하는 실험적 근거를 제공하고 있다.

과제 : 연결사를 포함한 문장		완성된 문장 비율 (%)	
		2학년	4학년
인과(○○ 때문에)	과학적 개념	79.70	81.80
	일상적 개념	59.00	81.30
반의(비록 ○○ 하지만)	과학적 개념	21.30	79.50
	일상적 개념	16.20	65.50

6-1-6] 표를 통해 일상적 개념보다는 과학적 개념에 대한 의식적 파악이 높은 수준에서 행해지고 있다는 것을 알 수 있다. 일상적 개념을 통한 수행 수준에서 급격한 증대와, 과학적 생각의 고양된 수준으로 나아가는 점진적 발달은 지식의 누적이 틀림없이 더욱 상승된 수준의 과학적 형태의 생각으로 이끌며 이것은 이어서 자연발생적 생각의 발달에 영향을 미친다는 것을 보여 주었다. 이것은 학령기 어린이의 발달에서 교수–학습이 선도적 역할을 한다는 증거이다.

6-1-7] 인과 관계('○○ 때문에')에 대한 범주보다 발생적으로 느리게 발달하는 반의 관계('비록 ○○ 하지만')에 대한 범주는, 4학년에서 2학년 인과 관계의 결과와 유사한 양상을 보여 주었다. 이 역시 교육과정에 제시된 자료의 세세한 내용과 연관되어 있다.

6-1-8] 우리가 획득한 자료는 과학적 개념의 경로는 일상적 개념의 경로와 비교해 볼 때 약간 특별한 경로를 따라 발달한다는 가설을 세우게 만들었다. 그 까닭은 과학적 개념 발달의 주요한 요소가 언어적 정의로부터 시작된다는 사실 때문이다. 이 언어적 정의는 조직화된 체계 속에서 구체적, 현상적 수준으로 내려가는 경향이 있고, 일상적 개념은 이와 다르게 어떤 한정된 체계 밖으

로 발달하여 일반화를 향해 위로 올라가는 경향이 있기 때문이다.[8]

6-1-9] 사회과학적 개념의 발달은 그 고유한 형태가 교육자와 어린이 사이의 체계적 협력으로 나타나는 교육과정의 조건하에서 일어난다. 이 협력 과정에서 어린이 고등정신기능의 성숙이 성인의 도움과 참여로 일어난다. 우리가 관심을 갖는 영역에서 이것은 인과적 생각에서의 연관성 증대와 교수-학습의 조건에 따라 만들어지는 과학적 생각의 특정한 자의성[9] 수준의 성숙에 반영된다.

6-1-10] 교육과정의 중심인 어린이와 어른 사이의 이런 종류의 협력은 어린이에게 지식이 정연한 체계 안에서 전달된다는 사실로부터 시작된다. 그리고 이는 과학적 개념의 이른 성숙을 설명하고, 과학적 개념의 발달 수준은 일상적 개념과 관련하여 근접 가능성 영역으로 나타날 수 있다는 것을 보여 준다. 여기서 근접 가능성 영역은 일상적 개념의 발달을 위한 안내자로서, 일상적 개념이 나아갈 길을 보여 준다.

6-1-11] 이런 연유로 동일한 어린이의 똑같은 발달 단계에서, 우리는 과학적 개념과 일상적 개념에서 서로 다른 장점과 단점에 직면한다.

6-1-12] 우리 연구의 데이터가 보여 주는 바에 따르면 일상적인 개념의 약점은, 적소에 이들을 사용하여 추상화하고 의도적·의지적으로 조작하지 못한다는 데 있다. 이와 달리 과학적 개념의 약점은 그것의 기계적 표현에, 즉 구체성에 그것이 제대로 침투하지 못했다는 것에 있다. 이것은 과학적 개념 발달에서 피할 수 없는 위험이다. 과학적 개념의 장점은 행위를 위한 준비가 된 상황에서, 자의적 방식으로 그것을 사용할 수 있는 어린이의 능력에 있다. 이런 양상은 4학년에서 변화하기 시작한다. 과학적 개념의 기계적 표현은 자연발생적 개념의 발달에도 영향을 미치는 구체성에 굴복하면서 사라지기 시작한다.[10] 궁극적으로 이 두 발달 곡선은 병합되기 시작한다.

6-1-13] 과학적 개념은 학교 교수-학습 과정에 참여한 어린이의 정신에서 어떻게 발달할까? (한편으로 -K) 진정한 의미에서 교수-학습과 지식의 습득, (다

를 한편으로 -K) 어린이의 이해 속에서 전개되는 과학적 개념의 내적 발달 과정, 이 두 과정 사이에는 어떤 관계가 있을까? 이것들은 단지 본질적으로 동일한 한 과정의 두 측면일까? 대상과 일치하지 않지만 자신을 만들어 내는 대상을 내내 따르면서 그 움직임을 재생하는 그림자처럼 개념의 내적 발달 과정을 따르는 걸까 아니면 두 과정은 특별한 방식의 조사를 필요로 하는 더 복잡하고 미묘한 관계를 가지고 있는 걸까?

6-1-14] 근대 아동심리학에서 우리는 이런 질문에 대해 두 가지 대답을 발견할 수 있다. 우선적으로 우리는 과학적 개념은 일반적으로 자신의 내적 역사를 가지고 있지 않다는 입장을 발견할 수 있다. 즉, 그것은 진정한 의미의 발달 과정을 겪지 않는다는 입장이다. 대신 과학적 개념은 식별, 학습 그리고 이해 과정을 매개로 해서 완성된 형태로 단순하게 배우거나 지각되는 것으로, 또는 어른 생각의 영역으로부터 완벽한 형태로 제시되는 것을 어린이가 채택하는 것으로 간주된다. 이런 관점에서 보면, 과학적 개념의 발달 문제는 본질적으로 어린이에게 과학적 개념을 가르치는 문제와 어린이가 개념을 배우는 문제를 규명하면 충분하다. 이것이 오늘날 아동심리학에서 이 문제에 대해 가장 널리 받아들여지고 실제로 널리 통용되고 있는 관점이다. 그리고 이것이 최근까지도 학교에서 행하는 대다수의 교수-학습에 관한 이론과 개별적인 과학 교과에서 활용하는 방법을 구성하는 토대로 이용되어 왔다.[11)

6-1-15] 가장 초보적인 과학적 비판조차도 이런 방식의 개념화에 근거한 이론과 실천이 전개되는 동안 나타나는 결함을 명료하게 드러내고 있다. 우리는 개념 형성에 대한 조사를 통해 개념은 기억의 도움을 받아 학습한 단순한 연합적 연결로 얻은 수집품이 아니라는 것을 알게 되었다. 우리는 개념은 자동적 정신 습관 형성이 아니라 단순한 기억과정을 통해 숙달할 수 없는 복잡하고 진정한 생각 작용이라는 것을 알게 되었다. 어린이의 사고가 개념을 의식에서 작동하도록 하기 위해서는 높은 수준으로 고양되어야만 한다. 연구는 개념 발달의 어떤 단계에서도 개념은 하나의 일반화 작용이라는 것을 알려 준

다. 이 분야에서 이루어진 모든 조사를 통해 알게 된 가장 중요한 사실은 개념이, 낱말의 의미와 같이 심리적으로 표상되어 발달한다는 견고한 입장이다. 개념 발달의 본질은 우선적으로 한 일반화 구조에서 다른 일반화 구조로 이행한다는 데 있다.[12] 어떤 연령에서도 모든 낱말의 의미는 일반화된 것이다. 그렇지만 단어의 의미는 발달한다. 아동이 한정된 의미와 연관된 새로운 낱말을 처음 배울 때, 그 의미 발달은 완결된 것이 아니라 단지 시작일 뿐이다. 처음에 낱말의 의미는 가장 기초적인 일반화이며 이후에야 어린이는 더욱 높은 수준의 일반화 유형으로 이행한다. 이 과정은 진정한 그리고 실제 개념의 형성과 함께 마무리된다.

6-1-16] 개념과 낱말 의미의 발달 과정은 자발적 주의집중, 논리적 기억, 추상, 비교, 그리고 대조 같은 많은 기능 발달을 전제로 한다. 그리고 이런 매우 복잡한 정신과정은 단순하게 기억되고, 학습되고, 숙달될 수 없다.[13] 이론적 관점에서 보면, 이런 이유로 개념을 학교 교수-학습 과정에서 최종적인 산물로서 아동이 취하고 그리고 다른 지적 습관을 동화시키는 것처럼 개념을 동화시킨다는 견해는 결함투성이임이 명백하다.

6-1-17] 그러나 실천적 측면에서 볼 때도, 이런 주장의 결함은 매 단계에서 명백하게 드러난다. 실험적 조사와 마찬가지로 교육적 경험은 개념을 직접적으로 교수를 통해 가르치는 것이 실제적으로 불가능하며 교육적으로 무익하다는 것을 드러낸다. 이런 접근법을 사용하려는 교사는 오직 낱말들의 공허한 학습, 순수한 기계적 표현 외에는 아무것도 얻지 못한다. 이는 상응하는 개념의 존재를 흉내 내거나 모방하지만 실제적으로는 아무것도 만들어 내지 못한다. 이런 조건하에서 어린이는 개념이 아닌 낱말을 학습하고 이 낱말을 생각이 아니라 기억을 통해 취하게 된다.[14] 그 결과 이와 같이 학습된 개념을 구체적 상황에 적용하고자 하는 모든 시도가 무익하다는 것이 드러나게 된다. 이런 식으로 개념을 가르치는 것은 바로 보편적으로 비판을 받아 왔던 순수하게 현학적인 언어적 교수 방식의 근본적인 결점을 드러낸다.[15] 그것은 생동

하는 지식을 숙달하는 것을 죽은 공허한 언어적 도식을 학습하는 것으로 대체한다.

6-1-18] 톨스토이Л.Н. Толстой[16]는, 낱말의 본질과 그 의미를 비범하게 파악하고 있었다. 직접적으로 교사에서 학생으로 개념을 전송하려는 시도가, 다른 낱말들을 이용하여 한 사람에게서 다른 사람으로 낱말의 의미를 기계적으로 전이하는 것이 불가능함을 그는 스스로 가르쳐 본 체험을 통해, 명료하고 정확하게 파악하고 있었다.

6-1-19] 톨스토이는 먼저 어린이의 말을 동화에 나오는 말로 번역하고 이어서 동화에 나오는 말을 더 높은 수준의 문체로 번역하는 방식으로 아동에게 문학적 언어를 가르쳤던 경험을 이야기하면서, 흔히 사람들이 강요된 설명, 기억 그리고 반복을 통해 프랑스어를 가르치는 것처럼 학생에게 그들의 의지에 반하여 문학적 언어를 가르치는 것이 불가능하다는 결론을 내렸다.

6-1-20] 톨스토이는 말했다. "지난 두 달 동안 이 접근법을 여러 번 시도했지만 언제나 그것이 잘못되었음을 입증하는 어린이들의 완강한 반감에 직면했음을 우리는 인정해야만 한다. 이런 시도를 통해 나는 유능한 교사일지라도 한 낱말의 의미를 혹은 담화의 의미를 설명하는 것이 불가능하다고 확신하게 되었다. 재능 없는 교사들에게 친숙한 설명들, 예컨대 '의회는 작은 산헤드린이다.' 등이 성공할 수 없는 것은 당연한 일이다. '인상'과 같은 낱말을 설명하기 위하여 당신은 그 낱말과 마찬가지로 이해할 수 없는 다른 낱말로 혹은 서로 간의 연결을 이해할 수 없는 여러 개의 낱말로 대체해야만 한다." 우리는 이 문제에 대한 톨스토이의 단정적인 입장에서 그 평가 속에 섞인 진실과 오류를 발견한다. 그의 입장에서 옳은 측면이란 톨스토이와 같이 헛되이 낱말의 의미를 가르치려 하는 모든 교사의 경험으로부터 직접적으로 흘러나오는 것이다. 톨스토이의 말에 따르면 이 입장의 진실은 다음과 같은 사실에 있다. "학생들이 이해하지 못하는 것은 거의 언제나, 낱말 자체가 아니라 그 낱말이 표현하고 있지만 학생들이 아직 가지지 못한 개념이다. 개념이 준비되어 있을

때면 낱말은 거의 언제나 준비되어 있다. 게다가 낱말과 관념, 새로운 개념 형성 사이의 관계는 너무 복잡하고, 신비스럽고, 미묘한 정신 과정이라 그에 대한 모든 간섭은 발달 과정을 지체시키는, 조잡하고, 서투른 힘을 발휘한다(36, p. 143)." 이 입장의 진실은 개념 혹은 낱말의 의미가 발달한다는 사실과 이 발달 과정이 복잡하고 미묘하다는 사실에 있다.

6-1-21] 교수-학습 문제에 대한 톨스토이의 일반적인 개념화와 직접적으로 연결되는 이 명제의 잘못된 측면은, 이러한 신비한 과정에 거대한 개입의 가능성을 간단히 배제했다는 것과 개념 발달 과정을 그 자체의 내적 경로로 버려 둔다는 데 있고, 그리고 발달의 과정을 교수-학습으로부터 분리하고 과학적 개념 발달의 문제에 있어서 교수-학습에는 수동적인 역할만을 부여한다는 데 있다. 이 오류는 톨스토이의 자신의 입장에 대한 다음과 같은 단언적인 서술에서 명료하게 나타난다. "모든 개입은 발달 과정을 지체시키는, 조잡하고, 서투른 힘을 발휘한다."[17]

6-1-22] 그러나 톨스토이는 모든 개입이 필연적으로 개념 발달 과정을 지체시키지는 않는다는 것과 개념 형성에서 단지 조잡한 직접적인 개입만이, 즉 두 점 사이의 최단 거리를 연결한 직선과 같이 이동하려는 시도의 개입만이 피해를 야기한다는 것을 깨닫고 있었다. 반면에 더 정교하고 더 복잡하고 더 간접적인 교수-학습 방법은 어린이의 개념 발달 과정을 더 높은 수준으로 나아가게 할 수 있는 그런 개입이다. 톨스토이는 다음과 같이 말한다. "우리는 말의 일반적 의미로부터 새로운 개념과 낱말을 습득할 기회를 학생에게 제공해야만 한다. 만약에 그가 이해할 수 있는 구에서 이해하지 못하는 낱말을 듣거나 읽는다면, 그리고 후에 다른 구에서 또 그런 일이 벌어진다면, 그는 새로운 개념에 대해 모호한 표상을 가지기 시작하다가 결국에는 그 낱말의 사용이 필요할 때를 느끼게 된다. 일단 그가 그것을 사용하기 시작하면, 그 낱말과 개념은 그의 자산이 된다.[18] 이 똑같은 목적지에 이르는 천 가지의 다른 길이 있다. 그렇지만 내 의견은 학생에게 의도적으로 새로운 개념이나 낱말의 형태

를 제공하려는 것은, 평형의 법칙에 따라 아이를 걷도록 가르치는 것처럼 불가능하고 헛된 일이라는 것이다. 꽃이 피는 것을 돕겠다고 꽃봉오리를 감싸고 있는 꽃잎을 벗겨 내어 모든 것을 망치는 어떤 이의 조잡한 손과 같이, 이런 종류의 어떠한 시도도 어린이를 기대되는 목적에 가까이 데려가기는커녕 그로부터 멀리 떨어뜨려 놓을 것이다(36, p. 146).[19]"

6-1-23] 이와 같이 현학적인 방식 이외에도, 우리가 새로운 개념을 어린이에게 가르칠 수 있는 천 개의 다른 길이 있다고 톨스토이는 믿었다. 그는 오직 하나의 길을, 즉 직접적으로, 야만스럽게, 기계적으로 개념의 꽃잎을 벗겨 내는 것을 거부했다. 이는 너무도 옳아 논쟁의 여지도 없다. 이것은 우리가 검토한 모든 이론과 실천에 의해 확증되었다. 그렇지만 톨스토이는 그 내부에서 이루어지는 외부와 단절된 개념 형성의 내적 측면에, 부연하면 자연발생성에, 우연에, 표상과 모호한 감각 작용에 많은 중요성을 부여하였고, 이 과정에 영향을 미칠 수 있는 가능성을 과소평가하였으며, 결국 교수-학습과 발달을 갈라놓았다. 이 모든 것에서 우리가 관심을 가지는 것은 톨스토이 식의 생각 중 잘못된 두 번째 측면이나 그것의 문제점을 드러내는 것이 아니라, 어린이에게 평형의 법칙에 따라 걷기를 가르치려는 시도와 같이 새로운 개념의 꽃잎을 벗겨 내는 것이 불가능하다는 결론을 도출한 일말의 진실이다. 바꿔 말하면, 우리의 관심을 끄는 것은 새로운 개념과의 첫 만남으로부터 이 개념이 어린이의 자산이 되는 순간까지의 길은 복잡한 내적 심리 과정이라는 완벽하게 정확한 관념이다. 이는 새로운 낱말의 점진적인 이해는 혼란스러운 표상으로부터 시작되어 어린이 스스로의 사용을 거쳐 종국에 가서야 진정한 학습을 낳는다는 것을 함축한다. 어린이가 새로운 낱말의 의미를 처음으로 알게 되는 순간에 개념 발달 과정은 완결된 것이 아니라 단지 시작이라고 우리가 말했을 때, 우리는 철저하게 똑같은 발상을 표현한 것이었다.

6-1-24] 첫 번째 측면에 대해서 말하자면, 현재의 장章에서 발전시키고 있는 작업가설의 적절성과 효율성을 실험적으로 검증하려는 거점 연구인 현재

의 연구는, 톨스토이가 언급한 수천 가지의 다른 경로 이외에도, 새로운 개념과 낱말 형태를 어린이에게 의도적으로 가르치는 것이 가능할 뿐 아니라, 그것(교수·학습-K)이 어린이에게 이미 형성되어 있는 개념의 상위 발달을 위한 출발점이 될 수 있으며, 학교의 교수-학습에서 개념에 직접적으로 영향을 미치는 것이 가능하다는 것을 보여 준다. 그러나 우리 연구가 보여 주는 바와 같이 이러한 영향은 과학적 개념 발달의 끝이 아니라 시작이며, 적절한 개념 발달 과정을 배제하지 않을 뿐 아니라, 발달 과정에 새로운 방향을 제시하고, 학교의 궁극적 목적에서 볼 때 교수-학습과 발달 과정에 새롭고 최고로 호의적인 관계를 성립하게 한다.

6-1-25] 이 문제를 논의하기 전에, 우리는 먼저 한 가지 점을 명료하게 해야 한다. 그것은 톨스토이가 문학적 언어를 아동에게 가르치는 문제와 연결하여 개념을 이야기하고 있다는 것이다. 따라서 톨스토이가 마음에 두고 있던 것은 과학적 지식 체계를 교수-학습하는 과정에서 아동이 획득하는 개념이 아니라, 아동에게 이미 형성되어 있는 유치한 개념 조직에 삽입되는, 이전에 모르던 새로운 일상적 언어로 된 낱말과 개념이었다. 그가 인용한 실례는 이것을 분명하게 드러낸다. 그는 '인상' 혹은 '도구' 같은 낱말과 개념을 설명하고 해석하는 것에 대해 이야기하고 있다. 이들은 엄격하게 한정된 체계로 학습되어야만 하는 낱말이나 개념들이 아니다. 반면에 우리 연구의 목표는, 어떤 과학 지식의 체계를 교수-학습하는 과정에서 아동에게 실제로 형성되는 과학적 개념의 발달 문제를 규명하는 것이다. 이런 연유로 당연히 하나의 질문이 제기된다. 우리가 지금까지 검토했던 명제가 과학적 개념 형성에 어느 정도까지 동일한 척도로 확장될 수 있을까? 이 질문에 답하기 위해서, 우리는 과학적 개념의 형성 과정, 그리고 톨스토이가 마음에 두고 있었던, 아동 자신의 일상적 삶의 경험에서 형성되기 때문에 관행적으로 일상적 개념이라[20] 지칭되는 개념의 형성 과정, 이 둘의 관계를 규명해야만 한다.

6-1-26] 이런 식으로 과학적 개념과 일상적 개념의 경계를 정하면서, 우리

는 이러한 구별의 객관적 정당성에 대해 미리 판단하지 않았다. 반대로 우리 연구의 핵심 문제 중의 하나는 과학적 개념 발달 과정과 일상적 개념 발달 과정에 객관적인 차이가 존재하는지를 정확히 결정하고, 그 차이가 존재한다면 그것은 무엇으로 구성되어 있는지, 그리고 그것들의 비교 연구를 정당화하는 그 차이가 무엇인지를 정확하게 규정하는 것이다. 이 장章의 과제는 이런 경계 설정이 경험적으로 근거가 있고, 이론적으로 정당하며, 교수-학습과 관련하여 유익하다는 것과 이런 경계 설정이[21] 우리가 채택한 작업가설의 토대에 초석으로 놓여야만 한다는 것을 보여 주는 것이다. 우리는 과학적 개념이 일상적 개념과 전혀 다르게 발달한다는 것을, 즉 과학적 개념 발달의 경로는 일상적 개념의 발달 경로를 반복하지 않는다는 것을 확립해야 한다. 우리의 작업가설을 사실로 입증해 주는 실험으로 제시된 우리의 실험적 연구는 이 두 개념의 발달 과정에 어떤 차이가 있는지 정확하게 설명하는 것을 과제로 삼는다.

6-1-27] 우리가 출발점으로 채택하였으며 우리의 작업가설과 모든 연구 문제에서 발전시키고 있는 과학적 개념과 일상적 개념의 경계 설정은 최근 심리학에서 일반적으로 받아들여지지 않고 있으며 이 주제에 대해 일반적으로 받아들여지는 의견과 오히려 많은 부분에서 대립된다.[22] 이런 이유로 이것은 증거에 의해 지지되고 설명되어야 한다.

6-1-28] 우리는 학교의 교수-학습을 통해 어린이의 정신에서 어떻게 과학적 개념이 발달하는가에 대한 두 가지 종류의 대답이 존재한다는 것을 이미 지적하였다. 우리가 이제까지 드러낸 바와 같이 첫 번째 대답은 학교에서 학습한 과학적 개념에 어떤 내적 발달도 있을 수 없다는 것이다. 우리는 이미 이러한 대답의 모순성을 세세하게 지적했다. 현재 더 널리 퍼져 있는 이 문제에 대한 두 번째 대답이 남아 있다. 대답의 핵심은 학교 교육과정을 통해 어린이의 정신에서 이루어지는 과학적 개념의 발달은 원래 어린이의 직접적인 경험 과정에서 형성된 다른 개념의 발달과 결코 구분될 수 없으므로, 결과적으로 이 두

과정을 경계 짓는 것은 근거가 없다는 것이다. 이 관점에서 보면 과학적 개념의 발달 과정은 그것의 근본적인 특징으로 일상적 개념의 발달 경로에서 나타나는 본질을 단순하게 반복한다.[23] 우리는 그런 확신이 도대체 무엇에 근거하는지를 묻지 않을 수가 없다.

6-1-29] 우리가 이 문제를 다룬 과학적 문헌을 모두 검토한다면, 거의 예외 없이 아동기 개념 형성 문제를 다룬 모든 연구는 그 연구 대상이 일상적 개념임을 확인할 수 있다.[24] 우리가 앞서 말한 바와 같이 총체적으로 우리의 작업은 의심할 바 없이 과학적 개념의 발달 경로를 체계적으로 연구한 최초의 시도다. 따라서 어린이의 개념을 설명하기 위한 발달에 근본적인 모든 법칙은 어린이 자신의 일상적 개념으로부터 나온 자료에 근거한다. 그런 후 어떠한 확인 작업도 없이 이 법칙들은 어린이의 과학적 생각이라는 영역까지 확대되었다. 이렇게 이 법칙들은 너무도 상이한 내적 조건을 동반하는 완벽하게 다른 개념 영역에 직접적으로 전이되었다. 이러한 현상이 벌어진 까닭은 어린이의 개념이라는 울타리에 한정되어 적용돼야 할 연구 결과를 확대 해석하는 것이 타당하고 적합한 것인지에 연구자들이 의문을 제기하지 않았기 때문이다.

6-1-30] 사실은 피아제와 같은 몇몇의 통찰력이 남달리 뛰어난 연구자들은 이 문제를 더 이상 회피할 수 없다는 것을 최근에 알게 되었다. 이 문제를 스스로 제기하자마자, 그들은 한편으로는 어린이가 현실에 대해 가지게 되는, 어린이 자신의 생각 작용이 결정적인 역할을 하여 발달하는 표상과 다른 한편으로는 주위 사람들이 제공하여 어린이가 동화하게 된 이해가 어린이에게 미친 결정적인 영향하에서 태어난 표상에 대해 명료하게 경계 짓지 않을 수 없었다. 피아제는 두 번째 묶음에 반대되는 첫 번째 묶음을 어린이의 자연발생적 표상, 두 번째의 유형을 해방된 표상이라고 명명하였다.

6-1-31] 피아제는 이 두 방식의 표상 혹은 두 무리의 어린이 개념은 공통점이 많다고 진술했다. 1) 둘 다 주입에 저항한다. 2) 둘 다 어린이 생각에 깊게 뿌리를 두고 있다. 3) 둘 다 같은 연령의 어린이에서 어떤 일반성을 보인다. 4)

둘 다 몇 년에 걸쳐 어린이의 의식에 유지되며, 표상을 주입할 때와 같이 갑자기 사라지기보다는 점진적으로 새로운 개념에 자리를 양도한다. 5) 둘 다 어린이의 정확한 첫 반응에서 자신을 드러낸다. 어린이 개념의 두 무리에 공통되는 이러한 모든 특징들은 이들을 주입한 표상과, 질문에 내재하는 힘에 영향을 받아 어린이가 하는 응답으로부터 구분한다.

6-1-32] 본질적으로 우리에게 옳다고 보이는 이러한 명제는, 자연발생적으로 출현할 수 없기 때문에 의심할 바 없이 두 번째 개념 무리에 속하는, 아동의 과학적 개념은 진정한 발달 과정을 겪게 된다는 것에 대한 전적인 인정을 포함한다. 위에 인용한 다섯 가지 특징 목록은 이에 대한 증거이다. 피아제는 이 무리의 개념에 대한 조사가 합당한 독립적인 특정 연구의 대상이 될 수 있다는 것을 인식했다. 피아제는 다른 어떤 연구자보다 우리가 관심을 가지고 있는 이 문제를 더 심층적으로 다루었다.

6-1-33] 그러나 동시에 피아제는 자신의 추론에 담겨진 올바른 가치를 저하시키는 다수의 오류를 범했다. 특히 여기서 관심을 끄는 것은 피아제의 생각에 들어 있는 오류를 구성하는 세 가지 요소이다. 이것들 사이에는 내적인 연결이 있어 보인다. 첫 번째 요소는 아동의 비자연발생적 개념을 독립적으로 연구할 수 있는 가능성과 이 개념이 어린이 사고에 뿌리를 깊이 내리고 있다는 사실을 인정하면서도 그와는 정반대의 단정에 도달했다는 것이다. 부연하면, 오로지 어린이의 자연발생적 개념과 자연발생적 표상만이 어린이의 생각에 반영된 질적인 특수성을 직접적으로 이해할 수 있는 출발점이 될 수 있다는 단정에 도달했다는 것이다. 피아제에 의하면 주변의 어른의 영향하에서 형성되는 어린이의 비자연발생적 개념은 어린이 생각의 특수성을 반영한다기보다는 그 어린이가 동화한 성인 관념의 정도와 특성을 반영한다. 이렇게 진술함으로써 피아제는 어린이는 개념을 동화하면서 이를 다시 정교화하고, 이 재정교화의 과정에서 개념에 어린이 생각의 특정한 특수성의 흔적을 남긴다는 자신의 올바른 가설을 반박한다. 그럼에도 피아제는 이 명제가 비자연발생적 개념에

도 똑같이 적용될 수 있다는 것을 부정하고 이를 오로지 자연발생적 개념에만 적용하였다. 피아제 이론에 나타난 오류의 첫 번째 계기는 이러한 너무도 근거 없는 결론에 놓여 있다.

6-1-34] 그의 이론에서 드러난 오류의 두 번째 계기는 첫 번째 것에서 직접적으로 도출된다. 만약에 어린이의 비자연발생적 개념이 어린이 생각의 특수성을 반영하지 못하며 이러한 특수성이 단지 어린이의 자연발생적 개념에서만 발견된다는 것을 인정하게 되면, 실제로 피아제가 그랬듯이, 우리는 자연발생적 개념과 비자연발생적 개념 사이에 어떤 상호 영향도 배제시키는, 견고하고 단단하며 한번 세워지면 영원히 지속되는 경계가 존재한다는 발상을 받아들여야만 한다. 피아제는 자연발생적 개념과 비자연발생적 개념을 변별하는 데에만 관심을 가졌을 뿐, 어린이의 정신 발달 과정에서 구성되는 독특한 개념 체계에서 무엇이 두 개념을 통합하는지를 보지 못했다. 그는 단절만을 보고 연결을 보지 못했다[25]. 그러므로 피아제는 개념 발달을, 서로 공통점이 없고 마치 두 개의 완전히 고립되고 나뉘어진 궤도를 따르는 듯한 두 과정에서 기계적으로 발생하는 어떤 것이라고 제시했다.

6-1-35] 이 두 오류는 피아제의 이론을 내적 모순으로 몰아넣었고 결국 그를 세 번째 오류로 몰아넣었다. 한편으로 피아제는 어린이의 비자연발생적 개념은 그 자체로는 그의 생각의 특수성을 반영하지 못하며 이러한 특권은 배타적으로 자연발생적 개념에만 속한다고 주장하기 때문에 어린이의 이와같은 특수한 지식은 일반적으로 실제적 주요성을 전혀가지지 않음을 그는 당연히 인정해야 한다. 다른 한편으로 그의 이론에서 피아제가 발전시킨 기본적인 명제 중 하나는 어린이 정신 발달의 본질은 어린이 생각의 점진적인 사회화라는 것이다. 그런데 비자연발생적 개념 형성이 이루어지는 본질적이며 가장 압축적인 형식의 하나는 학교의 교수-학습이다. 따라서 학교의 교수-학습에서 드러나게 되는 생각의 사회화 과정은 어린이 발달에서 가장 중요하지만, 이는 마치 어린이의 지적 발달의 내적 과정과 연결되지 않는 것처럼 나타난다. 한편으

로는 어린이 생각 발달의 내적 과정을 이해하는 것은 학교의 교수-학습에서 이루어지는 어린이의 사회화를 설명하는 데 중요하지 않다. 다른 한편으로는 학교 교수-학습 과정에서 최고로 중요한 역할을 하는 생각의 사회화는 어린이의 표상과 어린이 개념의 내적 발달과 연결되지 않는다.

6-1-36] 피아제 전체 이론에서 가장 취약점이며 동시에 우리 조사에서 그것을 비판적으로 다시 검사해야 할 출발점을 제공하는 이 모순은 우리가 그것에 좀 더 많은 시간을 바칠 가치가 있다. 그것은 이론적 측면과 실천적 측면에서 그렇다.

6-1-37] 이러한 모순의 이론적 측면은 피아제가 교수-학습과 발달의 문제를 제시한 방법에 그 근원을 두고 있다. 피아제는 어디서도 이 이론을 직접 발전시키지 않았고 이 문제에 대해 지나가는 식으로도 의견을 밝힌 적이 거의 전혀 없었다. 그럼에도 이 문제는, 문제에 대한 정확한 해결과 함께 피아제가 가장 중요한 공리로서 이론적으로 구성한 체계에 포함되어 있다. 이를 토대로 모든 이론이 전체로서 확립되거나 붕괴된다. 이것은 지금 검토 중인 이론에 포함되어 있으며 우리의 과업은 우리 가설의 출발 계기와 대비시킬 수 있는 상응하는 계기로 그것을 발전시키는 것이다.

6-1-38] 피아제는 어린이의 정신 발달을 어린이 생각의 특징이 서서히 사라지는 과정으로 표현한다. 피아제에게 어린이의 정신 발달은 어린이 사고의 고유한 성질과 특성이 더욱 강력한 어른의 생각으로 점진적으로 교체되는 과정이다. 어린이 정신 발달의 시작은 유아의 유아론唯我論으로 표현된다. 어린이가 어른의 사고를 취하게 되면 이러한 유아적인 유아론은 어린이의 자기중심적 생각에 자리를 내어 주게 된다. 자기중심적인 생각은 어린이 의식의 특징과 성인 사고의 특징의 타협으로 간주된다. 이 때문에 더 어린 어린이일수록 자기중심성이 더 강하다. 나이가 듦에 따라 어린이 생각의 특징들은 사라지기 시작한다. 그들은 한두 영역에서부터 교체되기 시작하여 마침내는 완전히 사라지게 된다. 발달의 과정은 더 초보적이고 기본적인 형태의 생각으로부터 좀 더 수준

높고 복잡하며 발달된 형태의 사고가 연속적으로 나타나는 과정으로 표현되지 않는다. 대신, 발달은 한 사고의 형태가 다른 형태에 의해 점진적이고 연속적으로 떠밀려나는 과정으로 묘사된다. 사고의 사회화는 어린이 사고의 특징들이 쫓겨나는 외적이고 기계적인 과정으로 간주된다. 이러한 의미에서 발달은 용기 외부로부터 주입된 액체가 용기를 채우고 있던 기존 액체를 교체하는 과정과 견줄만하다. 흰 액체를 담고 있는 용기에 붉은 액체가 계속적으로 주입된다. 발달 과정 초기의 어린이에게 고유한 특성을 대표하는 흰 색의 액체는 어린이가 발달함에 따라 밀려서 밖으로 나오게 된다. 용기가 점차 붉은 액체로 채워지게 됨에 따라 흰 액체는 용기 밖으로 밀려난다. 결국, 필연적으로 붉은 액체가 용기 전체를 채우게 된다.[26] 발달은, 따라서, 근본적으로 쇠락의 과정으로 나타난다. 발달에 있어 새로운 것은 외부로부터 주입되는 것이다. 어린이의 특성들은 그의 발달의 역사에 있어 구성적, 긍정적, 진보적, 형성적인 역할을 하지 못한다. 고등 형태의 사고는 어린이의 특성으로부터 생겨나지 않으며 단지 그것을 대체할 뿐이다.

6-1-39] 이것이, 피아제에 따르면, 어린이 정신 발달에 있어 유일한 법칙 закон이다.

6-1-40] 이 쟁점에 대한 피아제의 생각을 확장해 보면 교수-학습과 발달 사이의 관계는 어린이의 개념 형성에 있어 하나의 적대감으로 표현된다. 처음부터 어린이의 생각은 어른의 생각과 대조적인 위치에 놓인다. 하나가 다른 것으로부터 생겨나는 것이 아니라 다른 것을 배제하는 것인데[27], 이는 단지 어린이가 어른으로부터 얻게 된 비자연발생적 개념이 그의 자연발생적 개념과 무관하다는 말이 아니다. 다양한 방식으로 전자는 후자와 완전히 대조적이다. 이 둘 사이에는 계속적인 적대와 갈등 이외에는, 또한 비자연발생적 개념이 자연발생적 개념을 점진적이고 연속적으로 교체하는 것 이외에는 어떠한 관계도 성립이 불가능하다. 하나가 자리를 잡기 위해서는 다른 것이 그 자리에서 물러나야 한다. 따라서 어린이 발달의 모든 과정에 있어서 적대적인 두 무리의

개념이 존재해야 한다. 나이에 따라 바뀌는 것은 오직 그들 사이의 양적인 관계이다. 처음에 한쪽이 우세하지만 발달의 한 단계에서 다음 단계로 넘어감에 따라 다른 편의 양이 점차 증대하게 된다. 학교에서의 교수-학습의 결과로, 비자연발생적인 개념은 자연발생적인 개념을 마침내 퇴거시킨다. 이는 11세에서 12세 사이에 일어난다. 피아제의 견해로는 이것이 어린이의 정신 발달을 완성한다. 발달이라는 하나의 드라마에 있어서 결정적인 작용을 하며 성숙기 전체에 연장되는 진정한 성인 개념의 형성은 어린이의 역사에 있어 잉여적이거나 불필요한 부분으로 제외되고 있다. 피아제는 어린이 표상 발달의 각 단계에 있어서 우리는 어린이의 사고와 어린이를 둘러싼 사고 간의 진정한 갈등을 만나게 된다고 주장한다. 그는 이러한 갈등을 통해 어린이 마음에서 어른으로부터 받은 것으로의 체계적인 변형이 일어나게 된다고 주장한다. 나아가 이 이론에 따르면, 발달은 적대적인 사고 형태들 사이의 계속적 갈등이 되어 버린다. 바꿔 말하면, 발달이 발달 과정의 각 단계에 있어 이 두 개의 사고 형태 사이의 고유한 타협의 확립으로 전락하는 것이다. 이러한 타협은 발달 과정의 각 단계에서 확립되며, 어린이 자기중심성의 감소 정도에 따라 변한다.

6-1-41] 실제적인 관점에서, 피아제 생각의 이러한 모순은 어린이의 자연발생적 개념에 대한 연구로부터 얻은 결과를 비자연발생적 개념 발달에 적용하는 것을 불가능하게 만들었다. 한편으로는, 어린이의 비자연발생적 개념, 특히 학교에서의 교수-학습의 과정을 통해 형성된 비자연발생적 개념은 어린이 자신의 사고 발달과 공통점이 전혀 없다. 다른 한편으로는 자연발생적 개념의 특징인 발달의 법칙을 학교의 교수-학습의 결과로 일어나는 개념의 발달에 전이시키고자 하는 시도가 계속된다. 그 결과가 피아제의 「어린이의 심리와 역사의 교수」라는 논문에서 특히 명확하게 나타나는 순환논법이다. 여기서, 피아제는 "만일 진실로, 어린이의 역사적 이해를 기르는 것은 비판적 또는 객관적 정신과 상호 의존성, 관계와 안정성에 대한 이해를 전제조건으로 한다면 역사를 가르치는 방법을 결정하는 토대로 어린이의 자연발생적 지적 상태

(그것이 아무리 소박하고 사소해 보일지라도)에 대한 연구보다 나은 것이 없다(37, 1933)"고 주장한다. 그러나 동일한 논문에서 어린이의 이러한 자연발생적 지적 장치에 대한 연구는 저자로 하여금 역사를 가르치는 기본적 목적, 즉 비판적이고 객관적인 접근, 상호 의존성과 관계 그리고 안정성에 대한 이해는 어린이의 생각과 동떨어진 것이라는 결론으로 이끈다. 한편으로, 우리는 자연발생적 개념의 발달은 과학적 개념의 습득을 설명할 수 없다는 주장을 발견하고, 다른 한편으로, 우리는 수업 기술에 있어서 어린이의 자연발생적 상태에 대한 연구보다 중요한 것은 없다는 주장을 발견한다. 피아제는 이러한 실제적인 모순을 교수-학습과 발달 사이에 존재하는 적대성으로 해결한다. 자연발생적 상태에 대한 지식은 교수-학습의 과정에서 고려되어야 하므로 중요하다고 하는데, 이는 우리가 적敵을 잘 알아야 하는 것과 유사하게 이해되어야 한다. 학교 교육преподавание에서 기초가 되는 성인의 사고와 어린이의 사고 사이의 계속되는 갈등은, 교수기술의 개선을 위해 반드시 이해되어야 한다.

6-1-42] 본 연구의 목적은, 우리의 작업가설을 세우고, 작업가설을 실험적으로 증명하고, 어린이 사고 발달에 대한 현대의 가장 훌륭한 이론 중 하나에서 나타난, 아래에서 기술된 세 가지 오류를 극복하는 데 있다.

6-1-43] 피아제의 첫 번째 오류를 검토하고자 우리는 의미하는 바가 정 반대인 것을 제시하였다. 우리 가정에 따르면 비자연발생적 개념의 발달은, 특히 우리가 이론적인 그리고 실천적인 측면에서 최고로, 가장 순수하고, 가장 중요하다고 간주하는 비자연발생적 개념의 한 유형인 과학적 개념의 발달은 특별한 연구를 통해, 이 연령대의 발달 단계에 있는 어린이 사고의 모든 주요한 질적 특성을 드러낼 것이다. 이 가정을 만들면서, 과학적 개념이 단순히 어린이에 의해 습득되거나 기억되어서 어린이의 기억에 의해 동화되는 것이 아니라 어린이의 모든 생각 활동에서 가장 높은 수준의 긴장을 통해 생겨나고 형성된다는 위에서 이미 전개했던 단순한 철학에 우리는 의지한다. 이로부터 과학적 개념의 발달에서 이런 어린이 사고 활동과 관련된 자질이 전체로서 발견될 것

이라는 내용이 어쩔 수 없이 필연적으로 뒤따르게 된다. 우리가 그 결과를 예견한다면, 실험적 연구는 이러한 가정을 충분히 확증한다.

6-1-44] 피아제의 두 번째 오류를 검토하고자, 우리는 한 번 더 가정에 담긴 의미가 정반대인 것을 제시하였다. 우리 가정에 따르면, 가장 순수한 형태의 비자연발생적 개념인 과학적 개념은 자연발생적 개념에 대한 연구로부터 우리가 알고 있는 것과 반대되는 특성을 보여 줄 뿐 아니라, 그것과 동일한 특성도 보여 줄 것이라고 추정해야만 한다. 그 까닭은 이 두 유형의 개념을 나누는 경계는 유동적이고, 발달의 실제 경로에 있어서 앞뒤로 수시로 움직이기 때문이다. 우리가 미리 어떤 가정을 세워야 한다면, 이 가정은 자연발생적 개념과 과학적 개념의 발달이 밀접하게 연결된 과정이어서 이들이 서로 지속적으로 영향을 미친다는 것이어야만 한다. 한편으로, 우리가 우리의 가정을 그렇게 발전시켜야 하는 것처럼, 과학적 개념의 발달은 특정 수준의 자연발생적 개념의 성숙에 필연적으로 의존해야만 한다. 우리의 실제적인 실험이 보여 주는 바와 같이, 과학적 개념의 발달은 과학적 개념 형성과 무관할 수 없는, 어린이의 자연발생적 개념이 일정 수준의 발달에 도달하였을 때에만 가능해지며, 이러한 수준의 발달은 전형적으로 학령기가 시작될 때까지는 이루어진다. 다른 한편으로는, 과학적 개념과 같이 고등한 유형의 개념이 출현하는 것은 필연적으로 기존의 자연발생적 개념의 수준에 영향을 미치지 않을 수 없다고 추정해야만 한다. 그 까닭은 이러한 두 가지 유형의 개념은 어린이의 의식 안에 캡슐로 싸여 있거나 배의 침수 방지 차단벽(수밀격벽)으로 분리되어 있지 않기 때문이다. 이것들은 완전히 가로막힌 벽에 의해 나뉘어 있지 않고, 두 개의 떨어진 물길을 따라 흐르고 있지도 않다. 오히려 그들은 항상적으로 계속해서 상호작용을 한다. 이러한 상호작용은 필연적으로 과학적 개념과 같이 비교적 복잡한 구조를 일반화 하는 것이 자연발생적 개념 구조에 변화를 초래해야만 한다는 사실로 귀결된다. 이 가정을 만들면서, 자연발생적 개념의 발달을 말하든 과학적 개념의 발달을 말하든, 다양한 내적, 외적 조건하에서 실현되지만

본성상 통합적이고, 가장 첫 생각 형태부터 상호 배타적인 투쟁, 갈등, 적의에 연루되지 않는 전체 개념 형성 과정의 발달을 다룬다는 사실에 우리는 입각한다. 다시 한 번 우리가 결과를 예견한다면 실험적 연구는 이러한 가정을 역시 전적으로 확증할 것이다.

6-1-45] 마지막으로 피아제의 세 번째 입장, 우리가 위에서 드러내려 했던 오류와 모순으로 가득한 그 입장의 성질을 검토하고자, 우리는 가정에 담긴 의미가 정반대인 것을 제안하였다. 우리 가정에 따르면, 개념 형성의 과정에서 교수-학습 과정과 발달 과정 사이의 관계는 피아제가 제안한 단순한 적대감보다 훨씬 더 복잡하고 긍정적이어야 한다. 우리는, 우리의 특별한 연구를 위한 과정 동안, 교수-학습이 어린이 개념 발달의 근본적 근원이며 이 과정을 조정하는 대단히 강력한 힘임을 드러낼 것이라고 미리 예상할 수 있다. 이 가정을 만들면서, 우리는 고등의 과학적 개념은 기존에 있던 더 낮은 수준의, 더 기본적인 형태의 일반화로부터 시작함으로써만 어린이 머리 안에 생겨날 수 있고, 그리고 그것들은 단순히 외부로부터 어린이의 의식 속으로 소개될 수 없다는 고려考慮에 의존할 뿐만 아니라, 교수-학습이 개념의 발달을 포함하는, 학령기 중 어린이의 정신 발달의 모든 운명을 결정짓는 결정적 계기라는 잘 알려진 사실에 의존한다. 우리가 미리 그 결과를 살펴볼 수는 없겠지만, 연구에 의해 이 세 번째의 최종적 가설이 확증될 것이다. 그렇게 함으로써 우리는 어린이 개념에 대한 심리학 연구의 결과물을 학교 교육преподавание과 교수-학습обучение에 적용하는 문제를 피아제와는 완전히 다른 단면에서 조명할 수 있다.

6-1-46] 이러한 논의를 이제부터 더욱 상세히 발전시키고자 한다. 그러나 이것으로 넘어가기 전에, 우리가 한편으로 자연발생적이고 일상적인 개념, 다른 한편으로 비자연발생적 개념, 특히 과학적 개념, 이렇게 구별한 것을 정당화하는 근거를 언급하는 것이 필요하다. 단지 우리가 이 둘 사이에 발달의 수준에 있어서의 이러한 괴리가 있다는 것을 경험적으로 입증할 수 있다면, 그리

고 이 사실에 대한 설명을 발견할 수 있다면 이 결과는 논박이 불가능할 것이다. 우리는 특히 이 저작에서 제시한 거점 연구의 결과를 참조할 수 있을 것이다. 이 결과는 이 두 유형의 개념이 동일한 논리적 조작을 요구하는 유사한 과업에서 다르게 작용함을, 부연하면 동일한 어린이에게서 동일한 순간에 취한 두 유형의 개념이 다른 발달의 수준을 나타냄을 명백하게 보여 준다. 이 하나만으로도 자연발생적 개념과 비자연발생적 개념을 구별하는 것이 정당화되기에 충분할 것이다. 그러나 작업가설을 세우고 이러한 사실들을 이론적으로 설명하려면 우리로 하여금, 우리가 실험에서 사용한 이와같은 구분이 현실에 존재한다고 추정하게 한 전제조건들을 검토해야 한다. 이러한 전제조건은 네 무리rpynna로 나누어진다.

6-1-47] **첫 번째 무리.** 여기서는 실험적 연구보다는 경험적인 지식과 관련이 깊다. 우선, 이 두 개념에 있어 발달이 일어나는 내적 조건과 외적 조건이 다르다는 사실을 무시해서는 안 된다. 과학적 개념은 자연발생적 개념과는 전혀 다르게 어린이의 개인적 경험과 관련을 맺는다. 학교의 교수-학습에서 개념은 어린이의 개인적인 경험이 취하는 경로와는 완전히 다른 경로를 따라 생겨나고 발달한다. 개념이 학교에서 습득되면 어린이의 사고는 스스로 개념을 수용할 때와는 다른 과업들에 당면하게 된다. 종합하면, 교수-학습의 과정에서 형성되는 과학적 개념은 어린이의 경험과 상이한 관련을 맺고, 그들이 나타내는 대상과 다른 관계를 가지고 있으며, 그들이 탄생에서부터 마지막 최종 형태에 이르기까지 다른 경로를 따른다는 점에서 자연발생적 개념과 다르다.

6-1-48] 둘째, 똑같이 부정할 수 없는 경험적 고려를[28] 해 보면, 자연발생적 개념과 과학적 개념의 강점과 약점은 학령기 어린이들에게 있어 매우 다르다는 사실을 인식하게 된다.[29] 과학적 개념의 강점이 일상적 개념의 약점인 것과 같이, 일상적 개념의 강점은 과학적 개념의 약점이다. 일상적 개념을 정의하는 아주 간단한 실험 결과를 초등학교 어린이가 내린 과학적 개념에 대한, 훨씬 복잡한 전형적 정의와 대조시켰을 때 각 개념의 강점과 약점의 차이를 명확

히 보게 되리라는 점을 모를 이가 어디 있겠는가? 어린이는 형제가 무엇인가에 대한 정의를 내리는 것보다 아르키메데스의 법칙[30]에 대한 정의를 내리는 것을 더 잘 한다. 모든 증거를 모아볼 때 이는 오직 두 종류의 개념이 다른 발달의 경로를 따라왔다는 사실의 결과일 뿐이다. 어린이는 '아르키메데스의 법칙'이라는 개념을 '형제'의 개념을 배울 때와는 다르게 배운 것이다. 이 어린이는 형제가 무엇인지 알고 있지만, 이 낱말을 정의하는 방법을 배우기 위해서는(행여라도 그러한 상황에 맞부딪히게 된다면) 아직 이 낱말에 대한 이해에 있어 여러 개의 발달수준을 올라가야 한다. 형제라는 개념의 발달은 교사의 설명으로부터, 혹은 이 개념에 대한 과학적 공식화로부터 시작하지 않았다. 반대로, 이 개념은 어린이 자신의 풍부한 개인적 경험으로 흠뻑 젖어 있다. 그것은 어린이가 정의로 마주치기 이전부터 발달의 경로에서 중요한 부분을 거쳐 왔으며 그것에 담겨 있는 순수한 경험적 내용 대부분을 소진하였다. 물론, '아르키메데스의 법칙'의 저변에 놓인 개념은 이와 다르다.

6-1-49] **두 번째 무리**, 여기는 이론적 고려와 관련이 깊다. 우리는 피아제 자신이 의지했던 이론으로부터 시작할 것이다. 어린이 개념의 고유한 특성의 증거로 피아제는, 어린이가 말조차도 단순한 모방에 의해 동화하는 것이 아니며 어린이에 의해, 즉시 사용될 수 있는 형태로 차용될 수 없다는 스턴의 논증을 인용한다. 스턴의 주장 밑바탕에 깔려 있는 기본 원칙은 어린이 말의 고유성과 독특함, 어린이 말의 특별한 법칙과 본성을 인정하는 것이며, 그리고 이러한 특성이 단순히 어린이 주변의 말을 동화함으로써 나타나는 것이 불가능하다는 것이다. 피아제는 "우리는, 어린이 사고의 독창성으로 그 가치를 증대시키면, 이 원리를 우리의 것으로 취할 수 있을 것이다. 실제로, 사고는 어린이에게 있어 그의 언어보다 훨씬 독창적이다. 어떤 경우에도 스턴이 언어에 대해 말한 것은 사고에 대해서는 더더욱 유효하다. 형성적 요소로서 모방의 역할은 말 발달에 있어서보다 사고 발달에서 명백히 훨씬 덜하다"고 한다.

6-1-50] 만약에 어린이의 사고가 그의 언어보다 더 독특하다는 것이 사실

이라면(그리고 피아제의 이 테제가 우리에게 논란의 여지가 없는 것으로 보인다), 그러면 우리는 과학적 개념 형성을 특징짓는 사고의 고등 형태가 자연발생적 개념 형성에 참여하는 생각 형태에 비해 훨씬 더 큰 독창성으로 스스로를 드러내야만 할 필요성을, 그리고 피아제가 자연발생적 개념에 관한 말했던 모든 것이 과학적 개념에도 역시 적용되어야 할 필요성을 인정해야만 한다. 어린이가 과학적 개념을 재처리의 과정 없이 발달시킨다거나 과학적 개념이 잘 구워진 비둘기 고기들이 하늘에서 떨어지는 것과 같다는 생각은[31] 받아들이기 어렵다. 자연발생적 개념을 형성할 때와 마찬가지로, 과학적 개념을 나르는 새로운, 용어나 의미를 학습하는 것은 어린이에게 과학적 개념 형성의 완성이 아니라 오직 시작일 뿐이다. 이것은 자연발생적 개념과 과학적 개념의 발달에 있어 동일한 정도로 적용되는, 낱말의 의미 발달에 관한 일반 법칙이다.[32] 핵심은 이 두 유형의 개념이 형성되는 최초 계기가 근본적으로 다르다는 사실이다. 이러한 생각을 분명하게 하기 위해서는 하나의 유추аналогия를 이끌어 내는 것이 매우 유용한 것으로 보인다. 우리 가설을 발전시키는 후속연구와 연구 과정이 보여주겠지만, 이 유추는,[33] 단순한 유추 이상으로 그 심리적 본질에 있어서 우리가 조사하는 현상과, 바로 과학적 개념과 일상적 개념의 차이와 동일한 것으로 보인다.

6-1-51] 어린이는 모국어 발달과 전혀 다른 방식으로 학교에서 외국어를 발달시킨다는 것은 잘 알려져 있다. 모국어 발달에 대해 그토록 풍부하게 연구된 사실적 규칙들은 학교에서 배우는 외국어 학습에 있어서 어떤 유사한 형태로도 발견되지 않는다. 피아제는 정당하게 다음과 같이 말한다. "외국어가 어른에게 나타내는 것을 어른들의 말이 어린이에게 나타내는 것은 아니다. 즉, 어린이는 막 획득된 개념 하나하나에 각기 상응하는 기호의 체계로서 어른의 말을 배우지 않는다." 외국어 발달 과정은 모국어 발달 과정과는 매우 다르다. 이는 부분적으로, 전자의 경우 완전히 형성되고 발달한 일련의 단어 의미가 존재하여, 즉 모국어 자체가 비교적 성숙되어 있어서 이 단어 의미가 단

순히 외국어로 번역되기 때문이고 그리고 한편 이는 부분적으로 외국어가 내적으로도 외적으로도 완전히 다른 조건에서 발달한다는 사실, 즉 발달 과정을 특징짓는 조건이 모국어 발달 과정을 특징짓는 것과 대단히 다르다는 사실 때문이다. 다른 발달 경로와 상이한 조건에서는 동일한 결과에 도달할 수 없다. 학교에서의 외국어 학습에 관련한 과정이 모국어 학습에 연관된 것, 즉 유아기에 완전히 다른 조건에서 일어난 과정을 반복한다면 이상할 것이다. 이 차이점들이 중대하기는 하지만 이로 말미암아, 모국어 발달과 외국어 발달의 두 과정이 공통점이 많으며, 원래 언어 발달이라는 단일한 과정의 구성원이고, 덧붙여 글말의 발달이라는 지극히 고유한 과정을 수반한다는 사실이 가려져서는 안 될 것이다. 글말은 앞의 과정 중 어느 것도 반복하지 않고 언어 발달이라는 하나의 통합된 과정에서 새로운 변이형을 나타낸다. 더욱이 이 세 과정들(모국어, 외국어, 발달 그리고 글말의 발달)은 대단히 복잡한 상호작용 속에서 나타나는데 이는 이들이 내적 통합성을 가진 단일한 발생적 과정 속에 속함을 논쟁의 여지없이 보여 주는 것이다. 위에서 밝혔듯이 외국어 발달은 모국어의 의미적인 측면에 의존한다는 게 독특하다. 따라서 초등학교 학생들에게 외국어를 가르치는 토대는 어린이들의 모국어에 대한 지식이다. 이 둘 사이의 역전된 관계는, 외국어가 어린이의 모국어에 역으로 미치는 영향은 별로 주목받지 못했다. 그럼에도 괴테는 이를 대단히 명료하게 이해하였다. 그에 따르면, 최소한 하나의 외국어를 모르는 사람은 진정으로 모국어를 이해하지 못하는 사람이다. 연구는 괴테의 이러한 생각을 완전히 입증한다. 외국어의 숙달은 언어 형태의 파악, 언어 현상에 대한 일반화, 생각의 도구와 개념 표현으로써 낱말의 더욱 의지적, 의식적 사용이라는 의미에서 모국어를 더 높은 단계로 고양시킨다. 우리는 대수학습이 어린이에게 모든 산술적 조작은 대수적 조작의 특정한 사례라는 것을 이해시킴으로써 어린이에게 구체적 양의 조작에 대한 더 자유롭고, 더 추상적이며 더 일반화되어 있고 동시에 더욱 깊이 있고 풍부한 관점을 허용하므로 대수 학습이 어린이의 산술적 생각을 더 높은 단계로 고양시키듯이, 외국어 학습은 어린이로 하여금 모국어 수준을 고양시킨다고 말할 수 있을 것이다. 대수가 어린이를 구체적인 수량 관계를 파악하는 것으로부터 해방시켜 더 추상적인 사고 수준으로 향상시켰듯이, 외국어의 발달은 어린이의 언어적 사고를 구체적인 언어적 형태와 현상으로부터 해방시킨다.

6-1-52] 그러나 조사에서는 외국어 발달이 어린이의 모국어에 의존함을 그리고 모국어 자체의 발달에 반대로 영향 미침을 보여 준다. 이는 외국어가 모국어의 발달 경로를 그대로 따르지 않기 때문이며 한편의 강점과 약점은 다른 편의 그것과 다르기 때문이다.

6-1-53] 이와 비슷한 관계가 일상적 개념과 과학적 개념 사이에 있으리라고 믿을 만한 충분한 이유가 있다. 이러한 말을 뒷받침하는 데 유리한 설득력 있는 이유가 둘 있다. 설명하면, 첫째, 과학적 개념의 발달과 같이 자연발생적 개념의 발달은 원래 입말 발달 전체의 일부이거나 한 측면일 뿐이다. 정확히 말하면 이는 입말 발달의 의미적 측면이다. 심리학적으로 말해, 개념의 발달과 낱말 의미의 발달은 상이한 측면에 속한 동일한 과정들이다.[34] 이것이 언어 발달의 일반적 과정의 일부로, 낱말의 의미 발달이 전체에 부합하는 규칙성을 보여 주리라 가정할 수 있게 하는 토대이다. 둘째, 외국어 발달과 과학적 개념 형성의 내적 조건과 외적 조건은 그 가장 핵심적인 특징에 있어 일치한다. 그러나 무엇보다도 이들은 모국어와 자연발생적 개념의 발달에 관련된 조건들과 똑같은 방식으로 상이하다. 모국어와 자연발생적 개념은 다시 서로 유사하다. 무엇보다도 모든 차이점은 발달에 있어 교수-학습이 새로운 요소로서 존재한다는 점에 좌우된다. 이에 따라, 어떤 의미에서, 우리는 우리가 자연발생적 개념과 비자연발생적 개념을 구별한 것과 동일한 정당성을 가지고 자연발생적 말의 발달을 모국어라고, 비자연발생적 말의 발달을 외국어라고 할 수 있다.[35]

6-1-54] 이 책에서 상술된 연구와 외국어 발달 연구에 공헌한 심리학 연구는, 만약에 우리가 그 결과들을 상세하게 비교해 본다면, 우리의 유추가 지닌

정당성을 사실적 측면에서 확증해 줄 것이다.

6-1-55] 중요성이 떨어지지 않는 두 번째로 살펴야 할 이론적인 숙고는, 과학적 개념 또는 일상적 개념이 대상과 맺는 관계가 다르며, 그리고 사고에서 대상을 파악하는 작용이 다르다는 사실로 이루어진다. 결과적으로 이두 유형의 개념 발달은 이들의 저변에 놓여 있는 지적 과정이 구분된다는 의미를 담고 있다. 지식의 체계 안으로 교수-학습을 받아들임에 있어 어린이는 그의 눈앞에 있지 않은, 자신의 실제적 또는 심지어 잠재적인 즉각적 경험의 한계를 훨씬 뛰어넘는 대상을 학습하게 된다. 이렇게 되면 과학적 개념의 교수-학습은, 외국어 학습이 모국어의 의미에 의존하는 것과 같은 방식으로, 어린이 스스로의 경험을 통해 발달한 개념에 의존하게 된다. 외국어 교수-학습이 발달된 단어 의미의 체계를 전제로 하는 것과 같이 과학적 개념의 교수-학습은 어린이 사고가 자연발생적 활동의 토대 위에 생성한, 폭넓게 발달한 개념적 기초를 전제로 한다. 새로운 언어의 학습이 대상 세계와의 새로운 상호작용으로 혹은 이전에 이미 완성된 동일한 발달 과정의 반복으로 일어나는 것이 아니라, 새롭게 학습된 언어와 대상 세계 사이에 존재하는 이전에 이미 학습된 또 다른 언어적 체계에 의해 일어나는 것과 마찬가지로 과학적 개념 체계의 학습은 대상 세계와 이전에 구축된 다른 개념 사이의 동일한 매개적 관계에 의해서만 오직 가능하다. 그와 같은 개념 형성은 완전히 다른 생각의 작용 즉 개념 체계에서의 자유로운 이동과 연결되어 있으며, 이미 형성된 일반화의 일반화와[36] 연결되어 있고, 과거 개념에 대한 더욱 의식적이고 자발적인 숙달과 연결되어 있는 생각의 작용을 필요로 한다.

6-1-56] 세 번째 무리, 여기서 우리는 우선적으로 발견적 탐구 방법에 관심을 둔다. 근대 심리학 연구에서 개념을 탐구하는 데는 두 가지 방법이 있다. 하나는 피상적인 방법에 의지하는 대신 이를 만회하기 위해 어린이의 실제 개념을 다룬다. 다른 하나는 훨씬 더 복잡한 분석과 연구의 양식에 의존하기는 하지만 인위적 조건하에서 형성되고 최초에는 의미가 없던 낱말을 통해 나타

나게 된 개념만을 다룬다. 이 연구 분야에 있어 시급한 방법론적 과제는 실제 개념의 피상적 연구와 실험적 개념의 심도 있는 연구로부터[37], 개념 형성 과정을 분석하기 위하여 현재 통용되는 두 방법의 주요 결과들을 활용하면서, 실제 개념에 대한 심도 있는 연구로 이동하는 것이다. 이와 연관해 보면, 한 손에는 실제 개념을 쥐고, 다른 한 손에는 우리 눈앞에서 형성되는 실험적 개념을 쥐고서 과학적 개념 발달을 연구하는 것은 위에서 언급한 방법론적 문제를 해결하는 필수 불가결한 도구이다. 과학적 개념은 어린이의 실제 개념에 속하고, 어린이 삶 전반에 걸쳐 지속되는 특별한 개념들의 무리이다. 그러나 과학적 개념 발달의 그 경로는, 실험적 개념 형성과 매우 가깝기에, 따라서 이는 의식 속에 실제로, 사실로 존재하는 어린이 개념의 탄생과 발달을 우리가 실험적으로 분석하는 것이 가능하도록 현재 통용되는 두 방법의 장점을 연결시킨다.

6-1-57] **네 번째 무리.** 이 마지막 무리에서 우리는 실천적인 고려를 포함한다. 앞에서 우리는 과학적 개념이 단순히 학습되거나 동화된다는 관념에 이미 의문을 제기했다. 그러나 과학적 개념의 출현에 있어 교수-학습이 관련된다는 사실과 교수-학습의 수위적 역할은 설명에서 고려되지 않았다. 과학적 개념이 정신적 습관처럼 간단하게 동화될 수 없다고 말하면서, 우리는 마음속에 교수-학습과 과학적 개념 발달 사이에는 교수-학습과 습관 형성 사이에 놓인 관계보다 더 복잡한 관계가 있다는 바로 그런 관념을 가지고 있었다. 그러나 이러한 더욱 복잡한 관계를 규명하는 것이 우리 조사에서 직접적으로, 실천적으로 중요하다. 이를 해결하기 위해서, 우리가 세운 작업가설이 나아갈 수 있는 자유로운 통로를 찾아야 한다.

6-1-58] 오직 교수-학습과 과학적 개념의 발달 사이에 존재하는 복잡한 관계를 밝힘으로써, 이 풍부한 관계 속에서 갈등과 적대적 관계 이외에는 보지 못하였던 피아제의 생각을 혼란에 빠뜨렸던 모순에서 벗어날 수 있는 길을 우리는 발견할 수 있다.

6-1-59] 이와 같이 우리는, 과학적 개념과 일상적 개념을 구분하면서, 현재의 조사를 공식화하는 데로 우리를 인도할 주요한 고려들을 모두 살펴보았다. 선행하는 증거로부터 도출되듯이, 연구의 시작부터 우리가 답하고자 시도해 온 독창적인 질문은 다음과 같이 간단하게 정리될 수 있다. 피아제가 관계를 이해하는 능력의 부재와 같은, 어린이 사고에 나타나는 일련의 전체적 특징을 확립할 수 있게 했던 전형적인 일상적 개념, 즉 '형제'라는 개념 그리고 사회과학적 지식 체계를 교수-학습하는 과정에서 어린이가 학습하게 되는 과학적 개념, 즉 '착취'라는 개념, 이 두 개념이 발달하는 경로는 같은가 다른가? 과학적 개념은 일상적 개념이 발달한 과정의 특징을 그대로 보이며 일상적 개념 발달의 경로를 반복하는가, 아니면 과학적 개념은 그것의 심리적 성질상 개별적인 형태의 개념으로 간주되어야 하는가? 우리는 사실에 대한 분석의 결과를 완전히 정당화할 다음과 같은 가설을 세워야한다. 두 개념은 두 개념이 기능하는 방식에서처럼 발달 경로에서도 구분된다. 그리고 이는 필연적으로, 어린이 개념 형성의 통합적 과정 속 두 언어적 변이형이 서로 간에 미치는 영향을 연구할 수 있는 새롭고 풍부한 가능성을 열 수 있도록 한다.

6-1-60] 위에서 이미 그랬듯이, 만약에 우리가 과학적 개념의 발달을 배제하는 테제를 거절한다면, 우리 앞에는 조사 수행해야 할 두 과제가 남는다. 첫째, 경험적 데이터에 의거하여 우리는 과학적 개념이 일상적 개념과 같은 발달 경로를 택한다는 생각의 타당성을 평가해야 한다. 둘째, 동등한 경험적 토대 위에서 과학적 개념의 발달이 일상적 개념의 발달과 공통점이 전혀 없다는 주장, 바꿔 말하면, 과학적 개념이 어린이 사고가 보이는 활동의 고유한 특성에 대해 아무것도 알려 줄 수 없다는 주장이 얼마나 타당성을 가지는지 평가해야 한다. 우리는 미리 우리 조사가 두 문제에 대해 부정적으로 대답할 것이라고 가정해야만 한다. 첫 번째 가설과 두 번째 가설 둘 다 사실적 측면에서 정당화될 수 없다는 것을, 그리고 과학적 개념과 일상적 개념의 실제적이고, 복잡하며, 양면적, 관계를 규정하는 세 번째 가설이 실제로 있다는 것을 우리

조사는 정말로 보여 줄 것이다.

6-1-61] 세 번째 가설을 찾는 유일한 방법은 여러 연구를 통하여 아주 잘 연구된 일상적 개념을 가지고 과학적 개념과 비교하여 아는 길로부터 모르는 길로 나아가는 방법뿐이다. 그러나 과학적 개념과 일상적 개념을 비교 연구하여 그들의 관계를 확정하는 데 있어서 전제조건은 이 두 무리의 개념을 명확히 정의하는 것이다. 관계 일반은, 게다가 우리가 상정하는 대단히 복잡한 관계는 더더욱 서로 일치하지 않는 대상들 사이에서만 존재할 수 있다. 사물은 그 자체와 관계를 가질 수 없기 때문이다.

1) 많은 독자들과 일부 학자들은, 3~4년 후에 쓰인 이 장이 전 장, 5장으로부터 이어지지 않는다고 불평을 해왔다(Towsey, Kellogg, and Cole, 2010). 혼합적 더미와 복합체는 거의 언급되지 않고, 그리고 잠재적 개념들은 전혀 언급되지 않고 있다. 대신에 비고츠키는, 잠정적으로 무한히 많은 어형 변화의 자오선과 발화 중 의미 관계의 위도선을 가지게 되는, '일반성의 정도를 나타내는 지구본'을 발전시킨다. 이전 장에서 발달하는 개념을 위한 모델로 블록들을 사용했다면, 이번 장에서는 '○○ 때문에' 혹은 '비록 ○○ 하지만'을 사용하여 만들어지는 완벽한 발화를 사용한다. 5장이라는 계속해서 괴롭히는 꿈을 꾼 후에, 비고츠키가 깨어나고, 그리고 그의 모든 작업들이 마치 5장이 전혀 없었던 것처럼 사라져 버린 듯하다.

이렇게 된 데는 바람직하지 못한 까닭뿐만 아니라, 타당한 이유도 있다. 무엇보다도, 개념의 성질이 다르다. 부언하면, '야생에서' 개념들은 사물이 아니라 과정이고, 그리고 비고츠키가 이미 지난 장에서 여러 번 강조한 것처럼, 실제 개념 발달 과정은 필연적으로 인위적인 개념들이 실험실에서 형성되는 방식과 다르다. 두 번째로, 데이터의 성질이 변했다. 이전 연구가 미소발생적이고 논리적이었다면, 이번 연구는 개체발생적이고 관찰할 수 있는 것이다. 그러나 마지막으로, 비고츠키는 그의 이전 작업과 연결된 '복합체에 근거한 교수'를 포기하도록 하는 그리고 사회 과학 개념을 직접 교수하는 것에 근거한 새로운 국가 교육과정을 포함하도록 하는 엄청난 정치적 압력을 받고 있다.

위협적인 압력에 직면하여, 비고츠키는, 어린이 생각의 약점을 드러내는 복합체는 '학교 문 앞에' 두고 들어와야만 한다는 것을 인정한다. 그는 '잠재적 개념'을, 비록 의식적 파악을 가능하게 하는 분명한 체계를 결여하였지만 개념과 훨씬 더 단단하게 연관되어 있는 어떤 것인, '선先 개념'으로 대체한다. 그리고 마지막으로 성장 속도를 빠르게 하라는 국가적 요구에 대응하여, 그는 미소발생적 학습이 간접적으로 그러나 확실히 신뢰할 수 있게, 개체 발달의 다음 계기(근접발달영역으로 지칭됨)에 이르게 될 것이라는 가능성을 고려한다.

그렇지만, 타당하게 이해할 수 있다면, 이 장은 이전 장의 뒤를 잇고 있다. 비고츠키는 지난 장을 모순을 언급하면서 끝냈다. 한편으로 사춘기 청소년은 추상적인 정의에서보다는 실천적, 심지어 시각적 상황에서 개념을 사용하려 한다. 다른 한편으로 그들은 교실에서 배운 추상적 개념을 실제 삶에 적용하는 게 어렵다는 것을 발견한다. 예를 들면, 그들은 전화 통화를 할 때 하루 24시간을 생각할 수 있고, 심지어 시간대를 계산할 수도 있지만, 그러나 그들은 복합체 용어를 사용하지 않고는 다른 나라에 있는 친구에게 전화로 개념에 근거하여 국가 간의 시간 차이를 설명할 수 없다(예를 들면, "여기는 내일이야, 그리고 거기는 어제지"). 모순矛盾은 우리가 처음에는 구체적이고 오직 후에 추상적이 되는 일상적 개념들, 그리고 처음에는 추상적이고 오직 후에 구체적이 되는 학문적 개념들, 이 둘을 구별할 수 있을 때 쉽게 설명된다. 비고츠키가 말하겠지만, 이 구분이 이 장 전체를 붉은 실처럼 관통한다. 비유하면, 그것은 생명의 맥박이 먼저 들어갔다가 다시 나오게 되는 생각과 말의 심장이며 폐이다.

블록 실험의 구조적, 이론적, 형태학적 결론들이 기능적 연구들에 의해 보강되고 확인되어야만 한다고, 그리고 그는 이를 마음에 두고 자신의 자식과 손자들에 대한 아이델베르그와 다윈의 관찰을 인용한다고 이전 장에서 비고츠키는 이미 언급했다. 그렇지만 그 연구는 개념을 다루지 않았다. 말할 필요도 없이, 이 절에서 그런 것처럼, 그들은 **일상적** 개념들과 **학문적** 개념들의 차이점을 다루지 않았다.

Ⅰ 비록 학문적 개념이 어떻게 형성되는지를 연구하는 것이 실천적 교육심리학에 그리고 더 일반적으로는 이론 심리학에 최고로 중요한 문제이지만, 그것은 거의 논의되지 않았다. 비고츠키가 알고 있는 한, 이 장에서 기술되고 있는 쉬프의 작업은 **작업가설**을 공식화하기 위한 최초의 정말로 체계적인 시도이다. [6-1-1~6-1-2]

A) 이 작업은 일상적 개념들과 과학적 개념들이 다른 **발달 노선**을 가진 채로 발달한다는 가설을 검증할 것이다. 즉, 그들은 다른 방식으로 그리고 다른 방향으로 발달한다(운이 좋다면, 서로를 향해서).

B) 그 작업은 어떻게 **교수-학습**과 **발달**이 관련되는지를 확립하기 위한 일정한 구체적인 토대를 제공할 것이다(예를 들면, 손다이크가 주장한 것처럼 그 둘은 똑같은 것인가? 혹은 피아제가 주장한 것처럼 발달이 학습을 설명하는가? 아니면 그 반대로 학습이 발달을 설명하는가?). [6-1-1, 6-1-2]

Ⅱ 임상 인터뷰에서, 일부는 사회 과학으로 학교 교육과정의 내용을 반영한 것이고 (예를 들면, "○○ 때문에 사회주의는 소비에트 연방 공화국에서 가능하다"), 그리고 나머지는 일상적 생활을 반영한 것인(예를 들면, "○○ 때문에 콜랴는 영화관에 갔다"), 완결되지 않은 이야기를 담은 그림 네 장에서 '비록 ○○ 하지만'과 '○○ 때문에'로 앞이 비어 있는 **불완전한** 문장을 완성하도록 비고츠키와 쉬프는 실험자에게 제시한다. 임상적 인터뷰는 교실에서의 관찰과 학습자의 이해(즉, 테스트, 비고츠키는 그 용어를 사용하지 못하도록 강요받았지만)에 대한 검증으로 보충되었다. [6-1-3~6-1-5]

Ⅲ 비록 4학년에서 (비고츠키가 언급했듯이, 나중에 성숙하고) 따라 잡는 '○○ 때문에'와 심지어 '비록 ○○ 하지만'에 대략적인 일치가 있기는 하지만, 어린이들이 2학년에서는 종종 일상적 개념들보다 학문적 개념에서 더 정확하게 '○○ 때문에'와 '비록 ○○ 하지만'을 사용할 수 있다는 것을 데이터는 보여 준다. 비고츠키는 교육 과정의 조건에 의해 학문적 개념의 이점利點을 설명한다. 부연하면, 어린이는 실천

적인 일상적 활동에서 체화되었다기보다는 확정된 체계의 일부로 개념을 제공받는다. 이런 발생적 차이의 결과로, 개념의 각 형태는 **다른 장점**과 **다른 약점**을 지닌다. [6-1-6~6-1-12]

A) 일상적 개념은 추상화하기가 그리고 탈脫맥락화하기가 어렵고, 그것은 의지에 의해 불러지고 조작될 수 없으며(그것이 빈 문장에 채워져야만 하는 것처럼), 그리고 말로 표현하기가 어렵다. 반면에 그것은 **구체적인** 경험적 내용이 풍부하고, 생생한 기억들로 가득하며, 그리고 행위에 잘 연결되는 연관성을 가지고 있다.

B) 학문적 개념은 단순 기억과 **기계적 표현**으로 향하는데, 그것은 충분히 구체적인 내용을 가지고 있지 못하고, 그리고 시각화되기가 그리고 구체화되기가 어렵다. 반면에 그것은 쉽게 회상하고 표현하는 데 활용되고, 그리고 관련된 개념들의 위계적 체계에 넣어진다.

IV 어떻게 학문적 개념이 출현하고 그리고 어떻게 발달할까? 비고츠키는 근대 심리학은 **두 가지 의견**을 제공했다고 말한다. [6-1-13~6-1-15]

A) 한 의견에 따르면, 학문적 개념은 본질적으로 전혀 **역사가 없다**. 구체적으로 표현하면, 그것은 완성된 형태로 가르치는 성인의 입술로부터 따끈한 형태로 취해진다.

B) (비고츠키가 여러 쪽 후에서 논의하는) 다른 의견에 따르면, 학문적 개념은 본질적으로 일상적 개념과 **똑같은 역사**를 가진다. 즉 두 개념은 정확하게 똑같은 방식으로 발달한다(이 관점은 아직도 여전히 대중적이고, 모국어 학습과 외국어 학습 사이에 본질적으로 차이가 없다는 믿음에서뿐만 아니라, 심지어 Goodman and Goodman처럼 유사 비고츠키언의 저작에서도 발견된다).

V 어떤 개념은 일반화와 추상화, 관념적 자질로의 분석과 관념적 표상으로의 재再종합, 이 긴 과정의 결과이다. 학문적 개념이 가르치는 성인의 입술로부터 취해지는 계기는 단지 이 발생적 역사의 **시작**이지 끝이 아니다. 그래서 일상적 개념과 달리, 학문적 개념은 추상화와 말로 표현되는 것으로 시작되고, 그리고 그런 연후에 '구체로의 고양'에 이르는 가파른 언덕길을 어렵게 올라야만 한다. 그래서 학문적 개념은 일상적 개념의 역사처럼 다양하고 풍부한 경험의 조각들로 이루어진 발생적 역사를 가진다(그리고 결국, 그것은 그러한 전체 역사를 포함한다). [6-1-16~6-1-18]

VI 이 견해를 지지하기 위하여, 비고츠키는 톨스토이의 교육심리학적 저작을 다시 검토한다. 톨스토이는 '**거대한 참견**'처럼 개념 형성에서 모든 '개입'을 반대한다. 문학 언어를 어린이에게 가르치는 것을 설명하면서, 그는 개념을 직접적으로 가르치려는 시도는 꽃잎을 뜯어내어 꽃을 싹 트게 하려는 것과 같다고 쓰고 있다. 그러나 톨스토이 자신도 문학적 개념을 형성하는 데 이르는 수천 개의 다른 간접적인 방식이 있으며, 오직 하나만, 직접적인 방식만은 배제한다고 지적하고 있

다. [6-1-19~6-1-25]

VII 비고츠키는 이러한 '거의 동일한 평가에서' **진실과 거짓**을 발견한다. [6-1-20~6-1-24]

    A) 비고츠키는 학문적 개념이 직접적으로 가르쳐질 수 없다는 것에 **동의하고,** (그리고 이 진술은 오지 낱말이 가르쳐질 뿐이고, 그리고 이것은 단지 개념 발달의 시작일 뿐이라는 자신의 발견과 동일한 것이라고 간주한다).

    B) 비고츠키는 개념 형성에서 모든 간섭이 역효과를 낸다는 것에 **동의하지 않는다.** 그 까닭은 교수-학습이 직접적일 필요가 없는 것처럼, 간섭은 거대한 참견일 필요가 없기 때문이다. 단순히 모든 간섭에 반대한다는 것은 시행착오보다 나을 게 없는 임의적인 환경의 힘에 반응하도록 아이들을 내버려두는 것이 될 것이다.

    C) 톨스토이에 대한 비고츠키의 반응은 기대를 벗어나는 것처럼 보이고, 그리고 심지어 **모순적**으로 보인다. '직접적인' 개념 교수를 거부함으로써, 비고츠키는 '신중한' 개념 교수를 채택하러 나간다. 그렇지만 여기에는 모순이 없다. 왜냐하면 간접적으로 가르치는 것은 직접적으로 가르치는 것보다 더 많은 신중함, 더 많은 조직화, 그리고 더 많은 관리를 요구한다. 비고츠키는 또한 '교수' 중에 개념을 '직접적으로 작업하는' 것이 가능하다고도 말한다. 여기에도 물론 모순은 없다. 왜냐하면 '교수'라는 낱말에 해당하는 실제 러시아 낱말의 의미가 '가르치고 그리고 배우는' 것이기 때문이다.

VIII 톨스토이가 '문학적' 언어를 어린이에게 가르치고 있다고, 그리고 그가 한정된 체계의 일부로 그것을 가르치기보다는 어린이의 일상적 삶에서 형성된 개념으로 '인상' 혹은 '도구' 같은 낱말을 단순히 인식함으로써 가르침을 행하려 했다고 비고츠키는 적고 있다. 이것은 톨스토이가 어린이들에게 가르치려고 하는 개념들이 학문적 개념이 아니라는 것을 의미한다. 그 낱말들은 문학적 언어에 속한 것이지만, 그러나 관련된 생각은 **일상적 경험**의 영역에 속한다. [6-1-25]

IX 비고츠키는 일상적 개념들과 학문적 개념들의 구분은 이론이 분분하고 그리고 **널리 받아들여지지 않고 있다는** (그리고 오늘날에도 여전히 이론이 분분하다는) 것을 인정한다. 그러나 학문적 체계의 일부로 가르쳐지는 개념들, 그리고 일상적 경험으로 삽입되는 개념들, 이 둘에 대한 이론적 구분을 만듦으로써, 비고츠키는 자신이 자세히 설명하여 입증하려는 것을 사실이라고 가장하지는 않는다. 그가 보여 주고자 희망했던 것은 일상적 개념들과 학문적 개념들이 발달의 다른 경로를 가진다는 것이지, 그들이 기능적으로 혹은 심지어 구조적으로 다르다는 것은 아니다. 바꾸어 말하면, 그가 보여 주고자 희망한 것은 여기서도 객관적인 사회적 의사소통에 더 가까운 말로 하는 생각의 양식 그리고 심리적 인지에 더 가까운 다른 양식 사이에서 우리가 다시 또 다시 발견하는 발생적 차이를 실제로 드러내려는 것이었다. [6-1-26, 6-1-27]

X 아주 긴 흐름 끝에, 비고츠키는 어떻게 학문적 개념이 발달하는가라는 질문에 대한 동시대 심리학에 의해 제시된 두 번째 반응, 부연하면 본질적으로 일상적 개념 발달과 학문적 개념 발달에는 차이점이 없다는 반응으로 이동한다. 그는 비판을 위하여 이 주장 가운데 가장 정교한 견해인 **피아제**의 견해를 선택한다. 피아제는, 자신이 적고 있듯이, 어린이 자신의 생각의 산물들인, 어린이의 자연발생적 개념들, 그리고 어린이 주변의 것들에 대한 반응으로 발달하는, '반응적' 개념들(피아제는 실제로 이것을 '해방된' 개념이라고 지칭했는데, 그 까닭은 그것들이 밖으로 질문을 함으로써 어린이 생각으로부터 해방되기 때문이다), 이 둘을 구별한다. 오직 첫 번째 것이 정말로 '자연발생적' 개념이지만, 그러나 두 개념의 무리는 그들이 제안에 저항한다는 공통점을 가지고, 어린이 자신의 생각에 깊이 배어 있고, 동일한 연령의 어린이들 사이에서는 거의 같고, 너무 느리고 점진적으로 변화하고, 그리고 여전히 질문에 대한 어린이의 최초의 올바른 정답에 존재한다. 이렇기 때문에, 어린이의 자연발생적 개념과 '반응적' 개념들, 둘은 어른에 의해 직접적으로 제시된 것들과 구별된다. [6-1-28, 6-1-29]

XI 비고츠키는 다시 **진실과 거짓**을 발견한다. 질문에 대한 어린이의 반응으로부터 제기되는 '반응적' 개념은 피아제가 지적한 다섯 개의 특징을 가진다는 것에, 그리고 그것들이 결과적으로 발달을 경험하고 특별한 조사를 할 가치가 있다는 것에 대해 비고츠키는 피아제에게 동의한다. 하지만, 비고츠키는 피아제에서 이 제안을 훼손시키는 세 가지 잘못을 발견한다. 비고츠키는 각각을 부정함으로써 자신의 작업가설을 세운다. [6-1-30~6-1-46]

  A) 비록 피아제가 반응적 개념은 제시된 개념과 다르다고 말했지만, 그리고 그가 그것들은 자연발생적 개념과 아주 흡사해 보이는 특징을 지녔다고 말했지만, 피아제는 실제로 오직 자연발생적 개념만이 진실로 어린이 생각의 특수한 특징을 반영한다고 생각한다. 대조적으로, 비고츠키는 어린이의 비자연발생적 개념은 (그리고 학문적 개념은 가장 본질적으로 비자연발생적이다) 어린이의 연령과 발달 단계의 특수한 모든 특징을 **포함한다**고 가설을 세운다.

  B) 피아제는 자연발생적 개념과 비자연발생적 개념 사이에 뚫고 들어갈 수 없는 장애물을 세우고 그리고 상호적 영향을 혹은 개념의 통합된 체계 내에서 그들의 궁극적인 통일을 허락하지 않는다. 대조적으로, 비고츠키는 개념의 두 형태는 **상호작용**하고 궁극적으로 각각으로 변형된다고 가설을 세운다.

  C) 피아제는 발달을 생각이 사회화된 결과라고 본다. 그러나 이런 사회화의 가장 응집된 형태 중의 하나가 비자연발생적 개념이고 그리고 피아제가 그것

들이 본질적으로 어린이 생각에 이질적인 것이라고 주장하기 때문에, 발달은 사회화된 생각이 어린이 자신의 생각 방식을 몰아낼 때만 발생할 수 있는 것으로 보인다(마치 붉은 포도주가 지속적으로 하얀 우유병에 더해져서 마침내 붉은 액체가 전체적으로 하얀 액체를 몰아내는 것처럼). 이런 관점에서는, 어린이 자신의 지연발생적 개념은 근본적으로 보수적이고 적대적인 힘이다. 심지어, 극복되어야만 할 적이 아니라면, 왜 어린이 생각을 이해해야만 하는지가 분명하지 않다. 대조적으로, 비고츠키는 교수-학습과 발달은 적대감뿐만 아니라 매우 긍정적이고 심지어 창조적인 **연락**을 통해 발달한다고 가설을 세운다.

XII 어떻게 자연발생적 개념과 과학적 개념이 연관되는지를 입증하기 전에, 이를 위해서 비고츠키는 우선적으로 그것들이 처음 출현할 때 구분된다고 가정하는 이유를 기술해야만 한다. 그래서 비고츠키는 일상적 개념과 과학적 개념을 구분하는 것을 지지하는 것으로 보이는 그리고 그의 조사에 동기를 부여하는 **네 가지** 이유의 집합을 제시하면서 이 절을 마친다. [6-1-47~6-1-58]

A) 첫 번째 집합은 **경험적** 이유로 이루어진다. 학문적 개념과 일상적 개념은 어린이 경험과 다른 관계를 가진다. 이러한 다른 관계가 위에서 논의한 장점과 약점을 낳은 것이다(참고 6-1-11~6-1-12). 예를 들면, 어린이는 세균 혹은 박테리아를 정의할 수 있지만 그러나 '형제'를 정의할 수 없다. 이러한 사실은 개념의 두 형태에는 경험적, 현상적, 차이가 존재함을 웅변한다.

B) 두 번째 집합은 **이론적** 이유로 이루어진다. 피아제는 어린이 생각이 심지어 그의 말보다 더 특수하다고 지적한다(그리고 비고츠키는 5장에서 어린이의 말이 비록 어른의 말과 일치한다 할지라도, 그 밑에 놓인 일반화는 일치하지 않음을 보여 주었다고 확신했다). 그러나 이것은 또한 학문적 개념에도 적용되어야만 한다. 왜냐하면 그것들은 (비고츠키가 생생하게 언급한 것처럼) 이미 구워진 채로 떨어지는 비둘기 떼처럼 하늘에서 떨어지는 것이 아니기 때문이다. 그것들은 어린이에 의해 완전히 다시 정교하게 다듬어진다. 이것이 어떻게 다시 정교하게 다듬어지는지를 보여 주는 분명한 예는 어린이가 외국어를 배울 때 외국어를 다시 정교하게 다듬는 방식이다. 그리고 외국어 학습과 학문적 개념 학습의 이 확대된 유추는 (이것은 실제로는 환유인데, 그 까닭은 외국어 학습이 학문적 개념 학습의 특수한 사례이기 때문이다) 또한 어떻게 많은 방식 중 한 과정이, 정확하게 그것이 다른 것에 근거하여 세워지기 때문에, 다른 것의 반대로 진행되는가를 보여 주는 멋진 예를 제공한다(예를 들면, 외국어 학습은 신중한 발음 행위로, 명백한 낱말의 의미 정의로, 그리고 분명한 문법 규칙들의 공식화로 시작되는데, 이는 정확하게 모국어 학습이 학교에서 끝나는 지점이다). 이 모든 것이 이 구분을 이론적으로 확증할 것이다.

C) 세 번째 집합은 **발견적** 이유들로 이루어진다. 현재의 연구들은 너무 피상적인 방법(예를 들면, '정의'하는 방법)으로 실제 개념을 조작하거나 혹은 반대로 너무 정교한 방법(아흐/리마트의 '조사방법'과 사크하로프/비고츠키의 블록)으로 인위적 개념들을 조작한다. 학문적 개념들은 실제 개념과 인위적 개념 사이 어딘가에 위치할 것이고, 그리고 이것이 그것들의 구분을 발견적으로 확증할 것이다.

D) 네 번째 집합은 **실천적** 고려로 이루어진다. 개념들은 우리가 5장에서 보았던 것처럼 단순한 정신적 습관이 아니다. 그리고 학문적 개념은 학문적 습관처럼 가르쳐질 수 없다. 학문적 개념 학습과 습관 형성 사이의 매우 복잡한 관계를 발견함으로써, 한편으로 일상적 학습 그리고 다른 한편으로 교실 실천으로써 교실 학습의 구별을 더 정교하게 다듬는 것이 가능해진다.

XIII 비고츠키는 '형제' 같은 낱말의 개념 발달과 '착취' 같은 낱말의 개념 발달을 비교하면서 결론을 내리고, 그리고 그것이 똑같은 경로를 따르는지 아니면 다른 경로를 따르는지 질문을 던진다. 만약에 똑같은 경로를 따른다면, 어떻게 우리는 이 차이를 설명할 수 있을까? 만약에 다른 경로를 따른다면, 무엇이 두 경로 사이에 있는 관계일까? [6-1-59~6-1-61]

2) 교수-학습обучение은 '오부체니에obuchenie'로 발음된다. 이 장에서 핵심적인 개념인 'обучение'를 우리는 교수-학습으로 번역하였다. 그 맥락에 대한 설명은 한순미(1999:64-65)를 참고했다. 대한민국은 이 낱말을 번역하여 사용하는 데 있어서는 세계에서 가장 높은 수준에 있다. 심지어 국가 교육과정 고시나, 교사용 지도서에도 교수-학습이라는 개념을 사용하고 있다. 그 표현의 기원은 비고츠키다. 우리가 이 개념을 적절하게 사용하고 있는 것은 공동체 문화 속에서 교육활동을 한 문화-역사적 배경과 밀접하게 연관되어 있는 것 같다. 국내에 이를 소개한 어느 책에도, 교수(교사의 활동)와 학습(학생의 활동)이 한 현상의 두 대립물임을, 그리고 이 둘의 통일統—로 교수-학습을 사용하고 있음을 의식적으로 파악하고 있지 못하다. 또한 교수와 학습의 모순을 지양하는 인간들의 실천적 활동으로써, '협력'을 추출해 내지 못하였다. 특히나 협력을 '협동'으로 소개하여 독자들이 비고츠키를 제대로 이해하지 못하는 길로 나아가게 한 책들이 너무 많다. 대립물의 한 측면이 일방적으로 우세하면, 교수의 우세는 주입식 교육으로, 학습의 우세는 피아제식 발견 학습(혹은 개선된 유도된 발견 학습)으로 귀결된다고 할 수 있다. 이런 파행을 극복하기 위해 비고츠키가 제시한 '근접발달영역'과 '협력'이라는 개념을 이 장에서 의식적으로 파악하려 노력해야 비고츠키를 제대로 이해할 수 있다.

3) **Ж.И. Шиф**(1904-1978). 심리학자, 장애학자. 2004년 탄생 100주년 기념 책 출판되

었음. 『Воспоминания о Жозефине Ильиничне Шиф』(Recollections of Josephine Ilyinichna Schiff).

4) 러시아 원문에는 '네 가지', '첫 번째', '두 번째', '세 번째', '네 번째'의 표현이 없다. 이 모든 문장이 하나의 문장으로 연결되어 있다. 도식적으로 쉽게 파악할 수 있도록 이러한 표현을 사용하였다.

5) 의미는 'значение'를 번역한 것이다. 'значение'를 문맥에 따라 뜻과 의미를 포괄하는 가치로도 번역하였다. 여기서는 개념과 연계되는 것이기 때문에, 즉 고정된 측면이 강조되기 때문에, 의미라고 번역하였다.

6) 이 방법은 비고츠키 이론과 관련한 교사의 임상연구에 많은 시사점을 주고 있다.

7) 조사할 문항 제작을 위한 예비 작업을 초등학교 1학년 학생을 대상으로 실시하였다는 이야기이다.

8) 교수-학습이 전개되는 교실 상황을 압축적으로 진술한 것이라고 할 수 있다. 일반화, 추상화, 체계를 갖춘 것, 그리고 구체적, 현상적, 체계를 갖추지 못한 것 사이의 상호 관계(대립물의 투쟁)가 전개된다는 것이다. 교수-학습의 협력 활동은 대립물의 전환을 촉진한다. 그런 과정을 통해 모순(예를 들면, 하나는 구체화시키지 못하는 것, 다른 하나는 추상화시키지 못하는 것, 한마디로 말하면, 구체와 추상이 연결되지 못하는 것)은 극복되고 더 높은 단계로 고양된다.

9) 비고츠키에게 있어, '자의적'은 '의지적'과 밀접하게 연관되어 있다고 생각한다.

10) 추상이 주도적으로 구체와 연결되는 현상이 4학년에서 출현하기 시작하고, 일정한 수준 이상으로 드러나게 되는 시기는 비고츠키는 사춘기 이후(중학교 때)이며, 피아제는 형식적 조작기(중학교 때)이다. 이러한 현재까지의 학문성과에 근거한다면, 초등학교 교육과정과 중학교 교육과정은 질적으로 달라야 한다는 데 이견이 없다. 그러나 대한민국은 교과 이기주의(?)에 의해 초등학교 교육과정에 일부 중학교 교과 교육과정이 밀고 내려왔다. 게다가 학교 정보공시를 통해 전국의 학교를 서열화하는 일제고사와 연계되면서, 주입식, 강의식, 반복 암기식 교수-학습 방법이 부활하고 있다. 가장 극렬한 예가 문제풀이 중심의 수업일 것이다. 장기적으로 보면, 이는 필연적으로 어린이의 개념 발달에, 정신 발달에, 전면적 발달에 질곡으로 작용할 수밖에 없다.

11) 불행하게도, 이러한 비고츠키의 평가는 이론적 측면에서는 극복되었지만, 실천적 측면에서는 적어도 2010년 대한민국 교육에서는 극복되지 못했다. 그 까닭은 경쟁위주의 신자유주의 교육정책의 영향뿐만 아니라 교수-학습 방법에 대한 체계적인 학문적 연구가 이루어지지 않고 있기 때문이다. 적어도 교육대학과 사범대학에서 이를 교육과정에서 의식적으로 준비시키고자 하는 노력이 부족한 것은 부정할 수 없는 현실이다.

12) '지식'을 정보로 보는 시대가 지나고, 이제 '개념 형성'으로 보는 시대가 도래했다.

2003년 케임브리지 대학에서 출판한 『Vygotsky's Educational Theory in Cultural Context』에서 저자들은 책 소개 글, 2쪽에서 이를 분명히 하고 있다. 이와 연관해서 이 문장을 해석하면, 지식은 한 일반화 체계에서 다른 일반화 체계로 확대되고, 심화되며, 그리고 정교해지는 과정이라고 할 수 있다. 이는 교과 교육과정을 구성하는 핵심적 지침이 되어야 한다.

13) 생애교육, 평생교육 차원에서, 교육과정의 위계를 고려한다면, 초등학교 교육과정에는 저자가 지금 언급하고 있는 '자발적 주의집중, 논리적 기억, 추상, 비교, 그리고 대조 같은 많은 기능 발달'을 체계적으로 반영해야 한다.

14) 생각과 기억을 구분하고 있음에 주목해야 한다.

15) 순수하게 현학적인 언어적 교수 방식은 헤르바르트의 형식교과에 나오는 고전어(라틴어, 그리스어)를 가르치는 방식을 지칭한다.

16) 톨스토이(1817~1875). 제정 러시아의 시인·소설가·극작가. 뛰어난 해학과 풍자를 담은 시와 진지한 내용의 시, 역사적 주제를 다룬 장편 소설과 드라마를 썼다. 작품에 『세레브랴니 공公』, 『차르 표트르 이바노비치』 따위가 있다.

17) 이 부분 인용은 「Tolstoy on Education(1982)」 in Pinch and Armstrong에서 확인할 수 있다.

18) 이 부분의 진술은 톨스토이의 입을 빌려, 개념 발달의 일반 법칙을, 발생의 일반 법칙을, 설명하고 있다고 할 수 있다. 먼저 사회 속에, 다음에 다른 사람과의 관계에, 마지막으로 자기 자신에게로 이행하는 것을 표현하고 있다.

19) 문제풀이 교육의, 주입식 교육의, 일방적인 간섭의, 폐해를 비꼬는 아름다운 직유법을 사용하고 있다.

20) 저자는 여기서 일상적 개념을 '아동 자신의 일상적 삶의 경험에서 형성'되는 개념으로 사용하고 있다.

21) 연구는 개관하면, 분석과 종합이다. 저자는 여기서 분석을 위해 개념을 과학적 개념과 일상적 개념으로 경계 긋기를, 구분 정립을, 대립물 확정하기를, 하고 있다.

22) 불행하게도, 2011년 대한민국에서도 여전히 이러한 구분은 받아들여지지 않고 있다. 여전히 원시적인, 수작업적인, 우연에 근거한, 교수-학습이 대한민국 교육을 주도하고 있다. 이는 교사들의 잘못이라기보다는, 교사들에게 선택과 적용의 기회를 원천적으로 차단하고 있는 학계의 게으름이거나 배타성 때문이다.

23) 실천적 측면에서, 교사에게 가장 민감한, 중요한, 결정적인 내용이다. 문제를 단순하게 보면, 학교에서 교수-학습 하는 것은 학문적 개념(비고츠키, 헤르바르트)이냐 아니면 일상적 개념(피아제)이냐는 것이다. 이에 대한 선택은 상반되는 교수-학습 방법, 교육과정, 그리고 학생관을 선택하는 루비콘 강의 주사위와 같다.

24) 거의 한 세기가 경과했지만, 한국은 아직 이러한 현실을 벗어나지 못하고 있다.

25) 사회주의자 피아제나 사회민주주의자 듀이의 이론적 오류는 변증법적 유물론에 대한 미천한 인식에 근거한다. 그들은 대립물을 구분하였지만, 그 대립물의 내적 연관 관계를 파악하여, 통일된 하나의 현상으로 대상을 이해하지 못했다. 그래서 그들은 어린이 중심의, 학습 중심의, 생활 경험 중심의, 교육과정을 구성하는 것에 머무르고 말았다.

26) 요약 부분에서, 흰 액체와 붉은 액체를, 우유(어린이)와 포도주(어른)로 비유하였다.

27) 예를 들면, 하나의 기능에서 두 개의 기능으로 분화가 이루어진다. 이 두 기능은 하나의 구조에 근거하여 작동한다. 새로운 기능(고등정신기능)은 새로운 구조를 요구한다. 이렇듯 기능의 분화는 낡은 구조와 모순되고, 대립하여 새로운 구조를 수립한다. 여기서도 일상적 개념이 일상적 개념과 과학적 개념으로 분화가 이루어지고, 이 두 개념은 낡은 개념 체계에 근거하여 작동하다가 모순되고, 대립하여 새로운 개념 체계를 수립하게 된다. 이러한 변증법적 유물론에 대한 인식이 미비하였음을 지적하고 있다. 특히 변증법은 시간 속에서, 흐름 속에서, 과정 속에서 변화하는 것을 추적하는 것이기에, 양적, 평면적, 정태적 변화뿐만 아니라 질적, 입체적, 동태적 변화를 추적해야만 한다.

28) 여기서 경험적 고려는 가역조작에 관하여 피아제가 수행한 임상적 인터뷰를 비판적으로 검토하는 것이다.

29) 여기서 정리하고 넘어가겠다. 독자에게 개념을 표현하는 여러 수식어들이 혼란스럽게 느껴질 수 있을 것이다. 그 이유는 1) 비고츠키가 내재적 비판을 사용하고 있기 때문이다. 그래서 자연발생적 개념과 비자연발생적 개념이라는 피아제의 용어를 계속 사용하고 있는 것이다. 2) 이제 비고츠키가 자신의 용어와 피아제의 용어를 정확하게 대체될 수는 없지만, 혼재하여 사용하고 있기 때문이다. 바로 이 문장에서, 자연발생적 개념(피아제)과 과학적 개념(비고츠키)을 한 문장에 사용하고 있다. 3) 이어서 비고츠키는 이해하기 쉽도록 자신의 용어를 종합적으로 사용하게 되기 때문이다. 다음 문장에서 과학적 개념과 일상적 개념을 사용하고 있다. 이러한 과정을, 비판적 점유라고 할 수 있다. 피아제의 개념을 속을 파내고, 자신의 개념을 채우고, 자신의 용어로 사용하는 것이다. '내재적 비판'과 '비판적 점유'는 칸트, 헤겔, 마르크스로 이어지는 논쟁 방식이다.

30) Archimedes(B. C. 287~212). 고대 그리스 최대의 수학자이며 물리학자. 부력의 법칙. 금관이 순금으로 제작되었는지를 감정하는 방법을 찾아냄. 목욕탕에서 이 법칙을 발견하고, '유레카(발견했다)'라고 외쳤다는 일화가 전해짐. 아르키메데스의 부력의 법칙은 물체를 물 위로 뜨게 하는 힘과 물체를 물 밑으로 가라앉게 하는 힘이 균형이 이룬다는 것이다.

31) 비고츠키는 과학적 개념을 '하늘에서 떨어지는 잘 구워진 비둘기 고기'로 은유하였

다. 이러한 비유는 논쟁 상대방의 어리석음을 함축적으로 조롱하고 있다. 1) 감나무에서 감이 떨어지기를 기다리듯이 기다리기만 하면 된다는 점, 2) 완제품으로 입에 넣기만 하면 된다는 점, 3) 하늘에서라는 표현으로 실천과 현실을 벗어난 관념과 공상에서 그들의 주장이 시작된다는 점 따위를 조롱하고 있다.

32) 낱말의 의미 발달에 관한 일반 법칙은 문화발달의 일반 법칙과 동일한 것으로 추정된다.

"우리는 문화 발달에서 발생의 일반법칙을 다음과 같이 공식화할 수 있다. 아동의 문화 발달에서 모든 기능은 무대에 두 번, 즉 두 수준에서 나타난다. 먼저 사회적 수준에서 연후에 심리적 수준에서, 즉 먼저 하나의 정신 간 범주로서 사람들 사이에서 연후에 정신 내 범주로서 아동 내에서 나타난다. 이것은 자발적 주의, 논리적 기억, 개념 형성 그리고 의지의 발달에 똑같이 작용한다. 우리가 제시한 명제를 법칙으로 보는 것이 타당하다. 그러기 위해선 우리가 외부로부터 내부로의 이행이 그 과정 자체를 변형시키고, 그 구조와 기능들을 변화시킨다는 것을 이해해야 한다. 발생적인 측면에서 보면, 사회적 관계가, 즉 실제적인 인간관계가 모든 고등 기능과 그 기능들의 관계에 배경을 이룬다. 이렇게 본다면, 우리의 의지에 관한 기본적인 원리 중의 하나는 기능들을 사람들에게 분배하는, 이제는 하나로 융합된 기능을 둘로 분배하는, 사람들 사이에서 발생하는, 인생역정으로 고등 정신과정을 실험적으로 펼치는 것이다(Vygotsky, 1997: 106)."

33) 여기서 이야기하는 유추는 다음 문단에 나오는 모국어 학습(일상적 개념)과 외국어 학습(과학적 개념)의 비유이다.

34) 개념 발달과 낱말의 의미 발달은 언어 발달이라는 한 과정의 두 측면이라는 이야기이다.

35) 모국어 발달과 외국어 발달은 말 발달이라는 한 과정의 두 측면이라는 이야기이다.

36) 일반화를 일반화하는 것은 어떻게 발생할까? 이에 대한 우리의 대답은 '구체로의 고양'을 통하여 이루어진다는 것이다.

37) 비고츠키의 문체는 매우 훌륭하지만, 긴 문장으로, 조금씩 진전되는 내용 전개로, 이를 파악하기가 어렵다. 여기서는 공간의 은유를 사용하고 있다. '피상적인'과 '심도 있는'을 대조시키고 있다.

6-2¹⁾

6-2-1] 과학적 개념과 일상 개념의 발달 간에 복잡한 관계를 연구하기 위하여, 비교에 사용되는 척도에 대한 비판적 의식을 가져야 한다. 우리는 학령기 아동의 일상 개념을 특징짓는 것을 명확히 해야 한다.

6-2-2] 피아제는, 이 시기의 개념과 일반적인 생각에서 가장 두드러진 특징은 어린이가 자연발생적이고 자동적으로는 완벽히 정확하게 사용할 수 있는 관계를 의식하는 것이 불가능하다는 것임을 보여 주었다. 어린이 생각에 대한 모든 의식적 파악을 가로막는 것은 어린이의 자기중심성이다. 피아제는 어린이의 개념 발달에 의식적인 파악의 결핍이 미치는 영향을 증명하기 위해 간단한 예를 제공한다. 피아제는, 7~8세의 어린이에게 "나는 아프기 때문에 내일 학교에 가지 않을 것이다"와 같은 문장에서 '~때문에'의 단어 의미가 무엇인지 물었다. 대부분의 어린이들은 "그것은 그가 아프다는 것을 의미한다"고 대답하였다. 일부는 "그것은 그가 학교에 가지 않을 것이라는 것을 의미한다"라고 답하였다. 간단히 말해서, 비록 그 단어를 자연스럽게 사용할 수 있을 지라도 이 어린이들은 '~때문에'라는 단어의 정의에 대해 의식적인 파악을 할 능력을 가지고 있지 않다.²⁾

6-2-3] 어린이가 스스로의 생각에 대한 의식을 갖지 못하는 것과, 그 결과로 생기는 논리적 연관 확립 능력의 부재는 11~12세까지, 즉 초등학령기가 끝날 때까지 이어진다. 어린이는 논리적 관계에 대한 무능력을 보여 주며 이

를 자기중심적 논리로 대신한다. 이러한 논리와 인과성 곤란의 근원은 7~8세 어린이의 자기중심성과 이 자기중심성이 낳은 무의식성에 있다. 7~8세에서 11~12세 사이에서 이러한 어려움들은 언어적 측면에서 나타나며 이 단계에 훨씬 이전부터 작용하던 그러한 인과성이 어린이 논리에 영향을 미친다.

6-2-4] 기능적으로 어린이의 자신의 사고에 대한 의식적인 인식의 무능력은 어린이 생각의 논리를 특징짓는 근본적인 사실에 반영된다. 어린이는 생각의 과정에서 논리적 조작이 자연스럽게 일어날 때에는 일련의 논리적 조작을 하는 모습을 보이지만 모든 면에서 유사한 조작들이 자연발생적이 아니라 의지적이고 의도적으로 실행되어야 한다면 이러한 조작을 수행하지 못하는 모습을 보인다. 생각에서의 의식적 파악이 부재한 현상의 다른 측면을 명확히 하기 위해 다시 한 번 하나의 사례에만 한정하여 생각해 보자. 7세의 어린이에게 어떻게 다음의 구가 완성되어야 하는지 물었다: "~때문에 남자가 자전거에서 떨어졌다." 7세 어린이들은 일반적으로 이 과제에 실패했다. 어린이들은 종종 그 구를 다음과 같이 완성했다. "그가 떨어지고 다쳤기 때문에 그는 자전거에서 떨어졌다." 또는 "그는 후에 아팠고 사람들이 그를 거리에서 일으켜 세웠기 때문에 그는 자전거에서 떨어졌다." 또는 '그의 팔이 부러졌기 때문에' 또는 '그의 다리가 부러졌기 때문에' 이와 같이 우리는 이 나이의 어린이는 인과관계를 의도적, 의지적으로 만들 수 없지만 그의 비의지적이고 자연발생적인 언어에서는 어린이가 '~때문에'를 완벽히 정확하고 유의미하게 사용한다는 것을 알 수 있다. 이와 같이 순수하게 경험적인 방식으로 어린이 생각의 이 두 현상들, 즉 의식적 파악의 부재와 비의지적 특징, 그리고 무의식적 이해와 자연발생적 사용 사이의 내적 의존성이 확립된다.

6-2-5] 어린이의 생각의 이 두 특징은 한편으로는 어린이 생각의 자기중심적 속성과 밀접하게 연관되어 있다. 그리고 다른 한편으로는 어린이가 관계적 사고를 하지 못함으로 인해 나타나는 일련의 어린이 논리의 특징을 낳는다. 이 두 현상은 학령기 내내 어린이의 생각을 지배한다. 생각의 사회화로 이루어

지는 발달은 이 현상들을 느리고 점진적으로 소멸시키며, 마침내 어린이는 자기중심성의 막다른 골목에서 탈출할 수 있게 된다.

6-2-6] 어떻게 이것이 일어날까? 어떻게 어린이는 자신의 생각을 천천히 그리고 고통스럽게 숙달할 수 있게 되는 것일까? 피아제는 이 과정을 설명하기 위해 두 가지 심리학적 법칙에 의존한다. 이 법칙들은 피아제 자신의 연구 성과는 아니지만 그럼에도 그는 이 법칙을 토대로 자신의 이론을 확립하였다. 첫 번째는 클라파레드가 세운 의식적 파악의 법칙이다. "대단히 흥미로운 일련의 실험을 통해, 클라파레드는 유사에 대한 의식적 파악이 차이에 대한 의식적 파악보다 늦게 나타난다는 것을 보여 주었다.

6-2-7] 사실, 어린이는 비슷한 대상들과 직면할 경우 동일한 태도를 취한다. 그는 그의 행동에서 이 일관성에 대한 의식적인 인식의 필요를 경험하지 않는다. 따라서 말하자면, 어린이들은 유사성에 대한 생각 없이 그에 따라 행동하는 것이다. 반대로, 대상 간에 존재하는 차이점은 어린이에게 부적응을 초래하며 이 부적응은 의식적 파악을 이끌어 낸다. 이 사실을 통해 클라파레드는 그가 '의식적 파악의 법칙'이라고 부르는 것을 만들었다. 우리가 주어진 관계를 사용하면 할수록, 그것에 대한 의식적 파악의 수준은 더욱 낮아진다. 우리는 수용하고 적응할 수 없는 정도까지만 의식적으로 파악하게 된다." (……) "자동적인 행동에서 사용되는 관계가 광범위할수록, 우리가 의식적으로 파악하기가 어렵다."[3]

6-2-8] 그러나 이 법칙은 의식적 파악이 실제로 어떻게 일어나는지에 대해 알려 주지 않는다. 의식적 파악의 법칙은 기능적 법칙이다. 다시 말하면, 그것은 오직 한 개인에게서 의식적 파악에 대한 필요가 존재하는지 아닌지만을 나타낸다. 구조적 쟁점이 명확하지 않은 채로 남아 있다. 이 의식적 파악의 수단과 장애물은 무엇일까? 이 질문들을 대답하기 위해, 또 다른 법칙, 교체 또는 이동의 법칙이 소개된다. 조작에 대해 의식적으로 파악한다는 것은 그것은 사실상 그것을 행동의 측면에서 언어의 측면으로 이동시킨다는 뜻이다. 즉 그것

은 말로 표현하기 위해 상상에서 재창조하는 것이다. 행동의 측면에서 사고의 측면으로 조작의 이러한 이동은 조작을 행동의 측면에서 처음 배웠을 때 부딪힌, 같은 어려움과 복잡함을 수반한다. 시기가 변했을 뿐 그 리듬은 그대로이다. 행동의 측면에서 조작을 익히면서 만난 어려움이 언어적 측면에서 다시 나타남은, 따라서 의식적 파악의 두 번째 구조적 법칙의 본질이다.

6-2-9] 우리는 이 두 법칙들을 간단히 분석하여, 학령기 어린이의 무의식적인 개념과 비자연발생적인 개념 조작의 의미와 원천이 무엇인지, 그리고 어린이는 어떻게 이 개념의 의식적 파악과 의도적, 의지적 사용에 이르게 되는지 살펴야 한다.

6-2-10] 피아제 그 자신이 클라파레드의 의식적 파악의 법칙이 가지는 불충분성에 대한 주의를 환기시키고 있으므로 이 법칙들에 대한 비판적 언급은 제한적으로 할 수 있다. 의식적 파악의 출현을 오로지 그에 대한 필요의 출현으로 설명하는 것은 새가 날기 위해서는 날개가 필요하므로 새에게 날개가 있다고 설명하는 것과 근본적으로 같다. 이러한 설명은 과학적 사고 발달에서 한 걸음 크게 후퇴하도록 할 뿐 아니라 필요를 충족시키기 위한 도구를 창조하는 능력이 필요 그 자체에 내포된다는 것을 함의한다. 의식적 파악 자체에 대하여는, 이것이 전혀 발달하지 않지만 언제나 작용할 준비가 되어 있고, 결과적으로 (필요와 같이) 의식적 인식은 이미 형성되어 있는 것이라고 상정된다.

6-2-11] 우리는 다음과 같이 질문할 수 있다. 어린이가 유사성에 앞서 차이에 대해 파악하는 것은, 어린이가 부적응에 당면하여 파악의 필요성을 느꼈기 때문만이 아니라 유사 관계에 대한 동일한 파악이 일반화의 구조와 더 복잡한 개념을, 즉 발달에 있어 차이의 관계보다 더욱 후반부에 나타나는 것을 요구하기 때문은 아닐까? 이 문제를 밝히기 위해 우리가 특별히 수행한 연구는 이에 대해 긍정의 답을 제시한다. 유사와 차이의 개념의 발달에 대한 실험적 분석은 유사에 대한 의식적 파악이 유사 관계를 가지고 있는 모든 대상들을

포함하는 일반화 또는 기초적 개념의 형성을 필요로 함을 보여 준다. 반면 차이에 대한 의식적 파악은 생각에 꼭 그러한 개념 형성에 필수적인 것을 요구하지는 않으며 다른 방식으로 생겨날 수 있다. 이것이 클라파레드가 확립한 사실, 즉 유사의 파악이 늦게 발달한다는 사실에 대한 설명이다. 이 두 개념(유사와 차이)의 발달이 행동의 측면에서 반대의 순서로 이루어진다는 것은 단지 또 다른, 좀 더 일반적인 현상의 한 예이다. 실험을 통해 우리는 그와 같은 반대적 순서는 예컨대, 대상과 행동에 대한 의미적 지각의 발달에 내재하고 있음을 확립할 수 있었다.[*] 어린이는 개별적 대상에 반응하기 전에 행동에 반응하지만, 어린이는 행동의 뜻을 파악하기에 앞서 대상의 뜻을 파악한다. 다시 말하면, 행동은 의지적 지각보다 먼저 어린이에게서 발달한다. 하지만, 발달의 경로에서 지각의 의미 발달은 전체 발달기간 동안 행동의 의미 발달을 선도한다. 우리의 분석이 보여 주듯, 이것은 어린이 개념의 본질과 발달에 관계된 내적 원인에서 유래한다.

6-2-12] 우리는 그의 입장을 취해 볼 수도 있을 것이다. 우리는 클라파레드의 법칙이 결국 기능적인 법칙일 뿐이며 이것으로 문제의 구조를 설명하고자 해서는 안 된다고 인정할 수도 있다. 그렇다면, 우리는 피아제가 그것을 적용했다시피, 그 법칙이 학령기의 개념에 대한 인식의 문제를 이해하는 데 있어 기능적 측면에 만족할 만한 설명을 제공하는지 물어볼 수 있을 것이다. 이 논점에 대한 피아제 논리의 일반적인 의미는 7~12세 사이의 어린이들의 개념의 발달에 대해 그가 그린 밑그림에서 나타난다. 이 기간 동안 어린이는 자신의 정신 작용과 어른의 생각과의 부적응을 계속하여 경험하게 되며 자신의 논리가 빈곤함으로 인해 나타나는 실패와 패배를 지속적으로 경험한다. 어린이는 쉴

---

[*] 우리는 아직 학교에 입학하지 않은, 비슷한 연령의, 비슷한 발달 단계에 있는 두 그룹의 어린이들에게 동일한 그림을 보여 주었다. 한 그룹은 그림을 동작으로 따라 하도록, 즉 그들은 그 내용을 동작으로 표현하도록 한 반면 다른 그룹은 그림의 내용에 대한 그들의 지각의 구조를 드러내며 말하도록 하였다. 어린이들은 행동에서 그림의 통합적인 전체를 재생산한 반면, 언어적 전달에 있어서는 단순히 개별적 사물들을 열거할 뿐이었다.

새 없이 머리를 벽에 부딪힌다. 그렇게 해서 생긴 혹들은, 루소의 지혜로는, 어린이에게 있어 최고의 스승이 된다. 이들은 의식적인 파악에 대한 필요를 생기게 하고, 이 필요는 '열려라 참깨'와 같은 주문처럼 마법과도 같이 의식적이고 의지적인 개념으로 가는 문을 연다.

6-2-13] 의식적인 파악과 연관된 개념 발달의 더 높은 수준이 오직 실패와 패배의 결과로서만 일어난다는 것이 가능할까? 어린이의 발달의 과정에서 벽에 머리를 부딪히는 것과 그 결과 생기는 혹이 이 문제에 있어 어린이의 유일한 스승이라는 것이 정말일까? 부적응과 어린이의 자연발생적 생각이 만드는 자동적 행동의 부적절함이, 우리가 개념이라 부르는 고차적 형태의 일반화의 진정한 원천일까? 이러한 질문들이 주어진다면 즉각 이에 대한 대답은 아니라는 것 명백해진다. 어린이의 필요에 따라 의식적 파악이 생겨난다고 설명할 수 없는 바와 같이 어린이의 정신 발달을, 학령기의 긴 기간에 걸쳐 매 순간 쉼 없이 나타나는 어린이 생각의 실패와 파산으로 설명할 수 없다.

6-2-14] 피아제가 의식적 파악에 대한 자신의 설명에 도입하고 있는 두 번째 법칙 역시 특별히 주시할 필요가 있다. 우리가 볼 때 그는 발달에서 더 저차적 단계에서 일어나는 법칙을 동일한 과정의 고등한 사건 단계에 반복 혹은 재생하는, 널리 퍼진 발생적 설명의 양식을 제기하기 때문이다. 예를 들어, 초등학생의 글말의 발달을 설명함에 있어 그것이 유아기의 입말의 발달을 반복하는 것일 뿐이라고 주장하는 것은 이러한 설명의 양식이 사용된 것이다. 물론 이러한 설명의 원칙이 적용될 경우 두 과정들 사이의 심리학적 차이들은 간과된다. 이 원칙은 한 과정이 가지는 발달의 역동성은 다른 과정의 역동성을 반복하거나 재생산해야 한다는 것이다. 그 결과 후반 과정이 더 고등한 수준에서 일어난다는 사실로 인해 생기는 두 과정들 사이의 차이들이 그들의 유사성으로 인해 희미해진다. 그 결과 우리는 발달 과정의 표상을 나선형이 아니라 단일한 원을 끊임없이 움직이는 과정으로 가지게 된다. 그러나 여기에서 이 설명의 원칙[4]에 대한 자세한 분석을 하지는 않을 것이다. 우리의 관심은 우리

의 주제와 관련이 있는 것, 즉 그것이 의식적 파악의 문제에 적용될 수 있는 설명적 가치이다. 사실상 피아제 자신도 클라파레드의 법칙을 토대로 의식적 파악의 출현을 설명하고자 하는 시도의 무용성을 인정하고 있으므로, 우리는 피아제가 의지하는 설명적 원칙, 즉 대체의 법칙은 과연 설명적 원칙으로 그보다 얼마나 그리고 어떤 면에서 더욱 우월한지만을 물어보면 된다.

6-2-15] 이 법칙의 내용을 보면 그것의 설명적 가치는 첫 번째 것보다 그리 대단하지 않음을 금방 알 수 있다. 본질적으로 그것은 생각의 특징과 자질들의 새로운 발달 영역에서 이전 형태의 특징들이 반복 재생산되어 사고된다는 법칙이다. 이 법칙이 옳다고 가정하더라도 그것은 비판적 질문에 대한 답을 하지 못한다. 그것은, 기껏해야, 왜 초등학교 어린이의 개념들이 의식적 파악이나 의지로 특징지어지지 않는지, 그리고 어째서 전 학령기의 어린이 행동의 무의식적이고 비자발적인 논리가 어린이들의 생각에서 재생산되는지를 설명해 줄 뿐이다.

6-2-16] 그러나 이 법칙은 피아제가 제기했던 이 질문에 답하는 데는 도움이 되지 않는다. 의식적 파악은 어떻게 실현되는가? 그것은 의식적 파악으로 특징지어지지 않는 개념으로부터 의식적 파악으로 특징지어지는 개념으로의 전이가 가지는 성질과 그 원천을 이해하는 데 도움이 되지 않는다. 이러한 측면에서 두 번째 법칙은 첫 번째 법칙과 동일하다. 첫 번째는 아마도 필요의 부재가 어떻게 의식적 파악의 결핍을 낳는지 설명하는 데 도움이 될 것이다. 그것은 필요의 출현이 어떻게 의식적 파악을 만들어 내는 마법과 같은 힘을 갖는지는 설명하지 못한다. 두 번째 법칙은 잘 하면 초등학교 어린이들의 개념이 왜 의식적 파악으로 특징지어지지 않는지 설명하는 데 도움이 될 수는 있지만 어떻게 개념에 대한 의식적 파악이 출현하는지 설명할 수 없다. 그러나 이것이야말로 문제의 전체인 것이다. 발달은 바로 개념과 사고 작용에 대한 의식적 파악의 점진적인 고양으로 이루어지기 때문이다.

6-2-17] 보다시피 이 두 가지의 법칙은 문제를 해결하지 못한다. 그들은 문

제의 일부를 차지한다. 이 법칙들이 의식적 파악의 발달을 옳지 않거나 부적절하게 설명한다는 것이 아니다. 이들은 전혀 설명을 제공하지 않는다. 따라서 우리는 초등학생의 정신 발달의 근본적 사태, 즉 앞으로 보게 될 바와 같이 우리의 실험적 연구의 근본 문제와 직접적으로 연관된 사태에 대한 독립적인 가정을 모색해야만 한다.

6-2-18] 그러나 이를 위해서는 첫째, 우리는 과연 피아제가 이 두 법칙의 관점을 이용하여 초등학생들의 개념이 의식적이지 않은 이유를 얼마나 정확히 설명했는지 고려해야 한다. 이 질문은 엄밀히 말하자면 우리가 좀 더 직접적인 관심을 가지고 있는 문제인 의식적 파악이 실현되는 방법과 밀접하게 연관되어 있다. 정확히 말하자면 이들은 두 개의 개별적 질문이 아니라 이 단일한 일반적 문제의 두 측면이다. 어린이는 학령기를 통하여 어떻게 비의식적 개념으로부터 의식적 개념으로의 전이를 이룩하는가? 의식적 파악이 어떻게 일어나는지에 대한 문제를 해결하는 것은 물론 그 문제를 바르게 진술하는 것을 위해서도 우리는 비의식적 개념의 원인과 연관된 문제에 대해서 무관심할 수 없음이 명백하다. 피아제를 따라 위의 두 법칙의 정신에 근거하여 이 문제를 해결하고자 한다면 우리는 피아제가 그러했듯이 두 번째의 문제에 대한 해답 역시 동일한 방식으로, 동일한 이론적 수준에서 탐색해야 한다. 그러나 우리가 첫 번째 질문에 대한 피아제의 해답을 거부하고 다른 해결책을 확인하는 데 가설적으로나마 성공한다면 두 번째 문제의 해결을 위한 우리의 연구는 완전히 다른 지향성을 취하게 될 것이다.

6-2-19] 피아제에게 초등학생들에게 있어 개념에 대한 의식적 파악의 부재의 원천은, 의식적 파악의 결핍이 어린이 사고를 훨씬 많이 지배하고 있었던, 어린이 발달의 초기 단계에 있다. 과거에 이러한 의식의 부재는 어린이의 생각에서 훨씬 많은 정도를 지배하고 있었다. 어린이가 학교에 들어가면서 그의 마음의 일부는 이러한 지배로부터 해방된다. 그러나 다른 부분들은 여전히 그 영향력 아래 있다. 발달의 사다리를 내려가면 갈수록 비의식적으로 간주되어

야 하는 정신의 영역은 넓어진다. 피아제가 순수한 유아주의唯我主意로 특징지었던 영아기의 세계는 완전히 비의식적이다. 어린이가 발달함에 따라 유아주의는 투쟁이나 반항 없이 사회화된 생각에 길을 내준다. 그것은 어른의 생각의 압박으로 후퇴한다. 어른의 생각은 더욱 강인하고 강력하고 점진적으로 어린이의 생각을 잠식한다. 유아주의는 어린이의 자기중심성으로 대체되는데, 이는 언제나 이 특정한 발달 단계에서 어린이 자신의 생각과 이 어린이가 배운 어른의 생각 사이의 타협을 나타낸다.

6-2-20] 피아제에 의하면 학령기의 이러한 의식적 파악의 결핍은 쇠락하고 있는 자기중심성으로부터 파생된 현상이다. 그러나 이 자기중심성은 아직 형성 중에 있는 새로운 영역, 즉 언어적 생각의 영역에 모종의 영향을 여전히 미친다. 개념의 비의식성을 설명하기 위해 피아제는 어린이로 하여금 의사소통을 어렵게 만드는, 어린이의 자폐적 생각의 잔존물과 그의 사고의 불충분한 사회화에 의존한다. 우리에게 남은 일은, 어린이에게 있어서 개념에 대한 의식적 파악의 결핍이 그 당연한 결과로 학령기 어린이의 비의식적 개념을 수반하는, 어린이 생각의 자기중심적 특징으로부터 직접적으로 생긴다는 사실을 확립하는 것이다. 초등학교 학생들의 정신 발달에 대한 우리의 지식에 비추어 볼 때 이는 의심스러운 명제이다. 이론적으로 생각해 볼 때 이는 그 타당성에 대한 의문을 불러일으킨다. 경험적 연구는 그에 직접적으로 논박한다.

6-2-21] 이 문제에 대한 비판적 분석으로 들어가기에 앞서, 두 번째 관심 질문을 해결해야 한다. 어린이가 자신의 개념을 의식적으로 파악하도록 인도하는 과정을 이 관점에서 어떻게 나타낼 수 있을 것인가? 사실, 비의식적 개념의 원인에 대한 규정된 진술로부터 의식적 파악 과정 자체에 대한 단 하나의 설명 방법이 필연적으로 나타난다. 피아제에게는 이것이 문제가 아니었으므로 어디서도 이 논제에 대하여 직접적으로 언급하지 않는다. 그러나 초등학생들에게 있어 의식적 파악의 결핍에 대한 피아제의 설명과 그의 이론 전체를 두고 보았을 때, 발달의 경로에 대한 그의 관념은 명백하다. 사실, 의식적 파악의 문

제가 피아제에게는 문제가 되지 않았으므로 그는 그것을 언급할 필요성을 느끼지 못한 것이다.

6-2-22] 피아제의 관점에서는, 의식적 파악은 성숙과 함께 생겨나는 사회적 사고가 말로 표현되는 자기중심성의 잔존물을 퇴거시킴에 따라 일어난다. 의식적 파악은 어린이가 아직 의식적으로 파악하지 못한 개념으로부터 발달하는 필수적인, 고등의 단계로 나타나는 것이 아니다. 그것은 바깥으로부터 도입된다. 행동의 한 양식이 다른 것을 간단히 대신한다. 뱀이 새로운 가죽을 자라게 하기 위해 허물을 벗듯이 어린이는 다른 생각의 양식을 배우기 위해 한 생각의 양식을 버리는 것이다. 이것이 의식적 파악의 출현에 대한 피아제 관점의 요체이다. 보시다시피 이 문제의 해결을 위해서 어떠한 법칙도 필요하지 않다. 개념에 대한 의식적 파악의 결핍은 어린이 생각의 본성 그 자체에 의해 결정되기 때문에 설명이 필요하다. 그러나 의식적 파악은 어린이의 외부, 즉 어린이를 둘러싸고 있는 사회적 생각 안에 존재한다. 그리고 이것들은 어린이 스스로가 가진 사고의 적대적인 성향이 더 이상 방해하지 않을 때 완전한 형태로 어린이에게 학습된다.

6-2-23] 이 시점에서 우리는 다음의 두 가지 밀접하게 연관된 문제들을 생각할 수 있다. 최초의, 개념에 대한 의식적 파악의 부재와 이후의, 의식적 파악의 출현이다. 피아제가 이 두 문제를 해결한 방식은 각 문제에 대해 동일한 정도로, 이론적 실제적 측면에 있어서 전혀 설득력이 없었다. 개념에 대한 의식적 파악의 부재와 그것을 자발적으로 사용하는 능력이 없는 것을 이 연령대의 어린이가 일반적으로 의식적 파악을 할 수 없다는, 즉 자기중심적이라는 사실에 근거하여 설명하는 것은 그 자체로서 불가능하다. 연구가 보여 주듯이 바로 이 연령대에서 발달의 핵심인 고등심리기능들이 출현하며, 이 고차적 심리기능들의 근본적인 변별적 자질이야말로 바로 지성화와 숙달이며 말하자면, 의식적 파악과 의지의 개입이기 때문이다.

6-2-24] 학령기 어린이에게 있어 발달의 초점은 저차적 형태의 주의와 기억

으로부터 자발적 주의와 논리적 기억으로의 전이이다. 다른 곳에서[5] 우리는, 자발적 기억에 대해서와 마찬가지로 자발적 주의에 대해 말할 수 있으며 논리적 기억에 대해서와 마찬가지로 논리적 주의를 말할 수 있다는 것을 상세하게 설명한 바 있다. 이는 기능들의 지성화와 기능의 숙달이 하나의 단일한 과정의 두 측면일 뿐이라는 사실을 반영한다. 우리는 이 과정을 고차적 정신 기능으로의 전이라고 부른다. 우리는 어떤 기능이 지성화되는 만큼 그 기능을 숙달하게 된다. 어떤 기능의 활동에서 의지의 개입은 언제나 그에 대한 의식적 파악과 한 쌍을 이루는 부분이다. 학령기 어린이들에게 기억이 지성화된다고 말하는 것은 자발적인 기억이 나타난다고 말하는 것과 정확히 동일하다. 학령기에 주의가 자발적으로 된다고 말하는 것은, 블론스키가 바르게 지적한 바와 같이, 그것이 더욱더 사고나 지성에 의지하게 된다고 하는 것과 같다.

6-2-25] 따라서 우리는, 주의와 기억의 영역에서 초등학생들이 의식적 파악과 자발적 행동의 가능성을 나타내는 것을 볼 뿐 아니라 이 능력의 발달이 바로 전체 학령기의 주요 본질을 형성함을 본다. 이 하나만 보아도 우리는 초등학생들의 의식적 파악의 결핍이나 이 개념들의 비자발적 성질을 어린이의 생각이 일반적으로 의식적 파악과 숙달을 할 수 없다는 사실을 통해, 즉 어린이의 자기중심성으로 설명할 수 없다.

6-2-26] 그러나 피아제가 확립한 한 가지 사실은 논박의 여지가 없다. 즉, 초등학생은 그 자신의 개념에 대해 의식적으로 파악하고 있지 않다는 점이다. 우리가 이 사실을 그에 상반되는 것을 나타내는 사실과 비교하면 상황은 더 복잡해진다. 즉 학령기 어린이가 자신의 생각에 대한 숙달이나 의식적 파악을 하지 못함에도, 기억이나 주의와 같은 중요한 지적 기능을 의식적으로 파악하거나 숙달하는 능력을 보여 주는 것을 어떻게 설명할 수 있을까? 학령기에는 진정한 의미에서의 지성 자체를 제외한 모든 근본적인 지적 기능들이 지성화되고 자발적으로 된다.

6-2-27] 이 모순은 해결하기 위해서 우리는 이 연령대 어린이의 정신 발달

의 기본 법칙을 고려해야 한다. 다른 곳에서[6] 우리는 어린이의 정신 발달의 경로에서 생겨나는, 기능들 사이의 연관과 관계의 변화에 대해 자세히 다룬 바 있다. 그 맥락에서 우리는 어린이의 정신 발달은 개별 기능들의 발달이나 성숙이라기보다는 이 기능들 사이의 연관과 관계의 변화로 이루어지며, 개별 심리 기능들의 발달은 이러한 변화에 달려 있다는 것을 경험적 증거에 근거하여 길고 자세하게 주장한 바 있었다. 의식은 다른 모든 것과 마찬가지로 매번 새로운 단계에서 그 내적 구조 전체와 그 부분들 사이의 연결을 수정하면서 발달하며 각 기능의 발달에 개입하는 부분적인 변화의 총합으로 발달하지 않는다. 의식의 각 기능적 부분들의 운명은 전체의 변화에 의존하며 그 역은 성립하지 않는다.

6-2-28] 근본적으로 의식이 고유한 전체를 나타내며 각각의 기능들이 서로 떨어질 수 없이 연결되어 있다는 생각 자체는 심리학에서 전혀 새로울 것이 없다. 정확히 말하자면 이 생각은 심리학 자체만큼이나 오래된 것이다. 기능들이 서로 나누어질 수 없는 통일체로 작용한다는 것에 대해 거의 모든 심리학자들이 동의한다. 기억하기는 틀림없이 주의, 지각 그리고 뜻의 파악을 함의한다. 지각도 반드시 주의, 인지(즉, 기억) 그리고 이해라는 동일한 기능들을 포함한다. 그럼에도 구심리학과 심지어 최근의 심리학에서도 의식이 기능적 통합체이며 의식 활동의 다양한 측면들 사이에는 분해할 수 없는 연결이 있다는 이생각은 근본적으로 옳지만 언제나 주변부로 밀려나 있었으며, 우리는 이로부터 적절한 결론을 전혀 이끌어 내지 못해 왔다. 더욱이 이 명확한 생각을 인정하면서도 심리학은 이로부터 도출되어야 할 결론과는 정면으로 상충되는 결론을 추론해 내었다. 분명히 심리학은 기능들 간의 내적 의존성과 의식 활동의 통합성을 확립하였지만, 그럼에도 심리학은 의식을 기능적 부분의 총합으로 간주하면서 기능들 사이의 연결에 대한 연구를 등한시하고 분리된 기능들의 활동에 대한 연구를 지속하였다. 일반 심리학의 이러한 지향은 발생 심리학으로 전이되어 어린이 의식의 발달 역시 다양한 개별적 기능들에서 일어나는 변

화의 총체로 이해하도록 이끌었다. 전체로서의 의식에 대한 기능적 부분의 최우선성은 여기에서 지배적인 교리로 자리를 잡았다. 어떻게 우리의 전제와 그토록 명확하게 모순되는 결론에 도달할 수 있는지를 이해하기 위해서는 우리는 구심리학에서 기능들 간의 상호 연결과 의식의 총체성에 대한 표상의 토대가 되는 잠재적인 기본공리를 고려해야 한다.

6-2-29] 구심리학은 지각이 기억, 주의와 함께 작용하는 것처럼 기능들이 항상 서로 간의 조합을 통해 작용하며 오직 이러한 조합을 통해서만 의식의 총체가 실현된다고 가르친다. 그러나 이 생각을 완성하기 위해서 구심리학은 세밀하게 세 가지의 기본 공리를 추가하였다. 이 공리로부터 자유로워지는 것이야말로 심리학을 무기력하게 만든 기능적 분석으로부터 심리학적 생각을 자유롭게 하는 것이다. 모든 의식의 활동은 언제나 기능들 간의 연결에서 실현된다는 것을 모두가 인정하게 되었지만 또 한편으로 심리학자들은 다음과 같이 가정하였다. 1) 기능들 간의 이러한 연결은 안정적이고 변형불가하며 단번에 주어지고 발달하지 않는다. 2) 그 결과 기능들 간의 이러한 연결은 크기와 형태에 있어서 고정적이고 변화가 없으며 각 기능의 활동에 동일한 정도와 동일한 양식으로 공동 참여하므로 개별 기능의 연구에 있어서 우리는 이들을 고려할 필요 없이 수식의 괄호 밖으로 빼낼 수 있다. 3) 결국 이러한 연결들은 본질적인 것이 아니며 의식의 발달은 기능적 부분들이 발달한 결과로 이해될 수 있다. 기능들 간 연결의 불변성으로 인해 이들은 발달과 조합으로부터 완전히 독립성과 자율성을 가지고 있기 때문이다.[7]

6-2-30] 이와 같은 세 가지 공리는 첫 번째부터 모두 완전히 그릇된 것으로 판명되었다. 정신 발달의 영역에서 우리가 알고 있는 모든 사실들은, 기능들 간의 연결과 관계가 일정하거나 비본질적이지 않으며 심리학적 계산에서 그들이 작용하는 수식의 괄호 밖으로 보내질 수 없을 뿐 아니라 기능 간 연결의 변화, 즉 의식의 기능 구조의 변화야말로 심리 발달 과정 전체의 기본적, 중심적 본질을 형성한다는 것을 알려 준다.[8] 만일 그러하다면 심리학은 이전

까지는 공리였던 것을 문제 삼아야 한다. 구심리학은 기능들은 서로 연결되어 있다는 공리로 시작하여 그러한 기능적 연결과 그 변화의 특징을 연구의 대상으로 삼지 않은 채 이 공리에 의존하였다. 새로운 심리학에 있어서 연결의 변경과 기능 간 관계는 우리의 모든 연구의 중심 문제가 되었으므로 그것이 해결되지 않는 한 우리는 이러저러한 기능들 내의 어떠한 변화도 이해할 수 없다. 발달의 경로 중 의식 구조가 변경된다는 이러한 생각은 또한 우리가 여기서 관심을 가지는 질문, 즉 학령기에서 지성 자체는 비의식적, 비자발적으로 남아 있는 반면에 주의와 기억이 의식적, 의지적으로 되는 이유를 설명하는 데 도움이 될 것이다. 발달의 일반 법칙에 따르면 의식적 파악과 숙달은 모든 기능 발달의 최상위 단계의 특징이다. 그들은 나중에 출현한다. 그들은 반드시 어떤 활동 형태의 기능의 비의식적, 비자발적인 단계에 뒤따라 나타난다. 의식적으로 되기 위해서는 반드시 의식되어야 하는 그 대상을 먼저 소지하고 있어야 한다. 무언가를 숙달하기 위해서는 반드시 우리의 의지에 따라 마음대로 사용할 수 있는 것을 먼저 가지고 있어야 한다.

6-2-31] 어린이 정신 진화의 역사는 개별 기능의 미분화로 특징지어지는 유아기 의식 발달의 첫 번째 단계에 후속하여 두 개의 단계가 출현함을 알려 준다. 이들은 초기유년기와 전 학령기이다. 이 단계들 중 첫 번째에서 우리는 발달의 주요 경로에서 지각이 분화되고 완성되며 이 연령의 기능 간 관계에서 그것(-지각-K)이 지배적이 됨으로써, 나머지 의식의 활동과 발달에 있어서 그것이 지배적인 중심 특징이 되는 것을 본다. 두 번째 단계에서는 기억이 우세적인 중심 기능을 차지하여 발달의 최전선으로 이동한다. 이와 같이, 학령기 초기에는 지각과 기억이 이미 일정하게 성숙하게 되며 이는 이 시기의 심리적 발달 전체를 위한 근본적인 전제의 일부를 형성한다.[9]

6-2-32] 지각적, 표상적 기억의 구조화에 의해 주의가 생겨난다는 사실을 고려한다면 우리는 학령기 초기의 어린이는 주의와 기억이 이미 비교적 성숙되어 있다는 것을 쉽게 이해할 수 있다. 따라서 어린이는 자신이 파악하고 숙달해야

할 것을 가지고 있는 것이다. 따라서 우리는 의식적, 의지적이 된 기억과 주의의 기능이 이 시기의 중심으로 이동하는 이유를 알 수 있을 것이다.

6-2-33] 우리는 또한 학령기 어린이의 개념이 비의식적이고 비자발적인 이유를 알 수 있다. 무엇인가에 대해 파악하고 그것을 숙달하기 위해서는 우리는 먼저 그 대상을 수중에 넣고 있어야 한다고 말한 바 있다. 그러나 개념, 좀 더 정확히 말하면, 발달의 고등 단계에 도달하지 못한 초등학생들의 비의식적 선개념은 바로 학령기에 처음으로 출현하며 이 시기에만 성숙하게 된다. 이때까지는 어린이는 일반적 표상 또는, 다른 곳에서 전 학령기를 지배하는 일반화의 초기 구조를 지칭하는 데 사용했던 용어인, 복합체에 따라 생각하게 된다. 선개념은 학령기에야 비로소 나타나는데, 만일 어린이가 그에 대해 의식하게 되고 그것을 숙달하게 된다면 그것은 기적일 것이다. 이것은 의식이 그 자체의 기능에 대해 의식하고 숙달할 수 있을 뿐 아니라 그들이 발달하기 전부터 무無로부터 그들을 창조해 낼 수도 있으며 새로운 것을 만들어 낼 수 있다는 것을 의미하기 때문이다.

6-2-34] 이것이 피아제가 제시한 개념의 비의식적 특성에 대한 설명을 거부하는 이론적 논증이다. 그러나 주의와 기억에서 의식적 파악이 어떻게 나타나며, 어디로부터 개념에 대한 의식이 유래되고 어떤 경로를 통해 어린이들이 의식적으로 되며 어째서 의식적 파악과 숙달이 동일한 과정의 두 측면이 되는지 명료화하기 위해 우리는 연구의 데이터에 의지하여 의식적으로 파악하게 되는 과정의 심리적 본질을 규정해야 한다.

6-2-35] 연구는 의식적 파악이 완전히 특별한 종류의 과정이라는 것을 보여 준다. 우리는 지금부터 그 가장 일반적인 특징을 기술하고자 한다. 먼저 우리는 본질적인 질문을 던져야 한다. "의식적이 된다는 것은 무엇을 뜻하는 것인가?" 이 표현은 두 가지의 의미를 가지며, 바로 두 가지의 의미를 가짐으로 인해 클라파레드와 피아제가 프로이트의 용어와 일반 심리학의 용어를 혼용하여 혼란을 야기한 것이다. 피아제가 어린이 생각의 의식적 파악에 대해 언급

할 때 그는 어린이가 스스로의 의식에서 벌어지고 있는 일에 대해 의식하지 못한다는 입장, 즉 어린이가 무의식적이라는 입장을 견지하는 것이 아니다. 그는 의식이 어린이의 생각에 실제로 참여하되 끝까지 참여하지는 않는다고 생각한다. 최초에는 무의식적인 생각으로부터 영아의 유아주의로, 또 사회화되고 의식적인 생각으로, 바뀌지만 이 사이에는 여러 단계가 있다. 피아제는 이들을 자기중심성의 점진적인 쇠퇴와 사회적 생각의 형태의 성장으로 표현한다. 각 중간의 단계는 영아의 무의식적 자폐적 생각과 성인의 사회적, 의식적 생각의 모종의 타협을 나타낸다. 그러나 초등학생의 생각이 비의식적이라는 것은 무엇을 의미하는 것일까? 어린이의 자기중심성은 모종의 무의식에 수반되며, 그것은 그의 생각이 완전히 의식적이지 않고, 의식에 관련된 요소와 무의식에 관련된 요소를 포함한다는 것을 의미한다. 이 때문에 피아제 스스로도 '무의식적 추론'이라는 관념이 매우 불명료하다고 말한 것이다. 의식의 발달을 (프로이트가 말하는) 무의식으로부터 완전한 의식으로의 점진적인 전이라고 생각하는 것은 옳다. 그러나 프로이트의 연구는 의식으로부터 억압된 무엇인가로서의 무의식은 후기에 나타나며, 어떤 의미에서는 무의식은 의식의 발달과 분화의 파생물이라는 것을 확립하였다. 이 때문에 우리는 무의식과 비의식 사이에 커다란 차이를 보게 되는 것이다. 비의식은 결코 부분적으로 무의식적이고 부분적으로 의식적인 것이 아니다. 그것은 의식의 정도를 나타내는 것이 아니라 의식 활동의 다른 방향을 나타낸다. 내가 매듭을 묶을 때 나는 그것을 의식적으로 한다. 그럼에도 나는 그것을 어떻게 했는지 정확히 말할 수 없다. 나의 주의가 묶는 행동을 하는 방식이 아니라 행동 자체에 지향되어 있었기 때문에 나는 나의 의식적 행동을 알아채지 못한 것이다. 의식은 언제나 모종의 현실의 파편을 나타낸다. 내 의식의 대상이 되는 것은 묶는 행동과 매듭 그리고 그것을 이용하여 내가 한 일이지, 매듭을 묶는 동안 내가 수행한 행동들, 즉 매듭을 묶은 방법이 아니다. 그러나 이것도 의식의 대상이 될 수 있으며 그 경우 이는 의식될 것이다. 의식적 파악은 의식의 작용이다. 여기서 의식 활동의 대상은 바로 의식 자체가 된다.*

6-2-36] 이미 피아제의 연구는 학령기에 이르러서야 내관(內觀)이 어느 정도 유의미한 정도로 발달하기 시작한다는 것을 보여 주었다. 계속되는 연구는 유아기에서 초기유년기로의 전이 시기 동안 외적 지각과 관찰의 발달에서 성취되는 것과 유사한 것이 학령기 내관의 발달에서 나타남을 보여 주었다. 잘 알려진 바와 같이 이 시기 동안 외적 지각의 변화에서 가장 중요한 것은 어린이가 의미를 포함하지 않는 비언어적 지각으로부터 의미로 가득한 객관적 언어적 지각으로 옮아간다는 것이다. 초등학교 입학 연령기에 있는 어린이의 내관에 대해서도 동일하게 말할 수 있을 것이다. 이 시기에 어린이는 비언어적인 내관에서 언어적인 내관으로 이동한다. 그는 자기 자신의 심리적 과정의 의미에 대한 내적 지각을 획득한다. 그러나 연구가 보여 주었듯이, 의미의 지각은 그것이 내적이든 외적이든 간에 일반화된 지각 이외의 것을 의미하지 않는다. 따라서 언어적 내관으로의 이동은 필연적으로 활동의 심리적 형태가 스스로를 일반화하기 시작했다는 것을 나타낸다. 새로운 유형의 내적 지각으로의 전이는 또한 우월한 유형의 심리적 활동으로 전이했다는 것을 의미한다. 다른 식으로 대상을 지각하는 것은 동시에 그에 대한 다른 행동의 가능성을 획득하는 것과 같기 때문이다. 체스를 둘 때 말들을 다른 식으로 보게 되면 수를 두는 것 또한 달라진다. 나의 활동의 과정 자체를 일반화하면서 나는 그에 대한 새로운 관계의 가능성을 획득하게 된다. 대략적으로 말하자면, 이것은 나의 일반적인 의식 활동으로부터 어떤 과정이 선택되는 것과 같다, 나는 내가 기억한다는 것을 의식한다. 즉 기억 활동을 나의 의식의 대상으로 삼는 것이다. 선택이 발생한다. 동일한 방식으로 모든 일반화는 대상을 선택한다. 이로

---

* 전 학령기의 어린이가 "이름이 무엇인지 아니?"라는 질문을 받았다. 어린이는 "콜야коля입니다."라고 대답하였다. 어린이는 질문의 핵심이 자신의 이름이 무엇인지가 아니라 이름을 아는지 모르는지에 대한 것이라는 것을 알아차리지 못한 것일 수 있다. 어린이는 자신의 이름을 알고 있지만 자신의 이름에 대한 지식의 의식은 없는 것이다.

인해, 일반화로 인식되는 의식의 파악은 곧장 숙달로 인도한다.[10]

6-2-37] 이런 식으로 의식적 파악의 기저에는 자기 심리 과정의 일반화가 있으며 이는 그들의 숙달로 이끈다. 이 과정에서 무엇보다도 학교에서의 학습은 의심의 여지없이 결정적인 역할을 한다. 다른 개념과의 매개를 통해 대상들과 다양한 관계를 가지며, 위계의 내적 체계와 그들 사이의 상호관계를 가지는 과학적 개념은 개념에 대한 의식적 파악의 성취와 그에 따른 그들의 일반화와 숙달이 처음으로 그리고 최우선적으로 일어나는 영역이다. 일단 새로운 일반화의 구조가 한 생각의 영역에서 이런 식으로 출현하게 되면 이후에 이는, 모든 활동의 결정적 원칙이나 구조가 그러하듯, 다른 교수-학습 없이도 뒤이어 다른 생각과 개념의 영역으로 전이된다. 이와 같이 과학적 개념은 의식적 파악의 문을 열어 제친다.

6-2-38] 피아제 이론의 두 요소는 이러한 관점에서 주목할 만하다. 자연발생적 개념이 의식적이지 않다는 사실은 그 고유한 본성으로부터 유래한다. 어린이는 자연발생적으로는 그들을 어떻게 사용하는지 알고 있지만 그에 대하여 의식하게 되지는 않는다. 우리는 어린이가 'OO때문에'라는 개념을 사용하는 데에서 이에 대해 본 바 있다. 자연발생적 개념은 그 자체적 본성상 반드시 비의식적이어야 한다. 자연발생적 개념이 포함하는 주의는 그것을 파악하는 생각의 작용을 향하는 것이 아니라 그것이 나타내는 대상을 향하고 있기 때문이다. 자연발생적이라는 말이 개념에 적용될 경우 이는 비의식적이라는 말과 동의어라는 생각은 피아제가 책 어디서든 직접적으로 표현하고 있지 않으나, 피아제의 저서를 붉은 실과 같이 관통하고 있다. 이것이야말로 어린이 생각 발달의 역사를 자연발생적 개념의 발달로 한계 지은 피아제가 어떻게 의식적 개념이 외부로부터 도입되지 않고서, 어린이의 자연발생적 생각의 세상에 나타나는지 이해하지 못하는 이유이다.

6-2-39] 자연발생적 개념이 반드시 비의식적이라는 것이 사실이라면 과학적 개념은 그 본질상 마찬가지로 반드시 의식적 파악을 포함한다. 이것은 위

에서 언급한 피아제의 두 요소 중 두 번째의 것과 연결되어 있다. 그것은 우리의 분석의 목적과 매우 밀접하게, 직접적으로 연결되어 있으며 대단한 중요성을 가진다. 모든 피아제의 연구는 자연발생적 개념과 비자연발생적 개념 특히 과학적 개념을 구분 짓는 제1의, 가장 중요한 차이는 그들이 체계의 밖에서 주어진다는 사실이라는 생각으로 이끈다. 어린이가 발화한 비자연발생적 개념으로부터 그 개념이 포함하는 자연발생적 표상으로 인도하는 길을 실험적으로 발견하고자 한다면 우리는, 피아제의 규칙을 따라, 이 개념을 체계와 연결된 모든 흔적으로부터 해방시켜야 한다. 개념이 포함되어 있으며 그것을 다른 개념들과 연결해 주는 체계로부터 개념을 떼어 내는 것은, 피아제가 어린이의 지적 지향성을 비자연발생적 개념으로부터 해방시키는 가장 적절한 방법으로 추천한 것이다 이 방법의 도움으로 그는 실제로 어린이 개념의 '탈체계화'가 그의 책에 풍부하게 나타나는 그러한 유형의 대답을 어린이로부터 수집하는 가장 확실한 길임을 보여 주었다. 개념 체계가 존재한다는 것은 각각의 개념의 삶과 구조에 중립적이고 냉담한 사실이 아니다. 개념이 고립된 형태로 취해져 체계로부터 떨어지는 순간 개념은 달라지며 그 심리적 본성이 완전히 변한다. 이제 어린이는 대상과 더욱 단순하고 즉각적인 관계에 놓인다.

6-2-40] 우리는 (예비-K) 실험 연구[11]의 결과를 일반화함으로써 아래에서 논의될 우리 가설의 핵심을 구성하는 것을 미리 기술할 수 있다. 오직 체계 안에서만 개념은 의식의 대상이 되고 **오직 체계 안에서만 어린이들은 의지적 통제력을 획득한다. 자연발생성, 비의식 그리고 비체계성이 어린이 개념의 본질에 있는 동일한 것을 의미하는 세 개의 다른 낱말인 것과 같이, 의식과 체계성은 개념에 관한 한 완전히 동의어이다.**[12]

6-2-41] 근본적으로 이것은 앞에서 언급된 것으로부터 도출된다. 개념에 대한 의식적 파악이 일반화를 뜻하는 것이라면 일반화는 바로 상위 개념 Oberbegriff, 즉 그 일반화 체계 속에 어떤 개념이 특정 사례로 포함되는 개념의 형성을 뜻한다. 그러나 어떤 개념의 뒤에 상위 개념이 나타난다면 이것은 필연

적으로 하나가 아닌 일련의 하위 개념들이 존재함을 함의할 것이다. 각 하위 개념들은 상위 개념에 의해 규정된 방식으로 주어진 개념과 연결을 맺는데 그렇지 않다면 상위 개념이 어떤 개념에 대해 상위의 위치를 차지한다고 할 수 없을 것이다. 이 동일한 상위 개념은 주어진 개념보다 아래의, 하위 개념의 위계적 체계를 제시하며, 이에 대해 다시 한 번 완전히 규정된 체계적 관계로 연결된다. 그 결과 이런 식으로 개념의 일반화는 규정된 일반화 관계의 체계 속에 주어진 개념을 세부화하며 이 일반화 관계는 개념들 사이의 가장 기본적 이고 자연스러우며 중요한 연결이다. 이렇듯 일반화는 의식적 파악과 개념의 체계화를 동시에 의미한다.[13]

6-2-42] 체계가 어린이 개념의 내적 본질과 무관하지 않다는 것은 피아제 의 말에서도 명백히 드러난다. 피아제는 다음과 같이 말한다. "관찰에 따르면 어린이는 별로 체계적이거나 일관적, 연역적이지 않고 일반적으로 모순을 피 하려는 욕구를 갖지 않으며 주장을 종합하는 대신 병렬적으로 나열하고, 요 소적 분석으로 나아가기보다는 혼합적 도식에 만족하는 모습을 보인다. 다 른 말로 하면, 어린이의 생각은 어른의 자기-의식적이고 체계적인 생각보다는 …… 행동과 꿈에 등장하는 모종의 태도들과 더욱 가깝다."[14]

6-2-43] 후에 우리는 어린이의 논리에 대해 피아제가 확립한 사실의 법칙들 은 비체계적인 생각의 범위 안에서만 타당하다는 것을 보일 것이다. 그들은 체 계 밖의 개념들에만 적용이 가능하다. 피아제가 기술한 모든 현상들의 원인은 바로 이 개념의 비체계화임을 보이는 것은 쉬운 일이다. 모순을 불편해하고, 판단을 병렬적으로 나열하는 대신 그들을 논리적으로 종합하고, 연역을 할 수 있는 능력을 가지는 것 이 모두는 개념들 간 관계의 규정된 체계 내에서만 가능하기 때문이다.[15] 이것이 없다면, 이 모든 현상은[16] 장전된 총의 방아쇠를 당기면 총알이 나가듯 아주 당연한 결과로 나타나게 된다.

6-2-44] 그러나 지금은 오직 한 가지만이 우리의 관심을 끈다. 이는 (한편으 로-K) 체계와 그에 연결된 의식적 파악은 어린이에게 특징적인 개념 형성과 사

용의 방법을 대체하면서 외부로부터 어린이 개념의 영역으로 도입되는 것이 아니라, 그들 자신이 이미 어린이 안에 충분히 풍부하고 성숙한 개념이 존재함을 함의하는데 이 개념 없이는 어린이는 자신의 자각과 체계화의 대상이 되어야 하는 것을 갖지 않으며, (다른 한편으로-K) 과학적 개념의 영역에 먼저 출현한 구조적 체계는 일상적 개념의 영역으로 전이되어 그들을 재구조화하고 그들의 내적 본질을 위로부터[17] 변화시킨다는 사실에 대한 증거이다. 자연발생적 개념에 대한 과학적 개념의 의존과 자연발생적 개념에 대한 과학적 개념의 호혜적 영향은 과학적 개념이 그 대상에 대하여 가지는 고유한 관계로부터 나온다.[18] 이 관계는 우리가 말했다시피 다른 개념을 통해 매개되며 따라서 대상에 대한 관계와 다른 개념에 대한 관계, 즉 개념 체계에 있어 다른 기본 세포에 대한 관계를 동시적으로 포함한다는 사실이 특징이다.

6-2-45] 이와 같이, 과학적 개념은 그것이 성질상 과학적이라는 사실 덕에 다른 모든 개념들과의 관계를 결정짓는 개념 체계 안에서 특정한 위치를 가진다. 과학적 개념의 본질은 마르크스에 의해 대단히 심오하게 정의되었다. "사물의 외양과 그 본질이 일치한다면 모든 과학은 쓸모없을 것이다."[19] 이것이 과학적 개념의 본질이다. 과학적 개념이 경험적 개념과 같이 대상의 외양만을 나타낸다면 이는 잉여적일 것이다. 따라서 과학적 개념은 반드시, 개념 밖에서는 불가능한, 대상과의 또 다른 관계를 전제로 하며, 그 과학적 내용 안에 포함된 이 다른 관계는 다시, 위에서 보았다시피, 개념들 간 관계, 즉 개념 체계의 존재를 반드시 전제로 한다. 이러한 관점에서 각 (신경- K) 세포[20]가 그들을 일반적인 조직에 연결시키는 모든 수상돌기와 함께 고려되어야 하듯이 각각의 개념은 그 일반성의 정도를 결정하는 일반화 관계의 전체 체계와 함께 고려되어야 한다고 우리는 말할 수 있다. 이와 함께 우리가 이것을 순수하게 논리적인 관점에서 이해한다면 어린이의 자연발생적 개념과 비자연발생적 개념을 구분하는 것은 일상적 개념과 과학적 개념을 구분하는 것과 일치한다는 것이 명백해진다.[21]

6-2-46] 이 질문에 대해 다시 언급하게 될 기회가 있을 것이므로 여기서는 당분간 우리의 생각을 설명해 줄 수 있는 하나의 예시로만 제한할 것이다. 어린이는 흔히 더욱 특정한 개념을 발달시키기 전에 더 일반적인 개념을 발달시킨다는 것을 우리는 알고 있다. 보통, 어린이는 '장미'라는 낱말을 배우기 전에 '꽃'이라는 말을 배운다. 그러나 이 경우에 '꽃'이라는 개념은 '장미'라는 개념보다 더 일반적이지 않으며 단순히 그보다 광범위할 뿐이다.[22] 어린이가 오직 이 개념만을 가지고 있을 때에 이 개념이 대상과 가지는 관계는, 이 개념이 다른 개념과 함께 나타날 때와 다르다. 그러나 '꽃'이라는 개념은 어떤 식으로든 '장미'라는 개념의 상위 개념이 되지 않은 채 오랜 기간 동안 함께 공존한다는 것도 동일하게 명백하다. 어린이는 상위 개념 아래에 좀 더 구체적인 개념을 포함시키거나 그 아래 종속시키지 않고, 이 둘을 서로 상호 대체 가능한 것으로 사용하며 동일한 수준에 둔다. '꽃'이라는 개념의 일반화가 나타나면 이 개념과 '장미'라는 개념의 관계가 수정되고 '장미'는 하위 개념이 된다. 개념 속에서 체계가 나타나는 것이다.

6-2-47] 우리 논증의 처음으로, 피아제가 제기한 최초의 질문으로 돌아가 보자. "의식적 파악은 어떻게 일어나는가?" 우리는 어째서 전 학령기 어린이의 개념은 비의식적이며 이들이 어떻게 의식적, 의지적으로 되는지 보이고자 노력하였다. 비의식의 원인은 자기중심성이 아니라 자연발생적 개념의 비체계성에 있으며, 이는 필연적으로 그들의 비의식성과 비자발적 특징을 낳는다는 것을 우리는 보았다. 우리는 의식적 파악은 개념들 사이의 규정된 일반화의 관계에 토대를 둔, 개념 체계의 형성 덕분에 실현되며, 이는 개념들을 의지적으로 만든다는 것을 발견하였다. 반대로, 과학적 개념은 그 특성으로 인해 체계를 전제로 한다. 의식적 파악은 과학적 개념이라는 문을 통해 어린이 개념의 영역으로 입장한다.

6-2-48] 이제 우리는 피아제의 모든 이론이 의식적 파악이 어떻게 일어나는지에 대한 질문에 대한 답을 할 수 없는지 확실히 이해할 수 있다. 그 이유는

이 이론에서 과학적 개념들이 한 측면으로 제쳐진 채, 체계 밖에서 개념이 이동하는 법칙만이 고찰되었기 때문이다. 피아제는, 어린이 개념을 심리학적 탐구의 대상으로 삼기 위해서 우리는 그로부터 체계적 조직화의 흔적을 모두 제거해야 한다고 가르친다. 그러나 그렇게 함으로써 그는 의식적 파악이 어떻게 일어나는지를 이해할 수 있는 가능성을 배척하였으며, 무엇보다도 미래에 그것에 대해 설명할 가능성을 배척하였다. 의식적 파악은 체계를 통해 실현되는데, 체계적 조직의 모든 흔적을 지우는 것이 우리가 말한 바와 같이, 비체계적 개념에만 엄격히 제한된 의미를 가지는 모든 피아제 이론의 시작과 끝이기 때문이다. 피아제가 제시한, 의식적 파악이 어떻게 생겨나는가라는 문제를 해결하기 위해 우리는 피아제가 한쪽 측면에 밀어 두었던 것을 중심으로 가져와야 한다. 이는 바로 체계이다.

●

1) 어린이는 자신의 형제에 대한 더 구체적이고 즉시적인 이해를 가진다. 그러나 모든 형제가 또한 형제를 가진다는 어린이의 의식적, 추상적 이해는 아주 늦게 생긴다(피아제가 자신의 경력을 시작할 때 했던 버트 지능 테스트에는, 많은 어린 아이들이 "아니요."라고 대답하는 "너의 형제는 형제를 가지고 있니?"라는 질문이 있다). 이 절에서, 비고츠키는 클라파레드와 피아제가 이런 의식적 파악의 지연에 대해 제공한 설명을 검토한다. 비고츠키는 그들의 설명이 **문제에 대한 재再진술**보다 더 나을 게 없다는 것을 발견하고, 낱말 의미 발달에 대한 자신의 이전 언급과 궤를 같이하는, 매우 다른 설명을 제공한다.

I 피아제는 일상적 말에서 '○○ 때문에'를 아주 정확하게 사용하는 어린이들도 "○○ 때문에, 그는 자전거에서 넘어졌다." 같은 문장을 정확하게 완성할 수 없다고 적고 있다. 피아제는 이 불일치를 클라파레드에게서 인용한 **두 개의** 심리학 법칙으로 설명한다. [6-2-1~6-2-17]

A) '**의식적 파악의 법칙**'에서 조작을 부드럽게 수행하는 것은 의식으로 조작을 가져가지 않고 하는 것이다. 의식적 파악은 실패의 부산물이다. 왜냐하면 그것은 적응이 잘 되지 않을 때 발생하기 때문이다. 이런 이유로 어린이는 유사성을 파악하기 전에 차이점을 파악한다. 이렇기에 어린이는 변이에 대해 반복을 당연하게 여기고, 당황하고, 좌절한다.

B) '**대체의 법칙**'은 어린이가 언어 형태에서 절차적 지식을 선언적 지식으로 '대체한다'고 한다. 어린이가 원인을 알기 전에 원인을 행하면, 어린이는 아직도 그의 행위를 물리적 단면에서 정신적 단면으로 대체하지 못하고 있는 것이다. 똑같은 지연이 어린이가 정신적 행위를 말로 하는 단면으로 대체하려고 할 때 발생한다.

II 비고츠키는 이 두 법칙은 문제를 해결하지 못하고, 단지 문제를 **재구성**했을 뿐이라고 지적한다. 피아제 자신도 '의식적 파악의 법칙'은 순수하게 '기능적' 법칙이라고 지적한다. 부연하면 그것은 정신이 기능하는 방식을 기술할 뿐이지 정신이 기능하는 방식을 발생적으로 혹은 구조적으로 설명하려 하지 않는다고 지적한다. 그리고 두 번째 법칙은 이유를 설명하려 시도도 하지 않는다고, 예를 들면, 말로 하는 행위는 정신적인 작용보다 늦게 출현한다고 지적한다. 자신의 논의에서, 비고츠키는 명백하게 그것을 언급하지 않았던 5장에서 행했던 작업을 끌어들인다. [6-2-17~6-2-27]

A) 비고츠키는 차이점을 보기 위하여, 두 대상을 시각적으로 비교하면 충분하다고 말한다. 예를 들면, 복합적 생각은 아주 충분하다. 그리고 사실 복합적 생각은 다른 대상들을 그들의 구체적인 차이점과 전적으로 함께 놓는 것으로 이루어진다. 그러나 유사성을 보기 위하여, 사람들은 보이지 않는, **상위의**, 관념

화된 대상, 보이는 대상 둘 다가 특별하게 관계하는 대상을 만들어야만 한다.

　B) 유사하게, 정신 과정을 올바르게 말로 표현하기 위하여, 사람들은 먼저 그 정신 과정을 숙달했어야만 한다. 생각을 **의식적으로 파악하고 의지적으로 숙달하는 것**은, 그러므로, 학령기 어린이들을 위한 정신 발달의 새로운 특질을 명확히 드러낸다. (의식적 파악은 새로운 심리적 구조일 따름이며, 비고츠키가 어린이 발달에 관한 미완의 원고에서 '신형성체(neoformation)'라고 지칭한 것이다. 반면에 분석된, 의지적 숙달은 행동적 드러남일 따름이며, 비고츠키가 '발달의 중심 노선'이라고 지칭한 것이다.) 우리가 보았던 것처럼, 낱말 의미 그 자체가 발달하고, 그리고 어린이가 잠재적인 일반화 자체를 숙달하지 않은 채로 낱말을 사용하는 것도 역시 가능하다.

Ⅲ 여기서 비고츠키는, 1장에서 그가 시작한 바로 그 낱말 표현으로, 비록 의식에서는 모든 심리학자가 기능적 통일을 인정하지만, 실제로 그 통일이 무시되고 그리고 기능들이 개별적으로 연구되고 있는 까닭은 기능들 사이의 관계가 대비될 수 있는 것으로 추정되고 그래서 '**인수분해**'되기 때문이라는 그 관념으로 돌아간다. 이것은 거의 오페라의 중간 부분에서 전주곡의 선율을 듣는 것과 같지 않은가! [6-2-28~6-2-30]

Ⅳ 비고츠키는 자신이 (전집 5권에서 발견할 수 있는 그리고 Kim 2010에 요약된) 어린이 발달에 관한 자신의 (결국 미완의) 원고에서 발전시킨 관념들의 일부를 요약한다. 간결하게 진술하면, 각각의 연령 시기는 기능들의 **분화**로 특징지어진다. 예를 들면, 지각은 (3세의 위기 전에) 초기유년기에 분화되고 그리고 기억은 前 학령기에 분화된다. 일찍이, 비고츠키는 지각적 초점과 단기 '직관적인' 기억과 같은 하등 기능들이 학령기에 '자발적 주의'와 '자발적 기억'으로 개조됨을 분명히 했다. '자발적'의 뜻으로, 여기서, 비고츠키는 분석된, 통제된, 지적인, 그리고 결과적으로 논리적인 그런 것을 의미한다. [6-2-31, 6-2-32]

Ⅴ 그래서 학령기에 학교생활을 하면서, 어린이는 완전하게 분화되고 발달된 지각과 기억의 기능을 가지고, 그리고 완벽하게 바로 이런 기능들을 의식적으로 파악할 수 있게 된다. 문제는 개념적 생각이 아직 분화되지 않았고 발달되지 않았다는 것이다(여기서 비고츠키는 어린이는 여전히 복합체보다는 '선(先)개념들'에서 생각을 하는데 후에 분명해지는 이유들 때문이라고 말한다). 이것이 왜 어린이가 지각과 기억을 의식적으로 파악할 수 있지만 (어린이는 우리에게 완벽하게 그가 본 것을, 들은 것을, 기억하는 것을 말할 수 있다), 그러나 그가 어떻게 생각하는지를 잘 기술하지 못하는 이유를 설명한다. [6-2-33]

Ⅵ 비고츠키가 조사 데이터로 다시 방향을 바꾸기 전에, 그는 먼저 '의식적 파악'이라는 용어 사용에 주목해야 할 **이론적 혼동**의 일부를 정리해야만 했다. 그 용어는 시작하기에는 모호하고 (그것은 '깨어 있는' 혹은 '의식적으로 파악하는'을 의미할 수 있다)

그리고 피아제는 어린이가 깨어 있지만 그러나 완전하게 자신의 생각을 파악하지 못한다는 것을 주장하기 위하여, 그리고 점진적으로 현실 원리에 쾌락 원리를 종속시키기는 과정을 통해 의식적으로 파악하기 시작한다는 것을 주장하기 위하여, 프로이트 방식의 의미에 그 용어를 섞어 놓았다. [6-2-34]

VII 비고츠키는 의식적으로 파악하게 되는 것이 매년 매년의 개체발생 과정임을 받아들이지만, 그러나 그는, 어린이가 자신의 신발 끝을 매는 것에서 매듭을 묶는 실제 행위로 의식적 주의를 이동할 때처럼, 그것이 순간순간의 미소발생적 과정과 연관된다는 발상을 도입한다. 어린이는 매듭을 묶을 수 있지만, 그러나 묶는 것을 매듭으로부터 분리될 수 있는 어떤 것으로 간주할 수 없다. 학교 다니는 어린이들이 가지고 있는 것은 개념을, 혹은 적어도 선개념을 형성할 수 있는 능력이지만, 그러나 개념 형성 과정을 의식할 수 있는 능력은 아니다. 여기서, 그리고 마지막은 아니지만, 비고츠키는 미소발생과 개체발생 사이에, 구체적으로 언급하면, 교수-학습과 발달 사이에 **연관**이 있다고 지적한다. [6-2-35]

VIII 피아제 자신의 조사 데이터는, 마치 어린이가 유아기와 초기 어린이기 동안 말 없는, 의미 없는 지각으로부터 '말로 하는', 의미 있는 지각으로 나아가는 (예를 들면, 나무와 유리로 된 한 대상으로부터 그것이 시계라는 것을 알게 되는) 것처럼, 어린이는 학령기 동안 말 없는, 의미 없는 내관으로부터 말로 하는, 의미 있는 내관으로 나아갈 수 있음을 보여 준다. 그러나 이 이행은 내관을 말로 할 수 있는 능력을 개발하는 것보다 훨씬 더 많은 것을 의미한다. 그것은 또한 그것을 **의지에 의해 통제할 수 있는** 능력을 함축한다. 이런 이유로 사춘기 청소년은, 前 학령기 학생과 달리, 매우 일반적인 질문에 (예를 들면, "네가 옆집에서 함께 놀던 어린 소녀를 기억하니?"에 대립하는 것으로 "나에게 너의 첫 번째 여자 친구에 대해 이야기해주겠니?") 대응하면서 개별적인 기억들을 선별할 수 있다. [6-2-36]

IX (질문 혹은 명령에 대응하는 것에 반대되는 것으로) 의지에 의해 기억들에 접근할 수 있는 이런 능력은 어디서부터 유래할까? 그것은 **충분히 내재화되고 그리고 일반화된 위계적 개념 구조를**, 구체적으로 말하면, (예를 들면, '첫사랑' 같은) 기억들의 범주들이 존재하는 것을 전제한다고 비고츠키는 주장한다. 그는 한 내용 영역으로부터 다른 내용 영역으로 기억을 일반화할 수 있는 것은 바로 구조의 성질 때문이라고 적고 있다. 더 나아가, 그는 이 구조가 어린이의 학문적 개념을 학습함으로써 (예를 들면, '숙제 내주기', '행동 규칙', '운동 법칙') 최초로 일반화된다고 추정한다. [6-2-37~6-2-41]

X 피아제의 이론은, 일상적 개념과 학문적 개념 사이의 어떤 **공유 영역**을 받아들이지 **못한** 피아제의 이론은, 우리에게 **어떻게** 이 일반화가 발생하는지를 이야기할 수 없다. 그렇지만 비고츠키는 다음과 같이 지적한다. [6-2-42, 6-2-43]

A) 우리가 어린이에게 '○○ 때문에'라는 낱말을 사용하여 문장을 완결하도록 요청할 때 그 개념은 필연적으로 비의식적인데, 그 까닭은 우리가 어린이에게 생각 작용 그 자체가 아니라 제시된 대상에 주의의 초점을 맞추도록 요구하기 때문이다. '자연발생적' 개념은, 그러므로, 늘 비非의식적 개념으로 움직여 간다.

B) 우리가 피아제가 펼쳐 놓은 ('세계에 대한 어린이의 개념화'의 시작부분에서, 다른 곳에서) 절차를 따를 때, 개념은 어린이 자신의 체계로부터 뿐만 아니라 교수하는 성인에 의해 제시된 체계로부터도 '해방된'다. 그러므로 '자연발생적' 개념은 늘 **비체계적인** 개념으로 움직여 간다(비고츠키가 지적한 바와 같이, 이것은 매우 밀접하게 그것의 비의식성과 연결된다. 그 까닭은 그 체계가 어린이가 개념에 순전히 반응적으로 접근하기보다는 의지적으로 접근하는 것을 허용하기 때문이다).

XI 마침내 비고츠키는 의식적 파악은 하등 개념들이 속하게 되는, 고등 개념을 형성하는 것과 다를 게 없다는 가설을 세운다. 이 고등 개념은 하등 개념들의 다른 예들을 전제한다(왜냐하면 그렇지 않으면 그것은 고등 개념이 될 수 없기 때문이다). 하나 이상의 하등 개념에 더하여, 위에 있는 개념over-concept의 존재는 명확하고 한정적인 **관계**들의 체계를 수반한다("꽃들이 있고 연후에 장미들이 있다"라기보다는 "꽃들은 장미들을 포함한다"). 이런 명확하고 한정적인 관계들의 체계는 개념 체계 내에서 의식적 파악과 의지적 접근이 가능하도록 만드는 것이다. [6-2-44~6-2-46]

XII 비고츠키는 어린이의 모순에 대한 무분별이, 어린이의 판단에 대한 종합보다 병렬에 대한 애호가, 그리고 어린이의 연역에 대한 무능력이, 피아제가 주장한 것처럼 '집중' 혹은 자기중심성의 산물이 아니라 단지 비체계적인 생각의 필연적인 결과물이라는 것을 발견한다. 그러므로 피아제의 이런 '법칙들'은 어린이 생각의 일부에 적용될 수 있는 관찰일 뿐이지 전체에 적용될 수는 없는 것이다. 비고츠키는 **체계**와 체계를 신중하게 의식적으로 사용하는 것이 학교에서의 체계적인 교수-학습뿐만 아니라 어린이에 자리 잡은 생각의 다른 형태와 이미 연관되어 있음을 우리에게 보여 주겠다고 제안한다. [6-2-43~6-2-46]

XIII 비고츠키는 이 절을 시작할 때 했던 질문으로 돌아간다. 즉 왜 그리고 어떻게 어린이는 자신의 사고 과정을 의식적으로 파악할 수 있는가? 피아제는 대답하지 않는다. 그러나 대신, 처음부터 위계적인 체계의 모든 흔적을 전적으로 성인의 훈수에 기인하기 때문이라고 무시함으로써, 그 질문에 대답할 수 없도록 만든다. 어린이가 체계적으로 생각할 수 없기 때문에, 어린이는 어린이가 되지 않음으로써만 의식적으로 파악할 수 있게 된다. 그러나 비고츠키에게 있어서, 이것은 건축가 피아제가 버린 돌이, 부연하면 교수-학습의 체계와 그것이 어린이 생각 방식의 일부가 되는 방식이, 새로운 건축물의 **주춧돌이** 될 것임을 보여 줄 뿐이다. [6-2-47]

2) 원본에는 이 부분에 인용부호가 없다. Sève는 이 부분에 인용부호를 넣고 이것이 『Le jugement et le raisonnement chez l'enfant』, p. 26의 각주임을 밝히고 있다. 다만 피아제의 원문은 어린이의 연령을 7세에서 8세가 아니라 7세에서 9세라고 적고 있다. 우리는 비고츠키가 인용을 함에 있어 참고 문헌을 찾아가며 옮긴 것이 아니라 비범한 기억력으로, 읽은 책의 내용과 문장을 기억 속에서 꺼내어 사용하였음을 알 수 있다.

3) Piaget, J. (1966) 『Judgment and Reasoning in the Child』. Translated by Marjorie Warden, Littlefield, Adams and Co. Totowa NJ. pp. 212-213.

4) 이러한 설명은 "개체발생은 계통발생을 반복한다"는 해클Haeckel의 원칙으로부터 파생된다.

5) Sève와 Mecacci는 이것이 1934년 논문인 「The problem of the cultural development of the child」을 가리킨다고 지적한다. 이 논문은 비고츠키가 공동 창립한 저널인 Pedology의 첫 판에서 실렸다. 이 논문은 모스크바의 크룹스카야 아카데미의 심리학 연구소에서 행해진 비고츠키와 루리아, 레온티에프의 공동연구에 토대를 두고 있다. 『Vygotsky Reader』 55~73쪽에서 찾아볼 수 있다.

6) Sève와 Mecacci는 1982년 러시아판 비고츠키 전집을 인용한다. 그에 따르면 이것은 비고츠키 사망 직전에 쓰였으며, 사망 직후에 출판된 두 논문을 일컫는다. 이들은, 『The problem of the development and the disintegration of the higher psychological functions』과 『The psychology and the theory of the localization of functions』이다. 이들 중 일부는 『the Collected Works vol.4』 중 『The Development of the Higher Mental Functions』에서 나타나며 『Mind in Society』에서도 나타난다.

7) 이 단락의 주장을 요약하면 다음과 같다. 의식은 통합체이며 구심리학도 이를 인식하고 있었으나 세 가지 잘못된 가정을 내포하고 있었다. 1) 기능들 간의 연결은 상수이다. 2) 기능들 간 연결은 공통요인으로 추출 가능하다. 3) 따라서 기능들 간의 연결은 발달하지 않으며 기능들 자체가 발달한다. 이 수학적 비유를 예를 들어 설명해 보자. 기능 간 관계를 상수인 2라고 가정하고, 변수인 각 기능을 p(perception), a(attention), m(memory) 등이라고 설정해 보자. 우리는 의식의 발달을 다음과 같은 수식으로 나타낼 수 있을 것이다. $Consciousness = (2p+2a)+(2p+2m)+(2t+2m)\cdots$. 2는 공통요소이므로 괄호 앞으로 추출할 수 있다. 이에 따라 우리가 지각과 주의, 주의와 기억의 작용을 고려할 때 기능 간 관계는 다음과 같이 무시할 수 있게 된다. $C = 2(p+a)+2(p+m)+2(t+m)\cdots$. $C = 2[(p+a)+(p+m)+(t+m)]\cdots$. $1/2C = (p+a)+(p+m)+(t+m)\cdots$.

8) 세 가지 공리가 오류인 이유는 다음과 같다. 공리1은 기능 간 연결은 고정적이지 않고 따라서 상수로 다루어질 수 없다. 예를 들어, 역할극은 규칙기반 놀이로 발달한

다. 행동/의미의 관계는 의미/행동으로 역전된다. 앞의 경우 지각이 더욱 중요한 역할을 했다면, 뒤에는 기억이 더 중요해진다. 공리2는 기능 간 연결은 핵심적이다. 예를 들어, 언어적 지각, 즉 시계를 시계로 인식할 수 있는 능력은 시각적 지각과 언어적 기억을 연결하는 능력을 필요로 한다. 공리3은 미소발생적으로나 개체발생적으로나 기능 간 연결을 수식 밖으로 추출할 수 없다. 미소발생적으로 주의와 지각이 연결되지 않고서는 무엇도 인식할 수 없다. 개체발생적으로 기능 간 연결의 변화 없이 반복적인 놀이로부터 역할극이 생겨나지 않는다.

9) 유아기(infancy), 초기유년기(early childhood, 1세~3세), 전 학령기(preschool, 3세~5세) 의식의 미분화: 지각, 기억, 주의의 구별이 나타나지 않음. (말의 발달대상의 지각에 지배를 받음. 지각적으로 두드러진 자극을 무시하는 능력이 떨어짐.) 놀이의 발달은 반복의 놀이, 즉 기억에 의존하는 놀이가 주를 이룸, 역할 놀이조차도 기억에 의존한 사실적인 유형이 지배적임.

10) 의식적 파악(무언가에 대해 의식하고 있다는 사실에 대한 파악, 자기-의식의 점령)을 이해하기 위해 비고츠키는 지각에서 일어나는 현상과 비유한다. 1) 유아기와 전 학령기: 비언어적 지각은 언어적 지각으로 대체된다. 2) 비유는, 어린이가 학령기에 생각에 대한 '느낌'을 가진다는 것이다. 이것은 생각에 대한 의미적, 언어적 사고로 대체된다. 즉 무언의 내관(내면에서 일어나는 것에 대한 느낌)으로부터 말로 외현화될 수 있는 것(사실상, 혼잣말)으로 이동하는 것이다. 즉 어린이는 배가 고프다는 느낌을 음식을 원하는 느낌과 연합하고, 이 음식을 원하는 느낌을 특정한 낱말인 '배고픔'과 연합할 수 있게 된다. 3) 비고츠키는 이것을 '단지' 일반화된 지각이라고 부른다. 어린이가 이 시계를 저것과 연합하듯이 지금의 배고픔의 느낌을 저 느낌과 연합한다. 그러나 어린이는 느낌으로부터 사고로, 또 사고로부터 낱말로 일반화할 수도 있다. 4) 그렇다면 이는 실제적으로 '일반화된 지각'보다 훨씬 이상을 의미하는 것이다. (유리 달린 물체가 아닌)시계의 언어적 지각이 함의하듯이, 새로운 형태의 활동(시간 재기), 생각하는 느낌의 일반화 그리고 말하기 위한 생각 등은 새로운 형태의 활동, 즉 자기-의식을 제시한다. 5) 체스를 할 때 상대방의 관점을 상상할 수 있는 것은 새롭게 볼 수 있게 된다는 것을 의미한다. 말을 움직인 후의 체스 판, 심지어는 그에 대한 상대의 대응 이후의 체스 판을 상상할 수 있는 것은 다르게 볼 수 있는 것을 뜻한다. 그러나 이는 또한 다르게 행동할 수 있는 것을 의미한다. 체스의 숙달은 이렇게 다르게 보고 다르게 행동할 수 있는 능력으로 구성된다. 6) 이와 같은 방식으로, 느낌으로부터 생각으로 그리고 생각으로부터 말하기로 일반화할 수 있는 것은 선택할 수 있게 되는 것이다. 즉 '느낌'에 대조되는 '생각' 그리고 '생각'에 대조되는 '말하기' 그리고 어떤 것은 선택하고 어떤 것은 선택하지 않을 수 있다는 것은 느끼지 않는 것도 말할 수 있다는 것을 뜻한다. 거짓말, 가상의 상황의 창조, 역할극 이야기, 규칙

기반 게임에서 가상적, 반 실제적 조건들의 창조. 이 모든 것은 행동에서의 새로운 장을 전제로 한다. 이것이 체스와 삶에서의 숙달이다.

11) 쉬프와 함께 한 연구를 의미한다. 이 장의 끝에서 비고츠키가 언급하듯이 이 연구는 여러 측면에서 만족스럽지 못한 연구였다. 예컨대 연구자들이 가르치고 평가한 사회 과학적 개념들은 체계적으로 제시되지 않았다.

12) 1934년 판에서 대단히 드물게 이탤릭을 사용하여 강조된 부분이다. 개념을 의식의 대상으로 만드는 것이 체계인 이유는, 체계가 의지(주의와 기억)로의 접근을 가능하게 만들기 때문이다. 개념을 의지적 통제의 관할하에 두는 것 역시 체계인데, 체계가 개념을 구체적 환경으로부터 해방시키기 때문이다. 따라서 비고츠키는 '의식'과 '체계성'이 각각 과학적 개념의 '내적', '외적' 본질이라고 요약한다. 따라서 '비의식성'과 '비체계성'은 일상적 개념의 주관적, 객관적 본질이 된다.

13) 일반화는 상위 개념에 대한 하위 개념의 분화를 나타내며 상위 개념과 하위 개념들 사이의 관계적 체계를 필연적으로 내포한다. 과일-사과와 같이 1:1 대응만을 한다면 동일한 의미만을 나타낼 뿐이며 상위 개념은 상위 개념으로의 의미를 갖지 못하게 된다. 따라서 규정된, 그리고 상호 간에 규정하는 체계는 일반화의 체계, 즉 일반화의 정도를 낳는다. 의자, 좌석, 가구의 의미와 그들 사이의 관계는 추상적이지만 이들은 또한 진정한 의미에서 객관적이고 현실적이다. 이러한 객관적, 추상적 체계야말로 개념적 체계에 대한 의지적인 접근과 의식을 가능하게 만드는 것이다.

상위 개념	가구	
특정 개념	의자	탁자
하위 개념	chair, stool, bench, sofa	desk, kitchen table, dinette

14) 어린이 개념의 본질은 체계의 부재로부터 유래한다는 점에서 체계는 어린이 개념의 본질을 설명하는 핵심 개념이 된다. 이 점에서 있어서 피아제는 순수하게 부정적인 정의만을 제공한다.

15) 피아제가 예시로 든 어린이 생각의 특징은 어린이의 자기중심성에 따른 것이라기보다는 문맥적 체계의 부재로 인한 것이다. 예컨대, 비모순성noncontradiction은 어떤 일반성의 체계와 관련이 있으며, 비나열성nonjuxtaposition은 연역, 판단의 종합, 유사한 것끼리의 관계와 관련이 있다.

16) 피아제가 확립한 어린이 생각의 현상인 일관성의 부족, 모순에 대한 민감성의 부족, 진술을 나열하는 대신 종합하는 능력의 부재를 일컫는다.

17) 상위 개념과 하위 개념은 먼저 과학적 개념의 영역에서 소개된 후에(사과는 과일의 일

종이다) 일상적 개념으로 전이(따라서 슈퍼마켓의 채소 파는 섹션에서는 사과를 찾을 수 없다)되므로 일상적 개념의 재구조화는 상향식이 아닌 하향식의 방향성을 가진다.

18) 과학적 개념이 대상에 대해 가지는 고유한 관계는 그 둘 사이의 거리성에 있다(사과는 단순히 내가 후식으로 먹는 것이 아니라, 과일의 일종이다). 선개념, 일상적 개념들은 상위 개념과 하위 개념이라는 관계를 중심으로 과학적 개념으로 재구조화되며 과학적 개념에 포함된 일상적 개념의 사례(사과)는 다른 개념(배)의 구조를 변화시킨다.

19) 현상학, 즉 우리는 사물의 현상적 본성만을 알 수 있다는 주장에 대한 거부이다.

20) 신경세포는 신경 조직과 떨어져서 작용할 수 없으며 신경 조직은 신경 세포 없이는 살아 움직이지 않는다. 그것은 의지를 가지고 있지 않은 비지성적인 물질이다. 마찬가지로 경험적 개념은 과학적 개념 없이는 비지성적인 것이며 과학적 개념은 경험적 개념을 통하지 않고는 자료를 얻을 수가 없다.

21) 자연발생적, 비자연발생적 개념은 철학으로의 벼랑에 떨어지지 않으려 했던 피아제의 용어이다. 비고츠키는 여기서 자연발생적, 비자연발생적 개념의 구분은 어린이의 자기중심성이 아니라 과학적, 일상적 개념의 형성이라는 인식론의 문제와 깊은 관련을 갖고 있음을 보여 주고 있다. 피아제가 피하려 했던 철학은 실상 피할 수 있는 문제가 아니었던 것이다.

   A) 과학적 개념은 그것이 수행해야 하는 기능으로 인해 과학적 개념의 형태를 가진다. 과학적 개념은 대상의 외형과 그 내적 본질을 구분해야 한다(우리는 '사과'를 그릴 수는 있지만 '과일'을 그릴 수는 없다. 우리는 개념의 사례를 교실에서 보여줄 수는 있지만 개념 자체를 가리킬 수는 없다).

   B) 과학적 개념은 그것이 대상과 가지는 비경험적 관계로 인해 과학적 개념의 기능을 수행한다(우리는 '사과'와 '과일'의 관계를 눈으로 '볼' 수 없다. 전혀 사과와 닮지 않은 과일이 수없이 많다).

   C) 이러한 비경험적 관계가 가능한 것은 개념들이 서로 간에 가지는 관계들 덕분이다.

22) '꽃'이라는 개념이 '장미'라는 개념보다 광범위하다는 의미를 이해하기 위해 this와 that을 비교해 보도록 하자. 일반적으로 that이라는 말은 this라는 말이 가리킬 수 있는 것보다 더 많은 범위의 대상을 포함할 수 있다. 이런 의미에서 that은 this보다 광범위하다. 그러나 this가 that의 하위어가 되는 것은 결코 아니다.

6-3-1] 앞서 논의된 것으로부터, 우리는 어린이 생각의 발달에 대해 과학적 개념에서 엄청난 중요성이 도출되는 것을 명백히 알 수 있다. 개념과 선개념을 나누는 경계선을 생각이 넘어서는 것은 바로 이 영역에서이다. 우리는 어린이 개념 발달에서 민감한 지점을, 즉 우리의 연구를 적용해야 하는 부분을 발견 하였다. 그러나 동시에 우리는 우리의 제한된 문제를 비록 대단히 일반적인 측 면에서일지언정, 우리가 지적해야 하는 더 광범위한 문제의 맥락으로 밀어 넣 게 되었다.

6-3-2] 비자연발생적 개념, 특히 과학적 개념의 문제는 본질적으로 학습과 발달의 문제이다. 비자연발생적 개념이 그 발달의 원천인 학교에서의 교수-학 습의 과정 중에 나타나는 것은 자연발생적 개념이 존재함으로 가능하기 때문 이다. 이 때문에 자연발생적 개념과 비자연발생적 개념에 대한 우리의 연구는 학교 학습과 발달의 문제에 대한 더욱 일반적인 연구의 특정 사례가 되는 것 이다. 이 일반적 연구를 떠나서는 우리의 연구 문제는 올바로 상정되는 것조 차 불가능하다. 이런 식으로 과학적 개념과 일상적 개념의 비교 분석을 목적 으로 한 우리의 연구는 이 일반적 문제의 특정한 사례 또한 해결한다. 우리의 연구는 가설 설정의 과정에서 형성된 이 두 과정 간의 관계에 대한 일반적 표 상을 경험적으로 증명해 주기 때문이다. 이로 인해 우리의 작업가설과 그로부 터 도출된 실험적 연구의 중요성이 개념에 대한 연구의 한계를 훌쩍 넘어, 어떤

의미에서 학교에서의 학습과 발달의 문제에까지 이른 것이다.

6-3-3] 우리는 여기서 이 문제를 펼쳐놓고 가설의 해결책에 대해 아주 개괄적인 방식으로나마 논의하지 않을 것이다. 이는 다른 부분에서 이미 시도한 바 있다. 그러나 이것이 우리 연구의 토대를 제공하는 한, 그리고 이 자체가 어떤 측면에서 현재 연구의 대상이 되는 한 우리는 그 원칙적 관념을 진전시키지 않을 수 없다. 과학의 역사의 여정을 통해 발전되어 온 다양한 해결책을 제시하는 대신, 우리는 이 문제를 해결하고자 했던, 그리고 소련 심리학계에서 여전히 남아 있는 세 가지 근본적인 시도를 설명하는 것으로 제한할 것이다.[2]

6-3-4] 지금까지 우리에게 가장 널리 퍼져 있던 첫 번째 이론은 학교에서의 학습과 발달을 두 개의 독립적인 과정으로 간주한다. 어린이의 발달은 자연 법칙에 따라 성숙에 의해 일어나는 과정으로 기술된다. 따라서 학습은 순전히 발달 과정 도중에 나타나는 가능성을 외적으로 사용하는 것으로 생각된다. 전통적으로 이 생각은 어린이의 정신 발달 분석에 있어 발달로부터 생겨난 것과 학교 학습으로부터 생겨나는 것을 면밀히 구별하고 이 두 과정의 결과와 완전히 구별됨을 견지하고자 한다. 여태껏 이것을 증명하는 데 성공한 연구가 없기에 이 원인은 보통 이러한 연구의 목적에 사용된 방법상의 불완전성 탓으로 돌려졌다. 그래서 연구자들은 추상화를 통해 어린이의 지적 자질을 1)발달의 결과로 인한 특징, 2)학교 학습으로 인한 특징으로 구분함으로써 이 결핍성을 메워 넣었다. 간략히 말해 논제는 다음과 같이 표현된다. 발달은 어떤 학습도 없이 그 자체의 일반적 경로를 따라 고등 수준에 다다를 수 있다. 어린이가 학교 교수-학습을 따르든 안 따르든 어린이는 인간에게 가능한 모든 고차적 생각의 형태를 획득할 것이며 학교에서 배운 어린이가 보여 주는 모든 지적 가능성의 풍부함을 나타낼 것이다.[3]

6-3-5] 그러나 이 이론은 조금 다른 관점을 더욱 빈번히 취한다. 그것은 이 두 과정 사이에 존재하는, 확실한 의존성을 인정함으로써 시작한다. 발달은 가능성들을 창조하고 학교에서의 교수-학습은 그들을 실현한다. 이 경우, 두

과정 사이의 관계는 전성설前成說이 주장하는 경향성과 발달 사이의 관계와 유사한 것으로 제시된다. 경향성은 발달에서 실현되는 가능성을 포함한다. 이런 식으로 발달은 그 자체에 모든 가능성을 포함하고 있으며 이들은 교수-학습의 과정에서 구체화된다고 생각되었다. 그렇다면 학습은 성숙으로부터 나타나는 무엇일 것이다. 학습이 발달에 대해 가지는 관계는 소비가 생산에 대해 가지는 관계와 같다. 학습은 발달의 산물을 얻어 생활에서 그들을 적용함으로써 사용한다. 이런 식으로 우리는 발달과 학습 사이의 일방적인 의존성을 확인하게 된다. 학습은 발달에 의존한다. 이것은 명백하다. 그러나 발달은 학습의 영향으로 스스로를 변화시키지 않는다. 이 이론은 매우 단순한 형태의 추론에 근거한다. 모든 학습은 필요조건으로 일정 수준의 정해진 심리적 기능의 성숙을 요구한다.[4]

6-3-6] 한 살짜리 아기에게 읽기 쓰기를 가르칠 수는 없다. 세 살짜리 어린이에게 쓰기를 가르치기 시작할 수도 없다. 이와 같이 학습의 심리적 과정의 분석은 필요한 일련의 기능이 무엇인지 또 학습이 가능하기 위해서 그 성숙의 단계는 무엇인지를 가리키는 것으로 제한된다. 이 기능들이 요구하는 수준만큼 발달된다면, 즉 알파벳 낱자의 명칭을 외울 수 있는 단계에까지 어린이의 기억력이 이르렀다면, 어린이에게 별로 재미없는 주제에 일정 기간의 시간 동안 집중할 수 있는 지점까지 그 주의력이 발달되었다면, 문자 기호와 그것이 상징하는 소리 사이의 관계를 이해할 수 있는 지점까지 어린이의 생각이 성숙했다면, 이 모든 것이 충분한 정도까지 발달하였다면 쓰기 교육이 시작될 수 있다.

6-3-7] 이러한 이해는 교수-학습이 발달에 일방적으로 의존한다는 사실을 인식했지만 이 의존성은 순수하게 외적인 것으로 간주되었다. 이 두 과정 사이의 모든 내적 상호 호혜성 내지는 얽혀 짜임은 배제되었다. 따라서 우리는 이 이론이 두 과정이 독립적이라는 공리에 토대를 둔 특정한 변이형으로 가장 최신의, 그리고 가장 사실에 가까운 것이라고 할 수 있다. 만일 이것이 실제로

그렇다면 이 변이형의 이론이 포함하고 있는 일말의 진실은 이론 자체가 가지고 있는 완전히 잘못된 원리들의 더미 속에 묻히고 만 셈이다.

6-3-8] 발달과 교수-학습의 과정이 독립적이라는 관념에 필수적인 계기는, 우리가 보기에 지금까지 거의 주목을 받지 못했지만, 우리의 흥미를 끄는 것의 관점에서 보았을 때 핵심적인 것이다. 이는 발달과 교수-학습 사이에 존재하는 순서의 문제이다. 우리는 이 이론들이 두 과정을 연결하는 순서의 문제에 대해, 교수-학습이 발달의 꼬리를 따라간다는 식으로 해결한다고 말함으로써 이 이론들에 포함되는 것을 실제로 나타낸다고 생각한다. 발달은 어떤 주기를 완성해야 하며, 정해진 단계에 도달해야 하고, 특정한 열매를 맺어야 한다. 그래야 비로소 학습이 가능해질 것이다.

6-3-9] 학습이 가능하기 전에 어린이 발달의 어떤 전제 조건이 정말로 필요하다는 사실에, 우리는 이 이론에 일말의 진실이 담겨 있다고 해야 한다. 새로운 학습은 반드시 어린이 발달의 어떤 주기를 완성하는 데 의존한다. 그럼에도 이 의존성은 우리가 보게 되듯이, 본질적인 것이 아니라 종속적인 것이며 이를 현상의 본질적, 지배적인 원인으로 만들려는 시도는 수많은 오해와 오류로 우리를 인도할 수 있다. (이 잘못된 견해에 따르면-K) 학교 교수-학습은 유아기 성숙의 열매를 실제로 취하지만 이 동일한 교수-학습은 발달과는 전혀 무관하다. 어린이의 기억력, 주의력 그리고 생각이 읽고 쓰기와 산수를 배울 수 있을 만큼 발달을 하여 우리가 어린이에게 읽고 쓰기와 세기를 가르친다면 그의 기억력, 주의력 그리고 생각은 변할 것인가, 변하지 않을 것인가? 이 질문에 과거의 심리학은 우리가 연습하는 만큼 그들이 변화한다고 대답하였다. 말하자면 그들이 변화한다면 이는 그 기능을 연습한 결과이며 그들의 발달 경로에서는 변화하는 것이 없다는 것이다. 우리가 어린이에게 읽고 쓰기를 가르쳤다는 사실로부터 어린이의 정신 발달에 새롭게 나타나는 것은 아무것도 없다. 어린이는 글만 알게 된 것일 뿐 여전히 같은 어린이인 것이다.

6-3-10] 유명한 모이만Meumann의[5] 연구를 포함하여 기존의 교육 심리학

을 특징짓는 이러한 생각은 피아제에 의해 그 논리적 한계까지 발달되었다. 피아제에 있어서 어린이가 교수-학습을 받든지 안 받든지 간에 어린이의 생각은 반드시 몇 개의 국면과 단계를 거친다. 어린이가 교수-학습을 받는다 해도 이는 어린이 자신의 사고 과정에서 통합체로서 형성되지 않는 순전한 외적 요인이다. 이런 식으로 교육학은 어린이 생각의 자연발생적 특성들을 학습 가능성을 결정짓는 하위 임계점으로 고려해야 한다. 어린이가 발달을 통해 생각의 다른 가능성을 획득한다면 다른 형태의 교수-학습도 가능해질 것이다. 피아제에게 있어서 어린이 생각의 발달을 나타내는 지표는 어린이가 무엇을 아는가, 어린이가 무엇을 배울 수 있는가가 아니라 어린이가 배경 지식을 갖고 있지 않은 분야에서 어떻게 생각하는가 하는 것이다. 여기서 우리는 교수-학습과 발달, 지식과 생각 사이의 명확한 대비를 보게 된다. 이를 출발점으로 하여 피아제는 어린이에게 관련 지식이 없을 것이라고 스스로가 확신하였던 것에 대해 질문을 던진다. 어린이가 지식을 갖고 있는 것에 대해 우리가 질문을 하면 우리는 어린이 생각의 결과가 아니라 그의 지식의 결과를 얻게 된다. 이 때문에 어린이 발달의 과정에서 나타나는 자연발생적 개념은 어린이 생각의 지표로 간주되었지만 교수-학습을 통해 생겨나는 과학적 개념은 이러한 지표로 간주되지 않는다. 이와 같이 일단 학습과 발달이 서로 엄격히 대조되면 우리는 과학적 개념은 자연발생적 개념으로부터 생기고 그들을 변형시키는 것이 아니라, 자연발생적 개념을 뽑아내고 그 자리에 들어선다는 피아제의 근본 명제에 필연적으로 도달하게 된다.[6]

6-3-11] 두 번째 관점은 지금 막 제시한 것과 정면으로 대치된다. 여기서 학습과 발달은 혼합되어 하나의 동일한 과정으로 취급된다. 이러한 관점은 정신 발달은 물론 학습의 토대에도 연합과 습관의 형성 과정이 놓여 있다는 것을 보여 주고자 한 제임스의 교육심리학에서 처음 발달되었다. 그러나 이 두 과정이 동일한 성질을 갖고 있다면 하나를 다른 것으로부터 구분할 이유가 없다. 이로부터 다음의 유명한 법칙에 대한 주장이 도출되는 것이다. 즉 학습은

발달이며 학습은 발달과 동의어이다. 여기에는 오직 하나의 단계만이 있을 뿐이다.

6-3-12] 이 이론은 지금은 쇠퇴하고 있는 구심리학, 즉 연합주의의 근본 관념에 의존한다. 교육 심리학에서 이것의 부활은 최후의 모히칸인 손다이크와 반사학에서 오늘날 나타난다.[7] "어린이 지적 발달의 과정이 나타내는 것이 무엇인가?"라는 질문에 이 이론은 다음과 같이 대답한다. "정신 발달은 점진적이고 연속적인 조건반사의 축적일 뿐이다." 그러나 학습이란 무엇인가라는 질문에 대해서 이 이론은 동일한 대답을 제시한다. 이를 통해 이 이론은 학습과 발달은 동의어라는 손다이크와 완전히 동일한 결론에 도달한다. 어린이는 배우는 만큼만 발달한다. 발달은 학습이고 학습은 발달이다.[8]

6-3-13] 첫 번째 이론에서는 학습과 발달 사이의 어떤 관계가 전혀 인식되지 않았기 때문에 이 두 가정의 관계에 대한 질문의 매듭이 풀린 것이 아니라 잘라졌다면, 두 번째 이론에서는 이 이론은 간과되고 무시되었다. 두 대상이 완전히 동일한 것이라면 일반적으로 그들의 관계에 대한 질문은 제기될 수 없기 때문이다.[9]

6-3-14] 마지막으로, 특히 유럽의 아동심리학에서 영향력을 가진 세 번째 이론의 그룹이 있다. 이 이론들은 우리가 지금 제시한 두 개의 극단적 입장을 극복하려 한다. 그들은 카리브디스와 스킬라[10] 사이를 지나가려 한다. 이 과정에서 그들은 두 극단적 관점 사이의 중간 위치를 차지하려 하는 이론들이 흔히 당면하는 운명을 맞는다. 그들은 두 이론을 초월하지 않고 그 둘 사이에 위치하여, 한 극단을 피하는 동시에 다른 극단에 빠지게 된다. 그들은 부분적으로 양보함으로써 한쪽을 극복하며 한쪽에 항복함으로써 다른 쪽을 정벌한다. 원래 이들은 이원론적 이론들로서, 두 개의 반대되는 관점 사이의 위치를 점하여 두 관점 사이의 모종의 재통합을 형성한다.

6-3-15] 이것이, 처음부터 발달은 언제나 이중적 성격을 갖고 있다고 천명한 코프카의 관점이다. 첫째 우리는 성숙으로서의 발달을 구분해야 하며 둘째

우리는 학습으로서의 발달은 구분해야 한다. 그러나 이는 원칙적으로 선행하는 두 극단적 관점을 하나씩 인정하거나 아니면 그들을 재통합하는 것과 같다. 첫 번째 관점에 따르면 발달과 학습의 과정은 서로가 독립적이다. 코프카는 이를 취하여 발달은 그 내적 법칙이 학습에 의존하지 않는, 성숙과 정확히 같은 것이라고 단언한다. 그러나 두 번째 관점에 따르면 학습은 발달이다. 코프카는 이 입장 역시 문자 하나하나를 그대로 취한다.

6-3-16] 이 비교의 이미지를 이어간다면, 우리는 첫 번째 이론이 매듭을 푸는 것이 아니라 잘라 버리는 것이고 두 번째 이론이 그것을 피하거나 얼버무리는 것이라면 코프카의 이론은 매듭을 더욱 단단하고 확고하게 당기는 것이라고 할 수 있다. 반대되는 두 관점에 비해 코프카가 취하는 입장은 사실 문제를 해결하는 것과는 거리가 멀며 문제를 더욱 혼란하게 할 뿐이다. 애초에 처음의 두 그룹의 이론들에서 문제를 진술할 때 생긴 근본적 오류를 구성한 것을 원칙으로 세웠기 때문이다. 그것은 원칙적으로 이원론적인 발달에 대한 관념으로 시작한다. 발달은 단일한 과정이 아니다. 성숙 발달과 교수-학습 발달이 있다. 그럼에도 앞선 두 이론들과 비교하면 이 새로운 이론은 세 가지 새로운 수준에서 논의를 진전시킬 수 있도록 해 준다.

6-3-17] 1) 두 개의 반대되는 관점의 재통합이 가능하기 위해서는 우리는 반드시 이 두 관점-성숙과 발달-사이에 상호 의존성이 있다는 것을 받아들여야 한다. 코프카는 자신의 이론에서 이러한 일을 한다. 일련의 사실들을 토대로 그는 성숙은 그 자체가 기관의 기능에 의존하며, 따라서 성숙은 교수-학습에서 기관 기능의 완벽화에 의존한다고 하였다. 또한, 역으로 이 성숙의 과정은 학습을 촉진시켜 새로운 가능성을 열어 준다. 학습은 어떻게든 성숙에 영향을 미치며 성숙은 어떻게든 학습을 확장시킨다. 그러나 이 일반적인 진술에 대해 더 이상 나아가지 못한 이 이론에서 '어떻게든'은 전혀 해석되지 않은 채 남아 있다. 이 '어떻게'를 연구의 대상으로 삼는 대신 이 이론은 두 과정 사이의 내적 의존성이 있다는 공리에 만족한다.

6-3-18] 2) 세 번째 이론은 학습 과정 자체에 대한 새로운 관념을 도입한다. 손다이크에게는 학습은 시행착오로부터 만족스러운 결과를 얻는 기계적 과정으로서 이해를 포함하지 않는 과정인 반면, 구조 심리학에 있어서 학습의 과정은 새로운 구조의 출현과 기존 구조의 완성화이다. 구조 구성의 과정이 교육의 결과가 아니라 학교 학습의 전제로, 시초적인 것으로 간주되기 때문에 그것은 새 이론에 따르면 시작부터 의미로 물든 구조적 특성을 공급받는다. 모든 구조의 근본적 특성은 그것을 구성하는 요소, 즉 구조가 만들어지는 구체적 재료 형태로부터의 독립성에 있으며, 모든 다른 재료로의 이행 가능성에 있다. 만일 학교 학습의 과정에서 어린이가 구조를 형성한다면, 즉 새로운 정신 작용을 배운다면 우리는 이 발달을 통해 이 구조를 재생산할 수 있는 가능성을 열 뿐 아니라 다른 구조의 영역에서도 어린이에게 훨씬 큰 가능성을 주는 것이 된다. 우리는 어린이에게 '페니'어치를 가르쳤는데 어린이는 '마르크'어치를 발달시킨 것이다. 학습에서의 한 걸음이 발달에서의 백 걸음을 만들어 낼 수 있다. 이것이 새로운 이론에서 가장 긍정적인 측면이다. 이것은 우리로 하여금 즉각적인 결과만을 낳는 것을 가르치는 것과 그보다 훨씬 더 많은 것을 낳는 것을 가르치는 것 사이의 차이를 알려 준다. 내가 타자기 사용법을 배운다 하여도 나의 의식의 일반 구조에서 변형되는 것은 아무것도 없을 것이다. 그러나 예를 들어, 내가 새로운 생각의 방법, 새로운 구조의 유형을 배운다면, 이는 학습의 직접 목표였던 새로운 구조를 사용할 수 있는 가능성을 제공할 뿐 아니라 그 외에도 훨씬 많은 것들을 제공한다. 그것은 학습의 즉각적 결과를 훨씬 뛰어 넘을 수 있는 가능성을 제공할 것이다.[11]

6-3-19] 3) 세 번째 계기는 지금 막 논의한 문제와 직접 연결되어 있으며 그로부터 직접 도출된다. 그것은 학습과 발달을 연결하는 순서의 문제와 관련이 있다. 학습과 발달 사이의 시간적 연결의 문제는 앞선 두 이론과 세 번째 이론을 본질적으로 구분시킨다.

6-3-20] 앞서 본 바와 같이 첫 번째 이론은 이에 대해 완고하게 정해진 입

장을 취한다. 학습은 발달에 뒤따른다. 먼저 발달이 있고 그 후에 학습이 있다. 두 번째 이론에서는 두 과정의 순서에 대한 질문은 일반적으로 제기되는 것조차 불가능하다. 이 두 과정은 동일한 것으로 간주되어 서로 간에 섞여 있기 때문이다. 그러나 실제로는 이 이론은 학습과 발달이, 시간적으로 일치하는 두 개의 평행적 과정으로 동시에 진화한다는 가설, 즉 물체에 뒤따르는 그림자와 같이 발달은 학습을 따른다는 가설을 그 출발점으로 삼는다. 세 번째 이론은 확실히 학습과 발달 사이의 시간적 관계에 대한 두 표상을 모두 간직하고 있다. 이 이론은 두 관점을 통합하고 있으며 성숙과 학습 사이의 구분을 하고 있기 때문이다. 그러나 이 이론은 완전히 새로운 방식으로 이들을 보충한다. 이 근본적으로 새로운 것은 우리가 앞서 지적한 것, 교수-학습을 구조화된 유의미한 과정으로 이해하는 것으로부터 도출된다. 보았다시피, 학습은 그 즉각적 결과가 내포하는 것 이상의 발달을 가져올 수 있다. 어린이 생각 영역의 한 지점에 적용하면, 그것은 다른 많은 지점을 교정, 변화시킨다. 우리는 학습이 단순히 즉시적 결과뿐 아니라 장기적 발달에 영향을 미친다고 말할 수 있다. 학습은 발달 뒤에서 따르기만 할 수 없다. 발달과 어깨를 나란히 발맞추어 나갈 뿐 아니라 발달을 전진케 하고 그로부터 신형성을 이끌어 냄으로써 발달을 이끌 수도 있다. 이는 무한히 중요하고 가치 있는 것이다. 논리적으로 가능한, 두 과정 사이의 세 가지 연속의 순서가 동일하게 가능하고 동일하게 중요하다고 한 코프카의 절충적 이론이 가지는 여러 부족함을 이 하나가 보충한다.[12]

6-3-21] 학습과 발달을 구분하는 첫 번째 이론과 그들을 동일시하는 두 번째 이론은 그들의 상호 대립성에도 불구하고, 하나의 동일한 결론으로 인도한다. 학습은 발달에 있어 아무것도 변화시키지 않는다. 세 번째 이론은 완전히 새로우며, 우리가 진전시킨 가설의 관점에서 특히 중요한 문제로 우리를 인도한다.

6-3-22] 이 문제는 새롭기는 하지만 본질적으로, 과학 발달의 새로운 역사

적 단계에서, 지금껏 거의 잊혀져 있던 훨씬 오래된 문제로의 회귀를 나타낸다. 물론 이러한 회귀는 오랫동안 그 모순을 이미 드러낸 낡은 이론의 부활을 의미하는 것이 아니다. 그러나 변증법적으로 발달하는 과학적 사고의 역사에서 흔히 일어나듯, 좀 더 발전된 관점에서 어떤 이론을 재검토해 보는 것은 과학으로 하여금, 재검토의 대상인 이론보다 훨씬 오래된 이론들에 담겨 있는 올바른 명제를 다시 환기할 수 있도록 해 준다.[13]

6-3-23] 우리가 염두에 두고 있는 것은 흔히 헤르바르트의 이름이 연상되는 형식 교과의 오래된 학설이다. 우리가 알다시피, 형식 교과의 관념은 특정한 학습의 경로는 어떤 교과목에 내재적인 지식과 능력뿐 아니라 어린이의 일반 정신능력의 발달 또한 일어나게 한다는 생각을 포함한다. 이러한 관점에서, 과목들은 형식 교과의 기준에 따라 더욱 중요하거나 덜 중요한 것으로 구분된다. 그 자체로는 진보적인 이 생각은 실제적으로는 보수적인 교수 형태를 불러일으켰다. 우리는 그 순수한 상태를 독일과 러시아의 전통적 김나지움에서 발견할 수 있다. 이 학교들은 그리스와 라틴어에 엄청난 관심을 쏟았지만 이는 그 교과들의 필수적 중요성 때문이 아니라 이들이 어린이의 일반 지성 발달에 도움이 된다고 믿어졌기 때문이다. 이는 중등학교Realschulen에서의 수학에도 동일하게 적용된다. 옛 언어의 학습이 인문학에서 요구되는 능력을 만들어 주듯이 수학은 실제적 교과에서 필요로 하는 정신 능력을 만들어 준다고 믿어졌다.[14]

6-3-24] 이 형식 교과 이론을 이론적, 실제적 파산 상태로 몰고 간 것은 부분적으로는 그 정교화의 부족에 있지만 무엇보다도, 이 이론을 현대 부르주아 교육학에 실제로 적용함에 있어 부적절했기 때문이다. 이렇게 만든 이데올로기 사상가는 손다이크로서, 그는 일련의 실험을 통해 형식 교과는 신화이자 전설이고 교수는 발달에 영향을 미치거나 연쇄적 결과를 낳지 않음을 보여 주고자 노력하였다. 이 연구의 결과 손다이크는 형식 교과 이론을 과도하게 희화화함으로써 형식 교과 이론이 바르게 발달시켜 온 학교 학습과 발달

사이의 의존성을 완전히 부정하는 데 성공하였다. 그럼에도 손다이크의 명제는 형식 교과이론을 과장되게 변형하고 희화화한 부분에 관여하는 한에 있어서만 설득력을 갖는다. 손다이크의 주장은 문제의 핵심으로 접근하지도 못하며 더욱이 그것을 논파하지도 못한다. 손다이크의 주장이 갖는 설득력의 부재는 헤르바르트 이론에 포함되어 있는, 문제의 잘못된 설정을 넘어서지 못한 데서 기인한다. 그는 옛 이론과 동일한 입장을 취하고 동일한 무기를 이용하여 그것을 정벌하려 하였다. 그러나 그는 이 이론의 핵심에 있는 관념을 논박하지 못한 채 그것을 둘러싸고 있는 껍질만을 공격하였다.

6-3-25] 사실, 손다이크는 무엇이든 배우면 모든 것에 영향을 미친다는 관점에 대해 형식 교과의 이론적 문제를 제기하였다. 그는 구구단 학습이 배우자를 잘 선택하는 데 또는 이야기를 더욱 잘 이해하는 데 영향을 미치는지 묻는다. 이러한 질문에 부정적인 응답을 하면서 손다이크는 우리가 이미 알고 있는 것, 즉 학습과 발달에서 모든 것이 모든 것에 영향을 미치지는 않으며 영향력이 무궁하지 않고 발달과 학습 사이의 심리적 특성상 공통점 없이, 아무 이유 없이 발달의 한 지점과 학습의 한 지점을 연결하는 것은 불가능하다는 것을 진술할 뿐이다. 이러한 이유로 손다이크가 모든 것이 모든 것에 영향을 미치지 않는다는 올바른 관념으로부터 아무것도 다른 것에 영향을 미치지 않는다는 결론을 이끌어 낸 것은 절대적으로 잘못된 것이다. 그는 다른 형태의 활동과 생각에 연관된 기능과 공통점이 없으며, 그들과 유의미한 관계를 갖지 않는 학습은 완전히 상이한 기능과 연관된 활동의 형태에 어떤 식으로든 전혀 영향을 미치지 못한다는 것을 보여 주었을 뿐이다. 이는 논란의 여지가 없는 것이다. 그러나 다른 문제는 여전히 남아 있다. 즉 서로 다른 교과목들 사이에, 비록 부분적일지라도, 그 심리적 성질상 동일하거나 관계 맺어진, 또는 단순히 관련성이 있는 기능들이 있을 수도 있지 않을까? 이러한 경우, 어떤 교과목과 유사하거나 근사한 심리적 과정에 기초를 둔 다른 교과목을 학습함으로써 특정한 기능체계를 발달시키도록 하여 그 교과목을 학습하는 데 영

향력을 미치지 않겠는가? 이와 같이 손다이크의 주장은 그것이 구구단 학습과 배우자 선정 그리고 일화의 이해 등에 관련된 무작위적인 기능의 터무니없는 연관에 대한 문제를 다룰 때에만 형식 교과 이론에 대한 반박의 타당성을 갖는다.

6-3-26] 오직 애매한 조합에서만 타당성을 갖는 손다이크의 결론을 어린이의 교수-학습과 발달의 전체 영역에 대해 확장시킬 수 있게 하는 것이 무엇인지 우리는 질문을 던질 수 있다. 왜 그는 모든 것이 다른 모든 것에 영향을 미치지 않는다는 사실로부터 어떤 것도 아무런 것에 영향을 미치지 않는다는 결론을 이끌어 낸 것일까? 그 이유는 무의미한 것을 제외하면 일반적으로, 자의적이지 않은 의식 활동의 조합은 없다는 손다이크의 일반적 이론적 개념으로부터 생겨난다. 손다이크는 발달과 더불어 모든 학교에서의 학습을 연합적 연관을 기계적으로 형성하는 것으로 전락시킨다. 그 결과 모든 의식의 활동은 단일한 과정을 따르는 통일된 방식으로 연관되어 있다. 구구단 학습과 일화의 이해는 대수적 개념의 형성과 물리 법칙의 이해와 동일하다. 그러나 우리는 이 주장이 실제와 다르며, 의식의 활동에 있어서 의미 있는 연결과 구조적 관련성이 지배적이며 무의미한 연결의 존재는 규칙이 아니라 예외라는 것을 알고 있다. 현대 심리학이 내린, 논박의 여지없는 이 결론을 받아들이는 것으로 충분하다. 형식 교과이론에 대해 내리친 천둥, 우레와 같은 손다이크의 비판이 실제 스스로의 이론에 떨어졌기 때문이다. 코프카는 학교 학습과 어린이의 정신 발달에 대한 연합적 관념에 정면으로 반대하는 구조 심리학을 대표하는 이로서, 완전히 의식적이지는 않지만 어떤 의미에서 형식교과의 아이디어를 취한다.

6-3-27] 그러나 형식교과 이론에 대한 비판에는 코프카가 간과하고 지나친 두 번째 요소가 있다. 그것은, 헤르바르트의 이론을 논박하기 위해 손다이크가 그의 실험에서 대단히 협소하고 유별나게 기초적인 기능에 의존했다는 점이다. 그는 실험 대상들에게 선분의 길이를 분별하도록 한 후 이러한 학습

이 각도의 차이를 구분하는 능력에 어떻게 영향을 미치는지 실험하였다. 확실하게, 아무런 영향이 발견되지 않았으며, 이는 두 가지에 기인한다. 첫째, 손다이크가 가르친 것은 학교에서의 전형적인 학습이 아니었다. 자전거 타기, 수영, 골프 하는 방법-이들은 각도의 크기 구분에 비해 대단히 복잡한 형태의 활동이다-을 배운다고 이것이 어린이의 일반 정신 발달에 미세한 영향이라도 미친다고 주장한 사람은 없다. 그러한 영향은 산수, 국어 등의 과목에만, 즉 심리적 기능의 광대하고 전체적인 조화와 연관된 복잡한 과목에만 속한다고 말할 수 있다. 선분의 길이를 구별하는 것이 각도 크기 구별에 직접적 영향을 미치지 않는 반면, 모국어 학습과, 이와 관련하여 언어와 개념의 의미 측면에서의 일반 발달이 산수 학습과 모종의 관련을 맺는다는 것은 쉽게 수용할 수 있을 것이다. 손다이크는 두 가지 종류의 학습이 존재한다는 것을 보여 주었을 뿐이다. 하나는 성인의 직업 교육에서 발견할 수 있는, 제한적이고 특화된 형태이다. 다른 하나는, 심리 기능들의 복합한 전체를 이해하는 것으로 이루어진 학령기의 전형적인 형태로서, 어린이 생각 전체의 광활한 영역을 활성화시키고 필연적으로, 유사하거나 심지어 일치하는 근접한 심리적 기능에 수반하는 다양한 교과목의 다양한 측면을 다루어야 하는 형태이다.[15]

6-3-28] 우리가 지적한 바와 같이, 두 번째로, 손다이크는 저차적 기능과 연결된 것들, 즉 그 구조에 있어 가장 기초적이고 단순한 것들을 학습 활동의 대상으로 삼았다. 반면, 특별한 연구가 보여 준 바와 같이 학교의 학습은 더욱 복잡한 구조로서 구별될 뿐 아니라 완전히 새로운 형성물들-복잡한 기능 체계를 대표하는 고차적 심리 기능들과 관련되어 있다. 고차적 심리 기능의 본성에 대해 우리가 아는 것에 비추어 보면 우리는 형식적 교과의 가능성은 원칙적으로 기초적 심리 과정의 영역과, 어린이의 문화적 발달 과정에서 생겨나는 고차적 과정의 영역에서 같을 수 없으리라고 짐작할 수 있다. 이에 대해 우리에게 확신을 주는 것은 실험적 연구에서 나타난, 모든 고등정신기능의 구조적 동일성과 그들의 기원상의 동일성이다. 우리는 위에서 모든 고차적 기능들은

동질적인 토대를 가지고 있으며 그에 대한 의식적 파악과 숙달 덕택에 고차적으로 된다고 한 바 있다. 우리는 자발적 주의력이 논리적이라고 불릴 수 있는 것과 마찬가지로 논리적 기억은 자발적 기억으로 불릴 수 있다고 하였다. 이와 완전히 동일한 정도로, 이 두 기능을 구체적 기억과 주의 형태로부터 구분하여 추상적이라고 부를 수 있으며, 이로써 추상적 생각과 구체적 생각을 구별한다는 것을 우리는 덧붙일 수 있다. 그러나 손다이크의 관념은 구조주의의 이념과 이질적이며 실상 고차적 과정과 저차적 과정의 질적 구분이라는 관념과도 거리가 멀다. 그는 이 둘을 그 본성상 동일한 것으로 간주하며, 이러한 이유로 손다이크는 고차적 기능의 활동과 연결된 학교 학습의 영역에서의 형식 교과의 문제를 온전히 기초적 과정을 바탕으로 한 학습의 사례를 통해 스스로가 해결했다고 생각한 것이다.

●

1) 우리는, 초창기 비고츠키가 변증법적 논리의 관점에서 일상적 개념은 충분히 개념적이지 않다고, 그리고 성인 생각의 많은 부분이 선先개념 수준에서 발생한다고 말했던 것을 기억한다. 이 절에서, 비고츠키는 학교공부와 학문적 개념들이 단지 선개념이 개념으로 되는 첫 지점일 뿐이라고 주장한다. 비고츠키는 이제 **학습과 발달** 전체로의 이행을 일반화한다.

  I 만약에 비고츠키가 학습과 발달이 **관계될** 수 있는 세 가지 가능한 방식을 펼쳐 놓는 것에서 시작한다면, 아마도 그는 신발 끈을 묶는 동안 자신의 행위의 결과물로부터 그 과정으로 자신의 주의를 이동하고 그리고 그것에 의하여 의식적 파악을 하게 된 어린이로 돌아가 생각을 진행할 것이다. 이에 대해 그는 이 세 가지 가능성을 '매듭 끊기'로, '매듭이 없는 것으로 간주하기'로, 그리고 '매듭을 당겨서 더 꽉 조이기'로 기술한다. [6-3-1~6-3-16]

    A) 매듭 끊기. 교수-학습과 발달은, **두 개의 별개 과정**으로 간주될 수 있을 것이다. 학습은 순수하게 사회 논리적 과정으로 기술되고, 주변 문화 혹은 학교 교육과정에 의존하는 것으로 기술되는 데 반하여, 발달은 신체적 성장과 생리적 성숙과 유사한, 자연적인 과정으로 간주될 수 있을 것이다. 예를 들면, 어린이에게 문해literacy를 가르치는 것은 기억, 주의, 판단이 성숙할 때까지 시작할 수 없다(이러한 것들이 비고츠키가 마지막 절에서, 기능적 연관을 정적이고 변화하지 않는 것으로 취하는 구심리학을 지칭할 때 언급한 바로 그 기능이라는 것은 흥미로운 일이다). (물론 어린이가 우리가 좋아하는 연령에 읽기와 쓰기를 교수 받을 수 없기 때문에 진리의 한 낱알을 간직하는) 이 관점의 가장 정교한, 그러나 또한 가장 극단적인 형태는 피아제에 의해 제시된다. 피아제에 있어서, 학습은 발달이라는 토대 위에 건축된 일종의 상부구조이고 발달의 결과물을 소비하지만, 그러나 그 토대에 상호 영향을 미치지 않는다.

    B) 매듭 무시하기. 학습이 습관들, 기술들, 혹은 한 행동 (예, 듣기) 그리고 다른 행동 (예, 말하기) 사이의 연합적 연관들보다 더 나을 것이 없기 때문에, 교수-학습과 발달은 **하나의 똑같은 과정**으로 간주될 수 있다. 교수-학습과 발달 사이의 인과적-역동적 관계를 완전히 동의어 반복으로 만드는, 이 관점의 가장 극단적인 형태는, 손다이크에 의해 제시된다. 그가 이런 이론적 관점을 완전히 운명으로 간주하기 때문에, 비고츠키는 손다이크를 '최후의 모히칸'으로 지칭한다.

    C) 매듭 더 조이기. 교수-학습과 발달은 어떤 방식에서는 **같은 것**으로 다른 방

식에서는 **다른 것**으로 간주될 수도 있다. 그래서 발달은 성장과 비슷한 한 종류와 학습과 비슷한 다른 형태로 변별된다. 비고츠키는, 이런 이동은 단지 발달 그 자체의 심장에 첫 번째 이론의 이원론이 대신 들어서게 한다고 지적한다. 실제로는 이 이론을 신봉하는 유럽의 심리학자들은 암묵적인 이원론 위로 올라서지 못하고, 대신 이원론 속으로 침몰해 버린다. 예를 들면, 그 일부인 형태주의 심리학자 코프카는 첫 번째 이론과 두 번째 이론 사이에서 중간의 길로 나아가려 노력하지만 단지 거대한 소용돌이 카리브디스(피아제)로부터 게걸스러운 괴물 스킬라(손다이크)에게로 지그재그하다 끝난다. 코프카에 있어서 교수-학습은 먼저 발달 법칙에 의존하지 않는 변화로 정의되고, 그리고 그 후에 우리는 교수-학습 자체가 발달이라는 것을 발견한다.

Ⅱ 그렇지만 비고츠키는 이 **중간 길**에서 많은 위험뿐만 아니라, 약간의 장점을 발견한다. [6-3-17~6-3-22]

　A) 중간 길은 성숙과 학습에서 약간의 구분을 확립하고 또한 성숙과 학습 사이에서 약간의 **상호 의존**을 확립한다. 성숙은 학습에 영향을 주는 것이 허용되고, 그리고 교수-학습은 새로운 성숙의 형태를 위한 길을 열어 놓는다고 여겨진다. 그러나 이것이 허용되고 그리고 저것이 수용되기 때문에, 코프카는 더 나아가지 못한다.

　B) 이 상호 의존성 때문에, 발달은 학습과 **변별된다**. 거기에는 한편으로는 발달적으로 어린이를 변화시키지 못하는 교수-학습이 있고, (예를 들면, 타자기를 사용하는, 자전거를 타는, 골프를 치는, 교수-학습 혹은 손다이크가 테스트하기를 좋아했던 기술에 근거한 어떤 낮은 수준의 지각) 그리고 다른 한편으로는 '일 페니의 학습이 일 마르크의 발달로 인도하는', 혹은 한 걸음의 교수-학습이 백 걸음의 발달로 인도하는 교수-학습이 있다(예를 들면, 언어를 사용하는 학습 혹은 일반화될 수 있는 개념을 사용하는 학습). 언어 학습에서, 우리는 일부 교수-학습의 방식은 단지 하나 더해진 사실이라는 것을 (예들 들면, 어휘 학습, 그것은 이런 식으로 조각들이 되는 경향이 있다) 발견하지만 반면에 다른 방식은 변형적이라는 것을 (예를 들면, 우리가 새로운 시제를 배울 때, 우리는 우리의 전체 동사 체계를 변형할 수 있다) 발견한다.

　C) 만약에 상호 의존성이 있다면 그렇다면 상호 의존성은 역사적으로, 발생적으로, 일시적으로 두 과정을 관련시키는 것이 가능해진다. 피아제에 따르면, 학습은 발달을 '설명한다'. 부연하면, 학습은 발달의 결과물을 소비한다. 그러므로 학습은 늘 발달의 뒤를 따라야만 한다. 손다이크에 따르면, 학습과 발달은 정확하게 동시에 발생해야만 하는데, 그 까닭은 하나는 다른 것보다 덜하거나 더 하지도 않기 때문이다. 그러나 세 번째 이론에서 우리는 교

수-학습이 발달을 선도할 수 있고 **변형**시킬 수 있는 가능성을 보게 된다. 그리고 바로 이 가능성에 비고츠키는 이제 집중한다.

Ⅲ 비고츠키는, 헤르바르트와 연결되어 있는 '**형식 교과**'라는 개념은 보수적인 교육과정(예를 들면, 죽은 언어를 교수)과 연결되어 왔지만 그러나 그것은 내재적으로 진보적인 교육과정이었고 더 높은 수준에서 다시 검토할 가치가 있다고 논평한다. 그것은 교육은 자유로워야 하고 그리고 편협하게 실용적이고 매우 특수한 목적과 연결되기보다는 모든 것이 가능해야만 한다는 중요한 사상을 담고 있다. 그리고 정확하게 이런 '형식 교과'의 진보적 내용에 반대하여, 최후의 모히칸 손다이크가 전쟁의 괴성을 질렀다. [6-3-23~6-3-28]

 A) 손다이크는 구구단을 배우는 것은 미래의 배우자를 선택하는 그런 결정에 혹은 이야기를 듣고 이해할 수 있는 그런 능력에 어떤 효과도 주지 않는 것 같다고 지적한다. 비고츠키는 우리는 이것을 이미 알고 있었다고 응답한다. 부연하면, 우리는 이미 자전거를 타거나 타자를 치는 그런 기술이 널리 일반화되어 있지 않다는 것을 알고 있다. 모든 것이 모든 것에 영향을 주지 않는다는 의심할 바 없는 사실이 어떤 것도 모든 것에 영향을 줄 수 없다는 것을 **입증할 수는 없다**.

 B) 손다이크는, 선의 일부 길이를 측정할 수 있는 능력 그리고 각의 크기를 측정할 수 있는 능력처럼, 밀접하게 연결된 것으로 보이는 기술조차도 테스트에서 아주 많이 겹쳐지지 않는 것처럼 보인다는 것을 보여 주는 실험적 조사를 인용한다. 비고츠키는 다시 우리는 이것을 이미 알고 있었다고 응답한다. 부연하면, 골프를 치는 것과 자전거를 타는 것, 이 매우 복잡한 두 기술은 대체적으로 어린이의 정신을 **변형시킬 수 없다**. 비고츠키는 손다이크가 실제로 한 모든 것은 측정은 지각에 근거하고, 그리고 지각은 저등한 심리 기능이라는 것을 입증한 것이라고 결론 내린다. 대조적으로, 문법적 능력은 수학적 관계를 파악하는 능력과 서로 아주 잘 연결되는 것으로 보이지 않는다.

2) 앞의 요약에서 제시한 1-1, 1-2, 1-3이 현재 논의와 관련된 주요한 차이를 드러낸다. 직접적으로 언급하면, 관념론적 심리학, 개선된 근대적 행동주의 이론, 코프카로 대표되는 형태주의 심리학이다.

3) 베르그송이 제시한 진화론에 대립되는 완성론을 지칭한다. 이제 인간은 미리 다 형성된 상태에서 발달을 하고 있다는 주장이다. 식물에 비유한 설명이 이러한 오류에 해당한다. 노엄 촘스키의 보편문법, 블랙박스도 이러한 예에 해당된다.

4) 비고츠키는, 기억, 주의, 이해, 이렇게 세 가지를 문해를 위한 전제 조건으로 제시했다. 교수-학습에서 주목할 것은 이러한 기능들 간의 연관이 변화하는 것이다. 예를 들면,

주의하며 기억하게 되는 것, 자발적 기억, 이런 것들이 중요한 것이다.

5) 에른스트 모이만(Ernst Meumann, 1862~1915). 독일의 심리학자·교육학자. 실험 심리학을 연구하고 이것을 교육에 적용하여 실험 교육학을 조직하였다. 저서에 『실험 교육학』 따위가 있다. 피아제의 인지 발달 단계와 국면(소단계)에 대하여 교사라면 누구나 들어 봤을 것이다. 여기서 비고츠키는 그러한 일반성, 보편성에 문제를 제기하고 있다. 20세기 중후반의 비교 문화 연구는 피아제의 관점이 잘못되었다고 판정하였다. 모든 문화에 관철되는 보편성은 신화라는 것이다.

6) 지금까지 몇 개 문단에 걸쳐 이야기한 내용이 대한민국 국가교육과정의 이론적 배경인 구성주의 교육학과 관련된 것이다. 구성주의 교육학의 이론을 비고츠키가 비판하고 있는 것이다. 구성주의에 따라 냉정하게 이야기하면, 교사가 할 일은, 교수-학습에서 교수는 어린이 발달에 별 도움이 되지 않는 것이다. 어린이에게 자료를 제때 제공하는 정도의 역할로 한정된다. 수월성교육을, 원래 어린이의 지적 능력에 차이가 있음을 전제한 교육을 내세우며 경제적 신분에 따른 두 경로의 교육을 진행한다. 대한민국도 2006년, 국제중학교 설립을 통해 유아-유치-초등-중등-고등의 귀족 교육을 위한 경로가 실제적으로 완성되었다. 이런 방식으로 영국, 미국 등에서 교육 분야에 대한 신자유주의적 교육 공세를 대한민국 정부는 답습하고 있다. 이처럼 이러한 교육 분야 구조조정의 배경에는 교육학의 피아제 구성주의가 위치하고 있다. 교수-학습과 정신 발달을 다른 것으로 인식하고 있는 것보다 더 나아가는 대비의 내용을 추출하려는 시도를 할 필요성을 느끼지 못한다는 의미이다.

7) 불행하게도 손다이크는 최후의 모히칸이 되지 못했다. 우리는 스키너라는 더 호전적인 최후의 모히칸을 아직도 접하고 있다. 학습자를 더 숨 막히게 통제하는 강화이론은 행동주의 이론의 결과물이다.

8) 반사학reflexology은 파블로프의 조건반사와 관련되어 있음. Meccaci는 '정신'이라는 낱말이 1982년 러시아판에서는 '자연적인'이라는 낱말로 대체되었다고 적고 있다.

9) 여기서 비고츠키는 「심리학에서 역사적 위기의 의미」에서 이미 행했던 분석을 반복하고 있다. 그의 넘치는 독창성과 구체적 내용에 대한 해박한 지식에도 불구하고, 철저하게 '내재적 비판'의 논리에 복종하고 있다. 그래서 새로운 내용이 추가되지는 않았다. '내재적 비판'의 방법이 제시한 길을 따라 가며 정리하고 있을 뿐이다. 여기서 구체적으로 비고츠키의 내재적 비판은 어떻게 과학이 먼저 절대적 차이를 확립(분석)하고, 그 후에 이를 부정했는지를 보여 주었다. 다음 차례는 물론 (고양高揚이 아니라) 종합하는 것이다. 종합을 통하여, 변증법적 유물론에서 이야기하는, 부정의 부정 법칙이 완성되는 고양이 이루어진다.

10) 카리브디스: 『그리스신화』 가이아와 포세이돈의 딸. 상당한 대식가로, 바다의 소용돌이를 의인화함. 스킬라: 시칠리 섬 앞바다의 큰 소용돌이. 배를 삼킨다고 전해진다.

11) 여기서 이야기하는 것은 다음과 같다. A라는 이론과 B라는 이론이 있다. 이 두 이론
은 극단적으로 대립되는 이론이다. 세 번째 이론 집단에 속하는 연구자들은 두 극
단적인 이론 사이에서 위치해 있다. 그들은 두 극단적 이론을 넘어서지 못했다. 여기
서 그들은 구체적으로 A이론의 특정 요소 a1과 대립되는 B이론의 특정 요소 b1을
가지고 연구하다 a1을 포기하고 b1을 선택한다. 계속해서 A이론의 특정 요소 a2와
대립되는 B이론의 특정 요소 b2를 가지고 고민하다 a2를 선택하고 b2를 포기한다.
그들은 이렇게 연구를 진행한다. 그 결과 그들의 이론 C는 b1, a2, a3, b4 등등의 요
소들로 이루어지게 된다.

12) 교사들은 일상에서 늘 관찰하는 것이지만, 언제나 학급에는 가장 먼저 깨우치는 아
이와 가장 늦게 깨우치는 아이가 있을 수밖에 없다. 그런 아이들이 있어야 다른 아
이들이 깨우치려는 자극을 받고, 교사뿐만 아니라 동료 어린이의 도움을 받아 학
급 전체가 진전을 이루게 된다. 교사는 이런 자연스러운 현상을, 어찌할 수 없는 현
상을, 정상적인 인간 발달 과정을 인정해야만 한다. 한국의 교육 현실은 프레이리가
지적한 '정기적금식 교육'이 아니라 '일수이자식 교육'을 강요하고 있지만, 매 수업
마다 아이들이 조금씩 모두 다 깨닫는다는 것은 환상에 불과하다는 것을 교사라
면 다 알고 있을 일이다.

13) 과학적 생각에서의 변증법적 발달에 대한 예를 하나 들어 보겠다. 과거의 전통적 지
적 역사는 시소처럼 왔다갔다만 했다. 과학에서는 관념론적 관점과 객관론적 관점
을, 종교에서는 일신론과 다신론을, 예술에서는 단선적 형식과 사진적 형식을 왔다
갔다만 했다. 이에 반하여 변증법적 지적 역사는 매우 다른 방식으로 진행된다. 사
고의 두 노선은 서로를 부정할 뿐만 아니라, 지양을 통해 각각을 더 높은 수준으로
고양시킨다. 이것은 진행이 나선형으로 이루어진다는 것을 의미한다. 오랜된 관념은
더 높은 수준으로 다시 등장한다는 것이다. 형식교과의 죽은 언어(라틴어와 그리스어)
학습이 현대 외국어 학습으로 다시 등장하는 것이 그러한 예가 될 수 있다.

14) 교육학의 아버지, 헤르바르트의 형식교과에 대한 내용은 "이환기(1995), 『헤르바르트
의 교수이론敎授理論』, 교육과학사." 참고.
개인이 엄밀한 의미에서 '인간'이 되는 것은 오로지 이 사고권을 올바르게 내재화했
을 때이다(133쪽). "교육, 특히 사고권을 형성하는 일로서의 교육은 인간의 사고 영
역에 관하여 다방면에서 훈련을 받고, 또한 그 사고 영역 안에서 무엇이 더 고귀하
고 무엇이 더 심오하며, 무엇이 더 쉽고 무엇이 더 어려운지를 가장 적절하게 판단할
수 있는 사람의 손에 맡겨야 한다(SE. p. 100; 135쪽)." "철학 이론 중에서 운명론이나
선험적 자유를 주장하는 이론은 교육학에서 철저히 배제되어야 한다. 왜냐하면, 이
런 철학이론 내에서는 무정형에서 정형으로 변화를 의미하는, 교육학의 기본 전제인
변화 가능성이 모순 없이는 주장될 수 없기 때문이다(OED. p. 3; 172쪽)." 선택의 자

유는 이성이 추구하는 대상과 욕망이 추구하는 대상 중에서 어느 하나를 선택하는 자유이며, 도덕성은 이성이 추구하는 대상을 선택하는 것과 관련이 있다. 그리고 욕망이 추구하는 대상을 선택했을 때 도덕적 비난을 받게 된다. 그러므로 "아동으로 하여금 (자유의사에 따라) 선을 선택하고 악을 거부하도록 하는 것-'인격의 형성'은 바로 이것을 의미한다(HASP, p. 97: 175쪽)." 인간의 가치는 그의 지식에 근거하는 것이 아니라 그의 의지에 근거해야 한다(183쪽).

15) 언어 영역과 수리 영역의 차별성에 방점이 찍히는 연구결과들이 상식으로 통용되고 있다. 이 부분의 진술은 현재의 상식에 반하는 주장을 하고 있는 것이 아니라, 초등학교 고학년 교사면 누구나 쉽게 경험하는 수학문장제 문제를 풀면서 그 문제를 풀지 못하는 이유가 수학 자체의 문제가 아니라 언어 독해의 문제라는 그 부분과 연관된 진술이다.

6-4 [1]

6-4-1] 이제 필요한 이론적 재료를 모두 종합하였으므로 지금까지 우리가 주로 비평가의 입장으로 검토하였던 질문에 대한 해결을 도식적으로 진술할 수 있다. 이 부분에 대한 우리의 가설을 정교화하기 위해 우리는 교수-학습과 발달의 문제에 대한 통합된 개념으로 인도하는 네 그룹의 연구에 의지할 것이다. 우리의 접근법에 기본이 되는 것은 교수-학습과 발달은 두 개의 완전히 독립된 과정이거나 하나의 단일한 과정이 아니고, 이들이 복잡하게 연결되어 있다는 것이다. 우리는 이 관계를 연구하기 위해 일련의 연구를 수행하였으며 이 연구들은 우리의 가설에 경험적인 토대를 제공한다.

6-4-2] 언급했다시피, 이 연구는 모두 교수-학습과 발달이라는 고유한 문제의 구조에 포함된다는 점에서 통합적이다. 그 기본 과업은 어린이가 학교에서 하는 일, 즉 읽기, 쓰기, 문법, 산수, 자연과학 그리고 사회과학에 초점을 둠으로써 교수-학습과 발달 사이의 복잡한 관계를 탐구하는 것이었다. 여기에는 수 개념의 발달과 연관된, 초등학교 어린이의 정수 체계에 대한 숙달의 특징, 문제 해결의 과정에서 자신의 수학적 조작에 대한 의식적 파악의 문제, 초등학교 1학년생의 문제 구성과 해결의 특징이라는 질문들이 포함된다. 이 연구는 초등학교 시기의 글말과 입말의 발달의 여러 특징에 대한 증거를 제공하였으며, 비유적 언어의 의미에 대한 이해가 발달하는 다양한 단계를 확인하도록 도와주었다. 또한 이 연구는 문법적 구조의 학습이 정신 발달의 경로에

미치는 영향을 보여 주는 데이터를 제공하였고, 학교에서 배우는 자연과학과 사회과학의 관계를 이해할 수 있도록 해 주었다. 이 연구들은 교수-학습과 발달의 문제가 가지는 상이한 측면들을 밝히고 조명하는 데 목적을 두었으며 각각의 탐구들은 이 통합적인 문제의 이러저러한 측면들에 해답을 제시하였다.

6-4-3] 이 연구를 통해 우리가 다룰 수 있었던 가장 핵심 문제는, 초등학교 교육이 시작될 때의 특정 정신 기능의 성숙도와, 이들 발달의 경로에 교수-학습이 미치는 영향, 그리고 교수-학습과 발달 사이의 시간 순서적 관계 및 근접발달영역의 성질과 중요성, 형식교과 이론의 이론적 분석의 관점에서 본 이러저러한 교과목들이 가지는 중요성의 문제와 관련이 있다.[2]

6-4-4] 1. 첫 번째의 일련의 연구들은 읽기, 쓰기, 산수, 자연과학과 같은 기본 학교 교과들의 교수-학습을 위한 토대를 제공하는 정신 기능의 성숙과 관련된 이슈를 다루었다. 우리의 연구는 모두, 어린이 학습의 초기에 학습이 잘 이루어지고 있더라도 어린이에게 그러한 심리적 전제가 성숙되었다는 징후는 전혀 찾아볼 수 없다는 것을 보여 주었다. 위에서 논의한 첫 번째 그룹의 이론은 이러한 기능들이 교수-학습의 시작 이전에 성숙되어 있어야 한다고 주장하였다. 우리는 글말의 예시를 통해 이 점을 밝힐 것이다.

6-4-5] 초등학교 학생들에게 글말은 왜 그리도 어려운 것일까? 왜 입말과 글말의 발달은 (우리가 이들을 비교할 때) 교수-학습의 한 단계에서는 6년에서 8년까지의 차이를 보이는 것일까? 이에 대한 일반적인 설명은 글말이 새로운 기능이기에 입말이 이미 거쳐 온 기본적 발달 단계를 반복해야 하는 탓이며, 따라서 8세 어린이의 글말은 2세 어린이의 입말과 필연적으로 유사해야 한다는 것이다. 심지어는 글말의 연령을 교수-학습의 시작 순간으로부터 측정하여 글말과 입말 사이에 상응하는 연령을 확립해야 한다는 제안이 나오기도 하였다.

6-4-6] 그러나 이러한 설명은 전혀 만족스럽지 않다. 우리는 2세 어린이가

적은 수의 어휘와 원시적인 통사 구조를 사용하는 이유를 이해할 수 있다. 어린이는 어휘가 아직 빈약하고 복잡한 명제 구조를 숙달하지 못하였다. 그러나 초등학생의 문어적 어휘는 그의 구어적 어휘에 비교하여 부족하지 않다. 이 둘에 있어 어휘가 동일하기 때문이다. 통사론과 문법적 형태는 글말과 입말에 있어 같다. 어린이는 이미 이들을 숙달하였다. 따라서 2세 어린이의 입말의 원시성을 설명하는 어휘의 부족과 통사적 미발달은 초등학교 학생의 글말이 가지는 원시적 성격을 설명할 수 없다. 이 하나의 사실만으로도 입말과의 비유로는 우리의 흥미를 끄는 것, 즉 초등학교 어린이의 글말과 입말 사이의 거대한 차이를 설명하는 것이 불가능함이 드러난다.

6-4-7] 연구는 글말의 발달이 입말의 발달을 반복하지 않는다는 것을 보여 준다. 그 두 과정 사이에 존재하는 모든 유사성은 본질적이라기보다는 외적이고 증상적이다. 글말은 입말을 문자적 기호로 번역하는 것 이상이다. 글말을 숙달한다는 것은 단순히 쓰기 기능을 배우는 것이 아니다. 그럴 경우, 일단 글말의 이러한 기제들이 학습된 이후에는 글말이 입말만큼 풍부하고 발달될 것이며 번역판이 원본과 유사하듯 글말과 입말이 서로 닮아 있을 것이라고 기대할 수 있다. 그러나 글말의 발달에서 이러한 현상은 일어나지 않는다.

6-4-8] 글말은 완전히 고유한 발화 기능이다. 그 구조와 기능하는 양식은 내적 발화의 구조와 기능 양식이 외적 발화와 다른 것과 같이 입말과 다르다. 우리의 연구가 보여 주듯이, 글말은 그 발달의 가장 낮은 단계에 있어서 조차도 높은 수준의 추상화를 요구한다. 글말은 음악적 억양과 표현성을 갖지 않는, 즉 일반적으로 소리의 측면을 갖지 않는 언어이다. 글말은 입말의 가장 본질적인 특징인 물리적 재료를 갖지 않는 생각과 표상의 언어이다.

6-4-9] 이 고유한 요인은 입말의 형성을 위해 존재하는 심리적 요인의 총체를 완전히 변화시킨다. 입말을 통하여 어린이는 객관적 세계에 대한 어느 정도의 높은 수준의 추상을 획득하였다. 글말을 통하여 어린이는 새로운 과업에 당면하게 된다. 어린이는 말 자체의 물리적 측면으로부터 추상화를 해야 한

다. 어린이는 말 자체가 아니라 말의 표상을 사용하는 추상화된 말로 이동해야 한다. 이러한 측면에서 추상적 사고가 지각적인 사고와 다른 것과 똑같이, 글말은 입말과 다르다. 이는 글말이 입말의 발달 단계를 반복할 수 없다는 것을 의미한다. 글말의 추상적 성격-글말은 발음되지 않고 생각된다는 사실-은 어린이가 글말을 숙달하는 데 부딪히는 가장 큰 어려움 중의 하나를 나타낸다. 소근육의 미발달이나 쓰기 기술과 관련된 요인의 미발달이 중요한 문제라고 고집하는 이들은 정말 존재하는 어려움의 근본을 보지 못하고 핵심 문제를 사소한 것으로 치부한다.[3]

6-4-10] 글말은 다른 측면에 있어서도 입말에 비해 더욱 추상적이다. 그것은 대화자가 없는 담화이다. 이는 어린이에게 친숙한 대화적 발화와는 완전히 다른 상황을 만든다. 글말이 향하는 대상은 완전히 부재하거나 필자와 접촉이 끊어진 상태이다. 글말은 담화-독백이다. 그것은 흰 종이와의 대화이며 가상의 개념화된 대화자와의 대화이다. 반면 입말의 경우에는 말할 필요도 없이, 대화 상황을 만들기 위해 어린이가 어떤 노력도 할 필요가 없다. 글말은 어린이에게 이중의 추상화를 요구한다. 그것은 발화의 음성적 측면으로부터의 추상화와 대화자로부터의 추상화를 요구한다. 이것은 초등학교 어린이가 글말의 숙달에 있어 당면하는 기본적 어려움 중 두 번째의 것이다. 소리가 결여된 발화(표현되거나 생각되기만 하므로 소리의 상징화를 필요로 하는 발화, 즉 제 이차 상징)는 어린이들에게 대수가 산술보다 어려운 만큼이나 입말보다 어려울 것이다. 글말은 발화의 대수이다. 대수를 학습하는 과정은 산술의 학습 과정을 반복하지 않는다. 그것은 새롭고 더 고차적이며 산술적 사고를 뛰어넘는다. 이와 같은 방식으로 발화의 대수, 즉 글말은 어린이에게 입말체계의 발달 위에 구성된 발화의 추상적 측면을 소개한다.

6-4-11] 다음으로, 우리의 연구는 어린이를 글말에 의존하게 하는 동기들은 이제 막 쓰기를 시작한 어린이들에게는 요원한 것이라는 결론으로 우리를 이끈다. 모든 새로운 활동의 형태에 있어서 그러하듯이 발화에 대한 동기와 그

에 대한 필요는 그 발달을 위해 근본적이다. 입말의 의사소통에 대한 요구는 유아기에 걸쳐 발달한다. 그것은 최초의 유의미한 말을 위한 기본 전제 조건이다. 이러한 요구가 성숙되지 않은 경우 우리는 말의 발달이 지연되는 것을 발견하게 된다. 그러나 학교에서의 교수-학습이 시작될 때 글말에 대한 요구는 전혀 발달되어 있지 않다. 우리의 연구로부터 나온 데이터를 토대로, 쓰기를 배우기 시작한 초등학생은 이 새로운 언어 기능의 필요를 느끼지 못할 뿐 아니라 일반적인 그 필요성에 대해서도 막연한 생각만을 갖고 있을 뿐이라고 말할 수 있다.

6-4-12] 동기가 활동에 선행해야 한다는 사실은 계통발생적인 수준뿐 아니라 각각의 대화와 구에서도 입증된다. 발화에 대한 동기는 모든 대화와 구절에 선행한다. 이 동기는 이 활동을 유지시키는 충동과 정서적 욕구의 근원이 된다. 모든 순간에 있어, 입말의 고유한 상황은 매 순간 동기와 개별 발화와 대화, 담화의 새로운 경로를 결정한다. 무언가에 대한 필요와 요구, 질문과 답변, 명령과 응답, 오해와 설명 등 동기와 대화 사이의 이와 유사한 많은 관계들은 사용중인 언어의 상황을 절대적으로 완전히 결정한다. 입말의 경우 발화를 위한 동기를 만들어 낼 필요가 없다. 이러한 의미에서 입말은 역동적인 상황의 경로에 의해 규제된다. 그것은 온전히 이로부터 도출되며 동기화 과정의 유형과 상황의 조건에 따라 진행된다. 반면, 글말의 경우 우리는 상황을 창조해 내야 하거나 또는 좀 더 정확히 말하면, 상황을 사고로 표현해야 한다. 글말의 사용은 상황에 대한 근본적으로 다른 관계를 전제로 한다. 그것은 더 자유롭고 더 독립적이며 더욱 의지적이다.

6-4-13] 글말과 관련하여 연구는 (어린이에게 요구되는) 상황과 이러한 다른 관계들이 무엇으로 구성되어 있는지 보여 준다. 그 주요 특징은 글말에서 어린이는 의지적으로 행동해야 하며, 글말은 입말보다 더욱 의지적이라는 사실이다. 이는 붉은 실과 같이 모든 글말의 전반에 걸쳐 엮여 있다. 어떤 낱말을 발음할 때 어린이는 자신이 내는 개별 소리를 의식하지 않으며 각각의 소리를

발음하려는 의도적인 노력을 전혀 하지 않는다. 그러나 글말에 있어서는, 반대로 어린이는 낱말의 음성적 구조에 대해 인식해야 하며 그것을 분해하여 의지적으로 시각적 기호로 재구성해야 한다. 글말의 문장 형성에 있어 어린이의 활동은 이와 대단히 유사한 방식으로 조직된다. 어린이는 개별의 알파벳을 출발점으로 삼아 음성적인 소리를 의지적이고 의도적으로 재창조하듯이 구절을 의도적으로 구성한다. 글말의 통사론은 그 음성학만큼 의지적이다. 마지막으로 언어의 의미론적 체계는 통사론과 음성학에서 그랬던 것만큼 낱말의 의미에 대한 의도적인 작업과 특정한 순서로의 배열을 요구한다. 이는 글말이 내적 발화에 대해 가지는 관계가 입말과 다르다는 사실로부터 유래한다. 외적 발화의 발달은 내적 발화의 발달에 앞선다면, 반대로 글말은 후자의 발달 이후에야 오직 나타나며 내적 발화의 존재를 전제로 한다. 잭슨Jackson과 헤드Head에 따르면 글말은 내적 발화로의 열쇠이다. 그럼에도, 내적 말에서 글말로의 이동은 글말의 의지적 음성학과 연관 지을 만한, 우리가 의지적 의미론이라고 불렀던 것을 필요로 한다. 내적 말의 생각의 문법과 글말의 문법은 서로 일치하지 않는다. 뜻의 통사는 입말과 글말의 통사와 다르다. 여기에는 전체와 의미 있는 단위의 구성을 지배하는 완전히 다른 법칙들이 있다. 어떤 의미에서 내적 발화의 통사론은 글말의 통사론과 정반대라고 말할 수 있다. 입말의 통사론은 이 두 극단 사이의 어딘가에 위치한다.

6-4-14] 내적 발화는 생략되어 있고 속기술식으로 표상화되어 있으며 최대한 축약되어 있다. 글말은 최대한 전개되어 있으며 입말보다도 형식에 있어서 훨씬 더 완성적이다. 글말은 생략을 포함하지 않지만 내적 발화는 생략으로 가득 차 있다. 통사적으로 내적 발화는 거의 술어로만 온전히 이루어져 있다. (들을 수 있는)입말에서 대화 상대자에게 명제의 주어와 관련 요소들이 이미 알려진 경우에 통사가 술어화되는 것과 마찬가지로 대화의 주어와 상황의 총체가 생각하는 이에게 알려져 있는 내적 말은 거의 전적으로 술어로 구성된다. 우리는 스스로와 의사소통을 할 필요가 없으며 생각이 무엇에 관련

된 것인지 스스로에게 설명할 필요가 없다. 모든 것이 이해되어 있고 이는 의식의 배경을 형성한다. 이로부터 내적 말의 술어적인 성질이 유래하게 된다. 이 때문에 내적 말이 외부에 들리게 되더라도 화자 혼자만이 그것을 이해할 수 있을 것이다. 화자 외에는 아무도 내적 말이 발달되는 정신적 영역을 모르기 때문이다. 이것이 내적 말이 특유의 표현들로 가득 차 있는 이유이다. 반대로, 글말은 그것이 상대방에게 이해되기 위해서 상황의 세세한 부분이 모두 확립되어야 한다. 글말은 말의 가장 확장된 형태이다. 입말에서 생략될 수 있는 것들조차 글말에서는 명확히 되어야 한다. 글말은 다른 이에게 최대한 이해가 능 하도록 되어야 한다. 모든 것이 완전히 펼쳐져야 한다. 최대한 압축된 내적 말(즉 스스로에게 하는 말)로부터 최대한 확장된 글말(즉 다른 이를 위한 말)로 전이하기 위해서 어린이는 의미 조직의 자발적 구성에 있어 대단히 복잡한 조작을 할 수 있어야 한다.

6-4-15] 글말의 두 번째 기본 특징은 그 자발적 성질과 밀접히 연결되어 있다. 그것은 입말에 비해 글말이 가지는 더욱 의식적인 특성이다. 이미 분트는 글말에서 의도성과 의식이 하는 중요한 역할에 대해 주의를 환기시킨 바 있다. 분트에 따르면 "언어와 쓰기의 발달의 차이점은 후자가 거의 최초부터 의식과 의도에 의해 조절된다는 것이다. 이로 인해, 예컨대 설형문자의 발달과 같은 기호체계의 변화는 의지적인 반면, 언어와 그 요소를 조절하는 데 관련된 과정은 언제나 무의식적으로 남아 있다."

6-4-16] 분트에게 쓰기의 계통발생적 발달에 있어 핵심적인 것으로 보였던 특성들이 글말의 개체발생에서도 그러함을 우리는 연구를 통해 확립할 수 있었다. 의식적 파악과 의도는 어린이 글말의 초기를 지배한다. 글말의 기호와 사용은 어린이에 의해 의식적이고 자발적으로 동화된다. 반면 입말은 무의식적으로 학습되고 사용된다. 글말은 어린이가 더욱 지성적으로 행동하도록 압력을 가한다. 그것은 말하는 과정 바로 그 자체에 대한 의식적 파악을 요구한다. 글말의 배경이 되는 동기는 더욱 추상적, 지성적이며 욕구와는 멀리 떨

어져 있다.

6-4-17] 글말의 심리학에 대한 우리의 연구를 요약하면서, 우리는 글말을 형성하는 정신적 기능들은 입말을 형성하는 기능들과 근본적으로 다르다고 말할 수 있다. 글말은 언어의 대수로서, 더 어렵고 복잡한 형태의 의도적이고 의식적인 말 활동이다. 이 결론은 여기서 주 관심사인 두 개의 결론을 도출한다.

(1) 이는 초등학생의 입말과 글말 사이의 커다란 차이를 설명한다. 이 차이는 자연발생적, 비의지적이며 의식적인 파악 없이 일어나는 활동에 의해 요구되는 발달의 수준과, 추상적이고 자발적이며 의식적 파악으로 특징지어지는 활동에 의해 요구되는 발달의 수준이 다름에 기인한다.

(2) (우리의 관심사인 문제에 대하여, 글말을 가르치기 시작하는 순간에 글말과 관련된 기능의 성숙과 관련하여 우리는 놀라운 사실을 알게 되었다.)[4] 글말에 대한 교수-학습이 시작될 때 그것의 바탕이 되는 기본 정신 기능들은 아직 다 발달한 상태가 아니다. 사실, 그들의 진정한 발달은 아직 시작하지도 않았다. 교수-학습은 첫 번째의 근본적인 발달 주기를 미처 시작하지도 못한 미성숙한 심리적 과정을 토대로 이루어진다.

6-4-18] 이 사실은 다른 분야에 대한 우리의 연구를 통해 지지된다. 산술, 문법 그리고 자연과학에서의 교수-학습은 상응하는 기능들이 성숙한다고 시작되지 않는다. 반대로, 교수-학습 초기에 있어 요구되는 정신기능들의 미성숙은 학교 교수-학습의 영역에 있어 일반적이고 기본이 되는 법칙이다. 이러한 미성숙성은 문법 학습의 심리학적 분석에서 그 가장 순수한 단계로 나타난다. 이 때문에, 결론적으로 우리는 이 질문에만 우리의 논의를 제한하고 수학 등의 다른 교과목으로 넘어가지 않을 것이다. 본 연구의 직접적인 목적인, 과학적 개념과 연관된 교수-학습의 검토는 본 장의 다른 절에서 다룰 것이다.

6-4-19] 어린이에게 문법은 특히 불필요하고 무익한 과목으로 보인다고 치면 문법의 교수-학습에 대한 문제는 방법론적으로나 심리학적으로 볼 때

가장 복잡한 질문 중 하나이다. 산수는 어린이에게 새로운 능력을 제공한다. 산술적 지식을 습득함으로써 더하기나 나누기를 할 수 없던 어린이는 이제 이러한 능력을 가지게 된다. 이러한 의미에서 문법에 대한 교수-학습은 어린이에게 새로운 능력을 갖추게 하는 것 같지 않다. 어린이는 학교에 입학하기 전부터 어형을 변화시키거나 동사를 활용하는 능력을 가지고 있다.[5] 어린이가 문법에 대한 교수-학습을 통해 배우게 되는 것은 무엇인가? 문법 교육에 반대하는 운동의 토대를 이루는 판단에 따르면 문법은 그 유용성의 결핍으로 인해 학교 교과목의 체계로부터 삭제되어야 한다. 문법은 언어의 영역에 어린이가 이전까지는 갖고 있지 않았던 어떠한 새로운 기능을 제공하지 않기 때문이다. 그러나 문법과 글말에 대한 교수-학습을 분석해 보면, 그것이 어린이 사고의 일반적 발달을 위해 엄청난 중요성을 가지고 있다는 것을 발견하게 된다.

6-4-20] 물론 어린이는 학교에 들어오기 전부터 어형을 변화시키거나 동사를 활용할 수 있다. 초등학교에 입학하기 한참 전부터 어린이는 모든 실용적 목적을 위해 필요한 모국어의 모든 문법을 이미 습득하였다. 그럼에도 그는 어형을 변화시키거나 동사를 활용할 때 자신이 어형을 변화시키거나 동사를 활용하고 있다는 것을 모른다. 이러한 능력은 어린이가 단어의 음성적 구성요소를 익힌 것과 거의 같은, 순전히 구조적인 방식으로 습득되었다. 어린이에게 'ск' (/sk/)와 같은 특정한 소리의 조합을 발음하도록 시킨다면 어린이는 이를 하지 못할 것이다. 어린이에게 이러한 유형의 자발적 조음은 어렵다. 그러나 'Москва'라는 단어 내에서 어린이는 동일한 소리를 자유롭고 비자발적으로 발음한다. 정해진 구조 안에서는 어린이의 말 속에서 소리들이 저절로 솟아난다. 그러나 이 구조 밖에서는 동일한 소리가 사용이 불가능해진다. 이와 같이, 어린이는 어떤 소리를 발음할 수 있지만 그것을 의지적으로 발음할 수 없다. 이는 학령기에 접어든 어린이의 모든 말 조작에 적용되는 중심적인 사실이다.

6-4-21] 어린이가 언어의 영역에서 어떤 기능들을 숙달하였지만 그는 자신

이 그 기능들을 숙달했다는 것을 알지 못한다. 이러한 조작들은 의식적 파악을 결여하고 있다. 이는 어린이가 기능들을 자연적으로, 정해진 상황 속에서 자동적으로 숙달한다는 사실에서 드러난다. 즉 상황 속의 어떤 더 큰 구조가 어린이로 하여금 특정한 기능을 불러일으키지만 이 구조 밖에서는 말하자면, 의지적, 의식적, 의도적 방식으로는 어린이가 비의지적으로 할 수 있었던 것을 하지 못하는 것이다. 따라서 어린이가 능력을 사용하는 데 제한이 따르게 된다.

6-4-22] 다시 한 번, 어린이 능력의 의식적 파악의 결핍과 비의지적 성질은 동일한 현상의 두 측면임이 밝혀진다. 이는 어형을 변화시키거나 동사를 활용하는 능력과 같은 어린이의 문법 기능의 특징이다. 어린이는 제한된 구의 구조에서 정확한 격格과 정확한 동사형을 사용한다. 그러나 그는 그러한 형태가 얼마나 많이 존재하는지 깨닫지 못한다. 어린이는 낱말의 격 변화나 동사 활용을 하지 못하는 것이다. 학령기 전의 어린이도 모든 기본적 문법적, 통사적인 형태를 알고 있다. 그는 학교의 교수-학습을 통해 근본적으로 새로운 문법적 또는 통사적 구조를 획득하게 되지는 않는다. 이러한 관점에서 문법에 대한 교수-학습은 실제로 쓸모없는 일이다. 그러나 어린이는 특히 글말과 문법 덕분에, 자신이 학교에서 하는 것을 의식적으로 파악하고 자신의 기능을 의도적으로 사용하는 것을 배운다. 어린이의 능력은 무의식적, 자동적인 측면에서 의지적, 의도적 그리고 의식적인 측면으로 이동한다. 글말과 문법에 대한 교수-학습은 이러한 과정에서 근본적인 역할을 한다.

6-4-23] 글말에 대해 우리가 이미 알고 있는 것을 생각할 때 글말을 숙달하기 위해 말의 의식적 파악-말에의 숙달-이 중요하다는 것을 보이기 위한 더 이상의 설명은 필요치 않다. 우리는 망설임 없이, 의식적 파악과 숙달의 발달 없이는 글말은 일반적으로 불가능하다고 말할 수 있다. 낱자 하나하나를 소리 내어 읽으며 단어의 철자를 배우는 경우 어린이는 'Москва'와 같은 단어가 м-о-с-к-в-а라는 소리로 이루어져 있다는 의식적 파악을 획득하게 된다.

즉 그는 자신의 음성적 활동에 대해 의식적으로 파악하게 되며 이 소리 구조의 각 개별적 요소들을 의지적으로 발음하는 것을 배운다. 이와 같이 어린이가 쓰기를 배우는 경우 이전에 입말의 영역에서 비의지적으로 했던 것을 의지적으로 하기 시작한다. 따라서 문법과 쓰기 모두는 어린이에게 언어 발달에 있어 높은 수준으로 올라갈 수 있는 가능성을 제공한다.

6-4-24] 여기서는 쓰기와 문법, 이 두 개의 교과만이 고려되었다. 그러나 모든 기본적인 학교 교과목에 대한 우리의 다른 모든 연구들은 우리를 동일한 결론으로 이끈다는 사실을 밝히고자 한다. 즉 교수-학습이 시작될 때 생각이 성숙되어 있지 않다. 그러나 이제 우리의 연구를 토대로 더 본질적인 결론을 맺을 수 있을 수 있을 것이다. 학교 교수-학습의 심리적 측면에 따라 검토했을 때, 우리는 그것이 지속적으로 학령기의 기본적 신형성인 의식적 파악과 숙달을 축으로 돌고 있음을 볼 수 있다. 우리는 다양한 교수-학습의 교과들이 어린이의 심리 속에서 공통된 토대를 가지고 있고, 이러한 공통된 토대는 학습의 경로와 과정을 통한, 학령기의 이 근본적인 신형성의 발달과 성숙이지만, 시작과 더불어 이 발달 주기가 완성되지는 않는다는 것을 확립할 수 있을 것이다. 학교 교수-학습을 위한 심리적 기반의 발달은 교수-학습을 앞서지 않고, 그들은 교수 학습의 진전의 경로 속에서, 그와 분해불가하며 내적인 연결 속에서 발생한다.

6-4-25] 2. 연구의 두 번째 그룹은 교수-학습과 발달 과정 (그리고 그들의 심리학적 기초) 사이의 시간적인 순서의 관계에 대한 이슈와 관련이 있다. 연구는 교수 학습이 언제나 그 심리적 기초의 발달에 선행한다는 것을 보여 주었다. 어린이는 어떤 기능을 의식적이고 의도적으로 적용하는 것을 배우기 이전에 그 기능에 능숙해진다. 연구는 학교 교수-학습과 이에 상응하는 기능들의 발달 사이에는 언제나 괴리가 있으며 이들 사이에는 병렬적 관계가 없음을 보여 준다.

6-4-26] 학교 교육의 과정은 그 자체의 순서, 논리 그리고 복잡한 조직을

가지고 있다. 이는 수업과 현장학습을 통해 펼쳐진다. 오늘 수업 시간에 한 과를 배웠으면 내일은 다른 과를 배우게 된다. 1학기에 어떤 한 가지를 배웠으면 2학기에는 다른 것을 배우게 된다. 이 과정은 프로그램과 일정에 따라 이루어진다. 교육적 과정의 외적 법칙과 학습을 통해 생명을 얻게 되는 발달 과정의 내적 법칙 사이에 완전한 상응이 있을 것이라고 가정한다면 이는 엄청난 잘못일 것이다. 어떤 학생이 학기 중에 산술을 배운다고 해서 그 결과 그의 내적 발달 학기의 진도도 동일한 진전을 이룰 것이라고 생각하는 것은 잘못일 것이다. 우리의 실험에서 시도했던 바와 같이, 학교 교육 과정의 전개를 곡선의 형태로 나타내고, 교육 과정에 직접적으로 참여하는 심리적 기능들의 발달을 같은 방식으로 나타내려 한다면, 우리는 이 곡선들이 절대 일치하지 않으며 그들의 관계가 매우 복잡하다는 것을 발견하게 될 것이다.

6-4-27] 우리는 보통 나눗셈 이전에 덧셈을 가르친다. 모든 산술적인 지식, 정보의 진술에는 어떤 내적인 순서가 있다. 그러나 발달의 관점에서 각각의 계기, 이 과정의 각 연결은 완전히 다른 가치를 가질 수 있다. 산수 발달의 연쇄에서 있어서 첫 번째, 두 번째, 세 번째 그리고 네 번째 연결들은 산술적 사고의 발달을 위해 그다지 중요하지 않고, 오직 다섯 번째의 연결만이 발달에 결정적일 수 있다. 이 시점에서 발달의 곡선은 급격히 상승하여 교수-학습 과정을 추월하기 시작할 것이다. 이후에 학습되는 것은 완전히 다른 방식으로 학습될 것이다. 여기서 발달에 있어 교수-학습의 역할에 갑작스러운 변화가 생긴다. 어린이는 마침내 무언가 핵심적인 것을 이해하고 배우게 된다. 이 '아하 경험'을 통해 일반적인 원리가 명백해진 것이다. 물론 어린이는 교육과정의 후속하는 요소들에 대해 배워야 한다. 그러나 중요한 의미에서 이 요소들은 이미 어린이가 배운 것에 포함되어 있을 것이다. 각 과목에는 본질적이고 구성적인 개념들이 있다. 발달의 경로가 교수-학습의 경로와 완전히 일치한다면 교수-학습 과정의 모든 지점들이 발달에 대해 동일한 중요성을 가질 것이다. 교수-학습과 발달을 나타내는 곡선은 일치할 것이다. 교수-학습을 나타내는 곡선의

모든 점들은 발달을 나타내는 곡선에 거울에 비친 듯이 반영될 것이다. 연구에 따르면 이는 사실이 아니다. 교수-학습과 발달은 양자에 있어 결정적인 순간들이 있다. 이 순간들은, 그에 선행하거나 후속하는 순간들을 지배한다. 두 곡선에 있어 이 결정적인 지점들은 일치하지 않으며 복잡한 내적인 상호관계를 보여 준다(이는 이 둘 사이의 일치가 없기에 오로지 가능한 일이다). 두 곡선이 하나의 곡선으로 결합된다면 일반적으로 교수-학습과 발달 사이의 어떠한 관계도 맺어질 수 없을 것이다.

6-4-28] 발달은 교수-학습과는 상이한 리듬에 따라(이렇게 표현될 수 있다면) 실현된다. 우리가 여기서 보게 되는 것은 두 개의 연관된, 그러나 각각에 어울리는 측정의 방법을 이용하여 재야 하는 과정들 사이의 관계를 확립하려 하는 모든 과학적 시도에 필연적으로 언제나 내재하는 상황이다. 의식적 파악과 의지의 발달에 적합한 리듬은 학교의 문법 프로그램의 리듬과 일치하지 않는다. 가장 조악한 차원의 것-시간적 기간-에서조차 (이 리듬들은-K) 서로 일치되지 않는다. 명사의 격변화 학습을 위해 교육 프로그램이 필요로 하는 기간이 말의 의식적 파악이나 숙달의 내적 발달을 위해 필요한 기간과 같으며, 어린이가 이 과정의 어떤 정해진 순간에 그것을 숙달하리라고 가정할 수는 없다. 발달은 학교 프로그램에 종속되지 않는다. 그것은 그 자체의 내적인 논리를 가지고 있다. 비록 일반적으로는 산술 연습이 기본 심리적 기능으로부터 고차적 심리적 기능으로 주의가 이동하는 데 틀림없이 핵심적인 영향을 미침에도 불구하고, 예를 들어, 특정한 산술 수업이 의지적 주의의 특정한 발달 단계와 상응하는 것을 보인 이는 아무도 없다. 한 과정과 다른 과정 사이의 완전한 상응이 일어난다면 그것은 기적일 것이다. 연구는 반대의 것을 나타낸다. 즉 문자 그대로의 의미대로 교수-학습과 발달은 같은 표준으로 잴 수 없다. 사실, 학교에서 어린이는 10진법 체계 자체를 배우지는 않는다. 어린이는 숫자를 쓰고 더하며 곱하고 문제를 해결하는 것을 배운다. 이 모든 결과로 10진법 체계는 어린이 안에서 발달하게 된다.

6-4-29] 우리 연구의 두 번째 그룹이 주는 일반적인 함의는 다음과 같이 요약될 수 있을 것이다. 즉 어떤 산술적 조작이나 과학적 개념이 습득된 순간 이러한 조작이나 개념의 발달은 완성과는 거리가 멀며 오직 시작되었을 뿐이다. 7. 발달을 나타내는 곡선은 학교의 교육 프로그램을 나타내는 것과 일치하지 않는다. 이는 다시 한 번, 본질적으로, 교수-학습은 발달에 선행한다는 것을 나타낸다.

6-4-30] 3. 연구의 세 번째 그룹은 손다이크가 형식도야 이론을 논박하기 위해 행한 자신의 실험에서 제시된 것과 유사한 문제를 밝히기 위해 시행되었다. 그러나 우리의 실험은 기초적인 정신기능이 아니라 고등정신기능과 관련하여 수행되었다. 우리의 실험은 선분의 길이나 각의 크기를 구분하는 것이 아니라 학교의 교수-학습을 다루었다. 간단히 말하면, 우리는 교수-학습의 과목들과 그 안에서 역할을 수행하는 정신 기능들 사이의 유의미한 연결[6]을 기대할 수 있는 영역으로 실험을 옮긴 것이다.

6-4-31] 이 연구들은 어린이 발달 경로에서 학교 교수-학습의 여러 교과목들이 서로 상호 작용을 함을 보여 주었다. 발달은 그것이 원자적 특징을 획득한다고 한 손다이크의 실험을 토대로 우리가 가정할 수 있는 것보다 더욱 통합된 양식으로 나타난다. 손다이크의 실험은, 낱낱의 지식과 개별 기능의 발달은 독립적인 연합의 사슬을 형성하는 것으로 이루어지며 이 연합들은 어떤 방식으로도 다른 연합적 사슬의 발달을 촉진하지 못함을 보여 준다. 모든 발달은 독립적이고 고립되어 있으며 자동적이고 각각은 연상의 법칙에 따라 동일한 방법으로 일어날 것이다. 우리의 연구는 어린이의 정신적 발달이 그런 식으로 학교 교과의 체계에 따라 일어나지 않음을 보여 주었다. 산술은 외따로 떨어져 있는 어떤 기능을 독립적으로 발달시키고 쓰기는 다른 기능을 그렇게 발달시키는 식이 아니다. 각각의 다른 교과들은 부분적으로 공통적인 심리학적인 토대를 가지고 있다. 의식적 파악과 숙달은 글말의 발달의 경우와 마찬가지로 문법의 발달에 있어서도 그 최전방에 나타난다. 그들은 산수의 교

수-학습에서 중대한 역할을 하며 과학적 개념에 대한 우리의 분석에서 중심적인 위치를 차지할 것이다. 어린이의 추상적인 생각은 그의 모든 수업 속에서 발달하며 그의 발달은 학교의 교수-학습을 위해 분리된 다양한 교과목에 상응하는 개별의 경로를 따라 분해되지 않는다.

6-4-32] 우리는 다음과 같이 말할 수 있을 것이다. 학습의 과정이 있다. 이는 그 자신의 내적 구조, 순차성, 논리와 발달을 가지고 있다. 학습을 하는 각 초등학교 어린이의 마음 안에는, 학교에서의 학습을 통해 발생되고 활성화되기는 하지만 그럼에도 그 스스로의 발달의 논리를 가지고 있는 과정의, 일종의, 표면 아래에 숨어 있는 잔존물이 존재한다. 학교에서의 학습에 대한 심리학에 배정된 근본적인 과업 중 하나는 여러 가지 학습 경로를 결정하는, 바로 이러한 내적 논리, 이러한 발달의 내적 경로가 무엇인지를 보여 주는 것이다. 실험은 논쟁의 여지가 없는 세 가지 사실을 확립하였다.

a) 상이한 과목들을 학습하는 데 필요한 심리적 토대는 대부분 공통적이다. 이 사실은 그 자체로서 한 교과목이 다른 교과목에 영향을 미칠 수 있는 가능성을 보장한다. 그리고 그 결과 거의 모든 교과목은 형식적 도야의 특징을 가질 수 있다.

b) 거꾸로, 고차적 심리 기능 발달에 대해 학습이 영향을 미친다. 이는 어떤 교과의 특정한 내용과 특정 교과의 목표를 훨씬 넘어서서, 여러 학교 교과에 따라 다양하지만 일반적으로 이들 모두에 공통적인 영향을 미치는 형식적 도야의 존재를 다시 한 번 증명한다. 격변화에 대한 의식적인 파악을 획득한 어린이는 자신의 생각의 이 특정 구조를 숙달하며, 이는 격변화나, 심지어는 문법 전체와도 직접적으로 연관되지 않은 다른 영역으로 전이된다.

c) 여러 가지 교재의 연구에 더욱 상세히 함의된, 의지적 주의와 논리적 기억, 추상적 생각과 과학적 상상력과 같은 개별적인 심리 기능들의 의존성과 상호 연결은 모든 고차적 심리 기능들의 공통 토대 덕분에 서로를 하나의 복잡한 과정으로 완성시킨다. 모든 고차적 심리 기능들의 발달은 학령기 어린이의 근

본적인 신형성을 구성하며, 이 심리 기능들의 공통된 기초는 의식적 파악과 숙달이다.

6-4-33] 4. 네 번째 그룹에 속하는 우리의 연구는 동시대 심리학에는 새로운 질문에 대한 것이다. 우리의 생각에 이 질문은 학령기 아동의 교수-학습과 발달의 문제에 핵심적인 위치를 차지한다.

6-4-34] 교수-학습의 문제를 다루는 심리학 조사는 통상 아동의 정신 발달 수준을 확정하는 것에 머문다. 그러나 어린이의 발달 상태를 오직 이 방법만을 통해 결정하는 것은 충분치 않다. 이렇게 발달의 수준을 결정하는 유일한 근거는 그 아동이 독립적으로 해결하는 과제이다. 이는 어린이가 혼자서 해결할 수 있는 문제만을 고려의 대상으로 삼기 때문에, 어린이가 어떤 한 순간에 무엇을 알고, 무엇을 할 수 있는지에 대해 알려 준다. 이 방법을 통한 자료로는 우리는 어린이에게 이미 성숙한 것만을 확립할 수 있을 뿐이다. 즉 우리는 그 아동의 실제적(현재의-K) 발달 수준만을 결정할 수 있을 뿐이다. 발달 상태가 오직 이미 성숙한 것에 의해서만 결정되지는 않는다. 만약에 과수원 주인이 다 자라서 열매가 달린 사과나무들만을 헤아린다면, 그는 그 과수원의 상태를 제대로 평가할 수 없다. 그는 자라고 있는 사과나무들도 고려해야만 한다. 마찬가지로 심리학자는 이미 성숙한 기능들뿐 아니라 성숙하고 있는 상태의 기능들도 고려해야 하며, 실제의 수준뿐 아니라 근접 발달의 지역[7]도 고려해야 한다. 어떻게 이 일을 할 수 있을까?

6-4-35] 어린이의 실제적 발달 수준을 판별하고자 할 때, 우리는 독립적 해결을 요하는 과제를 이용한다. 이런 과제들은 이미 형성되고 성숙된 기능들의 지표들로 활용된다. 그러나 우리는 새로운 방법을 탐색하고자 한다. 가정컨대, 우리가 두 어린이의 정신 연령을 측정하여 그 결과 이들이 모두 8세 수준이라는 결과를 얻었다고 하자. 우리가 여기서 멈추지 않고 이 어린이들이 혼자서 해결할 수 없는 다음 단계 수준의 과제를 제시하고 이들에게 시범을 보임으로써 도움을 제공하고, 올바른 해결의 길로 인도하는 질문을 제시하

며, 해결책의 첫 부분을 알려 주는 등등으로 이들이 문제를 어떻게 해결하는지 보려 할 때, 그 결과 이러한 도움과 협동, 지시를 통해 한 어린이는 12세 수준의 문제를 해결하지만 다른 어린이는 9세 수준의 문제만을 해결한다고 가정해 보자. 이와 같이, 혼자서 해결할 수 있는 문제를 통해 결정되는 정신 연령 혹은 현재 발달 수준과 어린이가 혼자가 아닌 협력을 통해 얻는 발달 수준의 차이는 바로 근접발달지역을 결정한다. 이 예에서 그 영역은 한 아동에게는 숫자 '4'로 다른 아동에게는 숫자 '1'로 표현될 수 있다. 이 두 어린이가 동일한 정신 발달 수준에 있다고, 그들의 발달 상태가 일치한다고 말할 수 있을 것인가? 분명히 그렇지 않다. 우리의 연구가 보여 주듯이, 학교에서 이 두 어린이들 각각의 근접발달영역이 다름으로 인해 생긴 차이는 그들의 현재 발달 수준이 동일함으로 인한 유사성보다 훨씬 크다. 이것은 무엇보다도 그들의 지적 발달의 역동성과, 교수–학습 경로에서의 성취도 비교에서 나타날 것이다. 연구는, 실제적 발달수준보다 근접발달영역이 지적 발달의 역동성에 더욱 직접적인 의미를 가진다는 것을 보여 준다.

6-4-36] 연구를 통해 확립된 이 사실을 설명하기 위하여, 우리는 일반적으로 수용되며, 논란의 여지가 없는 주장을 인용할 수 있다. 협력을 통해, 인도를 따르면서, 도움을 통해서 어린이는 늘 자신이 독립적으로 할 수 있는 것보다 더 많은 과제를 그리고 더 어려운 과제를 해결할 수 있다. 이 경우, 우리는 일반적인 명제의 특정한 사례를 보일 뿐이다. 그러나 우리의 설명은 이보다 더 나아가 이 현상의 토대에 놓인 원인을 발견해야 한다. 전통 심리학과 일상적 의식에는 모방이 순수한 기계적 활동이라는 생각이 널리 퍼져 있다. 이런 관점에서는 독립적으로 도달하지 못한 해결 방안은 그 어린이 자신의 지적 발달의 지표 또는 징후로 고려되지 않는다. 누구나 모든 것을 모방할 수 있다고 믿어진다. 내가 모방을 통해 할 수 있는 것은 나의 정신에 대해 어떤 정보도 제공하지 않으며 정신 발달의 상태를 전혀 특징짓지 못한다. 그러나 이런 관념은 잘못이다.

6-4-37] 어린이가 자신의 지적 잠재력의 영역 내에 놓인 것만을 모방할 수 있다는 것은 이미 현대 심리학에서 명료하게 확인되었다. 이런 측면에서, 만약에 내가 체스를 할 줄 모른다면, 체스의 고수가 나에게 게임하는 법을 가르쳐 준다 할지라도 나는 게임을 할 수 없을 것이다. 만약에 내가 산수를 할 줄 알지만 복잡한 문제를 푸는 데 어려움을 겪고 있다면, 다른 이가 실제로 어떻게 푸는지를 보여 준 후에 곧 그 문제를 스스로 해결할 수 있을 것이다. 이에 반하여 만약에 내가 고등 수학을 모른다면, 누군가 미분 방정식 풀이를 보여 주어도 나는 한 걸음도 그 방향으로 나아갈 수 없을 것이다. 모방을 하기 위해서는 내가 할 수 있는 것에서 할 수 없는 것으로 나아가게 하는 어떤 가능성이 있어야만 한다.

6-4-38] 이렇기 때문에 이제, 우리는 조금 전에 협력적 작업과 모방에 관하여 말했던 것에 새롭고 필수적인 추가 내용을 더할 수 있다. 우리는 협력에서 어린이는 늘 독립적으로 할 수 있는 것보다 더 많은 것을 할 수 있다고 말했다. 우리는 여기에 그가 무한히 많은 것을 할 수는 없다는 단서를 달아야만 한다. 협력이 그 어린이의 수행에 기여하는 것은 그의 발달 상태와 그의 지적 잠재력에 의해 엄격히 규정된, 모종의 제한된 영역에서만 가능하다. 협력을 할 때 어린이는 혼자일 때보다 더욱 강하고 똑똑하며, 더 높은 수준에서 지적 난관들을 해결하지만 여기에는 언제나 규정된 한계가 있다. 이 한계는 엄격한 규칙에 종속되며 독립적 작업과 협력적 작업 사이의 격차를 결정한다. 조사를 통해 우리는 그 어린이가 모방의 도움을 받아도 혼자 해결하지 못했던 모든 문제를 해결하지는 못했다는 것을 확인했다. 어린이는 각 어린이에 따라 다른 정도로 일정한 한계에 도달한다. 우리의 실험에서 한 어린이에게 이 한계는 낮은 편으로 이 어린이의 발달 수준으로부터 겨우 일 년의 차이였다. 그러나 다른 어린이에게는 거의 4년의 차이가 났다. 발달의 상태와 무관하게 모방하고자 하는 것은 무엇이든 모방하는 것이 가능했다면 이 두 어린이들은 모든 연령의 어린이를 대상으로 고안한 테스트들을 같은 정도의 용이함으로 해결했

을 것이다. 그러나 실제로는 그러한 일이 벌어지지 않았을 뿐 아니라 실험 결과, 어린이들이 자신의 발달 수준에 근접한 문제의 경우에는 협력을 통해 더욱 쉽게 해결했지만 그 이상의 수준에 대해서는 어려움이 증가하여 궁극적으로 협력을 통해서도 극복할 수 없게 된다는 것을 발견하였다. 어린이가 혼자서 할 줄 아는 것으로부터 협력을 통해 할 수 있는 것으로 이동할 수 있는 가능성이 큰가, 적은가 하는 것은 어린이의 발달과 성공의 역동성을 특징짓는 가장 섬세한 지표이다. 그것은 근접발달영역과 온전히 일치한다.

6-4-39] 쾰러Köhler는 침팬지를 대상으로 한 그의 유명한 실험에서 이미 이 문제에 봉착했었다. 거기서 그는 동물들이 다른 동물의 지적 행위를 모방할 수 있는 능력을 가지고 있는지 여부를 고민했다. 쾰러는 유인원의 이성적, 목적 지향적 조작들이 그들이 단순하게 모방을 통해서 배우게 된 문제들의 해결책일 뿐이며 해결책들 자체는 유인원의 지성으로 결코 접근할 수 없는 것이 아니었는지 숙고하였다. 동물의 모방할 수 있는 잠재력은 그의 지적 잠재력에 의해 엄격하게 제한된다는 것을 그의 실험은 보여 주었다. 바꾸어 말하면, 이 원숭이(침팬지)가 모방할 수 있었던 의미 있는 행동들은 그가 독립적으로 수행할 수 있는 것들뿐이었다. 모방을 통해 침팬지는 지적 조작의 영역에서 더 나아가지 못했다. 물론 훈련을 통해 침팬지는 스스로의 지능으로는 행할 수 없는, 많은 복잡한 조작들을 배워서 수행할 수 있다. 그렇지만 여기서 하는 조작들은 무의미한 습관처럼 자동적으로 기계적으로 수행되는 것이다. 그것은 이성적이고 유의미한 문제 해결이라 할 수 없다. 비교 심리학자들의 연구는 우리가 지적이고 유의미한 모방과 기계적 모방을 구별할 수 있는 여러 개의 지표들을 확립했다. 첫 번째 경우(지적이고 유의미한 모방의 경우-K)에, 문제의 해결책을 단숨에 깨닫게 되고 영원토록 학습된다. 실수의 정도를 나타내는 곡선이 100%에서 0%로 가파르게 갑자기 뚝 떨어지며 해결책은 원숭이의 지능에 걸맞은 독립적 해결의 모든 근본적인 특징들을 명확히 나타낸다. 이러한 현상은 장場 구조와 대상들 사이의 관계의 파악을 통해 일어난다. 이에 반하여 훈

련을 통해서 이루어진 학습은 수많은 시행착오를 통해 진척된다. 잘못된 해결을 나타내는 학습 곡선은 천천히 지속적으로 하강한다. 학습은 빈번한 반복을 필요로 한다. 훈련 과정은 의미의 이해나 구조관계에 대한 이해를 만들어 내지 않으며 과업은 구조적이 아니라 맹목적으로 해결된다.

6-4-40] 이 사실은 동물과 인간 심리학에 매우 중요한 내용을 담고 있다. 이 장에서 우리가 살펴 본 교수-학습에 관한 세 이론 어디에서도 동물의 교수-학습과 인간의 교수-학습 사이에서 찾은 근본적으로 구별되는 어떤 특징을 제시하지 않았다는 것은 주의해야 할 대목이다. 이 세 이론들은 똑같은 설명 원칙을 훈련과 교수-학습에 적용한다. 그렇지만 위에서 나타낸 사실들은 이 두 과정의 주요하고 근본적인 차이를 구성하는 것이 무엇인지 명백히 보여준다. 가장 지적인 동물조차도 모방 혹은 교수-학습을 통해 자신의 지적 능력을 발달시킬 수 없다. 이런 동물은 이미 숙달한 능력 밖의 새로운 어떤 것을 원칙적으로 학습할 수 없다. 이들은 단지 훈련을 통해서만 학습할 수 있다. 이러한 의미에서 우리는 일반적으로, 인간에게 사용하는 특정한 뜻으로서의 교수-학습은 동물에게는 일어날 수 없다고 말할 수 있다.

6-4-41] 그러나 어린이에게 있어, 협력과 모방을 통한 발달, 특별하게 인간만이 가진 의식의 모든 자질들의 근원, 교수-학습을 통한 발달은 근본적인 사실이다. 그러므로 교수-학습을 심리학적으로 연구할 때 중심에 놓여야만 하는 요소는, 협력을 통해 발달의 상위 지적 수준으로 자신을 고양시킬 수 있으며, 모방을 통해 그가 가지고 있는 것에서 그가 가지지 못한 것으로 나아가게 하는 아동의 가능성이다. 여기에서 우리는 교수-학습이 발달을 위해 가지는 중요성을 발견할 수 있으며 여기서 근접발달영역이라는 개념의 법칙과 내용을 발견할 수 있다. 넓은 의미에서의 모방은 학습이 발달에 영향을 미치는 주요 형태이다. 말의 학습, 학교에서의 학습은 상당부분 모방에 토대를 두고 있다. 사실상 어린이는 학교에서 자신이 혼자서 할 줄 아는 것을 배우는 것이 아니라 아직 할 줄 모르는 것을, 교사와의 협력을 통해, 교사의 지도 아래

에서 성취할 수 있는 것을 배운다. 이것은 어린이가 새로운 것들을 배우는 교수-학습의 근본적인 사실이다. 이런 식으로 어린이가 접근할 수 있는 이행의 영역을 정의하는 근접발달영역은 교수-학습 및 발달과 관련하여 가장 중요하고 유의미한 요소이다.

6-4-42] 연구는 어떤 연령기에 근접발달영역 내에 있는 것이 뒤따르는 시기에 발달의 현재적 수준으로 실현되고 전이되는 것을 논박할 수 없게끔 명확히 보여 준다. 다른 말로 하면, 어린이가 오늘 협력을 통해 할 줄 아는 것을 내일은 혼자서 할 줄 알게 될 것이다. 이러한 이유로 학교에서의 학습과 발달의 관계가 근접발달영역과 현재의 발달 수준 간의 관계와 같을 것이라는 관념이 가능한 것으로 보인다. 발달을 앞서서 발달의 전진을 이끄는 학습만이 학교에서의 효과적인 학습이다. 그러나 어린이가 이미 배울 수 있는 것만을 가르치는 것이 가능할 뿐이다. 교수는 모방이 가능할 때에만 가능하다. 교수는 따라서, 이미 발달의 경로에 들어선 발달의 주기에 따라 방향을 잡아야 한다. 그럼에도 교수는 이미 성숙한 기능에만 토대를 두지 않고 아직 성숙중인 기능에도 역시 기반을 둔다. 교수는 어린이에게서 아직 성숙하지 않은 것을 그 출발점으로 삼는다. 학습의 가능성은 (직접적인 방식으로) 어린이의 근접발달영역에 따라 결정된다. 우리의 예시로 돌아가 보면, 우리는 위의 실험에서 관찰된 두 어린이가 정신 연령이 같음에도 불구하고 그들의 근접발달영역이 명확히 다르기 때문에 이들의 학습의 가능성은 다르다고 말할 수 있다. 우리의 연구는 모든 학교 교과목의 학습은 아직 완전히 성숙하지 않은 것에 토대를 두고 있다는 것을 보여 주었다.

6-4-43] 이로부터 어떠한 결론을 도출해야 할까? 다음과 같이 생각할 수도 있을 것이다. 만일 글말이 의지, 추상화와 초등학생에게서 성숙 중인 다른 기능들을 필요로 한다면 우리는 이러한 기능들이 성숙할 때까지 학습을 연기시킬 필요가 있다. 그러나 일반적으로, 경험적으로 볼 때 글쓰기 학습은 학교 교육의 최초부터 가장 중요한 교과목 중 하나이며 이것은 어린이에게서 아직

성숙하지 않은 모든 기능의 발달을 야기함을 알 수 있다. 우리가 학습이 근접발달영역에, 즉 아직 성숙하지 않은 기능에 그 토대를 두어야 한다고 말할 때 우리는 학교에 새로운 처방을 내리는 것이 아니라 발달은 반드시 그 주기를 마쳐 학습이 그 건축물을 건설할 지반을 온전히 닦아 놓아야만 한다는 오래된 오류로부터 학교를 풀어 주는 것일 뿐이다. 이와 관련하여, 심리학 연구들로부터 도출할 수 있는 교육학적 결론들은 수정되어야 한다. 앞에서 우리는 다음과 같이 질문하였다. 어린이는 문자, 산수 등을 배울 만큼 충분히 발달하였는가? 기능의 성숙에 대한 문제는 여전히 타당하다. 우리는 언제나 학습의 최저 임계점을 결정해야 한다. 그러나 이로써 질문이 끝나는 것은 아니다. 우리는 학습의 최고 임계점을 결정해야 한다. 오직 이 두 한계 사이에서 학습은 풍요로운 결실을 맺을 수 있다. 오직 이 둘 사이에서만 우리는 주어진 교과를 학습할 수 있는 최적의 시기를 찾을 수 있다. 교육학은 아동 발달의 어제가 아니라 내일을 지향해야 한다. 오직 이런 식으로만 우리는 근접발달영역에 존재하는 발달의 과정에 생명을 불어넣을 수 있을 것이다.

6-4-44] 간단한 예시로 이를 설명해 보도록 하자. 한 동안 우리에게는, 잘 알려진 바와 같이, 복합체를 가르치는 학교의 체계가 지배적이었으며, 교육학적 논의들은 이 체계[8]를 지지하여 전개되던 적이 있었다. 이러한 복합체의 체계는 어린이 생각의 특성과 일치한다고 주장되어 왔다. 근본적인 오류는 문제가 제기된 방식이 원칙적으로 잘못되었다는 데 있다. 그것은 교수가 발달의 어제, 즉 이미 잘 형성된 어린이 생각의 특징으로 향해야 한다는 생각으로부터 도출되었다. 아동학자[9]들은 복합체 체계를 통해 어린이가 학교에 입학하면서 버렸어야 할 것의 발달을 공고화하도록 처방하였다. 이는 어린이가 스스로 생각하면서 할 수 있는 것으로 지향되었고 어린이가 아는 것으로부터 모르는 것으로의 이행 가능성을 무시하였다. 그것은 발달의 상태를 우둔한 정원사와 같이 오직 성숙한 열매만을 토대로 가늠하였다. 그것은 교수가 발달을 앞으로 밀 수 있다고 생각하지 않았다. 그것은 근접발달영역을 고려하지 않았다.

그것은 가장 저항이 적은 노선으로, 어린이의 약점으로 지향하였고 그의 강점으로 향할 수 없었다.

6-4-45] 우리가 다음을 이해하기 시작하면 상황은 완전히 뒤바뀐다. 어린이는 유치원에서 성숙에 도달한 기능을 가지고 학교에 입학하면서 복합체의 체계와 일치하는 생각의 형태를 가지는 경향이 있다. 바로 이 때문에, 이 체계는 유치원 시절에 어린이가 체득한 학습의 체계를 학교로 전이시키는 것일 뿐이며, 학교의 교수 학습에서 첫 4년 동안 유치원 시기 생각의 약점을 공고화하는 것일 뿐이다. 이것은 어린이 발달을 앞으로 나아가게 하는 것이 아니라 발달의 뒤에서 따라가는 체계이다.

6-4-46] 이제 기본 연구의 검토를 마쳤으므로, 우리는 학습과 발달 사이의 관계에 대해 연구가 우리를 인도하는 긍정적인 해결책을 간단히 일반화하고자 한다.

6-4-47] 우리는 발달과 학습이 일치하지 않으며 두 과정 사이의 매우 복잡한 상호적인 내적 관계를 나타낸다는 것을 보았다. 학습은 오직 발달에 앞설 때에만 가치를 가진다. 그렇다면 학습은 성숙하고 있는 단계에서 발견되는, 즉 근접발달영역에서 발견되는 모든 일련의 기능들을 일깨우고 그에 생명을 불어넣는다. 여기에 발달에서 엄청나게 중요한 학습의 역할이 있다. 이런 식으로 우리는 어린이의 학습과 동물의 훈련을 구분한다. 여기에 어린이의 통합적이고 조화로운 발달을 그 목표로 하는 학습과 발달에 어떠한 본질적인 영향도 미치지 않는 특정하게 특화된 기능과 테크닉(예컨대 타자 사용하기, 자전거 타기)에 대한 훈련의 차이가 있다. 각 과목에 포함된 형식도야[10]의 효과는 이러한 학습의 영향이 발달에 나타나고 실현되는 영역이다. 학습이 발달에서 이미 성숙한 것만을 활용한다면, 학습이 그 자체로 발달의 원천이 될 수 없다면, 새로운 원칙의 근원이 될 수 없다면, 학습은 전혀 쓸모없을 것이다.

6-4-48] 따라서 학습은 근접발달영역에서 규정된 기간 한에 나타날 때에 더욱 많은 결실을 맺을 수 있다. 포투인Fortuyn 몬테소리Montessori 등과 같은

최근 교육학자들은 이 기간을 민감한 시기라고 부른다. 지적된 바와 같이, 이 말은 저명한 생물학자인 드 브라이스de Vries가 실험적으로 확립한 것으로, 유기체가 특정한 유형의 영향에 각별히 민감한 개체발생적 발달의 시기를 나타낸다. 이 시기에는 특정한 영향이 발달의 전체 경로에 다양하고 심오한 변화를 일으켜, 괄목할 만한 영향을 미친다. 민감한 시기는 우리가 발달의 최적 시기라고 부르는 것과 완전히 일치한다. 오직 두 가지 측면에서만 차이가 있다. 1) 이 시기의 본질에 대해 경험적일 뿐 아니라 실험적, 이론적으로 확립하고자 시도하였다는 사실과 우리가 근접발달영역 내에서 특정한 유형의 학습이 이 시기에 특정한 민감성을 가지는 것에 대한 설명을 발견하였다는 사실이다. 이는 이 시기를 결정하는 방법을 발달시킬 수 있는 가능성을 우리에게 제공하였다. 2) 몬테소리와 다른 이들은 드 브라이스가 하등 동물들의 민감한 시기에 대해 제공한 자료를 토대로 문자 언어의 복잡한 학습을 직접적인 생물학적 유추를 하여 그들의 민감한 시기에 대한 이론을 세웠다는 사실이다.[11]

6-4-49] 우리의 연구는, 이 시기들 동안, 어른과의 협력과 학교에서의 교수-학습에 그 근원을 두는 어린이의 문화적 발달에 따라 만들어지는 고등 심리 기능들은 순수하게 사회적 성질을 가진다는 것을 보여 주었다. 그러나 몬테소리가 관찰한 사실들은 모든 설득력과 힘을 여전히 가진다. 몬테소리는 4살 반이나 5세의 이른 글쓰기 연습에서 어린이의 자연발생적이고 풍부하며 다채로운 글말의 사용이 관찰되며 뒤 이은 시기에는 이러한 모습이 관찰되지 않는다는 것을 보이는 데 성공하였다. 이는 그로 하여금 쓰기 학습의 최적 시기들, 민감한 시기들이 모여 있는 때가 바로 이 연령대라는 결론으로 이끄는 바탕이 되었다. 몬테소리는 화산 분출과도 같은 이 시기의 글말 사용의 발현을 일컬어 '폭발적'이라고 표현하였다.

6-4-50] 각자의 민감한 시기를 가지는 모든 학교 교과에 대해서도 똑같이 말할 수 있다. 우리가 해야 할 일은 오직 이 민감한 시기의 본질을 명확히 밝혀내는 것이다. 민감한 시기의 처음부터 특정한 조건, 즉 어떠한 유형의 학습

이, 상응하는 발달의 주기가 아직 무르익지 않았을 때 발달에 영향을 주는 것으로 보인다는 것을 우리는 명확히 이해하고 있다. 이들이 완성되었을 때 동일한 조건은 중립적이라는 것이 판명될 수 있다. 특정한 영역에서 발달이 마지막 말을 이미 마쳤을 때 어떤 조건과 관련된 민감한 시기는 이미 종결된다. 발달의 특정한 과정이 미완이라는 사실은 주어진 시기가 어떤 조건에 대해 민감한 시기가 되기 위한 필요한 전제 조건이다. 이는 우리의 연구가 확립한 사실과 완전히 일치한다.

6-4-51] 우리가 학령기 어린이의 발달 경로와 학습 경로를 관찰하면, 우리는 사실상 각각의 학교 교과목은 어린이가 특정한 순간에 할 수 있는 것 이상을 요구한다는 것을 알 수 있다. 말하자면, 학생들은 자신의 한계를 뛰어넘도록 하는 활동을 하는 것이다. 이는 모든 보통의 학교 학습에 해당된다. 어린이는 아직 글말을 사용할 수 있는 기능을 가지고 있지 않을 때 쓰기를 배우기 시작한다. 바로 이러한 이유로 글말의 학습은 이러한 기능들의 발달이 진전되도록 이끌고 발생시킨다. 학습이 열매를 많이 맺는 때는 언제나 이와 같다. 글을 읽고 쓸 줄 아는 어린이가 문맹인 어린이들의 집단에 있을 때와 같이, 문맹인 어린이가 글을 읽고 쓸 줄 아는 어린이들의 집단 속에 있다면 발달이 지체될 것이며 그와 관련된 어린이의 지적 활동의 성공도 지체될 것이다. 물론, 한 경우는 어린이 발달의 진전과 성공이 지나치게 큰 학습의 어려움에 가로막히는 것이며 다른 한 경우는 지나친 용이함에 가로막힌다는 차이가 있다. 이러한 반대되는 조건들은 동일한 결과를 낳는다. 두 경우 모두 교수는 근접발달영역 밖에서 일어난다. 한 경우는 영역의 위에서 다른 경우는 영역의 아래에서 일어나는 것이다. 어린이가 아직 할 수 없는 것을 가르치는 것은 어린이가 이미 혼자서 할 수 있는 것을 가르치는 것만큼이나 무익한 일이다. 우리는 학령기에 고유한 학습과 발달의 특정한 성질을 구성하는 것을 확립하고, 어린이가 학교에 입학하자마자 학습과 발달이 발현되지 않는 이유를 확립할 수 있게 될 것이다. 학습은 어린이 발달의 모든 단계에 일어나지만, 다음에서 보게

되는 것처럼, 모든 단계와 모든 시기에 그것은 특정한 형태를 가질 뿐만 아니라 발달과 특정한 관계를 가지기도 한다.

6-4-52] 이제 우리는 이미 인용된 연구들로부터의 자료를 일반화하는 데 논의를 제한할 것이다. 글말과 문법의 예에서 본 바와 같이-뒤따라 나오는 과학적 개념의 예에서 보게 되는 것처럼- 학습의 심리학적 토대는 모든 기초 학교 교과목에 일정 부분 공통된다.

6-4-53] 학교 학습과 연관 있으며 학습에 능동적으로 참여하는 모든 본질적 기능들은 학령기의 근본적인 신형성, 즉 의식적 파악과 의지라는 축을 중심으로 돌아간다. 이 두 요소들은 위에서 보시다시피, 이 시기에 형성되는 모든 고등심리기능들의 근본적인 변별적인 자질을 나타낸다. 이런 식으로 우리는, 학령기는 의식과 의지적인 기능들의 최고점에 바탕을 두는 교과목을 학습하기에 최적의 시기 또는 민감한 시기라고 결론 내릴 수 있다. 덧붙여, 이 과목들을 학습하는 것은 근접발달영역에서 발견되는 고등 심리기능들의 발달을 위한 최적의 조건을 보증한다. 따라서 학습은 발달의 경로에 개입하여, 학령기 초기에는 아직 성숙하지 않았고 그 속에서 학습이 모종의 방식으로 후속하는 발달의 과정을 조직할 수 있는 그러한 기능들에 결정적인 영향을 미침으로써 그들의 운명을 결정짓는다.

6-4-54] 이는 우리의 근본적인 문제에, 학령기에서 과학적 개념의 발달에 대한 문제에 완전히 적용된다. 이미 우리가 본 바와 같이, 이 발달이 독특한 것은 그 원천을 학교에서의 학습에 두고 있다는 것이다. 이러한 이유로 학습과 발달의 문제는 과학적 개념의 기원과 형성에 중심적인 문제이다.

1) 자신의 비판적 비평을 끝마치고, 비고츠키는 이 절에서 조사 가설을 공식화하는 데로, 그리고 네 가지 다른 조사들의 이어짐에서 그것들을 테스트하는 데로 나아간다. 가설은 교수-학습과 발달은 둘도 하나도 아니라는 것이다. 정확히 말하면, 그것들은 구분되지만 또한 상호 영향을 주는 방식으로 연관되어 있다. 다시 비판적으로 살펴보고자 하는 조사 결과들의 네 가지 집합이 다루는 질문은 다음과 같다. 문해 literacy, 수학 그리고 과학에 토대가 되는 정신 기능들의 성숙성에 대한 질문, 교수-학습과 발달의 시간 지체에 대한 질문, 형식교과의 일반화가능성의 질문, 그리고 어린이의 '발달의 다음 계기', 혹은 근접발달영역에 대한 질문. [6-4-1~6-4-3]

 I 첫 번째로 이어진 조사는 레닌그라드 헤르첸 교육심리학 연구소에서 비고츠키의 지도를 받던 학생의 학위 논문에 근거한 것으로서, 학교의 개별 교과(예를 들면, 읽기, 쓰기)를 교수하기 전에 요구되는 정신 기능(예를 들면, 의지적 주의, 논리적 기억)의 **완전한 발달을 기다려야**만 하는가에 대한 질문을 제기한다. 비고츠키는, 왜 구어와 문어에서 어린이의 표현 능력에 6세에서 8세 사이의 '간극'이 있는지를 물으며 시작한다. 왜 (비고츠키가 이것을 언급할 때, 그리고 우리가 여기서 이것을 언급할 때) 어린이는 자신이 입말에서 가지고 있던 어휘와 문법 기술을 자신의 글말에 단순하게 전이하지 못하는가? 비고츠키는 두 가지 이유를 제시한다. [6-4-4~6-4-24]

  A) 글말은 친숙한 소리 자료와 면대면 방식의 입말을 결여한다. 결과적으로, 글말은 모든 억양과 강세를 **결여**하고, 어린이가 가상적 대화자를 정신적으로 구성하도록 강요하고, 그리고 (대화에서 각각의 발화는 다음 발화에 동기를 부여하고 그리고 실재적 낱말 표현을 아니겠지만 아주 많은 낱말을 제공하는 대화와 대비되어) 비현재적 동기들에 주로 의존한다.

  B) 글말은 입말보다 훨씬 더 의지적 통제를 **요구**한다. 억양과 강세 사이에 변별적 요소가 있는 입말과 달리, 문자는 어린이에게 무의미한 소리들 그리고 어린이들이 자유 선택과 의지력에 의해 조합해야만 하는 소리들을 구별한다. (2장에서 우리가 본 바와 같이) 내적 말이 발달하기 전에 발달하는 입말과 달리, 글말은 내적 말 후에 발달하고 그리고 자유 선택과 의지력에 의해 내적 말을 실현하도록 강요된다. 산수의 그리고 자연 과학의, 그리고 심지어 문법의 연구에도 (필요한 변경을 가하며) 똑같이 말할 수 있다. 그러한 교과에서 어린이는 어떤 새로운 능력을 배우는 것이 아니라, 오직 전에는 어린이가 학교 몽둥이 앞에서 비자발적으로 통제했던 어떤 것을 더 의지적 통제로 배우는 것이다. 비고츠키의 결론은 다음과 같다.

i) 어린이의 입말과 글말 사이의 차이는 (그리고 자동적인 문법 사용과 의지적 문법 사용 사이의 차이는) 자동적인 활동과 심하게 **의지적인** 활동 사이의 차이에 의해 설명될 수 있다.

ii) 교수-학습은 의지와 같은 기능이 발달하기를 기다리지 않는다. 오히려 이와 반대로, 교수-학습은 이 기능의 발달을 앞서가고 그리고 어떤 의미에서 그것을 앞으로 **선도**해 간다.

Ⅱ 두 번째 질문은 한편으로 교수-학습과 다른 한편으로 발달의 **시간 순서**의 질문이다. 비고츠키는 학교가 따르는 외적인 교육과정과 어린이의 '내적인 교수요목' syllabus 사이에는 종종 큰 불일치가 있다고 간단히 언급하면서 시작한다. 부연하면, 일부 지점은 어린이를 지나쳐 가는 것 같고, 반면에 다른 지점은 교사들에게 생생한 널리 보고되는 '아하' 경험으로 귀결된다. 산수를 배우는 것은 자발적 주의에 일정한 효과가 있지만, 그러나 그것은 예견하는 것이 불가능하고, 심지어, 그 효과가 관찰할 수 있고 측정할 수 있는 경우에, 한 어린이만 학급 전체에서 한 어린이 홀로에게 효과를 줄 수도 있다는 것은 의심의 여지가 없다. 비고츠키는 교수-학습의 '곡선'은, 그 본질에서, 교수-학습은 인지적 성숙과 정신적 발달을 앞서가고 선도하는 경향이 있다는 단순한 이유 때문에 성숙과 발달의 곡선과 '일치'하지 않는다고 결론 내린다. [6-4-25~6-4-29]

Ⅲ 비고츠키가 논의한 세 번째로 이어지는 조사는 고등심리기능들을 채택한 과제를 사용하는 손다이크의 작업을 (우리는 이것이 어떻게 이루어졌는지를 비록 상세하게 배우지 못하지만!) **반복**했다. 비고츠키는 다음과 같이 결론을 내린다. [6-4-30~6-4-32]

A) 고등 수준에서(상술하면, 의식적 파악과 의지적 숙달 수준에서) 한편으로 산술 학습 그리고 다른 한편으로 과학 학습은 공통의, 혹은 적어도 겹치는, 심리적 토대를 가진다는 것을 비고츠키는 발견한다. 비고츠키는 이것은 거의 **어떤** 교과의 자료라도 형식교과(수학과 죽은 언어(예, 라틴어))에 기인하는 헤르바르트의 특징들의 일부를 잠정적으로 가진다고 말한다.

B) 비고츠키는 교수-학습이 이번에는 제시된 내용을 넘어서서 고등심리기능의 발달에도 **확장적인** 효과를 제공하는 것을 발견한다(적어도 두 언어로 인지적 학술적 언어 능력을 숙달한 이중 언어 사용자는 수학과 과학 같은 비 언어적 교과에서도 우위를 가진다는 Cummins의 발견을 이것은 설명할 것이다).

C) 비고츠키는 개별적인 고등 기능들이 서로 발달하는 것을 (예를 들면, 자발적이고 논리적인 기억, 추상적인 생각, 그리고 과학적 상상력) 발견한다. 이들 개별 기능들은 학령기 주요한 심리적 신형성체인, **의식적 파악과 의지적 숙달**에 특수한 토대를 가진다.

Cummins, J. (2001) 『An introductory reader to the writings of Jim

Cummins.』. (C. Baker and N.H. Hornberger eds.) Clevedon: Multilingual Matters.

IV 네 번째 질문은 정확한 기제와 관계있는데, 어떻게 하여 어떤 신형성체가 한 발달 노선의 과정에서, 바꿔 말하면, '근접발달영역'에서 창조되는가와 관계있다. 비고츠키는, 한편으로 미소발생 그리고 다른 한편으로 개체발생, 이 둘 사이에 분명한 연관을 확립하고, 그리고 심지어 한편으로 인간의 교수-학습과 다른 한편으로 동물 훈련을 변별하는 데 이 연관을 활용한다. 그렇지만 비고츠키가 하지 않은 것이 있다. 그는 단순하게 근접발달영역을 근접한 교수-학습 영역과 동등시하지 않았다. 바꿔 말하면, 그는 근접발달영역에 단순하게, 브루너의 '비계' 이론처럼 미소발생적 해석을 제공하지 않았다. 어린이가 혼자 할 때보다 도움을 받으며 하면 더 많은 것을 할 수 있다는 것은 심리적 성숙과 인지적 발달이 발생하는 것을 기술하는 기제가 아니라, 그저 진부한 말일 뿐이다. 근접발달영역의 전체 지점은 그것이 근접한 **발달**의 한 영역이라는 것이며, 이론적으로 이야기하면, 교수-학습의 미소발생과 개체발생 그리고 심지어 계통발생 사이의 연관이 있다는 것이다. [6-4-33~6-4-43]

A) 비고츠키는 '**정신 연령**'을 결정하는 잘 알려진 문제로 시작하면서 잘 알려진 해결책인 비네-시몬 테스트(오늘날 IQ 테스트의 선구자, 그리고 손다이크가 지속시킨 사촌과 같은 다양한 테스트들)를 언급한다. 그는, 이러한 테스트들은, 어린이들이 그것들을 혼자 해결하기 때문에, 단지 우리에게 참여자의 성숙한 정신 기능들을 제공할 수 있을 뿐이며, 우리에게 그들의 성숙하고 있는 정신 기능들에 대하여 아무것도 알려 주지 않는다고 말한다. 발달하는 정신 기능들을 발견하기 위하여, 비고츠키는 비네-시몬 문제들을 풀도록 제시받은 어린이들이 이어서 실마리 질문들, 부분적인 해결책, 혹은 실제 예시를 제공받는 테스트를 제안한다. 그들의 비자율적인 수행과 자율적인 수행 사이의 차이는 근접발달영역을 반영할 것이라고 말할 수 있다. 그 까닭은 어린이가 오늘 지원을 받아 해결한 것이 '내부로 소용돌이쳐 들어가(intra-voluted)'서 내일은 어린이의 자율적인 능력이 될 것이기 때문이다(참고 4장 3절).

B) 비고츠키는 나아가 비자율적인 수행과 자율적인 수행 사이의 이 차이를 어린이의 개체발생뿐만 아니라 계통발생과도 연관시킨다. 부연하자면, 그는 예를 들어 유인원은 유인원의 매우 특수한 지능적 한계 내에서만 모방할 수 있고, 그리고 우리는 단지 오류 곡선을 보기만 하면 이러한 한계들을 발견할 수 있다는 쾰러가 발견한 사실을 언급한다. 거기서 주어진 과제는 유인원의 근접발달영역 내에 있는 것이기에, 우리는 오류 곡선이 거의 즉각적으로 감소하는 것을 발견하고, 그리고 거기서 우리는 유인원이 복잡한 조작들을 수행하도록 가르칠 수 없고 오히려 단지 많은 오류 내에서만 가르칠 수 있다는 있다는 것을 발견한다. 비고츠키는 교수-학습을 성숙과 발달에

연관시키는 세 이론 중 어느 하나도 함께 연관시켜서 인간의 교육과 동물의 훈련을 구별할 수 있는 분명한 기준을 제공할 수 없고, 오직 근접발달영역만이 바로 그런 기준을 제공한다고 적고 있다. 유인원은 인간처럼 유인원이 이해할 수 있는 것만을 **지적**으로 모방할 수 있다. 그렇지만 유인원은 인간과 달리 인간의 문화를 이해할 수 없다.

Ⅴ 비고츠키는 이제 일련의 네 번에 걸친 조사들 모두로부터 **결론**을 도출한다. [6-4-44~6-4-53]

    A) 이미 교사들 사이에서는, 예를 들면, 쓰기 교수-학습이 뒷받침되는 기술과 정신 기능들의 발달을 단지 기다리고만 있을 수 없다는 것을 널리 공감하고 있다. 오히려 결국 쓰기는 기러한 기술과 기능 그 자체의 중요한 자원이다. 이 올바른 공감대는 이제 **이론적으로** 지지를 받는다. 인용하자면, "교육 심리학은 발달의 어제가 아니라 발달의 내일을 향해야만 한다." 비고츠키는 복합체를 통한 교수에 등을 돌리고, 그리고 (이름을 거명하며) 물론 자신을 포함하는 아동학자들을 비판하고, 그리고 메리의 어린 양처럼, 학교 교실 문 밖에다 '복합체'를 남겨두라고 요구한다.

    B) **그럼에도 불구하고……**, 비고츠키는 이 절을 경고로 끝낸다. 어린이에게 그가 이미 어떻게 하는지를 알고 있는 것만을 가르치는 것은 교사와 학생의 시간을 낭비하는 것이며, 똑같이 어린이에게 다음 영역이 **아닌** 발달의 영역에 속하는 자료를 가르치는 것 또한 교사와 학생의 시간을 낭비하는 것이다. 읽거나 쓸 수 없는 어린이는 이미 할 수 있는 어린이들과 함께 가르침을 받을 수 없다. 그 까닭은 문해literacy는 '능력'이 아니라 전적으로 새로운 발달의 단계 혹은 노선이기 때문이다. 근접발달영역이 실제로 기술하고 있는 것은 학습이 아니고 바로 학습의 양식이다. 학습 양식 그 자체가 발달 중이고, 그리고 어린이 성숙의 모든 단계에 아주 특수하다. 학령기에 이 단계는 분명하게 개념 체계를 의식적으로 자각하는 것과 의지적으로 숙달하는 것과 연관되어 있기 때문에, 학문적 개념과 그들의 체계라는 문제는 학교 학생을 위한 교수-학습과 발달에 중심적인 문제이다.

2) 비고츠키는 여기서 레닌그라드의 하젠 교육연구소의 학생들이 자신의 지도하에 쓴 논문을 이용하고 있다(1956년, 1982년 소련 판).

3) 비고츠키가 낱말과 낱말의 의미를 구분하는 이유를 여기서 찾을 수 있다. 입말의 억양적, 소리적 특성이 추상화된 이후에도 남게 되는 낱말의 의미는, 그러나 여전히 구체적인 재료를 구체적인 활동을 통해 처리할 때 분화된 산물이다. 낱말과 낱말의 의미를 구분은 관념론적인 것이 아니며, 소쉬르의 이원론적인 관점과도 반대이다. 낱말과 낱말의 의미가 구분되는 것은 후기 발달의 산물이기 때문이다.

4) 괄호 속 내용은 1982년 판에서는 삭제되었음(Mecacci).
5) Declension- 격에 따른 인칭대명사의 변화, conjugation 주어의 인칭, 수, 시제에 따른 동사의 굴절을 의미한다.
6) 손다이크의 실험은 길이와 각의 크기를 가늠하는 능력을 서로 연관 없는 상황에서 연습시킴으로써 두 능력이 서로 전이되지 않음을 보여 주었다. 그러나 비고츠키는 두 정신 기능이 서로 유의미한 연결을 가지는 상황에서 서로 상호 교류하는 가능성을 제시한다. 손다이크의 실험을 다음과 같이 재구성한다면 기본적인 지각의 기능에서 도 전이가 일어나게 된다.

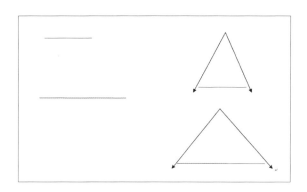

　　물론 어린이들은 이러한 방식으로 문제를 해결하지 않고 단순한 지각에만 의존하였 기 때문에 두 기능 사이의 전이가 일어나지 않았다. 그러나 반대로 위와 같은 정신적 도구를 사용하는 경우에 두 기능 사이에는 전이가 일어나게 되며, 교과목이라는 것 은 바로 이러한 정신적 도구로서의 여러 정신 기능들을 관련지어 준다.
7) Sève는 근접 발달의 영역(proximal development area, Zone of Proximal Development) 을 zone prochaine de développement (next zone of development)라고 번역한다, 즉 다음 발달의 영역이라는 의미이다. 이는 ZPD의 개념이 미소발생적인 차원(단순히 혼자 서 할 수 있는 일과 도움을 받아서 할 수 있는 일 사이의 거리)일 뿐 아니라, 개체발생적 발 달의 단계(아동 발달의 성격상 객관적으로 결정되어 있는 다음 단계)를 뜻하는 것으로 이해 되어야 한다는 것을 함의한다. 앞에서 비고츠키는 어린이 발달의 특정 연령시기에, 즉 학령기에 의식적 파악과 숙달이 주요 신형성neoformation이라고 제시한다. 이에 따르 면 우리는 의식적 파악과 숙달이 다른 연령대의 어린이의 주요 발달과업이 아니란 것 을 유추할 수 있으며, 다른 연령대에는 다른 종류의 발달의 노선과 신형성이 (계통발 생적으로 형성된) 객관적인 발달의 단계로 제시될 것이라고 이해해야 한다. 실제로 비 고츠키의 collected works vol. 5에서는 아동의 발달이 위기와 안정을 변증법적으로

종합하며 발달하는 객관적인 단계가 기술되고 있다.

8) 1923년에서 1931년까지 적용되었던 교육체계이며 1931년 러시아 공산당 중앙위원회(볼셰비키)의 결정으로 폐지되었다. 『International Research in the Light of Marxism』에 기고한 『On primary and secondary school』에서 이반 카이로프Ivan Kairov는 다음과 같이 기술한다. "20년대에는 가르치는 것을 일에 종속시키려던 시도가 있었다. 일에 필요한 실제적인 문제의 해결을 위해 필수적인, 다양한 과학의 분파로부터 추출된 파편적인 요소들이 노동이라는 하나의 축 주변으로 모여 있는 것을 사람들은 노동이라 생각하였다. 우리가 알다시피 이 유명한 '복합체'들과 그 조립품들은 과학에서의 기초에 대한 체계적인 연구를 억압하였으며 그 결과 일반 지식수준의 불행한 저하를 가져왔다(Sève)." 1956년 판과 1982년 판에서 '교육학적 논의'는 인용 부호 안에 쓰였다. 이러한 편집적인 개입을 이해하기 위해서는, 교육학적 토대의 결핍으로 비판받아 1931년의 명령(The Decree of 1931)으로 폐지된, 복합체에 따른 교수 체계('комплексной системы школьнго обучения')를 언급해야 한다. 이러한 교수는 근본적인 흥미(예를 들어 환경, 사회, 경제와 같은)를 중심으로 짜여진 '복합체'라는 국내 프로그램에 토대를 두었다. 이 방법은 1920년대 소련 학교에 널리 퍼져 있었다(Mecacci).

9) 1956년과 1982년 판에서 pedologist는 pedagogues로 대체되었다(Mecacci).

10) 1982년 판에서부터 Discipline이 삭제되고 aspect가 사용되었다. Mecacci와 Minick만이 형식적인 측면(formal aspect)이라는 표현을 사용하고 있으며 이에 따라 형식도야 이론에 대한 강조가 약화되었다.

11) Aemilius B. Drooglever Fortuyn. 『sensitive periods』의 저자. 몬테소리의 1921 『Manual of Scientific Pedagogy』에서 인용됨.
Hugo de Vries(1848~1935): 네덜란드 출생의 식물생리학자이자 유전학자. '식물의 잡종에 관한 연구'로 달맞이꽃 관찰을 통해 돌연변이설을 제시. 그는 돌연변이설에 대해, "종은 연속적으로 연결되어 있는 것이 아니고 돌연한 변화 또는 비약에 의하여 발생하는 것이다. 이미 존재하고 있는 단위에 새로운 단위가 추가되면 비약이 생기며, 원래의 종에서 독립한 여러 형의 종으로 분리된다. 새로운 종은 돌연히 발생한다. 그것은 눈에 띄지도 않고 준비도 없으면 또 점차적이지 않고 급작스럽게 발생한다"고 설명한다.

6-5 1)

6-5-1] 학령기 어린이의 과학적 개념과 일상적 개념을 비교한 우리의 조사에서 확립된 근본적인 사실을 분석함으로써 시작하도록 하자. 과학적 개념의 독창성을 밝히기 위해서는 새로운 장으로 첫걸음을 내딛는 것이, 어린이가 학교에서 획득한 개념과 자연발생적으로 획득한 개념의 비교 연구로의 길을 시도하는 것이, 알려진 것으로부터 알려지지 않은 것으로의 길을 택하는 것이 완전히 자연스러워 보인다. 우리는 초등학생의 일상적 개념의 분석이 드러낸 모든 일련의 특징들을 알고 있다. 이러한 동일한 특징들이 과학적 개념에 대해 어떻게 나타나는지를 알고 싶어 하는 것은 매우 자연스러운 일이다. 이를 위해서 우리는 어린이에게 동일한 구조를 가진 실험적 문제를 제시하되 첫 번째로 과학적 개념의 영역에서, 그리고 두 번째로 일상적 개념의 영역에서 해결하도록 해야 한다. 연구로 인해 드러난 근본적인 사실은 기대한 바와 같이, 이 두 종류의 개념이 같은 수준의 발달을 나타내지 않는다는 것이다. 조작의 수행이 과학적 개념에 토대를 두는지 일상적 개념에 토대를 두는지에 따라 어린이는 원인과 의존의 관계 또는 함의의 관계를 파악하는 능력을 다르게 보일 것이다. 같은 연령의 어린이에게서 일상적 개념과 과학적 개념의 비교 분석은, 개념 형성의 계기와 상응하는 프로그램이 주어지면 과학적 개념은 일상적 개념보다 먼저 발견된다는 것을 보여 주었다. 과학적 개념의 장에서 우리는 일상적 개념에서보다 높은 수준의 생각을 마주친다. (테스트) 문제('왜냐하면' 또는 '비

록'으로 시작하는 절(節)을 완성하는 문제)의 해결 곡선에서 과학적 개념은 일상적 개념에 대한 동일한 테스트의 해결 곡선보다 언제나 더 높다(그림 2). 이것이 설명을 요하는 첫 번째 사실이다.

6-5-2] 동일한 문제를 해결하는 수준이 과학적 개념의 영역으로 옮겨졌을 때 이와 같이 고양되는 것을 어떻게 설명할 수 있을까? 우리는 즉시적으로 떠오르는 첫 번째 설명을 즉각 거부해야 한다. 과학적 개념에서 인과관계의 확립이 어린이에게 더욱 쉬운 것은 단순히 이 영역에서 어린이는 학교에서 배운 지식의 도움을 받기 때문이며, 일상적 개념에서 유사한 과업에 접근하기 어려운 것은 지식이 부족하기 때문이라고 우리는 상상할 수 있다. 그러나 우리가 근본적인 연구 절차가 이 종속절에 어떠한 가능한 영향도 배제했다는 점을 고려하는 순간 이 가설은 무너진다. 피아제와 우리 자신의 실험은 어린이에게 절대적으로 친숙한 대상과 관계들을 선택한다. 어린이는 어린이의 습관적인 언어로부터 추출된 후 단지, 중간이 끊겨, 어린이가 완성해야 하는 문장을 제시받았다. 어린이의 일상적 언어에서 매 순간마다 우리는 유사한 구절들이 정확히 구성되는 것을 발견한다. 이 설명은 우리가 과학적 개념의 곡선이 더욱 높은 해결 곡선을 보인다는 점을 고려하면 완전히 모순된 것임이 나타난다. 어린이가 일상적 개념을 사용하는 과업('자전거 타는 사람이 자전거에서 떨어졌다. 왜냐하면'이나 '화물을 실은 배가 바다에 가라앉았다. 왜냐하면')을 해결하는 데 사회 과학 영역에서의 개념과 사실 사이의 인과적 연결의 확립을 요구하는 과학적 과업보다 더욱 어려움을 느낀다는 것은, 자전거에서 떨어지는 것이나 배가 가라앉는 것이 어린이에게 계급투쟁, 착취 그리고 파리 코뮌보다 덜 알려져 있다는 사실은 받아들이기 어렵다. 일상적 개념의 단면에서 풀린 문제들이 경험과 어린이 자신의 지식에 의해 더 알기 쉽다는 것은 의심할 바 없는 사실이다. 그럼에도 이러한 개념을 이용한 조작들은 덜 성공적으로 이루어졌다. 이 설명이 우리를 만족시킬 수 없다는 것이 명백하다.

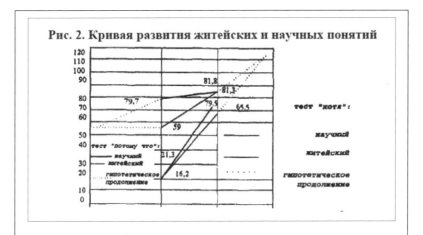

[그림 2 과학적 개념과 일상적 개념의 발달 곡선]

(1) 수직선 네 개는 왼 쪽으로부터 0%에서 120%를 나타내는 기준선이며 동시에 초등학교 입학 시기를 나타내는 선, 2학년 시기, 4학년 시기, 6학년 시기를 나타내는 선임.

(2) 55.5에서 79.7로 이어지는 점선(과학적 개념, '○○때문에')과 59로 이어지는 점선(일상적 개념, '○○때문에')은 가설적인 연결임

(3) 2학년에서 4학년으로 연결되는 네 실선은 위로부터 (과학적 개념, '○○ 때문에'), (일상적 개념, '○○ 때문에'), (과학적 개념, '비록 ○○하지만'), (일상적 개념, '비록 ○○하지만')의 결과를 연결한 것임. 모두 과학적 개념이 높은 결과를 보이고 있으며, 과학적 개념 '○○ 때문에'를 나타내는 선은 별 변동이 없다는 것이 특징적임.

(4) 4학년에서 6학년으로 연결되는 두 점선은 위에서부터 (일상적 개념, '○○ 때문에')와 (일상적 개념, '비록 ○○하지만')를 가설적으로 연결한 선임. 점선의 기울기는 2학년에서 4학년의 기울기와 같은 것을 가정한 것임.

6-5-3] 정확한 설명에 도달하기 위해서 우리는 위에서 제시된 것과 같은 테스트를 완성하는 것이 어린이에게 왜 어려운지를 밝히고자 해야 한다. 우리는 이 문제에 오직 한 가지 대답만을 내놓을 수 있다고 생각한다. 어린이에게 이 것이 어려운 것은 이 문제는 어린이가 일상생활에서 자연발생적이고 비의식적으로 하는 것을 의식적이고 의지적으로 하도록 요구하기 때문이다. 규정된 상

황에서 어린이는 '왜냐하면'을 정확하게 사용한다. 8세 또는 9세의 어린이가 자전거 타는 사람이 거리에 넘어지는 것을 본다면 어린이는 절대 "그가 넘어져서 다리가 부러졌다. 왜냐하면 때문에 그들이 그를 병원으로 데려갔기 때문이다"라고 말하지 않을 것이다. 그러나 어린이가 문제를 해결할 때는 이러한 또는 이와 유사한 대답을 내놓는다. 우리는 이미 모든 조작을 의지적으로 실행하는 것과 비의지적으로 실행하는 것 사이의 사실적 차이를 명확히 한 바 있다. 그러나 여기서 일상적 언어 '왜냐하면'을 올바르게, 심지어 완벽하게 사용하는 어린이도 '왜냐하면'이라는 개념에 대한 의식적 숙달은 아직 가지고 있지 않다. 어린이는 관계에 대해 의식적으로 되기 전에 먼저 사용한다. 이 구조에 대한 의지적 사용, 상응하는 상황에서의 숙달은 아직 어린이에게 불가능하다. 우리는 이 과업의 올바른 해결을 위해 무엇이 결여되었는지 안다. 이 개념에 대한 의식적 파악과 의지적 사용이다.

6-5-4] 이제 사회 과학의 영역과 관련된 테스트를 생각해 보자. 이 테스트들은 어린이에게 어떠한 조작을 요구하는가. 어린이는 우리가 제공한 문장을 다음과 같이 마칠 것이다. "소련에서 계획 경제가 가능하다. 왜냐하면 소련은 사유 재산이 없기 때문이다. 모든 토지와 공장, 사무실과 발전소들은 노동자와 농부들이 통제한다." 어린이가 학교에서 공부를 열심히 했다면, 교육과정에서 이 질문이 자세히 다루어졌다면 어린이는 원인을 알 것이다. 그러나 사실상, 어린이는 또한 배의 침몰과 자전거 타는 사람의 추락에 대해서도 알고 있다. 그가 이 문제에 대답할 때 하는 일은 무엇일까? 우리는 초등학생이 이 테스트 문제를 해결할 때 실행하는 조작은 다음과 같이 설명될 수 있다고 생각한다. 조작은 그 스스로의 역사를 가지며, 실험의 순간에 형성되지 않으며, 그것은 어떤 의미에서 모든 선행하는 연결의 기능으로만 이해될 수 있는 최종 연결이다. 이 주제에 대해 어린이와 공부하면서 교사는 설명하고, 지식을 전수하며, 질문하고, 교정하였으며 어린이에게 스스로 설명하도록 하였다. 개념에 대한 이 모든 과정에서 그들의 형성 과정 모두는 어른과의 협력을 통해, 즉 학습

의 과정에서 어린이에 의해 세세히 수행되었다. 그리고 이제 어린이가 문제를 해결할 때 그에게 요구되는 것은 무엇일까? 모방을 할 수 있는 능력, 즉 이 협력적인 상황에서 교사가 실제로 없더라도 당면한 상황에서 교사의 도움을 통해 해결하는 것이다. 그것은 과거에 속한다. 어린이는 이제 과거 협력의 모든 결과를 스스로 활용해야 한다.

6-5-5] 우리는 일상적 개념을 활용한 첫 번째 테스트와 두 번째(질문과 연관된) 사회적 개념 사이의 본질적인 차이는 어린이가 교사의 도움을 통해 과업을 해결해야 한다는 사실로부터 유래한다고 생각한다. 사실, 어린이가 모방을 통해 행동한다고 말할 때 이는 그가 다른 이에게 시선을 고정하고 그를 따라 한다는 것을 의미하는 것이 아니다. 오늘 내가 무언가를 보고 내일 똑 같은 것을 한다면 나는 모방을 통해 그것을 하는 것이다. 학생이 교실에서 시범을 본 학교 과업을 풀 때, 그 순간 교사가 주변에 없더라도 그는 계속하여 협력을 통해 행동하는 것이다. 우리는 심리학적 관점에서 두 번째 테스트의 해결은 집에서의 과업의 해결과 유사하게 교사의 도움을 통한 해결이라고 생각할 수 있는 근거를 가진다. 이 도움은, 협력의 이러한 요소는 눈으로 볼 수 없지만 어린이의 독립적인 해결에 분명히 포함되어 있다.[2]

6-5-6] 첫 번째 유형의 테스트-일상적 개념을 사용한-와 두 번째 유형의 테스트-과학적 개념을 사용한-가 어린이에게 본질적으로 상이한 조작을 요구한다는 것을, 즉 한 경우 어린이는 자신이 일상적으로는 쉽게 완성한 것을 의지적으로 해야 하고 다른 경우 일상적으로는 절대 혼자 할 수 없고 반드시 교사와의 협력을 통해 알게 되어야 한다는 것을 우리가 받아들인다면, 각 테스트의 해결에 있어 차이점에 대한 설명은 우리가 지금 막 제시한 것 이외에는 다른 어떤 것도 될 수 없다. 우리는 어린이가 협력을 통해 혼자서 할 수 있는 것보다 더 많은 것을 할 수 있다는 것을 안다. 사회 과학과 관련된 테스트의 해결이 협력을 통한 숨겨진 해결의 형태를 가진다면 우리는 왜 그것이 일상적 테스트의 해결보다 우월한지 이해할 수 있다.

6-5-7] 이제 두 번째 측면을 고려해 보자. 앞에서와 동일한 학년의 실험에서 발견된, 접속사 '비록 ○○이지만'을 사용한 테스트의 해결에서 우리는 완전히 다른 그림을 보게 된다. 일상적 개념의 테스트의 해결 곡선은 과학적 개념의 해결 곡선과 합쳐지는 것을 본다. 과학적 개념은 일상적 개념에 대해 어떠한 우월성도 가지지 않는다. 우리는 인과 관계의 범주보다 늦게 발달하는 반의 관계의 범주는 어린이의 즉시적 생각에서도 훨씬 뒤에 나타난다는 사실 이외에는 다른 어떤 설명도 찾을 수가 없다. 이 영역에서 일상적 개념은 과학적 개념이 그들을 활용할 수 있는 정도까지 성숙하지 않았음이 명확하다. 우리는 오직 이미 가지고 있는 것에 대해서만 의식적으로 파악을 할 수 있다. 만일 이 연령의 어린이가 이미 '○○때문에'의 일상적 사용을 획득하였다면 그는 다른 누군가의 협력을 통해 그에 대해 의식적으로 파악하여 의지적으로 사용할 수 있을 것이다. 그러나 그가, 즉시적 생각에서조차 접속사 '그럼에도'로 표현되는 관계를 숙달하지 못하였다면, 과학적 생각에서도 자신이 아직 가지지 못한 것에 대한, 부재한 능력에 대한 의식적 파악을 하지 못하는 것이 당연하다. 이것이 과학적 개념의 곡선이 일상적 개념을 포함하는 문제 해결의 곡선만큼 낮은, 사실상 그와 합쳐지는 이유이다.[3]

6-5-8] 연구는 세 번째 사실을 확립하였다. 일상적 개념에 대한 문제의 해결은 빠른 진전을 보이고 이 문제들의 해결 곡선은 계속해서 상승하여 언제나 과학적 개념으로 점점 가까워져서 마침내 그와 합쳐진다. 그리하여, 일상적 개념은 처음에는 선두를 지키던 과학적 개념을 따라잡아 그 수준에 도달한다. 자연히 떠오르는 가설은, 높은 수준의 과학적 개념 영역의 숙달은 이전에 이미 형성된 어린이의 일상적 개념에도 영향을 미친다는 것이다. 이는 일상적 개념의 수준을 고양시키고, 어린이가 과학적 개념을 숙달했다는 사실에 영향을 입어 일상적 개념들은 재구조화된다. 이는 진실과 너무도 가깝기에 우리는 개념 형성과 발달의 과정을 구조적 방식 이외로는 표현할 수가 없다. 이는 만일 어린이가 어떤 개념의 영역에 대한 숙달과 의식적 파악을 함에 따라, 특정한

상위 구조의 숙달을 이루었다면 그는 이전에 형성된 일상적 개념 각각에 대해 같은 작업을 모두 다시 할 필요 없이 구조의 근본적 법칙에 의거하여 그는 이미 구성된 구조를 이전에 정교화되었던 모든 개념으로 직접적으로 전이시킬 수 있다는 뜻이다.[4]

6-5-9] 이 설명에 대한 확증은 우리의 연구가 확립한 네 번째 사실, 즉 4학년 학생의 반의적 관계의 범주에 대한 일상적 개념의 관계는 2학년에서 인과 관계에서 볼 수 있었던 그림과 유사하다는 데서 볼 수 있다. 두 가지 유형의 테스트 해결의 곡선은 처음에는 합쳐졌다가 확실히 분기하여 과학적 개념의 해결 곡선은 일상적 개념의 테스트 문제 해결의 곡선을 앞지른다. 후자는, 그런 후 빠른 증가를 보여 첫 번째 곡선으로 신속하게 접근하고 결국에는 합쳐진다. 따라서 우리는 '비록 ○○이지만'의 조작에 대한 과학적 개념과 일상적 개념의 곡선은 그 상호관계에 있어 '왜냐하면'의 조작에서의 과학적 개념과 일상적 개념의 곡선에 대해 같은 법칙과, 같은 역학을 보인다고 말할 수 있다. 다만 이는 2년의 차이를 두고 일어난다. 이는 두 유형의 개념의 발달을 지배하는, 앞에서 기술한 법칙이 그들이 나타나는 나이와 그들이 연결된 조작에 상관없이 일반 법칙이라는 우리의 가설을 완전히 확증한다.[5]

6-5-10] 이 모든 사실은 여기서 우리의 흥미를 끄는 질문의 가장 중요한 측면, 말하자면 특정한 교과에서 지식 발달의 가장 처음에 과학적 개념과 일상적 개념 사이의 상관관계를 해결할 수 있도록 하는 대단히 높은 가능성을 허용한다. 그것은 두 유형의 개념 발달의 결절점을 명확히 밝혀 보여 주기 때문에 이를 출발점으로 그들의 성질에 대해 우리가 아는 바를 바탕으로, 자연발생적, 비자연발생적 개념의 발달 곡선을 가설적으로 나타낼 수 있을 것이다.

6-5-11] 이미 인용한 사실의 분석은 우리로 하여금, 과학적 개념의 발달은 그 최초 시점부터 어린이의 일상적 개념의 발달이 추구하는 것과는 반대의 길을 취한다는 결론을 내리도록 해 준다. 그들은 어떤 면에서 서로 반대된다. '형제'나 '착취'와 같은 개념들이 어떻게 발달하는지에 대해 우리가 제기했던 질문

에 우리는 이제 그들이, 어떤 의미에서 반대 방향으로 발달한다고 대답할 수 있다.

6-5-12] 여기에 우리의 가설의 핵심 포인트가 있다.

6-5-13] 사실, 위에서 지적한 바와 같이 어린이의 일상적 개념에서 어린이는 개념들 사이의 복잡한 논리적 관계를 확립하게 되는 때인, 개념의 의식적 파악에, 개념의 언어적 정의에, 다른 낱말을 사용한 언어적 공식화를 제시하는 가능성에, 이 개념의 의지적 사용에 비교적 늦게 도달한다. 어린이는 이미 주어진 대상에 대해 알고 있다 그는 대상의 개념을 가지고 있다. 그러나 개념이 스스로 나타내는 것은 여전히 그에게는 모호하게 남아 있다. 그는 대상에 대한 개념을 가지고 있고 심지어 그 개념이 표상하는 대상에 대한 의식도 가지고 있지만 그는 개념 자체에 대한 의식, 대상을 스스로에게 표상할 수 있게 해 주는 자기 스스로의 생각 작용은 가지고 있지 않다. 과학적 개념의 발달은, 학령기에, 일상적 개념에서는 완전히 발달하지 않은 바로 그러한 개념과 함께 시작한다. 그것은 흔히 개념 자체를 개념으로 나타내는 작업으로부터, 그 언어적 정의로부터, 이 개념의 비자연발생적 사용을 필요로 하는 조작들로부터 시작한다.

6-5-14] 이런 식으로 우리는 과학적 개념의 삶은 어린이의 자연발생적 개념이 아직 발달하지 않은 수준에서 시작한다고 결론지을 수 있다.

6-5-15] 새로운 과학적 개념의 학습은 그 학습 과정에서, 이 연령에서는 불가능한 바로 그러한 상관관계와 조작들을 요구한다(피아제의 연구가 증명하였듯 '형제'와 같은 개념조차 11세나 12세가 되기 전까지는 심각한 빈곤함을 보인다).

6-5-16] 연구는, 우리가 동일한 어린이의 두 개념 사이에서 발견하는 수준의 차이 덕분에 일상적 개념의 강점과 약점이 과학적 개념의 강점과 약점과 다르다는 것을 보여 준다. '형제'라는 개념의 강점을 구성하는 것은 그것이 발달의 오랜 과정을 따라와서 경험적 내용으로 채워져 있다는 데 있지만 이는 바로 과학적 개념의 약점으로 판명되고, 반대로 '아르키메데스의 원리'나 '착취'

와 같은 과학적 개념의 강점을 구성하는 것은 일상적 개념의 약점이다. 어린이
는 '형제'가 무엇인지 정확히 알고 있다. 이에 대한 그의 지식은 풍부한 경험으
로 물들어 있다. 그러나 그가, 피아제의 실험에서와 같이, 형제의 형제라는 추
상적 문제를 해결해야 할 경우 혼란을 겪게 된다. 비구체적인 상황에서, 추상
적 개념으로, 순수하게 의미로서 개념을 다루는 것은 그의 능력 밖의 일이다.
이 사실은 피아제의 연구에서 상세히 밝혀졌으므로 우리는 이 문제에 대해서
는 단지 그의 연구를 언급하기만 할 것이다.

6-5-17] 그러나 어린이가 과학적 개념을 학습할 때 그는 '형제'라는 개념의
약점이 드러나는 바로 그 작용을 비교적 빨리 숙달한다. 그는 개념을 쉽게 정
의하고 상이한 논리적 조작에서 그것을 사용하며 그것이 다른 개념들과 가지
는 관계를 발견한다. 반대로, '형제' 개념이 장점을 가지는 영역, 즉 이 개념을
자연발생적으로 사용하는 영역에서, 무한히 많은 구체적 상황에서 그것을 적
용하는 영역에서, 그 경험적 내용과 개인적 경험과의 연결이 풍부한 영역에서
어린이의 과학적 개념은 약점을 보인다. 자연발생적 개념의 분석은 우리로 하
여금 어린이는 개념 자체에 대한 의식적 파악을 하기 훨씬 이전에 대상에 대한
의식적 파악을 한다는 것을 확신케 하였다. 과학적 개념에 대한 분석은 우리
로 하여금 어린이는 처음부터 개념이 나타내는 대상보다 개념 자체에 대한 의
식적 파악을 먼저 한다는 것을 확신케 하였다.

6-5-18] 이것이 일상적 개념의 건전한 발달을 저해하는 위험이 과학적 개념
의 건전한 발달을 저해하는 위험과 매우 다른 이유이다.

6-5-19] 이것의 확증을 위해 많은 사례를 들 수 있을 것이다. 3학년 2학기
에 1905년과 1917년의 혁명에 대해 심도 있게 학습한 학생들은 "혁명이란 무엇
인가?"라는 질문에 학생들은 "혁명은, 억압 받은 계급의 국민들이 지배층에 대
항하여 싸운 전쟁", "그것은 시민전쟁이라 불리는 것으로 나라의 시민들이 서
로에 대항하여 싸웠다"라고 대답하였다.

6-5-20] 이러한 대답들은 어린이의 의식 발달을 반영한다. 그러나 이 소재

에 대한 의식적 파악은 그 심오함과 광범위함에 있어 그에 대한 어른의 이해와 질적인 차이가 있다.

6-5-21] 다음의 예시는 우리가 제시하는 논점을 더욱 잘 보여 준다. "우리는 지주의 재산이었던 모든 농부들을 농노라고 부른다.", "지주들은 봉건제 농노시기에 어떻게 살았는가?", "매우 잘살았다. 모두가 부유하였다. 10층짜리 집에는 많은 방이 있고 모든 방들은 호화롭게 장식되어 있었다. 전기도 들어왔다." 등등.

6-5-22] 이 예시에서 우리는 어린이가 농노제에 대해 가지고 있는, 비록 단순화되기는 했으나, 원래적인 이해를 볼 수 있다. 그것은 정확한 의미에서의 과학적 개념이라기보다는 상상적인 표상이다. '형제'와 같은 개념의 경우 이와 완전히 다른 성질을 보인다. 여기에서 낱말이 주어진 상황에서 가지는 의미를 넘어서는 능력의 결핍, 낱말을 추상적 개념으로 접근하는 능력의 결핍, 개념을 다룸에 있어 논리적 모순을 피하는 능력의 결핍이 어린이의 일상적 개념의 발달이 당면하는 가장 실질적이고 빈번한 위험들이다.

6-5-23] 더욱 명확함을 위해 우리는 어린이의 자연발생적 개념의 발달 경로와 과학적 개념의 발달 경로를 서로 반대되는 방향으로 향하는 두 노선으로 도식적으로 나타낼 수 있다. 이들 중 하나는 위에서 아래로 나아가, 아래로부터 위로 지향하는 다른 하나를 만나는 일정한 지점에 도달한다. 가장 기초적이고 가장 간단하며 가장 빠르게 성숙하는 개념의 자질을 '더 낮은 자질들'로 명명하고, 후에 발달하는 더욱 복잡하며 의식적 파악과 의지와 관련된 것은 '더 높은 자질들'로 명명한다면 우리는 어린이의 자연발생적 개념은 더 낮은 데서 더 높은 데로, 더 기초적이고 열등한 자질로부터 우월한 자질로 발달하는 반면, 과학적 개념은 위에서 아래로, 더 복잡하고 더 높은 자질로부터 더 낮고 더 기초적인 자질들로 발달한다고 인습적으로 말할 수 있다. 이러한 차이는 이미 언급한 바 있는, 과학적 개념과 일상적 개념이 대상과 가지는 상이한 관계와 연결되어 있다.

6-5-24] 자연발생적 개념의 탄생은 보통 어린이가 사물과 즉각적으로 접하는 것과 연관되어 있다. 분명히 이러한 사물들은 어른들이 설명해 주기 마련이지만 그럼에도 이들은 삶의 일부인 실제의 사물들이다. 오직 기나긴 발달의 과정을 거쳐서 어린이는 대상에 대한, 또 개념 자체에 대한 의식적 파악을 획득하며 개념을 추상적으로 조작하는 능력을 획득한다. 반면 과학적 개념의 탄생은 사물에 대한 즉각적인 만남이 아니라 대상에 대해 매개된 관계로 시작된다. 자연발생적 개념과 함께 어린이는 사물에서 개념으로 나아간다. 과학적 개념과 함께 어린이는 반대의 길을 가도록, 즉 개념으로부터 사물로 나아가도록 등 떠밀린다. 그렇다면 한 유형의 개념이 가지는 강점이 다른 편의 약점이라는 것은 놀라울 것이 없다. 학교에 들어오자마자 수업을 통해 어린이는 개념들 사이의 논리적 관계를 확립하는 것을 배운다. 과학적 개념은 어떤 의미에서 안쪽을 향하여 자람으로써, 대상을 향한 길을 열어 줌으로써, 이 영역에서 어린이가 가지고 있는 경험과 과학적 개념을 연결하여 그 경험을 개념에 흡수함으로써 서서히 발전한다. 어린이의 생각에서 그가 학교에서 획득한 개념과 집에서 획득한 개념을 분리하기는 불가능하다는 의미에서 한 명의 동일한 어린이에게 두 가지 유형의 개념은 흔히 거의 동일한 수준에 위치한다. 그럼에도 이 개념들은 완전히 상이한 역사를 가지고 있다. 한 개념은 그 발달의 일부가 고등 수준에서 이루어짐으로써 특정한 발달의 수준에 도달한다. 다른 개념은 그 발달 경로의 기초적 부분을 완성함으로써 그 수준에 도달한다.[6]

6-5-25] 과학적, 일상적 개념들의 발달이 정말 반대의 방향으로 움직인다 하더라도 이 두 과정들 사이에는 내적이고 심오한 연결이 있다. 어린이가 과학적 개념을 배우고 그에 대한 의식적 파악을 획득하기 위해서는 일상적 개념의 발달이 일정한 수준에 도달해야 한다. 어린이는 자연발생적 개념의 발달에 있어, 일반적인 방식으로 의식적 파악이 가능해지는 문턱 수준에 도달해야 한다.

6-5-26] 이와 같이 역사에 대한 어린이의 개념은 과거에 대한 일상적 개념이 충분히 분화된 경우에만, 즉 자신과 부모 그리고 주변 인물들의 삶이 어

린이의 정신에 '이전'과 '지금'이라는 기초적 일반화의 틀 안에 들어갈 수 있을 때에만 그 발달을 시작한다.

6-5-27] 그러나, 거꾸로, 위에서 논의된 실험에서 나타났듯이 일상적 개념들 또한 과학적 개념들에 의존한다. 만일 어린이의 일상적 개념이 거치지 않은 발달의 부분에 과학적 개념이 영향을 미쳤다는 것이 사실이라면, 즉 '형제'와 같은 개념으로는 전혀 가능하지 않은 일련의 조작을 어린이로 하여금 처음으로 깨닫게 한다면 이는 일상적 개념에 대해서도 그 중요성을 결여하고 있다고 할 수 없다. 남아 있는 발달 경로의 일부는 여전히 일상적 개념이 성취해야 하는 것이기 때문이다. 기초부터 고등의 기나긴 발달 경로를 밟아 온 일상적 개념은 후속하는 과학적 개념의 하향 성장을 위한 길을 밝혔다. 그것이 개념의 더 낮은, 기초적 특징이 출현하는 데 필요한 일련의 구조를 만들었기 때문이다. 이와 똑같이, 고등에서 기초로 가는 발달 경로의 일부분을 관할한 과학적 개념은 일상적 개념 발달을 위한 길을 밝혔다.

6-5-28] 이들은 일상적 개념의 고차적 특징을 숙달하는 데 필요한 구조적 형성을 마련한 것이다. 과학적 개념은 일상적 개념을 통해 하향 성장하고 일상적 개념은 과학적 개념을 통해 상향 성장을 한다. 이러한 주장은 우리가 실험을 통해 발견한 법칙들을 좀 더 일반적인 용어로 진술하는 것일 뿐이다. 이 발견들을 되돌아보도록 하자. 일상적 개념이 과학적 개념의 우월성을 일반적인 방식으로 보이기 위해서는 일상적 개념이 일정한 자발적 발달의 수준에 도달해야 한다. 이는 '○○때문에'라는 개념이 이미 2학년 학생들에게 이러한 조건을 생성한 반면 '비록 ○○하지만'의 개념에 대해서는 이러한 가능성이 4학년 학생들에게서만 나타난다는 사실을 통해 입증된다. 그러나 일상적 개념은 과학적 개념에 의해 열린 그들 발달 경로의 상층부를 빠르게 포함하면서 과학적 개념이 준비해 둔 구조로 자신을 재조직한다. 이는 과학적 개념보다 훨씬 낮았던 일상적 개념을 나타내는 곡선이 급격히 상승하여 과학적 개념을 나타내는 곡선의 수준에 이르는 모습에 반영되어 있다.[7]

6-5-29] 이제, 우리는 이 발견을 좀 더 일반적인 용어로 설명할 수 있다. 과학적 개념의 강점은 개념의 고차적 특성에, 즉 의식적 파악과 의지에 있다. 반면, 이는 어린이의 일상적 개념의 약점이다. 일상적 개념의 강점은 뜻이 상황에 따라 결정되는 구체적이고 자연발생적인 적용의 영역에, 경험 영역과 체험 영역에 있다. 과학적 개념의 발달은 의식적 파악과 의지의 영역에서 시작하여 개인적이고 구체적인 경험의 영역을 향해 하향 성장한다. 반면, 자연발생적 개념의 발달은 구체적이고 경험적인 영역에서 시작하여 이는 개념의 고등적 특징으로, 즉 의식적 파악과 의지로 이동한다. 이 상반된 두 발달의 노선을 통합하는 연결의 성질이 온전히 드러난다. 이것이 근접발달영역과 실제 발달의 수준을 잇는 연결이다.

6-5-30] 학령기 어린이의 자연발생적 개념에서는 미발달된 상태로 남아 있는 자질인, 개념에 대한 의식적 파악과 의지적 사용이 온전히 학령기 어린이의 근접발달영역 내에 있다는 것은 논의와 논쟁의 여지가 전혀 없는 사실이다. 말하자면 이들은 어른의 생각과 협력을 통해 나타나고 현실화된다. 이는 과학적 개념은 자연발생적 개념의 일정한 발달 수준, 즉 근접발달영역에서 나타나는 의식적 파악과 의지적 숙달 수준을 전제로 할 뿐 아니라 과학적 개념은 자연발생적 개념을 변형시키고 이들을 높은 수준으로 올리면서 그들의 근접발달영역을 형성한다는 것 또한 설명한다. 요컨대 어린이가 오늘 다른 누군가와의 협동을 통해 할 수 있는 것을 내일은 독립적으로 할 수 있게 될 것이다.[8]

6-5-31] 이런 식으로, 우리는 과학적 개념의 발달 곡선은 자연발생적 개념의 발달 곡선과 일치하지 않으며, 동시에 바로 이 때문에 이 둘 사이에 대단히 복잡한 관계가 존재한다는 것을 알게 된다. 과학적 개념 발달의 역사가 단순히 자연발생적 개념의 역사를 반복한다면 이들의 관계는 불가능할 것이다. 두 과정 사이의 연결과 이들이 서로 간에 미치는 어마어마한 영향은 바로 각 개념이 그들의 발달에 있어서 다른 경로를 취하기에 가능하다.

6-5-32] 우리는 다음과 같은 질문을 제기할 수 있다. 과학적 개념 발달의 경로가 본질적으로 자연발생적 개념 발달의 반복이라면, 과학적 개념의 체계를 획득하는 것은 어린이의 정신 발달에 어떤 새로운 것을 초래할 것인가? 오직 어린이 개념의 원을 확대하거나 넓히는 데에만 기여할 것이며 어린이의 어휘의 증대만을 가져올 것이다. 그러나 실험이 보여 준 바와 같이 그리고 우리의 이론이 나타내는 바와 같이, 과학적 개념은 어린이가 아직 거치지 않은 발달의 부분을 가리킨다는 것을 보여 준다면, 만일 과학적 개념의 동화가 발달을 예기한다면, 다시 말해 과학적 개념의 동화가 그에 상응하는 가능성이 어린이에게서 아직 성숙하지 않은 영역에서 일어난다면, 우리는 비로소 과학적 개념의 학습이 어린이의 정신 발달에 있어 막대하고 결정적인 영향을 효과적으로 행사할 수 있다는 것을 이해할 수 있게 된다.

6-5-33] 과학적 개념이 어린이의 정신 발달의 일반적 경로에 미치는 영향에 대한 설명에 당도하기 전에 이미 언급하였던, 이 과정과 외국어 학습의 가정 사이의 유추를 곱씹어 보고자 한다. 이 유추는 우리가 여기서 개요를 그린 과학적 개념 발달의 가설적 경로가, 체계적인 교수-학습을 근원으로 하는 훨씬 광범위한 발달 과정의 그룹 중 특정한 예시일 뿐이라는 것을 분명히 보여 주기 때문이다.

6-5-34] 유사한 일련의 발달의 역사들을 생각해 본다면 질문은 좀 더 명확해질 것이다. 발달은 고유한 도식에 따라 실현되지 않는다. 그 경로들은 대단히 다양하다. 그리고 우리가 여기서 다루는 것은 어린이의 모국어 발달과 외국어의 발달을 비교했을 때 관찰한 것과 매우 유사하다. 어린이는 모국어를 배우는 것과는 완전히 다른 방식으로 학교에서 외국어를 배운다. 우리는 이러한 학습이 모국어 학습이 따르는 발달의 경로와 완전히 반대되는 길을 간다고 말할 수 있다. 모국어 학습은 절대 알파벳 공부나 읽기, 쓰기, 의식적이고 의도적인 구 형성, 단어의 정의 또는 문법의 학습으로부터 시작하지 않는다. 그러나 일반적으로 이는 어린이가 외국어를 배울 때 내딛는 첫 단계들

이다. 어린이는 의식적 파악이나 의도 없이 모국어를 배우는 반면 외국어의 경우 의식적 파악과 의도를 가짐으로써 시작된다. 이것이 우리가 모국어의 발달은 아래로부터 위로 올라간다고 말할 수 있는 이유이다. 모국어의 발달에서 먼저 나타나는 것은 더 낮고 기초적인 자질들이며 복잡한 형태들, 언어의 음성적 구조나 문법적 형태, 그리고 의지적인 사용의 의식적 파악과 연결된 것들은 나중에야 나타난다. 외국어의 경우 먼저 발달하는 것은 언어의 고차적이고 복잡한 자질들로서 이들은 의식적 파악 및 의도와 연관되어 있다. 말의 즉시적이고 자유로운 사용과 관련된, 더욱 기초적인 말의 특징은 나중에야 발달한다.

6-5-35] 따라서, 이러한 측면에서 우리는, 스턴의 이론과 같이 말의 발달이 처음부터 언어의 원리, 즉 기호-의미 사이의 관계에 대한 숙달에서 시작한다는 지성적 이론들은 외국어 학습에만 적용되며 여기서만 적용이 가능하다고 할 수 있다. 그러나 외국어 학습과 그 위로부터 아래로의 발달은 우리가 개념을 연구하면서 발견한 것의 정확한 증거가 된다. 즉, 어린이에게 외국어가 가지는 강점은 모국어의 약점이며 그 반대도 마찬가지이다. 모국어가 힘을 얻는 영역에서 외국어는 약해짐을 보인다. 이와 같이 어린이는 모국어를 사용함에 있어 그 문법적인 형태들을 완벽하고 흠잡을 데 없이 사용하지만 그러한 문법 형태의 사용에 대한 의식적인 파악을 하고 있지는 않다. 어린이는 어형을 변화시키고 동사 활용을 하지만 자신이 그렇게 하고 있다는 의식적인 파악을 하고 있지 않다. 일반적으로 그는 자신이 어떤 구에서 정확하게 적용하고 있는 성, 격, 또는 문법적 형태를 어떻게 결정하는지 알지 못한다. 그러나 외국어의 경우 이 어린이는 여성성을 가진 단어와 남성성을 가진 단어를 처음부터 구분하며 어형 변화와 문법적 변형에 대해서도 의식적 파악을 하고 있다.

6-5-36] 이는 음성학에 있어서도 마찬가지이다. 그 어린이는 모국어의 음성적 측면을 완벽하게 사용하지만 자신이 발음하고 있는 이러저러한 낱말들의 소리에 대해서 인지하지 못한다. 이 때문에 어린이는 낱말의 철자를 말하는 것

을, 즉 낱말을 구성하는 독립된 소리들로 나누는 것을 대단히 어려워한다. 그러나 외국어의 경우 어린이는 이를 쉽게 해 낸다. 어린이의 글말 그의 모국어는 입말에 현저히 뒤쳐지지만 외국어의 경우 그러한 차이가 발견되지 않으며 심지어 글말이 입말보다 뛰어난 경우를 발견하게 된다. 따라서 모국어에서 약한 측면들이 외국어의 강한 측면이 되고 또한 그 반대도 성립한다. 모국어의 강점은 외국어의 약점이다. 발음이라고 불리는 자발적인 음성학적 사용은 외국어를 배우는 학령기 어린이에게 있어 대단히 어렵다. 문법의 신속하고 정확한 사용으로 특징지어지는, 자유롭고 생동감 넘치며 자연발생적인 말은 오직 엄청난 난관을 통해서 그 발달 과정의 끄트머리에서야 비로소 얻어진다. 모국어의 발달이 말의 자유롭고 자연발생적인 사용으로 시작되며 그 언어적 형태에 대한 의식적 파악과 숙달로 끝난다면 외국어의 발달은 언어에 대한 의식적 파악과 의지적 사용으로 시작하여 자유롭고 자연발생적인 언어로 그 발달을 완성하게 된다. 이 두 발달의 과정들은 반대의 방향으로 움직인다.

6-5-37] 그러나 과학적 개념과 자연발생적 개념의 발달에서도 그러하듯이 반대 방향으로 진행하는 두 발달의 경로 사이에는 상호 의존성이 있다. 외국어의 의식적이고 의도적인 학습은 명백히 모국어의 일정한 발달 수준에 의존한다. 어린이는 모국어의 지식 체계를 소유하고 있기에 외국어를 배우며 이러한 모국어 지식 체계를 다른 언어의 영역으로 전이시킬 수 있다. 거꾸로, 외국어 학습은 고차적인 형태의 모국어 숙달을 위한 길을 열어 준다. 외국어 학습은 어린이로 하여금 자신의 모국어가 언어 체계의 한 예임을 이해할 수 있도록 해 주며 그 결과 모국어의 언어 현상을 일반화할 수 있는 가능성을 부여한다. 이는 그 자신의 언어적 조작에 대한 의식적 파악과 그에 대한 숙달을 의미한다. 대수가 일반화이며 따라서 산술적 조작에 대한 의식적 인식의 파악과 숙달을 나타내듯이 모국어에 토대를 둔 외국어의 발달은 언어 현상의 추상화와 언어적 조작의 의식적 파악을, 즉 의식적, 의지적이 된 언어의 고차적 측면으로의 전이를 나타낸다. 이와 같은 의미로 우리는 다음과 같은 괴테의 금언을 이

해해야 한다. "외국어를 모르는 이는 사실 모국어를 정말 이해하지 못하고 있는 것이다."

6-5-38] 우리가 이 유추에 시간을 두고 논의를 이끄는 까닭은 세 가지이다. 첫째, 이 논의는 기능 심리학적 관점에서 동일하게 보이는 두 개의 구조의 발달은 상이한 연령과 실제 발달에서 만나게 되는 상이한 조건에서 달라질 수 있으며 완전히 달라져야만 한다는 관념을 설명하고 재확인하도록 도와주었다. 사실, 다른 영역에서 먼저 발달한 것과 구조적으로 유사한 체계의 발달이 더 성숙한 연령에서 어떻게 일어날 수 있는지 독립적으로 설명할 수 있는 방법은 두 가지뿐이다. 글말의 발달과 입말의 발달 사이의 관계, 모국어의 발달과 외국어의 발달 사이의 관계, 행동의 논리의 발달과 사고의 논리의 발달 사이의 관계 그리고 직관적 생각의 논리와 언어적 생각의 논리 사이의 관계를 설명하는 데에는 오직 두 가지의 방법밖에 없다. 첫 번째 유형의 설명은 교체 또는 전이의 법칙으로 발달의 고차적 단계에서 이전 단계에 수행되었던 과정이 반복 또는 재생산되는 법칙이다. 이 법칙은 이전 발달의 특징이었던 원칙들이 고차적 영역에서 재출현하는 것과 연관이 있다. 이 설명은 심리학에서 우리가 막 언급한 문제들의 해결을 위해 여러 번 사용되었다. 최근 피아제는 이 접근법을 새롭게 고쳐서 자신의 숨겨둔 비장의 카드로 사용하였다. 두 번째 유형의 설명은 우리의 가설에서 정교화된 근접발달영역으로 이는 고등 영역과 기초 영역의 발달에 있어 유사한 체계가 대조적인 방향으로 발달한다는 법칙, 발달에 있어 고등과 기초 체계 간 상호 연결의 법칙을 포함한다. 이 법칙은 자발적, 과학적 개념의 발달, 모국어와 외국어의 발달 그리고 글말과 입말의 발달에서 관찰된 사실을 토대로 우리의 입지를 다지는 과정에서 발견되고 설명되었다. 우리는 이 법칙을 피아제의 언어적 혼합주의에 대한 이론뿐 아니라 피아제가 시각적 생각의 논리와 언어적 생각의 논리를 비교 분석하면서 확립한 사실에도 적용해 볼 것이다. 이러한 점에서 이 수준에서 과학적 개념과 자연발생적 개념의 발달에 대한 우리의 실험은 진정한 의미에서 결정적 실

험(experimentum crucis)이다. 상호 배타적인 두 설명 사이의 논쟁은 이 실험 덕분에 명확하고 의심의 여지없이 확실하게 최종 해결에 이르게 된다. 이러한 점에서 학교에서의 외국어 학습이 모국어의 학습과 구분되는 것과 같이 과학적 개념의 학습은 일상적 개념의 학습과 구분된다는 것을 보이는 것이 중요하다. 다른 한편으로는, 외국어 발달의 과정이 모국어 발달의 과정과 연결되어 있는 것과 같이 첫 번째 유형의 개념 발달은 두 번째 유형의 개념과 연결되어 있다는 것을 보이는 것이 중요하다. 과학적 개념들이 다른 상황(즉 비과학적인 상황)에는 적절하지 않으며 이러한 현상은, 모국어의 강점이 잘 드러나는 상황에서는 외국어가 약해지고 외국어가 강한 상황에서는 모국어가 약점을 드러낸다는 사실과 완전히 일치한다는 점을 보이는 것이 중요하다.[9]

6-5-39] 우리가 이러한 유추에 대해 숙고하고 있는 두 번째 이유는 이 두 발달 과정 사이의 유사점이 형태적인 관점에서만 비교 가능할 뿐 어떠한 내적 요소도 공통으로 갖지 않는 우연적인 상응이 아니라, 반대로 우리의 유추의 대상인 발달의 과정에서 대단히 심오한 내적 유사성이기 때문이다. 이 유사성은 우리가 앞에서 보였던 이들 발달의 역학 사이의 완전한 상응을 설명할 수 있게 해 준다. 본질적으로 우리의 유추는 하나의 단일한 과정의 두 측면의 발달을 그들의 심리적 성질, 즉 말로 하는 생각을 통해 다룬다. 외국어 학습에서 언어적 생각의 외적, 음성적, 구문적 측면은 가장 두드러진다. 과학적 개념의 발달에 있어서는 이 과정의 의미적 측면이 전면에 나타난다. 물론 마치 과학적 개념의 발달이 비록 적게나마 과학적 언어의 숙달, 즉 과학적 상징의 숙달을 요구하듯이, 외국어 학습은 외국어 발화의 의미적 측면에 대한 어느 정도의 숙달을 적게나마 필요로 한다. 이는 (과학적 언어-과학적 상징) 용어와 상징체계를 학습하는 경우, 예컨대 산수를 습득하는 경우 특히 두드러지게 나타난다. 이 때문에 어떤 이는 우리가 여기서 발달시키는 유추를 애초부터 발견하리라고 예기하고 있었을 수도 있다. 그러나 말의 구문적, 의미론적 측면의 발달은 단순히 서로의 과정을 반복하지 않고 특정한 길을 따르며, 따라서 우리는 우리

의 유추가 다른 모든 유추들과 마찬가지로 불완전하리라는 것을 알 수 있다. 모국어에 대한 외국어 학습은 일상적 개념에 대한 과학적 개념의 발달과 어떤 한정된 관계에 있어서 유사성을 가지지만 또한 이 두 종류의 과정들은 많은 측면에서 중대한 차이점들을 가진다.

6-5-40] 이는 우리로 하여금 이 유추를 탐구하도록 한 세 번째 생각으로 곧장 이끈다. 알려진 바와 같이 학교에서의 외국어 학습은 이미 발달된 모국어 의미 체계를 전제로 한다. 외국어 학습에서 어린이는 언어의 의미론을 새롭게 발달시키거나 낱말의 새로운 의미를 형성하거나 대상의 새로운 개념을 학습할 필요가 없다. 그는 이미 획득한 개념 체계와 1대 1로 상응하는 새로운 단어를 배워야 한다. 이러한 사실로부터 완전히 새로우며 모국어의 관계와는 다른 관계가 낱말과 대상 사이에 확립된다. 이 시점까지 우리의 유추는 그 타당성을 유지한다. 우리는 과학적 개념의 발달에 있어서도 동일한 현상을 발견한다. 즉 과학적 개념은 그 대상과 직접 관련을 맺지 않고 기존에 형성된 다른 개념을 통해 매개된다. 우리는 이 유추를 더 확장시킬 수 있다. 외국어 단어와 대상 사이의 관계를 확립하기 위해 모국어 단어가 하는 매개의 역할은 모국어의 의미론적 측면에 있어 중대한 발달을 야기한다. 단어의 의미 또는 개념이 이제는 두 언어의 서로 다른 두 단어로 표현될 수 있게 되었으므로, 단어나 개념의 의미가 모국어의 음성적 형태와의 즉각적인 연결로부터 떨어질 수 있게 된다. 단어의 의미는 일정의 독립성을 획득하며 언어의 음성적 측면으로부터 스스로를 구별하여 그 결과, 의미를 그 자체로서 의식할 수 있게 된다. 이와 동일한 것이 새로운 과학적 개념과 그것이 지칭하는 대상 사이의 관계를 매개하기 위해 어린이가 사용하는 일상적인 개념에서도 발견된다. 뒤에 더 자세히 보게 될 것과 같이, 일상적 개념은 과학적 개념과 그 대상 사이에 서게 됨에 따라 다른 개념들과 완전히 새로운 일련의 관계들을 얻게 되며 대상과 스스로와의 관계도 수정한다. 유추는 여기서도 여전히 그 타당성을 유지하고 있다. 그러나 뒤이어지는 것에서 이 유추는 문제에 이른다. 외국어를 학습함에 있어 이미

발달된 의미 체계가 모국어로 처음부터 주어진다. 이 기존의 체계는 새로운 체계에 대한 전제조건이다. 반면 과학적 개념의 발달에 있어 이 체계의 출현과 개념의 발달은 동시에 일어나며 이 체계는 일상적 개념을 변형시킨다. 여기서 드러나는 이 차이는 두 과정들 사이의 유사성보다 더욱 중요하다. 이 차이가 외국어나 쓰기와 같이 다른 새로운 형태의 말의 발달과 과학적 개념의 발달을 구분하는 것을 밝혀 주기 때문이다. 체계의 문제는 어린이의 진정한 개념 발달의 전체 역사에 있어 핵심점이 된다. 인위적 또는 실험적으로 형성된 개념들의 분석에 근거한 연구로는 이 체계의 문제에 전혀 접근할 수 없었다.[10]

●

1) 이 절에서, 우리는 다시 비고츠키와 쉬프의 데이터로 돌아간다. 비고츠키는 이 연구의 **네 가지** 결과를 제시하는데, 비고츠키는 이 네 가지 결과를 두 가지 방식으로 설명한다. 첫 번째로, 그는 학문적 개념과 일상적 개념은, 비록 매우 다른 경험 형태에 근거하지만, 종유석과 석순처럼, 서로를 향해 자란다. 두 번째로, 그는 모국어 학습과 외국어 학습의 관계에 대한 확장된 유추를 사용한다.

 I 네 가지 결과는 학년과 관계(인과적 접속사 'ㅇㅇ 때문에' 혹은 반의적 접속사 '비록 ㅇㅇ 하지만')에 의해 나뉜다. [6-5-1~6-5-10]

   A) 첫 번째 결과, 2학년에서 얻은 결과는, 학문적 개념들과 일상적 개념들로 된 **인과적** 관계를 위한 문장 완성하기 과제가 어린이들에게 제시되었을 때, 성공적으로 문장을 완성한 비율은 일상적 개념을 위한 문장('ㅇㅇ 때문에, 그 소년이 자전거에서 떨어졌다.')에서보다 학문적 개념을 위한 문장('ㅇㅇ 때문에, 사회주의는 소비에트 공화국에서 가능하다.')에서 더 높았다는 것이다. 비고츠키는 배경 지식이 이것을 설명할 수 없다고 지적하는데, 그 까닭은 이 경우에 어린이의 일상적 개념에 대한 배경 지식은 매우 풍부하기 때문이다. 만약에 어린이가 누군가가 자전거에서 떨어지는 것을 실제로 본다면, 그 아이는 정확하게 그 이유를 물을 수 있다. 그렇지만, 이 경우에 과제는 어린이가 생각도 없이 반응하도록 했던 것보다 신중하게 생각하고 행동하도록 요구한다. 바꿔말하면, 어린이는 자전거에서 떨어진 것에 질문하기보다는 그것에 대해 쓰도록 요구받고 있는 것이다. 그런 과제의 성격 때문에, 비록 어린이가 직접적으로 제시된 모델을 모방할 수 없지만, 대답은 모방을 통해 형성된다고 비고츠키는 설명한다. 그때 학문적 개념들은 이전의 선생님과의 협력을 끌어낸다. 그리고 이것들을 비학문적 개념들의 경우에 어린이가 활용할 수 없다. 예를 들면, 어떤 체계에서 형성된 개념들은 그 체계에서 다른 지점으로 쉽게 일반화될 수 있다는 것을 우리는 알고 있고, 그리고 우리는 이것이 일상적 개념에는 적용되지 않는다는 것을 알고 있다.

   B) 두 번째 결과, 역시 2학년에서 얻은 결과는, **반의적** 관계를 위한 문장 완성하기 과제(즉 '비록 ㅇㅇ 하지만'을 사용하는 문장)가 제시되었을 때, 학문적 개념과 일상적 개념의 차이는 아주 작다는 것이다(비고츠키는 심지어 두 곡선이 '병합한다'고 한다). 비고츠키는 이것이 반의적 관계들은 늦게 출현하기 (결국 그것들은 동시에 유사점과 차이점을 포함하기) 때문이라고 주장한다. 어린이가 아직 형성되지 않은 것을 의식적으로 파악하고 의도적으로 숙달할 수 없기 때

문에, 학문적 개념을 위한 눈에 띄는 이점은 없다.

C) 세 번째 결과, 4학년에서 얻은 결과는, '○○ 때문에' 문장에서 학문적 개념들이 지닌 이점이 오래 지속되지 않는다는 것이다. 살펴보면, 일상적 개념들을 위한 완성 비율은 급하게 올라가고 그리고 4학년에서는 학문적 개념들과 **대략 일치**한다. 비고츠키는 학문적 개념의 체계화는 일상적 개념으로 일반화되는 것 같다고 결론 내린다.

D) 네 번째 결과, 마찬가지로 4학년에서 얻은 결과는 거꾸로 **차이가** '비록 ○○하지만' 문장에서 다소 벌어지는 것으로 보인다는 것이다. 살펴보면, 어린이들의 일부는 반의적 관계를 숙달하고, 그리고 학문적 개념의 맥락에서 그들의 이 관계 숙달은 일상적 개념에서보다 사소하게 앞서 나간다. 비고츠키는 '비록 ○○하지만'이 '○○ 때문에'가 따랐던 똑같은 '발달의 평행사변형'을 따를 것이라고 결론 내린다(참고 이어지는 가설).

II 비고츠키는 이 장의 첫 번째 절에서 제기한 질문으로 돌아간다. '형제'와 같은 개념은 '착취'와 같은 개념과 어떻게 다를까? 그의 대답은 그것들이 반대 방향으로 발달하는 것 같다는 것이다. '형제' 개념은 경험적 내용으로 시작되고, 상상의 내용을 가지고 확장되고, 그리고 오직 말로 된 정의로 끝난다. 이에 반하여 '착취' 개념은 말로 된 정의로 시작되고, 오직 큰 어려움을 겪으며 경험적 내용을 획득하면서 (그리고 희망적으로 훨씬 후에) 상상으로 확장된다. 예를 들면, **무엇**이 혁명이냐고 질문을 받은 3학년 아이는 그에 대한 정의를 제시할 것이다. 예를 들면, 그것은 내전의 한 형태라고 대답할 것이다. 그렇지만, 만약에 우리가 어린이에게 농노제 시대에 지주가 **어떻게** 살았냐고 질문한다면, 그들은 10층으로 된 집과 전기를 포함하여, 시대착오적으로 상상의 그림과 같은 정의를 제시할 것이다. [6-5-11~6-5-22]

III 도식적으로 말하면, 비고츠키는 학문적 개념은 **위로부터 아래로** 발달하고 반면에 일상적 개념은 거꾸로 **아래로부터 위로** 발달한다고 한다. '고등' 의지적 전망과 '초등' 비자발적 전망의 이 명백한 이원론적 구분은 실재로는 전혀 이원론적인 것이 아니다. 왜냐하면, 두 과정은 공통된 대상에 다르게 관계하고, 이 공통된 대상은, 공유된 객관적 실재는, 그것들이 궁극적으로 만나고 병합하는 것을 가능하게 하기 때문이다. 예를 들면, 어린이의 시간에 대한 일상적 개념은 대략적으로 보면 '이전'과 '현재'로 거칠게 분화된다. 그렇지만, 어린이의 시간에 대한 역사적 개념은 '혁명 전'과 '지금' 같은 개념들을 포함한다. 일상적 개념과 역사적 개념은 비고츠키 시대에는, 실제로 혁명을 겪었던 가족 구성원을 포함한, 사람들과의 접촉을 통해 병합될 수 있었다. 어린이가 역사적 구분을 만들기 위해 일상적 구분을 사용할 수 있다는 것은 어떤 수준의 자연발생적 개념이 학문적 개념을 획득하게 하는 데 필요하다는 것을 보여 준다. 어린이가 어린이의 사회적 환경 내에 있는 다른 사람들에게 '이전 그리고 이후' 구분을 재再조직화하고 일반화하는 데 역사적 구분을 사용할 수 있다는 것은 일상적 개념에 상호적 효과 reciprocal effect가 있다는 것을 보여 준다. 이 상호작용이라는 사실은, 학문적 개념에서 우리가 보는 그렇게 많은 의식적 파악과 의지적 숙달이 실제로 학력에서 아동의 발달의 다음 영역을 형성한다는 것을 보여 준다. [6-5-23~6-5-31]

IV 이 생각을 비고츠키는 모국어 학습과 **외국어** 학습의 유추를 가지고 정교하게 다듬는다. 음성적 측면에서, 어린이는 모국어에서 완벽하게 자동적인, 전체 구절로 된, 분석되지 않은 발화를 가지고 시작하지만, 그러나 모국어 학습에서 완벽하게 의지적인, 분석된, 단일한 음소들을 가지고 시작한다. 어휘에서, 어린이는 모국어 환경에서 그가 발견한 낱말들을 취하지만, 외국어에서 설명과 정의로 어휘 습득을 시작한다. 문법에서, 어린이는 모국어에서 조금도 생각하지 않고 수와 시제를 어미 활용하는 것을 배우지만, 외국어에서 이것을 규칙들을 학습해야만 한다. 모국어를 위한 출발점이 외국어를 위한 최종 목표다. 반대로, 외국어를 위한 출발점이 모국어 교수를 위한 최종 목표다(비고츠키는 다소 반어적으로 어린이 언어의 '지성주의적intellectualist' 이론들이 외국어 학습을 위한 기술처럼 매우 잘 기술하고 있다고 언급한다). [6-5-32~6-5-34]

V 비고츠키는 유추에 대해 다음과 같이 언급하며 결론을 내린다. 모국어 학습이 외국어 학습을 위한 기본적인 개념들을 놓아 주는 것처럼, 외국어 학습은 어린이들이 그의 모국어를 풍부하게 해 주고, 그리고 심지어 상위 개념 구조를 창조한다. 그것에 의하여, 모국어 사용과 외국어 사용 둘 다 추상적인 인류 수준의 언어 사용을 예를 들어 설명하는 것이 된다. 그는 이어서 이 유추를 수학 (거기서 대수에 의해 드러난 많은 가능한 관계들의 실례 제시로 산술 관계가 출현한다) 그리고 심지어 문법과 쓰기 (거기서 친숙하고 비의지적 구절들은 의지적, 창조적 구절 구성 과정을 통해 어린이가 활용할 수 있는 훨씬 큰 구절 집합의 단순한 실례 제시로 드러난다)로 확대한다. [6-5-35~6-5-36]

VI 비고츠키는 이 유추의 이론적 중요성을 **세 가지** 방식으로 설명한다. [6-5-37~6-5-39]

A) 어린이 외국어 학습에 대한 유추는 어떻게 구조적으로 유사한 체계들이 매우 다른 발생적 그리고 심지어 기능적 과정들을 통해 발생할 수 있는지를 설명한다. 비고츠키는 이 **수렴적 진화**를 설명할 수 있는 현재까지 남아 있는 **방식**은 둘 뿐이라고 말한다. 그 둘은 피아제의 '대체 법칙'과 자신의 '근접발달영역' 뿐이다. 자신의 견해로는, 어떻게 학문적 개념들이 일상적 개념들을 조직화하는 것을 예견하고 지원하는가에 관한 작업은 '결정적 실험

experimentum crucis'이다. 이 작업이 전자가 틀리고, 후자가 옳다는 것을 입증하는 결정적 실험이다. 그 까닭은, 만약에 '대체의 법칙'이 옳다면, 어떻게 더 많은 체계적 개념들이 실제[로 덜 체계적인 개념들을 앞서나갈 수 있는지를 설명할 수 없기 때문이다.

    B) 어린이 외국어 학습에 대한 유추는 또한 두 경우에 공통된 기저에 놓인 심리적 실체, 명명하면, **말로 하는 생각**(verbal thinking)이 있기 때문에 중요하다. 그러나 비고츠키는 또한 이 유추가 학문적 개념 습득에 제시할 수 있는 대조 때문에 중요하다는 것을 발견한다. 외국어 학습에서, 전적으로 새로운 개념이 습득되지 않고, 오히려 새로운 음운론적 구분들의 전체 집합이 학습되어야만 한다. 학문적 개념 학습에서, 상황은 정반대로 놓인다. 부언하면, 어린이는 친숙한 소리들을 사용하지만 (비록 수학의 경우에 일부 친숙하지 않은 상징들이 학습되어야 하지만) 그러나 그것들을 친숙하지 않은 개념들을 숙달하는 데 사용한다.

    C) 어린이 외국어 학습에 대한 유추는 또한 두 경우에 의미 체계가 직접적으로 경험을 통해서라기보다는 **낱말을 통해 낱말을** 학습하는 것을 요구하기 때문에 중요하다. 각각의 사례에, 낱말은 어떤 더 크고, 더 일반적인, 상위의, 많은 친숙한 의미를 포함하지만 그에 제한되지 않는, 낱말가치의 사례로 학습되어야만 한다. 그러나 이것은 외국어 낱말과 학문적 용어들이 체계의 부분으로 학습된다는 것을 의미한다.

2) 비고츠키는 교육 활동과 관련하여 '협력'의 개념을 폭 넓게 사용하고 있다. 심리적 단면에서 함께 하며 전개되는 교육 활동도 '협력'에 포함하고 있다. 지원, 혼자 숙제하기, 모방 등을 협력에 포함하고 있다.

3) 앞 문장과 연결해 보면, 천장 효과(ceiling effect)를 연상시킨다. 과학적 개념 발달이 일상적 개념 발달을 선도하는 것은 개체발생에서 그렇게 오랜 기간 지속되는 현상이 아니다. 과학적 개념 발달 과정에서 어린이가 취하게 되는 의식적 파악과 의지적 숙달은 곧 일상적 개념 발달에 전이된다고 해석될 수 있다. 그 결과 결국 그 둘은 인식 주체의 개념 발달로 합쳐진다.

교육학적 시사점은 어린이들이 대상(사물 혹은 개념)에 익숙해야 의식적으로 지적 조작을 할 가능성이 높아진다는 것이다. 처음부터 발견을 요구할 것이 아니라, 발견할 대상과 친숙해지는 교육활동이 필요하다는 주장을 담고 있다. 이 책 어디서나 우리는 비고츠키가 변증법적으로 관련되어 있지만 구분되는 다양한 관계(예를 들면, 교수와 학습, 교수-학습과 발달, 생각과 말)를 우리 앞에 제시하고 있음을 쉽게 알 수 있다. 이러한 관계들은 '○○ 때문에'보다는 '비록 ○○ 하지만'으로 표현되는 관계와 밀접하게 연결되어 있다.

4) "일상적 개념들은 어린이가 과학적 개념을 숙달하였다는 사실에 영향을 받아 재구조화된다." 이 부분은 "일상적 개념들은 어린이가 과학적 개념을 숙달하면서 생긴 변화로 촉발된 영향으로 재구조화된다"고 의역을 하고 싶었다. 의역을 하지 않고 원문에 충실한 것이 독자에게 의미 전달에 장애가 된다는 나쁜 측면도 있지만, 저자의 생각을 충실하게 전달한다는 좋은 측면도 있다. 역자는 번역 과정 내내 후자를 선택했다. 구조주의적 설명 부분은 가정법으로 되어 있다. 직접적으로 상위 구조에 의해 전이가 이루어진다는 것은 비고츠키의 설명 방식이 아니다. 이는 형태주의의 설명 방식이다. 그는 언제나 기능적, 구조적, 발생적 측면을 고려한 인과적 역동성에 근거하여 설명하고 있다.

5) 바닥 효과(basement effect). 의식적으로 숙달되어야만 하는 관계가 2학년에는 아직 존재하지 않는다는 것을 설명하고 있다. 이러한 현상은 천장효과에 대비되는 바닥효과라 할 수 있다.

6) 이 문장을 통해 'Top down'과 'Bottom up' 개념이 1930년대 초에 사용되었음을 확인할 수 있다. 두 유형의 개념이 대상과 맺게 되는 다른 관계는 확실히 5장에서 구획된 연합적 복합체와 확산 복합체의 구분과 관련된다. 또한 비고츠키가 행한 지시적 기능, 명명적 기능, 그리고 의미화 기능을 구분한 것과도 관련된다.

7) 여기서도 비고츠키는 연결되어 있지만 구분되는, 분리되어 있지만 서로를 향해 성장해 가는 두 과정이라는 개념을 사용하고 있다. 그러한 두 과정으로, 생각과 말, 교수와 학습, 교수-학습과 발달, 그리고 여기서 과학적 개념과 일상적 개념을 보여 주었다.

8) 비고츠키의 근접발달영역 설명과 관련하여 여기서 주목할 것은, 1) 이미 사용할 수 있도록 구성되는 비계 같은 것이 아니라는 것이다. 2) 어른과 일대일 상호작용을 언급하지 않았다. 즉 모든 일상적 개념이 과학적 등가물로 성장할 것이라고 말하지 않았다. 오히려 오직 과학적 개념이 외적으로 근접하고 내적으로 필요한 지점까지 발달한 일상적 개념이 과학적 개념으로 성장하여 갈 것이다.

9) 비고츠키의 만연체의 문체를, 세 측면에서 설명하는 글쓰기 특징을 살리기 위해 긴 문장을 그대로 제시하였다. 여기서 자신의 근접발달영역의 법칙을 세 번에 걸쳐, 발생적, 구조적, 기능적 순서로 부연하고 있다. 일상적 개념과 과학적 개념은 기능적 측면에서는 다르지만, 다른 두 측면에서는 유사하다. 아주 긴 문단이다. 다른 번역본들은 다들 세 문단으로 나누어 번역했다. 첫 번째 숙고한 부분을 하나의 문단에 배열하는 것이 원본의 맛을 살리고, 의미 구성에 적합하다고 판단하였다.

10) 5장에 언급되었던, 인위적 개념을 실험적으로 연구하여서는 어린이의 실제 개념을 포착할 수 없었다는 블록 실험의 한계를 지적했다.

6-6¹⁾

6-6-1] 여기서 잠시 멈추고 우리 연구의 전체에 중심이 되는 이 마지막 문제에 대한 해석을 생각해 보자.

6-6-2] 모든 개념은 일반화이다. 이는 논란의 여지없이 확립된 사실이다. 그러나 지금까지의 연구에서 우리는 다른 개념들과 구분되고 고립된 개념들을 다루어 왔다. 그러나 우리는 이제 개념들 사이에 어떤 관계가 있는지를 질문해야만 한다. 살아 있는 전체 조직에서 우리가 분리해 낸 한 세포와 같은 고립된 개념이, 어떻게 그것이 출현하고 생존하고 그리고 발달하는 데 없어서는 안 되는 아동 개념들의 체계 속으로 얽혀 들어가는 것일까? 실제로 개념들은 누군가 자루 속에 완두콩을 쏟아붓듯이 아동의 정신에서 출현하지 않는다. 개념들은 어떤 의미 없이, 연결 없이 그리고 관계도 없이 서로 다른 개념 위에 던져지는 것이 아니다. 만약에 그랬다면, 개념들의 상호 작용을 요구하는 사고 작용은 불가능할 것이고 아동의 세계관도 성립할 수 없을 것이다. 간단히 말해서 그 아동의 모든 복잡한 생각은 불가능할 것이다. 게다가 개념들 사이에 결정된 관계가 없다면 하나의 개념이 존재하는 것도 불가능할 것이다. 왜냐하면 형식논리학의 이론과는 반대로 개념 혹은 일반화의 본질은, 실재에 대한 지각과 즉각적인 감각적 직관보다 개념에 의해 표상된 실재가 궁핍한 것이 아니라 풍부하다는 사실을 전제하기 때문이다. 그리고 만일 일반화가 실재에 대한 즉각적인 지각을 풍부하게 한다면, 이러한 현상이 일어나도록 하기 위해서

는 개념에 표상된 대상과 그 외의 실재 사이의 복잡한 연결과 의존성을 확립하는 것 이외의 방법은 전혀 없다. 개념의 이러한 성질로 인하여, 각각의 개념의 존재는 한정된 개념들의 체계를 함의한다. 그런 체계 밖에서 개념은 존재할 수 없다.

6-6-3] 아동기 각 단계의 개념 체계에 대한 연구는 일반성(식물, 꽃, 장미[2])와 같은 일반성의 차이와 관계)은 의미들(개념들) 사이에서 가장 기본적이고, 자연적이며 흔한 관계 형태임을 보여 준다. 바로 이 관계에서 개념의 성질은 가장 명료하게 반영된다. 만일 모든 개념이 일반화라면, 한 개념이 다른 개념과 가지는 관계는 일반화의 관계라는 것이 분명하다. 이런 일반화의 관계에 대한 연구는 논리학의 중심 문제들이었다. 이 쟁점의 논리적 측면은 충분히 다루어지고 연구되어 왔다고 할 수 있다. 그렇지만 이 쟁점과 관련된 발생적이고 심리적 문제에 대해서는 그렇게 말하기 어렵다. 그간 연구되어 온 것은 모두 개념들 사이의 보편과 개별의 논리적 관계들뿐이었다. 이제 우리는 이러한 개념 형태들 사이의 발생적이고 심리적인 관계를 연구해야 한다. 이것이 우리 조사의 가장 장대하고 가장 궁극적인 문제에 새 지평을 연다.

6-6-4] 개념을 발달시키는 과정에서 어린이가 가장 특수한 것에서 가장 일반적인 것으로 나아가는 절대적 논리적 경로를 따르지 않는다는 것은 잘 알려져 있다. 아동은 '꽃'이라는 낱말을 '장미'라는 낱말보다 더 먼저 배운다. 즉 아동은 더 특수한 것에 앞서 더 일반적인 것을 배운다. 그러나 개념들이 어린이의 살아 있는 진정한 생각의 중심에서 발달하고 기능하는 과정에서 일반에서 특수로 그리고 특수에서 일반으로 이동하는 법칙은 무엇일까? 최근까지도 이는 완전히 베일에 가려져 있었다. 아동의 실제 개념들에 대한 조사에서 우리는 이 영역에 존재하는 가장 근본적인 법칙을 확립하려고 시도하였다.

6-6-5] 무엇보다도, 우리는 일반성(일반성의 차이)이 개념 형성에 대한 우리의 실험적 연구에서 확인된, 일반화의 구조와 그 다양한 단계들, 즉 혼합적

개념, 복합체, 의사개념, 그리고 진개념과 일치하지 않는다는 것을 밝힐 수 있었다.[3]

6-6-6] 첫째, 상이한 수준의 일반성общность을 지닌 개념들이 동일한 일반화обобщение의 구조 내에 있는 것이 가능하다. 예를 들어, 복합체로 이루어진 개념의 구조에서 '꽃'과 '장미'처럼 다른 수준의 일반성을 가진 개념이 공존하는 것이 가능하다. 진실로, 우리는 이제, '꽃 : 장미'의 일반성의 관계는 각각의 일반화의 구조에 따라, 예컨대 복합체 구조와 선先개념 구조에서 서로 다를 것이라는 사실에 유념해야 한다.

6-6-7] 둘째, 상이한 일반화의 구조에 동일한 수준의 일반성을 가진 개념이 존재할 수 있다. 예를 들면, '꽃'은 개념의 구조에서와 같이 복합체의 구조에서도 모든 종류의 꽃에 대한 동일하게 일반적인 의미가 될 수 있으며 따라서 모든 꽃들을 지칭할 수 있다.[4] 여기서도 다음과 같은 점을 유념해야 하는 것이 사실이다. 즉 이 일반성은 심리적 의미가 아니라 논리적, 구체적 의미에서만 상이한 일반화의 구조에서 동일하다는 것이 확인될 것이다. 말하자면, '꽃-장미'가 가지는 일반성의 관계는 복합체의 구조와 개념의 구조에 있어서 다를 것이다. 이 관계는 두 살 된 유아에게 가장 구체적일 것이다 일반 개념은 어떤 의미에서 가장 특정한 개념과 공존한다. 일반 개념은 특정 개념을 대체한다. 반면 여덟 살 어린이에게 있어서는 하나가 다른 것 위에 위치하여, 더 일반적인 것이 더 특정한 것을 포함하게 된다.

6-6-8] 우리는 또한, 일반성의 관계가 일반화의 구조와 무관하지 않고 서로 연결되어 있는 것은 사실이지만 이 둘이 직접적, 즉각적으로 일치하지 않는다는 것도 보일 수 있다. 우리가 애초에 일반성의 관계와 일반화의 구조가 정확히 일치하는 것은 아니라는 점을 확립하지 않았더라면 우리의 연구가 결코 이해할 수 없었을 복잡한 상호 의존성이 이 둘 사이에 있다. 이들이 서로 동일하다면 그 둘 사이에는 어떠한 관계도 있을 수 없었을 것이다. 앞에서 말한 바와 같이 일반성의 관계와 일반화의 구조가 서로 일치하지 않는다 하더라도

이들의 비일치성은 절대적인 것이 아니라 부분적이다. 상이한 일반화의 구조에서 동일한 수준의 일반성의 개념이 존재할 수 있고, 반대로 동일한 일반화의 구조에 상이한 일반성의 개념이 있을 수 있게 때문이다. 그럼에도 불구하고 이러한 일반성의 관계들은, 그들이 서로 달라 보이는 일반화의 구조에서는 물론 논리적 관점에서 서로 동일하게 보이는 일반화의 구조들에서도 각기 서로 다르다.

6-6-9] 우리가 조사를 통해 발견한 근본적인 사실은 개념들 사이의 일반성의 관계는 일반화의 구조, 즉 개념 발달 과정을 연구하기 위해 한 실험에서 연구되었던 개념 발달의 각 단계와 연관되어 있으며, 더욱이 그것은 엄밀한 방식으로 연결되어 있다는 것이다. 즉 각 일반화의 구조(혼합주의, 복합체, 선개념, 개념)에는 그에 상응하는 특정한 일반성의 체계와, 일반적 개념-특수 사례들 사이의 관계가 있다. 이는 각 구조에 해당하는 구체와 추상의 정도를 나타내는 것으로서, 어떤 순간에 개념이 가지게 되는 구체적 형태, 즉 단어 의미 발달의 여러 단계에 있어서 생각의 특정한 작용이 가지게 되는 구체적 형태를 결정한다.

6-6-10] 하나의 사례가 이 점을 분명히 하는 데 도움이 될 수 있다. 우리 실험에서 농아인 한 어린이는 특별한 어려움 없이 다섯 낱말(의자, 탁자, 장식장, 소파, 책장)의 의미를 배울 수 있었다. 그는 이 낱말 군을 상당히 확장할 수 있었다. 새롭게 더해진 각 낱말이 어린이에게 그다지 큰 노력을 요구하는 것처럼 보이지 않았다. 비록 어린이는 동일한 일반성에 속하는 일련의 하위 개념을 나타내는 다른 낱말들은 별 어려움 없이 배울 수 있었지만 앞서 배운 다섯 개의 낱말에 비해 더욱 일반적인 개념인 '가구'라는 낱말은 배울 수가 없다는 것이 밝혀졌다.

6-6-11] 이를 통해 볼 때, '가구'라는 낱말을 배우는 것은 그 아동이 이미 숙달한 다섯 낱말에 여섯 번째 낱말을 더하는 것뿐 아니라 무언가 근본적으로 다른 것을 배운다는 것을 나타낸다. 즉 이는 일반성의 관계를 숙달하는 것

을 나타낸다. '가구'라는 낱말을 숙달한 것은 그 아동이 최초의 상위 개념을, 즉 일련의 더 특수한 하위 개념들을 포함하는 개념을 숙달했다는 것을 나타낸다. 이것은 수평적일 뿐 아니라 수직적이기도 한 새로운 개념 이동의 형태를 숙달한 것을 나타낸다.

6-6-12] 이와 동일하게, 이 아동은 새로운 일련의 낱말들(웃옷, 모자, 털 코트, 긴 장화, 그리고 바지)을 배울 수 있었다. 이 낱말들은 같은 방향으로는 상당히 멀리 확장될 수 있었을 터이지만, 어린이는 이로부터 '의복'이라는 낱말로 나아가지 못하였다. 연구는 특정한 발달 단계에서 어린이 낱말의 의미는 수직선에 따른 운동이며, 개념들 사이의 이러한 일반성의 관계는 일반적으로 어린이에게는 불가능함을 보여 주었다. 모든 개념은 동일 종류이며 동위 종속되고 위계적 관계를 상실하여 대상과 직접 연결되어 있다. 이는 또한 개념의 대상에 반영된 차이의 형태와 유사성에 따라 서로 간에 완전히 구분된다. 이것은 아동의 자율적인 말에서, 즉 아동의 지성 이전의 옹알이와 성인 언어의 숙달 사이에 나타나는 말 발달의 이행기 단계에서 우리가 관찰하는 것이다.

6-6-13] 이런 방식으로 구성된 개념의 체계에서 그들 사이에 유일하게 가능한 관계가 이들이 직접 반영하는 대상들 간에 존재하는 관계뿐이라면, 어린이의 말로 하는 생각을 구체적 생각의 논리가 지배해야 한다는 것이 명확하지 않을까? 좀 더 정확히 말하면 그 어떤 말로 하는 생각도 일반적으로 불가능하다. 개념은 오직 서로 간에 구체적인 관계만을 가질 뿐 일반적인 관계는 갖지 않기 때문이다. 이 단계에서 말로 하는 생각은 객관적, 구체적 생각의 의존적 측면으로서만 가능하다. 바로 이 때문에 이는 매우 특별한 개념 구성이며 여기서 생각 작용이 미치는 제한된 범위는 우리로 하여금 이 단계를 어린이의 낱말 발달에 있어 특정한 전 혼합적 수준으로 지정할 수 있도록 하는 근거가 된다. 이런 이유로 이미 형성된 일련의 개념보다 위에 존재하는 '가구' 혹은 '의복'과 같은 최초의 상위 개념의 출현은 아동의 말의 의미적 측면의 발달에서 최초의 유의미한 낱말의 출현 못지않게 중요한 진보이다. 후속하는 개념 발달

의 각 연속적인 단계에서 일반성의 관계가 형성되기 시작할 것이다. 그러나 우리의 연구가 보여 주듯이, 각 단계에서 이러한 일반성의 관계는 완전히 특정하고 그 단계에만 적용되는 관계의 체계를 형성할 것이다.

6-6-14] 이것은 일반 법칙이다. 여기에 아동 개념에 나타나는 일반적인 것과 특수한 것 사이의 발생적 관계와 심리적 관계를 연구하는 열쇠가 있다. 일반화의 각각의 단계에는 그에 대응되는 관계와 일반성의 체계가 있다. 즉 이 체계의 구조에 따라 일반적 개념과 특수한 개념의 발생적 순서가 확립된다. 예를 들어 일반적인 것에서 특수한 것으로의 이동과 특수한 것에서 일반적인 것으로의 이동은 의미 발달의 단계에 따라 다르며, 이는 이 단계를 지배하는 일반화의 단계에 의존하는 것으로 드러난다. 한 단계에서 다른 단계로 이행함에 따라 일반성의 체계, 그리고 상위 개념과 하위 개념의 발달의 전체 발생적 순서가 바뀐다.

6-6-15] 낱말 의미 발달과 일반성의 관계 발달의 상위 단계에서만 개념 등가의 법칙으로 결정되는, 우리의 모든 생각에서 근본적인 중요성을 가진 현상이 나타난다.

6-6-16] 개념 등가의 법칙은 모든 개념은 무한히 많은 방식으로 다른 개념들을 통해 표현될 수 있다는 것이다. 이 법칙을 조금 더 설명하겠다.

6-6-17] 우리 연구의 과정에서 우리가 발견한 현상을 일반화하고 의미를 부여하기 위해 우리는 어떤 개념들을 소개할 필요와 종종 마주치게 되었다. 이 개념 없이는 개념들의 상호 의존에 있어 가장 핵심적인 것을 이해할 수 없을 것이다.

6-6-18] 통상적으로 하듯, 모든 개념을 북극과 남극 사이의 지구 표면에 있는 모든 점으로 나타낸다면, 즉 대상에 대한 즉각적, 지각적 구체적 이해를 대표하는 한 극과 그 일반화의 최대점과 추상의 한계에 이른 개념을 대표하는 한 극 사이의 경도로 나타낸다면 우리는 어떤 개념의 경도를 이 개념이 구체적 관념을 나타내는 한 극단과 추상적 관념을 나타내는 다른 극단 사이에

서 차지하는 위치로 나타낼 수 있을 것이다. 그렇다면 개념들은 주어진 각 개념에 나타난 구체와 추상의 통합성 정도에 따라 그들의 위도가 결정된다. 개념에 반영된 실재의 풍부함과 다양성을 지구로 상징할 수 있다고 생각한다면, 지리학적 위도가 위도선 상에 나타난 지표상의 위치를 나타내듯이 개념의 위도는 동일한 위도를 가지는 다른 개념들 사이에서 상이한 실재의 지점과 관련하여 차지하는 위치라고 말할 수 있다.

6-6-19] 이런 식으로, 개념의 경도는 무엇보다도 생각의 작용 자체의 성질을 특징짓는다. 즉, 개념의 경도는 대상을 개념으로 파악하되, 이 개념 속에 포함된 구체와 추상을 통합체적으로 조망하는 것을 나타낸다. 개념의 위도는 무엇보다 개념이 대상과 가지는 모든 관계를 특징짓는다. 이는 개념을 한정된 실재의 영역으로 적용하는 지점이 된다. 종합해 볼 때, 개념의 경도와 위도는 두 요소의 관점, 즉 개념이 포함하는 생각의 작용과 개념이 나타내는 대상의 관점에서 개념의 성질에 대한 철저한 표상을 제공할 수 있을 것이다. 같은 방식으로 그들은 어떤 개념의 수직적 영역, 즉 종속좌표, 다시 말해 그 일반성의 정도에 있어 상위 개념과 하위 개념과 관련된 것은 물론 수평적 영역에 존재하는 모든 일반성의 관계의 교차점을 포함해야 한다. 이와 같이 경도와 위도에 의해 결정되는 모든 개념 체계에서 한 개념이 차지하는 위치, 그리고 그 개념과 다른 개념과의 관계를 이해할 수 있게 하는 교차점, 이것을 우리는 개념이 가지는 일반성의 정도라고 칭할 것이다.

6-6-20] 불가피하게 차용한 이 비유는 사용에 있어 주의가 요망되며 그렇지 않을 경우 심각한 오해를 불러일으킬 수 있다. 지리학에서 경도선과 위도선, 자오선과 위선은 선형적線型的인 관계를 갖고 있기 때문에 이 선들은 한 점에서 교차한다. 이 점은 자오선과 위선 상의 위치로 한 번에 정의된다. 개념의 체계에서 이 관계는 더욱 복잡하여 선형적 관계로 간단히 나타낼 수 없다. 경도상 더 상위의 개념은 그 내용에 있어 더 광범위하다. 그것은 개념상 그에 종속되는 전체 위도선의 부분을 포함한다. 이 부분은 일련의 점들로 지정되어야

할 것이다.[5]

6-6-21] 각 개념에 대한 일반성의 정도가 존재함에 따라 한 개념과 다른 모든 개념과의 관계가 나타나게 된다. 한 개념에서 다른 개념으로 옮겨 갈 수 있으며 개념들 사이에 셀 수 없이 무한히 다양한 경로를 통해 관계가 확립될 수 있고, 그에 따라 개념의 등가성이 가능해진다.

6-6-22] 이 발상을 이해하기 위해 두 극단적인 사례를 들어 보자. 한편으로는 개념들 사이에서 일반성의 관계가 전혀 불가능한 것이 관찰되었던 어린이의 자율적 언어를 들어 보고, 다른 한편으로는 발달된 과학적 개념, 예컨대 산수 학습의 과정에서 형성된 수의 개념을 들어 보자. 첫 번째 경우에 개념의 등가성은 어떤 식으로도 있을 수 없다는 것이 확실하다. 개념은 다른 개념을 이용해 표현될 수 없으며 오직 그 자체로서만 표현될 수 있다. 그러나 두 번째의 경우, 우리가 알다시피 모든 산술체계에서 어떤 숫자의 개념이든 무한히 많은 방식으로 표현될 수 있다. 이는 숫자가 무한히 많기 때문임과 동시에 수 체계에서 각 숫자의 개념과 더불어 우리에게 또한 다른 숫자와의 관계가 주어지기 때문이다. 이런 식으로 숫자 '1'은 1,000,000 빼기 999,999 또는 좀 더 일반적으로 모든 연속하는 두 수 사이의 차이로, 자신으로 나누어진 어떤 숫자로서 무수히 많은 다른 방식으로 정의될 수 있다. 이는 개념등가성의 법칙을 나타내는 완벽한 예이다.

6-6-23] 어린이의 자율적 언어에서 개념은 단일하고 고유한 방법으로만 표현될 수 있다. 다른 개념들과의 일반성의 관계가 없기 때문에 등가물 또한 없다. 등가성은 오직 개념이 위도와 경도를 가지기 때문에, 또한 개념들이 상이한 일반성의 정도를 가짐으로써 한 개념에서 다른 개념으로의 이동이 허가되기 때문에 가능한 것이다.

6-6-24] 개념 등가성의 법칙은 일반화 발달의 각 단계에 따라 각기 특정한 방식으로 다르게 작용한다. 이 등가성은 개념들 사이의 일반성의 관계에 직접적으로 의존하고 이들은 우리가 앞에서 설명했듯이 각 일반화의 구조에 특정

하다. 따라서 각 일반화의 구조는 그 영역 안에서 가능한 개념의 등가성을 결정한다는 것이 명확히 도출된다.

6-6-25] 연구가 보여 주듯이, 일반성의 관계는 현상학적 분석이 드러내듯 개념의 체험에 있어서와 마찬가지로 어떤 개념의 생생한 경험[6]이나 어떤 개념의 기능에 있어 기본적, 최초적 요소이다. 예를 들어 어떤 개념에 '포유류'라는 이름을 붙일 때 우리는 다음과 같은 것을 체험하는 것이다. 첫째, 우리는 스스로를 위도선과 경도선의 연결망 속의 한 점에 위치시킨다. 우리는 생각에서 특정한 위치를 차지하여 최초의 경향성의 지점을 획득함으로써 이로부터 어떤 방향으로든 나아갈 준비가 된 것이다. 이것은 모든 개념이 고립적으로 의식에서 생겨날 때 특정한 생각의 움직임으로 향하는 태세의 집합, 경향성의 집합과 같은 것을 형성한다는 사실에서 나타난다. 이 때문에 각 개념은, 그에 해당하는 일반성의 관계의 바탕 위에 두드러지게 표현된 형상으로서 의식 속에서 나타난다. 우리는 이 바탕에서 우리의 생각에 필요한 방향을 선택한다. 이 때문에 일반성의 정도는 기능적 측면에서 볼 때, 주어진 개념으로 가능한 모든 생각 조작의 총체를 규정한다. 어린이의 개념 정의에 대한 우리의 연구가 보여 주듯이, 이 정의들은 어떤 단어 의미 발달의 단계에서 지배적인 개념 등가성의 법칙을 직접적으로 나타낸다. 동일한 방식으로, 모든 작용(두 관념의 비교, 구별, 동일화), 모든 판단과 연역은 개념의 위도선과 경도선의 연결망 속의 어떤 구조적인 이동을 전제로 한다. 병리적으로 개념이 분열된 경우에 일반성의 정도는 파괴되고 낱말의 의미 내에서 추상과 구체의 통합성이 와해된다. 개념은 그들의 일반성의 정도 그리고 자신에 대해 상위, 하위 그리고 동류의 다른 개념들 간의 관계를 상실하며, 생각의 이동은 갑작스런 비약을 나타내는 단절되고 비규칙적인 노선을 따른다. 개념의 대상에 대한 이해와 개념이 대상에 대해 가지는 관계가 통일체를 이루지 못하기 때문에 생각은 비논리적, 비현실적이 된다. 각 새로운 일반화의 구조와 함께 변하는 발달 과정에서 일반성은 주어진 생각조작 단계에 있는 모든 가능한 어린이의 변화를 일으킨다. 오래전에 실험을

통해 우리 생각의 기본적 특징 중 하나됨이 확립된, 낱말에 의존하지 않는 생각 기억은 일반성의 관계와 등가성의 발달 정도에 비례하여 성장한다. 초기유년기 어린이는 의미 습득의 수단(-낱말-K)의 글자 그대로의 표현에 전적으로 묶여 있다. 학령기 어린이는 복잡한 생각 내용을 그것을 익히는 수단이 된 언어적 표현과 상당 정도 독립적으로 전달한다. 일반성의 관계의 발달 정도에 따라 낱말에 대한 개념의 독립성, 생각 표현에 대한 생각의 독립성이 확대되며, 의미 조직 자체와 그것 언어적 표현으로부터의 자유가 점차 자라난다.

6-6-26] 우리는 실제 어린이 낱말 의미의 일반화의 구조를 특징지을 수 있는 확실한 징후를 그리고 실험적 개념에서 실제 개념으로의 이행 가능성, 교량을 오랫동안 면밀히 모색해 왔다. 오직 일화의 구조와 일반성의 관계 사이의 연결의 확립만이 이 문제 해결의 열쇠를 우리에게 주었다. 어떤 개념의 일반성의 관계와 그것의 일반성의 정도를 연구하면 우리는 실제 개념의 일반화 구조의 확실한 기준 자체를 얻게 된다. 의미가 된다는 것-이것은 다른 의미와 규정된 일반성의 관계를 갖는다는 것과 같다. 즉 이는 특정한 일반성의 정도를 의미한다. 이처럼 개념의 성질-혼합주의적, 복합체적, 개념적-은 주어진 개념이 다른 개념과 맺는 특정한 관계에서 가장 완전한 형태로 드러난다. 이처럼 어린이의 실제 개념, 예컨대 '부르주아', '자본가', '지주', '부농' 등에 대한 연구는 혼합주의부터 진개념에 이르기까지의 각 개념 단계를 지배하는 특별한 일반성의 관계를 확립하도록 해 주었으며, 실험적 개념 연구로부터 진정한 개념 연구로의 교량을 세우도록 해 주었을 뿐 아니라, 인위적인 실험에서는 일반적으로 연구할 수 없었던 기본적 일반화 구조의 본질적 측면을 일반적으로 밝힐 수 있게 해 주었다.

6-6-27] 인위적 연구가 우리에게 제공할 수 있었던 것은 오직 개념의 발달에 있어 근본 단계를 포함한 일반적인 발생적 도식이었다. 어린이의 실제 개념에 대한 분석은 우리에게 덜 알려진 혼합주의, 복합체 그리고 선개념의 특징을 연구할 수 있도록 해 주었으며 이들 각각의 생각의 영역에서 대상과 맺는 상

이한 관계와, 생각을 통해 대상을 이해하는 상이한 작용을 확립하도록 해 주었다. 즉, 개념을 특징짓는 두 근본적 요소가 어떻게 단계별로 다르게 나타나는지를 보여 주었다. 이로부터 우리는 이 개념들의 성질과 그들이 가지는 모든 상이한 특징을 본다. 그들이 대상과 가지는 상이한 관계로부터 우리는 각 영역에서 사고를 통해 확립된 대상들 사이의 다양한 연결과 관계를 도출한다. 상이한 이해로부터 우리는 관념의 다른 연결, 다른 종류의 심리적 작용을 도출한다. 이들 각 영역들 사이에는 개념의 성질을 결정짓는 다음과 같은 특징들이 있다. a) 대상 및 낱말의 의미와의 상이한 관계, b) 상이한 일반성의 관계, c) 가능한 정신 작용의 집합간의 상이성.

6-6-28] 그렇지만 아동의 실제적 개념들에 대한 이러한 탐구는 실험적으로 낱말의 의미를 연구하는 것과 실제적으로 낱말의 의미를 연구하는 것 사이를 이어주는 교량 이상의 것을, 즉 개념들의 새로운 특징들을 확정할 수 있는 방법 이상의 것을 제시한다. 우리는 이 새로운 연구 덕분에 우리의 선행 연구에 있던 근본적 결함을 채울 수 있었던 동시에 그 이론적 중요성을 재검토할 수 있게 되었다.[7]

6-6-29] 앞선 우리의 연구에서 우리는 매번 각 단계(혼합주의, 복합체, 개념)에서 낱말과 대상의 관계를 고려함에 있어 각 새로운 단계에서 일반화의 발달은 이전 단계의 일반화에 기반을 둔다는 것을 무시하였다. 새로운 일반화의 단계는 오직 이전 단계의 토대 위에서만 나타난다. 새로운 일반화의 구조는 대상을 일반화한 것을 원천으로 한다. 이것은 일반화들의 일반화로 나타나며 단순히 개별대상의 일반화의 양식으로 나타나지 않았다. 이전 단계에서 지배적인 일반화로 나타났던 생각의 성취들은 무효화되거나 소멸되지 않고 생각의 새로운 작업을 위해 필요한 전제로 편입되었다.*

---

* '이전'과 '지금'이라는 기초적 일반화로부터 역사적 개념이 점진적으로 발달한 것과 '우리와 함께'와 '그들과 함께'라는 일반화로부터 사회학적 개념이 점진적으로 발달한 것은 이 주장을 잘 나타내 준다.

6-6-30] 이러한 이유로 우리의 첫 번째 연구는 개념의 발달의 진정한 자발적 움직임도, 발달의 다양한 단계들 사이의 내적 연결들도 확립할 수 없었다. 그러나 우리는 이와 반대되는 비판을 받아 왔다. 즉, 개념의 매 새로운 단계가 매번 새로워지는 외적인 원인으로부터 나타남에도 불구하고 개념의 자기 발달을 주장했다는 것이다. 하지만 사실상 우리의 이전 연구가 가지는 약점은 진정한 자발적 이동, 즉 발달 단계들 사이의 연관이 부재하다는 데 있다. 이러한 결함은 실험의 특성에서 유래한다. 실험은 그 구조로 인해 다음의 가능성을 배재하였다. a) 개념 발달의 단계 간에 존재하는 관계와 한 단계에서 다른 단계로의 이동 경로를 밝히는 가능성. b) 일반성의 관계들을 밝히는 가능성. 첫째로, 우리가 사용한 실험방법에 따르면 피험자는 잘못된 해답을 내놓은 후에는 매번 이루어진 작업을 무효화하고 이전에 형성된 일반화도 폐기해야 했다. 그리고 개별 블록들에 대한 일반화로부터 과업을 모두 다시 시작해야 했다. 둘째로는, 실험을 위해 선택된 개념들은 어린이의 자연발생적 언어의 수준과 동일한 것, 즉 오직 수평적 관계만이 가능하고 수직적으로는 구별될 수 없는 것이었다. 이 때문에 우리는 이 각 단계들이 서로 연결되어 상승하는 일련의 원들에 기초하여 형성된 나선형이 아니라 동일한 차원에서 점차 확대해 나가는 일련의 원들로 나타내야 했었다. 결과적으로 우리는 이 단계들이 서로 연결되고 상승하는 일련의 원들에 기초한 나선형을 형성한다기보다는 단일한 차원을 따라 움직인다고 본 것이다.

6-6-31] 그러나, 실제 개념의 발달을 연구하면서 우리는 곧 이러한 차이를 메울 수 있는 가능성을 제공받았다. 전 학령기 어린이의 일반적인 표상(실험적 개념에서 우리가 복합체라고 부른 것과 상응하는 표상)의 발달에 대한 분석은-단어 의미의 발달에 있어 높은 단계로서-일반적인 표상들이 개별 표상들의 일반화로부터가 아니라 일반화된 지각으로부터 생겨난다는 것을 나타낸다. 즉 그들은 앞 단계를 지배했던 일반화로부터 생겨난다. 우리의 실험적 연구를 토대로 내릴 수 있었던, 근본적인 중요성을 가지는 이 결론은 모든 문제를 본질적으

로 해결하였다. 산술적 개념과 대수적 개념에 대한 연구에서 우리는 새로운 일반화들과 이들에 선행하는 일반화들 간에 유사한 관계를 수립할 수 있었다. 여기서, 학령기 어린이의 전 개념으로부터 청소년기의 개념으로의 이행을 연구하면서, 우리는 일반화된 지각으로부터 일반적 표상으로의(즉 혼합체에서 복합체로의) 전이에 대한 선행 연구에서 수립한 것과 본질적으로 동일한 것을 확립할 수 있었다.

6-6-32] 이와 동일하게, 일반화의 발달에 있어 새로운 단계는 전 단계의 무효화가 아닌 재형성을 통해서만 획득된다. 이 새로운 단계는 개별 대상들에 대한 새로운 일반화를 통해서가 아니라 앞 단계에서 이미 일반화된 대상들의 체계에 대한 일반화를 통해서 얻어진다. (학령기 어린이의 산술 개념과 같은) 전 개념으로부터 (성인의 대수적 개념과 같은) 진개념으로의 전이는 앞서 일반화된 대상들의 일반화를 통해 일어난다.

6-6-33] 전 개념은 대상으로부터 수를 추상화하여 이를 토대로 대상의 수적 특성을 일반화한 것이다. 개념은 수로부터 추상화하여 이를 토대로 수들 사이의 관계를 일반화한 것이다. 자기 자신의 생각을 추상화하고 일반화하는 것은 사물을 추상화하고 일반화하는 것과는 근본적으로 다르다. 그것은 동일한 방향으로 확장된 움직임을 구성하지 않는다. 우리는 동일한 방향으로의 연속적인 이동이나 그 이동의 최고 정점을 추적하는 것이 아니라 새로운 방향으로의 출발, 생각의 새롭고 더 높은 차원으로의 전이를 다루고 있는 것이다. 자기 자신의 산술적 조작과 산술적 사고의 일반화는 산술적 개념의 저변에 있는 대상들의 수적 특징에 대한 일반화와는 뭔가 다르며 뭔가 좀 더 발달된 것이다. 그러나 새로운 개념이나 일반화는 앞선 개념이나 일반화들이 제공하는 토대 위에서 생겨난다. 이 차이는, 대수적 일반화의 성장에 병행하여 수 조작에 대한 자유가 성장한다는 사실에서 명백히 나타난다. 수의 세계에 대한 의존으로부터의 해방은 시각적 장에 대한 의존으로부터의 해방과 다르게 일어난다. 대수적 일반화의 출현에 따라 생기는 자유의 확대

는 고차적 단계로부터 고차적 일반화에 포함되는 기초 단계로의 역행에 대한 가능성으로 설명된다. 기초적 조작이 이미 고등 조작의 특정한 사례로 간주되는 것이다.

6-6-34] 산술적 조작들은 대수가 학습된 후에도 보존된다. 이는 대수를 숙달한 청소년의 산술 개념과 아직 대수를 숙달하지 못한 어린이의 산술 개념을 구분하는 것이 무엇인가 하는 질문으로 당연히 우리를 이끈다. 연구는 청소년이 산술 개념을 좀 더 일반적인 대수적 개념의 한 특정한 사례로 간주한다는 것을 보여 준다. 연구는 또한, 산술 개념의 조작이 더 자유로워짐을 보여 준다. 특정한 산술적 표현으로부터 독립적이기 때문에 이는 좀 더 일반적인 공식에 따라 적용된다.

6-6-35] 저학년 학생들에게 산술 개념은 최종 수준이다. 이보다 더 나아갈 것은 없는 것이다. 따라서 이 개념들 안에서의 움직임은 언제나 특정한 산술적 상황의 조건과 연관되어 있다. 저학년 어린이는 이 상황을 넘어 생각할 수 없다. 청소년은 가능하다. 이런 측면에서 청소년의 우월한 능력은 높은 차원의 대수적 기능을 숙달한 데서 기인한다. 우리는 이와 유사한 현상을 십진법 체계로부터 다른 수 체계로의 전이에 대한 연구에서 관찰하였다. 어린이는 십진법 체계에 대해 의식적으로 파악하기 이전에 십진법 체계로 조작하는 것을 배운다. 이 단계에서 어린이는 그 체계를 숙달한 것이 아니라 그에 종속되어 있는 것이다.

6-6-36] 10진법 체계에 대한 의식적 파악, 즉 수 체계의 한 종류로서 10진법 체계를 이해할 수 있도록 해 주는 일반화는 10진법 체계나 다른 어떤 수 체계 내에서 의지적인 조작을 할 수 있는 잠재 가능성으로 인도한다. 의식적 파악의 기준은 다른 수 체계 내에서 생각할 수 있는 가능성에 있다. 이는 10진법 체계 자체의 일반화, 즉 수 체계에 대한 일반 개념의 형성을 나타내기 때문이다. 따라서 다른 (수-K) 체계로의 변환은 십진법 체계의 일반화를 확인할 수 있는 가늠자이다. 어린이가 10진법에서 5진법으로 변환하는 일반 공식을 아느냐

모르느냐에 따라 수를 변환하는 방식이 달라진다. 이렇게 연구는 고차적 일반화와 저차적 일반화 사이의 연결 그리고 이(저차적 일반화-K)를 통한 대상과의 연결이 존재함을 나타낸다.

6-6-37] 우리는 어린이의 실제 개념의 발달에 대한 이 연구가, 한 단계에서 다른 단계로 옮아가는 모든 이행의 사슬에서 마지막 연결고리를 발견할 수 있도록 해 주었음을 첨언해야 한다. 앞에서 우리는 유아기에서 전 학령기로의 이행에서 혼합적 더미와 복합체 사이의 연결에 대해 언급하였다. 우리는 또한 학령기에서 청소년기로의 이행에서 전 개념과 개념 사이의 연결에 대하여 논의하였다. 과학적, 일상적 개념에 대한 우리의 연구는 지금까지는 연결 짓지 못한 중간 연결에 대하여 밝혀 준다. 앞으로 보게 될 바와 같이 그것은 전 학령기 어린이의 일반적 표상들이 학령기 어린이의 전 개념으로 이행하는 데 있어 같은 유형의 의존성을 가짐을 확인하도록 해 줄 것이다. 따라서 개념 형성의 여러 단계들 사이의 연결과 이행에 대한 문제는 완전히 해결되었다. 우리는 발달하는 개념들의 자기 이동에 대한 문제를 해결하였다. 이 문제는 우리의 초기 연구에서는 해결할 수 없는 것이었다.

6-6-38] 그러나 어린이의 실제 개념의 발달에 대한 연구는 훨씬 많은 기여를 하였다. 그것은 개념 발달에 있어서 단계 사이의 이동의 성질을 밝혀 주었을 뿐 아니라 단계 안에서의 이동, 즉 단일한 단계 안에서의 전이에 대해 논의할 수 있게 해 주었다. 여기서조차 일반화들의 일반화 원칙은 비록 다르게 표현되기는 하지만, 여전히 유효하다. 단일한 발달 단계의 한 국면에서 다른 국면으로 전이가 일어날 때에는 앞 국면을 특징짓는, 대상에 대한 관계는 보존된다. 일반화의 관계라는 전체 체계는 한 단계에서 다른 단계로 전이하는 것과 같이 급격하게 재형성되지 않는다. 반면, 하나의 단계에서 다른 단계로 전이함에 있어 개념들 간 일반화의 관계가 재구성되는 것은 물론 개념과 대상 사이의 관계에 있어서도 현격한 재구성이 일어난다.

6-6-39] 이 연구들은 또한, 의미 발달에 있어 한 단계에서 다른 단계로의

전이가 일어나는 방식에 대해 다시 생각하도록 한다. 처음의 연구는 새로운 일반화의 구조는 그에 선행하는 구조를 단순히 무효화하고 대체할 것이라는 가정으로 이끌었다. 이전까지 사고가 한 일이 무위로 돌아가는 것이다. 이는 새로운 단계로의 전이가 이전 구조에 존재하던 모든 단어 의미의 재형성을 요구한다는 것을 함의한다. 이는 물론 참으로 시시포스의 노동과 같은 것이다.

6-6-40] 그러나 새로운 연구는 이 전이가 다른 방식으로 일어난다고 지적한다. 어린이들은 처음에 몇몇 개념에 대한 새로운 일반화의 구조를 형성하며 보통 이 개념들은 예컨대 교수-학습의 과정에서 새롭게 획득되는 것들이다. 이 새로운 구조가 숙달되었을 때 어린이는 이를 기초로 이전에 존재하던 모든 개념들의 구조를 재구성 또는 재형성할 수 있게 된다. 사고의 이전 노동들은 그냥 사라지지 않는다. 개념은 각 새로운 단계에서 재창조되지 않는다. 구조의 재구성에 관련된 모든 작업을 각각의 의미들 자체가 해야 하는 것은 아니다. 이는 생각의 모든 구조적 작동에 있어서 그러하듯이 몇몇 개념들에 대한 새로운 원칙의 숙달을 통해 일어나며, 그런 후 이들은 구조의 법칙을 통해 개념의 모든 영역으로 퍼지고 전파된다.

6-6-41] 우리는 어린이가 교수, 학습을 통해 만난 일반화의 새로운 구조가 논리적 작용의 새롭고 고차원적인 수준으로 어린이의 생각을 움직일 수 있는 가능성을 만든다는 것을 보았다. 이전 개념들은 이전에 비해 생각의 더욱 고차적 작용에 연루되어 그 자체의 구조를 바꾼다.[8]

6-6-42] 끝으로, 어린이의 실제 개념에 대한 연구는 생각의 이론에 대해 오래전 제기되었던, 추가적인 중요한 질문에 답하도록 도와준다. 뷔르츠부르크 학파의 연구 이래로, 비非연합적인 연관들이 개념의 움직임과 흐름을, 사고의 의사소통과 응집력을 결정한다는 것은 잘 알려졌다. 가령 빌러는 사고의 기억이나 재생산은 연합 법칙이 아니라 관념이 연결됨에 따라 일어난다는 것을 보여 주었다. 그러나 우리는 이 연결이 사고의 흐름을 어떻게 결정하는가 하는 문제를 아직 해결하지 못했다. 이 연결들은 현상학적으로나 비심리학적으로,

예컨대 목표와 수단의 연결로 기술되어 왔다. 구조 심리학에서는 이러한 연결을 구조적으로 정의하려고 시도하였지만 이 정의는 두 가지의 근본적인 결함을 가진다.

6-6-43] 1. 이 정의에 의하면 생각의 연관들은 지각, 기억 그리고 다른 모든 기능들의 연관들과 대단히 비슷하다. 생각도 이들과 같은 정도로 구조적 법칙에 종속되어 있다. 지각과 기억의 연관과 비교했을 때 새롭고 더욱 고차적이거나 생각의 연관에만 고유한 것이 전혀 없다. 이를 통해서는 생각에 있어서 다른 종류나 유형의 개념으로의 이동이나 연동을 이해하기 불가능해진다. 우리는 지각이나 기억 속의 기억의 특징인 구조적 유형의 연동만을 확인할 수 있을 뿐이다. 본질적으로 말해 구조 심리학은 연합 심리학의 오류를 그대로 답습하였다. 지각, 기억, 생각의 연결이 동일하다는 것을 그 출발점으로 삼았으며 일련의 과정에 있어서 생각에 특징적인 것을 염두에 두지 않았기 때문이다. 이는 동일한 이 두 원칙을 그 출발점으로 삼았다는 점에서 전통적 심리학과 마찬가지이다. 다른 것이 있다면 구조 심리학에서 연합의 원칙은 단지 구조의 원칙으로 대체된 것뿐이다. 그러나 설명의 도구는 그대로 남아 있다. 이러한 측면에서 구조 심리학은 뷔르츠부르크 학파의 입장에서 한 걸음 후퇴한다. 뷔르츠부르크 학파는 생각의 법칙은 기억의 법칙과 동일하지 않으며 생각은 고유한 법칙에 의해 지배되는 특별한 유형의 활동이라고 확립하였다. 구조 심리학에게 있어 생각은 그 자체의 고유한 법칙을 가지지 않는다. 구조 심리학은 지각과 기억의 영역을 관할하는 동일한 법칙을 토대로 생각을 설명하려고 한다.

6-6-44] 2. 생각의 연관들을 구조적인 연관들로 환원하고 이들을 지각과 기억에 특징적인 연관들과 동일시하는 것은 생각의 발달에 대한 가능성과, 생각을 고차적이고 고유한 형태의 활동으로 이해할 가능성을 배제하는 것이다. 이와 같이 사고가 이동하는 법칙을 기억 속에서 이미지들이 연동하는 법칙과 동일시하는 것은, 개념 발달의 각각의 새로운 단계와 함께 새롭고 고차적인

유형의 연관이 나타난 것과 관련된 우리의 발견과 정면으로 위배된다.

6-6-45] 앞에서 본 바와 같이 어린이의 자연발생적 말에서, 즉 개념 발달의 첫 번째 단계에서 개념들 사이에 일반성의 관계는 없다. 따라서 개념들 사이에 유일하게 가능한 연관들은 지각에서 확립 가능한 연관들이다. 이 단계에서 지각과 독립적인 활동으로서의 생각은 일반적인 방법으로는 불가능하다. 생각 자체는 오직 일반화의 구조들의 발달과 함께, 개념들 사이에 점점 복잡해지는 일반성의 관계와 함께 가능해진다. 일반화의 구조가 발달하고 훨씬 더 복잡한 일반성의 관계가 개념들 사이에 나타남에 따라, 사고 자체와 사고를 구성하는 연관과 관계의 점진적 확장이 가능해진다. 그리하며 이전에는 불가능했던 개념들 사이의 새롭고 고차적인 연관과 전이가 가능해지게 된다. 이 사실은 구조적 이론의 토대 위에서 설명될 수 없으며 그 자체가 구조적 이론을 거부하는 적절한 기초가 된다.

6-6-46] 그렇다면 우리는 생각에 고유한 이러한 연관들이 어떻게 이동과 연결을 결정하는지 물어야 한다. '의미에 따른 연관'의 본질은 무엇인가? 이 질문에 대답하려면 우리는 고립된 개념들의 연구를 뛰어넘어야 한다. 우리는 세포 하나에 대한 연구를 뛰어넘어 사고의 조직에 대한 연구로 옮아가야 한다. 이를 통해 개념들은 연합적인 실이나, 지각되거나 표현된 인상들의 구조적 원칙이 아니라 그들의 본질적인 특성, 일반성의 관계의 원칙에 따라 연관된다는 것이 명백해진다.

6-6-47] 개념들의 정의, 그것들의 비교와 구분, 그것들 사이의 논리적 관계의 확립-이 모든 사고의 작동은 개념들을 일반성의 관계들로 연결하는 선들을 통해, 한 개념에서 다음 개념으로 이동하는 잠재적인 경로를 결정하는 선들을 통해 일어난다. 개념을 정의하는 행위는 개념 등가성의 법칙에 그 기초를 둔다. 이 법칙은 한 개념에서 다른 개념으로 이와 같이 이동하는 가능성을 전제 조건으로 한다. 이러한 과정에서 정의의 대상이 되는 개념에 내재한 위도와 경도 -개념에 담겨 있는 사고의 작용과 그 대상에 대한 관계를 결정하는

일반성의 정도– 는 그 개념이 다른 개념과 가지는 연관을 통해 표현된다. 이 개념들은 스스로의 경도와 위도를, 사고의 작용과 대상에의 관계를 담는 일반성의 정도를 갖는다. 전체적으로 볼 때, 그러나 이 개념들의 위도와 경도는 정의된 개념과 등가물이다. 개념의 비교나 구분 역시, 비교되고 있는 개념의 상위 개념과 일반성이 가지는 관계를 나타내는 노선에 따라 일반화되고 움직인다는 것을 전제로 한다. 같은 방식으로, 판단이나 연역의 과정에서 발견되는 개념들 사이의 논리적인 관계를 정립하기 위해서는 개념 체계의 수평적이고 수직적인 축에 따라 일반성의 이러한 관계들에 부합하는 움직임이 필요하다.

6-6-48] 생산적인 생각에 대한 한 예가 이 점을 명료히 해 줄 것이다. 베르타이머는 –교과서나 형식 논리에 나타나는– 일반적인 삼단 논법은 생산적 사고의 영역에 포함되지 않음을 보여 주었다. 삼단 논법을 통해서는 궁극적으로 처음부터 알고 있던 것에 도달한다. 결론에는 전제에 포함되지 않았던 것이 전혀 없다. 진정 생산적인 작용의 출현을 위해서는, 완전히 새로운 무엇으로 이끄는 사고의 출현을 위해서는 우리의 분석적 문제를 구성하며 구조 'A'의 일부인 것이 예기치 않게 구조 'B'로 들어가야 한다. 문제점이 처음으로 나타난 구조가 붕괴되고 이 점이 완전히 다른 구조로 전이되는 것은 생산적 사고를 위한 기초적인 요구사항이다. 구조 'A'의 요소였던 문제인 'X'가 동시에 구조 'B'로 전이되는 것이 어떻게 가능한가? 현재의 구조적 의존성의 한계를 넘어야 한다는 점이 명백해진다. 우리의 사고 속에 주어진 어떤 구조로부터 문제점이 뜯겨져 나와야 한다. 그런 후 새로운 구조에 포함되어야 한다. 연구는 이것이 일반성의 관계를 나타내는 노선에 따른 움직임의 경로를 통해 실현된다는 것을 보여 준다. 그것은 'A'와 'B'의 구조보다 위에 있는, 이들을 하위 구조로 포함하는 더 고차적인 일반성의 정도, 상위 개념을 통해 일어난다. 이는 마치 우리가 개념 'A'의 위로 올려진 후 개념 'B'로 내려가는 것과 같다. 이와 같이 구조적 의존성을 극복하는 독특한 양식은 개념들 사이에 규정된 일

반성의 관계가 존재함으로써만 가능하다.[9]

6-6-49] 그러나 우리는 각각의 일반화 구조에 특정한 일반성의 관계의 체계들이 대응됨을 알고 있다. 이는 서로 다른 구조의 일반화들이 서로 다른 일반성 관계들의 체계 안에 존재해야 하기 때문이다. 그에 따라 각각의 일반화 구조에는 그 구조에 가능한 생각의 논리 조작의 특정한 체계가 대응한다. 이는 가장 중요한 개념의 심리학 법칙 중 하나이다. 그것은 생각의 구조와 기능의 통일성, 즉 개념과 그에 가능한 조작들의 통일성을 나타낸다.

●

1) 이 절에서 마침내 6장이 5장에 **연결**하는 방식에 대한 논의가 어느 정도 전개된다.

 I 우리는 비고츠키가 톨스토이처럼 그리고 피아제처럼(그리고 손다이크와 달리) 개 념을 직접적으로 전송한다는 발상에 반대하는 것을 알고 있다. 자루에 콩을 쏟 아붓듯이, 개념들을 어린이의 정신에 단순하게 쏟아부을 수는 없다. 도리어 개 념들은, 다른 개념들에 의해 결정되는 관계와 다른 개념들을 결정하는 관계를 맺으면서, 세포가 살아 있는 조직에서 자라는 것처럼 성장한다. 이러한 결정되 고 결정하는 관계는 논리적으로 연구되어 왔으나, 그러나 아직까지 발생적으로 그리고 심리적으로 완벽하게 이해되지 못했다. 논리적 관점에서 보면, 우리는 개 념들은 귀납적인 '구체로부터 고양되는' 과정을 거쳐 창조된다고 상상할 수 있 지만, 그러나 이것은 이 경우에 맞지 않는 것 같다. 도리어 반대로, 어린이들은 미분화된 일반성들(예를 들면, 우리가 지난 절에서 논의했던 '지금'과 '이전' 사이의 단순 한 구분)로 시작하고 그리고 어린이들은 **기능적 분화** 과정과 **그 후에 구조적 분 화** 과정을 경유하여 '구체로 고양한다.' [6-6-1~6-6-4]

 II 비록 모든 개념은 일반화이지만, 실제로 어린이의 일반화는 늘 5장에서 제시된 구조들(즉, 더미들, 복합체, 그리고 잠재적 개념들)과 일치하지 않는다. 어린이는 특정 한 일반성의 구조 내에서 매우 다른 심리적 일반화들을 사용할 수 있고 (예를 들 면, 어린이는 '과일'과 '사과' 둘의 복합체를 창조할 수 있고 그리고 모든 사과가 과일이라는 것을 알지 못한다) 그리고 동일한 종류의 일반화가 다른 일반성의 구조에 들어맞을 수 있다(예를 들면, 사과가 과일 그릇 안에 놓여 있을 때, 사과는 수집 복합체에 속할 수 있 고 그리고 우리가 생물 시간에 사과를 다룰 때는, 사과는 개념에 속할 수도 있다). 변동이 어 쩌다 가능한 것이 아니다. 오히려 그것은 발달에 **필요**하다. [6-6-5~6-6-8]

 III 심리학적으로, 이렇게 일반화들 사이에서 만들어지는 관계들은 일반화의 구조에 따라(하나는 혼합적 더미에서, 다른 하나는 복합체에서, 그리고 매우 다른 하나는 잠재적 개념에서) 변한다. 우리는, 마치 사회의 생산구조가 생산 활동 관계의 결과인 것 처럼, 정신에서 일반화의 구조는 일반화 활동의 결과이다. 그렇지만, 그 구조는 관계의 즉각적 반영물이 아니다. 다른 기능적 개념 적용은 다른 관계를 창조한 다. 개념 사이의 관계에서 변동은 발달에 필요한 뿐만 아니라, 오히려 변동은 **필 연**적이다. [6-6-9]

 IV 비고츠키는 그의 임상 작업에서 하나의 예를 들어 설명한다. 그가 돌보는 장애 어린이 중에 한 명이 구체적인 참조물(예를 들면, '의자' 그리고 '모자' 그러나 '가구' 혹 은 '의복'은 아님)을 가지고 단지 '당길 수 있는' 낱말들을 배울 수 있었다. 저자는,

어린이가 대상들의 더미를 창조조차 할 수 없기 때문에, 이런 단계를 '전혼합적' 단계라고 지칭한다. 이 경우에 개념들 사이의 관계는 실제적 대상들 사이의 관계보다 더 나을 게 없다(비고츠키는 '개념'이라는 낱말을, 개념의 기능을 수행하는 어떤 낱말을 주목하기 위하여, 기능적으로 사용하고 있다. 이에 반하여 명백하게 그것만으로는 한 대상인 것은 진정한 개념이 아니다). 어린이가 '가구' 혹은 '의복'이라는 상위 개념을 배울 수 있게 되자마자, 우리는 일반화의 관계가 완벽하게 다른 집합을 가지고, 그리고 결과적으로 완벽하게 다른 일반화의 구조를 가지고, 그리고 **개념 구조를** 이야기하는 것이 가능해진다. [6-6-10~6-6-15]

V 이런 고등 일반화들 때문에, 개념 등가를 이야기하는 것이 가능해진다. 비고츠키는 자신이 '일반성의 정도'라고 지칭한 일반성의 체계를 도입한다. '일반성의 정도'는 우리가 개념들을 일종의 가상의 **지구본** 위 어딘가에 개념들을 위치시킬 수 있게 해 준다. 지구본 위에서 (동에서 서로) 평행한 것은 동일한 일반성의 수준에 있는 다른 개념들을 연결하고syntagmatically, 반면에 개념들이 완벽하게 대상과 관련된(예를 들면, 오직 하나의, 완벽하게 구체적인, 지시 대상을 가지는 고유한 이름들)한 극과 개념들이 완벽하게 추상적인(예를 들면, 오직 하나의 완벽하게 추상적인, 지시 대상을 가지는 숫자들) 다른 극으로부터, (북에서 남으로) 자오선들은 다른 일반성의 수준에 있는 동일한 개념을 연결한다. [6-6-16~6-6-21]

VI **개념 등가**는 어떤 진정한 개념은 잠재적인 무한 방법의 수로 정의될 수 있다는 것을 단지 의미한다(마치 백만이라는 숫자가 수학적으로 무한한 방법으로 표현될 수 있는 것처럼, 우리는 사과를 과일, 상품, 공장 생산물, 살아 있는 것, 화학적 현상, 물리적 현상 등등으로 정의할 수 있다). 모든 정의는 화자를 개별적인 일반성의 수준(예를 들면, '과일', '상품', '식물')에 위치시킬 뿐만 아니라, 모든 정의는 근접한 일반성의 영역(예를 들면, '식물', '품목', '나무')으로 어떤 이동이 있음을 암시한다. [6-6-22~6-6-24]

VII 일반성의 정도는 병과 질병으로 **붕괴**될 수 있다. 정신병으로, 우리가 개념을 위치시키는 것을 가능하게 하는 구체와 추상의 통일이 퇴화될 수 있고, 그리고 개념들은 실제로 자루 안의 콩들처럼, 서로 서로 결정적으로 연결되지 못한 채 그리고 무엇보다도 자루 밖의 대상들과 연결되지 못한 채 비트 주위를 돌기 시작한다. 반대로, 발달의 각 단계에서 개념은 더 많은 개념들과 연관되고, 그리고 개념이 글자대로의 표현으로부터 의미를 분리하는 것(어린 아이들이 하기에는 아주 어려운 것)이 가능하게 된다. 상술하면, 의역을 할 수 있는 가능성이 추상화로, 일반화로, 그리고 개념 등가 법칙의 현실화로 증가한다. [6-6-25]

VIII 병리 환자의 경우에 낱말의 의미를 결정하는 것이 어려운 것과 마찬가지로, 어린이 낱말의 '실제' 의미를 결정하는 것이 종종 매우 어렵다. 핵심은 일반화의 구조(혼합적 형성체, 복합체, 선先개념)와 일반성의 관계들(즉 개별 관념이 더 일반적인 그리고 덜 일반적인 관념뿐만 아니라 유사한 관념과 가지는 관계들) 사이에 연관을 확립하는 것이라고 비고츠키는 말한다. 그래서 예를 들면, 만약에 한 어린이가 복합체에서 생각을 하고 있다면, 관념들 사이의 관계를 대부분은, 선개념적인 것보다는 복합체와 연관되는, 복합체적 관계가 될 것이다. 어린이의 실제 개념들(예를 들면, '나의 아버지', '버스 운전사', '근로자', '프롤레타리아')은 이 관계의 **지표**를 제공하고, 그러므로 어린이의 실제 개념들은 우리가 다음과 같은 것을 결정할 수 있게 해 준다. [6-6-26, 6-6-27]

A) 낱말의 의미와 **대상** 사이의 관계.

B) 낱말의 의미와 일반화 구조 내의 다른 **낱말의 의미들** 사이의 관계.

C) 가능한 정신 조작들, 그리고 이로부터 **발달의 다음 영역**.

IX 비고츠키는 인위적 개념들에 대한 이전 작업(5장)에 대한 몇몇의 다소 가혹한 비판에 착수한다. 이 작업에 대한 다른 비판을 전적으로 핵심을 놓친 것으로 간주하면서도, 사실 자신들이 각각의 일반화를 재일반화하는 내적 논리를 보여 줄 필요가 있었기 때문에, 스스로 외부 원인들의 영향력을 명료하게 보이지 못했다고 비판해 왔음을 상기시킨다. 비고츠키 자신의 비판은, 각각의 단계(혼합적 형성체, 복합체, 그리고 선개념)에서 어린이는 다시 시작해야만 한다는 것이다. 바꿔 말하면, 다양한 일반화들은 **재일반화된** 것이 아니었다. 이런 이유 때문에, 개념들의 진정한 '자율적인 자기-이동'이 빠뜨려졌다(예를 들면, 5장에서 저자는 우리에게 의사개념이 개념과 어떻게 다른지를 보여 주었지만, 그러나 실제로 우리에게 어떻게 의사개념이 진 개념으로 재일반화될 수 있는지에 대해 언급하지 않았다). [6-6-28~6-6-30]

X 이런 단점들은 실제 개념에 대한 연구를 통해 **극복되었다**. 실제 개념들을 연구함으로써(예를 들면, 어린이들이 어떻게 다른 숫자 체계와 대립되는 것으로 숫자의 십진법 체계를 의식적으로 파악하는가를 연구함으로써), 비고츠키는 자신이 '복합체'라고 생각했던 것이 하나의 일반적 표상들이 아니라 오히려 많은 지각들의 일반화였음을 확립한다. 비고츠키의 '아동 발달'에 관한 미완의 원고(참고 Kim 2010)에 따르면, 지각은 초기 아동기를 지배했던 일반화의 형태이다. 그래서 복합체는 실제로 이전 시기 중심 일반화의 일반화이고, 그리고 실험에 출현하는 것처럼 하나의 일반적 표상이 아니다. 똑같은 방식으로, 진개념(예를 들면, 한정된 양이기보다는 양들 사이의 관계인 대수적인 수 개념)은 선개념(고정된 양인 산술적 수 개념)의 일반화이다. [6-6-28, 6-6-31~6-6-38]

XI 혼합적 형성체들(더미들)은 복합체들(대상들의 무리들)에 연관된다. 선개념들(고정된 양들)은 진개념들(대수적인 수들)에 연관된다. 그러면 복합체들은 어떻게 선개념들에 연관될까? 선개념은 복합체의 재일반화(구체적인, 셀 수 있는 대상의 무리로부터 고정된 양을 분리)이다. 관념의 추상화(수들)는 사물의 추상화(대상들)와 다른 것이 사실이지만, 전자의 추상화는 그럼에도 불구하고 확고하게 후자의 추상화에 **기초한다.** [6-6-32~6-6-36]

XII 개념들을 추상화하는 것은 사례별로 한 건씩 이루어져야만 하는 것이 아니다. 오히려 **한 번의 대 약진**이면 종종 어린이의 관념 모두를 재변형하는 데 충분하다(우리는 종종 이를 목도한다. 예를 들면 문법 시간에 몇몇 동사에 대해 시제를 배우고 나면 어린이가 아는 모든 동사의 형태를 바꾸는 데 충분하다). 이런 이유로 일상적 개념들을 과학적 개념으로 변형하는 것이 그렇게 광범위한 효과를 가진다. [6-6-37~6-6-41]

XIII 이어서 비고츠키는 관념이 어떻게 생각 거기에 연관되는지를 질문한다. 이전의 저작(예를 들면, 뷔르츠부르크 학파의 그리고 뷜러 같은 게슈탈트주의자의 저작)은 이것이 단순한 연합이 아님을 보여 주었다. 거기에서 사람들이 관념들 사이에서 만든 연결들은 자의적 혹은 기계적인 것이 아니라 유의미하고 의도적인 것이다. 그렇지만, (아흐Ach, 리마트Rimat, 그리고 물론 레온티에프Leontiev에 공통적인) 관념들이 목표들과 수단들에 의해 늘 연관된다는 것은 현상학적인 발상이다. 바꿔 말하면, 심리학의 외부로부터 유래한다는 발상이다. 게슈탈트주의자(구조주의자)의 발상도, 관념들이 '심리적 구조'를 형성한 결과라는 게슈탈트주의자(구조주의자)의 발상도, 또한 **결점**들을 가진다. [6-6-42~6-6-44]

A) 구조주의자의 관점은, 구 연합주의자의 관점이 그랬던 것처럼, 지각에서, 기억에서, 그리고 생각에서, 관념들 사이의 연관이 근본적으로 **똑같은 것**이라고 추정한다.

B) 구조주의자의 관점은 초등 심리 기능들(말이 관여하지 않는 지각, 비논리적 기억) 그리고 고등심리기능들(말로 하는 생각)을 **변별할** 수 있는 분명한 기준을 우리에게 제공하지 않는다. 이 시점에서 생각은 아직 시각 장場에서 독립적이지 않기 때문에 한 살의 위기에서 우리가 보는, 어린이 말(자연발생적인 말, 즉 옹알이)의 첫 번째 단계에는 충분하지만, 어린이가 말을, 그리고 말을 가지고 시각 장場과 상상 장場을 변별할 수 있는 능력을 획득하게 되면 이것이 많은 것을 설명하지 못한다.

XIV 비고츠키는, 지구본의 일반성 정도는 우리에게 생각의 고등 단계에서 관념들 사이의 연관을 제공한다고 말한다. 같은 '동에서 서로' 평행한 선을 따라 개념들(예를 들면, 고래와 상어를)을 **변별함**으로써, 어린이는 또한 '북에서-남으로' 자오선을 따라(한편으로 고래와 포유류를, 다른 한편으로 상어와 물고기를) 일반화하는 것을 배운다. [6-6-45~6-6-47]

XV 지구본의 일반성 정도는 또한 정말로 어떻게 **생산적인** 생각이 발생할 수 있는지를 설명한다. 연역적 논리가 정말로 생산적이지 않다는 것을 이미 보여 주었다. 잠시 언급하면, 예를 들어 우리가 모든 인간은 죽는다고 말할 때, 우리는 소크라테스가 죽는다고 실제로 말하고 있는 것인데, 이는 소크라테스가 '모든 인간'에 포함된다는 것을 이미 알고 있기 때문이다. 생산적인 생각이 발생하기 위해서는, 하나의 논리적 구조와 구조 의존의 법칙은 충분하지 않다. 예시하면, 제시된 문제 X는 구조 A로부터 구조 B로 자신의 길을 얼마간 발견해야만 한다. 비고츠키가 주장한 바에 따르면, 이것은 구조 A와 구조 B가 공통된 상위 구조에 연관되는, 그리고 문제 X가 구조 B로 다시 내려오게 될 지점을 발견함으로써, 지구본의 일반성 정도를 따라 발생한다. [6-6-48]

XVI 발달 문제는 각각의 일반화 구조(복합체, 선개념, 개념)가 아주 특수한 일반성의 관계 체계를 가지고 있다는 것이다. 그 체계 내에 구조와 기능의 통일이, 개념과 어린이가 개념을 가지고 수행할 수 있는 조작의 통일이 있다. 물론 통일은 동일성entropy을 의미하지 않으며, 도리어 새로운 기능들과 새로운 구조들의 발달을 추동하는 오래된 구조들의 **긴장**이다. [6-6-49]

2) 식물, 꽃, 장미, 이 낱말의 의미가, 즉 각 낱말의 개념이, 일반적으로 나타내는 바는, 각 낱말의 일반성은 너무도 차이가 난다. 그리고 그러한 개념 간의 수직적 관계는 특정한 관계를 가지고 있다. 누구나 알고 있듯이, 개념의 위계는 최상층에 식물, 그 밑에 꽃, 맨 밑에 장미가 놓인다. 마찬가지로 누구나 짐작하듯이, 식물이 가장 많은 구체적인 것을 포함하여 표현될 수 있는 개념이다. 개념이 개별이 아닌 일반으로 지칭할 수 있는 성질을 일반성으로 이해할 수 있다. 대부분의 경우, 일반성이라는 말에는 그 밑으로 특수한 것과 개별적인 것이 놓일 수 있다는 것을 전제한다. 위에 예로 든, 장미가 세 중에서 가장 개별적인 것이지만, 장미는 그 자체로 너무도 일반적인 의미임을, 그 밑에는 특수한 형태의 장미들(예. 흑장미, 백장미)이, 게다가 그러한 특수한 장미 밑에는 좀 더 구체적인, 개별적인 장미들(예. 영국 원산의 흑장미, 한국에서 교배한 흑장미)이 놓일 수 있음을 독자라면 잘 알고 있을 것이다.

3) 이 문단의 진술을 통해 5장에서 확립한 범주에 6장을 구속시키지 않을 것임을 저자는 분명히 한다. 이러한 변화는 세 가지 측면에서, 즉 정치사회적 측면(아동학과 노동학교 중심의 교육과정에 대한 비판), 이론적 측면(개념과의 계서(위계)가 일반과 개별의 관계를 이해하는 데 필수), 방법론 측면(실험실과 실제 삶에서 개발 발달도 일반성에서의 차이도 다름)에서 추측할 수 있다.

4) 한 낱말의 의미가 일반화의 다른 두 수준을 가질 수 있다는 것이다. 예를 들면, '꽃'-다년생, 일년생(개념구조)과 '꽃'-장미, 봉선화, 할미꽃, 수선화 등(복합체 구조)에서 둘 다 '꽃'은 모든 꽃을 지칭한다.

5)

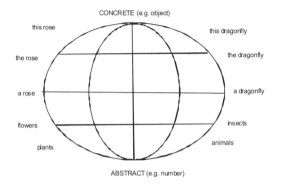

6) 정서적 체험, 생생한 경험переживании: 느낌의 경험, 정서적 경험, 일이 벌어질 때의 기분 그런 것임. 이 개념은 '낱말의 의미'가 생각과 말을 분석하기 위한 단위였듯이, 의식을 분석하는 단위이다(참고, 『Vygotsky Reader』, p. 342). 『생각과 말』은 마르크스의 『자본론』처럼 3부작으로 의식을 규명하고자 하는 3부작의 시작이었다고 한다. 여기서 의식의 측면 중에 상대적으로 접근하기 쉬운 '이성'적 측면에 접근하였다면, 다른 한 측면은 분명히 '감정'적 측면이었을 것이고 이를 위한 분석 단위로 '생생한 경험'을 이미 설정해 두었음을 짐작할 수 있다.

7) 비고츠키는 5장과 6장을 연관시켜야 하는 이유 세 가지를 제시하고 있다. 5장과 6장을 연결시킴으로써,

A) 방법적 : 실험을 위한 이론적 측면과 경험적 측면에 이어 방법론적 측면을 정교하게 다듬었음. 과학적 개념을, 인위적인 개념에서 실제 개념으로 가는 길을 이어주는 일종의 중간 기착지로 보고 있다.

B) 발견적: 일반성의 체계를 발견. 5장은 위계가 한 수준(장미- 꽃)이었음.

C) 이론적: 발달을 추동하는 일반성의 관계와 일반성의 구조 사이의 잠재적인 갈등을 발견.

8) 과잉일반화의 오류에 대한 비고츠키적 설명이라고 볼 수 있다.

9) 베르타이머(Max Wertheimer, 1880-1943). 체코 출생. 유태계 독일인. 강의노트를 엮은 『운동시運動視의 실험적 연구』를 통해 게슈탈트(형태주의) 심리학을 창시했음. 사후에 출판된 『생산적인 생각』(1945)이 있다.

6-7¹⁾

6-7-1] 이와 같이 우리는 우리 연구의 주요 결과에 대한 설명을 마치고, 이러한 결과들에 비추어 과학적 개념과 일상적 개념 사이의 본질적 차이점이 무엇으로 구성되어 있는지 설명할 수 있겠다. 앞에서 말한 것을 종합해 볼 때 우리는 두 유형의 개념 사이의 심리적 성질상 온전하고 완전히 그 차이를 결정하는 중심점을 진술할 수 있을 것이다. 이 중심점은 **체계가 있느냐 없느냐**에 있다.²⁾ 체계 밖에서는 개념은 한정된 체계 안에서 발견되는 것과는 사뭇 다른 관계를 대상과 맺는다. '꽃'이라는 낱말이 대상과 가지는 관계는 어린이가 '장미', '제비꽃' 또는 '백합'이라는 낱말을 아는 경우와 그렇지 않은 경우에 서로 완전히 다르다는 것이 밝혀졌다. 체계 밖에서 개념이 가질 수 있는 유일한 관계는 대상 자체들 사이에 확립된 관계들, 즉 경험적 연결들이다. 유아기에서, 행동의 논리와 지각 유형에 있어서 혼합적 연결의 우세성이 이로부터 비롯된다. 개념 대 개념의 관계의 체계가 나타나는 순간, 즉 다른 개념과의 관계를 통해 매개되는 개념과 대상의 관계가 나타나는 순간 우리는 일반적으로 개념과 대상 사이의 새로운 관계를 보게 된다. 개념은 초경험적인 연결을 가능하게 한다.

6-7-2] 특별한 연구를 통하여, 피아제가 확립하였던 어린이 생각의 모든 특징들, 즉 혼합주의, 모순에의 둔감함, 명제들을 병렬적으로 나열하는 경향 등이 어린이의 자연발생적 개념 내의 체계적 조직의 부재로 인하여 어떻게 하나

의 통합된 전체로 나타나는지 보일 수 있을 것이다. 피아제 자신은, 우리가 보았던 바와 같이, 어린이의 자연발생적 개념과 어른의 개념을 분별하는 핵심 요소는 전자의 비체계적 특징과 후자의 체계적 특징이라는 것을 알고 있다. 바로 이 때문에 피아제는 어린이 발화 속에 포함된 자연발생적 개념을 드러내기 위해서는 그 발화로부터 모든 체계의 흔적을 지워야 한다는 원칙을 제안한 것이다. 이 원칙은 논박의 여지가 없으며 정확하다. 그 자체의 본성에 따라 자연발생적 개념은 모든 체계의 밖에 있다. 피아제는 "어린이는 별로 체계적이지 않고 별로 일관적이지 않으며 별로 추론적이지 않다. 어린이는 일반적으로 모순을 피하려는 욕구를 갖지 않으며 다양한 명제들을 통합함 없이 병렬적으로 나열하는 것을 선호하고, 요소를 깊이 있게 분석하지 않고 혼합적인 도식으로 나타내는 것에 만족한다. 환언하면 어린이의 생각은, 행동이나 환상과 관계있는 태도의 총체와 더욱 유사하며 ……자기 의식적이고 체계적인 성인의 생각과 거리가 멀다"고 한다. 피아제는 체계의 부재로부터 자연발생적 개념의 핵심적 특징을 보고자 했다. 그러나 그는 비체계적 조직이 단순히 어린이 생각의 여러 특징 중 하나가 아니라 어떤 의미에서, 피아제가 열거한 모든 어린이의 특성들이 도출되는 뿌리가 된다는 것을 알지 못한다.[3]

6-7-3] 우리는 이 모든 특징들이 자연발생적 개념의 비체계적 특징으로부터 직접적이고 즉각적으로 흘러나온다는 것을 보일 수 있을 것이다. 우리는 자연발생적 개념의 복합체 체계에서 우세한 일반성의 관계에 근거하여, 이 각각의 특징들을 개별적으로 또한, 총체적으로 설명할 수 있을 것이다. 우리는 전前 학령기 어린이의 개념에 (반영된-K) 복합체 구조에 고유한 일반성 관계라는 특정한 체계에서, 피아제가 기술하고 연구하였던 모든 현상을 설명할 수 있는 열쇠를 발견했다.

6-7-4] 비록 이것은 우리가 수행한 특별한 연구의 주제이지만 이를 피아제의 연구에서 나열된 어린이 생각의 특징들에 적용하여 도식적으로 설명해 보자. 어린이 생각에서 연결이 부족하다는 것은 개념들 간의 일반성의 관계가

발달되지 않았음을 직접적으로 보여 주는 것이다. 특히 연역의 부재는 바로 개념들 사이의 종적 관계의 발달이 일어나지 않아 일반성의 관계에서 수평적 선을 따르기 때문에 나타난다. 단순한 예로도 쉽게 나타낼 수 있다시피, 모순을 피하고자 하는 욕구는 개별 개념들이 그보다 상위의 개념에 종속되지 않은 생각의 형태에는 결코 존재하지 않는다.[4]

6-7-5] 모순이 생각에 있어 장애물로 느껴지려면 서로 모순되는 두 개의 판단 각각이 동일한 일반 개념의 특정한 사례로 간주되어야 한다. 그러나 이것이야말로 체계의 밖에 있는 개념 속에 존재하지 않고 존재할 수도 없는 것이다.

6-7-6] 피아제의 실험에서 어린이는 한 번은 공이 물에 가라앉는 이유가 공이 작기 때문이라고 했다가 다른 공에 비해서는 공이 크기 때문이라고 진술한다. 이 두 판단 사이에 명백한 모순이 있다고 느낄 때 우리의 생각에서 일어나는 일을 분석해 보면 모순을 알아차리기 위해 어린이의 생각에 필요한 것이 무엇인지 이해하게 된다. 연구가 보여 주듯이, 어떤 개념에 대해 두 개의 모순적 판단이 내려졌을 때 이 개념이 그에 상위하는 고유한 개념의 구조로부터 유래할 때에만 우리는 그 모순을 알아차리게 된다. 그런 후에야 우리는 동일한 것에 대해 두 개의 모순된 판단을 내렸다는 것을 느끼게 된다. 그러나 어린이에게는 일반성의 관계의 발달이 완성되지 않았기 때문에 이 두 개의 개념이 하나의 상위 개념의 구조 아래 재통합될 수 없다. 이 때문에 어린이는 서로 배타적인 두 개의 판단을 내리는 것이다. 어린이의 입장에서는 이 판단은 하나의 동일한 것이 아닌 두 개의 개별적 대상에 적용되는 것이다. 어린이 생각의 논리에서 개념들 사이에서 유일하게 가능한 관계들은 대상들 자체에 존재하는 관계들뿐이다. 어린이의 판단은 순수하게 경험적인 진술의 특징을 가진다. 일반적으로 지각의 논리에는 모순이라는 것이 없다. 여기서 어린이의 두 개의 판단은 언제나 올바르다. 이들은 어른들에게는 모순일지 몰라도 어린이에게는 그렇지 않다. 관념의 논리에는 모순이 존재하지만 지각의 논리에는 존재하지 않

는다. 자신의 진술이 틀림없다는 것을 나타내기 위해 어린이는 사실의 명백성과 논박 불가능성을 내세울 것이다. 우리가 실험 도중에 어린이에게 모순성을 파악시키기 위한 시도를 하자, 어린이들은 종종 "하지만 제가 그것을 보았어요"라고 말하였다. 어린이가 한 번은 작은 공이, 또 한 번은 큰 공이 가라앉는 것을 본 것은 사실이다. 어린이의 판단에 포함된 관념도 실제로는 다음과 같을 뿐이다. 즉 나는 작은 공이 가라앉는 것을 보았고 큰 공이 가라앉는 것을 보았다. 실험자의 질문에 대해 나타난 어린이의 '왜냐하면'이 실제로 어린이가 인과적 의존성을 확립했다는 것을 의미하지는 않는다. 이는 어린이가 이해할 수 없는 것으로, 문장 완성하기의 과제에서 보여 주었던 무의식적이며 자발적으로는 사용할 수 없는 부류의 '왜냐하면'일 뿐이다.

6-7-7] 이와 동일하게, 명제의 병치는 상위의 일반성의 정도를 가지고 있는 개념으로부터 하위의 개념으로의 이동이 없을 경우 필연적으로 나타나게 된다. 혼합적 도식들 역시 어린이 생각에서 경험적 연결과 지각의 논리가 지배함을 전형적으로 보여 준다. 이 때문에 어린이는 자신이 가진 인상의 연결을 통해 대상들 사이의 연결을 이해하는 것이다.

6-7-8] 연구가 보여 준 바와 같이, 어린이의 과학적 개념은 이러한 현상들을 나타내지 않으며 그들의 법칙에 종속되지 않고 그들을 변형시킨다. 개념 발달의 각 단계를 지배하는 일반화의 구조는 그에 상응하는 개념 간 일반화의 관계 체계와 각 단계에서 가능한 전형적인 사고 작용의 전체 범위를 결정한다. 이 때문에 피아제가 기술한 어린이 생각의 모든 현상이 유래하는 근원을 밝히는 것은 그에 대해 피아제가 제공한 설명에 대한 근본적 재검토를 필요로 하는 것이다. 이 특성의 원천은 꿈의 논리와 행동의 논리를 절충시키는 어린이 생각의 자기중심성이 아니라, 자연발생적 개념으로 엮인 생각에 나타나 있는 개념들 사이의 특정한 일반성의 관계이다. 피아제가 기술한 특정한 생각의 이동이 어린이에게서 나타나는 것은 이 개념들이 어른들의 개념에 비해 실제 대상과 멀리 떨어져 있거나, 이들이 여전히 어린이의 자폐적 생각의 논리에 젖어

있기 때문이 아니라, 이것들이 어른의 개념에 비해 대상과 더 가깝고 직접적인, 다른 유형의 관계를 갖고 있기 때문이다.[5]

6-7-9] 이 때문에 원래 생각의 이동을 지배하던 규칙은 자연발생적 개념의 영역에서만 유효하게 된다. 어린이의 과학적 개념은 그들의 다른 성질을 증명하며 애초부터 다른 특성을 가진다. 다른 개념들의 의미로부터, 그리고 위로부터 나타나므로, 과학적 개념들은 학습의 과정에서 성립된 개념들 사이의 일반화의 관계 덕에 탄생하게 된다. 그 성질상 그들은 모종의 이러한 관계, 모종의 체계를 포함한다. 이 과학적 개념을 포함하는 형식교과는 어린이의 모든 자연발생적 개념의 영역을 재조직함으로써 나타난다. 여기에 어린이의 정신 발달의 역사에 형식교과가 엄청난 중요성을 갖는 이유가 있다.[6]

6-7-10] 원래 이 모든 것이 피아제의 이론에 잠재하고 있다. 따라서 이 입장을 받아들인다고 해서 피아제가 서술한 현상에 대해 어리둥절하게 되지 않을 뿐더러 오히려 처음으로 이 사실에 대해 적절하고 진정한 설명을 할 수 있게 된다. 피아제의 체계는 그 안에 포함되어 있는, 잘못된 생각의 쇠줄로 묶인 사실들의 엄청난 힘으로 인해 내부로부터 폭발했다고 우리는 말할 수 있을 것이다. 피아제 자신은 클라파레드의 이론인 의식적 파악의 법칙에 의지한다. 즉 개념의 자연발생적 사용이 가능하면 할수록 그에 대한 우리의 의식은 줄어들게 된다. 따라서 자연발생적 개념은 그 성질상 그들을 자연발생적 개념으로 만드는 것으로 인해 비의식적으로 되며 의지적으로 사용할 수 없게 된다. 우리가 본 바와 같이, 이 비의식적 특징은 일반화의 부재, 즉 일반성의 관계 체계의 발달에 있어서의 미완성을 나타낸다. 이와 같이 개념의 즉각성과 비의식적, 그리고 즉각성과 체계에의 비소속성은 같은 의미를 가진다. 또한 반대로, 과학적 비자연발생적 개념들은 그 속성상 그들을 과학적 개념으로 만드는 것에 인해 처음부터 의식적 파악의 대상이 되어야 하며 또한 처음부터 체계 내에 속해 있어야 한다. 이 문제에 대한 피아제와 우리의 모든 논쟁은 다음과 같이 정리될 수 있다. 즉, 체계에 포함된 개념은 체계에 속하지 않는 개념을 밀어 내고 교체

의 법칙에 따라 그 자리를 차지하는가, 아니면 그들은 체계에 속하지 않는 개념을 토대로 발달하여 어린이의 개념 영역에서 최초로 규정된 체계를 창조하며 후에 이 후자(체계 밖의 개념-K)를 고유한 유형으로 빚어내는가. 이처럼 체계는 핵심적 지점으로서, 학령기 모든 개념 발달의 역사는 이를 중심으로 돈다. 이것이 과학적 개념의 발달과 더불어 어린이 생각에서 일어나고 어린이의 생각을 고등의 지적 수준으로 진보하게 하는 새로운 것(신형성체- K)이다.[7]

6-7-11] 과학적 개념의 발달을 통해 체계가 어린이의 생각에 가져온 핵심의 미를 고려할 때 생각의 발달과 지식의 습득 사이의 관계, 그리고 학교에서의 학습과 발달 사이의 관계에 대한 일반적인 이론적 질문이 동시에 해소된다. 알다시피 피아제는 하나를 다른 하나로부터 분리시킨다. 즉 피아제가 보기에 어린이가 학교에서 배운 개념은 어린이 생각의 특성에 대한 연구에 아무 관심거리가 되지 않는다. 이들은 이미 성숙한 사고의 특성에 물들었기 때문이다. 이 때문에 피아제는 생각에 대한 그의 연구를 구성함에 있어 학교 학습의 과정을 배제하였다. 그는 학교 학습의 과정에서 어린이에게 나타나는 모든 것들은 생각 발달의 분석의 대상에서 제외시킨다는 원리로 연구의 출발점을 삼았다. 피아제에게 있어 학교의 학습과 발달은 공통점이 없는 과정들이다. 그들은 두 개의 제각각인 독립적 과정들이다. 어린이가 학습한다는 사실과 어린이가 발달한다는 사실은 서로 간에 아무런 관계를 갖지 않는다.

6-7-12] 이 관념의 바탕에는 심리학에서 확립되어 온, 구조에 대한 연구와 생각의 기능에 대한 연구 사이의 단절이 자리 잡고 있다.[8]

6-7-13] 생각의 심리학은 그 시작부터 생각의 내용에 대한 분석으로 전락해 있었다. 지적 관계에 있어서 더욱 발달된 사람은 덜 발달된 사람과 비교했을 때 무엇보다도 그가 처리하는 표상의 양과 질, 그리고 이 표상들 사이에 존재하는 연결의 수에 탁월한 것으로 간주되었지만, 이 지적 조작들 자체는 가장 기본적인 생각의 수준과 가장 고등한 것이 동일하다고 생각되었다. 최근 지성의 측정에 대한 손다이크의 책은, 생각의 발달은 무엇보다도 서로 다

른 표상들 사이를 잇는 연결에서 전혀 새로운 요소를 형성하는 것이며, 벌레로부터 미국 학생에 이르기까지의 정신발달의 단계를 나타내는 연속 곡선을 그리는 것이 가능하다는 주장을 옹호하고자 하는 웅대한 시도로 쓰인 것이었다. 하지만 오늘날 이런 관점을 취하는 사람은 거의 없다.[9]

6-7-14] 흔히 이러한 관념에 대한 반동으로 이 입장과 반대되는 관념이 일어나곤 했지만 이 역시 원래 입장 못지않게 과장된 것이다. 우리는 일반적으로 표상들은 생각에서 아무런 역할을 하지 못한다고 여기고 개개인이 생각을 할 때 마음속에 일어나는 생각의 작용들 그 자체, 기능들, 과정에 주의를 기울이기 시작했다. 뷔르츠부르크 학파는 대상을 이렇게 보는 방식을 극단적으로 밀고 나아가, 생각은 낱말을 포함하여, 외적 현실을 나타내는 대상이 아무 역할도 하지 않는 과정이며, 순전히 추상적 이해와 비감각적, 추상적 관계로 이루어져 있는, 순수하게 정신적인 활동이라는 결론에 도달하였다. 이미 지적된 바와 같이 이 연구는 경험적 분석의 토대에 대한 일련의 실제적 관념을 진전시켰다는 것과 지적 작용의 진정한 특성에 대한 우리의 표상을 풍부히 했다는 데 그 긍정적인 측면이 있다. 그러나 실재가 생각에서 어떻게 표현, 반영, 일반화되는가 하는 것은 심리학에서 일반적으로 배제되어 왔던 질문이다.[10]

6-7-15] 오늘날 우리는 새롭게, 이러한 관점들이 얼마나 완전히 힘을 잃었으며 그 편파성과 불모성을 드러냈는지 보게 된다. 우리는 우리 연구의 고유한 대상이었던 것에 대한 관심이 부활하는 것을 발견한다. 생각의 기능들은 작용중인 생각의 구조에 의존하는 것이 명백해 보인다. 사실, 모든 생각은 의식에 표상된 실재의 부분들 간의 연결을 확립한다. 이 실재가 의식에 나타나는 방식은 생각의 가능한 작용들에게 있어 중요하지 않을 수가 없다. 다시 말하면, 생각의 다양한 기능들은 오직 기능하는 것, 이동하는 것, 이 과정의 기본이 되는 것에 의지하지 않을 수가 없다.[11]

6-7-16] 훨씬 더 간단하게 표현한다면 생각의 기능은 생각 그 자체의 구조에 의존한다. 어떤 지성이 이용할 수 있는 작용의 특성은 기능하는 생각이 어

떻게 구성되는지에 달려 있다. 피아제의 연구는 사고의 구조에 대한 관심을 극단적으로 표현한 것이다. 모든 현대 심리학과 더불어 피아제는 일반적으로 기능들은 발달의 과정에서 변하지 않으며 기능들은 구조 속에서 스스로를 변화시켜 그 결과 새로운 특징을 획득한다고 단언하였다. 피아제 연구가 가진 근본적 경향은 어린이 생각을 구성하는 것, 그 내적 구조, 그 내용의 풍부함에 대한 분석으로 돌아가는 것이다.

6-7-17] 그러나 피아제는 이 문제를 해결하지 못하였다. 그의 연구에서 생각의 구조와 기능 사이의 괴리는 완전히 한 구석에 밀려 있다. 이로 인해 학습은 발달로부터 분리된 것으로 간주되었다. 다른 측면을 위해 한 측면을 배제함으로써, 필연적으로 학교에서의 학습은 심리적 연구의 대상이 될 수 없다는 결과를 낳는다. 만일 처음부터 지식이 생각과 비교 불가한 것으로 간주된다면 이와 동시에 학습과 발달 사이의 관계를 밝히고자 하는 모든 시도의 길은 막히게 된다. 그러나 우리의 연구에서와 같이 생각에 대한 연구의 두 측면-구조적 측면과 기능적 측면-을 연결하고자 한다면, 만일 기능의 내용이 결국 어떤 정도까지는 기능의 방법을 결정한다는것을 인정한다면 이 문제에 접근이 가능해질 뿐 아니라 심지어 해결이 가능해진다.

6-7-18] 낱말의 의미 자체가 규정된 한 체계의 유형에 속해 있다면 특정한 일련의 작용들 또한 주어진 구조의 틀 안에서만 가능하며 다른 일련의 작용들은 다른 구조의 틀 안에서만 가능하다. 우리는 생각의 발달에서 내적 성질상 매우 복잡하고, 생각의 조직 자체의 내적 구조를 변화시키는 과정을 다루고 있다. 생각에 대한 구체적 연구에서 우리가 지속적으로 직면하게 되는 측면은 오직 둘뿐인데 이 둘은 모두 엄청난 중요성을 가진다.[12]

6-7-19] 첫 번째 측면은 어린이 개념 또는 단어 의미의 성장과 발달이다. 단어의 의미는 일반화이다. 이 일반화의 구조가 다르다는 것은 생각에서 실재를 반영하는 양식이 다르다는 것을 의미한다. 따라서 이는 개념들 사이의 상이한 일반성의 관계를 나타낼 수밖에 없다. 결국, 상이한 일반성의 관계는 어떤 생

각에 대해 가능한 상이한 유형의 작용을 결정한다. 기능의 양식과 특징들 자체는 기능의 내용과 이 기능이 구성된 방식에 의존한다. 이것이 바로 생각의 연구가 가지는 두 번째 측면이다. 이 측면들은 서로가 완전히 얽혀 있어서 하나를 위해 다른 하나를 배제하면 우리 연구의 포괄성이 상실되게 된다.

6-7-20] 이 두 측면을 하나의 단일한 연구로 통합함으로써 우리는 관련성, 의존성, 단위를 볼 수 있게 되는 반면, 일방적이고 배타적으로 한 측면만을 조명한 연구는 형이상학적 대립과 적대, 영속적인 갈등과, 아무리 잘해 봐야 두 개의 화합될 수 없는 극단 사이의 타협을 보게 했을 뿐이다. 자연발생적 개념과 과학적 개념은 우리의 연구에 비추어 보았을 때, 복잡한 내적 관계로 서로 연결되어 있는 것을 보여 준다. 더욱이 어린이의 자연발생적 개념에 대한 우리의 분석을 끝까지 밀고 나갔을 경우, 이들은 어느 정도까지는 과학적 개념과 유사하게 보이며, 따라서 미래에는 이 둘에 대한 통합적 연구의 노선이 가능함이 드러나게 된다. 학습은 학령기에만 시작되는 것이 아니다. 학습은 전 학령기에도 일어난다. 미래의 연구는 과학적 개념이 학교에서의 학습의 산물인 것과 같이 어린이의 자연발생적 개념은 전 학령기 학습의 산물이라는 것을 잘 보여 줄 수 있을 것이다. 우리는 이미 각 단계에는 그에 상응하는 학습-발달 사이의 특정한 유형의 관계가 있음을 알고 있다. 각 연령기에 따라 발달이 이 관계의 특성을 변화시킬 뿐 아니라 또한 학습이 각 단계에서 완전히 특정한 조직, 즉 고유한 내용을 가지며, (무엇보다도 중요하게는) 학습과 발달 사이의 관계는 각 연령에 따라 특정하다. 다른 연구에서 우리는 이 생각을 세부적으로 발달시킬 기회가 있었다. 여기서는 장래의 연구가 보여 주어야 할 것, 즉 어린이의 자연발생적 개념이 가지는 고유한 성질은, 전 학령기를 지배하며 초기유년기의 자연발생적 유형의 학습과 학교에서의 반응적 유형의 학습 사이의 전이를 형성하는, 소위 이행적인 자연발생적-반응적 유형의 교수-학습이라 불리는 학습과 발달 사이의 관계에 온전히 의존한다는 것만을 밝히고자 한다.[13]

6-7-21] 미래의 연구가 구체적으로 어떤 것을 보여 주어야 할지에 대해서는 지금 추측하지 않겠다. 우리는 새로운 방향으로 한 걸음을 내디뎠을 뿐이고 이에 대한 정당화를 위해서 다음의 진술만을 하겠다. 비록 이 첫걸음이, 우리가 간단하다고 생각해 왔던 학습과 발달 그리고 자연발생적, 과학적 개념의 발달에 대한 질문을 복잡하게 만들기는 했으나, 이는 장래의 연구가 밝혀 줄 대상의 진정한 상태가 가지는 진정한, 엄청난 복잡성과 비교할 때 매우 거친 단순화일 뿐이었다.

●

1) 6-7에서, 저자는 다시 피아제로 돌아가서, 체계의 부재(the lack of system)가 피아제의 설명(자기중심성)보다 피아제 연구에 기록된 어린이 생각의 특징들을 더 잘 설명한다는 것을 입증한다. 저자는 이어서 (낱말 의미의 발달로 나타난) 일반화의 특정 구조를 제대로 이해하는 것이, 발달을 표상들의 축적 정도로 기술하는 손다이크언의 방식보다 그리고 전적으로 표상(낱말)들을 무시하는 뷔르츠부르크언의 방식보다 발달에 대한 더 나은 설명을 제공한다고 주장한다. 발달은 낱말 의미의 발달이기 때문에, 취학 전 기관preschool은 지각에 의존하는 자연발생적 개념들과 낱말에 의존하는 '수동적' 개념 **사이** 어딘가에 위치시킬 필요가 있다.

   I 비고츠키는 우리에게 피아제가 언급한 어린이 생각의 특징들(연역의 결여, 종합보다는 병치, 분석보다는 혼합주의)을 생각하게 한다. 저자는 이것들이 실제로는 피아제가 취한 방법론의 산물임을 입증한다. 피아제의 방법론은 처음부터 체계의 모든 흔적을, 이것들은 어른 간섭에 대한 반응들일 뿐이고 어린이 생각의 특징들의 진정한 반영들이 아니라는 이유로 체계의 모든 흔적을, 제거한다. 어린이는 체계가 없기 때문에, 어린이는 더 일반적인 명제로부터 더 특수한 명제를 연역할 수 없다. 어린이는 두 예를 종합하기 위하여 상위의 개념을 활용할 수 없기 때문에, 어린이는 구체적인 현상들을 단순히 병치한다. 어린이는 추상에 의존할 수 없기 때문에, 어린이는 피아제가 혼합주의라고 부른 과도히 구체적인 연관들에 의지한다. 무엇보다도, 체계가 없기 때문에, 어려움 혹은 모순을 느끼지 못한다. 그 까닭은 우리가 모순을 경험하기 위해서는 현상이 정말로 충돌하는 좀 더 추상적인 기반들을 가질 필요가 있기 때문이다. 우리가 물에 가라앉은 구슬을 어린이에게 보여 주고 왜 그렇게 되었냐고 물어보자, 어린이는 구슬은 작기 때문에 구슬이 가라앉는다고 대답했다. 우리는 이어서 어린이에게 물에 떠 있는 구슬을 보여 주고 왜 그렇게 되었냐고 물어보았다. 어린이는 구슬이 작기 때문에 구슬이 떠 있다고 말했다. 어린이는 그가 보는 것에 따라 응답하고 있다. 즉 거기에는 작음과 큼이 다른 결과를 낳아야만 할 더 추상적인 지형이 없다. 체계의 부재가, **초경험적** (비지각적) **개념들'**의 부재가 피아제가 자기중심성이라고 지칭한 자폐적 꿈과 논리적 활동의 혼합보다 이 모든 현상에 대한 더 나은, 더 일관성 있는 설명이다. [6-7-1~6-7-7]

   II 체계에 근거한 한 구조가 단순히 체계에 근거하지 못한 한 구조를 대체한다는 피아제의 관점은 처음부터 체계를 제거해 버렸던, 피아제의 방법이 지닌 환상이다. 그러나 이것은 현실 문제에 대한 전형적인 **구조주의자들**의 대응이기도 하다.

즉 심리학은 이전에 구조를 무시하려 했었고 생각의 발달을 순전히 내용 중심으로 기술하려 한다고 대응한다. 그렇듯 손다이크의 지능에 대한 책은, 정신발달의 전체는, 그가 가르치는 대학원 학생들에게 해부하라고 했던 지령이로부터, 표상들의 단선적인 축적으로 기술될 수 있다고 단순하게 주장한다. [6-7-8~6-7-13]

III 그러나 이 관점에 대한 반동도 역시 과장되었다. 뷔르츠부르크 학파는 생각은 표상과 결코 관련되지 않는다는 결론을 내렸다. 이런 접근이 순수하게 지각적인 접근에서 생각의 설명을 한층 높였다는 중요한 효과를 가지는 것은 사실이다. 그러나 처음부터 말 표현wordings에 표상된 실재라는 문제를 제거함으로써, 손다이크안의 접근이 그랬던 것처럼 뷔르츠부르크 학파는 그 문제의 해결이 불가능하도록 만들었다. [6-7-14]

IV 비고츠키는 생각의 기능이, 생각이 그 안에서 발생하는 일반성의 구조에 의해 **범위가 정해진다**고 말한다. 이런 구조들은, 번갈아 가며, 그들이 표상하는 것의 구조에 의존하지만, 그러나 이런 구조들은 즉각적인 혹은 생각도 없는 방식으로 그것에 의존하지는 않는다. 모든 사고는 의식과 실재 사이에 어떤 연관을 확립한다. 발달하는 것은 그 연관의 성질이다. 우리는 (뷔르츠부르크 학파처럼) 그 연관을 무시하거나 그 연관을 (손다이크처럼) 기계적이고 생각이 없는 것으로 만들 수는 없다. [6-7-15]

V 피아제의 저작은 우리를 구조가 기능을 어떻게 실현하는지에 대한 이런 관심으로 돌아가게 했다. 문제는 교수-학습을 발달로부터 떼어 내 생각함으로써, 피아제는 기능들이, 그리고 이어서 구조들이, 어떻게 변화할 수 있는지를 보여 줄 수 없었다는 것이다. 그러나 만약에 우리가 실재가 의식에 표상되는 방식이 낱말의 의미를 경유하는 것임을 그리고 낱말의 의미가 작동하는 구조는 발달하는 어떤 것임을 보여 줄 수 있다면, 우리는 이러한 낱말 의미들의 기능이, 더 일반적이고 더 추상적으로 되면서 어떻게 변화할 수 있는지를, 그리고 이와 함께 생각의 구조들도 어떻게 변화할 수 있는지를 보여 줄 수 있을 것이다. [6-7-16~6-7-18]

VI 비고츠키는 자신에게 **모든 것과 관련된** 것으로 보이는 문제의 두 측면을 지적한다. [6-7-19, 6-7-20]

A) 첫 번째 측면은 **낱말 의미**의 성장과 발달이다.

B) 두 번째 측면은 방식이다. 기능하는 한 낱말이 그것이 수행하는 기능과 그 기능이 만들어진 방식, 둘 다에 **의존**하는 방식이다. 만약에, 예를 들어, '사과'라는 낱말이 구체적인 대상들의 한 무리(한 복합체)를 가리키는 특정한 구조에 속한다면, 그러면 오직 특정한 조작들의 범위(지시하기, 명명하기, 언급하기 등등)가 가능하다. 다른 조작들의 범위(예를 들면, 분류하기, 정의하기, 예를 들기 등등)가 다른 구조의 경계(야생 능금, 산사나무 열매, 배 등등) 내에서 가능하다.

Ⅶ 비고츠키는 낱말 배우기는 초등학교에서 시작되는 것이 아니라 **취학 전 기관**의 대부분에서 시작된다고 언급하면서 이 절을 끝낸다. 그는 잠시 사색에 잠긴다. 학문적 개념이 초등학교 교수-학습의 일부인 방식과 흡사하게, '자연발생적' 개념은 취학 전 기관에서 있었던 교수-학습의 일부이고 교육 개혁에 역시 민감할 것임을 미래 조사는 보여 줄 것이다. [6-7-21]

2) '체계가 있느냐 없느냐'에 저자의 강조가 있다는 것을 표현한 번역본을 보지 못했다. 내용적으로도 방점이 찍혀야 하지만, 셰익스피어 문학에 정통한 저자의 감각(사느냐 죽느냐 그것이 문제로다[햄릿])이 돋보인다는 측면에서도 강조되어야 할 부분이다.

개념 체계 밖의 개념은, 어린이의 일상적 개념은 어린이가 직접적으로 경험한 것에 근거하여 인식 대상들을 연결하면서 확립된다는 설명이다. 5장에서 언급된 혼합적 더미, 복합체, 개념을 돌아보면, 현재 세계 대부분의 국가가 유치원과 초등학교 저학년 교육과정을 복합체에 근거하여 체험 중심으로 구성한 것이 이론적 근거가 있음을 알 수 있다. 구체성에, 복합체에 근거한 어린이의 일상적 개념이 풍부해야 사춘기에 추상성에, 개념에 근거한 개념 형성과 확대가 체계적으로 진행된다. 교육심리학의 두 대립하는 학파의 거장, 피아제(형식적 조작기)와 비고츠키는 추상적 개념 발달은 사춘기 이후(중학교 입학 후)라고 한다. 지나치게 추상적 개념을 초등학교 교육과정에 포함하는 것은 교육심리학의 내용에 근거를 두고 있지 않다.

3) 피아제는 어린이가 지닌 자연발생적 개념의 특징을 설명하고 있다. 이 문장과 다음 문장에서 설명하고 있다. 이 특징은 이 문장에서 3개, 다음 문장에서 3개, 총 6개를 설명하고 있는 것이 아니라, 이 문장에서 3개를 그리고 다음 문장에서 이 각각의 특징이 일반적으로 드러내는 현상을 부연 설명하고 있다.

러시아 원본에는 직접 인용부호와 말줄임표가 없다. 6-2 끝부분에 이미 이 부분은 인용되어 제시되었다.

피아제의 경험론을 비판하고 있다. 사실들을 개별적으로, 한 사실은 인과적이고 다른 사실은 조건적이라고 해석하고 있음을 비판하고 있다.

4) 연역-종적(수직적), 귀납-횡적(수평적)을 전제하고 있다.

모순을 피하려면 개념 간의 위계가 확립되는 것이 전제되어야 한다는 의미이다. 7차 교육과정 초등 수학에서, 학습자에게, 특히나 초등학교 저학년에게도 요구하는 논리적 관계에 대한 체계적인 설명은 비고츠키의 설명과 양립하기 어렵다. 그것은 피아제의 구성주의에 근거한 '발견학습', '유도된 발견학습'에 근거한다.

인과적 범주에는 경험적·심리적·논리적 인과관계가 하위 개념으로 설정된다. 실험에서 보인 인과관계는 경험적 인과관계에 속하고, 논리적 인과관계에는 속할 수 없다는 이야기이다.

5) '그들의 현상', '그들의 법칙', '그들을'은 이제까지 언급한 어린이의 자연발생적(일상적)

개념이다. 2장에서 살펴 본 비고츠키의 어린이관이 압축적으로 반복되고 있다. 그에 따르면, 어린이는 태어날 때부터 실재론자이고, 심지어 사회적 실재론자이다. 어린이가 실재와, 심지어 사회적 실재와 갖는 관계는 성인이 맺는 관계보다 더 멀고 덜 독립적이지 않으며 더 가깝고 더 독립적이다.

6) 비고츠키가 여기서 지칭하고 있는 법칙은 피아제가 발견한 어린이 생각의 특징들이다. 예를 들면, 자기중심성이 그것이다. Lemke가 자신의 저서『Talking Science』에서 기술한 '의미적 관계'(thematic relation)이다.

7) "자연발생적 개념은
   A) 자신을 자연발생적으로 만들고(발생적),
   B) 의지적 적용을 의식하지 못하게 되고(기능적),
   C) 의지적 적용에 적합하지 않게 된다(구조적)."

이 문장을 '세 측면에서 분석하기'Triangulation가 적용된 문장으로 번역한 자료를 찾을 수가 없었다.

저자는 "자연발생성=비의식성=비체계성, 자연발생적=비의식적=비체계적"으로 제시하고 있다. 미주에서 계속해서 강조하는 '세 측면에서 살펴보기'의 예이다. 저자는 대상을 세 측면에서 발생적, 기능적, 구조적 측면에서 접근하며 대상을 분석하고 있다. 이런 분석을 '인과적 역동성'을 찾는 분석이라고 한다.

이것이 비고츠키가 선보인(발생적), 추가한(기능적), 확립한(구조적), 변증법적 유물론의 '인식과정'이다. 자연발생적 개념을 설명한 조금 전의 문장과 비자연발생적인 과학적 개념을 설명하는 이 문장은 대구對句를 이루고 있다. 원문은 대체하는 것이냐 아니면 발달하는 것이냐를 명확하게 알 수 있도록 문형을 취하고 있다. 결국, 대체냐 아니면 발달이냐는 것이다.

발달과 연계되어 눈에 들어오는 낱말이 변형과 창조다. 체계 내의 개념은 체계 밖의 개념들이 발달, 변형, 창조된 것이라고 저자는 설명하고 있다.

신형성체는 5장에서 언급되었다. 신형성체는 의식적 파악과 의지적 숙달을 가능하게 하는 추상적 관계들의 체계이다.

8) 역사적으로의 의미는 오랜 시간 동안 진행되었다는 것이 아니라, 역사적 의미를 지니는 그런 것으로 봐야 한다.

1930년대 초에, 비고츠키는 피아제를 구조주의자로 단정하고 있다. 이는 당시로서는 너무 성급한 단정일 수 있었지만, 결국 피아제가 20세기 중반 이후 구조주의의 주요 인물이 되었으므로, 놀라운 통찰력, 선견지명이었던 셈이다.

9) 최근에 나온 책은 1926년 출판된 손다이크의『지능 측정』이다.

10) 대부분의 학자들이 '생각의 자료에 복종하는 것'을 '표상'으로 번역했다.
저자는 순수하게 내용에 근거한 심리학과 순수하게 구조적인 심리학을 지양止揚하고 있다. 저자의 변증법적 종합은 낱말은 생각에 내용과 구조 둘 다를 제공한다는 것이다. 저자는 처음부터 이러한 일을 할 수 없었다. 생각의 형식과 내용을 변증법적으로 종합하기 위해서는, 우리는 먼저 그것(형식과 내용)을 나누어야만 하고, 사회문화적 낱말 체계에서 공통된 심리적 토대를 발견해야만 했다. 대상-지향적인 그리고 체계성이 부족한 혼합적 생각과 복합적 생각은 제한된 역할만을 할 수 있었을 뿐이다. 이러한 5장의 한계를 저자는 인식주체-지향적인 것으로, 체계를 파악하는 것으로 6장에서 극복하려 했다.

11) 원문은 비문이다. 참고한 모든 번역본은 "생각은, 의식에 어떤 방식으로 표상된 실재의 부분들 간의 연결을 확립한다"는 의미로 번역하였다. 나는 "생각은, 의식에 실재의 부분들을 표상하는 어떤 방식 간의 연결을 확립한다"는 의미로 파악하는 것이 더 적절하다고 생각한다. 체계, 개념 발달 등을 함께 생각한다면 나의 해석이 더 적절하다고 생각한다.

(기능)무엇이 기능하는가, (발생)무엇이 이동하는가, (구조)무엇이 이 과정의 토대인가, 생각의 다양한 기능들을 이렇게 세 측면에서 분석하고 있다.

12) 저자는 7장에서 의식규명을 위해 사고와 낱말의 관계를 논한다. 최종 장章에서 사고와 낱말을 이야기하려는 의도를 암묵적으로 드러내고 있다.

13) 비고츠키(1934),『학령기 교수-학습과 발달의 문제』와 비고츠키(1935),『전 학령기 교수-학습과 발달』을 지칭한다. 후자는 비고츠키(1978),『사회 속의 정신』 6장에 실렸다. 2009년 출판된『마인드 인 소사이어티』를 참고할 수 있다.

6-8 [1]

6-8-1] 앞에서 말한 것에 비추어 볼 때 쉬프가 수행한 일상적 개념과 과학적 (즉, 사회과학적) 개념의 비교 연구 및 학령기 어린이에게 있어서 그들의 발달에 대한 연구는 두 가지 측면에서 그 중요성이 있다. 이 연구의 최우선적이고 가장 시급한 과제는 일상적 개념에 비하여 과학적 개념이 취하는 고유한 발달 경로에 대한 우리 작업가설의 구체적 부분을 실험을 통해 검증하는 것이었다. 그 두 번째 과제는 이 경로를 교수-학습과 발달 사이의 일반적인 문제의 한 특정한 사례로 다룸으로써 밝히는 것이었다. 우리의 연구가 이 두 문제를 어떻게 해결했는지 여기서 다시 기술하지는 않을 것이다. 우리는 위의 연구가 이 두 문제를 해결하는지는 이미 개요를 그렸으며, 더 구체적인 논의는 연구 논문 자체에서 찾을 수 있다. 여기서는 이 문제들에 대해 우리가 처음 제시하기 시작한 대답들이 실험적 연구의 측면에서 완전히 만족스러워 보인다는 점만을 밝히고자 한다. [2]

6-8-2] 그러나, 이 두 문제를 다루면서, 우리는 이 문제에 대한 연구의 발전을 위해 필요한 배경을 제공하는 두 개의 부가적인 문제를 제기해야 한다.

6-8-3] 첫째는 지금까지 개념과 그 발달에 대한 심리 연구에 있어 유일하게 적합한 대상으로 여겨져 온 어린이의 자연발생적 개념의 성질에 관한 문제이다. 둘째는, 좀 더 좁은 범위의 연구인, 어린이의 개념과 그 발달에 관련된 연구가 수행되기 이전에 먼저 어떻게든 해결되어야 할 학령기 어린이의 심리 발달에

대한 일반적 문제이다. 물론 우리의 연구에서 후자의 이 두 문제는 첫 번째 두 문제와 같은 위치를 차지할 수 없으며 우리 관심의 중심이 아니라 주변부에 위치했다. 따라서 우리의 연구는 이들 문제의 해결을 위해 그 두 문제와 관련해서 오직 간접적인 데이터만을 제공한다. 그럼에도 이 증거는 이 두 질문에 대한 우리의 가설에서 발전된 생각들을 지지한다.

6-8-4] 이 연구의 가장 중요한 측면은, 그러나, 이를 통해 학령기 어린이의 개념 발달의 문제에 대하여 새로운 진술을 할 수 있게 되었다는 데 있다. 이 연구는 기존 연구들의 발견을 설명하고 본 연구의 발견에 의해 지지되는 작업가설을 제공한다. 나아가, 이 연구는 어린이의 실제 개념을 연구하는 방법들의 발달을 정교화 하였다. 그에 따라 이 연구는 실험적 개념에 대한 연구와 어린이의 실제 살아 있는 개념에 대한 연구 사이에 다리를 놓았을 뿐 아니라 어린이 정신 발달의 전체 역사에 있어 중심이 되며, 이론적으로나, 실제적으로 엄청나게 중요한 연구의 새 장을 열었다. 연구는 과학적 개념의 발달이 과학적으로 연구될 수 있음을 보여 주었다.[3]

6-8-5] 마지막으로, 이 연구의 실제적인 중요성은 그것이 아동심리학에서 진정한 심리학적 분석의 가능성을 열었다는 데 있다. 다시 말해서, 과학적 개념 체계의 학습에 있어서 발달의 원칙에 근거한 분석이 가능해진 것이다. 동시에 이 연구는 사회 과학의 교수-학습에 관련하여 일련의 교육적 결론을 제시한다. 비록 거칠고 도식적이기는 하지만, 이 연구의 결과는 사회과학의 교수-학습의 도중에 어린이의 머릿속에서 일어나고 있는 과정의 성질을 명확히 해 주기 때문이다.[4]

6-8-6] 우리는 본 연구에서 새로운 방향으로 향하는 우리의 첫 번째 시험적인 실험들이 불행히도 비껴갈 수 없었던 세 가지의 주요 오류를 발견한다. 첫째, 우리의 분석은 어린이의 사회 과학 개념들의 고유한 특징이 아니라 그 개념들의 일반적인 특징에 초점을 두었다. 즉, 이 연구에서 사회 과학 개념들은 과학적 개념의 특정하고 고유한 한 형태가 아니라 일반적인 원형으로 다루

어졌다. 이 새로운 연구 영역의 첫 번째 연구에서 과학적 개념의 특정한 사례로 사회 과학적 개념에 적합한 것을 찾기 위해서는 먼저 과학적 개념과 일상적 개념의 범위를 정하는 것이 필요했기 때문이다. 과학적 개념과 일상적 개념 사이의 경계를 확립하기 전에는 과학적 개념들 사이의 다양한 유형들(예를 들면, 산술, 자연과학, 그리고 사회 과학적 개념들)은 연구의 초점이 될 수 없었다. 이는 과학적 연구의 논리이다. 즉 연구자는 우선 일반적이고 포괄적이긴하지만 주어진 현상의 영역에 적합한 일반적 특성을 밝힌 후에야 각 영역 안에 존재하는 특정한 차이점들을 탐구한다.

6-8-7] 이는 이 연구에서 분석된 개념들이 대상 자체의 논리를 구성하는 기본적, 핵심적 개념의 체계가 아니라 서로 직접적인 연관이 없는 여러 개의 개별적 개념들인 이유를 설명해 준다. 이 개념들은 교육 프로그램을 구성하는 자료에서 단순히 경험적인 방법으로 선택되었다. 또한 왜 이 연구가 사회과학적 개념의 특정한 특징에 대해서보다는 일상적 개념과 비교하여 과학적 개념에 적합한 더 일반적 성질에 대해 더 밝혔는지도 설명해 준다. 마지막으로, 이것은 왜 이러한 사회과학적 개념들이 동일한 영역의 사회적 생활이 아니라 다른 영역으로부터 도출된 일상적 개념들과 비교되었는지 설명해 준다.[5]

6-8-8] 이 연구의 두 번째 명백한 한계는 그것이 개념 구조, 어떤 구조에 고유한 일반성의 관계들, 그리고 일반성의 특정한 구조 또는 특정한 관계들을 결정짓는 기능들을 다룸에 있어 너무 일반적이고 간략하며, 비구별적, 비분석적인 방법으로 연구한 데 있다. 보았다시피 이 연구의 첫 번째 주요 한계는, 사회 과학 개념들의 체계 내에서의 내적 연결이 개념 체계 발달과 관련하여 대단히 중요한 문제임에도 불구하고 이에 대한 접근을 불가능하게 만들었다. 이 연구의 두 번째 주요 한계는 동일하게 심각한 결과를 야기했다. 전체 학령기의 핵심이 되며, 실험적 개념과 그 구조에 대한 연구와 실제 개념들의 지적 작용 일반화에 있어서 그 구조와 기능들의 통일성에 대한 연구 사이에 유일하게 다리를 놓아 줄 수 있는, 개념 체계와 일반성의 관계의 문제가 충분히 다루어

지지 않았다. 이러한 단순화는 연구 문제에 대한 우리의 진술과 함께 도입된 바 있다. 우리는 우리가 원한 것보다 문제의 틀을 좁게 잡을 수밖에 없었다. 그 결과 실험에서 고려된 지적 작용에 대한 우리의 분석은 다른 조건하에서는 용납되지 못할 정도로 단순화되었다. 예를 들어 우리는 피아제가 했던 바와 같이 '~때문에'라는 말이 가지는 다양한 유형의 인과관계들, 또는 경험적, 심리적 그리고 논리적 의미들을 구분하지 않았다. 이러한 측면에 있어서 피아제의 연구는 우리의 연구보다 압도적인 우월성을 가지며 자연스럽게 학령기 내의 하위 구분을 없애는 것으로 널리 받아들여지도록 하였다. 우리는 더욱 기초적인 문제, 즉 과학적 개념 발달의 고유한 특징에 대하여 정확하고 확실한 해답을 얻기 위해 이러한 구분을 획득할 수 있는 능력을 의도적으로 희생하였다.[6]

6-8-9] 마지막으로, 이 연구의 세 번째 제한은 위에서 언급한 두 문제(이 문제들은 연구 도중에 솟아난 것들이다), 즉 일상적 개념의 성질과 학령기 어린이 심리발달의 일반 구조의 문제를 실험적으로 적절히 발달시키지 못한 데 있다. 피아제가 기술한 바와 같은 어린이 생각의 구조와, 일상적 개념의 근본 특징, 즉 비체계적이고 비자발적 성질, 그리고 학령기 어린이의 정신 발달의 일반 문제에 있어 근본적으로 실험 과정에서 개념 체계의 출현과 더불어 발달하는 의식적 파악과 의지에 대한 문제들 사이의 관계는 실험 과정에서 해결되지 않았을 뿐만 아니라 우리 실험의 대상과 해결 과제로 설정되지도 않았다. 그 이유는 이들 양자 모두를 최소한으로 이해하기 위해서라도 특별한 연구가 필요했기 때문이다. 그러나 이로 인해 필연적으로 이 연구에서 우리가 피아제의 근본 이론에 대해 가한 비판이 실험의 논리로도 지지받지 못하였고 그 결과 충분히 통렬한 비판을 가할 수 없었다.

6-8-10] 이와 같이 우리 연구의 제한점을 열거한 이유는 이들이 우리 보고서의 결론을 넘어서는 새로운 방향의 연구를 제시해 주기 때문이다. 이런 측면에서도 우리의 연구는, 새롭고 대단히 많은 열매를 약속하는 한 심리학적 연구의 영역으로의 첫 번째 적절한 노력이라고 할 수 있다.

6-8-11] 우리는 또한, 이 작업가설과 실험 연구가 연구의 시작에서 끝까지 과정에서는 여기 제시된 바와는 다소 다르게 나타났음을 인정하고자 한다. 살아 있는 연구의 역동적 과정은 그것이 기술된 정의적 공식과는 언제나 다르기 마련이다. 작업가설은 실험적 연구가 실행되기 전에 구성되지 않았으며 연구는 처음부터 완벽히 준비되고 정교화된 가설에 근거를 둘 수 없었다. 레빈의 말을 인용하면, 가설과 연구는 단일한 역동적 전체의 두 극단이다. 그들은 하나의 단위로 구성되고 발달하며 성장한다. 그에 따라 그들은 서로를 풍부하게 하며 서로를 밀고 끌어 준다.[7]

6-8-12] 우리의 견해로는, 우리 가설의 타당성과 생산성을 판단하는 가장 중요한 지표는, 동시에 발달된 실험적 연구와 이론적 가설이 서로 조화를 이룰 뿐 아니라 완전히 동일한 발견으로 이끌었다는 사실에 있다. 그들은 우리의 전체 연구에 중점 사항 —주요 생각—을 잘 나타내 준다. 그들은 한 단어에 상응하는 개념의 발달은 그 단어를 새로 배울 때 완성되는 것이 아니라 겨우 시작되는 것이라는 점을 설명해 준다. 새로운 단어가 개념 발달의 정점이 아니라 시작점이라면 그것은 반드시 아직 성숙하지 않은 말일 것이다. 단어 의미의 점진적이고 내적인 발달은 단어 자체의 성숙을 의미한다. 여기서, 어디서나 그렇듯, 말의 유의미한 측면은 어린이 생각과 말의 발달에 있어 근본적이고 결정적인 과정이다. 비록 말이 준비되면 개념도 준비된 것으로 보통 여겨져 왔지만 톨스토이는 다음과 같이 정확히 말하였다. "개념이 준비되면 말은 거의 언제나 준비되어 있다."[8]

1) 비고츠키는 이 짧은 절에서, 6장에서 얻은 성과를 재진술하는 것과 그것의 **약점**을 지적하는 것에 가장 큰 관심을 두고 있다.

  I 그는 먼저 일상적 개념과 학문적 개념에 관한 대부분의 작업에 배경에 놓여 있는 두 질문, 즉 한편으로는 어린이의 자연발생적 개념에 대한 질적인 기술을, 그리고 다른 한편으로는 발달 과정 동안 이것이 질적으로 어떻게 **변화**하는지에 대한 기술을 최전면에 내세운다. [6-8-1~6-8-5]

  II 그 후에, 그는 이 책에 담긴 중요한 세 결점을 정리한다. [6-8-6~6-8-11]

    A) 첫 번째 결점은 사회 과학 개념을 **특수로서** 사회 과학 개념으로 연구하지 않고, 일반으로서 학문적 개념의 전형으로 간주한 것이다.

    B) 두 번째 결점은, 피아제처럼, 'OO 때문에'와 '비록 OO 하지만'이라는 낱말에 담긴 매우 다른 관계(경험적, 심리적, 논리적 관계)를 **구별**하지 않고, 이 두 낱말에 의해 표현된 관계를 동질의 것(인과적 관계)으로 간주하였다는 것이다.

    C) 세 번째 결점은 일상적 개념의 특징 그리고 발달의 성질, 이 두 중요한 문제를 **전면**에 내세우지 않았다는 것이다.

  III 마무리하면서, 비고츠키는 톨스토이의 논평을, "(그러나 전에는 없었던) 개념이 준비되면 낱말은 거의 언제나 준비되어 있다"를 상기시키고 그리고 그는 이 연구에서도, 숨어 있던 개념들이 조사자에게 명료해질 때까지 진술 방법이 준비되지 않았다고 적고 있다. 때때로 진술 방법은 너무 **늦게** 떠오른다. [6-8-12]

2) 참고한 자료들은 모두 이 구절을 '앞에서 말한 것에 비추어 볼 때'로 해석하였지만, 실제 의미는 '보류하고, 무시하고 넘어 갔던 것에 비추어 보면'이다. 3번째 문단에서 언급한 주변부에 놓였던 두 문제와 관련하여 보면, 비교 연구의 결과물은 두 배의 중요성을 지닌다는 의미이다, 즉 보류했던 두 문제를 해결할 실마리를 제공한다는 의미이다.

3) 이 연구의 핵심적 의의는

  A) 학령기 어린이의 개념 발달을 새롭게 공식화할 수 있게 되었다.

  B) 유용한 작업가설을 세울 수 있었다.

  C) 어린이의 실제 개념을 연구할 수 있는 방법을 계발했고, 매우 중요한 연구 영역을 개척했다.

  저자는 이러한 내용을 하나의 의미 안에서 생각하라고 한 문장에 제시한 것 같다.

4) 앞 문단에서는 이론의 중요성을 이야기했고, 여기서는 실천의 중요성을 이야기한다. 즉, 교수-학습과 관련된 중요성을 이야기한다.

5) 이 문단의 내용을 통해, 비고츠키가 이상적으로 생각한 개념 대비는 일상적 개념(가족 배경, 일꾼, 사업가, 농부) 대 과학적 개념(계급 배경, 프롤레타리아, 자본가, 농노)이라고 추측할 수 있다. 그러나 실제로 행한 개념 대비는 일상적 개념(자전거에서 넘어지는 것, 영화관에 가는 것, 책을 읽지 못하는 것) 대 과학적 개념(혁명과 내전, 착취, 사회주의 건설)이었다. 비고츠키는 이것이 이 연구의 첫 번째 결점이라고 진술하고 있다.

6) 6장에서 초등학교 2학년과 4학년을 비교했다. 왜 초등학교 2학년과 4학년을 비교했는가를 물으면, 이론적으로 명료하게 설명할 수 없다는 한계를 이야기하고 있다. 다양하게 학년별 비교 연구를 해야 하는 과제와 개념을 좀 더 세분하여 분석해야 하는 과제가 남아 있음을 지적하고 있다.

7) 여기서 비고츠키는 먼저 조사를 했고, 그 후에 가설을 세웠다는 이야기를 하고 있다. Kurt Lewin(1890~1947). 독일 태생의 미국 심리학자. 나치스의 핍박을 받아 미국으로 이주하여 사회적 장場의 역학적 합성 및 인과 관계를 설명하는 방법으로 집단행동 등 게슈탈트 심리학을 이용하였고, 정의情意·욕구를 연구하여 위상 심리학을 제창하였다. 저서에 『인격의 역동설』이 있다.

8) 개념 발달의 중요성을 강조하면서, 5장에서 논의된 아동의 복합체적 생각이 지닌 중요성을 상기시키는 것 같다.

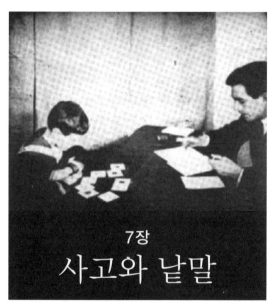

7장
사고와 낱말

내가 말하려던 낱말을 잊어버리자,
구체화되지 못한 사고는 그림자의 궁전으로 돌아간다.
(Оʼсип Эмиʼльевич Мандельштаʼм, Ласточка)

7-1 [1]

7-1-1] 우리는 계통발생적 발달과 개체발생적 발달의 가장 극단적 수준에서 사고와 말의 내적 관계를 명료하게 하려는 시도로 연구를 시작했다. 우리는 사고와 낱말 발달의 시작부터, 생각과 말의 존재의 선先 역사적 시기부터 사고와 말의 발생적 뿌리들 사이에 어떠한 특정한 관계나 의존성이 없음을 발견하였다. 따라서 우리가 추구하였던 낱말과 사고 사이의 내적인 관계는 모든 추후의 발달을 위한 전제조건, 기초 그리고 출발점으로 그러한 값을 가지고 있었던 것이 아니라 오직 인간 의식의 역사적 발달에서만 그러한 관계를 일으키고 발달시켰음이 드러났다. 낱말과 사고 사이의 내적 관계는 선행 조건이 아니라 인간 진화의 결과물이다.

7-1-2] 동물 발달의 고차적 지점에서도, 심지어 원인猿人조차−비록 음성적 측면에서는 인간과 비견될 만하지만−인간의 지성과 결부시킬 수 있는 것은 없다.

7-1-3] 아동 발달의 초기 단계에서, 우리는 말 형성 과정에서 전前 지성적 단계와 생각 발달에서 전前 언어적 단계가 존재함을 단정적으로 언급할 수 있다. 사고와 낱말이 원래 있던 결합에 의해 연결되는 것은 아니다. 사고와 말의 발달 경로에서 이 관계는 시작되고 변화하고 성장한다. 그러나, 우리가 연구 초기부터 분명하게 보여 주려 노력했던 것처럼, 생각과 말을 서로 평행선을 달리며 단지 외적으로만 연결되어 작동하거나 혹은 기계적으로 상호 작용하면

서 단순히 각 경로의 개별적인 지점에서 교차하고 관여하는 독립적인 두 개의 힘으로 상상하는 것은 잘못일 것이다. 최초의 관념과 최초의 낱말 사이에 관계가 없다고 해서 이 관계가 오직 두 개의 서로 다른, 미리 존재하는 의식 활동들의 외적 연결로만 일어날 것임을 의미하는 것은 아니다. 반대로, 우리 연구의 시작에서 보이고자 한 바와 같이, 생각과 말에 대한 대다수의 연구에서 주요한 방법론적 오류, 그러한 연구를 무용하게 만든 잘못들은 생각과 말에 대해 각 과정을 두 개의 독립적인, 분리된, 고립된 요소로 이해하고 이들의 외적 통합이 그 모든 자질들을 포함하는 언어적 사고를 낳는다고 생각한 것이다.

7-1-4] 우리는 이런 이해로부터 도출된 분석의 방법은 운명적으로 실패할 수밖에 없다는 것을 보여 주고자 했다. 언어적 사고의 자질을 전체로서 설명하기 위해, 그러한 방식은 이 전체를 구성요소로—전체의 특징적인 자질을 스스로가 가지지 않는 생각과 언어로—분해하고 그와 동시에 이러한 자질들을 설명할 수 있는 모든 가능성을 배제하기 때문이다. 우리는 이런 방법을 사용하려는 조사자를, 불을 끄는 물의 속성을 설명하기 위하여 물을 수소와 산소로 전기분해하는 사람에 비교할 수 있다. 우리가 이미 지적했듯이 이 연구자는 산소가 연소를 돕고 수소가 연소된다는 것을 발견하고 놀랄 것이다. 우리는 이러한 분석은, 요소로 분해하는 이러한 방법은 근본적으로 특정한 현상의 장에서 구체적인 문제를 해결하는 데 적용될 수 있는 분석의 진정한 의미에서 볼 때, 분석이 아님을 보이고자 하였다. 이런 분석은 우리가 설명하고자 하는 현상의 특정한 내용을 내적으로 분리하거나 분할하는 것이라기보다는 오히려 일반으로 고양시키는 것이다. 그것의 본질상 이 방법은 분석보다는 종합으로 귀결된다. 물이 수소와 산소로 구성되어 있다고 하는 것은 일반적으로 모든 물에 대해 그리고 물의 속성들에 대해, 즉 빗방울뿐 아니라 태평양에도, 불을 끄는 속성과 아르키메데스의 원리에도 동일한 정도로 사실인 것을 말하는 것이다. 이와 비슷하게, 언어적 생각이 본질적으로 지적 과정과 순

수하게 언어적 기능을 포함한다고 말하는 것은 언어적 생각 전체와 그 개별적 속성들에 똑같이 적용되는 것을 말하는 것이므로 언어적 생각에 대한 연구에서 직면한 구체적인 개별 문제에 대해 아무것도 말해주지 못한다.

7-1-5] 이런 이유로, 우리는 시작부터 다른 관점에서 문제에 접근하려고, 전체 문제에 대한 다른 전망을 취하려고, 그리고 우리 조사에 다른 분석방법을 적용하려고 하였다. 우리는 요소로 분해시키는 방법을 사용하는 분석을 언어적 생각 전체를 성분 단위들로 나누는 분석으로 대체하려 했다. 단위는 요소와는 다르게, 연구되는 현상의 전체와 관련된 것이 아니라 특정한 속성들과 구체적이고 단일한 측면과 관련이 있는 주요한 구성성분인, 분석의 산물을 뜻한다. 또한, 요소와는 다르게 그들은 우리가 설명하고자 하며, 분석의 대상이 되는 전체의 속성을 잃지 않고 전체가 가진 속성들의 가장 단순하고 최초적인 형태를 담고 있다. 우리가 이런 분석에서 마침내 도달하게 된 단위는 본질적으로 가장 단순한 형태 속에 전체로서 언어적 생각의 내재적 속성들을 담고 있다.

7-1-6] 우리는 생각과 말의 전체를 가장 단순한 형태로 보여 주는 단위를 낱말의 의미Значение слова에서 발견했다. 우리가 위에서 설명하고자 했었던 것처럼, 낱말의 의미는 두 과정으로 분해될 수 없는 전체의 속성을 담고 있는 단위로서 우리는 이를 더욱 분해할 경우, 말의 현상을 나타내는지 혹은 생각의 현상을 나타내는지 단정할 수 없다. 의미가 없는 낱말은 낱말이 아니다. 그것은 공허한 소리일 뿐이다. 즉 의미는 필수적이고 변별적인 신호이며, 낱말 자체를 구성한다. 이것은 그 내적 측면에서 바라본 낱말 자체이다. 그래서 우리는 낱말의 의미를 말의 현상으로 연구할 충분한 근거를 가지게 되었다. 그러나 심리적 측면에서 바라본 낱말의 의미는 우리가 조사 과정에서 여러 번 확신을 갖게 된 바와 같이, 오직 일반화 혹은 개념 외의 다른 것이 아니다. 일반화와 낱말의 의미는 동의어이다. 모든 일반화는, 모든 개념의 형성은 가장 특수하고 매우 실제적이며 가장 명백한 사고 작용이나. 따라서 우리는 낱말의

의미를 생각의 현상으로 간주할 수 있는 토대를 가지게 되었다.

7-1-7] 이와 같이, 낱말의 의미는 언어적 현상이며 동시에 지적 현상이지만 이것은 낱말의 의미가 상이한 두 정신적 삶의 영역에 순수하게 외적으로만 참여한다는 것을 뜻하지 않는다. 낱말의 의미는 오직 생각이 낱말과 연결되고 낱말 속에 구체화되는 한에서 생각의 현상이고 반대로 그것은 오직 말이 생각에 연결되고 생각에 의해 명료해지는 한에서 말의 현상이다. 그것은 언어적 생각의 현상 혹은 의미를 부여받은 낱말의 현상이다. 그것은 말과 생각의 통합체이다.

7-1-8] 위에서 모든 것들이 언급된 상황에서, 우리 연구의 근본 테제가 더 이상 새로운 입증을 필요로 하지 않는 것으로 보인다. 판단컨대, 우리의 예비 연구는 이러한 입장을 완벽하게 확증하고 정당화했고 낱말의 의미를 언어적 생각의 단위로 사용하는 것이 언어적 생각의 발달에 대한 구체적인 탐구를 가능하게 하며, 여러 단계들의 근본적 특징들을 설명할 수 있도록 만들었다는 것을 보여 주었다. 그러나 우리 연구의 주요한 결론은 이 테제 자체가 아니라 같은 조사의 결과로 나타나게 된, 더욱 중요하고 더욱 핵심적인 다른 명제이다. 이 조사가 생각과 말의 연구에 제공하는 새롭고 본질적인 사실은 낱말의 의미가 발달한다는 것이다. 낱말의 의미가 변화하고 발달한다는 것을 발견함으로써 우리는 처음으로 생각과 말에 관한 이전 이론들의 토대에 놓인, 낱말의 의미가 영속하고 변화하지 않는다는 내용의 공리를 극복할 수 있게 되었다. 구심리학의 입장에서 낱말과 그 의미의 연결은 단순한 연합적 연결이다. 이러한 연결은 낱말의 인상과 그 낱말에 의해 지시된 사물의 인상의 반복적인 일치 때문에 확립된다. 사람의 코트가 그 사람을 환기시키는 것처럼, 혹은 집의 외양이 거기에 살고 있는 사람들을 환기시키는 것처럼 낱말은 그 낱말 자체의 의미를 환기시킨다. 이런 관점에서는 일단 확립된 낱말의 의미는 발달할 수 없으며 일반적으로 자신을 수정할 수 없다. 낱말과 그 의미를 연결시킨 연합은 강화되거나 약화될 수 있다. 그것은 같은 유형의 다

른 대상들과 일련의 연결을 통해 그 연합을 풍부하게 할 수 있으며, 대상들의 더 큰 범위까지 유사성 혹은 인접성에 의하여 확대될 수도 있으며 반대로이 범위를 제약하거나 한정시킬 수도 있다. 바꾸어 말하면 그것은 일련의 양적인 그리고 외적인 수정을 거쳐 갈 수 있지만 그 내적 심리적 본질을 수정할수는 없다. 그렇게 하려면 그 자체의 상태, 즉 연합이기를 멈추어야 하기 때문이다.

7-1-9] 당연히 이런 관점에서 보면 말의 의미 측면의 발달은, 즉 낱말의 의미 발달은 일반적으로 설명될 수 없으며 성립할 수 없다. 이 사실은 아동과 성인의 말을 다루는 심리학뿐 아니라 언어학에서도 나타난다. 말의 의미 측면을 연구하는 언어학 분야인 의미 변화론семасиология은 낱말에 대한 연합주의자의 관념을 스스로의 것을 받아들여, 낱말의 의미를 낱말의 음성적 형식과 그 객관적인 내용 사이의 연합으로 간주했다. 그러므로 가장 구체적이든 가장 추상적이든, 모든 낱말들은 의미론적 관점에서 보면 절대적으로 똑같은 방식으로 구성된 것으로 판명되고 그 안에는 말 자체에 고유한 어떤 것도 담지 않는다. 낱말과 의미를 통합하는 연합적 관계는 유의미한 말의 심리적 토대인 것만큼이나 코트를 보고 코트 주인을 생각나게 하는 것과 같은 과정의 토대이기 때문이다. 낱말은 일반적으로 어떤 것이 다른 어떤 것을 생각나게 하는 것처럼 우리가 그 낱말의 의미를 생각나게 한다. 따라서 의미론이 언어의 의미적 측면의 발달에 대한 문제, 즉 낱말 의미의 발달에 대한 문제를 제기할 수 없었다는 것은 놀랄 일이 아니다. 모든 발달은 예외 없이, 개별적 낱말들과 개별적 대상들 사이의 연합적 연결을 수정하는 것으로 환원된다. 낱말은 처음에는한 대상을 의미하다가 후에 다른 대상들과 연합적으로 연결될 수 있다. 이와같이, 한 소유자에서 다른 소유자로 이전되는 그 외투가 처음에는 한 사람을 생각나게 하고 나중에는 다른 사람을 생각나게 한다. 언어학은 언어의 의미적 측면이 발전하는 것을 낱말의 객관적 내용을 수정하는 것에 한정하였으나, 낱말 의미의 의미 구조를 수정하고, 이 의미의 심리적 성질을 수정하며, 언어적 생

각에서 하등의, 더욱 원시적인 형태의 일반화로부터 고등의, 더욱 복잡한 형태로 상승하여 추상적 개념으로 표현되고, 낱말의 객관적 내용에 제한되지 않고, 언어 발달의 역사의 경로에서 수정되는, 낱말이 나타내는 현실의 반영과 일반화를 특징짓는 발달의 역사적 경로에 무관심하였다.

7-1-10] 따라서 정확히 바로 이런 연합주의자들의 관점은 학령기에 이루어지는 언어의 의미 측면의 발달을 상정할 수 없고, 그러한 발달을 설명할 수도 없다. 어린이에게 낱말의 의미가 발달하는 것은 낱말과 의미를 연결시키는 그런 연합주의적 연결을 순수하게 외적으로만 수정하는 양적인 변화로, 즉 이러한 연결을 풍부하게 하거나 강화하는 것으로 귀결되며 이것이 전부이다. 낱말과 의미 간 연결의 성질과 그 구조 자체가 수정되고, 어린이의 언어 발달 과정에서 수정될 수도 있다는 착상은 연합주의자들의 관점으로 설명될 수가 없었다.

7-1-11] 궁극적으로 이런 관점으로는, 발달한 성인의 '말로 하는 생각'이 하는 기능에서 연합적 경로를 따라 낱말에서 그 의미로, 의미에서 그 낱말로의 지속적인 단선적인 움직임이 동일한 단면에서 나타나는 것만을 발견할 수 있다. 말을 이해하는 것은 낱말이 주는 친숙한 이미지에 영향을 받아 마음에 나타나는 연합의 연쇄로 이루어진다. 사고를 낱말로 표현하는 것은, 동일한 연합적 경로를 통해 사고에 표상된 대상들로부터 그것의 언어적 지시물로의 역방향 움직임이다. 연합은 한순간엔 코트가 그것을 입고 있는 사람을 기억하게 하고 다른 순간엔 개인이 그가 입었던 코트를 기억하게 하는, 두 표상 사이의 이런 쌍방향 의사소통을 언제나 보장한다. 그러므로 말을 이해할 때나 낱말로 사고를 표현할 때 기억 혹은 연합의 다른 연결 행위와 비교해서 새롭고 독특한 것이 전무하다.

7-1-12] 연합주의적 이론의 모순이 비교적 오래전에 실험적·이론적으로 논증되었고 우리는 이를 인식하고 있었지만, 이는 언어와 그 뜻의 본성에 대한 연합주의적 이해의 운명에 사실상 반영되지 않았다. 뷔르츠부르크 학파는 생

각의 경로를 규제하는 특정한 규칙의 존재를 보이고자 했을 뿐 아니라, 생각이 표상들의 연합적 흐름으로 환원될 수 없으며, 연합 법칙의 관점으로는 사고의 이동, 연쇄, 기억을 설명하는 것이 불가능함을 증명하는 것을 주요 과업으로 설정하였다. 뷔르츠부르크 학파는 낱말과 그 의미 간 관계의 본성에 관한 연합주의 개념화를 수정하는 데 조금도 도움을 제공하지 못했고 심지어 이러한 수정이 필요하다는 생각을 표현할 필요성도 고려하지 않았다. 신의 것은 신에게 케사르의 것은 케사르에게 바치듯, 그들은 생각과 말을 분리해 버렸다. 그들은 모든 인상적이고 감각적인 것들로부터 생각을 해방시켰으며 생각을 연합주의적 법칙의 영향으로부터 끄집어내어 그것을 순수한 정신적 작용으로 변형시킴으로써 오거스틴과 데카르트로 대표되는 과학 이전의 유심론적 개념화의 원천으로 회귀했다. 결국에는 그들의 생각 이론은 극단적인 주관적 관념론으로 나아가 버렸으며 이는 퀼프Külpe의 입을 통한, 우리는 내가 생각하기에 존재할 뿐 아니라, 이 세계는 우리가 확립하고 결정한 대로 존재한다고 말하고자 한다(39, p. 81)[2]는 선언을 통해 데카르트보다 더 극단적으로 나아갔다. 이런 식으로 신에게 속하는 것이 되어 버린 생각은 신에게 바쳐졌다. 퀼프가 인정한 것처럼, 생각의 심리학은 드러내 놓고 플라톤의 관념을 향한 길을 따라 나아가기 시작했다.

7-1-13] 감각적인 것들의 포로가 된 사고를 자유롭게 하고 사고를 순수한, 천상의, 정신적인 작용으로 전환시킴과 동시에 이러한 심리학자들은 말로부터 사고를 도려내면서 말을 연합주의 법칙의 지배에 완벽하게 종속시켜 버렸다. 뷔르츠부르크 학파의 학풍을 좇아 낱말과 그 의미의 관계는 계속해서 단순한 연합으로 간주되었다. 이런 식으로 내적 삶을 지니지 못한 낱말은 생각의 외적 표현, 생각의 의복으로 간주되었다. 심리학자들의 설명에서 생각과 말이 이렇게나 분리되고 서로 떨어진 경우는, 심지어 뷔르츠부르크 학파의 시대에도 전혀 없었다. 생각을 이해하는 데 연합주의를 넘어서는 것이 말을 이해하는 데 연합주의를 더 공고하게 하는 것으로 귀결되었다. 말은 케사르의 재

산인 것처럼, 케사르에게 바쳐졌다.

7-1-14] 이런 연구 노선을 선택하고 지속시킨 심리학자들은 이 노선을 수정할 수 없었을 뿐 아니라 더욱 심화, 발전시켰다. 그렇게 '성좌 констелляционной' 이론의 실패, 궁극적으로는 생산적 생각에 대한 연합 이론의 실패를 논증해 낸 젤츠Selz는 그 자리에 새로운 이론을 제공했다. 그 이론은 이런 노선의 연구에서 처음부터 정의되는, 생각과 말 사이의 간극을 강화하고 확대했다. 젤츠는 지속적으로 생각을 본질적으로 말과 별개인 것으로 간주했으며, 인간의 생산적인 생각 작용은 원칙적으로 지능을 가진 침팬지의 그것과 동일하다는 결론을 내렸다. 낱말이 사고의 본성에 어떤 영향도 미치지 못하는 만큼 말로부터 사고가 가지는 독립성은 커진다.

7-1-15] 낱말의 의미를 직접 자신의 특별한 연구의 대상으로 삼았으며, 개념 연구에서 최초로 연합주의 극복의 길을 향해 나아간 아흐Ach마저도 개념 형성 과정에서 연합 경향과 함께 '결정 경향성'을 인식하는 수준을 넘어설 수 없었다. 이런 이유로 그의 결론은 낱말 의미에 대한 이전 방식의 개념화가 지닌 한계를 넘어서지 못했다. 그는 개념과 낱말 의미를 동일시했으며 그렇게 함으로써 개념이 수정되고 발달할 모든 가능성을 배제했다. 낱말에 의미가 형성되는 순간은, 발달의 용어로 말한다면 궁극적인 순간으로 밝혀졌다. 그러나 이것은 아흐가 투쟁했던 심리학자들이 낸 바로 그 의견이다. 그와 그의 적대자들 사이의 유일한 차이점은 낱말의 의미 형성의 최초 순간을 다르게 기술하는 것뿐이며 양쪽 다 개념 발달의 최초 순간이 동시에 최종 순간이라고 동일하게 주장한다.

7-1-16] 동일한 상황이 동시대 구조주의 심리학에서 생각과 말을 연구하는 분야에서도 연출되었다. 일반적으로 이 흐름은 연합주의 심리학을 극복하려 시도했던 다른 흐름과 비교하면 좀 더 심오하고 일관되고 원칙적이다. 이런 이유로 앞선 연구자들처럼 쟁점에 대한 절반의 해결책을 제시하는 것에 머물려 하지 않았다. 그것은 연합주의 법칙의 영향력으로부터 생각뿐만 아니라

말도 빼내어 양자를 구조 형성의 법칙에 동일한 정도로 복속시키고자 하였다. 그러나 놀랍게도 비록 그것이 근대 심리학 전 영역에서 진보적이었지만, 생각과 말의 연구에서는 진전한 것이 아니라 반대로 앞선 연구자들에 비해 이 분야에서 크게 한 걸음 퇴보했다.

7-1-17] 무엇보다도 그것은 생각과 말 사이의 깊은 골을 전적으로 완벽하게 유지하였다. 사고와 말의 관계는 새로운 학설의 견지에서 단순한 유추로, 즉 이 둘 사이의 구조적 공통분모로 환원되어 제시된다. 이러한 흐름을 따르는 학자들은 어린이에게서 최초로 의미를 부여받은 낱말의 기원을 쾰러Köhler의 실험에서 지적인 침팬지가 행하는 조작의 영역과 비유하여 제시한다. 그들의 설명에 따르면, 침팬지에게 제공된 막대기가 과일을 획득해야 하는 상황의 구조로 들어가 도구로 기능적 중요성을 획득하는 것과 똑같은 방식으로 낱말이 사물의 구조에 들어가서 기능적 중요성을 획득하게 된다. 이와 같이, 낱말과 그 의미의 연결은 더 이상 단순한 연합적 연결이 아닌 구조적인 연결과 같은 개념으로 받아들여진다. 이것은 크게 앞으로 나아간 것이다. 그러나 이런 새로운 방식으로 문제를 이해하는 것이 우리에게 제공한 것을 차분하게 검토하면, 앞으로 나아갔다고 생각하는 것은 단순한 환영일 뿐이며 실제로는 연합주의 심리학이 출발점으로 제시했던 바로 그곳에 머물러 있다는 사실을 쉽게 알 수 있다.

7-1-18] 대부분의 경우 낱말과 낱말이 지시하는 대상은 통합된 구조를 형성한다. 그러나 이 구조는 두 대상들 사이에 존재하는 다른 모든 일반적인 구조적 연결과 대단히 유사하다. 그것은 낱말 자체에 특정한 어떠한 것도 그 안에 포함하지 않는다. 모든 두 개의 대상, 예컨대 막대기와 과일 또는 낱말과 그것이 상징화하는 대상은 동일한 법칙에 의해 단일한 구조 안에서 모아진다. 다시 한 번, 낱말은 다른 모든 일련의 대상들 사이에서 하나의 대상 이상이 아니다. 낱말은 하나의 대상이며 대상 간의 구조적·일반적인 통합의 법칙에 따라 다른 대상들과 통합된다. 그러나 낱말을 다른 모든 대상들과 구분

하는 것, 낱말의 구조를 다른 구조와 구분하는 것, 낱말이 대상을 의식에 나타내는 양식, 낱말을 낱말로 만드는 것, 이 모든 것들이 연구자들의 시각적 장밖에 머물러 있다. 낱말의 특정성과 낱말이 낱말 가치와 가지는 관계를 부정하고 이러한 관계를 모든 구조적 관계의 바다에 용해시키는 것은 구심리학에 못지않게 새로운 심리학에도 온전히 유지되고 있다.

7-1-19] 낱말의 본성에 대해 구조주의 심리학이 가지고 있는 근본적인 관념을 예증하고자 우리는 연합주의 심리학이 낱말과 그 낱말의 의미가 어떻게 연결되었는지를 설명하는 데 사용했던 예시로 돌아갈 수 있을 것이다. 이번 보기에서는 코트가 우리가 그것을 입고 있음을 익숙하게 보아 왔던 그 사람을 생각나게 하던 그 방식으로 그 낱말은 우리에게 그 낱말의 의미를 생각나게 한다. 이러한 착상은 구조주의 심리학에서도 그 힘을 그대로 간직하고 있다. 왜냐하면 낱말과 그것이 지칭하는 대상처럼, 예컨대 코트와 코트를 입는 사람이 단일한 구조의 일부를 형성하기 때문이다. 그 사람이 그의 코트를 생각나게 할 수 있는 것처럼 그 코트는 그 소유자를 생각나게 할 것이라는 사실이 구조 법칙을 통해 새로운 심리학의 관점에서 설명된다. 이와 같이 연합의 원리 자리에 구조의 원리가 들어서게 되지만 이 새로운 원리는, 이전 원리가 그랬듯이 보편적이고 분화되지 않은 채로 사물들 간의 모든 일반 관계로 확대되었다. 구경향의 대표자들은 낱말과 그 낱말 가치는 막대기와 바나나의 관계와 같은 방식으로 형성된다고 한다. 그러나 이런 연결은 우리가 위에서 든 예에서 기술된 것과 똑같은 그런 연결이 아닌가? 문제의 핵심은 구심리학과 같이 새로운 심리학은 낱말과 그 의미가 지닌 특수한 관계를 설명할 수 있는 모든 가능성을 미리 배제하고 있다는 데 있다. 이런 관계는 사물 사이에 놓인 모든 종류의 가능한 관계들과 근본적으로 다르지 않은 것으로 인식되었다. 과거에 보편적인 연합 원리의 황혼 속에서 고양이들의 색이 구별될 수 없었던 것처럼, 보편적 구조 원리의 여명에서도 고양이들은 모두 회색이다.

7-1-20] 아흐는 '결정 경향'의 도움으로, 새로운 심리학은 구조 원리를 통

해 연합주의를 극복하려 하였지만 그들은 구이론의 두 중요한 요소를 철저하게 보전하고 있다. 하나는 낱말과 그 의미의 관계와 어떤 다른 두 사물 간의 관계는 근본적으로 동일하다는 인식이며, 다른 하나는 낱말의 의미가 발달하지 않는다고 단정하는 것이다. 구심리학과 마찬가지로 새로운 심리학에서도 낱말의 의미 발달은 의미가 형성되는 순간에 종결된다는 명제가 여전히 유효하다. 그런 이유로 심리학에서의 방향 전환은 지각과 기억에 대한 학설과 같은 분야들에서 많은 진전을 이루었지만, 생각과 말이라는 쟁점에 직면해서는 원 위를 돌면서 피곤하고 지루하게 답보하는 인상을 만든다. 한 원리는 다른 원리로 대체된다. 새로운 것은 철저하게 오래된 것과 대조된다. 그럼에도 생각과 말의 학설에서 그들은 마치 일란성 쌍생아처럼 서로 유사하다. 프랑스 속담과 같이 많이 변화하면 변화할수록 더 똑같아진다.

7-1-21] 말의 연구에서 새로운 심리학이 구관점[3]을 견지하고 사고가 낱말로부터 독립적이라는 관념을 그 토대로 유지하고 있다면, 생각의 연구에서는 중대하게 한 걸음 퇴보한다. 이러한 사실은 새로운 심리학이 생각의 특수한 법칙이라는 것 자체가 존재한다는 것을 부정하고 그것들을 일반 구조 법칙에 녹여 버렸다는 데서 무엇보다 잘 드러난다. 뷔르츠부르크 학파는 생각을 순수한 정신 작용의 위치로 격상시켰지만 말은 세속적이고 감각적인 연합의 영향력 아래 내버려 두었다. 이것이 이 학파의 치명적 결점이지만 그들은 여전히 사고의 연쇄, 이동 그리고 흐름의 특수 법칙을 표상과 지각의 연쇄와 흐름이라는 가장 기초적인 법칙과 변별할 수 있었다. 이런 측면에서 그것은 새로운 심리학보다 더 우위에 있었다. 새로운 심리학은 집 병아리의 지각, 침팬지의 지적 조작, 어린이의 첫 유의미한 낱말 그리고 성인의 발달된 생산적 사고를 그 심리학의 보편적 구조의 공통 요소로 환원시켰다. 새로운 심리학은 단지 유의미한 낱말들의 구조와 막대기와 바나나의 구조 사이의 모든 경계선을 무너뜨렸을 뿐 아니라 고등 형식의 생각과 가장 기본적인 지각 사이의 경계선마저 무너뜨렸다.

7-1-22] 생각과 말에 관한 중요한 근대적인 이론을 비판적으로 간결하게 살펴본 바가 우리에게 주는 시사를 간결하게 요약한다면, 심리학에서 생각에 관한 모든 이론적 사고를 특징짓는 두 개의 근본적인 테제로 귀결될 수 있을 것이다. 첫째, 이들 중 무엇도 가장 중요하고, 근본적이고 핵심적인, 낱말의 심리적 성질, 즉 낱말을 낱말로 만들어 주며 그것 없이는 낱말이 될 수 없는 것을 인식하지 못했다. 의식에 실재를 반영하는, 완전히 특정한 방식으로서의 일반화를 낱말에 포함시키지 않은 것이다. 둘째, 이 모든 이론들은 낱말과 그 의미가 발달한다는 것을 고려하지 않은 채 이들을 다루었다. 이 두 가지는 내적으로 서로 연결되어 있다. 낱말의 심리적 성질에 대한 올바른 이해만이 우리로 하여금 낱말과 의미의 가능한 발달을 이해할 수 있도록 인도해 주기 때문이다. 이 두 요소가 뒤이어 나오는 모든 이론들에 보존되는 한 이 이론들은 서로를 반복할 수 있을 뿐이었다. 이런 이유로 생각과 말을 다룬 모든 현대 심리학에서 발생한 투쟁과 상속은 반란을 일으킨 자들에게 단도로 찔려 죽은, 늙고 훌륭하며 명예로운 샤블론 왕[4]을 노래한 하이네Heine[5]의 풍자시를 연상시킨다.

그들은 거사를 이루자
논공행상을 이어 갔고
새 왕의 즉위식에서 속삭이길
그놈이 그놈이잖아.

●

1) 비고츠키가 서문과 1장에서 예고했듯이 이 절은 '전체로서의 말로 하는 생각의 과정이 가지는 구조와 기능'을 '통합되고 통일된 형태로 나타낼' 것이다. 이 절의 초점은 미소발생이다. 비고츠키는 말로 하는 생각의 과정이 어떻게 외부로부터 내부로 (말하자면 사회문화적 맥락 속의 낱말로부터 심리적 맥락의 사고로) 발달하는지 보여 주었다. 이제 비고츠키는, 무언가를 말하고자 하는 모호한 욕구로부터 발화된 낱말에 대한 마음속 표상의 형성에 이르기까지, 이 과정이 실시간으로 실제 일어나는 양상을 보여 주고자 한다.

마르크스가 말한 바와 같이 '인간의 해부는 유인원 해부의 열쇠'이기 때문에 비고츠키는 (인과적으로) 역방향으로 진행한다. 즉 낱말로부터 내적 말, 사고, 의지의 방향이다. 그는 이 과정이 일련의 단면을 가로지른다는 것을 발견한다. 두 번째 절은 의미론(즉, 더욱 관념적인 것)과 '형상적(즉, 음성학적 그리고 문법적, 선형적)' 단면의 구분에 대한 절이다. 세 번째 절은 자신을 향한 '자기중심적' 말과 내적 말의 대비와 관련되어 있다. 매우 짧은 4절은 자신을 향한 응축된 이 말을 친근한 이들과의 대화에서 나타나는 유사한 현상과 연결 짓는다. 다섯 번째 절에서 제시되는 확장된 결론은 내적 말로부터 사고의 단면을 거쳐 의사소통으로의 근본적 의지로의 경로를 펼쳐 보여 준다.

정말 이 단면들은 매 단계마다 구분되어 있는 것일까? 비고츠키는 기능적·구조적·발생적 논쟁을 편다. 기능적으로, 언제나 한 단면은 말의 '생각' 기능 형태와 가까운 것으로 보이며 다른 형태는 '말하는' 기능 형태와 가까운 것으로 보인다(내적 말에서 의미론은 생각과 가까우며 음성학은 사회적 의사소통과 가깝다). 구조적으로 언제나 한 단면에서의 작용은 다른 단면에서는 여러 다른 방식으로 실현되는 것으로 보인다(사고는 내적 말에서 다양한 술어들로 나타날 수 있으며 내적 말에서의 술어는 자기중심적 말에서 다양한 방식으로 나타날 수 있으며 자기중심적 말이 외적 말로 나타날 때에는 엄청나게 확장된다). 발생적으로 '그림자의 궁전'으로 돌아가는 것은 언제든지 가능한 것으로 보인다. 말하고자 하는 의지는 실현되지 않은 채 사고로 남아 있을 수 있으며, 사고는 내적 말의 단면에서도 또렷하지 않은 채 남아 있을 수 있으며, 내적 말은 사회적 상호작용으로 실현되지 않은 채 내부에만 남아 있을 수 있다.

첫 번째 절에서 비고츠키는 1장에서 펼쳤던 방법론에 대한 주장, 즉 분석의 기본 단위(의미 있는 낱말)와 낱말의 의미가 발달한다는 가설을 **다시 펼친다**. 코트와 그 소유자에 대한 은유를 사용하여 그는 사고와 낱말의 연결을 묘사하려던 기존의 모든 시도들을 비판적으로 고찰하고 이들이 발달을 기술하는 데 모두 실패했음을 보여 준다. 이들은 두 '세포들'을 서로 무관한 실체로 다룸으로써 생각과 말이 성장하고 서로 간에 침투하는지 이해할 수 없었다.

I 비고츠키는 생각과 말을 잇는 연결은 인간 문화의 전제조건이 아니라 산물이라
  는 생각으로 시작한다. 이는 적응이라는 말로 표현될 수 없다. 비록 인간과 유
  사한 소리 내기나 인간과 유사한 지적 능력이 동물에게서도 발견되지만 생각하
  기 위해 말을 사용하고 말하기 위해 생각을 사용하는 이유는 사회문화적인 것
  이지 생물학적인 것이 아니기 때문이다. 그것은 한 기능이 다른 기능에 의해 사회
  문화적으로 **굴절적응**exaptation된 것이다. [7-1-1~7-1-3]

II 이전의 분석들은 어째서 이것을 드러내지 못했을까? 이전의 연구들은 각 기능의
  최소 요소들을 개별적으로 탐색했으며, 전체로서의 말로 하는 생각의 가장 작
  은 작업 단위를 찾으려는 시도를 하지 않았기 때문이다. 그 결과는 핵심이 아닌
  요소들의 발견이었으며 분석이 아닌 종합이었다. 그러한 일반화가 보편적인 특
  징을 발견하는 데 도움을 줄 수는 있지만 특정한 자질을 추출하여 그것이 최소
  한의, 그러나 연구하고자 하는 현상의 완전한 핵심을 보존하고 있는 '**세포**' 속에
  서 어떻게 기능하는지 설명할 수 없다. [7-1-4, 7-1-5]

III 마르크스가 자신의 연구에서의 세포를, 가치가 상품에서 구체화되는 방식 속에
  서 발견했듯이 비고츠키는 자신의 세포를 **낱말** 속에서 구체화되는 의미에서 발
  견한다. 불행히도 의미론이나, 심지어 (소쉬르와 같이) 언어를 완전한 체계로 간주
  하는 어의론semasiology조차 낱말의 가치가 어떻게 발달하는지 기술할 수 없다.
  관념론적 심리학(그리고 연합주의)도 이를 기술할 수 없다. 여기서 의미는 영원하
  고 늙지 않으며 따라서 변하지 않기 때문이다(연합은 언제나 임의의 연합이다). [7-
  1-6~7-1-8]

IV 이제 비고츠키는 낱말과 사고의 관계에 대한 심리학의 주류를 **비판적으로 검토**
  한다. [7-1-9~7-1-17]

  A) **연합적** 경향은 낱말과 사고의 관계를 코트와 그 주인의 관계와 비슷한 것
    으로 본다. 우리가 (또는 태양이나 바람이) 코트를 볼 때 우리는 사람을 생각
    하며 그 반대도 마찬가지이다. 낱말 의미의 내용은 바뀔 것이며, 코트 주인
    은 덜 포괄적이고 덜 일반적일 것으로부터 더욱 포괄적이고 더욱 일반적인
    것으로 바뀌겠지만 낱말과 의미 사이의 관계의 성질은 동일하게 남아 있다.
    코트와 주인의 관계가 동일하게 남아 있듯이.

  B) **비연합적** 경향은 낱말과 사고의 관계가 사실상 존재하지 않는다고 본다.
    이솝 우화에서처럼 순수한 사고의 따뜻한 햇살 아래 사람은 코트를 벗는
    다. 예컨대, 뷔르츠부르크 학파는 언어와 생각을 모두 분리시켜 "가이사
    의 것은 가이사에게 하나님의 것은 하나님에게 바쳤다." 젤츠나 아흐, 심
    지어 (코프카와 같은) 게슈탈트 심리학자조차 연합적 관련을 거부했지만

말로 하는 생각에서 나타나는 생각과 말의 특정성과 상호 의존성을 설명할 수 있는 대안을 찾을 수 없었다.

V 그러나 그러한 대안 없이는 생각과 말의 연결은 코트와 그 주인, 막대기와 바나나 사이의 관계와 질적으로 동일하게 남으며 발달의 마지막에서도 그 처음과 동일하게 남게 된다. 비고츠키가 생각과 말의 심리학의 새로운 **왕**(게슈탈트, 구조)이 옛 왕(연합적 관련)과 의심스러울 정도로 유사해 보인다고 말한 이유가 바로 이것이다. [7-1-18~7-1-22]

2) O. Külpe, 「Über die moderne Psychologie des Denkens」, in 『Monatschrift fur Wissenschaft Kunst und Technik』 6, 1912, coll. 1069-1110.

3) 새로운 심리학은 게슈탈트 심리학을 의미하며, 구심리학은 (성좌이론을 대표하는) 제임스와 뷔르츠부르크 학파를 일컫는다.

4) 왕의 이름인 샤블론은 '판(板, template)'을 의미한다. 이는 모세가 시내산에서 받은, 십계를 적은 돌 판을 비유적으로 나타내는 풍자이다. 모세는 판을 던져 깨뜨렸지만 야훼로부터 똑같은 돌 판을 다시 받는다. 왕은 죽었지만 새 왕은 전 왕과 다를 바가 없고 심리학에서 새로운 조류가 오고 가지만 달라지는 것은 없다.

5) Heinrich Heine(1797~1856). 수필가, 풍자시인. 헤겔의 제자였으며 마르크스의 동지였다. 그는 시에서 볼 수 있듯이 혁명에 대해서는 마르크스와 신념을 나누지 않았다. 그의 시는 니체, 멘델스존, 슈만, 브람스, 울프 등에게 사랑받았다. 유태계인데다가 급진적 좌파였으므로 나치에 의해 탄압받았고 전후戰後 복권되었다.

7-2¹⁾

7-2-1] 낱말의 의미가 변하고 일정하거나 고정적이지 않으며 발달한다는 사실의 발견은 그 하나만으로도 생각과 말에 대한 이론이 처해 온 막다른 골목으로부터 구해 줄 수 있는 중요하고 근본적인 발견이다. 말의 의미는 고정적이지 않다. 그것은 어린이 발달의 경로에서 변한다. 그것은 사고의 다양한 기능의 양상과 함께 변한다. 그것은 고정이라기보다는 역동적인 형성을 나타낸다. 의미의 변화성을 정립하기 위해서는 먼저 의미의 성질이 정확하게 정의되어야만 한다. 그 성질은 무엇보다도 일반화에서 드러난다. 모든 낱말은 이미 일반화이기 때문에 일반화는 각 낱말에서 근본적이고 핵심적인 요소로 포함되어 있다.

7-2-2] 하지만 낱말의 의미가 그 내적 성질에서 변할 수 있다면 이는 생각과 말의 관계도 변한다는 것을 의미한다. 말과 생각의 변하기 쉽고 역동적인 관계를 이해하기 위해서, 우리의 기본 연구에서 발달시켰던 의미 변화에 대한 발생학적 도식에 일종의 단면도와 같은 설명이 더해져야만 한다. 우리는 생각의 작용에서 낱말의 의미가 하는 기능적 역할을 밝혀야 한다. 우리는 연구 도중 아직 한 번도 언어적 생각의 과정을 전체적으로 고려해 볼 기회를 갖지 못했다. 그럼에도 우리는 이 과정의 기본적인 특징의 윤곽을 그리는 데 필요한 모든 정보를 이미 모아 왔다. 우리는 각각의 실제 인지 과정의 복잡한 구조와, 그것이 사고의 기원이 되는 최초의 모호한 순간으로부터 언어적 표현으로 마

침내 완성될 때까지의 복잡한 흐름과 가지는 관련성의 윤곽을 전체적으로 그려 보고자 한다. 이를 위해 우리는 분석의 발생학적 측면에서 기능적인 측면으로 이동해야만 하며, 의미의 발달과 그 구조상의 변화가 아니라 말로 하는 생각의 살아 있는 과정에서 의미가 기능하는 과정의 밑그림을 그려야 한다. 우리가 이 방법을 안다면, 우리는 발달의 각 단계에 언어적 의미의 특별한 구조가 있다는 사실을 보일 수 있을 뿐 아니라 이 구조에 의해 결정되는, 생각과 말 사이의 특별한 관계가 있다는 것도 보일 수 있을 것이다. 알려진 바와 같이 기능적인 문제들은 기능적 구조의 거대한 전체적 복잡성이 완전히 분화되고 성숙된, 모든 활동들의 가장 고차적으로 발달된 형태를 연구할 때 쉽게 해결된다. 이런 이유로 이제 우리는 성숙한 의식에서의 생각과 말 사이의 관계에 시간을 들이기 위하여 문제의 발달적 측면을 잠시 한쪽으로 미루어 놓는다.

7-2-3] 우리가 이를 수행하려 하는 순간 연구자의 가장 풍부한 상상력으로 떠올릴 수 있는 모든 지적 체계архитектоники상의 정교성을 능가하는, 거대하고 복잡하며 정교하고 섬세한 그림이 우리 앞에 나타난다. 그것은 톨스토이의 "생각과 말의 관계와 새로운 개념의 형성은 영혼의 가장 복잡하고, 신비로우며 섬세한 과정이다"라는 말을 확인해 준다.

7-2-4] 이 과정의 도식적 기술에 앞서, 뒤이어 제시될 설명의 결과를 미리 예상하면서, 비교적 근본적이고 선도적인 관념에 대해 이야기하고자 한다. 이 관념의 발달과 설명은 미래의 모든 연구에 기여할 것이다. 이 핵심적인 생각은 다음의 일반적인 공식에서 표현될 수 있다. 생각과 말의 관계는 어떤 사물이 아니라 과정이다. 이 관계는 생각에서 말로, 역으로 말에서 생각으로의 움직임이다. 심리학적 분석에 비추어 볼 때 이 관계는 일련의 국면과 단계들을 거치며 그 가장 본질적 특성상 진정한 의미에서의 발달이라 부를 수 있는 변화를 밟아 나간다. 분명히 이것은 연령이 아닌 기능, 즉 생각의 과정 자체가 사고에서 낱말로 이동하는 것에 기반한 발달이다. 사고는 낱말로 표현되는 것이 아니라 낱말에서 성취된다. 따라서 낱말에서 생각의 생성(존재와 비존재의 통합)에 대

해 말하는 것이 가능할 것이다. 모든 사고는 무언가를 무언가와 연결하고자 하며 무언가와 무언가 사이의 관계를 확립하고자 한다. 모든 사고는 이동, 흐름, 발달을 가지고 있다. 한마디로 하면 사고는 모종의 기능에 기여하며 모종의 노동을 수행하고 모종의 문제를 해결한다. 이러한 사고의 흐름은 생각에서 말로 그리고 말에서 생각으로의 이주와 같이 일련의 전체 단면들을 가로지르는 내적인 이동으로 일어난다. 따라서 사고와 낱말의 관계를 사고에서 낱말로의 이동으로 연구하고자 하는 분석의 첫 번째 과업은 이러한 이동이 일어나는 국면들에 대한 연구와, 사고가 낱말이 될 때까지 거치게 되는 단면들의 구별인 것으로 보인다. 여기서 연구자는 셰익스피어가 말했던 바와 같이 "철학이 꿈꾸었던 것보다 많은 것들을" 발견하게 된다.

7-2-5] 무엇보다도 먼저 우리의 분석은 말 자체의 두 단면의 구분으로 이끈다. 비록 말의 내적, 의미론적, 의미로 가득한 측면과 외적, 형상적, 음성적 측면이 참된 통일성을 가지고 있지만, 연구는 각각의 측면이 자신만의 특별한 이동의 법칙을 가지고 있다는 것을 보여 준다. 말의 통합은 복잡한 통합이지만 그것은 동질적이거나 동일하지 않다. 무엇보다도 말의 의미론적 그리고 음성적 측면에서 이동이 존재한다는 것은 어린이의 언어 발달 영역과 연관된 전체의 일련의 사실에서 드러났다. 이들 중 두 가지만을 지적해 보자.

7-2-6] 우리는 어린이의 말의 외적 측면은 하나의 단어에서 두세 개 단어의 연결로, 그런 후에 간단한 문장과 구들의 연결로, 그리고 훨씬 이후에 복잡한 문장들과 여러 개의 명제로 이루어진 일관성 있는 말로 발달하는 것을 알고 있다. 이러한 방식으로 어린이는 부분에서 전체로 말의 형상적 측면을 숙달한다. 그러나 우리는 또한 어린이에게 있어서 첫 번째 낱말의 낱말 가치는 전체 구로서, 단음절의 명제라는 사실도 알고 있다. 말의 의미적 측면의 발달에 있어서 어린이는 전체, 즉 명제로 시작하여 이후에 개별 낱말의 의미를 파악하여 특정한 의미 단위의 숙달로 이행해야만 비로소 낱말-구 속에 응축되어 표현된 사고를 상호 간에 연결된 일련의 개별 낱말의 의미로 분해하게 된다. 이런

방식으로, 만약 우리가 말의 형상적 측면과 의미적 측면의 발달의 처음과 끝의 이동을 고려한다면, 우리는 쉽게 그들이 반대 방향으로 발달한다는 것을 확신할 수 있다. 낱말의 의미적 측면은 전체에서 부분으로, 구에서 낱말로 발달하지만, 말의 외적 측면은 부분에서 전체로, 낱말에서 구로 움직인다.

7-2-7] 이 사실은 그 자체로서 의미적 측면에서의 이동과 말에서 음성적 측면에서의 이동을 구분하는 것이 필요하다는 것을 납득시키기에 충분하다. 이 두 단면 내에서의 움직임은 서로 일치하지 않고 하나의 단일한 선으로 병합되지 않으며 우리의 분석의 경우와 같이 반대되는 노선을 따를 수 있다. 사실, 이것이 언어의 두 단면 간에 괴리가 있다거나 또는 한 측면이 다른 측면에 대해 자치권을 가지고 독립적이라는 것을 뜻하지는 않는다. 반대로, 이 두 단면의 구별은 언어의 두 단면의 내적인 통합성을 확립하기 위해 제일 먼저 필요한 단계이다. 그들의 통합성은 말의 두 가지 양상이 각각 그 자신의 움직임을 가지고 있으며 이 두 움직임 사이에 복잡한 관계가 존재함을 함의한다. 그러나 언어의 통합성의 기저에 놓인 이 관계를 연구하는 것은, 우리가 복잡한 관계가 존재하는 측면들을 분석을 통해 구분한 후에야 가능해진다. 만약 말의 이 두 측면이 하나의 동일한 것으로 나타난다면, 만약 그들이 서로 일치하여 하나의 선으로 합쳐진다면, 일반적으로 말의 내적 구조가 가지는 어떠한 관계들에 대해서도 말하는 것은 불가능하다. 대상이 그 자신과는 어떠한 관계도 갖는 것이 불가능하기 때문이다. 우리의 예에서 어린이 발달의 과정에서 반대되는 방향을 향하는 언어의 두 측면의 내적 통합은 그들 상호 간의 비합치성에 못지않게 명확히 드러났다. 처음에 어린이의 생각은 모호하고 분화되지 않은 전체로 나타난다. 바로 이 때문에 그 언어적 표현을 하나의 낱말에서 찾아야 하는 것이다. 어떤 의미에서 어린이는 자신의 생각에 맞는 언어적 옷을 고른다고 할 수 있다. 어린이의 생각이 분화되고 스스로를 개별 부분들로 구성하면서 그의 말은 분화된 부분들로 이동한다. 그리고 반대로 어린이가 그의 언어에서 명제의 분화된 부분들로 이동하면서 어린이는 또한 그의 생각에서 미분화된 전체

로부터 부분으로 이동할 수 있다. 따라서 애초부터 생각과 말은 결코 단일한 패턴으로 나누어지지 않는다. 어떤 의미에서는, 그들 사이에는 합의점보다는 차이점이 더 많다고 말할 수도 있을 것이다. 언어의 구조는 단순히 거울을 보는 것처럼, 생각의 구조를 비춰 주는 것이 아니다. 따라서 말은 기성복과 같이 단순히 생각에 입혀질 수 없다. 그것은 생각에 대해 미리 만들어진 표현의 역할을 하지 않는다. 스스로를 언어로 변형시키면서 생각은 스스로를 재구조화하고 수정한다. 그것은 말로써 자신을 표현하는 것이 아니라 말로써 그 자신을 실현한다. 이들이 진정한 통합체를 형성하는 것은 바로 의미적 측면과 음성적 측면의 발달 과정이 서로 반대의 방향을 지향하기 때문이다.

7-2-8] 이에 못지않게 중요한 두 번째 사실은 발달의 후속 시기에 포함된다. 우리가 앞서 언급한 대로, 피아제는 어린이가 접속사 '때문에', '그럼에도 불구하고', '왜냐하면', '비록'으로 구성된 종속절의 복잡한 구조를 이러한 통사적 형태와 일치하는 의미론적 구조를 숙달하기 전에 숙달함을 확인했다. 어린이의 발달에 있어서 그의 문법은 논리를 예기像期한다. 학령기 전체에 걸쳐 어린이는 자연발생적인 말과 적절한 상황에서 인과, 시기, 반의, 조건 그리고 다른 종속적인 것을 표현하는 데 있어서 접속사를 정확하고 적절하게 사용하지만 아직 이러한 접속사들의 의미를 의식하지 못하며 그들을 의지적으로 사용하지 못한다. 이는 복잡한 통사 구조의 숙달에서 낱말의 의미론 측면의 이동과 형상적 측면의 이동은 그 발달에 있어 서로 일치하지 않음을 의미한다. 낱말에 대한 분석은 어린이의 언어 발달에서 문법과 논리의 이와 같은 불일치는 앞의 경우와 마찬가지로, 다시 한 번 그들의 통합성을 배제하는 것이 아니라 그와 반대로, 바로 이것이야말로 이 (통합체가) 표현하는 말과 복잡한 논리적 관계의 내적 통합성을 가능하게 하는 것이다.

7-2-9] 풍부히 발달된 생각의 기능에서 말의 의미론적 측면과 형상적 측면 사이의 불일치는 덜 직접적으로 나타나지만 다른 한편으로는 더욱 두드러지게 나타난다. 이를 보기 위해서는, 우리의 분석을 발생적인 단면으로부터 기능

적인 단면으로 전환시켜야 한다. 그러나 먼저, 이미 기능적인 측면에서도 언어의 발생에서 우리가 수집한 사실들이 모종의 핵심적인 결론을 도출할 수 있도록 했다는 점을 지적하고자 한다. 만일 우리가 본 바와 같이, 말의 의미적 측면과 음성적 측면의 발달이 영아기에 걸쳐 반대 방향으로 진행한다면 우리가 말의 이 두 단면 사이의 관계를 언제 어디서 조사하더라도 결코 이 둘 사이의 완전한 일치를 기대할 수 없음이 명백하다. 그러나 가장 시사적인 사실들은 언어의 기능적 분석으로부터 직접 취해진 것들이다. 이 사실들은 심리학적 기반을 둔 현대 언어학에 잘 알려져 있다. 많은 관련된 사실들 중에서 우리가 최우선으로 놓으려는 것은 문법적·심리학적 주어 술어 사이의 불일치이다.

7-2-10] 포슬러Vossler는 다음과 같이 말한다. 어떤 언어적 현상의 정신적인 뜻을 해석하는 데 있어 문법적인 해석보다 더 잘못된 방식은 아마 없을 것이다. 이러한 절차적 양식은, 담화의 심리적 기술記述과 문법적 기술이 상응하지 않는다는 사실로 인해 필연적으로 잘못된 이해를 불러일으킨다. 울란드는 자신의 작품『어네스크 폰 슈와벤 백작』의 서문을 다음과 같은 말로 시작한다. "참혹한 광경이 여러분 앞에 펼쳐질 것이다." 문법적 구조의 관점에서는 '참혹한 광경'은 이 문장의 주어이고 '펼쳐질 것이다'는 술어이다. 하지만 이 문장의 심리적 구조의 관점에서는, 즉 시인의 관점에서는 시인이 나타내고자 하는 생각인 '펼쳐질 것이다'가 주어이고 '참혹한 광경'은 술어이다. 이를 통해 시인이 말하고자 하는 것은 당신들 모두 앞에서 펼쳐질 것은 비극이라는 것이다. 관객의 의식에 제일 먼저 우선적으로 도달하는 것은 그들 앞에 장관이 펼쳐질 것이라는 생각이다. 위 문장은 바로 이에 관한 것이며 이것이 심리적 주어이다. 이 주어에 대하여 새롭게 표현된 것은 비극이라는 관점이며 이는 심리적 술어이다.

7-2-11] 문법적 주어, 술어와 심리적 주어, 술어 사이의 불일치는 다음의 예시에서 더욱 정확하게 설명될 수 있을 것이다. "탁상시계가 떨어졌다"라는 문장을 생각해 보자. 여기서 '탁상시계'는 주어이고 '떨어졌다'는 술어이다. 이

문장이 두 개의 상이한 순간에 발화되어 동일한 형태로 서로 다른 두 개의 사고를 표현하는 상황을 가정해 보자. 나는 시계가 멈추었다는 사실에 주의를 기울여 왜 그렇게 되었는지 묻는다. 누군가 "탁상시계가 떨어졌다"라고 대답한다. 이 경우 나의 의식 속에 표상된 것은 시계이며 시계는 이 경우 심리적 주어, 즉 우리가 언급하고 있는 대상이다. 다음 순간에 그것이 떨어졌다는 표상이 들어온다. 이 경우 '떨어졌다'는 주어에 대해 말해진 심리적 술어이다. 여기서 문법적 기술과 심리적 기술이 일치하지만, 또한 이들은 일치하지 않을 수도 있다.

7-2-12] 책상에서 일을 하는 도중에 나는 무엇인가 떨어지는 소리를 듣고 무엇이 떨어졌는지 묻는다. 누군가 동일한 문장으로 대답한다. 탁상시계가 떨어졌다. 이 경우 나의 의식 속에 우선적으로 들어온 것은 무엇인가가 떨어졌다는 표상이다. 따라서 우리가 이 문장에서 말하고 있는 것은 '떨어졌다'에 관한 것으로, 말하자면 이것이 심리적 주어이다.

7-2-13] 두 번째로 나의 의식 속에 나타나는 것은 시계라는 관념으로 이 경우 이것이 심리적 술어가 된다. 원래 이 사고는 다음과 같이 표현될 수도 있다. 떨어진 것은 시계이다. 이 경우 심리적 술어와 문법적 술어는 일치하지만 우리의 예시에서는 그렇지 않다. 분석은 복잡한 문장에서 명제의 모든 구성요소가 심리적 술어가 될 수 있음을 보여 준다. 그럼으로써 그것은 스스로가 논리적 강세를 가지게 되는데, 논리적 강세의 의미론적 기능이 바로 심리적 술어를 추출해 내는 것이다. 폴Paul에 따르면 문법적 범주는 어느 정도 심리적 범주의 화석화를 나타낸다. 따라서 그것은 의미론적 구조를 명백하게 하는 논리적 강조점에 의해 소생될 필요가 있다. 폴은 동일한 문법적 구조 뒤에 대단히 다양한 의견들이 숨어 있을 수 있다는 것을 보여 주었다. 아마도 말의 문법적·심리적 체계 사이의 일치는 우리가 가정하는 것처럼 그리 자주 일어나는 것 같지 않다. 심지어 그러한 일치는 우리가 상정한 것일 뿐 현실에서는 거의 또는 전혀 실현되지 않는 것일 수도 있다. 우리는 음성학, 형태학, 어휘 그리고 의미론, 심

지어 리듬, 운율 그리고 음악 등 모든 곳에서 문법적 또는 형식적 범주 뒤에는 언제나 심리적 범주가 숨어 있음을 발견하게 된다.

7-2-14] 어떤 경우에 이들이 확실히 서로 중첩되는 반면 다른 경우에 다시 서로 나뉜다. 우리는 형태와 의미의 심리적 요소, 즉 심리적 주어와 술어에 관해서 말할 수 있을 뿐 아니라 이와 동일하게 심리적 수, 성, 격, 대명사, 최상급, 미래 시제에 관해서도 말할 수 있을 것이다. 우리는 주어, 술어, 문법 성의 문법적·형식적 개념과 나란히, 그에 대한 심리적 쌍둥이 또는 심리적 원형의 존재를 인정해야만 한다. 언어의 관점에서 오류인 것이 그것의 원래적 성질로부터 발산된 것이라면, 예술적인 가치를 가질 수 있다. 푸시킨Пушкин의 시를 살펴보자.

미소 없는 장밋빛 입술처럼,
문법적 실수 없는 러시아 말은
내게 아무런 매력이 없네

이는 일반적으로 받아들여지는 것보다 더욱 심오한 의미를 가지고 있다. 일반적이고 논쟁의 여지없는 정확한 표현을 위해 불일치를 완전히 제거해 버린 것은 언어와 그 습관의 수준을 넘어선, 수학에서만 발견된다. 언어로부터 유래하였지만 그것을 넘어선 생각의 형태를 수학에서 본 최초의 사람은 데카르트였던 것으로 보인다. 우리는 오직 다음을 말할 수 있다. 그 문법적·심리적 특성 사이의 고유한 변동과 불일치로 인해, 우리의 입말은 일상적으로 수학의 이상적인 조화와 환상의 이상적인 조화 사이의 불안정한 평형상태에서 발견된다. 이는 끊임없는 이동 중에 있으며 우리는 이를 진화라고 부른다.

7-2-15] 말의 형상적 측면과 의미적 측면의 불일치를 나타내기 위해 인용한 이 모든 예들은 동시에 이러한 불일치가 서로 간의 통합성을 배제하지 않을 뿐 아니라 오히려 반대로 반드시 그것을 전제로 함을 명확히 하였다.

7-2-16] 사실 이러한 부조화는 생각이 그 자신을 낱말로 실현하는 것을 방해하는 것과는 거리가 멀며 이는 사고가 낱말로 이동하는 것이 가능하기 위한 필요조건이다. 언어의 이 두 단면들 사이의 내적 의존성을 밝히기 위해 우리는 두 사례의 도움을 빌려 형식적이고 문법적인 구조의 수정이 어떻게 말의 전체 뜻을 깊숙이 바꾸어 놓는지 보일 것이다. 크릴로프Крылов는 자신의 우화『잠자리와 개미』에서, 라퐁텐의 베짱이를 잠자리로 대체하면서도 그 별명은 어울리지 않게도 'попрыгунья(깡총이)'를 사용하였다. 불어에서 '베짱이'는 여성형이다. 따라서 그것은 여성스러운 가벼움과 변덕스러움의 이미지를 표현하는 것에 잘 맞는다. 그러나 베짱이와 개미를 러시아어로 번역하면 그러한 경박스러움을 나타내는 뜻의 뉘앙스가 필연적으로 사라지므로 크릴로프의 우화에서 문법적 성이 실제 의미를 눌러 버린 것이다. 베짱이는 잠자리가 되면서도 베짱이의 특징들을 간직한다(잠자리는 뛰거나 노래하지 않지만, 깡총이라는 별명을 가지며 노래도 부른다). 모든 의미를 적절하게 복구하기 위해서 우화의 등장인물의 여성성이라는 문법적 범주를 유지하는 것이 절대적으로 필요했던 것이다.

7-2-17] 하이네의 시「전나무와 야자나무」에 대한 러시아어 번역에서는 이와 정반대의 사태가 일어난다. 독일어로 '전나무'는 남성형이다. 시의 전체 이야기는 이 사실로부터 여성에 대한 남자의 사랑이라는 상징적 뜻을 취하게 된다. 독일어 원본에 담긴 뜻의 뉘앙스를 유지하기 위해, 쮸체프Тютчев는 전나무를 삼나무로 대체하였다. "삼나무는 홀로 서네."

7-2-18] 반대로, 시를 직역함으로써 러몬토프Лермонтов는 시로부터 이러한 언외적言外的 의미를 깎아 내었으며, 그 결과 이 시에 근본적으로 다른, 더욱 추상적이고 일반화적인 의미를 부여하였다. 이처럼 단순한 문법적인 세부항목으로 보이는 것을 변화시키는 것이, 이 경우 말의 뜻 전체에 변화를 가져올 수 있다.

7-2-19] 말의 두 단면에 대한 분석으로부터 우리가 알게 된 것을 요약한

다면, 우리는 이 단면들의 불일치, 낱말 뒤에 숨어 있는 언어의 두 번째 내적인 단면, 생각의 문법과 낱말 의미의 통사적 문법의 독립성이 우리로 하여금, 가장 간단히 말해서, 언어의 의미적 측면과 음성적 측면 사이에 단박에 주어지며 불변하고 고정적인 관계가 아닌, 낱말 가치의 통사로부터 낱말의 통사로의 이행[2], 생각의 문법으로부터 낱말의 문법으로의 변형, 의미가 낱말로 체화되면서 일어나는 그 구조의 변화와 같은 이동을 보도록 한다고 말할 수 있을 것이다.

7-2-20] 만일 언어의 형상적·의미적 측면이 서로 일치하지 않는다면 말의 발화 전체가 즉각적으로 나타날 수 없다는 것이 명백하다. 언어적 통사와 의미론은, 우리가 본 바와 같이, 함께 생겨나지 않고 한편에서 다른 편으로의 전이와 이동을 통해서 생겨나기 때문이다. 그러나 의미에서 소리로의 이 복잡한 과정은 말로 하는 생각의 완성을 위한 주된 노선 중 하나를 형성하면서 발달한다. 말을 의미론과 음성학으로 나누는 것은 즉각적으로 주어진 것도 처음부터 주어진 것도 아니다. 그것은 오직 발달 도중에 생겨난다. 의미 있는 말의 살아 있는 과정에서 자연스럽게 일어나는, 단면을 통한 하향 이동[3]이 가능하도록 하기 위해 어린이는 말의 두 측면을 구별하고 이들 각각의 차이와 성질을 이해해야 한다. 어린이는 처음에는 언어적 형태 또는 언어적 의미에 대한 의식적 파악을 가지고 있지 않으며 그들을 구분하지 않는다. 말과 그 음성적 구조는 어린이에게 오직 어떤 사물의 부분 또는 사물의 다른 자질들과 구별되지 않는 자질로 지각된다. 이러한 현상은 언어에 대한 모든 원시적 의식[4]에서 확실히 발견된다.

7-2-21] 훔볼트[5]는, 천문학을 공부하는 학생들이 별에 대해 대화하는 것을 듣던 한 농부가 그들에게 다가와서는 "나는 사람들이 여러 가지 도구를 사용해서 지구에서 가장 멀리 떨어진 별 사이의 거리를 재고 그 위치를 표시하며 그들의 움직임을 추적하는 것은 이해할 수 있겠소. 내가 알고 싶은 것은 대체 그들이 그 별들의 이름을 어떻게 알았는가 하는 것이오"라고 질문한 예

화를 제공한다. 그는 별들의 이름은 별들 자신들로부터만 배울 수 있다고 생각한 것이다. 어린이와 함께 한 간단한 실험은 아직 전 학령기에 있는 어린이들은 대상의 명칭을 그들의 자질에 근거하여 설명하는 것을 보여 준다. '소'는 뿔이 있기 때문에 소라고 부르고, '송아지'는 뿔이 아직 작기 때문에 송아지로, '말'은 뿔이 없기 때문에 말로, '개'는 뿔이 없고 작기 때문에 개로, 그리고 '자동차'는 동물이 아니기 때문에 그렇게 불린다.

7-2-22] 우리가 이름을 서로 대체하여 부를 수 있는지(예를 들어, 소를 '잉크'로 잉크를 '소'로)에 대한 질문에 어린이들은 우리가 잉크로 쓰고, 소는 우유를 주기 때문에 그것은 절대 불가능하다고 대답하였다. 명칭을 바꾼다는 것은 동시에 어느 정도 사물의 자질을 한쪽에서 다른 쪽으로 옮기는 것을 뜻하므로 명칭과 사물의 자질 사이의 연결은 대단히 엄격하고 경직되어 있다. 한 사물의 명칭을 다른 대상으로 옮기는 것이 어린이에게 얼마나 어려운지는, 우리가 대상들에게 그들의 평상시 명칭 대신 일시의 명칭을 붙인 실험에서 볼 수 있다. '소'와 '개'라는 명칭을 서로 대치하고 '창문'과 '잉크'라는 명칭을 서로 대치하는 실험에서 우리는 어린이에게 다음과 같이 물었다. 만약 개에게 뿔이 있다면, 개에게서 우유를 얻을 수 있을까? 네. 소에게는 뿔이 있니? 네, 있어요. 하지만 '소'는 개하고 같아. 그럼 개에게는 뿔이 있니? 물론이죠. 원래는 개였지만 이제는 소예요. 만약 그것이 소라면, 꼭 뿔이 있어야 돼요. 소라고 불리는 개라면 반드시 작은 뿔들이 있을 거예요.

7-2-23] 우리는 어린이에게 사물의 명칭과 자질을 분리하는 것이 얼마나 어려운지, 그리고 어린이가 명칭을 옮길 때 마치 상품이 그 소유주와 함께 움직이듯 대상의 자질이 어떻게 그 명칭을 따르는지 볼 수 있다. 우리가 잉크와 창문의 명칭을 바꾸고 그들의 자질에 대해 물었을 때 이와 동일한 결과를 얻었다. 처음부터 어린이는 바르게 대답하는 데 큰 곤란을 겪었지만, 잉크가 투명하냐는 질문에 아니라고 답하였다. 하지만 '잉크'는 '창문'이고 '창문'은 '잉크'잖아? 네, 하지만 잉크는 잉크이고 그건 투명하지 않아요. 우리는 이 사례

를 통해 낱말의 음성·청각적 측면은 어린이에게 미분화되고 무의식적인 즉각적 통합체를 제공한다는 생각을 설명하고자 한다. 어린이 언어 발달에 있어서 가장 중요한 노선 중 하나는 바로 이 통합체가 분화하기 시작하여 의식적 파악의 대상이 된다는 데 있다.

7-2-24] 이런 식으로 발달의 처음에는 말의 두 단면 사이의 융합이 일어나고 뒤이어 그들이 점진적으로 분화하여 어린이가 나이 듦에 따라 그들 사이의 간격이 벌어진다. 언어적 의미와 그에 대한 의식적 파악의 발달의 매 단계는 말의 의미적 측면과 형상적 측면 사이의 완전히 특정한 관계와 상응하며, 의미에서 소리로 이주하는 특정한 경로와 상응한다. 말의 두 측면 사이에 분화가 충분히 일어나지 않으면 영아기에 사고의 표현과 이해 가능성에 제한이 있게 된다. 우리 연구의 제일 처음에 의미의 의사소통 기능에 대해 언급한 것을 생각해 보면 어린이가 언어를 통해서 하는 의사소통은, 언어적 의미와 그 언어적 표현을 구분하고 이를 의식적으로 파악하는 것과 직접 연결되어 있음이 명백해질 것이다.[6]

7-2-25] 이 생각을 제대로 이해하기 위해서, 우리는 연구 결과의 분석에 이미 기록했던 낱말의 의미(구조)의 매우 중요한 특성을 숙고할 필요가 있다. 우리는 낱말의 의미 구조에서 그 대상 지칭과 그것의 의미를 구별하고 그 둘이 서로 일치하지 않음을 보이려 하였다. 기능적인 관점에서 이는 우리로 하여금 한편으로는 낱말의 지시적 기능과 명명적 기능을 구분하게 하였으며 다른 한편으로는 그 상징적 기능을 구분하게 하였다. 우리가 발달의 처음, 가운데, 끝에서 구조와 기능의 관계를 취하여 서로 비교하면 다음의 발생적 법칙이 존재한다는 것을 확신하게 된다. 발달의 처음에 낱말의 구조에는 오직 그 대상 연관성만이 존재하며 기능적으로는 오직 지시적, 명명적 기능만이 존재한다. 대상 연관에 의지하지 않고 대상 지시와 명명[7]에 의존하지 않는 의미는 나중에야 나타나며 우리가 위에서 추적하고 그리고자 했던 경로를 따라 발달한다.

7-2-26] 그러나 이 경우 처음부터 어린이 낱말의 이와 같은 구조적·기능적

인 특별한 특징의 출현은 어른 낱말의 특징과 두 가지 반대되는 방향으로 분기한다. 한편으로, 낱말의 대상 지시는 어른보다 어린이에게서 훨씬 극명하게 두드러지며 훨씬 더 강력하게 나타난다. 어린이에게는 낱말은 어떤 대상의 일부, 그것의 속성 중 하나를 나타내며 어른의 낱말보다 비교할 수 없을 만큼 대상에 더욱 가까이 연결되어 있다. 이는 어린이 낱말의 대상 지시에 훨씬 큰 특정한 비중을 부여한다. 다른 한편으로, 바로 어린이에게는 낱말이 대상에 엄밀하게 연결되어 있으며 낱말이 대상의 부분을 나타내기 때문에 어른의 낱말보다 대상으로부터 스스로를 쉽게 분리할 수 있으며, 생각하고 있는 대상을 낱말로 쉽게 대체할 수 있고, 낱말은 스스로의 자율적인 삶을 가질 수 있다. 따라서 대상 연관과 낱말 가치의 불충분한 분화는 우리로 하여금 어린이의 낱말은 어른에 비해 실제와 더욱 가까워지는 동시에 그와 멀어진다는 사실로 이끈다. 이와 같이 어린이는 처음에는 낱말의 의미와 대상, 즉 낱말 가치와 음성적 형태를 구별하지 못한다. 발달의 과정에서 이 이러한 구분은 일반화 발달의 정도까지만 획득되며, 진개념이 이미 존재하게 되는 발달의 마지막에는 언어의 분화된 단면들 사이에 우리가 위에서 언급했던 모든 복잡한 관계들이 나타나게 된다.

7-2-27] 해가 지남에 따라 말의 두 단면 사이에 자라나는 이 분화는 사고가 의미의 통사로부터 낱말의 통사로 이동할 때 취하는 경로의 발달을 수반한다. 사고는 구의 낱말에 논리적 강세를 찍어서 심리적 술어를 표시하는데 이것이 없으면 어떠한 구문도 이해할 수 없게 된다. 발화는 내적 단면으로부터 외적 단면으로의 이주를 요구하는 반면 이해는 반대의 움직임, 즉 발화의 외적 단면으로부터 내적 단면으로의 이주를 전제한다.

●

1) 이 절에서 비고츠키는 말의 위계적 **의미론적** 단면(우리는 이를 비고츠키의 일반화의 정도
   에서 남북을 잇는 자오선과 연결되어 있는 것으로 생각할 수 있다)과 선형적인 '**형상적**(어휘
   문법적, 음운론적/음성학적)' 단면을 구분한다.
   I 비고츠키는 이러한 구분을 지지하는 두 가지의 **발생적** 증거를 제시한다. [7-2-
      1~7-2-9]
      A) 비고츠키는 **초기** 말 발달에서 언어의 외적, 형상적 단면은 부분으로부터 전
         체로(즉, 어린이가 낱말을 먼저 배우고 그런 후 단순한 두 낱말의 조합을, 그리고 오
         직 나중에서야 자유로운 조합을 배운다) 발달한다. 그러나 내적, 의미론적 단면
         에서 어린이의 언어는 전체로부터 부분으로 (즉, 어린이는 먼저 '안 돼'와 같은 구
         의 전체적인 사용과 의미를 먼저 배운 후에 나중에서야 '안'과 '돼'를 구분하는 것을 배
         우게 된다) 발달한다.
      B) 피아제는 어린이의 **후기** 말 발달에서 '왜냐하면'이나 '~임에도 불구하고'와
         같은 문법적 종속 접속사에 대한 정의를 내리거나, 그들을 에워싸고 있는
         문장으로부터 명확히 구분하거나 심지어 반응적이 아니라 의지적으로 그들
         을 사용하는 능력 없이도, 사용하는 방법을 배운다고 지적한다. 여기서도,
         말과 연관된 낱말의 어휘문법적 외적 외피는 생각과 관련된, 의미론적 내적
         핵심보다 먼저 발달한다.
   II 그런 후 비고츠키는 발생론적 증거에서 **기능적** 증거로, 발달하고 있는 말에서
      발달한 말로 옮겨 간다. 여기서 외형상 이 단면들을 구분하는 것이 쉽지 않
      지만 그들 사이에는 더더욱 팽팽한 긴장감이 흐른다. 비고츠키는 형상적·어휘문법
      적 주어(예를 들면 '시계가 떨어졌다'에서의 '시계')와 의미론적·관념론적 주어를 구별
      한다. 시계가 멈춘 것을 내가 알아채고 왜 그러냐고 묻는다면 시계는 문법적 주
      어인 동시에 심리적 주어이다. 그러나 내가 소음을 들은 후에 그게 무슨 소리냐
      고 묻는 상황이라면 심리적 주어는 '떨어졌다'가 된다. 소음을 유발한 것은 추락
      이기 때문이다. 문법적으로 이 두 반응은 동일하지만 심리학적으로 이들은 매우
      다르며, 이것은 이 두 단면의 차이를 잘 보여 준다. [7-2-10~7-2-13]
   III 비고츠키는 문장에서 보여 준 이 구분을 낱말에까지 **일반화한다**. 문법적 격㤂과
      심리적 격을 구분하는 것에 덧붙여, 시인이 '삼나무'와 '소나무'를 사용하여 이성
      간의 사랑과 같은 일반적인 개념을 표현한 것이나, 크릴로프가 『베짱이와 개미』
      의 우화를 바꿀 때 잠자리는 뛰어다니거나 노래하지 않음에도 베짱이 대신 잠자
      리를 사용한 것과 같이 우리는 어휘문법적 성과 심리적 성, 어휘문법적 수와 심리

적 수, 어휘 문법적 유생성animacy과 심리적 유생성을 구분할 수 있을 것이다(음성학의 수준에서조차 의미론적 요구와 형상적 기준의 요구 사이의 긴장이 있다. 이는 푸시킨 작품의 번역자들이 지속적으로 겪는 문제이다. 그러나 푸시킨 자신은 때로는 리듬의 장점을 취하는 대신 관념으로부터 이탈하고 때로는 정확한 어휘 사용을 취하는 대가로 형상적 기준으로부터 벗어나면서 이 긴장감을 가지고 논다). [7-2-14~7-2-18]

IV 비고츠키는 이 구분이 '표층구조'와 '심층구조'와 같은 유명한 구분과 같이 선재先在하는 조건이 아니라는 것을 보여 주기 위해 어린이의 발달로 돌아간다. 어린이의 마음에서 대상의 명칭은 대상들 자체와 구별 불가능하다. 이 때문에 어떤 언어에서건 태양은 결코 '달'로 불리지 않으며 개를 '소'로 부르는 순간 개에는 뿔이 솟아나고 우유가 흘러나오게 되는 것이다. 비고츠키는 이런 식으로 추론하는 어린이는 언어를 대상을 가리키고 지칭하는 수단으로 사용하는 것이라고 지적한다. 이 어린이는 의미가 단순히 대상-관련성이 아니라는 것을 아직 파악하지 못한 것이다. 어린이가 발달하면서 낱말의 통사론과 의미의 통사론을 **구분**하는 능력 또한 발달하게 된다. [7-2-19~7-2-27]

2) 의미의 통사로부터 문법적 통사로의 이행을 뜻한다.

3) 자기중심적 말, 글말, 외국어 회화, 심지어 번역 등에서도 우리는 낱말의 의미인 일반적 생각으로부터 낱말이 체화된 구체적 형태로의 하향이동을 보게 된다.

4) 원시적인 언어 의식은 단순히 언어의 음성적, 의미적 단면이 분화되지 않은 언어 의식을 말한다.

5) Wilhelm von Humboldt(1767~1835). 훔볼트는 포테브냐와 슈페트 덕분에 당시 러시아에서 매우 유명한 학자였다. 슈페트는 샤니야프스키 대학에서 비고츠키의 스승이기도 했다.

훔볼트는 세 가지 측면에서 오늘날 우리나라에서도 영향력이 크다. 첫째로 그는 근대 독일의 교육체제를 확립한 프러시아의 교육부 장관이었다. 독일의 교육체제는 미국과 일본 그리고 우리나라의 교육체제의 모델이 되었다. 둘째 그는 바스크어에서 인도네시아 자바 섬의 카위어에 이르기까지 다양한 언어를 연구한 뛰어난 언어학자였다. 언어는 사람들이 생각하는 방식을 형성한다는 아이디어를 처음으로 제시한 사람이 훔볼트이다. 셋째, 그는 언어가 규칙의 체계로 이루어져 있다는 아이디어를 처음으로 생각해 낸 사람이기도 하다. 이 때문에 촘스키주의자들은 아직도 훔볼트를 우호적으로 많이 인용한다.

6)앞에서 의미의 의사소통 기능과 지적 기능에 대해 언급하면서, 이들은 서로 외따로 떨어져 있음을 설명하였다. 여기서는 이 두 기능이 소리와 의미의 분화를 통해 어떻게 연결될 수 있는지 보여 준다.

7)

대상지시 (object reference)	대상 지칭(indication)	명명 (denomination)	상징 (signification)
대상이 눈에 보이는 경우에만 가리키는 기능을 수행할 수 있는 신호	특정 대상을 가리키는 수단으로서의 신호	'대상 군'을 가리키는 수단으로서의 신호	'개념'을 가리키는 수단으로서의 신호

7-3¹⁾

7-3-1] 그러나 우리는 우리가 밟아온 경로를 따라 한 걸음 더 나아가 말의 내적 측면으로 더욱 심도 있게 파고들어야 한다. 의미적인 측면은 말의 모든 내적 측면들 중 첫 번째의 것일 뿐이다. 그것은 연구자에게 내적 말의 측면을 드러내 준다. 내적 말의 심리적 성질에 대한 이해 없이는 사고와 말 사이의 복잡한 실제적 관계들을 밝힐 수 없다. 그러나 이 문제는 생각과 말의 연구에 관련된 모든 이슈들 중에서 가장 혼란스러운 것으로 보인다. 따라서 이것은 특별한 연구를 필요로 한다. 그러나 여기서는, 우리는 내적 말에 대한 특별한 연구를 위한 기본적 데이터를 제공하는 정도만 할 것이다. 이러한 데이터 없이는 우리는 사고와 낱말의 관계를 나타낼 수 없기 때문이다.

7-3-2] 이 혼란의 시발점은 용어상의 혼란에 있다. 문헌에서 내적 말 또는 내어(內語, эндофазия)라는 용어는 대단히 광범위한 현상을 나타내는 의미로 사용되고 있다. 이로 인해 단일한 용어에 의해 지칭되는 대단히 상이한 대상에 관해 연구자들이 논쟁하고, 대단한 오해를 낳게 되었다. 어떤 용어적 명확성이 도입되지 않는 이상 내적 말의 성질에 대한 우리의 지식을 체계화하는 것은 불가능할 것이다. 이러한 작업이 아직 누구에 의해서도 이루어지지 않았기 때문에 저자들 중 누구도 이 문제에 관련된 가장 단순한 데이터에 대해서조차도 현재 체계적인 설명을 내놓지 못하는 것은 놀랄 일이 아니다. 최초에는 내적 말이라는 용어는 말로 하는 기억вербальной памяти을 지칭했던 것으로 보인

다. 나는 기억한 시를 암송할 수도 있지만, 또한 머릿속에서만 암송할 수도 있다. 다른 모든 대상과 마찬가지로 말 역시 심상이나 기억적 인상으로 대체될 수 있다. 이 경우, 대상의 표상이 대상 자체와 다른 것과 같이 내적 말은 외적 말과 다르다. 내적 말은 음성적, 시각적, 종합적 기억이 어떻게 낱말을 회상시키는지 연구한 프랑스 학자들에게 바로 이러한 의미에서 이해되었다. 아래에서 보게 될 바와 같이 말로 하는 기억은 내적 말의 성질을 규정하는 계기 중 하나이다. 그러나 언어적 기억 하나만으로는, 물론 이 개념의 내용을 모두 포함할 수 없을뿐더러[2] 기억과 내적 말은 직접적으로 대응하지도 않는다. 옛 심리학자들은 언제나 기억을 통한 말의 재생산과 내적 말을 동일시해 왔다. 그러나 이들은 두 개의 상이한 과정들로 주의 깊게 서로 구분되어야 한다.

7-3-3] 내적 말에 흔히 부여되는 두 번째 의미는 일반적인 발화 행위의 축약과 연관된다. 여기서 내적 말은 발화되지 않은 말, 조용한 말 또는 무음의 말로 불린다. 즉, 밀러의 잘 알려진 정의에 따르면 내적 말은 말에서 소리를 제한 것이다.

7-3-4] 왓슨에 따르면 내적 말은 그것이 완성되지 않았다는 점을 제외하고는 외적 말과 같다. 이와 유사하게 베크테레프Бехтерев[3]는 내적 말을 운동 요소가 나타나지 않은 언어적 반사로, 세체노프Сеченов[4]는 그것을 말의 3분의 2가 완성되었을 때 중단된 반사로 (기술한다-K).

7-3-5] 내적 말에 대한 이러한 이해는 내적 말[5]의 과학적 개념의 종속적 계기 중 하나로 편입될 수도 있을 것이다. 그러나 이는, 첫 번째의 경우와 같이 이 개념의 전체를 포함하지 못할 뿐 아니라 개념과 전혀 일치하지 않는다. 낱말을 조용히 말하는 것이 내적 말의 내적 과정을 뜻할 수는 결코 없다. 최근 실링Schilling은 내적 말과 입속말을 구분하기 위해 용어의 용법을 제안하였다. 후자는 앞에서 언급한 학자들이 내적 말이라는 표제 하에 연구한 내용들을 가리킨다. 이 개념은 발화 활동의 수동적 과정을 제외하고 능동적 과정만을 고려한다는 점에서 내적 말과는 양적으로 다르며 발화 기능의 최초 운동 활

동을 지칭한다는 점에서 질적으로 다르다.

7-3-6] 이러한 측면에서 입속말은 내적 말의 기능의 일부, 초기의 발화 운동 행위이다. 이는 조음적 움직임으로 전혀 표현되지 않거나, 또는 불분명하게 조용한 움직임 속에서 나타나는, 하지만 그럼에도 생각 기능을 동반, 강화, 저해하는 파동이다. 이러한 생각들은 내적 말의 과학적 개념의 기본 특징을 확인할 수 있게 해 준다. 다시 한 번, 그러나, 이러한 생각은 내적 말의 개념을 충분히 설명하지도 못하고 심지어 그것과 완전히 대응하지도 않는다.

7-3-7] 세 번째의, 그리고 내적 말에 대한 모든 개념 중 가장 산만한 것은 내적 말에 대해 대단히 넓은 해석을 제공한다. 우리는 여기서 그 역사에 대한 논의를 하지는 않을 것이다. 대신 많은 저자들의 저작에서 우리가 만나게 되는 최근의 현황에 대해 간략히 개요를 그릴 것이다.

7-3-8] 예를 들어, 골드슈타인Goldstein은[6] 말하는 운동적 행위에 앞서는 모든 것들, 즉 말 자체의 내적 측면 모두를 일반적으로 가리키는 데 내적 말이라는 용어를 사용하였다. 그는 내적 말에서 두 계기들을 구분한다. 첫 번째는 언어학자들이 말하는 내적 언어의 형태 또는 분트의 말의 동기이다. 두 번째는 불확정적인 요소, 즉 감각적이지도 운동적이지도 않지만 특정하게 언어적인 경험으로, 우리에게 잘 알려져 있음에도 정확한 특징 부여를 할 수 없는 요소의 존재이다. 이와 같이 골드슈타인은 프랑스 학자들의 내적 말과 독일 학자들의 단어-개념을 혼합하여 내적 말의 개념을 모든 음성적 활동의 내적 측면 전체로 합한다. 그는 내적 말을 모든 말의 중심으로 내세운다. 이 정의의 소극적 측면, 이를테면 감각적·운동적 과정은 내적 말에 있어 종속적인 의미를 가진다는 지적은 정확하다. 그러나 내적 말의 적극적 측면에 대한 골드슈타인의 정의는 대단히 혼란스러우며, 따라서 그릇되다. 기능적, 구조적 또는 일반적으로 어떠한 객관적인 분석도 산출하지 못하는, 직관적으로 이해된 경험을 말 전체의 중심점으로 삼는다는 데 반대하지 않을 수 없다. 이는 이러한 경험을, 심리학적 분석의 도움으로 잘 구분되었던 개별의 구조적 단면들이 용해되

어 침전물 없이 잘 녹아 있는 내적 말과 동일시하는 것에 동의하는 것이 불가
능한 것과 마찬가지이다.

7-3-9] 사실 이러한 중심적 말 경험은 모든 말 활동의 형태에 공통적이기
때문에 이미 내적 말이라는 이름에 걸맞은 특정하고 고유한 언어적 기능을 분
리할 만한 자격이 전혀 없다. 일반적으로 말해서 골드슈타인의 관점을 따라
끝까지 가 보면, 내적 말은 말이 아니라 인지적이고 정서적-의지적 활동이라는
것을 반드시 발견하게 된다. 그것은 궁극적으로 낱말에 표현되는 말과 생각
의 동기를 포함하기 때문이다. 최선의 경우일지라도 그것은 말하기 직전의 순
간까지 일어나는 모든 내적 과정들의 미분화된 형태, 즉 외적 말의 모든 내적
단면들을 포함한다.

7-3-10] 내적 말을 정확하게 이해하기 위해서는, 내적 말은 그 심리적 성질
과 구조에 관한 한 특별하며, 그 자체의 완전히 고유한 특성을 가지고 있으
며 다른 말 형태들과 복잡한 관계를 가지고 있는 특별한 형태의 언어적 활동
이라는 점을 이해하고 있어야 한다. 내적 말이 한편으로는 생각과 또 한편으
로는 낱말과 가지는 관계를 연구하려면 우리는 우선 내적 말을 생각과 낱말
로부터 구분하는 것이 무엇인지 밝혀야 한다. 우리는 그것의 완전히 고유한
기능을 밝혀야 한다. 우리 생각에는, 내가 혼잣말을 하든 타인에게 말을 하든
내적 말은 자신을 향한 말이라는 점이 중요하다. 외적 말은 다른 사람을 향
하는 말이다. 두 유형의 말 기능들 사이에 있는 이와 같은 근본적이고 철저한
차이점이 두 말 기능의 구조적인 성질에 영향을 미치지 않으리라고는 전혀 생
각할 수 없다. 따라서 우리 견해로는, 잭슨Jackson과 헤드Head가 그랬듯이 내
적 말과 외적 말 사이의 차이를 그 성질의 차이가 아니라 정도의 차이로 간주
하는 것은 정확하지 않다. 여기서의 핵심은 발성의 문제가 아니다. 발성의 존
재 유무는 내적 말의 성질을 설명해 주는 원인이 아니라 내적 말의 성질로부터
나오는 결과이다. 어떤 의미에서 내적 말은 단순히 외적 말에 선행하거나 외적
말을 기억에서 재생산하는 것이 아닐 뿐만 아니라 외적 말과 완전히 반대라고

말할 수 있다. 외적 말은 생각을 말로 변형시키는 과정이다. 그것은 생각의 물질화이며 대상화이다. 여기서 우리는 방향으로 친다면 완전히 반대의 과정을 보게 된다. 내적 말은 바깥에서 안쪽으로 이동하며 그 과정에서 말은 생각 속에서 증발한다. 이는 내적 말의 구조의 원천이며 내적 말을 외적 말과 구조적으로 구별시켜 주는 모든 것의 원천이다.

7-3-11] 내적 말은 심리학 연구의 영역에서 가장 어려운 것 중 하나이다. 바로 이러한 이유로 내적 말에 대한 선행 연구들에서 엄청나게 많은 양의 임의적이고 추론적인 구조들이 나타나는 반면 실제 데이터는 거의 전무하다. 이 문제에 대한 실험들은 모두 암시적일 뿐이었다. 연구자들은 조음이나 호흡에 연관된, 거의 감지하기 힘든 운동적 변화의 존재를 찾아내기 위해 노력했다. 이는 기껏해야 삼차적 현상으로 내적 말의 핵심과는 어떤 경우에도 멀리 떨어져 있다.[7] 이 문제는 발생적 방법이 성공적으로 적용되기 전까지는 실험에는 거의 접근 불가능하게 남겨져 있었다. 여기서 발달이 인간 의식의 대단히 복잡한 내적 기능의 하나를 이해하는 데 열쇠인 것으로 밝혀졌다. 내적 말의 핵심에 기반한 적절한 연구의 방법은 전체의 문제를 움직여 왔다. 따라서 앞으로 더 나아가기 전에 우리는 방법의 문제에 대해 생각해 보고자 한다.

7-3-12] 피아제는 어린이의 자기중심적 말이 가지는 특별한 기능을 알아차리고 그 이론적 가치를 평가하는 방법을 처음으로 이해한 사람으로 보인다. 그의 공적은, 어린이를 상대하는 모든 이들에게 친숙하고 일상적으로 반복되는 현상인 자기중심적 말을 간과하고 지나치지 않고 이를 연구하고 이론적 중요성을 파악하고자 노력했다는 데 있다. 그러나 그는 또한 내적 말의 가장 중요한 특성, 즉 그 발생적 근원과 그것이 내적 말과 가지는 관계에 대해서 전혀 알아내지 못하였다. 그 결과 그는 자기중심적 말의 성질과 기능적, 구조적 그리고 발생적 측면을 그릇되게 해석하였다. 피아제와 길을 달리하여, 우리는 바로 자기중심적 말과 내적 말의 관계를 중심에 세우고 내적 말에 대한 연구를 시작한다. 우리의 생각에, 이는 처음으로 유례없이 정확하고 완벽하게 내적

말의 성질을 실험적으로 연구할 수 있는 가능성을 열어 주었다.

7-3-13] 앞에서 우리는 자기중심적 말이 내적 말의 발달에 선행하여 그 자체로 다양한 단계들을 거친다는 결론으로 이끌었던 기본적 생각에 대하여 개요를 그렸다. 이러한 생각들은 성질상 세 겹이었음을 상기하자. 이는 기능적 (우리는 자기중심적 말이 내적 말에 의해 수행되는 것과 유사한 지적 기능을 수행한다는 것을 발견하였다), 구조적(우리는 자기중심적 말의 구조가 내적 말의 구조로 가까워진다는 것을 발견하였다) 그리고 발생적(우리는 학령기 어린이에게 있어서 자기중심적 말이 위축된다는 피아제의 관찰을, 이 순간에 내적 말의 발달이 시작한다고 암시하는 일련의 데이터와 비교하였다. 이로부터 우리는 학령기 시작점에 자기중심적 말이 사라지는 것이 아니라 내적 말의 형태로 성장하여 이동한다는 결론을 얻었다) 겹층이다. 자기중심적 말의 구조, 기능 그리고 발생적 운명과 관련한 이 새로운 작업가설은 이 현상에 대한 우리 전체 연구를 근본적으로 재구성할 가능성뿐만이 아니라 내적 말의 성질에 대한 문제를 새로운 깊이로 꿰뚫을 수 있는 가능성을 열어 주었다. 자기중심적 말이 내적 말의 초기 형태라는 우리의 주장이 검증된다면 내적 말을 연구하는 방법을 찾는 문제는 해결된다. 이 경우 자기중심적 말은 내적 말의 연구에 있어 열쇠가 된다.

7-3-14] 첫 번째의 편의점은 자기중심적 말이 아직 음성화되어 있고 들을 수 있으며 소리를 울리는 말이라는 점, 즉 그 표현 양식에 있어 외적인 동시에 기능과 구조에 있어서는 내적 말이라는 점이다. 복잡한 내적 과정의 탐구에 있어서 실험을 위해서는, 관찰되는 내적 과정을 대상화하기 위해서는 주어진 외적 활동과 연결하여 그 외적 측면을 실험적으로 재창조하는 것이 필요하다. 이는 현상을 외현화하고 그 객관적 기능적 분석을 가능하게 하기 위함인데 이는 내적 과정의 외적 측면에 대한 관찰에 근거를 두게 된다. 그러나 자기중심적인 말의 경우 우리는 일종의 자연적으로 세워진 실험과 마주치게 된다. 이것은 직접적인 관찰과 실험이 가능한 내적 말이다. 이는 말하자면 그 성질상 내적이며 그 표현에서 있어서 외적이다. 따라서 우리가 보기에 자기중심적 말의 연구는 내적 말의 연구를 위한 기본적 방법이다.

7-3-15] 이 방법의 두 번째 장점은 그것이 그 자기중심적 말을 정적靜的이 아니라 그 발달의 과정에서 역동적으로 연구할 수 있도록 해 준다는 것이다. 그것은 어떤 특성이 점차적으로 사라지고 또 다른 특성들이 점차적으로 성장 하는 것을 연구할 수 있게 해 준다. 따라서 이는 내적 말에서 나타나는 발달 의 경향을 판단할 수 있는 가능성을 제공하며, 발달 과정에서 발달에 있어 필 수적이고 발달의 경로에서 강해지고 증가하는 것뿐 아니라 발달에 불필요하 며 그 과정에서 탈락되는 것을 분석할 수 있게 해 준다. 마지막으로, 내적 말의 발생적 경향을 연구하면서 내삽법을 도움을 받아 자기중심적 말로부터 내적 말로의 움직임이 한계에 다다랐을 때 나타나는 것, 즉 내적 말 그 자체의 성질 에 대한 결론을 내릴 가능성이 나타난다.

7-3-16] 이 방법을 통해 얻은 기본적 결과에 대해 논의하기 전에, 여기서 잠깐 멈추고 자기중심적 말에 대해 우리가 일반적으로 이해하는 점을 간단 히 언급하면서 연구방법의 그 이론적 토대를 밝힐 것이다. 이를 위해 우리는 자기중심적 말에 대한 피아제의 이론과 우리의 이론을 대비하면서 시작할 것 이다. 피아제의 연구에 따르면 어린이의 내적 말은 어린이 생각의 자기중심성 을 직접적으로 나타내며, 이는 그 자체가 어린이의 초기 자폐적 생각과 그것 의 점진적인 사회화 사이의 타협이다. 어린이의 각 연령 수준마다 특정한 이 타협은, 말하자면 역동적인 타협이다. 이 타협 속에서 어린이의 발달의 비율에 따라 자폐성의 요소가 줄어들며 사회화된 사고의 요소들이 증가한다. 그 덕 분에 말에 있어서와 같이 생각에 있어서도 자기중심성은 점차 감소하여 없어 지게 된다.

7-3-17] 자기중심적 말의 구조와 기능, 그리고 운명에 대한 피아제의 견해 는 그 본성에 대한 이러한 이해로부터 곧장 흘러나온다. 어린이의 자기중심적 말은 자신을 어른의 생각에 맞추지 않기 때문에 어린이의 생각은 최대한 자기 중심적인 상태로 남아 있게 되며 이는 자기중심적인 말의 이해 불가성과 축약 성, 그리고 다수의 다른 구조적 특성에 반영된다. 기능적으로는, 이 경우 자기

중심적인 말은 어린이 활동의 기본 멜로디에 부수적으로 뒤따르는 반주에 불과하며 멜로디 자체를 변화시키는 일은 하지 못한다. 그것은 독립적인 기능적 가치를 가지지 못하는 연합적 현상에 가깝다. 자기중심적 말은 어린이의 행동과 생각에서 어떤 기능도 하지 않는다. 그리고 마침내 그것이 어린이의 발달 경로에서 소멸되도록 되어 있는 어린이의 자기중심성을 통해 나타나기 때문에 자기중심적 말은 어린이의 자기중심성과 함께 사라지도록 발생적으로 운명 지어져 있다. 따라서 자기중심적 말의 발달은 하강 곡선을 따른다. 이 곡선의 정점은 발달 과정의 시작 이전에 있으며 학령기의 시작쯤에는 0으로 떨어지게 된다. 따라서 자기중심적 말에 대해서 우리는 리스트Liszt가 신동에 대해 말한 것과 같이 말을 할 수 있다. 그것의 모든 미래는 과거에 있다. 자기중심적 말은 미래가 없다. 그것은 어린이와 함께 성장하고 발달하지 않고 시들고 소멸해 갈 뿐이다. 자기중심적 말에서 변화는 진화가 아니라 퇴화의 과정이다. 만약 이와 같이 자기중심적 말의 발달이 지속적인 하강의 곡선을 따른다면, 어린이 발달의 모든 단계에서 그 근원을 어린이 말이 충분히 사회화되지 못한 것에 두는 것이 당연하다. 자기중심적 말은 원래 개인적인 것이며, 이것이 말의 불충분한, 불완전한 사회화를 보여 주는 직접적인 현상이다.

7-3-18] 반대의 이론에 따르면 어린이의 자기중심적 말은 정신 간 기능에서 정신 내 기능으로의 일반적인 이행 현상들 중 하나, 즉 어린이의 사회적·집단적 활동이 그의 개인적 정신 기능으로 이행하는 한 현상이라고 제시한다. 우리의 선행 연구 중 하나(40, p. 483)에서 보였던 바와 같이 이 이행은 모든 고차적 정신기능들의 일반적 발달 법칙을 구성한다. 처음에 이러한 기능들은 협동적인 활동의 형태로 생겨난다. 이후에야 이들은 어린이 자신의 정신활동 영역으로 옮겨진다. 자기를 향하는 말은 최초에는 사회적이었던 말의 기능 분화, 즉 타인을 향한 말의 분화를 통해 나타난다. 따라서 어린이 발달의 중심 경향은, 외부로부터 주입되는 점진적인 사회화가 아니라 어린이의 내적인 사회적 본성에 바탕을 두고 나타나는 점진적인 개인화이다. 이 결과 우리는 자기중심적인

말의 구조, 기능 그리고 운명의 문제에 대한 관점을 바꾸었다. 제시된 바와 같이 그 구조는 그 기능의 분화와 평행선상에서, 기능과 함께 발달한다.

7-3-19] 다시 말하면, 새로운 과제를 받으면서 그 새로운 기능에 맞추어 자연스럽게 말의 구조가 재구성된다. 내적 말의 구조적 특징에 대해서는 뒤에서 자세히 살펴볼 것이다. 지금 시점에서는 이러한 특징들이 쇠퇴하거나 닳아 없어지거나 또는 퇴화의 과정에서 서서히 감소하지 않는다는 점만을 지적하고자 한다. 오히려 그들은 강해지고 성장한다. 그들은 어린이가 나이 듦에 따라 진화하고 발달한다. 그리하여 이들 특징의 발달은 전체적인 자기중심적인 말과 함께 하강 곡선이 아닌 상승 곡선을 따른다.

7-3-20] 우리의 연구는 자기중심적인 말의 기능이 내적 말의 기능과 밀접히 연관되어 있다는 점을 명확히 했다. 그것은 어린이의 활동에 부수적인 것이 아니라 정신적 지향성, 의식적 파악, 어려움과 장애물의 극복, 회상과 생각의 목적을 위해 사용되는 독립적인 멜로디 또는 독립적인 기능이다. 그것은 자신을 향하는 말, 즉 어린이 생각에 직접적으로 기여하는 말의 기능이다. 마지막으로, 내적 말의 발생적 운명은 피아제가 예상했던 것과는 대단히 다른 것으로 보인다. 자기중심적 말은 하강곡선이 아니라 상승 곡선을 따라 발달된다. 그 발달은 퇴화가 아니라 진정한 진화이다. 이는 생물학이나 소아학과에 잘 알려진 배꼽 조직 상처의 아물기 과정이나 탯줄의 탈락, 태아 제정맥, 보탈로 관의 소실과 같은 퇴화의 과정과는 아무 관련이 없다. 그것은 전방을 향하고 성질상 형성적·창조적이며 발달을 위해 완전히 긍정적 의미를 가지는 어린이 발달의 다른 과정들과 더욱 비견할 만하다. 우리가 세운 가설의 관점에서는 자기중심적 말은 그 정신 기능에 있어 자신을 향한 말이며 그 구조에 있어만 외적인 말이다. 그것은 내적 말로 발달할 운명을 가지고 있다.

7-3-21] 우리가 보기에, 이 가설은 피아제의 가설에 비해 여러 가지 우위를 가진다. 그것은 이론적인 측면에 있어 자기중심적 말의 구조, 기능 그리고 운명에 대해 더 적절하고 나은 설명을 제공한다. 우리의 가설은, 과업의 난이도

가 높아져서 의식적 파악과 반성의 요구가 높아질수록 어린이의 자기중심적 말의 상관계수가 높아진다는 우리의 실험 데이터와 밀접하게 일치한다. 이러한 사실들은 피아제에 의해서는 설명되지 않는다. 그러나 우리의 가설이 가지는 가장 중요하고 결정적인 장점은, 피아제의 관점에서는 모순적이거나 아니면 설명이 불가능한 상황에 대한 만족스러운 설명을 제공한다는 데 있다. 피아제에 따르면 어린이가 나이 듦에 따라 자기중심적 말은 쇠퇴한다. 그 양적인 비중은 어린이의 발달의 단계에 따라 감소한다. 이 관점은 자기중심적 말이 사라짐에 따라 자기중심적 말의 구조의 고유한 특성이 점점 무뎌지게 되리라고 예측하게 한다. 이러한 소멸이 그 과정의 양적인 측면만을 설명하고 그 내적 구조에 있어서는 반영되지 않는다고 이해하기는 어렵기 때문이다. 3세에서 7세까지의 이행에 있어, 즉 자기중심적 말의 발달에 있어 최고점으로부터 최저점으로의 이행에 있어 어린이 생각의 자기중심성은 엄청나게 줄어든다. 자기중심적 말의 구조적으로 특별한 특징들이 바로 자기중심성에 근원을 둔다면, 타인에게의 이해 불가성으로 나타나는 이러한 구조적으로 특별한 특징들은 자기중심적 말의 외적 표현양상과 똑같이 계속 줄어들어 점차 사라질 것이라고 예측하는 것이 당연하다. 간단히 말해서 자기중심적 말의 소멸과정은 내적 구조의 특별한 특징의 소멸에서 찾기를 기대할 수 있다. 즉, 자기중심적 말의 내적 구조는 사회화된 말의 구조와 점증적으로 유사해짐으로써 점차 더욱 이해가 가능해질 것이다. 경험적 데이터는 우리에게 무엇을 보여 주는가? 세 살 어린이의 자기중심적 말과 일곱 살 어린이의 자기중심적 말 중 더욱 이해하기 어려운 것은 어느 쪽인가? 우리 연구의 가장 중요하고 결정적인 경험적 발견 중 하나는, 자기중심적 말과 사회적 말의 차이점을 반영하며 자기중심적 말이 다른 이들에게 이해되기 어렵게 만드는 자기중심적 말의 구조적 특징들은 나이가 듦에 따라 줄어드는 것이 아니라 늘어나며, 이 특징들은 3세 어린이에게서 최소한으로 나타나고 7세 어린이에게서 최대한으로 나타나며, 결과적으로 이들은 소멸되지 않고 진화하며, 자기중심적 말의 상관계수를 지배하는 법칙에 반대되는 발달의 법칙에 의해 지배된다는 것이다. 자기중심적 말은 점진적으로 줄어들어 학령기 시작쯤에는 사라지지만 자기중심적 말의 구조적 특성들은 반대 방향으로 발달을 계속한다. 자기중심적 말의 구조적 특징은 세 살쯤에는 거의 없다가 백 퍼센트까지 증가하여 고유한 구조가 된다.

7-3-22] 피아제의 이론은 어린이 자기중심성과 자기중심적 말이 쇠퇴하면서 그에 고유한 내적인 특별한 특성들이 어떻게 동시에 그와 같이 격렬하게 성장할 수 있는지에 대해 전혀 무지하므로 이러한 사실을 설명할 수 없다. 뿐만 아니라 이 사실은 피아제가 자기중심적 말에 대한 그의 전체 이론을 세우는 데 주춧돌로 사용한 고유한 사실 즉, 어린이의 성장에 따른 자기중심적 말의 상관계수 감소 현상을 설명할 수 있게 해 준다.

7-3-23] 어린이의 나이가 증가함에 따라 자기중심적 말의 상관계수가 감소한다는 발견이 가지는 근본적인 중요성은 무엇인가? 앞에서 본 바와 같이, 내적 말이 외적 말에 대해 가지는 구조적 특성과 그 기능적 분화는 나이와 함께 증가한다. 반대로, 쇠퇴하는 것은 무엇인가? 자기중심적 말의 상관계수 감소는 오직 한 가지, 자기중심적 말의 한 가지 특성 그 음성화, 소리 내기만이 사라진다는 것을 나타낼 뿐이다. 그렇다면 이 음성화와 소리 내기의 사라짐이 자기중심적 말 전체가 사라지는 것과 같다는 결론을 내릴 수 있는가? 이는 우리에게는 받아들여질 수 없는 것으로 보인다. 이렇게 가정한다면 자기중심적 말의 구조적·기능적 특성의 발달이 전혀 설명될 수 없게 되기 때문이다. 그러나 그것을 자기중심적 말이 가지는 다른 특성들의 발달이라는 맥락에서 생각한다면, 자기중심적 말의 상관계수 감소는 완전히 이해 가능하며 유의미해진다. 사실, 자기중심적 말의 한 증상(음성화)이 빨리 사라지는 현상과 그 다른 증상들(구조적·기능적 분화)이 동일하게 빨리 강력해지는 현상 사이의 모순은 오직 외견적·표면적이며 환각일 뿐이다.

7-3-24] 우리는 연구에 의해 실험적으로 확립된 확실한 사실에 토대를 두고 이에 대해 논의할 것이다. 자기중심적 말의 구조적·기능적 특성들은 어린이

의 발달과 함께 증가한다. 세 살에는 자기중심적 말과 의사소통적 말 사이에 차이가 거의 없다. 반면 일곱 살쯤에는 자기중심적 말의 모든 기능과 구조적 특성들은 세 살 어린이의 사회적 말의 그것과 완전히, 100% 다르다. 이 사실이 표현하는 것은 어린이들이 나이 듦에 따라 두 말 기능이 점진적으로 분리되며, 일반화되고 미분화된 말의 기능으로부터 자기를 향한 말과 타인을 향한 말이 떨어져 나온다는 것이다. 어린 유아들에게는 미분화된 말의 기능이 이 두 가지 과업[8]을 모두 수행한다. 이에 대해서는 의문의 여지가 없으며 널리 알려져 있는, 논박할 수 없는 사실이다.

    7-3-25] 그러나 이것이 실제로 그러하다면, 다른 문제들은 모두 저절로 명백해진다. 자기중심적 말의 구조적·기능적 특성들, 즉 그 내적 구조와 활동의 방법이 점차 발달할수록 더욱 외적 말과 구분된다면 그와 동일한 정도만큼 그 외적·음성적 측면은 필연적으로 쇠퇴해야 할 것이다. 그 음성화는 점차 무뎌져서 없어지고 외적 표현은 0으로 떨어지며 이러한 모든 것은 3세에서 7세 사이의 시기에 자기중심적 말의 상관계수 감소를 통해 표현되어야 할 것이다. 자기중심적 말, 자신을 향하는 말의 기능이 사회적 말과 떨어져 나오는 만큼 그 음성화는 같은 정도로 기능적으로 잉여적이며 무의미하게 된다 (우리는 말을 실제로 발화하기 전에, 계획된 할 말을 이미 알고 있다). 자기중심적 말의 구조적 특성들이 발달하는 정도만큼 그 완전한 음성화는 불가능해진다. 그 구조에 있어서 완전히 다르기 때문에 자기를 향한 말은 그 성질에 관한 한 완전히 이질적인 외적 말의 구조로는 결코 표현될 수 없다. 그 형태에 있어서 대단히 특별하기 때문에 이 시기에 나타나는 말은 그 자체의 특별한 표현 형태를 가지고 있어야 한다. 그 형상적 측면이 외적 말의 형상적 측면과 더 이상 같지 않기 때문이다. 자기중심적 말의 기능적 특성들의 발달, 독립된 말 기능으로서의 분리 그리고 고유한 내적 성질의 점진적인 구성과 형성은, 필연적으로 외적 말로부터 계속 멀어지고 그 음성화를 더욱더 잃으면서 그 외적 표현이 빈궁해지는 상황으로 이끈다. 그리고 발달의 한순간에 자기중심적 말의 이러

한 분리가 어떤 필요한 한계에 도달하면, 즉 스스로를 향한 말이 다른 사람을 향한 말로부터 마침내 분리되면, 그것은 더 이상 음성적 말이 되면 안 된다. 이로 인해 자기중심적 말이 사라지거나 완전히 쇠퇴한다는 환각이 생성되었다.

7-3-26] 그러나 이것은 바로 환각일 뿐이다. 자기중심적 말의 상관계수가 하락하는 것을 그것의 사라지는 증상으로 보는 것은 어린이가 손가락을 이용하여 수를 세거나 큰 소리로 계산하는 것을 멈추고 속으로 셈하기 시작하는 것을 계산이 소멸한 것이라고 간주하는 것과 똑같다.

7-3-27] 본질적으로, 이러한 사라짐의 증상, 부정적·퇴화적 증상은 온전히 긍정적인 내용 숨기고 있다. 우리가 보인 바와 같이 자기중심적 말의 상관계수의 하락, 음성화의 감소는 이 새로운 말 형태의 내적 발달 및 분화와 밀접한 관련이 있다. 이들은 표면적으로만 부정적·퇴화적 증상일 뿐이다. 사실, 이들은 전진하는 발달의 진화적 증상이다. 그 뒤에 숨어 있는 것은 퇴보가 아니라 새로운 말 형태의 탄생이다.

7-3-28] 자기중심적 말의 외적 표현이 쇠퇴하는 것은 말의 음성적 측면으로부터 추상화를 발달시키는 표현으로 간주되어야 한다. 이는 의사소통적 말로부터 자기중심적 말의 점진적 분화와 함께 내적 말의 구성적 특징 중 하나로서, 어린이가 단어를 생각할 수 있는 능력, 말하지 않고 표현할 수 있는 능력, 단어 자체가 아닌 그 이미지를 다룰 수 있는 능력을 발달시킨다는 것을 나타낸다. 이것이 자기중심적 말의 상관계수 하락 증상의 긍정적 의미를 구성한다. 자기중심적 말의 상관계수 하락은 대단히 명확한 의미를 가지고 있다. 그것은 정해진 방향으로 이루어지며 더욱이 자기중심적 말의 기능적·구조적 특별한 특징의 발달이 이루어지는 방향과 동일한 방향, 정확히 말하며 내적 말로의 방향을 취한다. 내적 말과 외적 말의 근본적 차이는 전자에는 음성화가 부재하다는 데 있다.

7-3-29] 내적 말은 무음의, 소리 없는 말이다. 이것이 기본적인 차이이다. 그

러나 바로 이러한 방향, 즉 이러한 차이가 점진적으로 증가하는 방향에서 자기중심적 말의 진화가 일어난다. 자기중심적 말의 음성화는 쇠퇴하여 소리 없는 말이 된다. 그러나 자기중심적 말이 내적 말의 발생의 초기 단계라면 이것은 반드시 필요하며 그렇게 되어야 한다. 음성화의 사라짐이 점진적이라는 점, 자기중심적 말의 음성화가 분화되기 이전에 기능적·구조적으로 사회적 말로부터 분화된다는 점은 내적 말의 발달에 대한 우리의 가설의 토대로 가정했던 것을 나타낸다. 특히 그것은 내적 말의 발달이 말의 음성적 측면이 외적으로 약화된다는 점에 근원을 두지 않는다는 것을 나타낸다. 그것은 말로부터 속삭임으로 그리고 속삭임으로부터 소리 없는 말로 움직이지 않는다.[9] 이는 내적 말의 발달이 외적 말로부터의 기능적·구조적 분화로부터 시작하며, 외적 말로부터 자기중심적 말로 이동하고 난 후에야 자기중심적 말에서 내적 말로 이동한다는 것을 나타낸다.

7-3-30] 따라서 자기중심적 말의 외적 표현의 소멸과 그 내적인 특별한 특징의 성장 사이의 모순은 피상적일 뿐이다. 실제로는 자기중심적 말의 상관계수 하락 뒤에는 내적 말의 주요한 특별한 특성 중 하나의 긍정적 발달이 숨어 있다. 이는 말의 음성적 측면으로부터의 추상화[10]이며 외적 말로부터 내적 말의 최종적 분화이다. 따라서 세 겹층의 표식들 모두–기능적, 구조적 그리고 발생적 분석–와 (피아제의 자료를 포함하여) 우리가 자기중심적 발화의 발달에 대해 가지고 있는 자료들 모두가 단일한 아이디어, 즉 자기중심적 말은 내적 말을 향하여 발달하며, 그 발달의 전체 움직임은 내적 말의 기본적이고 독특한 자질을 점진적으로 획득하는 움직임으로만 이해될 수 있다는 점을 나타낸다.

7-3-31] 여기서 우리는 자기중심적 말의 성질과 발생에 대해 우리가 발달시켰던 가설에 대해 논박할 수 없는 지지와 함께, 아울러 이것이 자기중심적 말의 연구가 내적 말의 이해를 위한 기초를 제공한다는 확실한 증거를 발견한다. 그러나 우리의 가설적 제안이 진정한 이론으로 되기 위해서는 핵심적 실험, 즉 자기중심적 말과 발달에 대해 서로 반대되는 이 두 가지 이해 중 어느 것이

사실과 상응하는지 해결해 줄 실험을 발견해야 한다. 이 핵심적 실험의 데이터를 검사해 보자.

7-3-32] 우리의 실험이 수행되기 위해 요구되었던 이론적 상황을 되짚어 보자. 피아제의 관점에서는, 자기중심적 말은 애초에는 개인적 말의 형태였던 것이 불충분하게 사회화됨으로써 생겨난다. 우리의 관점에서는 자기중심적 말은 애초에는 사회적이었던 말의 불충분한 개인화로부터, 그 불충분한 분리와 분화로부터, 그 비결정질非結晶質로부터 나타난다. 첫 번째 이론에서 자기중심적 말은, 하강하여 마침내 사라져 버리는 곡선 위의 점이며 이 곡선의 정점은 자기중심적 말 뒤에 있다. 자기중심적 말은 소멸되어 간다. 여기에 그 발달이 있다. 자기중심적 말은 과거만을 가지고 있을 뿐이다. 두 번째 이론에서 자기중심적 말은, 상승하고 있으며 그 정점이 자기중심적 말의 앞에 놓인 곡선 위의 점이다. 자기중심적 말은 내적 말과 함께 발달된다. 자기중심적 말은 미래를 가진다. 첫 번째 경우 자기를 향하는 말-내적 말-은 사회화 과정과 함께 밖으로부터 도입된다. 이 과정은 앞에서 언급한, 붉은 액체가 흰 액체로 대체되는 원리에 따라 일어난다. 두 번째의 경우, 자신을 향한 말은 자기중심적 말로부터 생겨난다. 안으로부터 발달하는 것이다.

7-3-33] 이 견해 중 어느 것이 옳은지 결정하기 위해 우리는 이 두 유형의 상황에서의 변화가 어린이의 자기중심적 말에 어떠한 방향으로 작용하는지, 즉 사회적 말의 등장을 촉진하는 상황의 사회적 계기를 약화시키는 방향인지, 이를 강화시키는 방향인지를 실험적으로 결정 내리는 것이 필요하다. 이 시점까지 자기중심적 말에 대한 우리의 관념을 지지하고, 피아제에 반대하기 위해 우리가 제시한 모든 증거는 비록 우리 관점에서는 엄청난 중요성을 가지고 있지만-우리의 개념에 대한 간접적인 가치만을 가지며 일반적인 해석에 의지한다. 반면 이 실험은 우리의 중심 질문에 대한 직접적인 대답을 제공할 수 있다. 따라서 우리는 이를 결정적인 실험(experimentum crucis)으로 간주한다.

7-3-34] 사실 어린이의 자기중심적 말이 그의 생각의 자기중심성과 불충분

한 사회화로부터 나온다면, 상황의 사회적 계기를 어떻게든 약화시키고, 어린이가 집단과 가지는 연결로부터 어떻게든 자유롭게 하고 그 연결을 끊으며, 심리적 고립을 어떻게든 증가시키고 다른 이들과의 심리적인 접촉을 어떻게든 상실시켰을 때 어떻게든 어린이가 다른 사람의 생각에 맞추어야 한다는 필요성과 사회적 말을 사용할 필요성으로부터 해방시킨다면 사회적 말이 줄어든 자리에 자기중심적 말의 상관계수가 급격히 증가해야 할 것이다. 이 모두가 어린이의 말과 생각에서 사회화의 불충분성을 자유롭고 완전히 표현하는데 더없이 좋은 조건을 만들기 때문이다. 반면에, 만약 자기중심적 말이 다른 사람을 향한 말로부터 자신을 향한 말로의 불충분한 분화로 인해 생겨난다면, 만일 그것이 처음에는 사회적 형태의 말이었던 것을 불충분하게 개인화한 것으로부터 생겨난다면, 상황에서의 이러한 변화들은 자기중심적 말의 급격한 감소로 반영될 것이다.[11]

7-3-35] 이것이 우리의 실험이 당면했던 질문이었다. 이 실험의 구성을 위한 출발점에서 우리는 피아제 자신이 밝혀낸 자기중심적 말의 특징을 선택하였다. 따라서 우리가 연구하는 현상의 영역과 이들 사이의 경험적 관계에 대하여는 의심의 여지가 없다.

7-3-36] 피아제는 이들에게 어떠한 이론적 중요성도 할애하지 않고 이들을 자기중심적 말의 오직 외적 특징으로만 기술하였을 뿐이다. 자기중심적 말의 세 가지 특별한 특성들은 처음부터 우리를 놀라지 않을 수 없게 한다. 1) 자기중심적 말이 집합적 독백이라는 사실, 즉 어린이의 개인 활동이 아니라 집합적 활동(즉, 다른 어린이들과 함께 하는 활동)과 수반한다는 사실. 2) 이 집합적 독백이 타인에게 이해되리라는 착각과 수반한다는 (피아제에 의해 지적된) 사실, 어린이는 아무에게도 향하지 않는 자기중심적 표현들이 자신의 주변 사람들에게 이해된다고 믿는다. 3) 자기를 향하는 말은 외적 발화의 특성을 가진다는, 즉 사회적 말과 유사하다는 사실. 그것은 혼자서 속삭이는 경우에는 나타나지 않는다. 자기중심적 말의 이러한 세 가지 특성들은 본질적이다. 이들은 우연일

수가 없다. 어린이 자신의 관점에서 보면, 자기중심적 말은 주관적으로 아직 사회적 말로부터 충분히 분화되지 않았다(어린이는 이해되고 있다고 착각한다). 이는 객관적으로 볼 때에도 상황적으로(집단적 독백), 형태적으로(음성화) 사회적 말과 분화되지 않았다. 이 특별한 특징들만으로도 이미 사회화의 부족이 자기중심적 말의 원천이라는 이론을 우리로 하여금 거부하도록 한다. 반대로, 자기중심적 말의 이러한 특성들은, 사회화가 너무 확장되어 자기를 향한 말과 다른 사람을 향한 말 사이의 구분이 충분치 않음을 나타낸다. 사실, 이 특성들은 자기중심적 말, 자신을 향한 말은 사회적 말, 즉 다른 사람을 향한 말을 특징 짓는 객관적·주관적 조건으로부터 흘러나온다고 시사한다.

7-3-37] 자기중심적 말의 이러한 세 가지 특징에 대한 우리의 평가는 우리 자신의 가정으로부터 나온 산물이 아니라는 것은, 그륀바움Grünbaum[12])이(우리 는 여기서 그륀바움을 언급하지 않을 수가 없다) 어떤 실험도 하지 않고 오직 피아제의 데이터의 재해석을 통해 이와 유사한 결론에 도달하였다는 사실을 볼 때 명백 하다. 그륀바움은 피상적인 관찰은 우리로 하여금 어린이가 스스로에게 완전 히 빠져 있는 것으로 보이는 경우가 있다고 지적한다. 이러한 잘못된 인상은 세 살짜리 어린이가 주변 사람들과 논리적으로 관계를 맺으리라는 우리의 기 대에서 유래한다. 현실과 논리적인 관계를 맺는 것은 어린이의 전형적인 모습 이 아니므로 우리는 어린이가 자기 자신의 생각과 환상에 빠져 있으며 자기 중심적인 태도는 어린이에게 있어 특징적이라고 쉽게 가정한다. 세 살에서 다 섯 살가량의 어린이들이 함께 놀 때 이들은 흔히 자기 자신에게만 빠져 있고 각각은 혼잣말만을 할 것이다. 멀리서 볼 때 이는 대화와 같은 인상을 주지 만, 면밀히 분석해 보면 이 말들은 참가자들이 서로 듣고 반응하지 않는 집합 적 독백이라는 점이 나타난다. 그러나 어린이의 자기중심적 태도를 명확히 나 타내 주는 것으로 보이는 이러한 예시가 최종 분석에서는, 사실상 어린이 정신 의 사회적 연결을 증명한다. 집합적 독백에서는 집단으로부터의 의도적인 고 립이나 현대 신경정신학적인 의미에서의 자폐성이 나타나지는 않으며 오히려

그 정신적 구조에 있어서는 이와 정반대이다. 피아제는 어린이의 자기중심성을 강력히 강조하고 이를 어린이의 특별한 정신 구조에 대한 설명을 위한 자신의 전체 이론의 주춧돌로 취했음에도 집합적 독백에서 어린이들이 서로와 말하고 듣는다고 믿는 것을 알아채지 않을 수 없었다. 어린이들이 서로에게 신경을 쓰지 않는 것처럼 행동하는 것은 사실이다. 그러나 이는 단지 불충분하게 표현되거나 아예 전혀 표현이 되지 않더라도, 각각의 사고가 공동으로 공유된다고 어린이들이 가정하기 때문이다. 이는 그륀바움이 보기에, 어린이의 개별 정신이 사회적 전체로부터 충분히 분화되지 못했다는 증거이다.

7-3-38] 그러나 또 반복하지만, 이 문제에 대한 궁극적인 해결은 이러저러한 해석으로부터 오는 것이 아니라 오직 결정적 실험을 통해서만 가능하다. 우리는 이 실험에서 자기중심적 말이 가지는 이 세 가지의 특별한 특성의 역학을 밝히고자 하였다. 이 세 가지(음성화, 집합적 독백, 그리고 이해되고 있다는 착각)에 대해서는, 자기중심적인 말의 근원의 성질에 대한 우리의 흥미를 이끄는 질문에 답을 얻고자 그 강점과 약점에 대해 위에서 논의하였다.

7-3-39] 첫 번째 실험 세트에서 자기중심적 말에 수반하는, 다른 어린이들에게 이해되고 있다는 착각을 깨고자 하였다. 이를 위해 우리는 어린이를 피아제의 실험과 완전히 같은 상황에 두고 자기중심적 말의 상관계수를 예비 측정하였다. 그런 후 이 어린이를 다른 상황에 두었다. 우리는 이 어린이가 농아 어린이 집단과 활동하도록 하거나, 외국어를 사용하는 어린이 집단 속에서 활동하도록 환경을 조직하였다. 그 외의 다른 상황은 그 구조와 모든 구성요소에 있어서 동일하였다. 이 실험에서의 유일한 변수는 이해되리라는 착각이었으며 이는 첫 번째 상황에서는 자연스럽게 나타났으며 두 번째 상황에서는 미리 차단되었다. 자기중심적 말은 이해의 착각이 배제된 상황에서 어떻게 작용하였을까? 실험은, 이해의 착각이 배제된 결정적 실험에서 그 상관계수는 급격히 하락하는 것을 보여 준다. 거의 대부분의 경우에 있어 상관계수는 0으로 떨어졌다. 그 외의 경우 계수는 평균 8회로 감소하였다.

7-3-40] 이 실험들은, 이해되고 있다는 착각은 우연한 현상이 아니며 그 것은 자기중심적 말의 사소한 부산물이나 부속물, 또는 부수 현상이 아니라는 사실에 의심의 여지를 남기지 않는다. 이해의 착각은 자기중심적 말의 필수적 부분이며 기능적 측면에 있어 분리될 수 없다. 우리가 발견한 이러한 결과는 피아제의 이론과 모순이 된다. 어린이와 어린이의 환경 사이의 심리적 접촉이 적을수록, 집단과 어린이의 연결이 약할수록, 환경이 어린이에게 사회적 말과 타인의 생각에 대한 적응에의 요구를 적게 필요로 할수록 어린이의 생각에서 자기중심성은 자유롭게 나타날 것이며, 따라서 그의 말에서도 그러할 것이다. 만일 어린이의 자기중심적 말이 실제로 그의 생각과 말이 충분히 사회화되지 못한 결과라면 다른 어떤 결론도 불가능하다. 이러한 관점에서, 이해되고 있다는 착각을 배제한다면 자기중심적 말의 상관계수가, 실제로 그랬던 바와 같이 줄어드는 것이 아니라 늘어나야 할 것이다. 그러나 우리가 제시한 가설의 입장에서 보면, 이 실험적 데이터는 그 자신을 향하는 말의 개인화의 부족과 다른 사람을 향한 말로부터의 비분리가, 독립적으로 사회적 말의 밖에서는 살 수도 기능할 수도 없는 자기중심적 말의 진정한 근원이라는 사실을 밝히는 직접적 증거 이외로는 생각될 수가 없다. 이 자기중심적 말이 사라지도록 하기 위해서는, 모든 사회적 말에 가장 중요한 심리적 요소, 즉 이해되고 있다는 환상을 배제하는 것으로 충분하다.

7-3-41] 실험의 두 번째 세트에서 우리는 기본 실험과의 비판적 비교를 위해 주요 변인을 어린이의 집합적 독백으로 삼았다. 첫 번째 핵심적 실험의 세트에서와 같이 우리는 기본 상황에서 집합적 독백으로 나타난 자기중심적 말의 상관계수를 측정하였다. 그런 후, 어린이의 활동을 집합적 독백의 가능성이 배제된 상황으로 이동시켰다. 우리는 어린이를 낯선 친구들(실험 어린이가 실험 이전, 도중, 이후에 전혀 말을 주고받지 않은 어린이들) 사이에 두거나, 다른 친구들과는 멀리 떨어진 방 구석의 다른 테이블에 두거나, 또는 집단과 분리되어 철저히 혼자 활동하게 하거나, 마지막으로 집단으로부터 거리를 두고 혼자서 활동하

도록 함으로써 실험 도중 실험자가 어린이를 완전히 혼자 있게 하면서도 어린이를 관찰하고 들을 수 있는 가능성을 남겨 두었다. 일반적으로 이러한 실험들의 결과는 첫 번째 실험들의 결과와 정확히 일치한다. 집합적 독백을 배제하였을 경우 자기중심적 말의 상관계수가, 일반적으로 첫 번째 실험의 경우보다는 덜하지만, 급격히 감소하였다. 상관계수가 0으로 떨어진 경우는 거의 없었다. 첫 번째와 두 번째의 실험 세트에서 나타난 자기중심적 말의 상관계수의 평균 비율은 6:1이었다. 집합적 독백을 배제시키기 위한 다양한 방법들은 자기중심적 말의 감소 비율의 점차적 변화를 명백히 드러내었다. 그러나 이 세트에서 상관계수의 하향 감소라는 기본적 방향을 향하는 성향은 분명히 나타났다. 명백히 집합적 독백은 부차적 현상이거나 부산물이 아니다. 그것은 자기중심적 말에 따르는 부가적 현상이 아니라 서로 간에 떼어낼 수 없이 연결된 기능적 고리이다. 우리가 논박한 가설의 관점에서 이는 다시 한 번 모순적이다. 집단으로부터의 고립은 자기중심적 말이 완전히 자유롭게 나타나도록 풀어 주어, 그 상관계수의 급격한 증가를 낳았어야 했다. 자기중심적 말이 진정으로 생각과 말의 불충분한 사회화로부터 유래한다면 말이다. 그러나 이 데이터는 모순적이지 않으며 우리가 주장하는 가설에 근거해 볼 때 논리적으로 필연적인 결과이다. 자기중심적 말의 토대가 불충분한 분화, 즉 자신을 향한 말과 타인을 향한 말의 불충분한 분화라면 우리는 집합적 독백의 배제가 반드시 어린이의 자기중심적 말의 상관계수 하락으로 이끌 것이라고 추측해야 한다. 사실은 이 가정을 완전히 확증한다.

7-3-42] 마지막으로, 실험의 세 번째 세트에서 우리는 기본 실험과 결정적 실험의 비교를 위한 변량으로 자기중심적 말의 음성화를 선택하였다. 기본 상황에서 자기중심적 말의 상관계수를 측정한 후 어린이는 음성화의 가능성이 제한되거나 배제된 곳으로 옮겨졌다. 우리는 큰 강당 안에서 간격을 멀찍이 띄우고 앉아 있는 어린이들과 훨씬 더 먼 간격을 두고 피실험자인 어린이를 앉혀 두거나 또는, 실험이 행해지는 연구실 바로 옆에 오케스트라 연주가

벌어지거나 다른 소음이 있어서 다른 사람의 목소리는 물론 어린이 자신의 목소리도 들리지 않게 하였다. 마지막으로 특별한 규칙에 의해 어린이는 크게 말하는 것이 금지되고 대화는 오직 조용히 말하거나 소리 없이 속삭일 수만 있도록 허용하였다. 이러한 모든 결정적 실험의 상황에서 우리는 다시 한 번 놀라운 규칙성과 함께 앞의 두 경우와 같은 것을 관찰하였다. 자기중심적 말의 상관계수 곡선이 급격하게 아래로 떨어진 것이다. 상관계수의 감소는 두 번째 실험 세트의 경우에서보다 좀 더 복잡한 형태로 표현된 것은 사실이다(기본 실험과 결정적 실험 사이의 상관계수 관계는 5.4:1로 나타났다). 음성화를 배제하거나 방해한 다양한 양식에 연관된 점차적 차이점들은 두 번째의 실험 세트보다 훨씬 컸다. 그러나 음성화의 배제나 방해와 함께 나타나는 자기중심적 말의 상관계수 감소로 증거가 되는 기본적 패턴은 완전히 명확한 확실성과 함께 이 실험에서도 나타난다. 그리고 다시 한 번, 우리는 이 연령대의 어린이가 자신을 향해 하는 말의 본질이 자기중심적 말이라는 가설을 세우는 관점과 이 데이터는 모순적일 뿐이라고 간주할 수밖에 없다. 우리는 진정한 의미에서 내적 말을 숙달하지 못한 어린이가 스스로를 향해 하는 말을 내적 말의 본질이라고 생각한 내적 말에 대한 가설을 이 데이터가 직접적으로 확증해 준다고 생각할 수밖에 없다. 이러한 일련의 세 가지 실험들은 단일한 목적을 가진다. 우리는 어린이의 거의 모든 자기중심적 말과 함께 나타나는 세 가지 현상을 우리 연구의 토대로 삼았다. 이는 이해된다는 착각, 집합적 독백 그리고 음성화이다. 이 세 가지는 자기중심적 말과 사회적 말에 모두 공통적인 현상이다. 우리는 이 현상들이 나타났을 때와 그렇지 않았을 때를 실험적으로 비교하였으며, 이러한 특성들을 배제시켜 자신을 향한 말과 다른 사람을 향한 말을 가깝게 만들면 자기중심적 말이 필연적으로 감소함을 발견하였다. 따라서 우리는 어린이의 자기중심적 말이 이미 그 구조와 기능의 관계에 있어 분화된 특별한 형태의 말이며, 그러나 그 표현에 있어 자기중심적 말이 발달하고 성숙하기를 지속하게 되는 토대인 사회적 말로부터 아직 완전히 분화되지 않았다는 결론을 내릴 수 있다. 우리가 지금까지 발달시켜 온 가설의 뜻을 명확히 하기 위해 다음의 가상의 상황을 생각해 보자. 나는 책상에 앉아서 내 뒤에 있는 사람과 대화를 하고 있다. 당연히 나는 이 자세에서 그 사람을 보지 못한다. 내가 알지 못하게 이 사람이 방을 나간다. 그러나 나는 내가 여전히 경청되고 있고 이해되고 있다는 착각에 따라 말하기를 계속한다. 이 경우 나의 말은 외적으로 자기중심적 말을, 즉 사적이며 자신을 향한 말을 닮아 있다. 그러나 심리학적으로는, 그 성질에 관한 한, 그것은 물론 사회적 말이다. 이를 어린이의 자기중심적 말과 비교해 보자. 피아제는 어린이의 자기중심적 말의 심리적 성질은 우리가 보인 바와 반대라고 가정한다. 심리학적, 주관적으로 어린이의 관점에서 자신의 말은 스스로를 향한 자기중심적 말, 즉 혼자서 사적으로 하는 말이다. 그 외적 표현에 있어서만 그것은 사회적 말이다. 따라서 자기중심적 말의 사회적 특성이 오해인 것은, 앞에서 예로 들었던 나의 말이 가지는 자기중심적 특성이 착각인 것과 같다. 우리가 지금까지 발달시킨 가설의 관점에서 보면, 우리의 입장은 여기서 훨씬 더 복잡하다는 것이 판명될 것이다. 심리적으로 어린이의 말은 기능적·구조적으로 관련하여 자기중심적 말로 나타난다. 즉, 특별하고 독립적인 말의 형태로 나타나는 것이다. 그러나 완전히 그러한 것은 아니다. 그 심리적 성질에 대해, 주관적으로는 자기중심적 말을 완전히 내적 말로 실현된 것이 아니며 어린이에 의해 다른 사람을 향한 말과 분리된 것도 아니다. 또한 객관적 관계에 있어 이 말은 사회적 말의 기능과 구분되지만 다시 한 번, 완전히 그러한 것은 아니다. 이는 사회적 말을 가능하게 하는 상황에서만 기능할 수 있기 때문이다. 그렇다면, 주관적 척도와 객관적 척도를 모두 고려하면 자기중심적 말은 혼합된 말의 형태로서 다른 사람을 향한 말에서 자기를 향한 말로의 이행에서 나타나는 말이다. 이것이 내적 말의 발달의 기본 법칙을 구성한다. 자신을 향한 말(내적 말)은 그것이 표현되는 외적 형태보다 그 기능과 구조에 있어 그 심리적 성질에 있어 더욱 내적이 된다.

7-3-43] 우리는 따라서 우리가 발전시켜 온 입장의 확립에 다다른다. 자기

중심적 말의 연구와 그 안에서 나타나는 역동적 경향들, 즉 그 기능적·구조적 성질을 특징짓는 어떤 특별한 특징의 성장과 다른 것들의 쇠락은 내적 말의 심리적 성질을 연구하는 열쇠가 된다. 이제 우리는 우리 연구의 일반적 결과를 설명하고, 생각에서 말로의 이동에 있어서 세 번째 단계, 즉 내적 말의 측면에 대한 간단한 설명으로 건너갈 수 있다.

●

1) 이 절에서 비고츠키는 말의 의미론과 형상적 측면 사이의 구분에서 발견한 것을 한편
으로는 (의미론과 형상적 측면을 모두 포함하는) 외적 말과 다른 한편으로는 내적 말의
구분으로 일반화한다. 내적 말은 물론 생각과 가까운 단면이며 외적 말은 사회적 의
사소통과 가까운 단면이다. 비고츠키는 순수한 내적 말과 기능적으로는 내적이지만
구조적으로는 아직 외적인 자기를 향한 자기중심적 말을 구분한다. 이는 2장의 매우
중요한 부분을 차지하는, 자신을 향상 자기중심적 말 연구를 **결정적 실험**을 통해 재
분석함으로써 이루어진다. [7-3-1]

I 비고츠키는 내적 말에 대한 현재의 세 가지 **정의를** 비판하면서 시작한다. [7-3-
2~7-3-9]

A) 먼저 시를 기억하는 능력과 같은 **언어적 기억**이다. 이 관점을 채택하면 대상
에 대한 관념은 실제 대상과 다른 것과 마찬가지로 내적 말에서의 시는 낭
송된 시와 무관하게 되며 내적 말은 단순히 기억 속의 내적 말에 대한 표상
이 된다. 내적 말은 따라서, 수동적이다. 비고츠키는 내적 말에 대한 이 관점
은 단편적일 뿐이라고 말한다.

B) 소리가 꺼지거나 **줄어든** 말이다. 이 관점을 취하면 내적 말은 결코 독립적인
기능이 아니라 발음 부분이 약화된, 외적 말의 최초 운동 충동일 뿐이다. 내
적 말은, 따라서 발화되지 않은 말이고 그에 따라 이는 언제나 능동적이다.
비고츠키는 이 관점 역시 단편적일 뿐이라고 말한다.

C) 우리가 말하기 전에 마음속에 일어나는 **모든 것**, 즉 공기, 사고, 발화되지 않
은 말이 모두 포함된다. 비고츠키는 외적 말을 (부정적으로) 배제하는 것은
옳지만 외적 말 직전의 순간에 일어나는 모든 것을 (긍정적으로) 포함하는 것
은 너무 광범위하다고 말한다. 첫째, 이는 친근하고 자신을 향상 경험을 사
회적 의사소통 활동의 정중앙에 위치시키고, 둘째, 이는 내적 말과 사고 그
리고 말의 동기들 사이의 질적 구분을 없애 버린다.

II 비고츠키는 내적 말을 외적, 사회적이고 의사소통적인, 타인을 향한 말의 '반대
극단'에 있는 것으로 규정하고자 한다. 이는 단순히 내적 말이 형태상 내적이거
나 기능상 자신을 향한다는 것을 의미하는 것이 아니다. 그는 또한 이 과정의 미
소발생적 **방향** 또한 반대라고 한다. 외적 말은 사고를 언어로 실현시키는 반면
내적 말은 낱말을 사고로 승화시킨다. [7-3-10~7-3-13]

III 비고츠키는 자신을 향한 자기중심적 말이 기능적, 구조적, 발생적으로 외적 말의
극단이 아닌 내적 말의 극단을 닮아 있음을 발견한 바 있다. 비고츠키는 자기중

심적 말을 내적 말로 인도하는 한 단계로 간주하는 것이 (내적 말을 언어적 기억이나 '약화된' 운동 충동으로 보는) 다른 이론에 비해 두 가지의 **강점**을 가진다고 한다. [7-3-14, 7-3-15]

A) **관찰 가능**하다. 이는 우리이게 '자연 실험'을 제공한다. 자기중심적 말을 들리도록 하는 조건이 ('크게 생각하기' 전사자료 수집이나 운동 충동 감지를 위해서와 같이) 인위적으로 조성될 필요가 없기 때문이다.

B) **변화가 가능**하다. 이는 자신을 향한 '자기중심적' 말로부터 내적 말로 발달하는 연구를 수년간 하는 것이 가능하도록 해 준다. 이는 어떤 요소가 지속적이고 따라서, 핵심적이고 어떤 요소가 일시적이고 따라서, 부수적인지 볼 수 있도록 해 준다.

IV 여기서 비고츠키는 '자기중심적' 말에 대한 피아제의 관념을 다시 한 번 **비판**한다. 모차르트와 같이 신동이었던 프란츠 리스트는 유년기의 대부분을 연주여행을 하며 자신의 아버지를 위해 돈을 버는 데 보내야 했다. 리스트는 신동에게 '미래는 과거에 있다'고 말하였다. 비고츠키는 자기중심적 말이 이와 같다고 말한다. 그것은 다른 것을 변형시키거나 변화시킬 수 없으며 그 자체가 변하는 것은 더더욱 불가능하다. 반면에 우리는 자신을 향한 말의 미래를 내적 말에 위치시킨다면 7세에 보게 되는 외견상의 '소멸'은 오직 그 사회-의사소통적 기능의 약화일 뿐이다. 이는 사실 그 생각 기능에 있어서의 약진이다. 다른 것을 변형 변화시키기는 것이 불가능하기는커녕, 자신을 향한 말은 변혁적인 내적 전환을 겪는다. 비언어적인 활동에 수반되는 단순한 언어적 반주가 아니라, 그것은 내적 말의 새롭고 독립적인 음률의 오케스트라 지휘자가 된다. [7-3-16~7-3-20]

V 내적 말은 어차피 보이지도 않는데 누가 옳으며, 그것을 어떻게 판별할 수 있는지 정하는 것이 왜 그리 중요한 것일까? [7-3-21~7-3-34]

A) 피아제의 설명이 옳다면, 두 말 형태 사이의 괴리는 자신을 향한 '자기중심적' 말이 온전히 사회화될 때까지 계속해서 **줄어**들어야 할 것이다. 그러나 자신을 향한 -'자기중심적' 말과 외적 말의 구조적 구별은 축소되기보다는 점점 자라나는 것으로 보인다. 유아의 '자기중심적' 말은 그의 외적 말과 매우 유사하지만 7, 8세 어린이의 경우에는 그렇지 않다. 비고츠키의 설명이 옳다면 '자기중심적' 말이 소멸한다고 말하는 것은, 어린이가 손가락으로 세는 것을 멈추고 암산하기 시작할 때 어린이의 수학이 소멸한다고 말하는 것과 유사하다(책 표지를 볼 것!).

B) 피아제의 설명이 옳다면 자신을 향한 말인 내적 말은 여전히 **설명이 필요하다**. 그것이 어린이의 생각으로부터 자라난다면 이는 반드시 자기중심적이고, 비논리적이며 매우 제한적이어야 할 것이다. 그러나 내적 말이 어린이의 자신

을 향한 '자기중심적' 말로부터 내부로 향하는 것이라면 그것은 어린이의 환경에서 발견되는 말의 사회-문화적-논리적-발달적 특징의 상당부분을 가지고 있을 것이다.

VI 이제 비고츠키는 **실험적** 비평을 위해 전체 문제를 제시한다. 그는 피아제 자신의 데이터에서 추출한 세 가지 사실에 주목하면서 시작한다. 이 사실들은 그륀바움도 각각에 대해 독자적으로 언급한 바 있는 것들이다. [7-3-35~7-3-42]

A) 어린이는 데이터 속의 자신을 향한 '자기중심적' 말이 비록 특정한 누군가에게 향하는 것이 아닐지라도 남에게 이해된다고 생각했다. 비고츠키는 어린이를 농아 어린이 집단이나 외국어를 사용하는 어린이의 집단에 둠으로써 이 사실을 시험하였다. 자기중심적 말의 양은 실제로 하락하여 때때로 0이 되기도 하였다.

B) 데이터 속에서 자신을 향한 '자기중심적' 말은 종종 '집단적 독백'의 형태, 즉 여러 사람이 있는 곳에서 혼잣말을 하는 형태를 취한다. 비고츠키는 어린이를 낯선 어린이들 속에 두거나 어린이를 외따로 둠으로써 이 사실을 시험한다. 이번에는 상관계수가 0으로 떨어지지는 않지만 역시 감소한다(기본 조건일 때 비해 6:1의 비율로 감소한다). 비고츠키는 (상관계수가 거의 0으로 떨어진) 첫 번째 실험의 세트와 (오직 감소하기만 하고 사라지지는 않은) 두 번째 실험 세트 사이의 차이는, 자기중심적 말의 '집합적' 형태를 배제하는 방법이 타인에 의한 이해의 가능성을 제거한 방법과 달랐으며 덜 효과적이었기 때문에 생겼다고 설명한다.

C) 데이터에서 나타난 자신을 향한 '자기중심적' 말은 중얼거림으로 이루어져 있거나 불명확하지 않으며 아주 잘 알아들을 수 있다(이는 사회적 말과 '자기중심적' 말 사이의 차이가 어린이의 성장에 따라 커진다는 비고츠키의 설명과 모순되는 것으로 보인다. 아마도 비고츠키는 아주 어린 유아를 대상으로 연구를 한 것으로 볼 수 있다). 비고츠키는 어린이를 오케스트라에 가까이 두거나, 다른 종류의 소음에 노출시키거나 어린이를 멀리 떨어뜨려 두거나, 속삭이는 것 이상의 소리는 내지 못하게 함으로써 이를 시험한다. 이번에도 역시 상관계수는 하락하였다(기본 조건일 때 비해 4.5:1의 비율로 감소하였다). 비고츠키는 다시 한 번 어린이의 말소리가 안 들리도록 만든 방법의 차이와 효과성의 차이가 이러한 차이를 낳았다고 설명한다.

VII 비고츠키는 어린이의 자신을 향한 '자기중심적' 말을 우리가 빈방 안에서 방 안에 누가 있다고 생각하고 상대에게 말하는 경우에 벌어지는 상황과 **대비**시킨다. 이 경우 우리가 하는 말은 심리적으로 다른 이를 향한 말이며 외형상 자기중심적인 성질은 착각이다. 아무도 방에 없다는 사실을 알아차렸을 때 우리는 말하기를 멈출 것이다. 그러나 어린이의 '자기중심적' 말은 자신을 향한 말이며 그 외형상의 사회적 성질은 착각이다. 발달의 경로를 밟아 나감에 따라 어린이는 이것을 발견하고 따라서, 그 외적 현상은 사라지게 된다. [7-3-42~7-3-43]

2) 기억된 낱말이 내적 말이라는 개념을 모두 포함하지 못하는 이유는 내적 말이면서도 기억된 낱말이 아닌 경우가 많기 때문이다. 예를 들어, 책을 읽거나 수학 문제를 머릿속으로 해결하는 경우 내적 말을 사용하고 있음에는 틀림없으나 이는 언어적 기억을 하고 있는 것은 아니다.

3) 베크테레프(Бехтерев, Vladimir Bekhterev, 1857~1927)는 카잔에서 연구를 한 초기 반사학자로 객관적 심리학을 창시하였다. 이 객관적 심리학은 행동주의를 낳는다. 그는 파블로프의 라이벌이자 비평가이기도 했다. 그는 (미덥지 못하고 인간을 이용해 재실험될 수 없다는 이유로) 침샘의 분비나 개를 대상으로 하지 않았으며 사람을 대상으로 한 전기 자극을 이용해 연구를 하였다. 왓슨이 파블로프의 연구를 먼저 발견해 내지 않았더라면 아마도 베크테레프가, 최소한 러시아 밖에서는 더욱 유명해졌을 것이다. 러시아 안에서는 상황이 달랐다. 베크테레프는 레닌이 병상에 있을 때 치료를 담당했으며 스탈린의 우울증을 상담하기도 했다. 베크테레프는 스탈린에게 심각한 망상증이 있다고 진단하였으며 같은 날 의문사하였다. 그의 모든 연구와 작품들은 즉각 소실되었다.

4) 세체노프(Сеченов, Ivan Sechenov, 1829~1905) 는 러시아 생리학의 아버지이며 반사학의 창시자이다. 그는 정치적으로도 매우 활동적이었다. 1866년 그는 크리스트교의 교리에 반하는 유물론을 퍼뜨린다는 이유로 기소되었다. 그러나 다른 러시아 과학자들과는 달리 그는 러시아를 떠나지 않았다.

5) 러시아 원어에서 내적 말inner speech과 입속말internal speech은 모두 동일하게 내적 말внутренней речи로 표기되고 있다. 이는 내적 말에 대하여 위에 지시된 것과 같은 '이해'는 내적 말이라는 진정한 과학적 개념의 종속적 계기를 구성할 수는 있지만 내적 말 개념 전체를 포괄할 수는 없다는 의미이다.

예를 들어, 읽기는 내적 말의 한 형태이다. 읽기는 독자 스스로를 향한다는 뜻에서 기능적으로 내적 말이다. 또한 읽기의 과정에는 '내면의 목소리'가 개입되며 또한 외적 말에 비해 훨씬 빠르기 때문에 구조적으로도 내적 말이라고 할 수 있다.

그러나 (왓슨, 베크테레프, 세체노프의 제안과 같이 운동기능을 억제하여) 읽기의 발음적 측면을 무시한다면 우리는 읽기가 문법적으로, 말의 형태 중 가장 정교화되고 완성적인 글말과 동일하다는 것을 보게 된다. 읽기가 온전히 술어성을 가진다는 것은 당연히 사실이 아니다. 이는 읽기가 스스로를 향하는 내적 말로부터 유래하는 내적 말과 발생적으로 동일하지 않기 때문이다. 읽기의 기원은 문해文解에 있다.

따라서 우리는 내적 말이 외적 말과 같이 다양한 연장선상에 나타난다고 보아야 한다. 내적 말에는 친밀하고 고도로 축약된 내적 말로부터 고도로 정교화되고 문자화된 내적 말에 이르기까지 내적 말이 가지는 스펙트럼의 범위가 있다.

베크테레프와 세체노프가 언급하는 유형의 내적 말은 이 후자 쪽의 것이다. 기능적·구조적으로 이는 어느 정도까지 내적 말이다. 그러나 이는 내적 말의 종속적 계기로, 내적 말 전체를 모두 포괄하지는 못한다.

발생적으로 자신을 향하는 '자기중심적 말'에서 유래하는 내적 말과 비교해 볼 때, 이는 생각보다는 말과 훨씬 가깝다. 이 때문에 비고츠키는 생각 그 자체로부터 발화의 궤적을 추적하려 하는 이 장에서는 그에 대해 발달적으로 관심을 덜 두고 있다.

6) 골드슈타인(Kurt Goldstein, 1878~1965)은 신경생리학자였다. 그의 연구는 루리아의 연구와 유사하게 뇌 부상에 초점을 두고 있다(골드슈타인의 임상 케이스는 제1차 세계대전 중 뇌에 부상을 당한 독일인들이었다). 나치에게 체포되어 옥고를 치른 후 미국으로 망명하였다.

7) 조음이나 호흡에 관련된 현상들이 잘해야 3차적 현상이라는 것은 이들이 내적 말의 실제적·사회적·기능적 기원의 밖에 놓여 있다는 의미이다. 내적 말은 외적 말로 인도하고 외적 말은 호흡과 조음에서의 변화를 초래한다(내적 말-외적 말-호흡과 조음에서의 변화).

8) 자기를 향한 말(speech for oneself)과 타인을 향한 말(speech for others)을 지칭한다.

9) 음성화의 소멸은 외적 말에서 내적 말로의 이행 과정에서 나타나는 자연스럽고 당연한 현상이다. 이는 기능 변화에 따라 나타나는 구조적 변화일 뿐 내적 말의 발달을 '설명'하는 현상은 아니다. 물론, 곧 비고츠키가 언급하듯이 내적 말과 외적 말의 구조적 차이를 나타내는 근본적인 특징이 음성화의 소멸이기는 하다.

10) 의미가 더 이상 말소리에 종속되지 않게 됨에 따라 의미들 서로 간에 직접적으로 관련을 맺는 것이 가능하게 된다. 정의하거나 비유적 표현 등을 통해 의미가 다른 의미를 상징하는 것이 가능해지는 것이다. 이는 어린이로 하여금 어린이가 다룰 수 있는 의미의 수를 비약적으로 확장시킨다.

11) 여기서 비고츠키는 미소발생적 수준의 실험을 통해 개체발생적인 수준의 결론을 내리고자 하는 것으로 보일 수 있다. 그러나 이 실험의 진정한 목적은 자기중심적 말의 진정한 성질을 드러내는 것이다. 자기중심적 말의 원래적 성질이 사회적인가 개인적인가 하는 질문에 대한 실험으로 이 실험을 타당성을 가진다.

12) 그륀바움(Abraham Anton Grünbaum, 1885~1932)은 주의를 연구한 독일 아동심리학자였다. 그는 어린이는 스스로에 대해 의식하지 못하므로, 어린이의 '자기중심성'은 '자기'가 없는 자기중심성이라는 점을 지적하며 최초로 피아제를 비판한 사람들 중 하나이다.

7-4¹⁾

7-4-1] 우리가 실험을 토대로 확립하고자 했던 방법의 도움을 통해 실행한 내적 말의 심리적 성질에 대한 연구는 내적 말이 말에서 소리를 뺀 것이 아니라 그 구조와 기능 양식에 있어 완전히 고유하고 특별한 것으로 검토되어야 한다는 확신으로 인도하였다. 내적 말의 기능은 외적 말과는 전혀 다른 양식으로 조직된다는 사실로 인해 한 단면에서 다른 단면으로의 이행 중에 후자와 분해될 수 없는 역동적 통합체로 발견된다. 내적 말이 가진 첫 번째의, 주요한 특별한 특징은 매우 특별한 그 통사이다. 어린이의 자기중심적 말에서 내적 말의 구문을 연구하면서 우리는 본질적인 한 자질을 주목하게 되었다. 그것은 분명히 자기중심적 말의 발달을 따라 성장하는 역동적인 경향성을 드러낸다. 이 특별한 자질은 외적 말과 비교할 때 내적 말의 명백한 단편성, 불연속성 그리고 생략성으로 이루어진다.

7-4-2] 원래 이러한 관찰은 새로운 것이 아니다. 내적 말을 주의 깊게 연구한 모든 사람은, 심지어 왓슨과 같은 행동주의적 관점 혹은 생물학적 관점으로 연구를 행했던 사람들조차도 이 특별한 자질에 발걸음을 멈추고는 그것을 내적 말에 내재한 중심적인 특징적인 자질로 간주했다. 내적 말을 외적 말의 기억을 통해 이루어지는 재생산으로 환원한 저자들만이 내적 말을 외적 말이 거울에 비춘 것으로 간주했다. 우리가 알기로는 그 어느 누구도 단지 이 사실을 확립하고 이 특별한 자질을 기술하는 것을 넘어 더 나아가지 않았다.

심지어 내적 말의 이 기본적인 현상을 기술적으로 분석하는 것조차도 이제까지 그 누가 취했던 것보다 더 나아가는 것이다. 따라서 분석적으로 나뉘어야 하는 전체 일련의 현상들이 외적으로 드러나기 전에 내적 말의 단편성과 불연속성에서 표현된다는 사실로 인해, 이들이 하나의 얽힌 실 뭉치 속에 뒤죽박죽 섞여 있음이 입증된다. 우리는 발생적 방법을 사용하여 먼저 내적 말의 성질을 특징짓고 있는 개별적 현상의 얽힌 실 뭉치를 풀어내려 하였고 다음으로 이유와 설명을 찾아보려 했다. 습관을 습득하는 동안 관찰되는 단락 현상에 근거하여, 왓슨은 똑같은 일이, 의심할 바 없이, 소리 없는 말을 하는 동안 혹은 생각하는 동안에도 발생한다고 가정한다. 심지어 우리가 이 모든 감추어진 과정들을 펼쳐내어 감광 필름 판에 적거나 축음기 원통 위에 기록한다고 할지라도, 너무 많은 축소, 단락, 생략으로 인해 만일 우리가 그들이 성질상 사회적이었던 출발점으로부터 사회적 적응을 위한 것이 아닌 개인적 적응으로 기여하게 되는 최종 단계까지 그들의 형성을 어떻게든 추적하지 못한다면, 우리는 이 과정들을 인식할 수 없을 것이다. 내적 말은 그래서 우리가 그것을 축음기 위에 기록한다 할지라도 외적 말과 비교했을 때 축소된, 끊긴, 일관성이 없는, 인식하기 어려운 그리고 이해할 수 없는 것으로 드러날 것이다.

7-4-3] 너무도 유사한 현상이 아동의 자기중심적 말에서 관찰된다. 유일한 차이점은, 자기중심적 말은 연령에서 다음 연령으로 넘어가면서 우리 눈앞에서 성장하여, 자기중심적 말이 내적 말에 근접하는 정도에 있어서 학령기의 문턱에서 그 정점에 이른다는 것이다. 그 성장이 보이는 역학에 대한 연구는, 우리가 이 곡선을 더 진행시킨다면 그것을 통해 우리는 내적 말의 완전한 이해 불가능성의 한계, 단편성과 생략성으로 인도될 것이라는 사실을 확신하게 된다. 그러나 자기중심적 말을 연구함으로써 얻게 되는 전체 이익은, 내적 말의 특별한 특징들이 첫 단계부터 마지막 단계에 이르기까지 형성되는 과정을 단계별로 추적할 수 있다는 것이다. 그렇다면, 피아제가 언급한 것처럼 자기중심적 말은 우리가 그것이 출현하게 되는 상황을 알지 못한다면 이해할 수 없는 것

으로, 그리고 외적 말과 비교하면 파편화되고 축소된 것으로 판명된다.

7-4-4] 자기중심적 말의 이러한 특별한 자질들이 증가하는 것을 단계적으로 추적함으로써 그것의 불가사의해 보였던 속성들까지 변별하고 설명하는 것이 가능해진다. 우리가 멈추어 서서 일차적이고 자율적인 현상으로 고려해야만 하는 이 축약성이 무엇으로부터 어디서 출현하게 되는가를 발생적 연구는 직접적으로 즉각적으로 보여 주었다. 우리는 일반 법칙의 형식을 취하여 발달에 비례하여 자기중심적 말이 드러내는 것은 낱말의 축소와 생략으로 나아가는 단순한 경향이나 전보 문체 형식에 이르는 단순한 경로가 아니라, 술어와 그와 연결된 명제 부분들을 보존하는 방향에서 주어와 그와 연결된 낱말들을 희생시키면서 구와 명제의 축소로 나아가는, 독특한 경향이라고 말할 수 있었다. 이렇게 내적 말 구문이 술어화로 나아가는 경향은 예외 없이 우리 실험 모두에서 정확하게, 규칙적으로 그리고 엄격하게 드러났다. 따라서 결국, 내삽법內揷法을 이용하여 우리는 내적 말의 기본적인 통사적 형태는 순수하고 절대적인 술어성이라고 추정해야 한다.

7-4-5] 이 특별한 자질을 명료하게 규명하기 위해서 무엇보다도 그것을 외적 말의 특수한 상황에서 나타나는 유사한 자질과 비교하는 것이 필요하다. 우리 관찰이 보여 준 바와 같이, 외적 말에서 순수한 술어성은 대답하는 상황이거나 혹은 언급되고 있는 판단의 주체가 미리 대화자들에게 알려져 있는 상황인 경우에 나타난다. "차 한잔 드시겠어요?"라는 질문에 대답하면서 어느 누구도 그들의 대답을 "아니오, 나는 차 한잔 들지 않겠습니다"라는 확장된 구문으로 시작하지 않는다. 순수하게 술어로 "아니오"라고 대답할 것이다. 대답은 단지 술어 하나를 포함할 것이다. 제안에서 논의되고 있는 주제를 대화 상대가 이해하고 있기 때문에 술어로 제안에 응답하는 것이 가능하다는 것은 너무도 명백하다. 똑같은 방식으로 "당신 형은 이 책을 읽었습니까?"라는 질문에 "네, 저의 형은 이 책을 읽었습니다"라고 대답하지 않고 역시 "네." 혹은 "읽었어요." 식으로 순수하게 술어만으로 대답할 것이다.

7-4-6] 역시 두 번째 사례에서도, 알리는 판단과 관련된 주제가 미리 대화 상대에게 알려진 상황에서도 아주 유사한 처지가 야기된다. 몇몇의 사람이 특정 방향으로 가는 전차 B를 타려고 전차 정거장에서 기다리고 장면을 상상해 보자. 그들 중 누구도, 기다리던 전차가 다가오는 것을 알아차리고 확장된 형식으로, "그 방향으로 가기 위해서 우리가 기다리고 있던 전차 B가 지금 오고 있어요"라고 말하지 않는다. 대신에 알리는 말은 "온다." 혹은 "전차 B다." 식으로 한 술어로 축소된다. 이 사례에서도 주제와 그와 관련된 낱말들이 대화 상대방이 처한 상황으로부터 직접적으로 알려지기 때문에 살아 있는 말에서 순수하게 술어적 명제가 표출되는 것이 당연하다. 이와 유사한 술어적 판단은 모든 종류의 희화적 오해와 다양한 종류의 상호 교환의 상황을 낳는다. 청자가 그 표현된 술어를, 말하고 있는 사람이 염두에 두고 있는 주어가 아니라 다른 것 즉 자기 스스로의 생각 속에 있는 것에 대응시키기 때문이다. 두 사례에서 말로 표현된 판단의 주제가 대화 상대방의 사고에 담겨 있을 때 순수한 술어성이 출현한다. 그들의 사고가 일치하고 둘이 정신에 똑같은 관념을 가지고 있다면, 그때는 술어만의 도움으로도 이해가 완벽하게 이루어진다. 만약에 그들의 사고에서 이 술어가 다른 주어와 연결되어 있다면, 필연적으로 오해가 나타날 것이다.

7-4-7] 그와 같은 외적 말의 축약과 이 축약이 술어로 환원되는 명쾌한 사례가 톨스토이의 소설에서 발견되는데, 톨스토이는 여러 곳에서 이해의 심리학에 대해 다루었다. 아무도 죽어가고 있는 리콜라이 레빈이 이야기하는 것을 알아듣지 못했다. 단 한 사람, 키티만이 그것을 알아들었는데, 그것은 그녀가 계속해서 그에게 신중하게 신경을 쓰고 있었기 때문이다(『안나 카레니나』, 5부 18장). 우리는 그녀가 죽어가는 이의 생각을 따라갈 수 있었던 것은, 그의 말을 이해 못하는 다른 이들이 놓친, 모든 주어들이 그녀의 생각 속에 있었기 때문이라고 말할 수 있다. 그러나 아마도 이를 보여 주는 가장 두드러진 예는 낱말의 첫 글자들을 사용하여 키티와 레빈이 나눈 사랑의 고백일 것이다.

"난 아까부터 당신에게 물어보고 싶은 게 한 가지 있었어요."

"어서 말씀해 보세요."

"다름이 아니라", 이렇게 말한 그는 다음과 같이 단어의 첫 글자만을 썼다.

"언, 당, 나, 그, 수, 없, 말, 그, 영, 그, 수, 없, 것, 아, 그, 그, 수, 없, 것?"

이 글자들의 의미는 이랬다. '언젠가 당신은 나에게 그럴 수 없다고 말씀하셨는데, 그것은 영원히 그럴 수 없다는 것이었습니까? 아니면 그때만 그럴 수 없다는 것이었습니까?'

그녀가 이런 복잡한 문구를 이해할 수 있으리라고 전혀 생각하지 않았지만 (⋯⋯).

"알았어요." 그녀는 얼굴을 붉히며 말했다.

"그런데 이건 무슨 뜻이지요?" 그는 '영원히'라는 뜻을 나타내는 머리글자를 가리키면서 물었다.

"그건 '영원히'라는 뜻이에요." 그녀가 말했다. "하지만 그건 사실이 아니에요!"

그는 재빨리 자기가 쓴 글자를 모두 지워 버리고 그녀에게 분필을 건네주고 일어섰다. 그러자 그녀는 "그, 나, 그, 대, 수, 없"이라고 썼다. (⋯⋯)

그때 갑자기 레빈의 얼굴이 빛났다. 그는 그 뜻을 알아냈던 것이다. 그 뜻은 이랬다. '그때 나는 그렇게 대답할 수밖에 없었어요.' (⋯⋯) 그녀는 다시 머리글자를 썼다. "당, 그, 일, 잊, 주, 용, 주." 그것은 이런 뜻이었다. '당신이 그때의 일을 잊어 주시고 용서해 주시기를.' 그는 긴장과 흥분으로 떨리는 손가락으로 분필을 집어 들더니 그것을 부러뜨려서 다음과 같은 뜻의 머리글자를 썼다. "잊을 일도 용서할 일도 내겐 없어요. 나는 변함없이 당신을 사랑하고 있으니까요." (⋯⋯)

그녀는 속삭이듯이 말했다. "알았어요." 레빈은 자리에 앉았다. 그리고 긴 글을 쓰기 시작했다. 그녀는 이제 "이래요? 저래요?" 하고 묻지 않고 모든 것을 이해할 수 있었기 때문에 분필을 집어 들고 곧장 대답을 썼다.

레빈은 오랫동안 그녀가 쓴 글을 이해할 수가 없었기 때문에 몇 번이고 그녀의 눈을 들여다보곤 했다. 그는 행복감으로 머리가 멍해졌다. 그는 아무래도 그녀가 쓴 낱말의 뜻을 뜯어 맞출 수가 없었으나, 그녀의 아름답고 행복감으로 빛나는 눈 속에서 자신이 알아야 할 것을 모두 알아챘다. 그래서 그는 세 개의 글자를 썼다. 그러나 그가 미처 다 쓰기도 전에 그녀는 벌써 그 뜻을 알아채고는 자기 손으로 끝을 맺더니 "네"라고 대답까지 썼다.

(……) 둘은 이렇게 모든 것을 다 말했다. 그녀가 그를 사랑한다는 것도, 키티가 그녀의 부모에게 레빈이 내일 아침 방문할 것이라고 말하겠다는 것도 얘기가 되었던 것이다(『안나 카레니나』, 4부 13장).

7-4-8] 이 사례는 매우 이례적인 가치를 가진다. 키티와 레빈의 사랑에 대한 이야기 전체와 마찬가지로, 이 사례도 톨스토이 자신의 삶의 이야기로부터 나온 것이기 때문이다. 좀 더 세세하게 이야기하면 톨스토이는 미래의 아내가 될 베르스C. A. Бер에게 자신의 사랑을 위와 같이 고백했다. 이전 사례처럼 이것은 우리의 흥미를 끄는 내적 말 전체의 핵심적인 현상들을, 즉 내적 말이 지닌 생략성의 문제를 충실하게 언급하고 있다. 대화자 간의 사고의 동일성과 그들 의식의 동일한 방향성이 있다면 음성적 자극의 역할은 최소치로 축소된다. 그럼에도 오해 없이 이해가 일어난다. 다른 저작에서 톨스토이는 매우 가까운 심리적 접촉을 행하며 사는 사람들 사이에서 축소된 말과 심지어 절반의 낱말만으로 이해에 도달하는 것이 예외라기보다는 규칙에 가깝다는 사실에 주목하고 있다. 이제 레빈은 자기의 생각을 정확한 말로 표현하려고 애써 노력하지 않고 자연스럽게 이야기하는 것에 벌써 익숙해져 있었다. 그는 지금처럼 사랑이 충만한 순간에는 아내가 사소한 암시만으로도 자기가 얘기하려는 것을 깨달아 버린다는 것을 알고 있었다. 실제로 그녀는 그를 이해하고 있었다(『안나 카레니나』, 6부 3장).

7-4-9] 대화 말에서 유사한 종류의 축소를 연구함으로써 자쿠빈스키 Якубинского[2)]는, 자료가 무엇인지를 즉 대화자 간에 통각된 사실 덩어리에 대

한 공유된 지식을 알기 때문에, 공유된 지식에 대응하는 추측에 의한 이해와 힌트를 사용한 진술은 입말을 나누는 동안 엄청난 역할을 한다는 결론에 도달했다. 말을 이해한다는 것은 그 말이 취급하고 있는 것에 대한 지식을 필요로 한다. 이에 대하여 폴리바노프Поливанов[3]는 "본질적으로 우리가 말하는 모든 것은 소재가 되고 있는 것이 무엇인지를 이해하는 청자를 요구한다"고 했다. 만약에 우리가 표현하고자 하는 모든 것이 사용하는 낱말의 형식적 가치만으로 구성된다면, 우리는 각각의 개별적 사고를 진술하는 데 실제로 현실에서 사용하는 것보다 훨씬 더 많은 낱말을 사용해야만 할 것이다. 우리는 단지 필요한 힌트만을 말한다. 자쿠빈스키가 대화에서 이런 축소는 말 통사 체계의 독특함에, 즉 추론적인 말하기에 비해 말의 객관적 단순함에 의존한다고 말한 것은 전적으로 맞는 말이다. 통사를 단순화하는 것, 통사적 분화를 최소로 하는 것, 응축된 형태로 사고를 진술하는 것, 아주 적은 낱말들을 사용하는 것, 이 모든 특징이 잘 만들어진 상황에서 외적 말에서도 표현되는 바와 같이, 술어성으로 나아가는 경향을 드러낸다. 단순화된 통사에도 불구하고 일어나는 이러한 유형의 이해와는 정반대로, 우리가 앞에서 언급한 바 있으며, 두 명의 귀머거리 사이에 벌어지는 대화에 대한 잘 알려진 농담의 모델이 되는 오해의 사례가 있다. 다음에 나오는 사람들은 자기 스스로의 사고에 너무 빠져 있어 타인의 생각과는 완전히 단절되어 있다.

한 귀머거리가 다른 귀머거리를 기소한다. 그러나 판사도 역시 귀머거리다.

한 사람이 말하길, "내 소는 너의 것이 아니다."

다른 사람이 말하길, "판사님, 제 말씀 좀 들어주세요. 그 땅은 할아버지 때부터 우리 것이었습니다."

판사가 말하길, "자, 이제 그만 싸우세요. 비난받아야 할 사람은 저 하녀지, 이 불쌍한 분이 아닙니다!"

7-4-10] 만약에 이 두 극단적인 사례, 즉 키티와 레빈이 주고받은 설명과 귀머거리들의 법정을 비교한다면, 우리는 여기서 흥미롭게 다루고 있는 외적 말의 생략 현상이 펼쳐지는 공간을 규정하는 두 극점을 발견하게 된다. 대화자의 사고에 공통된 주제가 존재하는 경우에, 최대로 축소된 말과 극단적으로 단순화된 구문으로도 이해가 완벽하게 이루어진다. 반대되는 경우에, 확대된 말로 진척되어도 이해에 도달하지 못한다. 그래서 때때로 귀머거리 사이에서뿐만 아니라, 똑같은 낱말에 다른 내용을 채우는 두 사람 혹은 대립되는 관점을 견지하는 두 사람 사이에서도 이해를 조정하는 것이 불가능하다. 톨스토이가 지적한 바와 같이, 생각에서 독창적이고 고립된 사람들은 다른 사람의 사고를 이해하는 데 무관심하고 자기 자신의 생각에 대해서만 특히 치우쳐 있다. 반면에 친근한 접촉을 유지하고 있는 사람들 사이에서는 절반의 낱말에 근거해서도 이해할 수 있는 가능성이 존재한다. 그런 이해를, 톨스토이는 가장 복잡한 사고가 간결하지만 명료하고 거의 말이 없이 교환되는 의사소통이라고 부른다.

●

1) 이 짧은 절에서 비고츠키는 내적 말의 **구조**에 대해 주의를 돌린다. 그는 화자들이 맥락을 공유하거나 동일한 심리적 지향성을 공유하는 경우 외적 말이 겪는 구조적 조정으로부터 내적 말의 구조를 유추한다. 앞 절과는 달리 비고츠키가 사용하는 데이터는 어린이 발달이 아니라 문학작품으로부터 발췌한 것이다. 그러나 그의 주장의 논리는 명확하다. 내적 말은 자신을 향하기 때문에 당연히 공유된 맥락과 심리적 지향성을 공유한다. 문학작품의 데이터는 수 세기 동안 독자들에 의해 타당성을 검증받은 전문적, 자기의식적, 주도면밀한 내관이라는 점에서만 실험적 내관과 구별된다.

I 자신을 향한 "자기중심적" 말에서 발견되는 변화로부터 외삽하여 비고츠키는 내적 말은 더더욱 파편화되고 단절적이며 축약된다고 말한다. 이 **파편화**는, 그러나 무작위적이지 않고 선택적이다. 주어진 요소들(공유된 배경, 이해된 테마, 시각적 공유와 같은 심리적 지향에서의 공통점)은 지워질 수 있고 새로운 요소들(부각된 전경, 강세를 받는 테마, 술어나 "yes", "no"와 같은 부사 대체어 등과 같이 화자가 청자의 관심을 유도하고자 하는 새로운 항목) 등은 남는다. [7-4-1~7-4-4]

II 그런 후 비고츠키는 이러한 축약을 대화에서 발견 가능한, 유사한 축약과 **비교**하고 일상생활의 예("Would you like a cup of tea?" "No.")와 문학작품(톨스토이의 『안나 카레니나』의 주인공 키티가 죽어 가는 레빈의 말 뒤에 있는 심중을 읽는 능력)으로부터 인용한다. 그는 낱말뿐 아니라 철자들조차도 지워질 수 있다고 지적한다. 본질적인 것은 공유된 배경, 이해된 테마 그리고 동일한 방향을 향하는 심리적 지향이다. 이제 비고츠키는 이것을 그러한 공유된 배경, 이해된 테마 또는 공통된 심리적 지향성이 없는 상황, 즉 두 명의 귀머거리가 판사 앞에서 재판을 벌이는 푸시킨의 시의 상황과 대비시킨다. [7-4-5~7-4-9]

III 이런 식으로 비고츠키는 맥락-정교화와 맥락-암시라는 두 개의 극단을 확립한다. 이는 앞에서 글말의 극단과 내적 말의 극단을 설정하고 그 사이에 입말을 위치시킨 것과 유사하다. 이러한 구분은 물론 오늘날에도 사용된다. 이는 커밍스의 연구에서 제시된 한편으로는 맥락을 정교화한 인지적 학문적 언어 능력(**CALPS**: Cognitive Academic Language Proficiency)과 다른 한편으로는 맥락이 암시적인 기본적 대화자 간 의사소통 기능(**BICS**: Basic Interpersonal Communicative Skills)에서 잘 나타난다. 이는 다음 절에서 제시되는 주장이다. [7-4-10]

2) 자쿠빈스키(Якубинского, Lev Petrovich Jakubinsky, 1982~1945)는 러시아 형식주의자이다. 그는 대화에 대해 연구하였으며 바크틴의 그룹과 비고츠키에게 큰 영향을 미쳤다. 그러나 그는 소쉬르주의자였으며 보두앵 드 쿠르트네이의 제자였고 결국에는 마

르 학파를 추종하였다.

3) 폴리바노프(Поливанов, Yevgeny Dmitrovich Polivanov, 1891~1938)는 리투아니아어와 러시아어 통사론을 전공했으며 아시아 언어들에도 많은 관심을 둔 러시아 언어학자였다. 이는 그에게는 다행스러운 일이었다. 그가 스탈린이 아끼는 언어학자였던 마르를 비판한 1929년에 그는 우즈베키스탄으로 보내져, 쓰기 체계를 가지고 있지 않았던 여러 튀르크어를 기술할 수 있는 라틴 알파벳을 활용한 표기법을 개발하는 일을 하게 되었다. 그는 1937년에 체포되어 총살되었다.

7-5[1]

7-5-1] 이러한 사례들을 바탕으로 외적 말에서의 축약에 대한 현상을 연구하였으므로 이 현상에 대해 좀 더 풍부해진 이해를 토대로 이제 우리의 관심을 끄는, 내적 말에서의 동일한 현상으로 돌아갈 수 있다. 앞에서 여러 번 말한 바와 같이 축약은 특별한 상황에서만 내적 말에서 나타나는 현상이 아니라 내적 말의 기능이 발생될 때는 언제든지 나타난다. 축약의 중요성은 외적 말을 글말과 내적 말에 비교할 때 마침내 명확해질 것이다. 폴리바노프 Поливанов[2]는 우리가 말하고자 하는 바가 모두 우리가 사용하는 단어들의 형식적 가치로 이루어져 있다면 개별 생각들을 표현하기 위해 우리가 사용하는 것보다 더 많은 단어들을 필요로 할 것이라고 지적하였다. 그러나 이는 바로 우리가 글말에서 발견하는 상황이다. 글말에서는, 우리가 타인에게 전하는 생각은, 입말보다 훨씬 넓은 범위에서, 우리가 사용하는 낱말의 형식적 의미에 의해 표현된다. 글말은 대화 상대자 없이 하는 말이다. 그것은 따라서 최대한 확장된 말로 나타나며 통사적 분석은 그 정점에 이른다. 대화 상대와의 분리로 인하여, 글말에서는 조각 말에 근거한 이해나 서술적 판단은 거의 불가능해진다. 대화자들이 글말에서 처하게 되는 상이한 상황은 그들 사고에서 공통된 주제의 존재를 불가능하게 한다. 따라서 이러한 측면에서, 입말과 비교하여, 글말은 최대한 확장되어 있으며 통사적으로 복잡한 말의 형태를 나타내며, 따라서 각각의 개별 생각을 진술하기 위해 우리는 말에서 요구되는 것보

다 훨씬 많은 낱말을 사용해야 한다. 톰슨[3]이 지적하였던 바와 같이, 우리는 입말에서는 인위적으로 보일 수 있는 어휘와 표현 그리고 구조를 글말에서 흔히 사용한다. "그는 책처럼 말을 한다네"라는 그리보예도프Грибоедов[4]의 말은, 장황하며 통사적으로 복잡하게 구성되고 분석된 글말의 언어를 입말로의 양식으로 옮긴 것을 희화한 것이다.

7-5-2] 언어학에서 말의 기능적 다양성의 문제는 최우선의 문제가 되었다. 언어학자의 관점에서조차 언어는 말 활동의 단일하고, 통일적인 형태가 아니라 다양화된 말 기능들의 앙상블이라는 것이 밝혀졌다. 연구자들은 언어의 기능적 분석에, 즉 발화의 상황과 목표에 초점을 둔 언어분석에 집중하기 시작하였다. 일찍이 훔볼트는 시와 산문에 사용되는 언어와 관련하여 말의 기능적인 다양성을 분명히 알고 있었다. 시와 산문은 그들의 방향과 수단에 있어서도 서로 다르며, 엄밀히 말해 결코 서로 병합될 수 없다. 시는 음악과 떨어질 수 없고 산문은 오직 언어에만 속하기 때문이다. 산문을 특징짓는 것은, 훔볼트에 따르면, 여기서 지배적이고 규칙을 부과하는 목적에 스스로를 종속시키면서 언어가 자신의 장점을 발휘한다는 사실이다. 산문에서는 문장의 종속과 조합을 통해, 생각의 경로와 상응하며 산문의 언어가 자신의 목적을 조율하는 기준이 되는 논리적인 리듬이 완전히 새로운 방식으로 발달한다. 각각의 말 형태들은 표현의 선택, 문법적 형태, 말할 때 낱말을 조합하는 통사적 방법에서 그 특별한 특징을 가진다. 그렇다면, 훔볼트에 따르면 기능에서 서로 다른 말 형태들은 그들 자신만의 고유한 어휘, 문법, 통사를 가지고 있다. 이것은 가장 중요한 생각이다. 훔볼트나 그의 생각을 받아들여 발달시켰던 포테브냐 중 누구도 이 입장이 가지는 근본적인 가치를 적절히 가늠하지 못했으며, 둘 중 누구도 시와 산문 사이의 기초적 구별을 의미 있게 넘어서서 산문 내에서도 사고로 가득 찬 대화와, 관념이나 감정을 이끌어 내지 않고 사실에 대한 의사소통만을 수행하는 일상적이고 진부한 담소를 구분하지 않았다. 그럼에도 여태껏 언어학자들에 의해 관심을 받지 못하다가 최근에야 제기

되는 그들은 사고는 언어학자들뿐 아니라 언어 심리학자들에게도 엄청난 가치를 지닌다. 자쿠빈스키가 지적했듯이 이 문제에 대한 진술 자체가 언어학자들에게는 이질적이었으며 일반 언어학에서는 이 질문에 대해 천착하지 않았다. 언어 심리학과 언어학자들은 각자가 독립된 길을 감으로써 우리를 동일한 문제, 즉 언어의 기능적 다양성을 구분하는 문제로 인도하였다. 특히 말의 심리학에 있어, 언어학자들에게와 마찬가지로, 말의 대화적 형태와 독백적 형태의 근본적 구분은 근본적 중요성을 가진다. 글말과 내적 말은 입말과 비교하여 독백적 형태이다. 그러나 입말은 대부분의 경우 대화적으로 나타난다.

7-5-3] 대화는 언제나 화제의 핵심에 대한 화자들의 지식을 가정한다. 우리가 본 바와 같이 이 지식은 입말에서 모든 일련의 축소와 축약을 가능하게 하며 특정한 상황에서 순수한 서술적 판단을 만들어 낸다. 대화는 대화자의 시각적 지각과 그의 재현, 동작, 그의 말의 전체 억양적 측면에 대한 음성적 지각을 전제로 한다. 이 두 가지가 합쳐져서 우리가 위에서 예로 든 것과 같은 반㈔ 낱말의 이해, 힌트를 통한 접촉이 가능케 된다. 오직 입말에서만 우리는 타드[5]가 진술한 바와 같은, 대화자들 사이의 눈빛 교환을 보충하기만 할 뿐인 그러한 종류의 대화를 발견하게 된다. 앞에서 입말의 축약되는 성향에 대하여 논의하였으므로 여기서는 그 음성적 측면에 대해서만 간단히 살펴보고 도스토예프스키의 고전적 사례를 들어보겠다. 도스토예프스키는 말의 가치 이해에 있어서 억양이 얼마나 미묘한 변별을 도와주는지 보여 준다.[6]

7-5-4] 도스토예프스키는 활자화하기 곤란한 하나의 명사로 이루어진, 여러 명의 술 취한 사람들 사이의 말을 기술한다. "어느 일요일, 저녁이 가까워서 나는 술 취한 6명의 숙련공 무리로부터 15발자국 정도의 거리를 두고 지나갈 일이 있었다. 나는 갑자기 모든 생각과 느낌을-심지어 깊은 추론의 전체 연쇄조차-하나의 짧은 명사를 통해, 게다가 대단히 단순한 명사를 통해 표현하는 것이 가능하다는 것을 확신하게 되었다. 집단의 한 사람이, 그들이 지금껏 이야기해 온 무엇인가에 대한 경멸적인 거부를 표현하면서 날카롭고 강하게

한 단어를 말하였다. 그에 대한 응답으로 다른 사람이 첫 번째 화자의 거부의 타당성에 대한 심각한 의심의 표현으로 같은 단어를 완전히 다른 톤과 감각으로 반복하였다. 세 번째 사람은 갑자기 첫 번째 화자에게 화를 내며 날카롭고 격앙되게 대화에 참여하였다. 그는 첫 번째 화자에게 동일한 명사를 사납고 질책하는 감각으로 외쳤다. 여기서 두 번째 화자가 다시 개입하여 세 번째 화자에게 화를 내었다. 그는 '왜 그런 식으로 끼어드는 건가? 우리가 조용히 이야기하는데 필카에게 욕을 하면서 참견하다니!'라고 경고하였다. 그는 이 생각을 동일한, 반복된 그 명사, 한 대상의 이름을 이용하여 표현하였다. 그가 손을 들어 세 번째 화자의 어깨를 잡은 것 이외에는 그의 말이 다른 이들과 다른 점은 없었다. 갑자기-가장 어리고 지금껏 조용히 있었던-네 번째 화자가 애초에 논쟁을 불러일으킨 문제의 해결을 발견하고는 기뻐서 손을 들고 '유레카'라고 외쳤다. '알았다, 알았어.' 아니, '유레카'도 아니고 '알았다'도 아니었다. 그는 단지 동일한 단어, 사전에 나오지 않는 그 단어만을 반복하였다. 그러나 그는 기쁨과 희열에 찬 외침으로 그것을 말하였다. 이것은 너무 과해 보였다. 여섯 번째의 뚱해 보이는, 그룹에서 나이가 가장 많은 이는 그것이 맘에 들지 않았다. 그는 곧바로 젊은이의 순진한 기쁨에 통을 놓았다. 그는 젊은이에게 몸을 돌려-여성에게는 금지된-같은 명사를 시무룩하고 훈계하는 조의 낮은 톤으로 되뇌었다. 그의 의미는 명확하고 정확하였다. 그만 외치게. 목청 터지겠구먼." 그리하여 다른 말은 하지 않고도 그들은 그 선호되는 한 단어를 순서대로 여섯 번 반복하고 서로를 완벽히 이해하였다. 내가 증인이다(1929, pp. 111~112).[7]

7-5-5] 여기서 우리는 입말에서 축약의 경향의 근저에 있는 또 다른 원천의 고전적인 형태를 보게 된다. 우리는 그 첫 번째 근원을, 전체 대화의 화제나 주제에 대해 미리 동의한 대화자들 사이의 상호 이해에서 발견하였다. 이 예시에서 우리의 논의는 새로운 것과 관련되어 있다. 도스토예프스키가 말한 바와 같이 모든 생각과 모든 감각, 심지어 논쟁의 연쇄 전체도 매우 짧게 표현하는 것이

가능하다. 이는 억양이 말의 내적인 심리적 맥락을 전달할 때에만 가능하다는 것이 증명된다. 이 맥락 안에서만 낱말의 뜻이 이해될 수 있는 것이다. 도스토예프스키가 엿들은 이 대화 속에서, 이 맥락은 한순간에는 날선 거부로 다른 순간에는 의심으로 그리고 세 번째 순간에는 분노 등으로 이루어져 있다. 사고의 내적 내용이 억양을 통해 표현될 수 있을 때 말이 급격하게 축약되는 경향을 가지며, 전체 대화는 단어 하나의 도움으로도 일어날 수 있다는 것이 명백하다. 구어적 말의 축약을 촉진하는 조건들과, 주제를 알고 억양을 통해 직접 사고를 전달하는 것 두 가지 모두가 글말에서는 완전히 배제되었다는 것은 명백하다. 이것이 우리가 같은 생각을 표현할 때 입말보다 글말에서 더 많은 단어를 사용해야 하는 이유이다. 따라서 글말은 가장 장황하고 가장 정확하며 확장된 말의 형태이다. 입말에서 억양과 상황의 즉각적 지각을 통해 전달되는 것을 글말에서는 단어들을 사용하여 전달해야 한다. 슈레바Щер6а는 대화가 입말의 가장 자연스러운 형태라는 점을 지적한다. 그는, 독백은 대체로 인위적인 언어의 형태이며 언어는 대화에서만 그 진정한 본성을 반영한다고 주장한다. 자쿠빈스키는, 대화가 비록 명백히 문화적 현상이지만, 여전히 독백보다 훨씬 자연스러운 현상이라는 그의 주장으로 이 생각을 표현한다. 심리학적 연구에 있어 독백은 고차적이며 더 복잡한 말의 형태이며 역사적으로 대화보다 늦게 발달한다는 것은 의심의 여지없는 사실이다. 그러나 지금 우리가 관심을 끄는 것은, 말의 축약과 순수한 술어적 판단으로의 환원에 대한 경향에 있어 이 두 형태들을 비교하는 것이다.

7-5-6] 입말의 빠른 템포는 말 활동을 복잡한 의지적 행위로, 즉 반성과 동기의 갈등 그리고 선택으로 특징지어지는 행위로 발전시키기에 도움이 되지 않는다. 입말의 빠른 템포는 단순한 의지적 행위와 심지어 습관의 요소를 포함하는 것의 수행을 전제로 한다. 이 후자의 상황은 단순한 관찰을 통해서도 대화에서 발견된다. 사실, 독백이나 (특히 글말과는) 반대로 대화적인 사회적 상호작용은 즉각적이고 심지어는 우연적인 발화를 함의한다. 응답으로 구성된

대화적 말은 반응의 연쇄를 형성한다. 글말은 우리가 위에서 본 바와 같이, 처음부터 의식과 의지와 연결되어 있다. 따라서 대화는 거의 언제나 발화와 진술이 미완성될 가능성이 있고, (강의나 연설과 같이-K) 독백 같은 말을 통해 똑같은 사고를 표현한다면 그 모든 낱말들을 동원할 필요가 없다. 대화에서의 문장 구성상의 단순성에 반하여 독백은 구성상의 복잡성을 가지고 있다. 이는 언어적 사실들을 의식의 명확한 영역으로 들여놓으며 그 결과 그들에 대해 주의에 초점을 맞추는 것을 훨씬 쉽게 한다. 독백에서 말 관계들은 결정요소가 되고 감각적 경험의 근원이 된다. 그들은 의식에서 그 자기 스스로의 모습으로(즉, 언어적 관계로) 나타난다.

7-5-7] 글말이 입말과 정반대라는 것은 놀라운 일이 아니다. 글말에는 두 화자들이 미리 명확한 상황을 알고 있을 가능성, 표현적 억양과 모방 그리고 제스처의 가능성이 부재한다. 결과적으로, 여기서는 입말에 대해 말해 왔던 모든 축약에의 가능성이 처음부터 배제된 것이다. 여기서 이해는 단어와 그들의 적절한 조합을 통해서만 생성되어야 한다. 글말은 복잡한 활동과 연관된 언어를 펼치는 데 기여한다. 그 결과 언어적 활동은 복잡한 것으로 규정된다. 이 때문에 사람들은 초안을 먼저 쓴다. 초안으로부터 최종본으로의 경로는 성질상 복잡한 활동이다. 그러나 심지어 초안 없이도 글말에서 숙고의 순간은 매우 중요하다. 흔히 우리는 쓰고자 하는 바를 혼자서 말한 후에 쓴다. 여기서 생각으로 초안을 그리는 것이다. 생각으로 그려진 이러한 초안은, 앞 장章에서 보이고자 했듯이, 내적 말이다. 내적 말은 글말뿐 아니라 입말에서도 내적인 초안으로 작용한다. 우리는 따라서 내적 말이 축약에 대해 가지는 경향과 입말과 글말이 축약에 대해 가지는 경향을 비교해야 한다.

7-5-8] 우리는 축약으로의 경향과 표현의 순수한 서술성은 입말에서 두 가지 경우에 생겨난다는 것을 보았다. 당면한 상황이 화자들에게 명백하고 화자가 심리적 맥락을 억양을 통해 표현하는 때이다. 이 두 가지 경우는 글말에서는 완전히 배제된다. 따라서 글말은 술어성으로의 경향을 보이지 않으며,

따라서 글말은 대단히 확장된 말의 형태이다. 내적 말을 이러한 관점에서 분석할 때 우리가 발견하게 되는 것은 무엇인가? 우리가 입말에서의 술어성에 대한 논의를 이와 같이 자세히 한 이유는, 이 현상의 분석이 가장 어둡고 난해하며 복잡한 논제를 표현할 수 있도록 해 주기 때문이다. 내적 말에 대한 우리의 연구의 결과로 만나게 된 이 논제는, 말하자면 내적 말의 문제와 연관된 모든 문제에 있어 핵심적인 가치를 가지는, 내적 말의 술어성에 관한 논제이다. 입말에서 술어성으로의 경향은 특정한 유형의 상황에서 흔히 일반적으로 예상 가능하게 나타난다. 글말에서 그것은 절대 나타나지 않는다. 내적 말에서 그것은 언제나 나타난다. 그것은 내적 말이 취하는 기본적이고, 사실 유일한 형태이다. 내적 말은 심리적 관점에서 온전히 술어로 구성되어 있다. 또한 덧붙여서, 우리는 여기서 주어의 축소로 인한 술어의 상대적인 보존이 아니라 절대적인 술어성을 말하고 있는 것이다. 문어의 경우 확장된 주어와 술어로 구성되는 것이 법칙이라면 내적 말에서의 법칙은, 주어는 언제나 탈락되고 술어만으로 구성된다는 것이다.

7-5-9] 이와 같이 완전하고 절대적이며 지속적으로 관찰되고 또한 규칙적이고 순수한, 내적 말의 술어성은 무엇에 토대를 두고 있는 것일까? 처음에 우리는 내적 말의 술어적 성질을 실험적으로만 하나의 사실로 확립할 수 있었다. 그러나 여기서 우리의 과제는 이 사실을 일반화하고 이해하며 설명하는 것이다. 다음의 두 가지를 통해 우리는 이에 성공할 수 있었다. 즉, 우리는 이 순수한 서술성이 최초 형태로부터 그 마지막 형태로까지 성장하는 역학을 관찰하고, 글말과 입말이 축약에 대해 가지는 경향을 이론적으로 분석하여 이들을 내적 말에서의 동일한 경향과 비교하였다.

7-5-10] 우리는 이 중 두 번째의 경로, 즉 내적 말을 입말, 글말과 비교하는 것으로 시작할 것이다. 이는 특히 우리가 이미 이 경로를 완전히 탐색하였으며 그리하여 이에 마지막 설명을 위해 필요한 모든 요소들을 이미 준비했기 때문이다. 입말에서 때때로 순전히 술어적인 표현들의 잠재성을 만드는 경우들,

글말에서는 전혀 존재하지 않는 경우들이 내적 말에서는 지속적이고 변함없이 동반되며 이들은 내적 말로부터 분리될 수 없다. 따라서 술어성을 향한 경향은 지속적인 현상으로 틀림없이 나타나야 한다. 실험이 보여 주듯이 그것은 내적 말에서 지속적인 현상으로, 게다가 가장 순수하고 절대적인 형태로 반드시 나타나야 한다. 따라서 글말은 최대한 확장되었고 주어의 탈락을 낳는 경우가 전혀 없기 때문에 입말과 완전히 반대된다. 이와 유사하게, 그러나 오직 정반대의 의미에서 내적 말은 외적 말과 완전히 반대된다. 내적 말에서는 절대적이고 지속적인 술어성이 지배하기 때문이다. 이러한 측면에서, 입말은 글말과 내적 말 사이의 위치를 차지한다.

7-5-11] 내적 말에서 축약을 촉진하는 경우에 대해 좀 더 자세히 분석해 보자. 입말에서의 모음 생략과 축약은 표현의 주어가 화자들에게 알려져 있는 경우 나타난다는 것을 상기하자. 내적 말에서 우리는 스스로의 말이 무엇에 관한 것인지 언제나 알고 있다. 그러나 이 조건은 내적 말에 있어서는 절대적이고 불변의 법칙이다. 우리는 언제나 우리의 내적 말이 무엇을 말하는지 알고 있다. 우리는 언제나 우리의 내적 상황에 대해 알고 있다. 내적 판단의 주제는 항상 우리의 생각 안에 존재한다. 그것은 언제나 이해되어 있다. 피아제는 우리가 스스로의 말을 쉽게 믿는 경향이 있으며, 따라서 스스로의 생각을 증명할 필요와 생각에 대한 증거를 제시하는 필요와 능력은 자기 스스로의 생각과 타인들의 이질적인 생각이 갈등할 때에만 나타난다고 지적한 적이 있다. 이와 동일한 타당성으로, 우리는 조각 단어와 힌트를 통해 스스로를 이해하는 것은 특히 쉽다고 말할 수 있을 것이다. 혼잣말에서는, 구어적 대화에서 규칙적이라기보다는 예외적으로 나타나는 현상으로 우리가 앞에서 예시로 들었던 것과 같은 상황에 처하게 된다. 이 예시들로 돌아가면, 우리는 일반적으로, 내적 말은 화자가 전차 정류장에서 "B"라는 하나의 짧은 술어를 통해 전체 판단을 표현하는 경우와 비견할 만한 상황에서 언제나, 반드시, 법칙으로 나타난다고 말할 수 있다. 우리는 언제나 스스로의 기대와 의지를 알고 있다.

혼자 있으면서 "우리가 어디론가 가기 위해 기다리는 B전차가 들어온다"라는 확장된 구문에 의지할 필요가 전혀 없다. 여기서 술어는 항상 필요하며 충분하다는 것이 증명된다. 학생이 곱셈이나 덧셈을 할 때 10이 넘는 올림수는 항상 마음속에 남겨 두듯이 주어는 언제나 마음속에 남아 있다.

7-5-12] 게다가 레빈과 그의 아내 사이의 대화에서 볼 수 있듯이, 내적 말에서 우리는 우리의 생각을 정확한 어휘로 옷 입히는 수고를 하지 않고 언제나 우리의 생각을 대담하게 나타낸다. 앞에서 지적했다시피, 화자들 사이의 정신적 친밀감은 공유된 통각을 형성하며 이는 암시를 통한 힌트와 조각 말을 이해하는 데, 또한 말의 축약에 결정적인 요소가 된다. 그러나 이 공유된 통각은 내적 말에서 일어나는 자기 스스로와의 사회적 상호작용에서 완벽하고 필수적이며 절대적이다. 내적 말에서의 법칙은 가장 복잡한 생각을 간결하고 명확하며 거의 말 없이 전달하는 것이기 때문이다. 톨스토이는 이것이 입말에서는 희귀하며 화자들 사이에 대단히 깊은 생각의 친밀감이 있을 때에만 가능하다고 하였다. 내적 말에서 우리는 무엇에 대해 말하고 있는지, 즉 주어를 밝힐 이유가 전혀 없다. 우리는 이 주어에 관해 언급되어야 하는 것, 즉 서술어에만 신경을 쓴다. 이것이 내적 말에서 순수한 서술성을 지배적 특징으로 이끄는 원천이다.

7-5-13] 입말에서 이와 유사한 경향에 대한 분석은 우리를 두 가지 결론으로 인도했다. 첫 번째로 분석은, 입말에서 서술성으로의 경향은 판단의 주어가 화자에게 명백하고 양쪽 화자들에게 이미 잘 알려져 있으며 화자들 사이에 일반적으로 어느 정도 공유된 통각이 존재할 때 생겨난다고 보여 주었다. 그러나 이 두 경우는, 이들을 완전하고 절대적인 형태로 극단까지 몰고 갔을 때 내적 말에 언제나 존재한다. 이 사실은 그 자체로서 이미 어째서 내적 말에서 우리가 순수한 술어성의 절대적 지배를 관찰할 수밖에 없는지 이해할 수 있게 해준다. 우리는 또한 입말에서 이러한 조건들이 통사적 단순성과 통사적 분석의 최소화 그리고 전체적으로는 고유한 통사 구조를 낳는다는 것을 보았다.

그러나 이 경우, 입말에서 다소 모호한 경향으로 윤곽 그려지는 것이 내적 말에서는 그 절대적인 형태로 표현된다. 내적 말에서 우리는 최대한의 통사적 간결화와 사고의 절대적 압축 그리고 완전히 새로운 통사 구조를 발견한다. 이는 엄밀히 말해서, 입말의 통사가 완전히 폐지되고 순전히 서술적인 문장 구조가 된다는 사실을 또렷이 나타낸다.

7-5-14] 우리의 분석은 또 다른 결론으로 이끈다. 두 번째로, 그것은 말에서의 기능적 변화가 반드시 그 구조에의 변화로 인도한다는 것을 보여 준다. 다시 한 번, 입말에서는 다소간에 약하게 표현되었을 뿐인, 말의 특별한 특징의 기능적 분화의 영향 아래 구조적 변화를 향하는 경향은, 내적 말에서 그 절대적 형태로 나타나며 그 한계까지 치달은 것이 된다. 우리가 발생적 실험적 연구를 통해 확립할 수 있었던 내적 말의 기능은 견실하고 체계적으로 다음과 같은 사실로 인도한다. 처음에는 오직 기능적인 의미에서 사회적 말과 분화되었던 자기중심적 말은 점차 이 기능적 분화의 정도에 따라 그 구조도 변화시켜 입말의 통사의 완전한 폐지에서 그 한계에 도달한다.

7-5-15] 내적 말과 입말의 비교로부터 내적 말 구조의 특별한 특성에 대한 직접적인 연구로 옮겨 간다면, 우리는 서술성으로의 경향을 한 발자국씩 추적해 갈 수 있을 것이다. 애초에 자기중심적 말은 여전히 그 구조적 관계에 있어 사회적 말과 완전히 병합되어 있다. 그러나 그 발달의 정도와, 독립적이고 자율적인 말의 형태로 기능적인 분리가 일어나는 정도에 따라 그것은 점점 더 축약으로, 통사적 표현의 약화로, 의미론적 농밀화로의 경향을 나타낸다. 자기중심적 말이 소멸하면서 내적 말로 건너가는 순간에 그것은 중간에 끊기고 미완성된 문장과 같은 인상을 남긴다. 이미 그것이 순수하게 술어적인 통사구조에 완전히 종속되었기 때문이다. 실험 중의 관찰은 언제나 내적 말의 이러한 새로운 통사구조가 어떻게 어디서 나타나는지 보여 준다. 어린이는 특정 순간과 특정한 사건에서 자신을 사로잡은 것에 대해 이야기한다. 어린이는 자신이 하고 있는 것, 눈앞에 있는 것에 대하여 이야기한다. 그 결과

그는 점차 주어와 그에 연결되어 있던 말들을 더욱 탈락, 축약, 응축시키게 된다. 그는 언제나 자신의 말을 헐벗은 술어로 환원시킨다. 이러한 실험들이 확립한, 주목할 만한 법칙은 다음과 같이 진술될 수 있다. 자기중심적 말의 기능적 특성이 더 많이 표현됨에 따라, 단순화와 술어성이라는 그 통사적 특성들이 더 명확하게 나타나기 시작한다. 우리는 그 단순성과 술어성을 보기 시작한다. 우리가 실험에서 도입한 방해와 어려움에 대한 이해의 수단으로 특별한 역할로 나타난 어린이의 자기중심적 말을 이러한 기능 밖에서 나타난 경우와 비교해 보면 다음을 명백히 확립할 수 있다. 내적 말의 특유한 지적 기능이 그 안에 강하게 나타나면 나타날수록 그 통사구조의 특정한 특징은 더욱 명확히 나타난다.

7-5-16] 내적 말의 이러한 서술성 자체가, 입말에 비해 내적 말의 축약으로 일반적으로 표현되는 현상의 전체적인 복잡성을 모두 설명해 주지는 않는다. 우리가 이 복잡한 현상을 분석하고자 한다면 우리는 그 뒤에 내적 말의 모든 일련의 구조적으로 특별한 특징들이 숨어 있다는 것을 알게 된다. 여기서는 이들 중 가장 중요한 것들에 대해서만 살펴볼 것이다. 우선 우리는 입말 축약의 일부 사례에서 이미 발견되었던 말의 음성적 측면의 축소를 언급해야 한다. 단어의 첫 글자만을 사용하여 전체 구문을 추측하면서 이루어진 키티와 레빈의 사랑 고백은, 의식의 지향성이 동일한 경우에는 음성적 자극의 역할은 최소한으로(단어의 첫 글자들만으로) 축소되면서도 오류 없이 이해될 수 있다는 것을 이미 보여 주었다. 그러나 이와 같은 음성적 자극의 역할의 축소는 내적 말에서 그 극단에 이르러 거의 절대적인 형태로 관찰된다. 의식의 공유된 지향성이 여기서 그 완성에 이르기 때문이다. 입말에서는 희귀하고 놀라운 예외적 상황은 본질적으로 내적 말에서는 항상 일어난다. 내적 말에서 우리는 언제나 키티와 레빈 사이의 대화가 일어난 상황과 비견할 만한 상황에 처한다. 이것이, 늙은 왕자가 그들의 대화를 정의했던 바와 같이, 우리가 내적 말에서, 언제나 첫 글자들을 토대로 전체의 복잡한 문장을 추측하는 대화인 '암호secretaire' 게임을

하는 이유이다. 내적 말에 대한 르메트르Lemaître의 연구에서 우리는 이러한 대화와 놀랍게 유사한 것을 발견한다. 그의 연구 중 하나에서 열두 살짜리 어린이는 "Les montagnes de la Suisse sont belles"[8]라는 문장을 "L m d l S s b"라는 낱자로 이루어진 것으로 생각했으며 그는 이 낱자들 뒤로 희미한 산맥의 윤곽을 볼 수 있었다. 여기서 우리는 키티와 레빈의 대화에서 나타난 것과 같은 말의 축약, 즉 낱말의 음성적 측면을 그 첫 부분으로 축소시키는 것과 매우 유사한 양식의 내적 말이 형성되기 시작되는 것을 보게 된다. 내적 말에서 우리는 낱말을 끝까지 말할 필요가 전혀 없다. 우리가 말을 하고자 하는 의도 속에 우리는 이미 어떤 낱말을 발화해야 하는지 이해하고 있다. 이러한 두 가지 예들을 합함으로써 우리가 내적 말에서 낱말들이 그 첫 글자로 언제나 대체된다거나, 두 가지 경우에 있어 말이 동일한 방식으로 기능한다고 말하고자 하는 것이 아니다. 우리의 요점은 이보다 훨씬 일반적이다. 우리가 말하고자 하는 바는 입말에서와 같이 의식의 공통된 지향성이 있을 경우 구어적 자극은, 키티와 레빈의 대화에서 볼 수 있었듯이 최소한으로 줄어들며 이는 내적 말에서도 마찬가지라는 것이다. 내적 말에서 말의 음성적 측면은, 변함없이 그리고 언제나 일반 법칙으로 축소된다. 내적 말은 엄밀한 의미에서 낱말 없는 언어이다. 바로 이 때문에 우리의 두 사례들이[9] 일치하는 것이 우리에게는 대단히 중요한 것으로 보인다. 어떤 드문 경우에 있어 입말과 내적 말 모두에 있어 단어가 그 첫 낱자로 축소되며, 전자와 후자 모두에 완전히 동일한 기제가 가능하다는 것은 여기서 비교된 입말과 내적 말의 현상 사이에 내적인 친족 관계가 있다는 것을 확신시키기에 충분하다.

7-5-17] 입말에 비해 내적 말에서 포괄적인 축약이 일어난다는 사실 뒤에는 이 현상 전체의 총체적인 심리적 성질을 이해하는 데 핵심적인 중요성을 가지는 현상이 놓여 있다. 지금까지 우리는 내적 말이 축약적 성질을 가지게 하는 두 원천으로 그 서술성과 축소된 음성적 측면을 들었다. 그러나 이미 이 두 현상들은, 내적 말에서 우리는 일반적으로 입말과는 매우 다른, 말의 의미

론적 측면과 형상적 측면 사이의 관계를 만나게 된다는 것을 나타낸다. 통사론과 음성학과 같은 말의 형상적[10] 측면은 최소로 축소되고 단순화되며 최대한 응축된다. 내적 말은 언어의 음성적 측면이 아닌 의미론적 측면을 취사선택하여 이용한다. 내적 말에서 단어 의미가 음성적 측면으로 상대적으로 독립적인 것은 내적 말에서 명확하게 나타난다. 그러나 이를 설명하기 위해 우리가 관심을 가지고 있는 내적 말 축약의 세 번째 원천을 좀 더 자세히 고려해야 한다. 이것은 앞에서 말했다시피 여러 현상들의 총합이며 서로 연결되어 있지만 종속적이거나 완전히 섞여 있는 것은 아니다. 의미론적 구조의 이 세 번째 원천은 내적 말에 있어 독특하다. 연구가 보여 준 바와 같이 의미의 통사론과 말의 전체 의미론적 구조는 낱말의 통사론과 그 음성학적 구조에 못지않게 고유하다. 그렇다면 내적 말에 있어 근본적인 통사론적 특성은 무엇으로 구성되어 있을까?

7-5-18] 우리의 연구는 내적 말의 세 가지 근본적인 특성들을 확립할 수 있었다. 이들은 내적으로 자기들끼리 연결되어 있으며 내적 말의 고유한 의미론적 측면을 구성한다. 첫 번째의 근본적 특성은, 내적 말에서 낱말의 뜻이 그 의미에 대해 우위를 가지는 것이다. 폴랑Paulhan은 단어의 뜻과 의미를 구분함으로써 말의 심리학적 분석을 현저히 발달시켰다. 낱말의 뜻은 폴랑이 보여 준 바와 같이 낱말이 우리의 의식 속에 초래하는 모든 심리적 사실들의 총체이다. 말의 뜻은 이러한 의미에서 역동적·유동적이며 복잡한 의미적 형성으로 그 안정성에 있어 다양한 여러 개의 영역을 가지고 있다. 의미는 주어진 맥락에서 이 낱말이 획득하게 되는, 뜻의 영역 중 하나일 뿐이지만 그것은 이들 영역 중 가장 안정적이고 통합되어 있으며 정확하다. 잘 알려진 바와 같이, 다양한 맥락에서 낱말은 그 뜻을 쉽게 변화시킨다. 반면 의미는 움직일 수 없고 변화할 수 없는 점으로서, 다양한 맥락에서 안정되게 유지된다. 이와 같은 낱말 뜻의 변화가, 말의 의미론적 분석에 있어 근본적인 사실로 우리가 확립한 것이다. 낱말의 진정한 의미가 한결 같은 것은 아니다. 한 작용에서 낱말은 하나의 의미

를 가지며 다른 작용에서는 다른 의미를 취한다. 이러한 의미의 역동성은 우리를 폴랑의 문제로, 말하자면 의미와 뜻의 관계의 문제로 인도한다. 사전에서 따로 택해진 낱말은 의미만을 가진다. 그러나 이 의미는 살아 있는 말에서 실현되는 잠재성일 뿐이다. 이 의미는 뜻의 주춧돌일 뿐이다.

7-5-19] 낱말의 뜻과 의미의 차이를 크릴로프의 우화인 『메뚜기와 개미』를 예로 들어 설명하겠다. 이 우화를 끝맺는 낱말인 "춤추어라"는 어떤 문맥에서나 완전히 한정되어 있고, 일정하고 동일한 의미를 가지고 있다. 그러나 이 우화의 맥락에서 이 낱말은 그보다 훨씬 넓은 지적, 정서적 뜻을 가진다. 그것은 "즐겨라!"와 "죽어라!"를 동시에 의미한다. 여기서 낱말이 모든 맥락에서 획득하는 뜻을 통해 낱말이 풍부해지는 것이 의미의 역동적 규칙의 근본이 된다. 낱말은 그것이 포함된 전체 맥락 속의 지적·정서적 내용을 흡수 동화하고, 그 낱말이 맥락에서 떨어져 있거나 그 밖에 있을 때 가지는 의미보다 더 많이 또는 더 적게 의미하기 시작한다. 의미의 전체 원이 확대되어 새로운 내용을 포함하는 일련의 전체 영역을 획득하기에 더 많이 의미하며, 낱말의 엄밀한 의미는 주어진 맥락에서 낱말이 의미하는 것에 한정되고 제한되기 때문에 더 적게 의미한다. 폴랑은, 낱말의 의미는 복잡하고 유동적인 현상이고, 어느 정도 개개인의 의식에 대해 또한 동일한 의식에도 상황에 따라 끊임없이 변화하는 현상이라고 말한다. 이런 측면에서 낱말의 의미는 무진장이다. 낱말은 오직 문장에서만 뜻을 획득하며 그러나, 문장은 단락의 문맥에서만 뜻을 획득하고 문맥은 책의 맥락에서, 책은 작가의 모든 창조적 활동의 맥락에서만 뜻을 획득한다. 각 낱말의 정서적 뜻은 결국에는 누군가 어떤 낱말을 표현하기 위해 사용하는 의식에 존재하는 요소의 풍부함에 따라 결정된다. 폴랑은 다음과 같이 말한다. "지구의 뜻은 지구에 대한 관념을 완성하는 태양계이다. 태양계의 뜻은 은하이며 은하의 뜻은…… 우리는 무엇인가에 관하여 완전한 의미를 결코 알 수 없으며 그에 따라 어떤 낱말의 완전한 의미도 알 수 없다. 낱말은 새로운 문제의 무한한 원천이다. 낱말의 뜻은 결코 완전하지 않다. 종말에, 그

것은 세계에 대한 관념과 인격체의 내부 구조 전체에 토대를 둔다."

7-5-20] 그러나 폴랑의 주요한 공적은 뜻과 낱말의 관계를 분석하고, 의미와 낱말의 관계보다 뜻과 낱말의 관계가 훨씬 더 독립적이라는 것을 보여 주는 방법을 알렸다는 데 있다. 낱말은 그를 통해 표현된 뜻으로부터 자신을 분리할 수 있다. 낱말이 그 뜻을 변화시킬 수 있다는 것은 예로부터 알려져 왔다. 그러나 비교적 최근에서야 뜻이 낱말을 어떻게 변화시키는지 또는 좀 더 정확히 말하면 개념이 어떻게 그 명칭을 변화시키는지 연구할 필요가 있다는 것이 알려졌다. 폴랑은 뜻이 증발해 버렸을 때 낱말이 어떻게 되는지 많은 예를 통해 보여 준다. 그는 흔하고 정형적인 구문(예를 들어 "안녕하세요?"), 거짓말, 뜻으로부터 낱말이 독립되는 다른 현상들을 분석하였다. 뜻은 그것을 표현하는 낱말로부터 쉽게 떨어져 나올 수 있으며 그만큼 쉽게 다른 단어와 합쳐질 수 있다. 그는 구문의 뜻이 구문을 구성하는 낱말의 독립된 각각이 아니라 구문 전체와 연결되어 있는 것과 같이, 낱말의 뜻은 낱말을 이루는 하나하나의 소리가 아니라 낱말 전체에 총체적으로 연결되어 있다고 하였다. 이 때문에 한 낱말이 다른 낱말의 자리를 차지하는 것이 가능하다. 낱말의 뜻은 낱말로부터 떨어져서 보존된다. 그러나 낱말이 뜻 없이 존재할 수 있다면 그와 똑같은 정도로 뜻 또한 낱말 없이 존재할 수 있다.[11]

7-5-21] 내적 말에서 실험적으로 확립할 수 있었던 것과 유사한 입말에서의 현상을 입증하기 위해 우리는 새롭게 폴랑의 분석을 이용할 것이다. 입말에서 우리는 일반적으로 더욱 안정적이고 지속적인 뜻의 요소로부터, 그 가장 안정적인 영역으로부터 다시 말해, 낱말의 의미로부터 가장 유동적인 영역으로, 즉 전체로서의 뜻으로 움직인다. 반대로 입말에서 특정한 경우에 다소 약하게 표현되는 경향으로 관찰되는, 뜻이 의미에 대해 가지는 우세성은 내적 말에서는 그 수학적 한계에 이르러 절대적 형태로 나타난다. 뜻이 의미에 대해 가지는 우세성, 문장이 낱말에 대해 가지는 우세성, 그리고 전체 맥락이 문장에 대해 가지는 우세성은 내적 말에서 예외가 아니라 한결같은 규칙이다.[12]

7-5-22] 이 사실로부터 우리는 내적 말의 두 가지 의미론적 특성을 도출할 수 있다.[13] 이 두 특성은 모두 낱말들을 관련 지어 결합하고 융합하는 과정과 연관되어 있다. 첫 번째는 교착에 비견할 수 있다. 교착은 어떤 언어에서는 근본적인 현상으로 발견되며 다른 언어들에서는 다소 흔치 않은, 낱말 간 연합을 위한 절차로 발견된다. 예를 들어, 독일어에서는 우리는 전체 구(句)나 개별 낱말들의 그룹이 하나의 낱말의 기능적 의미에 개입하면서 하나의 명사를 형성하는 것을 본다. 다른 언어들에서 이러한 낱말의 융합은 지속적으로 활동적인 기제를 낳는다. 분트는 이러한 복합어들이 낱말들의 우연한 모음이 아니며 규정된 법칙에 따라 형성된다고 주장한다. 이러한 모든 언어들은 간단한 개념을 나타내는 다수의 낱말들을 합하여, 매우 복잡한 개념을 나타내며, 그럼에도 또한 이 개념 속에 들어 있는 모든 특정 관념들을 나타내는 하나의 낱말을 만든다. 이와 같은 언어적 요소의 기계적 연결 또는 교착에서 제1강세는 주요 어근이나 주요개념에 주어지는데 이는 언어의 이해가 매우 쉬워지는 주요 원인이 된다. 예들 들자면, 델라웨어 인디언의 언어에는 이와 같은 방식으로 '획득하다' '카누' '우리에게'의 세 낱말로 이루어진 복합어가 있다. 낱말의 문자적 의미는 "우리에게 카누를 가져오라." 또는 "카누를 타고 우리에게 오라"이다. 일반적으로 강을 건너오는 적에 대한 도전으로 사용되는 이 낱말은 델라웨어 동사의 다른 모든 법과 시제에서 동사 활용된다. 이 상황의 두 측면이 지적되어야 한다. 첫째, 복합단어를 구성하는 개별 낱말들은 흔히 복합어 안에 통합되면서 음성적 축약을 겪게 되어 (첫 번째) 낱말의 부분만이 복합어에서 나타나게 된다. 둘째, 이와 같이 형성된 복합단어는 매우 복잡한 개념을 표현하지만 기능과 구조적 관점에서 볼 때 개별 낱말의 연합이 아니라 단일한 낱말로 나타난다. 분트는 아메리카 인디언 언어들에서 복합어는 단순 낱말과 똑같이 간주된다는 점, 즉 그것이 단순 낱말과 동일하게 동사활용과 어형 변화를 한다는 점을 지적한다. 이 문단에서는 다음의 세 가지가 언급되고 있다.[14]

7-5-23] 이와 유사한 것이 어린이의 자기중심적 말에서 관찰된다. 자기중심적 말이 내적 말에 가까워지면서, 복잡한 개념을 표현하기 위해 고유한 복합어를 형성하는 양식으로, 교착은 더 자주 일어나며 더 두드러진다. 어린이의 자기중심적 말의 상관계수 감소와 평행선상에서 낱말의 비통사적 융합을 향한 이러한 경향은 더더욱 빈번하게 나타난다.

7-5-24] 내적 말의 세 번째, 마지막 의미적 특성은 다시 한 번, 입말에서 발견되는 유사한 현상과 비교함으로써 설명될 수 있다. 그 핵심은, 낱말의 의미보다 넓으며 역동적인 낱말의 뜻이 낱말의 의미의 통합과 융합에서 발견할 수 있는 것과 상이한 통합과 융합의 법칙을 이끌어 낸다는 사실에 있다. 우리는 자기중심적 말에서 발견했던 이와 같은 고유한 낱말 통합의 양식을 "뜻이 미치는 영향"이라고 칭하였다. 여기서의 영향이란 말은 애초의 문자적 의미(즉, 유입)와 더 넓고 일반적으로 받아들여지는 비유적인 의미를 가진다.[15] 뜻은 서로 유입되거나 또는 영향을 미쳐서 하나가 다른 하나에 포함되거나 상대를 변경한다. 외적 말의 경우 비슷한 현상은 문학작품에서 특히 가장 자주 관찰된다. 문학작품에 제시된 낱말은 그 자체에 포함된 뜻의 통합체 전체를 흡수하여 어떤 의미에서는 작품 전체의 뜻과 동등한 뜻을 취한다. 문학작품의 제목은 이를 명확히 보여 준다. 문학작품에서 우리는 제목과 작품의 관계가 그림이나 음악에서와는 다른 것을 보게 된다. 제목은 작품의 모든 뜻을 표현하고, 그림의 경우에서보다 훨씬 더 작품의 완성을 마무리 짓는 역할을 한다. 돈키호테, 햄릿, 예브게니 오네긴, 안나 카레니나 같은 낱말들은 뜻이 미치는 영향의 법칙을 순수한 형태로 표현한다. 여기서 전체 작품의 뜻 내용은 사실상 겨우 한 단어에 포함된다. 고골의 작품『죽은 영혼들』은 뜻이 미치는 영향의 법칙에 대한 훌륭한 예시를 보여 준다. 원래 이 낱말들은 인구조사 명단에서 지워지지 않은 죽은 농노들, 따라서 살아 있는 이들같이 사고팔 수 있는 농노들을 가리킨다. 이들은 죽었지만 여전히 살아 있는 것처럼 취급된다. 이러한 죽은 영혼들의 매매를 주제로 구성된 이 시 전반에 걸쳐서 "죽은 영혼들"이라는 말은 이

러한 뜻으로 사용된다. 그러나 이 낱말들이 붉은 실과 같이 시 전체의 세포를 통과하여 지나가면서 이 두 낱말은 완전히 새롭고, 훨씬 더 풍부한 뜻을 얻는다. 해면동물이 바닷물을 빨아들이듯, 이 말은 여러 장章과 등장인물들로부터 더욱 심오하게 일반화된 뜻을 받아들인다. 마지막에 도달해서 이 말은 뜻으로 완전히 흠뻑 젖는다. 그때가 되어서는, 이들 낱말은 애초에 가졌던 것과는 완전히 다른 것을 나타낸다. "죽은 영혼들"은 죽었지만 살아 있는 이들처럼 매매되는 농노들뿐 아니라 시에 등장하는 모든 주인공들, 즉 살아 있지만 영혼이 죽어 있는 모든 이를 가리킨다.

7-5-25] 또다시, 이러한 현상을 극단으로 밀고 나가면 내적 말에 이와 유사한 현상을 관찰할 수 있다. 여기서, 낱말은 앞에 나온 말과 뒤따르는 말의 뜻을 취하여 그 의미의 경계를 거의 무한대로 확장시키는 것으로 보인다. 내적 말에서 낱말은 외적 말에서보다 훨씬 많은 뜻을 담는다. 고골의 시 제목과 같이 그것은 뜻이 압축된 응결체이다. 이것을 외적 말의 의미로 번역하려면, 하나의 낱말에 통합되어 있는 모든 뜻을 펼쳐 보이려면 한 편의 말의 파노라마 전체가 필요하다. 이와 같이, 고골의 시 제목의 뜻을 완전히 나타내기 위해서는 "죽은 영혼들"의 모든 텍스트를 보여야 할 것이다. 그러나 이 시의 모든 다양한 뜻이 두 낱말의 제한된 영역 속에 들어갈 수 있듯이, 내적 말에서 엄청난 뜻 내용이 한 낱말이라는 그릇 속에 들어갈 수 있다.

7-5-26] 내적 말의 의미론적 측면에 대한 이러한 특징들은, 자기중심적 말이나 내적 말을 관찰한 사람은 누구나 발견하는 이해불가성을 낳는다. 어린이의 자기중심적 표현은 그것을 구성하는 서술어가 무엇에 대해 언급하는지를 알지 못한다면, 즉 어린이가 무엇을 하고, 무엇을 보고 있는지 알지 못한다면 이해할 수 없다. 왓슨은 내적 말을 녹음하는 데 성공하더라도 그것은 여전히 전혀 이해할 수 없을 것이라고 말한다. 내적 말의 이해불가성은, 그 축약된 성질과 같이 모든 연구자들에 발견된 사실이지만 아직 분석의 대상이 되지 않았다. 모든 분석이 나타내는 바는 내적 말의 축약과 같이, 그 이해불가성은

많은 요인들의 소산이며 대단히 다양한 현상에 대한 포괄적인 표현이라는 것이다. 위에서 우리가 주목하였던 모든 것, 즉 말의 내적 통사의 고유성, 음성적 측면의 축약, 그 특정한 의미론적 구조는 내적 말의 이해불가성의 심리적 성질을 충분히 보여 주며 설명한다. 그럼에도 우리는 내적 말의 이해불가성을 다소나마 직접적으로 결정하면서도 (동시에) 그에 의해 숨겨져 있는 두 요소를 다시 한 번 고려해 볼 것이다. 첫째는 위에서 열거된 모든 요소들의 필연적 결과이며 내적 말의 기능적 고유성으로부터 직접적으로 도출되는 것이다. 그 기능에 따라, 내적 말은 의사소통을 목적으로 하지 않는다. 그것은 화자 자신을 향한 말이다. 내적 말은 외적 말과는 완전히 다른 내적 조건하에서 일어나며 외적 말과 완전히 다른 기능을 수행한다. 따라서, 우리는 내적 말이 이해 불가능하다는 사실에 놀랄 것이 아니라 우리가 그것이 이해 가능하리라고 기대한다는 점에 놀라야 할 것이다. 내적 말의 이해 불가성을 결정하는 요소들 중 두 번째는 내적 말이 가지고 있는 의미론적 구조의 고유성과 연관되어 있다. 이 생각을 설명하기 위해, 내적 말에 관련하여 우리가 발견했던 현상을 이와 유사한 외적 말의 현상과 비교해 보자. 톨스토이는『유년기, 청소년기, 그리고 청년기』와 그의 다른 작품들에서 밀접한 공동체를 이루고 살아온 사람들 사이에서 인습적인 낱말의 의미, 특정한 방언, 특수한 은어가 수립되는 것이 얼마나 쉬운지를 보여 준다. 이러한 말들은 그 성립과정에 참여한 사람들 사이에서만 이해가 가능하다. 이르테네프의 형제들은 자신들만의 통용어를 가지고 있었다. 거리의 어린이들도 마찬가지이다. 특정한 조건하에서 낱말들은 일상적인 뜻이나 의미의 변화를 겪어 이러한 변화를 일으킨 조건에 따라 특정한 의미를 얻는다. 이러한 조건하에서 내적 말에서도 일종의 내적 통용어가 반드시 나타나는 것은 당연한 일이다. 그 내적 사용에서 각 낱말은 점차적으로 다른 색채와 다른 뜻의 뉘앙스를 얻게 된다. 이들이 낱말의 뜻에 부가되어 궁극적으로 말의 새로운 의미로 변형된다. 실험은 내적 말의 언어적 의미는 언제나 외적 말로는 번역이 불가능한 관용어[16]임을 보여 준다. 언제나 그들은, 음절 생략이나 탈락만큼이나 관용적 표현이 풍부한 내적 말의 틀 밖에서는 이해할 수 없는 개별적 의미들이다. 원래 다양한 뜻이 하나의 낱말에 유입되는 것은 개별적이고 번역될 수 없는 의미, 즉 관용구가 매번 형성되는 것을 나타낸다. 여기서 일어나는 것은 우리가 인용했던 도스토예프스키의 고전적 예시에서 기술한 것과 같다. 여섯 명의 술 취한 인부들 사이에서의 대화에서 일어난 일과, 외적 말에서 예외적인 경우를 구성하는 일은 내적 말에서는 규칙이다. 내적 말에서 우리는 언제나 모든 사고와 느낌 심지어 판단의 전체 연쇄도 하나의 낱말을 통해 표현할 수 있다. 그리고 물론 사고, 느낌 그리고 복잡한 추론의 연쇄를 나타내는 고유한 명칭의 의미는 외적 말로 번역될 수 없으며 그 낱말의 평범한 의미와 비견할 수 없다. 이러한 내적 말의 모든 의미론의 관용적 성격 때문에 내적 말은 당연히 이해 불가하며 평범한 언어로 번역하는 것이 어려운 것이다.[17]

7-5-27] 이로써 우리의 실험을 통해 관찰할 수 있었던 내적 말의 특성에 대한 탐색을 마칠 수 있다. 그럼에도 우리는 이 모든 것들이 자기중심적 말에 대한 우리의 실험적 탐구에서 처음부터 확립할 수 있었던 것들의 특정한 사례이고 그러나 이 사실들을 해석하기 위해 이들을 외적 말의 유사하고 비슷한 사실들과 비교한 것이라는 점을 지적해야 할 것이다. 이는 우리가 발견한 그 사실들을 일반화하고 정확히 해석하는 수단으로, 즉 내적 말의 복잡하고 미묘한 특징을 입말의 사례를 통해 설명하는 수단으로 중요할 뿐 아니라 무엇보다도 이러한 비교가 이미 (외적)[18] 말에서 이 모든 사례들을 형성할 수 있는 가능성을 발견할 수 있다는 것과 내적 말의 기원이 자기중심적 말과 외적 말에 있다는 우리의 가설을 확증하였기에 중요하다. 어떠한 상황에서는 이러한 모든 특징들이 외적 말에서도 나타날 수 있으며, 일반적으로 술어성, 말의 형상적 측면의 축소, 낱말의 의미에 대한 뜻의 우세, 그들의 의미론적 단위들의 교착, 낱말 뜻이 미치는 영향 그리고 말의 관용성으로의 경향이 외적 말에서도 발견되고 낱말의 성질과 규칙이 이들에 동의하여 이러한 가능성을 열어 준다

는 사실이 중요하다. 우리가 볼 때, 반복컨대, 이것은 내적 말의 기원이 어린이의 자기중심적 말과 사회적 말의 분화에 있다는 가설에 대한 최고의 지지를 제공한다.

7-5-28] 우리가 발견한 어린이의 내적 말의 이 모든 특징들은 우리가 주창한 근본적 논제, 즉 내적 말은 완전히 특별하고 독립적이며 자율적이고 고유한 말의 기능이라는 주장의 타당성에 대해 한 점의 의심도 남기지 않는다.

7-5-29] 우리 앞에 있는 것은 실상, 외적 말과 완전히 전적으로 구별되는 말이다. 이 때문에 내적 말이 사고와 낱말 사이의 역동적인 관계를 매개하는 말로 하는 생각의 특별한 내적 단면이라고 간주하는 것은 옳은 것이었다. 내적 말의 성질과 구조, 그 기능에 대한 이 모든 논의의 끝에서, 내적 말에서 외적 말로의 이동은 한 언어에서 다른 언어로의 직접 번역과는 견줄 수 없다는 데 의심의 여지가 없다. 또한 이는 소리 없는 말에 소리를 단순히 첨가하는 것도 아니며 내적 말의 단순한 음성화도 아니다. 이는 내적 말의 의미론적 구조와 음성학적 구조에 절대적으로 고유하고 특정한 통사론을 외적 말에 속하는 다른 구조로 재구조화하는 것이다. 내적 말이 외적 말에서 소리를 뺀 것이 아닌 것과 마찬가지로 외적 말은 내적 말에 소리를 더한 것이 아니다. 내적 말에서 외적 말로의 전이는 복잡하고 역동적인 변형이다. 그것은 술어적이고 관용적인 말을 통사적으로 명료하고 타인에게 이해 가능한 말로 변형시키는 것이다.

●

1) 이 절에서 비고츠키는 내적 말을 외적 말이 반만 진행된 **연장선** 위에 위치시킨다 - 다른 쪽 극단은 최대한으로 정교화된 글말이 차지하고 있다.

  I 비고츠키는 말이 **기능적으로** 다양하다는 관찰로부터 시작한다. 훔볼트는 (사회-의사소통적 기능이 미적 형태보다 우세한) 산문과 (그 반대인) 운문 사이의 거친 기능적 구분을 했을 뿐이다. 그러나 비고츠키는 이러한 기능적 차이로부터 상이한 어휘와 상이한 문법적 패턴이 나타난다고 주장한다. 즉, 새로운 말의 장르가 생겨나는 것이다. 입말은 글말과는 다른 풍미를 가지며, 입말이 글말과 유사해 지면 이는 문어 투로 놀림의 대상이 된다. 이는 말의 대화적 기능과 글의 더욱 독백적 기능을 통해 궁극적으로 설명이 가능해진다. [7-5-1~7-5-17]

    A) 이상하게도 비고츠키는 내적 말을 **대화**의 연장선의 극단에 위치시킨다(피아제에게 있어 자신을 향한 "자기중심적" 말 중 가장 흔한 형태는 "집단적 독백"이었다는 사실을 상기하자). 이는 언어는 엄청나게 여러 기능을 가진 한 낱말로부터 언어가 유래한다는 마르의 신념과 상통하고, "복합체적" 낱말에 대한 아이델버거와 다윈의 관찰과도 상통한다(5장 참조). 대화는 비언어적으로 공유된 지식이 언어를 통해 공유된 지식보다 우세함으로 특징지어진다. 이는 또한, 억양과 함축connotation이 "형식적 의미"와 명칭denotation에 우세함으로 특징지어진다. 예시로, 비고츠키는 (볼로시노프도 사용한) 6명의 술 취한 노동자들이 매우 다양한 억양을 활용하여 한 외설적인 낱말을 통해 상호작용하는 부분을 인용한다.

    B) 반대로 비고츠키는 **독백의** 연장선의 극단에 위치시킨다. 이는 글쓰기의 반성성, 의도성과 상통한다. 이러한 특징들은 말하기의 경우에는 그 속도성과 반응성에 묻혀 약해진다. 비고츠키가 말하기를, 독백은 억양이나 공유된 지각을 통해서가 아니라 명확한 단어나열을 통해 공유된 지식의 우세로 특징지어진다. 글쓰기는 대화에서 발견되는, 서술어만 있는 축약과 비정확성을 배제한다. 비고츠키는 내적 말의 구조에 대해 두 가지 결론을 도출한다. 한편으로 입말의 통사론은 파편화되고 모든 형상적 측면들 특히 발음은 고도로 약화된다. 다른 한편으로 의미론적 측면의 비정확성과 개인성 특별히, 정서적 경험과 연결된 낱말의 뜻과 가치는 둘 모두 고도로 향상된다.

  II 비고츠키에게 **뜻**-가치는 정서적 경험을 통해 심리적으로 확립된, 의미의 더욱 넓고 불안정한 영역이다. **의미**-가치는 관습적으로 상호작용을 통해 확립된 더욱 협소하고 정확한 영역이다. 내적 말에서 뜻-가치는 낱말의 관습적인 의미-가치를 지배한다. 비고츠키는 이로부터 흘러나오는 내적 말의 세 가지 측면을 기술한다. [7-5-18~7-5-26]

A) 낱말 가치의 **대체** 과정. 뜻-가치는 더욱 광범위하기 때문에 특정한 낱말로 부터 쉽게 분리될 수 있다. 예를 들어 "How are you?"라는 표현은 건강상태를 묻는 것일 수 있지만, 이것은 사업에 대해 묻는 것이 될 수도 있고 (한국에서는) 정서적 상태에 대한 질문이 될 수도 있다. 내적 말의 의미론에서 뜻-가치가 쉽게 대체되는 가능성은 극단의 정도까지 발달한다.

B) 낱말 가치의 **응축**, 조합, 혼합의 과정. 비고츠키는 이에 대한 예시를, (한국어와 델라웨어 인디언의 경우와 같이) 상당히 복잡한 문장이 하나의 낱말로 이루어지는, 또한 (한국어와 독일어에서와 같이) 형태론적으로 매우 복잡하고 여러 다양한 의미들이 서로 응축되어 단일한 낱말이 구성되는 교착어를 통해 제시한다. 이런 종류의 교착은 어린이의 스스로를 향한 자기중심적 말에서 관찰할 수 있다. 비고츠키는 이것을 뜻의 영향(즉, 유입)이라고 부르고 이를 독자가 책을 읽음에 따라 (『안나 카레니나』, 『죽은 영혼들』과 같은) 책의 제목이 정서적 체험을 쌓아 나가는 방식과 연관 짓는다. 다시 한 번, 내적 말의 의미론에서 이 뜻의 영향은 극단의 정도까지 발달된다.

C) 낱말 가치의 **개인화**, 특이화, 관용화 과정. 비고츠키는 이를 거리 어린이들의 통용어 형성에 비견한다. 관용어들이 비 관용적 표현을 통해 그들의 모든 뉘앙스를 쉽게 나타낼 수 없듯이 내적 말의 낱말-가치들은 외적 말로 완전히 번역될 수 없다. 그러한 뜻에서 내적 말의 의미는 비-잉여적이다. 그에 상응하는 외적 말 표현으로 이를 충만히 표현할 수 없다.

Ⅲ 비고츠키는 이 모든 형상적, 의미론적 특징들(통사적 파편화, 형상적 자질의 축약, 의미에 대 한 뜻의 우세, 관용화)이 외적 말에서도 관찰될 수 있다는 중요한 **방법론적** 논점을 부각시킨다. 내적 말에서 그들의 발달은 따라서 기능적으로 유사하되 관찰 가능한 말 장르에서 **또한** 관찰되는 경향성으로부터 외삽될 수 있다. 그러나 이것이 내적 말에서 극단으로까지 발달된다는 것은 내적 말이 다른 어떤 형태의 외적 말과도 질적으로 다른 단면이라는 것을 의미한다. 내적 말은, 입말의 낱말에 사고를 직접적으로 덧입힌 것이 아닌 만큼이나, 외적 말에서 발성을 뺀 것이 아니다. [7-5-27~7-5-29]

2) 폴리바노프(1891~1938). 소련의 언어학자. 음성과 음운을 연구함.

3) 메카치는 톰슨이 Godfrey H. Thomson(1881~1955)을 지칭한다고 본다. G. 톰슨은 「Is thinking merely the action of language mechanisms?」(in the British Journal of Psychology, XI, 1920-21)을 기술한 영국 심리학자이다.

4) 그리보예도프(Грибоедов, 1795~1829)는 비고츠키가 본 저서와 본인의 박사학위 논문

인 「The Psychology of Art」에서도 여러 번 인용한 『Woe from Wit』의 작가이다.

5) 타드(Jean-Gabriel de Tarde, 1843~1904)는 프랑스 철학자이자 초기 사회학자이다. 그의 사상은 뒤르켕으로 전수되었으나, 최근 데리다의 "차이Différance"의 관념과 관련하여 포스트모던 사상의 선각자로 새롭게 조명되고 있다.

6) 비고츠키가 내적 말에 대한 데이터의 원천으로 내관 실험(introspective experiment: 뷔르츠부르크 학파나 티치너, 프로이트 학파의 '자유 연상법'을 사용한 방법)이나 크게 생각하기를 통해 취득된 전사자료(think aloud protocol; 최근의 언어학자들이 많이 사용한다)가 아니라 문학작품을 사용하고 있음을 주목하자. 이는 실제 데이터가 아니라는 비판을 받을 여지가 있다. 그러나 여기에는 두 가지 큰 장점이 있다. 첫째, 이는 비고츠키의 역사적 방법과 같은 맥락에 있다. 문학작품 특히 소설은 행동, 말 그리고 생각의 단면을 구분하고자 하는 역사적·문화적 시도를 나타낸다. 둘째, 이는 의식과 사회적 말은 낱말 속에서 함께 발달한다는 그의 믿음과 일맥상통한다. 문학작품은 사고 과정을 나타내기 위한 낱말의 사용을 보여 준다.

7) 동일한 예시가 볼로시노프의 『Marxism and the Philosophy of Language』, 103-104쪽에서 사용되고 있다. 물론 이 사례는 다른 저자들도 널리 사용한 것이다. 1982년 판은 비고츠키가 이 사례를 A. G. Gornfeld의 『The torment of words』에서 재인용했다고 밝히고 있다. 이는 자쿠빈스키의 논문 「On dialogic discourse」에서도 발견된다.

8) "스위스의 산들은 아름답다."

9) 톨스토이와 르메트르의 사례를 지칭한다.

10) 여기서 비고츠키가 형상적 측면이라고 표현한 것에 대한 이해를 얻을 수 있다. 형상적 측면은 단순히 언어의 음성적 측면뿐 아니라 언어를 선형적으로 구성하는 측면들을 모두 포함하는 개념이다.

11) 낱말과 뜻이 분리되기 쉬운 것은, 맥락이 변함에 따라 낱말의 뜻이 쉽게 바뀌기 때문이다. "남자 화장실"과 "남자는 일생에 세 번 운다"라는 말에 공통적인 '남자'의 뜻은 전혀 다르다. 이러한 맥락의 변화에 따라 '남자'라는 말은 다른 개념을 나타내는 낱말(사나이)로 대체가 가능해진다. 뜻은 사용을 통해 현실화된 낱말의 잠재성이다. 반면, 낱말의 의미는 구체적인 맥락에서 사용되는 경우가 아닐지라도 다른 개념과의 관계를 맺고 있는 것으로, 객관적 지칭 대상이 없다 하더라도 항상 무언가를 의미하고 있다(거짓말, 관용어구). 거짓말은, 거짓말 자체로서 화자의 의도를 뜻하며, 관용어구("식사하셨습니까?")는 구체적인 상황에 사용되지 않아도 추상적인 개념(안부 묻기)을 의미한다. 따라서 뜻은 낱말로부터 쉽게 분리되어 맥락 쪽으로 가까워지려 하고, 의미는 맥락과 쉽게 떨어져 낱말과 잘 어울린다.

12) "춤추어라"라는 표현을 예로 생각해 보자. 음성언어를 통한 발화와 이해의 과정에서

'춤'이라는 말을 듣는 순간 우리가 먼저 떠올리는 것은 '손과 발을 리듬에 맞추어 움직이는 것'이라는, 춤의 '사전적 의미'일 것이다. 비고츠키는 내적 말의 경우 이것이 정반대의 과정을 밟는다고 기술한다. 우리는 분화되지 않은 전체로서의 구체적 맥락으로부터 시작하여, 이것을 표현하기 위해 전체를 낱말의 의미로 세분화한다. 이에 따라 '춤추어라'라고 표현된 낱말은 그것이 표현되기까지 거쳐 온 과정에서 다양한 뜻을 흡수하였기 때문에 그러한 뜻을 동시에 표현하게 되는 것이다.

13) 내적 말에서 뜻이 의미에 우세한 것과 유관한 두 가지 외적 말의 현상을 제시하고 있다. 하나는 계통발생적(사회발생적) 차원에서, 단순한 낱말들이 서로 융합하여 복잡한 하나의 개념을 나타내는 단일 낱말을 형성하는 것이다. 다른 하나는 개체발생적 차원에서, 어린이들이 자기중심적 말을 할 때 낱말들을 교착시키는 현상(wanna, gonna)이다. 보다시피, 본문에서는 이러한 구분이 눈에 잘 띄지 않는다.

14) 이 문단에서는 다음의 세 가지가 언급되고 있다.

A) 교착은 델라웨어 인디언의 언어에서와 같이 주요한 자질을 차지하여 전체 문장을 구성하는 원리가 되는 경우도 있고 독일어와 같이 주로 명사구를 형성하는 원리로 활용될 때도 있다.

B) 교착을 통해 형성된 복잡한 말은, 가장 유의미한 형태소나 구성요소가 강세를 받음으로써 이해를 돕는다.

C) ① 교착을 통해 형성된 말에서 핵심적인 역할을 하지 않는 부분은 축약된다.

② 교착, 강세, 축약의 과정을 거쳐 만들어진 이 말은, 통사상 하나의 독립적인 낱말로 사용된다.

15) 영향은 influence, 즉 액체fluid의 유입in으로부터 유래된 말이다. 따라서 그 문자적 의미에서 inflow, 즉 유입을 뜻한다고 기술한 것이다.

16) 관용적 표현은 사용하는 사람들 사이에서 특별한 의미를 획득한 표현이다. 따라서 의미 형성 과정을 이해하지 못하는 외부인들에게 그 뜻은 이해하기 어렵다. 또 한편, 관용 표현의 특징은 분석할 수 없다는 것이다. 관용 표현은 그 자체로서 고유한 의미를 나타내며 부분의 합을 통해 전체 의미를 추론할 수 없다.

17) 자기 자신을 향한 말의 '적절성'은 그 예의 바름, 또는 사회적 적절성이 아니라 그 '기능성', 바로 '자기 규제'이다. 더 이상 낱말이 아닌 낱말의 의미는 의미가 될 수 없다. 내적 말에서 뜻이 지배적인 우세성을 가진다. 내적 말에서 문장 구조가 녹아 사라지고 순수한 술어성이 남기 때문에 뜻 역시 응축, 압축되어 타인에게는 이해 불가하게 된다.

18) 메카치는 1982년 판에서 '외적'이라는 말은 '내적'으로 대체되었다. 본래는 사용된 '외적'이라는 표현이 정확하다고 지적한다.

7-6¹⁾

7-6-1] 우리는 이제 우리의 분석의 출발점이 돼 주었던 내적 말의 정의와, 내적 말과 외적 말의 대비로 되돌아갈 수 있다. 우리는 내적 말은 외적 말과 정반대의 것으로 간주될 수 있는 특정한 기능이라고 말한 바 있다. 우리는 내적 말이 외적 말에 선행한다는 견해, 그것이 외적 말의 내적 측면이라는 견해에 대해 동의하지 않음을 보였다. 외적 말이 생각을 말로 변형하는 과정, 즉 사고의 물질화 및 대상화를 포함하는 과정이라면 우리는 여기서 그 반대의 과정 즉 밖에서 안으로 움직이는 과정, 다시 말해 생각 속에서 말이 증발화되는 과정을 관찰하게 된다. 그러나 말은 사라지지 않는다. 그 내적 형태에서도 말은 사라지지 않는다. 사실 의식은 증발하지 않으며 용해되어 순수한 정신이 되지도 않는다. 내적 말은 여전히 말이다. 즉, 낱말과 연결되어 있는 생각인 것이다. 그러나 외적 말에서 생각이 말로 육신을 부여받는다면 내적 말에서 낱말은 소멸하면서 사고를 탄생시킨다. 내적 말은 어느 정도까지는 순수한 의미를 표현하는 사고와 관련이 있지만 시인이 말하듯 "우리는 금방 천국에 질리게 된다." 내적 말은 더욱 안정적이고 명확히 형성된, 말로 하는 생각의 두 극단, 즉 우리가 연구하고 있는 낱말과 사고 사이를 오가는 역동적이고 불안정한 요소를 포함한다. 결과적으로 그 진정한 역할과 중요성은 우리가 한 걸음 더 안쪽으로 분석적인 발걸음을 내디뎌서 매우 일반적이나마 말로 하는 생각의 안정적인 다음 단면에 대한 관념을 형성해야만 명확해질 수 있다.

7-6-2] 말로 하는 생각의 이 새로운 단면은 사고 그 자체이다. 우리 분석은 이 단면을 구분하고 그것이 항상 발견되는 통일체로부터 구별 짓는 것을 그 첫 번째 과업으로 삼았다. 우리는 모든 사고가 어떤 것을 다른 어떤 것과 통합하려는 경향이 있으며 이동, 경로, 전개를 가지며 한 대상과 다른 대상 사이의 관계를 확립하여, 한마디로 사고는 어떤 기능을 수행하며 문제를 해결한다고 이미 말한 바 있다. 생각의 이러한 경로와 이동은 언어의 전개와 정확히 일치하지 않는다. 사고와 말의 기본 단위는 일치하지 않는다. 이 두 과정은 통일성을 보이지만 동일성을 갖지는 않는다. 그들은 복잡한 이행과 변형에 의해 서로 연결되어 있으나 두 직선이 포개어지듯이 서로에게 겹쳐질 수는 없다. 이는 사고의 작업이 막다른 골목에 다다른 경우, 도스토예프스키의 말을 인용하면, 사고가 낱말로 건너가지 않은 경우에 가장 잘 나타남을 쉽게 확인할 수 있다. 이를 명료히 하기 위해 다시 한 번 문학작품으로부터 예시를 들어 보자. 글렙 우스펜스키Успенский[2]의 작품에서 주인공은 한 불운한 방랑자가 자신을 사로잡고 있는 심오한 생각을 표현할 능력이 없음에 고통받으면서 신이 자신에게 개념을 내려 주시길 성자들에게 기도하는, 말할 수 없는 비애감을 자아내는 장면을 목격한다. 그러나 이 불쌍하고 낙심한 이가 겪는 것은 시인이나 사상가들이 알맞은 말을 찾기 위해 겪는 고통과 본질적으로 차이가 없다. 그는 거의 같은 말을 한다. "나의 친구여, 나는 자네에게 모든 것을 말해 주고 하나도 숨기고 싶지 않다네. 하지만 내게는 언어가 없다네. 자네에게 하고 싶은 말이 있고 이는 내 생각 속에 압축되어 있는 듯하지만 입 밖으로 나오지 못한다네. 이것이 우리의 우둔한 운명일세." 때때로 밝은 빛의 순간이 그림자를 몰아낼 때면 생각은 이 딱한 사람과 시인에게 밝혀져서 어느 순간에든 "미스터리는 우리에게 친숙한 얼굴로 다가오는 것"으로 보인다. 그는 스스로에게 설명하고자 시도한다. "만일, 예를 들어, 내가 흙으로 돌아간다면—내가 흙으로부터 났으니까, 흙으로부터. 예를 들어, 내가 흙으로 돌아간다면 나에게 그 땅에 대한 대가를 치르게 할 수 있겠는가?"

"아하!" 우리는 기쁨에 차서 말하였다.

"잠깐, 나는 아직 아무것도 말하지 않았네. 여러분, 여기를 보게. 우리에게 필요한 것은……."

방랑자는 몸을 일으켜 방 한가운데로 걸어가서는 다시 한 번 손가락을 굽힐 준비를 한다.

"중요한 것을 아직 말하지 않았네. 이것이 우리가 말해야 할 것이네. 예를 들면, 어째서……."

그러나 그는 여기서 멈추고는 활달한 어조로 묻는다.

"누가 그대들에게 영혼을 주었는가?"

"하느님이네."

"그렇지. 좋아. 자, 이쪽을 보면……."

우리는 볼 준비를 하였지만 다시 한 번 방랑자는 갑자기 멈추어서는 모든 힘을 잃은 채 손으로 허벅지를 두드리며 거의 절망에 찬 상태로 울부짖었다.

"아. 아니야. 아무것도 할 수가 없네! 내가 말하려던 건 이게 아니야! 오, 신이여. 하지만 난 당신들에게 말할 것이 있네. 여기서 우리는 말을 해야만 해! 이건 영혼과 관계된 일인데…… 말할 것이 너무 많아. 아냐! 아냐!"

7-6-3] 우리는 여기서 사고와 말을 나누는 경계, 화자가 건널 수 없는 루비콘 강을 확실히 보게 된다. 생각이 그 구조와 경로에 있어 말과 완전히 일치한다면 우스펜스키가 서술하는 이와 같은 상황은 불가능할 것이다. 그러나 사실 생각은 스스로에 특별한 구조와 경로를 가지고 있어서 이로부터 언어의 구조와 경로로 넘어가기는 대단히 어렵다. 이는 단지 위 장면의 주인공만이 겪는 어려움이 아니다. 낱말 뒤에 숨어 있는 사고의 문제는 아마도 심리학자들보다 훨씬 이전에 극작가들이 당면한 것으로 보인다. 특히 스타니슬라브스키 Станиславский[3]의 체계에서 우리는 드라마의 대본 표현 뒤에 숨겨진 생각과 욕망을 드러내기 위해 모든 응답의 저의底意를 재구성하려는 시도를 발견한다. 새로운 예를 들어 보자. 소피아와의 대화 도중 챗스키는 다음과 같이 말

한다. "믿는 자들은 복 받은 이들이오. 마음이 편할 테니 말이오."

7-6-4] 스타니슬라브스키는 이 구문에 숨어 있는 저의를 다음과 같이 해석한다. "이 대화를 멈춥시다." 그러나 우리가 이 구문을 다음과 같은 다른 생각을 나타낸다고 해석해도 위와 똑같은 타당성을 가질 수 있다. "나는 당신을 믿지 않소. 당신은 나를 진정시키려 위로하는 말을 하는군요." 또는 다른 생각을 표현하는 것일 수도 있다. "당신이 나를 얼마나 괴롭게 했는지 모르겠소? 나도 당신을 믿고 싶소. 내게는 그것이 행복이 되겠지요." 살아 있는 인물이 발화한 살아 있는 구문은 언제나 그 저의를 가지고 있다. 그 뒤에는 언제나 숨겨진 생각이 존재한다. 앞에서 심리적 주어와 술어가 문법적 주어와 술어와 일치하지 않음을 보이는 예시를 제시하고자 했을 때 우리는 이 결론에 도달하기 전에 분석을 멈추었다. 하나의 구문이 다양한 생각들을 표현할 수 있는 것과 같이 하나의 생각은 다양한 구문으로 표현될 수 있다. 명제의 심리적, 문법적 구조가 서로 상응하지 않는 것은 또한 이러한 명제에 표현된 생각에 의해 처음부터 결정된다. "왜 탁상시계가 멈추었는가"라는 질문에 "시계가 떨어졌다"고 대답함으로써 우리는 "시계가 고장 난 것은 내 잘못이 아니다. 시계가 떨어진 것이다"라는 생각을 표현할 수 있다. 그러나 이 생각은 다른 말로도 표현될 수 있다. "나는 다른 사람 물건 만지기를 좋아하지 않는다. 나는 다만 이곳 먼지를 털고 있었을 뿐이다." 숨겨진 생각이 자기정당화에 대한 것이라면 이는 위의 구문 중 어떤 것으로도 표현될 수 있다. 이 경우, 다른 의미를 가지는 구문들은 동일한 생각을 나타낼 수 있다.

7-6-5] 이는 우리를 사고가 언어적 표현과 즉각 일치하지 않는다는 결론으로 이끈다. 사고는 말과 같이 개별의 낱말로 이루어지지 않는다. 내가 오늘 거리에서 파란 셔츠를 입은 맨발의 소년이 달려가는 것을 보았다는 생각을 전달하고자 한다면 나는 소년, 셔츠, 셔츠가 파랬다는 사실, 소년이 달렸다는 사실, 그리고 소년이 신을 신고 있지 않았다는 사실을 개별적으로 보지 않는다. 나는 이 모든 것을 통일된 사고의 행위 속에 모두 함께 보지만 말을 할 때

는 그것을 개별의 낱말들로 나누어야 한다. 생각은 언제나 개별 낱말보다 범위와 크기에서 훨씬 큰 전체를 나타낸다. 연설자는 흔히 하나의 생각을 수 분간에 걸쳐서 전개한다. 이 생각은 화자의 마음속에 하나의 전체로서 형성되며, 말이 전개되는 방식과 같이 개별의 단위를 통해 점진적으로 생겨나지 않는다. 사고 안에 동시에 포함되어 있는 것이 말에서는 순서적으로 펼쳐진다. 사고는 모여드는 구름에 비유될 수 있다. 이 구름은 낱말의 빗방울을 세차게 쏟아낸다. 따라서 사고에서 말로의 전이는 사고를 나누어 그것을 낱말로 재구성하는, 대단히 복잡한 과정이다. 사고가 낱말과 일치하지 않을 뿐 아니라 심지어 그것을 표현하는 낱말의 의미와도 일치하지 않기 때문에 사고로부터 낱말로 가는 길은 반드시 의미를 거쳐야 한다. 우리의 대화 속에는 언제나 배경이 되는 생각, 숨겨진 저의가 있다. 사고에서 말로의 직접적 전이는 불가능하여 언제나 복잡한 길의 건설이 요구되기 때문에 사람들은 말의 불완전성에 대한 불평하며, 사고의 표현 불가성에 대해 개탄스러워한다.

어찌 마음이 스스로를 표현할 수 있겠는가?
어찌 타인이 이해할 수 있겠는가

또는 심지어,

낱말 없이 가능하다면
영혼으로 말하는 것이![4]

7-6-6] 이를 극복하기 위해 낱말들을 융합하려는 시도, 즉 새로운 단어 의미를 통해 사고로부터 말로 통하는 새로운 길을 만들려는 시도가 생겨난다. 클레브니코프Хлебников[5]는 이러한 작업을 한 계곡에서 다른 계곡으로 가는 도로의 건설에 비교하였다. 그는 이것을 모스크바에서 뉴욕을 거쳐 키예프로

가는 길이 아니라 모스크바–키예프 간 직선도로와 같다고 말한다. 그는 스스로를 언어의 도시 공학자라고 일컬었다.

7-6-7] 우리가 앞에서 말 한 바와 같이, 실험들은 사고는 말로 표현되는 것이 아니라 말 속에서 성취된다는 것을 보여 준다. 그러나 우스펜스키의 등장인물에게와 같이 때때로 생각은 낱말에서 성취되지 않은 채 남아 있다. 우스펜스키의 주인공은 자신이 무엇을 생각하고 싶었는지 알고 있었는가? 우리가 기억에 성공하지 못하더라도 무엇을 기억하고자 하는지는 알고 있는 것과 마찬가지로 그 역시 알고 있었다. 그러나 그는 그것을 하나의 과정으로 생각해 내는 데 성공했는가? 이 질문에 대해서도 우리는 부정적 대답을 해야 한다. 사고는 기호를 통해 외적으로 매개될 뿐 아니라 의미에 의해 내적으로 매개된다. 의식들 사이의 직접적인 접촉은 물리적뿐 아니라 심리적으로도 불가능하다는 사실에 모든 것이 종속된다. 의식의 의사소통은 오직 간접적으로, 매개된 통로를 통해서만 이루어질 수 있다. 이 경로는 먼저 의미에 의해, 그런 후 낱말에 의해 매개되는 사고의 내적 매개로 이루어져 있다. 따라서 사고는 결코 낱말의 직접적 의미와 등가물이 아니다. 의미는 사고가 언어적 표현으로 나아가는 경로를 매개한다. 즉, 사고로부터 말로 가는 경로는 간접적이고 내적으로 매개된 것이다.

7-6-8] 이제 말로 하는 생각의 내적 단면에 대한 분석에 있어 마지막 발걸음을 내디뎌야 한다. 생각은 아직 이 전체 과정에서 궁극적인 계기가 아니다. 사고 자체는 다른 사고로부터 나오는 것이 아니라 우리의 충동과 동기, 정서와 감정을 포함하는 의식의 동기적인 영역으로부터 나오기 때문이다. 사고의 뒤에는 감정적, 의지적 경향이 있다. 오직 여기에서만 우리는 사고의 분석에 있어 궁극적인 "왜?"의 질문에 대한 답을 발견한다. 위에서 우리는 사고를 낱말의 빗방울을 세차게 뿌리는 떠 있는 구름에 비유한 바 있으므로 이 시각적 비유를 따르면 우리는 사고의 동기를, 구름을 움직이게 하는 바람에 비유해야 한다. 다른 이의 생각에 대한 진정하고 완전한 이해는 그 진실한 감정적–의지

적 토대를 발견할 때에만 가능해진다. 사고의 출현을 이끌고 그 흐름을 조절하는 동기의 발견은 우리가 앞에서 사용한 예시, 즉 극중 역할에 대한 해석을 통해 저의를 밝혀내는 예시를 통해 설명될 수 있다. 스타니슬라브스키는 각 등장인물의 대사 뒤에는 의지적 과업의 실현을 지향하는 욕구가 있다고 한다. 우리가 극적 해석의 방법을 통해서 재구성해야 하는 것이, 생생한 말에서는 언제나 모든 말로 하는 생각이 작용하는 출발점이다. 각 발화의 뒤에는 의지적 과업이 놓여 있다. 이 때문에 스타니슬라브스키는 대본 옆에 각 등장인물의 사고와 말을 작용시킨 각 대사에 상응하는 욕망을 추가로 넣은 것이다. 챗스키의 대사에 대한 스타니슬라브스키의 해석을 보여 주는 텍스트와 그 저의를 보도록 하자.

작품의 대본	상응하는 희망에 대한 주해
소피아: 오. 챗스키 당신을 만나서 기쁘군요.	당황스러움을 숨기고자 한다.
챗스키: 기쁘다니 다행이구려. 하지만 그런 식으로 기뻐하는 것이 진정일 수 있겠소? 결국 내 마부와 말만 추위에 떨게 하고, 기쁜 이는 나뿐인 것 같소.	조롱을 통해 그녀의 양심에 호소하려 한다. 창피하지 않은가? 그는 그녀로부터 솔직함을 끌어내려 한다.
리사: 오, 나으리께서 오 분 전에만 저 문 뒤에 서 계셨더라면…… 사실 우리는 당신에 대해 이야기하고 있었답니다. 마님, 말씀드리세요.	곤란한 상황의 소피아를 도와주고자 한다. 챗스키를 설득하려 한다.
소피아: 지금뿐 아니라 항상 그랬었지. 당신은 나를 비난할 수 없어요!	나는 잘못이 없어요!
챗스키: 그렇다고 칩시다. 믿는 자는 복 받은 자요. 심장이 따뜻할 터이니.	대화를 그만둡시다, 등.

7-6-9] 다른 이들의 말을 이해할 때, 화자의 생각은 모른 채 단순히 낱말을 이해하는 것만으로는 언제나 부족하다. 우리는 화자의 생각 또한 이해해야

한다. 그러나 화자의 동기, 또는 그들이 자신들의 생각을 표현하도록 만든 이유를 이해하지 못한 채, 화자의 생각 자체에 대해 이해하는 것 또한 불완전하다. 바로 이러한 의미에서 모든 주어진 발화에 대한 심리학적 분석은 말로 하는 생각의 마지막, 가장 비밀스럽고 내적인 단면, 즉 그 동기를 발견해야만 그 마지막에 도달하게 되는 것이다.

7-6-10] 이와 함께 우리의 분석은 끝이 났다. 이제 우리가 성취한 결과에 대해 잠시 생각해 보자. 말로 하는 생각은 복잡하고 역동적인 전체로서, 그 속에서 사고와 낱말의 관계는 일련의 전체 내적 수준을 가로질러 한 단면에서 다른 단면으로 이동하는 것으로 나타났다. 우리는 분석을 가장 바깥쪽의 단면으로부터 내적인 단면으로 실시하였다. 말로 하는 생각이 나타나는 생생한 드라마에서 이동은 그 역방향의 경로를 취한다. 그것은 사고를 낳는 동기로부터 사고 자체의 형성으로, 내적 말을 통한 매개로, 그런 후 외적 말의 의미로 그리고 마침내 낱말 그 자체로 움직인다. 그러나 사고로부터 낱말로 가는 길이 오직 하나라고 생각한다면 잘못일 것이다. 반대로, 순방향-역방향의 이동들, 한 수준에서 다른 수준으로의 순방향-역방향의 경로들과 같이, 이 질문에 대해 우리가 현재 아는 지식으로는 가늠할 수도 없는 다양한 방법들이 가능하다. 일반적으로 말해, 우리는 또한 동기에서 사고를 통해 내적 말로 이동하고, 내적 말에서 사고로 이동하며 또는 내적 말에서 외적 말로 이동하는 이와 같은 복잡한 경로에서 어떤 지점에서라도 이 이동이 단절될 수 있다는 것을 이미 알고 있다. 그러나 우리의 과업은 사고로부터 말로의 궤도를 따라 실제로 실현되는 이 모든 다양한 움직임들을 연구하는 것이 아니라 오직 사고에서 낱말로 가는 기본 경로와 관련이 있었다. 우리는 오직 하나의 기본적이고 주된 것에만 관심을 가지고 있었다. 이는 사고와 말 사이의 관계를 역동적 관계로, 사고에서 말로의 경로로, 사고가 말로서 실현되고 실체화되는 것으로 드러내는 것이었다.

7-6-11] 우리는 이 연구에서 다소 비관습적인 경로를 따랐다. 우리가 생각

과 말의 문제에서 연구하고자 한 것은 즉각적 관찰로는 알 수 없는 내적 측면이었다. 우리는 단어 의미를 분석하고자 시도하였다. 이는 이미 심리학자들에게 있어서는 달의 이면과 같이 알려져 있지 않고 탐사되지 않은 현상이었다. 바깥쪽이 아닌 안쪽, 즉 개인을 향하는 말의 의미론과 전체 내적 측면이야말로 최근까지 심리학에 있어서 간과되고 탐사되지 않은 영역이었다. 심리학은 주로 우리를 향하는 말의 측면, 즉 말의 형상적 측면을 연구해 왔다. 그 결과 사고와 낱말의 관계는, 그에 대한 대단히 많은 연구들이 있음에도 과정들 사이의 내적, 역동적 그리고 이동적 관계가 아니라 언제나 사물들 사이의 지속적, 영속적 관계로 이해되어 왔다. 따라서 우리 연구의 기본적 결론은, 이전에는 영속적이고 통일적으로 연결되어 있다고 생각되었던 이러한 과정들이 사실은 변화하고 역동적인 방식으로 연결되어 있다는 명제로 잘 표현될 수 있을 것이다. 단순한 구성으로 간주되었던 것이 연구 결과 복잡한 구조인 것으로 드러났다. 말의 외적 측면과 의미론적 측면, 즉 낱말과 생각을 구분하려는 우리의 시도는, 현실에서 말로 하는 생각으로 나타나는 통합체가 더더욱 복잡한 형태를 띠며 더더욱 정교하게 연결되는 경향을 가진다는 결론만을 낳았다. 이 통합체의 복잡한 구조와 복잡한 이동 과정 그리고 말로 하는 생각의 개별 단면들 사이의 변화무쌍한 이주는, 우리의 연구가 보여 주듯이 오직 발달에서만 나타난다. 소리로부터 의미의 분리, 사물로부터 낱말의 분리, 그리고 낱말로부터 사고의 분리는 개념 발달의 역사에 있어 모두 필요한 단계들이다.

7-6-12] 말로 하는 생각의 복잡한 구조와 역동성에 대한 완벽한 설명을 제시하는 것이 우리의 의도는 결코 아니었다. 우리는 단지 이 역동적 구조의 장대한 복잡성에 대한 기초적 관념을 보이고 실험적으로 획득되고 발전된 사실에 근거하여, 이 관념과 나란히, 이론적인 분석과 일반화를 제시하고자 했을 뿐이다. 이 시점에서 유일하게 남아 있는 과정은, 우리의 연구에서 나타난 사고와 말 사이의 관계에 대한 일반적 이해를 요약하는 것이다.

7-6-13] 연합 심리학은 사고와 말의 관계를 두 현상 사이의 반복적 연결을 통해 형성되는 외적인 관계로 그렸다. 원칙적으로 이 관계는 한 쌍의 무의미 낱말을 무의미 반복학습을 하는 중에 나타나는 현상과 완전히 유사하다. 구조심리학자들은 이것을 사고와 말 사이의 구조적 연결에 토대를 둔 표상을 대체하였으나 그들 역시 이 연결의 비특정성이라는 공리를 상수로 남겨 둔 채, 예컨대 침팬지를 대상으로 한 실험의 막대기와 바나나와 같은 두 대상 사이의 구조적 연결과 동일 선상에 두었다. 이 문제를 해결하고자 했던 다른 이론들은 두 개의 반대되는 입장을 둘러싸고 양극화된 채 남아 있다. 한쪽 극단은 생각과 말에 대해 온전히 행동주의적인 이해를 형성하여 사고는 말에서 소리를 뺀 것이라는 공식으로 표현된다. 다른 한쪽은 뷔르츠부르크 학파와 베르그송에 의해 발달된 극단적인 관념주의로 사고는 말로부터 완전히 독립적이고 말이 사고를 왜곡시킨다는 입장을 나타낸다. "발화된 생각은 거짓말"이라는 쮜체프의 말은 이러한 견해의 핵심을 표현한다. 이로부터 심리학자들이 의식을 그 실제 토대로부터 분리하여, 베르그송의 말을 빌리자면, 우리의 개념을 그 자연 상태, 즉 공간의 지배로부터 벗어나 의식이 개념을 수용하는 형태로 받아들이기 위해 언어의 얼개를 뜯어내 버리는 경향을 가지게 되었다. 이 모든 연구들은 생각과 말에 대한 거의 모든 이론들에 내재하는 공통점을 나타낸다. 그것은 역사성에 대한 깊고 근본적인 결핍이다. 이 모든 이론들은 순수한 자연주의와 순수한 정신주의 사이의 양극단 사이를 오간다. 이들은 모두 동일하게 생각과 말의 역사 밖에서 생각과 말을 연구한다.

7-6-14] 그러나 오직 역사적 심리학만이, 내적 말에 대한 역사적 이론만이 이와 같이 복잡하고 장대한 문제에 대한 바른 이해로 인도한다. 이것이 우리의 연구에서 따르고자 한 길이다. 우리 연구의 기본적인 발견은 단지 몇 마디로 표현될 수 있다. 우리는 사고가 낱말에 대해 가지는 관계는 낱말에서 사고가 탄생하는 생생한 과정임을 보았다. 시인이 말했듯 사고를 빼앗긴 낱말은 결국 죽은 것이다.

버려진 벌집의 벌들과 같이

죽은 말에서는 악취가 풍기네[6]

7-6-15] 그러나 또한 말의 육신을 입지 않은 생각 역시 다른 시인이 말한 바와 같이 죽음의 강의 그늘과 안개, 깊게 벌어져 울리는 심연 속에 남아 있다. 헤겔은 낱말을 사고에 의해 생기가 불어넣어진 존재로 본다. 이 존재는 우리의 사고를 위해 절대적으로 필요하다.

7-6-16] 사고와 말의 연결은 본래부터 단박에 주어지지 않는다. 이 연결은 발달 자체의 경로 속에서 나타나며 그 자체 역시 발달한다. "태초에 말씀이 계셨느니라." 괴테는 이 성경구절에 대해 파우스트를 통해 대답하였다. "태초에 행동이 있었느니라." 이를 통해 괴테는 말을 평가 절하하려 하였다. 그러나 구츠만Gutzmann[7]은 말 자체가 과잉 평가되어서는 안 된다는 괴테의 말에 동의할 수 있으며 성경구절을 "태초에 행동이 있었느니라"고 변형하는 데에도 찬성할 수 있지만, 그럼에도 우리가 발달의 역사를 고려한다면 우리는 이 구절을 "**태초에** 행동이 있었느니라"라고 다른 부분에 강조를 두고 읽을 수 있다고 지적하였다. 구츠만은 이를 통해 인간의 발달에 있어 말은 행동의 최고 표현보다 더 높은 단계에 있다는 것을 말하고자 한 것이다. 확실히 이것은 옳다. 말은 태초에 존재하지 않았다. 태초에는 물질이 있었다. 말은 발달의 시작이 아니라 끝을 형성한다고 말하는 편이 더 옳다. 말은 대업의 대미를 장식하는 "끝"이다.

7-6-17] 결론을 지으며 우리는 현 연구가 열어 놓은 전망에 대해 몇 마디하지 않을 수 없다. 우리의 연구는 사고에 대한 문제보다 훨씬 광범위하고 심오하며 훨씬 장대한 문제, 즉 의식에 대한 문제의 첫 단계로 우리를 인도하였다. 우리는, 앞에서 말한 바와 같이, 실험적 심리학에 있어 달의 이면과 같이 미지의 땅으로 남아 있었던 낱말의 측면을 언제나 염두에 두고 있었다. 우리는 낱말이 대상에 대해 가지는 관계, 즉 현실에 대해 가지는 관계를 조사하려 애

썼다. 우리는 감각에서 사고로의 변증법적 전이를 연구하고 현실은 감각에 반영되는 것과는 다르게 사고에 반영되며, 낱말의 근본적인 변별적 특징은 현실을 일반화하여 반영한다는 데 있다는 것을 보이려 하였다. 그러나 그렇게 함으로써, 우리는 사고 자체의 경계를 넘어서며 낱말과 의식의 문제라는 더욱 일반적인 문제의 핵심에서만 연구가 가능한, 낱말의 성질 측면에 손을 대었다. 감각적 의식과 사고의 의식이 현실을 반영하는 상이한 방법을 제공한다면 그들은 다른 유형의 의식이다. 따라서 생각과 말은 인간 의식의 본질을 이해하는 열쇠를 쥐고 있다. 만약에 "언어가 의식 자체만큼이나 오래되었다"면, 만약에 "언어가 다른 사람을 향해 존재하고 그에 따라 나를 향해서도 존재하는 실천적 의식"이라면, "물질의 저주, 동요된 공기층의 저주가 순수한 의식을 짓누르는"[8] 것이라면, 그러면 단지 사고뿐만이 아니라, 전체로서 의식 발달이 낱말의 발달과 연결되어 있음이 명백하다. 사실에 근거한 조사들은 낱말이 단지 의식의 개별 기능들에서가 아니라 의식 전체에 중요한 역할을 한다는 것을 일관성 있게 보여 준다. 포이어바흐가 말했듯이 진실로, 낱말은, 한 사람에게는 절대적으로 불가능하지만 두 사람에게는 가능한 의식 속에 존재한다. 낱말은 인간 의식이 지닌 역사적 본질을 가장 직접적으로 표현한다.

7-6-18] 작은 물방울 속에 태양이 비추어지듯 의식은 낱말 속에 비추어진다. 소小세계가 대大세계에 관련되듯이, 살아 있는 세포가 유기체에 관련되듯이, 원자가 우주에 관련되듯이, 낱말은 의식에 관련된다. 실제로, 낱말은 의식의 소세계이다. 뜻이 담긴 낱말은 인간 의식의 소우주이다.

●

1) 이 절에서 비고츠키는 말로 하는 생각의 단면은 내적 말과는 독립적으로 존재한다는 사실을 확립한다. 이러한 형태의 생각은 역사에서 말로 이루어진다. 그것은 내적 말 자체가 외적 말의 증발을 통해 생겨나는 것과 마찬가지로 말로 하는 생각은 내적 말의 **증발**로부터 생겨난다. 그러나 그것은 더 이상 (통사론, 음성학과 같은 형상적, 일시적 조직과 같은) 말의 특성을 가지지 않고 오직 관념만으로 이루어진다.

I 비고츠키는 내적 말이 여전히 말이라는 점을 지적하면서 시작한다. 그것은 여전히 술어를 가지고 있으며 지속적으로, 자신을 낱말로 실현하거나 아니면 증발하여 생각이 되는 것으로 보인다. 그러나 비고츠키는 내적 말 뒤에 있는, 더욱 안정적인, 말로 하는 생각의 단면이 있을 것으로 상정하는 **세 가지** 이유를 제시한다. [7-6-1~7-6-5]

   A) **발생적으로** 외적 말, 또는 아마도 심지어는 내적 말로도 실현되지 않은 생각의 존재. 비고츠키는 생각이 말로 이주되지 못하거나 또는 말로 이주하지 않으려 하는 것으로 보이는 생각이 나타나는 사례를 문학작품으로부터 제시한다.

   B) 말 속에, **기능적으로** 표현할 수 없는 그리고 심지어는 표현될 수도 없는 사고의 존재. 거의 모든 발화는 매우 중요한 화자의 생각을 말하지 않은 채 남겨 두는 것으로 보인다.

   C) 사고의 **구조적** 비선형성. 비고츠키는 수 시간 동안 말하는 연설자가 다양한 방식으로 전개된 하나의 생각만을 가지고 있을 수도 있다는 점을 지적한다. 그는 생각이 형상적이지 않으며 떨어지는 빗방울과 같이 낱말의 나열로 이루어져 있지 않으며 반대로, 이는 하늘에 떠 있는 하나의 비구름과 같이 모두 한 번에 나타난다고 주장한다. 우리가 길거리를 달리고 있는 소년을 묘사할 때(소년이 길거리를 달리고 있다) 문장에 나타나는 낱말은 소년에서 길거리로 이어지지만 우리 머릿속의 이미지에서는 소년이 먼저 나타나고 거리가 나중에 나타나지 않는다.

II 그러나 사고조차도 최종 단면이 아니다. 비고츠키는 **정서적이고 의지적인** 경향성, 즉 욕구와 충동, 흥미와 동기가 생각과 말의 최종 단면을 이룬다고 주장한다. 이들은 사고의 비구름이 나타나도록 하는 바람이며 이들은 궁극적으로 낱말의 빗방울이 세차게 내리도록 촉발한다(비고츠키는 스타니슬라브스키가 그리브예도프의 희곡에 나오는 등장인물들의 동기를 기술한 체계를 통해 이러한 흥미와 동기를 보여 준다). [7-6-6~7-6-9]

Ⅲ 비고츠키는 연구 성과를 **요약한다.** [7-6-10~7-6-12]

    A) 말의 **형상적** 측면에 대한 연구는 숨겨진 뜻의 측면에 대한 연구를 대부분 배제해 왔다.

    B) 이러한 형상적 측면들은 비교적 고정적이며 **안정적**이다.

    C) 우리가 말의 이러한 형상적 측면과 의미론적 측면에 대해 고려하는 순간 우리는 생각으로부터 말로의 이행이 완전히 멈추거나, 되돌아가거나 또는 변화된 형태를 통해 외적 말로 나아가는 상이한 단면들 또는 상이한 **계기들**을 발견하게 된다.

Ⅳ 이러한 설명은 여전히 다소간 도식적이고 충분히 연구되지 않은 채로 남아 있다. 그러나 이는 사고와 낱말을 연결시키려 했던 이전의 방식들에 비해 여러 가지 **장점**을 가진다. [7-6-13]

    A) **연합주의** 심리학은 정신이 전혀 개입하지 않는, 동시 발생을 통해 형성되는 기계적 연결을 제시하였다.

    B) **게슈탈트** 심리학은 사고와 생각을 연결하는 전체적인 구조를 제시하였지만 이 연결의 특성성, 즉 그것이 예컨대 지각의 구조와 어떻게 다른지에 대한 설명을 하지 못하였다.

    C) 다른 심리학은 (사고는 소리를 제거한 낱말이라는 식의) 통속적인 유물론이나 행동주의 관념을 향하거나, 말을 사고의 오염과 간통으로 설명하는 베르그송 학파(발화된 사고는 낱말이 아니라 거짓말이다)와 같은 최대의 관념론으로 향하였다.

Ⅴ 역사적 심리학은 사고와 낱말 사이의 관계를 벌의 알과 성충 벌 사이의 관계 또는 벌집의 형성과 그 번성 사이의 관계와 같은 역사적 과정으로 본다. 미소발생적으로 사고는 낱말의 아버지이다. 개체발생적으로는, 그러나 말로 하는 생각이라는 구조물의 토대는 낱말이다. [7-6-14]

Ⅵ 우리는 이제 비고츠키가 억양을 낱말의 살아 있는 숨결로 본 것은 바로 그것이 고정된 의미-가치에 뜻-가치의 고유한 의미와 뉘앙스를 도입하기 때문이라는 것을 안다. 그래서 그는 성 요한의 '태초에 말씀이 계셨느니라'라는 말이 괴테에 의해 '태초에 행동이 있었으니라'라고 바뀌어 기술된 것을 인용한 것이다. 비고츠키는 이 말에서 강세를 행동으로부터 태초에로 옮기어 다시 기술한다. 비고츠키가 말하듯 낱말은 대업을 완성 짓는 '**끝**'이다. [7-6-15~7-6-17]

Ⅶ 또한 우리는 이제 비고츠키가 의미가 **누적된다**고 본 것을 알고 있다. 우리는 오직 책을 다 읽은 후에야 책의 시작을, 심지어 책의 제목을 온전히 이해하게 된다. 이러한 이유로 그는, 물방울이 태양 빛을 반영하는 것과 같이 각각의 유의미한 낱말은 인간 의식의 빛을 반영한다는 논평으로 이 책을 마무리 짓는다. [7-6-18]

2) 이 인용은 우스펜스키의 『행인들』에서 발췌된 것이다. 글렙 유스펜스키(Успенский, Gleb Uspensky, 1843~1902)는 러시아 '나로드니키(인민주의자)'로 혁명 국민주의자였다. 그는 농촌 사람들의 유머러스하면서도 비극적인 삶에 대해 글을 썼으며 이러한 작품들은 톨스토이에 의해 출간되고 체호프에 의해 숭배되었다. 그는 정신이상으로 정신병동에서 숨졌다. 이 구절은 그의 증상 중 일부를 보여 준다.

3) 스타니슬라브스키(Станиславский, Constantin Stanislavsky, 1863~1938)는 러시아 배우, 프로듀서, 감독, 희곡작가, 예술 이론가였다. 그는 제임스-랑게의 감정에 대한 이론에 깊은 영향을 받았으며 러시아에서 가장 부유한 집안의 아들로서 그는 술주정뱅이와 방랑자들의 감정을 표현하려면 이를 느껴야 한다는 의무감에 그러한 삶을 살아야 한다고 생각했다. 이 초기 경험은 소련의 '사회주의적 사실주의'와 미국의 '심리적 사실주의'의 중요한 구성요소인 '매소드 연기'의 토대가 되었다. 스타니슬라브스키 자신은 이를 '영적인 사실주의'라고 불렀다.

4) 쮸체프Тютчев의 침묵 『Silentium』에서 인용되었다. 쮸쩨프는 러시아 시인으로 정치적으로 보수적인 공무원이었다.

5) 클레브니코프(Хлебников, V. V. Khlebnikov, 1885~1922)는 마야코브스키와 그 모임의 주변에 속한 '상징주의자' 중 하나였다. 그는 소리가 그 자신의 의미를 가지고 있다고 믿었으며 사람들이 특정한 소리를 이용하여 생성하는 연상을 토대로 시를 창작하였다. 그와 그의 동료들은 "Zaum"이라 불리는 그와 같은 연상을 토대로 "자연적인" 보편 언어를 만들고자 시도하였다. 이는 오늘날에도 여전히 사용되고 있는 예술운동의 하나이다.

6) 이 시는 만젤쉬탐이 자신의 시 「제비」에서 인용한 구밀료프(N.S. Gumilev, 1886~1921)의 시로부터 인용되었다. 만젤쉬탐의 제비는 이 장의 첫 부분에 나온다. 따라서 비고츠키는 이 장을 만젤쉬탐과 아크메이즘으로 시작하고 끝맺는다. 구밀료프, 아흐마토바, 만젤쉬탐은 (상징주의를 거부하고 정확한 언어의 사용과 견고한 심상을 강조한) 아크메이즘의 트로이카였다.
아크메이즘 주의자들은 낱말이 '순수한' 비상징적 뜻을 가지고 있었으며 이는 단순히 대형 생산을 위한 도구가 아니라 일상생활의 사용을 위한 (가정)기구였다고 믿는다. 그들의 시는 이와 같은 '뜻'으로 돌아가려 한다.
낱말의 의미를 상징적 의미와 '화용적' 뜻으로 나눈 것은 명백히 비고츠키에게 커다란 영향을 주었다. 그러나 아크메이즘은 보수적인 운동이었다. 크리스트교 신비주의자였던 안나 아흐마토바의 (잠깐 동안) 남편이었던 구밀료프는 반혁명 모의에 참가한 혐의로 1921년에 총살된다. 만젤쉬탐은 친구들에게 자신의 반스탈린적 시를 이야기한 죄로 노동수용소에서 죽었다.

7) 구츠만(Hermann Gutzmann, 1865~1922)은 독일에서 가장 유명한 농아학교 교사의 아

들이었다. 그는 의사가 되어 말더듬과 다른 언어 장애들을 연구하였다. 그는 가장 초기의, 가장 위대한 응용 음성학자 중 하나였다.

8) 여기서 저주는 어떤 정신과정이 체화體化됨에 따라 필연적으로 나타나는 손실과 왜곡을 의미한다. 불교나 기독교 모두에서 죽음 후의 환생은 저주이며 고통을 상징한다. 여기서는 생각에서 말로, 사고가 물질화되는 과정에서 나타나는 손실을 저주로 표현하고 있다. '동요된 공기층'은 언어의 음성학적 부분을 지칭하는 것으로 생각의 외현화는 반드시 의식 자체와 깊은 관련을 맺는 과정임을 나타낸다.

1. Пиаже. Речь и мышление ребенка. Госиздат, 1932.

2. Э. Б л е й л е р. Аутистическое мышление. Одесса, 1927.

3. J. Piaget. La représentation du monde chez l'enfant. Librairie Félix Alcan, 1926.

4. J. Piaget. La causalité physique chez l'enfant. Librairie Félix Alcan, 1927.

5. В. И. Ленин. Конспект книги Гегеля 『Наука логики』. Философские тетради. Изд. ЦК ВКП(б). 1934.

6. C. und W. Stern. Die Kindersprache. 4 Auflage, Verlag v. J. A. Barth, 1928.

7. Г. Фолькельт. Экспериментальная психология дошкольника. Госиздат, 1930.

8. E. Meumann. Die Entstehung der ersten Wortbedeutung beim Kinde. Philosophische Studien. B. XX.

9. W. Stern. Person und Sache. I. Band, Verlag v. J. A. Barth. Leipzig, 1905.

10. W. Kohler. Intelligenzprüfungen an Menschenaffen. 2 Auflage, Berlin, 1921.

11. R. M. Yerkes and B.W. Learned. Chimpanzee Intelligence and Its vocal Expression. Baltimore, 1925.

12. В.М. Боровский. Введение в сравнительнуюсихологию. 1927.

13. К. Бюлер. Духовное развитие ребенка. 1924.

14. W. Kohler. Aus Psychologie des Schimpanzen. Psychologische Forschung, I, 1921.

15. K. Delacroix. Le langage et la pensée, 1924.

16. R. M. Yerkes. The mental life of the monkeys and apes. Behaviour monographs, 1916, III. 1.

17. L. Lévy-Bruhl. Les fonctions mentales dans les sociétés primitives, 1922.

18. G. Kafka. Handbuch der vergleichenden Psychologie, B. I, Abt. I, 1922.

19. v. Frisch. Die Sprache der Bienen, 1928. K.1018

20. Ch. Bühler. Soziologische und psychologische Studien uber das erste Lebensjahr, 1927.

21. В. Штерн. Психология раннего детства, 1922.

22. K. Bühler. Abris der geistigen Entwicklung des Kindes, 1923.

23. K. Koffka. Grundlagen der psychischen Entwicklung. 2 Auflage, 1925.

24. Дж. Уотсон. Психология как наука о поведении, 1926.

25. Thorndike. The mental life of monkeys, 1901.

26. К.Маркс. Капитал. Т. 1. М., 1920.

27. Плеханов. Очерки по истории материализма. Изд. 3, 1922.

28. Энгельс. Диалектика природы. 『Архив Маркса и Энгельса』. Т. II. 1925.

29. J. Piaget. Le langage et la pensée chez l'enfant, 1923.

30. F. Rimat. Intelligenzuntersuchungen anschliessend an die Ach'sche Suchmethode, 1925.

31. А. Гезелл. Педология раннего возраста, 1932.

32. Л. Леви-Брюль. Первобытное мышление, 1930.

33. К. Гроос. Душевная жизнь ребенка, 1916.

34. Э. Кречмер. Медицинская психология, 1927.

35. Ж.И. Шиф. Развитие научных и житейских понятий (диссертация).

36. Л.Н. Толстой. Педагогические статьи. Изд. Кушнерева и К°, 1903.

37. J. Piaget. Psychologie de l'enfant et l'enseignement de l'histoire. Bulletin trimestriel de la Conférence Internationale pour l'enseignement de l'histoire, Nr. Paris, 1933.

38. Дипломные работы студентов Ленинградского педагогического института им. Герцена (Арсеньевой, Заболотновой, Канушиной, Чантурия, Эфес, Нейфец и др.).

39. О. Кюльпе. Современная психология мышления. Новые идеи в философии, № 16, 1914.

40. Л. С. Выготский. Педология подростка. Учгиз, 1931.

41. A. Lemaitre. Observations sur le langage intérieur des enfants. Archives de Psychologie, 4, 1905.

옮긴이

데이비드 켈로그David Kellogg

서울교육대학교 영어교육과 교수, 현재 한국외국어대학교 테솔대학원 교수. 영어교육 관련 서적을
다수 저술하였으며 국제 유수 학술지인 Language Teaching Research, Language Awareness,
the International Journal of Applied Linguistics, Applied Linguistics, and the Modern Language
Journal 등에 비고츠키 이론에 기반한 논문을 다수 게재하였다. 비고츠키 연구 권위자로
국내외에서 인정받고 있다.

배희철

서울대학교 서양사학과, 강원대학교 영어교육과를 졸업하였다. 현재 전교조 초등교육과정
연구 모임 이론분과장으로 있으며, 저서로는 『비고츠키와 핀란드 교육과정』(2009), 『왜,
비고츠키의 협력학습인가?』(2010), 『행복한 혁신학교 만들기: 비고츠키 교육철학으로 본 혁신학교
지침서』(2011), 『비고츠키와 인지 발달의 비밀』(2013년) 등이 있다.

김용호

서울교대 윤리학과, 서울교대 영어교육과(석사과정)를 졸업하고, 교원대학교 박사과정을 졸업하였다.
저서로는 『초등영어수업의 문제: 얽힌 실타래 풀기』(2011), 「Rules out of roles: Differences in play
language and their developmental significance」(*Applied Linguistics*, 28(1)), 「Task and play in the
words and minds of children」(*Journal of Applied Linguistics*, 3(1)) 등이 있다.

삶의 행복을 꿈꾸는 교육은 어디에서 오는가?

미래 100년을 향한 새로운 교육 | 혁신교육을 실천하는 교사들의 필독서

▶ 교육혁명을 앞당기는 배움책 이야기
혁신교육의 철학과 잉걸진 미래를 만나다!

한국교육연구네트워크 총서

01 핀란드 교육혁명
한국교육연구네트워크 엮음 | 320쪽 | 값 15,000원

02 일제고사를 넘어서
한국교육연구네트워크 엮음 | 284쪽 | 값 13,000원

03 새로운 사회를 여는 교육혁명
한국교육연구네트워크 엮음 | 380쪽 | 값 17,000원

04 교장제도 혁명
한국교육연구네트워크 엮음 | 268쪽 | 값 14,000원

05 새로운 사회를 여는 교육자치 혁명
한국교육연구네트워크 엮음 | 312쪽 | 값 15,000원

06 혁신학교에 대한 교육학적 성찰
한국교육연구네트워크 엮음| 308쪽 | 값 15,000원

07 진보주의 교육의 세계적 동향
한국교육연구네트워크 엮음 | 324쪽 | 값 17,000원
2018 세종도서 학술부문

08 더 나은 세상을 위한 학교혁명
한국교육연구네트워크 엮음 | 404쪽 | 값 21,000원
2018 세종도서 교양부문

혁신학교
성열관·이순철 지음 | 224쪽 | 값 12,000원

행복한 혁신학교 만들기
초등교육과정연구모임 지음 | 264쪽 | 값 13,000원

서울형 혁신학교 이야기
이부영 지음 | 320쪽 | 값 15,000원

혁신교육, 철학을 만나다
브렌트 데이비스·데니스 수마라 지음
현인철·서용선 옮김 | 304쪽 | 값 15,000원

혁신교육 존 듀이에게 묻다
서용선 지음 | 292쪽 | 값 14,000원

다시 읽는 조선 교육사
이만규 지음 | 750쪽 | 값 33,000원

대한민국 교육혁명
교육혁명공동행동 연구위원회 지음 | 224쪽 | 값 12,000원

한국교육연구네트워크 번역 총서

01 프레이리와 교육
존 엘리아스 지음 | 한국교육연구네트워크 옮김
276쪽 | 값 14,000원

02 교육은 사회를 바꿀 수 있을까?
마이클 애플 지음 | 강희룡·김선우·박원순·이형빈 옮김
356쪽 | 값 16,000원

**03 비판적 페다고지는
세상을 변화시킬 수 있는가?**
Seewha Cho 지음 | 심성보·조시화 옮김 | 280쪽 | 값 14,000원

04 마이클 애플의 민주학교
마이클 애플·제임스 빈 엮음 | 강희룡 옮김 | 276쪽 | 값 14,000원

05 21세기 교육과 민주주의
넬 나딩스 지음 | 심성보 옮김 | 392쪽 | 값 18,000원

**06 세계교육개혁:
민영화 우선인가 공적 투자 강화인가?**
린다 달링-해먼드 외 지음 | 심성보 외 옮김 | 408쪽 | 값 21,000원

대한민국 교사, 어떻게 가르칠 것인가?
윤성관 지음 | 320쪽 | 값 15,000원

아이들을 어떻게 가르칠 것인가
사토 마나부 지음 | 박찬영 옮김 | 232쪽 | 값 13,000원

모두를 위한 국제이해교육
한국국제이해교육학회 지음 | 364쪽 | 값 16,000원

경쟁을 넘어 발달 교육으로
현광일 지음 | 288쪽 | 값 14,000원

독일 교육, 왜 강한가?
박성희 지음 | 324쪽 | 값 15,000원

핀란드 교육의 기적
한넬레 니에미 외 엮음 | 장수명 외 옮김 | 456쪽 | 값 23,000원

한국 교육의 현실과 전망
심성보 지음 | 724쪽 | 값 35,000원

▶ 비고츠키 선집 시리즈
발달과 협력의 교육학 어떻게 읽을 것인가?

 생각과 말
레프 세묘노비치 비고츠키 지음
배희철·김용호·D. 켈로그 옮김 | 690쪽 | 값 33,000원

 도구와 기호
비고츠키·루리야 지음 | 비고츠키 연구회 옮김
336쪽 | 값 16,000원

 어린이 자기행동숙달의 역사와 발달 I
L.S. 비고츠키 지음 | 비고츠키 연구회 옮김
564쪽 | 값 28,000원

 어린이 자기행동숙달의 역사와 발달 II
L.S. 비고츠키 지음 | 비고츠키 연구회 옮김
552쪽 | 값 28,000원

 어린이의 상상과 창조
L.S. 비고츠키 지음 | 비고츠키 연구회 옮김
280쪽 | 값 15,000원

 비고츠키와 인지 발달의 비밀
A.R. 루리야 지음 | 배희철 옮김 | 280쪽 | 값 15,000원

 수업과 수업 사이
비고츠키 연구회 지음 | 196쪽 | 값 12,000원

 비고츠키의 발달교육이란 무엇인가?
비고츠키교육학실천연구모임 지음 | 412쪽 | 값 21,000원

 비고츠키 철학으로 본 핀란드 교육과정
배희철 지음 | 456쪽 | 값 23,000원

 성장과 분화
L.S. 비고츠키 지음 | 비고츠키 연구회 옮김
308쪽 | 값 15,000원

 연령과 위기
L.S. 비고츠키 지음 | 비고츠키 연구회 옮김
336쪽 | 값 17,000원

 의식과 숙달
L.S 비고츠키 | 비고츠키 연구회 옮김
348쪽 | 값 17,000원

 분열과 사랑
L.S. 비고츠키 지음 | 비고츠키 연구회 옮김
260쪽 | 값 16,000원

 성애와 갈등
L.S. 비고츠키 지음 | 비고츠키 연구회 옮김
268쪽 | 값 17,000원

 관계의 교육학, 비고츠키
진보교육연구소 비고츠키교육학실천연구모임 지음
300쪽 | 값 15,000원

 비고츠키 생각과 말 쉽게 읽기
진보교육연구소 비고츠키교육학실천연구모임 지음
316쪽 | 값 15,000원

 교사와 부모를 위한 비고츠키 교육학
카르포프 지음 | 실천교사번역팀 옮김 | 308쪽 | 값 15,000원

▶ 살림터 참교육 문예 시리즈
영혼이 있는 삶을 가르치는 온 선생님을 만나다!

 꽃보다 귀한 우리 아이는
조재도 지음 | 244쪽 | 값 12,000원

 성깔 있는 나무들
최은숙 지음 | 244쪽 | 값 12,000원

아이들에게 세상을 배웠네
명혜정 지음 | 240쪽 | 값 12,000원

밥상에서 세상으로
김흥숙 지음 | 280쪽 | 값 13,000원

  우물쭈물하다 끝난 교사 이야기
유기창 지음 | 380쪽 | 값 17,000원

 선생님이 먼저 때렸는데요
강병철 지음 | 248쪽 | 값 12,000원

 서울 여자, 시골 선생님 되다
조경선 지음 | 252쪽 | 값 12,000원

행복한 창의 교육
최창의 지음 | 328쪽 | 값 15,000원

 북유럽 교육 기행
정애경 외 14인 지음 | 288쪽 | 값 14,000원

▶ 4·16, 질문이 있는 교실 마주이야기
통합수업으로 혁신교육과정을 재구성하다!

통하는 공부
김태호·김형우·이경석·심우근·허진만 지음
324쪽 | 값 15,000원

내일 수업 어떻게 하지?
아이함께 지음 | 300쪽 | 값 15,000원
2015 세종도서 교양부문

인간 회복의 교육
성래운 지음 | 260쪽 | 값 13,000원

교과서 너머 교육과정 마주하기
이윤미 외 지음 | 368쪽 | 값 17,000원

수업 고수들 수업·교육과정·평가를 말하다
박현숙 외 지음 | 368쪽 | 값 17,000원

도덕 수업, 책으로 묻고 윤리로 답하다
울산도덕교사모임 지음 | 320쪽 | 값 15,000원

체육 교사, 수업을 말하다
전용진 지음 | 304쪽 | 값 15,000원

교실을 위한 프레이리
아이러 쇼어 엮음 | 사람대사람 옮김 | 412쪽 | 값 18,000원

마을교육공동체란 무엇인가?
서용선 외 지음 | 360쪽 | 값 17,000원

교사, 학교를 바꾸다
정진화 지음 | 372쪽 | 값 17,000원

함께 배움
학생 주도 배움 중심 수업 이렇게 한다
니시카와 준 지음 | 백경석 옮김 | 280쪽 | 값 15,000원

공교육은 왜?
홍섭근 지음 | 352쪽 | 값 16,000원

자기혁신과 공동의 성장을 위한
교사들의 필리버스터
윤양수·원종희·장군·조경삼 지음 | 280쪽 | 값 14,000원

함께 배움 이렇게 시작한다
니시카와 준 지음 | 백경석 옮김 | 196쪽 | 값 12,000원

함께 배움 교사의 말하기
니시카와 준 지음 | 백경석 옮김 | 188쪽 | 값 12,000원

교육과정 통합, 어떻게 할 것인가?
성열관 외 지음 | 192쪽 | 값 13,000원

미래교육의 열쇠, 창의적 문화교육
심광현·노명우·강정석 지음 | 368쪽 | 값 16,000원

주제통합수업, 아이들을 수업의 주인공으로!
이윤미 외 지음 | 392쪽 | 값 17,000원

수업과 교육의 지평을 확장하는 수업 비평
윤양수 지음 | 316쪽 | 값 15,000원
2014 문화체육관광부 우수교양도서

교사, 선생이 되다
김태은 외 지음 | 260쪽 | 값 13,000원

교사의 전문성, 어떻게 만들어지나
국제교원노조연맹 보고서 | 김석규 옮김 392쪽 | 값 17,000원

수업의 정치
윤양수·원종희·장군 지음 | 280쪽 | 값 14,000원

학교협동조합,
현장체험학습과 마을교육공동체를 잇다
주수원 외 지음 | 296쪽 | 값 15,000원

거꾸로교실,
잠자는 아이들을 깨우는 수업의 비밀
이민경 지음 | 280쪽 | 값 14,000원

교사는 무엇으로 사는가
정은균 지음 | 292쪽 | 값 15,000원

마음의 힘을 기르는 감성수업
조선미 외 지음 | 300쪽 | 값 15,000원

작은 학교 아이들
지경준 엮음 | 376쪽 | 값 17,000원

아이들의 배움은 어떻게 깊어지는가
이시이 준지 지음 | 방지현·이창희 옮김 | 200쪽 | 값 11,000원

대한민국 입시혁명
참교육연구소 입시연구팀 지음 | 220쪽 | 값 12,000원

교사를 세우는 교육과정
박승열 지음 | 312쪽 | 값 15,000원

전국 17명 교육감들과 나눈
교육 대담
최창의 대담·기록 | 272쪽 | 값 15,000원

들뢰즈와 가타리를 통해
유아교육 읽기
리세롯 마리엣 올슨 지음 | 이연선 외 옮김 | 328쪽 | 값 17,000원

학교 혁신의 길, 아이들에게 묻다
남궁상운 외 지음 | 272쪽 | 값 15,000원

 학교 민주주의의 불한당들
정은균 지음 | 276쪽 | 값 14,000원

 프레이리의 사상과 실천
사람대사람 지음 | 352쪽 | 값 18,000원
2018 세종도서 학술부문

 교육과정, 수업, 평가의 일체화
리사 카터 지음 | 박승열 외 옮김 | 196쪽 | 값 13,000원

 혁신학교, 한국 교육의 미래를 열다
송순재 외 지음 | 608쪽 | 값 30,000원

 학교를 개선하는 교장
지속가능한 학교 혁신을 위한 실천 전략
마이클 풀란 지음 | 서동연·정효준 옮김 | 216쪽 | 값 13,000원

 페다고지를 위하여
프레네의 『페다고지 불변요소』 읽기
박찬영 지음 | 296쪽 | 값 15,000원

 공자뎐, 논어는 이것이다
유문상 지음 | 392쪽 | 값 18,000원

 노자와 탈현대 문명
홍승표 지음 | 284쪽 | 값 15,000원

 교사와 부모를 위한
발달교육이란 무엇인가?
현광일 지음 | 380쪽 | 값 18,000원

 선생님, 민주시민교육이 뭐예요?
염경미 지음 | 244쪽 | 값 15,000원

 교사, 이오덕에게 길을 묻다
이무완 지음 | 328쪽 | 값 15,000원

 어쩌다 혁신학교
유우석 외 지음 | 380쪽 | 값 17,000원

 낙오자 없는 스웨덴 교육
레이프 스트란드베리 지음 | 변광수 옮김 | 208쪽 | 값 13,000원

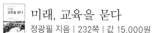 미래, 교육을 묻다
정광필 지음 | 232쪽 | 값 15,000원

 끝나지 않은 마지막 수업
장석웅 지음 | 328쪽 | 값 20,000원

 대학, 협동조합으로 교육하라
박주희 외 지음 | 252쪽 | 값 15,000원

 경기꿈의학교
진흥섭 외 지음 | 360쪽 | 값 17,000원

 입시, 어떻게 바꿀 것인가?
노기원 지음 | 306쪽 | 값 15,000원

 학교를 말한다
이성우 지음 | 292쪽 | 값 15,000원

 촛불시대, 혁신교육을 말하다
이용관 지음 | 240쪽 | 값 15,000원

 행복도시 세종, 혁신교육으로 디자인하다
곽순일 외 지음 | 392쪽 | 값 18,000원

 라운드 스터디
이시이 데루마사 외 엮음 | 224쪽 | 값 15,000원

 나는 거꾸로 교실 거꾸로 교사
류광모·임정훈 지음 | 212쪽 | 값 13,000원

 미래교육을 디자인하는 학교교육과정
박승열 외 지음 | 348쪽 | 값 18,000원

 교실 속으로 간 이해중심 교육과정
온정덕 외 지음 | 224쪽 | 값 13,000원

 흥미진진한 아일랜드 전환학년 이야기
제리 제퍼스 지음 | 최상덕·김호원 옮김 | 508쪽 | 값 27,000원

 교실, 평화를 말하다
따돌림사회연구모임 초등우정팀 지음 | 268쪽 | 값 15,000원

 폭력 교실에 맞서는 용기
따돌림사회연구모임 학급운영팀 지음 | 272쪽 | 값 15,000원

▶ 교과서 밖에서 만나는 역사 교실
상식이 통하는 살아 있는 역사를 만나다

전봉준과 동학농민혁명
조광환 지음 | 336쪽 | 값 15,000원

교과서 밖에서 배우는 역사 공부
정은교 지음 | 292쪽 | 값 14,000원

남도의 기억을 걷다
노성태 지음 | 344쪽 | 값 14,000원

팔만대장경도 모르면 빨래판이다
전병철 지음 | 360쪽 | 값 16,000원

응답하라 한국사 1·2
김은석 지음 | 356쪽·368쪽 | 각권 값 15,000원

빨래판도 잘 보면 팔만대장경이다
전병철 지음 | 360쪽 | 값 16,000원

즐거운 국사수업 32강
김남선 지음 | 280쪽 | 값 11,000원

영화는 역사다
강성률 지음 | 288쪽 | 값 13,000원

즐거운 세계사 수업
김은석 지음 | 328쪽 | 값 13,000원

친일 영화의 해부학
강성률 지음 | 264쪽 | 값 15,000원

강화도의 기억을 걷다
최보길 지음 | 276쪽 | 값 14,000원

한국 고대사의 비밀
김은석 지음 | 304쪽 | 값 13,000원

광주의 기억을 걷다
노성태 지음 | 348쪽 | 값 15,000원

조선족 근현대 교육사
정미량 지음 | 320쪽 | 값 15,000원

**선생님도 궁금해하는
한국사의 비밀 20가지**
김은석 지음 | 312쪽 | 값 15,000원

다시 읽는 조선근대교육의 사상과 운동
윤건차 지음 | 이명실·심성보 옮김 | 516쪽 | 값 25,000원

걸림돌
키르스텐 세룹-빌펠트 지음 | 문봉애 옮김
248쪽 | 값 13,000원

음악과 함께 떠나는 세계의 혁명 이야기
조광환 지음 | 292쪽 | 값 15,000원

역사수업을 부탁해
열 사람의 한 걸음 지음 | 388쪽 | 값 18,000원

논쟁으로 보는 일본 근대교육의 역사
이명실 지음 | 324쪽 | 값 17,000원

진실과 거짓, 인물 한국사
하성환 지음 | 400쪽 | 값 18,000원

다시, 독립의 기억을 걷다
노성태 지음 | 320쪽 | 값 16,000원

우리 역사에서 사라진 근현대 인물 한국사
하성환 지음 | 296쪽 | 값 18,000원

▶ 창의적인 협력 수업을 지향하는 삶이 있는 국어 교실
우리말 글을 배우며 세상을 배운다

중학교 국어 수업 어떻게 할 것인가?
김미경 지음 | 340쪽 | 값 15,000원

토론의 숲에서 나를 만나다
명혜정 엮음 | 312쪽 | 값 15,000원

토닥토닥 토론해요
명혜정·이명선·조선미 엮음 | 288쪽 | 값 15,000원

인문학의 숲을 거니는 토론 수업
순천국어교사모임 엮음 | 308쪽 | 값 15,000원

어린이와 시
오인태 지음 | 192쪽 | 값 12,000원

수업, 슬로리딩과 함께
박경숙 외 지음 | 268쪽 | 값 15,000원

▶ 더불어 사는 정의로운 세상을 여는 인문사회과학
사람의 존엄과 평등의 가치를 배운다

밥상혁명
강양구·강이현 지음 | 298쪽 | 값 13,800원

좌우지간 인권이다
안경환 지음 | 288쪽 | 값 13,000원

도덕 교과서 무엇이 문제인가?
김대용 지음 | 272쪽 | 값 14,000원

민주시민교육
심성보 지음 | 544쪽 | 값 25,000원

자율주의와 진보교육
조엘 스프링 지음 | 심성보 옮김 | 320쪽 | 값 15,000원

민주시민을 위한 도덕교육
심성보 지음 | 500쪽 | 값 25,000원
2015 세종도서 학술부문

민주화 이후의 공동체 교육
심성보 지음 | 392쪽 | 값 15,000원
2009 문화체육관광부 우수학술도서

교과서 밖에서 배우는 인문학 공부
정은교 지음 | 280쪽 | 값 13,000원

갈등을 넘어 협력 사회로
이창언·오수길·유문종·신윤관 지음 | 280쪽 | 값 15,000원

오래된 미래교육
정재걸 지음 | 392쪽 | 값 18,000원

동양사상과 마음교육
정재걸 외 지음 | 356쪽 | 값 16,000원
2015 세종도서 학술부문

대한민국 의료혁명
전국보건의료산업노동조합 엮음 | 548쪽 | 값 25,000원

교과서 밖에서 배우는 철학 공부
정은교 지음 | 280쪽 | 값 14,000원

교과서 밖에서 배우는 고전 공부
정은교 지음 | 288쪽 | 값 14,000원

교과서 밖에서 배우는 사회 공부
정은교 지음 | 304쪽 | 값 15,000원

전체 안의 전체 사고 속의 사고
김우창의 인문학을 읽다
현광일 지음 | 320쪽 | 값 15,000원

교과서 밖에서 배우는 윤리 공부
정은교 지음 | 292쪽 | 값 15,000원

카스트로, 종교를 말하다
피델 카스트로·프레이 베토 대담 | 조세종 옮김
420쪽 | 값 21,000원

한글 혁명
김슬옹 지음 | 388쪽 | 값 18,000원

일제강점기 한국철학
이태우 지음 | 448쪽 | 값 25,000원

우리 안의 미래교육
정재걸 지음 | 484쪽 | 값 25,000원

한국 교육 제4의 길을 찾다
이길상 지음 | 400쪽 | 값 21,000원

▶ 평화샘 프로젝트 매뉴얼 시리즈
학교폭력에 대한 근본적인 예방과 대책을 찾는다

학교폭력 어떻게 만들어지는가
문재현 외 지음 | 300쪽 | 값 14,000원

아이들을 살리는 동네
문재현·신동명·김수동 지음 | 204쪽 | 값 10,000원

학교폭력, 멈춰!
문재현 외 지음 | 348쪽 | 값 15,000원

평화! 행복한 학교의 시작
문재현 외 지음 | 252쪽 | 값 12,000원

왕따, 이렇게 해결할 수 있다
문재현 외 지음 | 236쪽 | 값 12,000원

마을에 배움의 길이 있다
문재현 지음 | 208쪽 | 값 10,000원

젊은 부모를 위한 백만 년의 육아 슬기
문재현 지음 | 248쪽 | 값 13,000원

별자리, 인류의 이야기 주머니
문재현·문한뫼 지음 | 444쪽 | 값 20,000원

우리는 마을에 산다
유양우·신동명·김수동·문재현 지음 | 312쪽 | 값 15,000원

▶ 남북이 하나 되는 두물머리 평화교육
분단 극복을 위한 치열한 배움과 실천을 만나다

 10년 후 통일
정동영·지승호 지음 | 328쪽 | 값 15,000원

 선생님, 통일이 뭐예요?
정경호 지음 | 252쪽 | 값 13,000원

 분단시대의 통일교육
성래운 지음 | 428쪽 | 값 18,000원

 김창환 교수의 DMZ 지리 이야기
김창환 지음 | 264쪽 | 값 15,000원

 한반도 평화교육 어떻게 할 것인가
이기범 외 지음 | 252쪽 | 값 15,000원

▶ 출간 예정

근간 **학교자율운영 2.0**
김용 지음

근간 **학교는 어떤 공동체인가?**
성열관 외 지음

근간 **비판적 실천을 위한 교육학**
이윤미 외 지음

근간 **왜 그는 한국으로 돌아왔나?**
황선준 지음

근간 **프레네 실천 교육학**
정훈 지음

근간 **선생님, 페미니즘이 뭐예요?**
염경미 지음

근간 **마을교육공동체 운동의 역사와 미래**
김용련 지음

근간 **경남 역사의 기억을 걷다**
류형진 외 지음

근간 **언어던**
정은균 지음

근간 **교사 전쟁**
Dana Goldstein 지음 | 유성상 외 옮김

근간 **교육이성 비판**
조상식 지음

근간 **자유학기제란 무엇인가?**
최상덕 지음

근간 **식물의 교육학**
이차영 지음

근간 **한국 교육 어디서 와서 어디로 가는가?**
이주영 지음

근간 **콩도르세, 공교육에 관한 다섯 논문**
혁명 프랑스에 공교육의 기초를 묻다
니콜라 드 콩도르세 지음 | 이주환 옮김

근간 **삶을 위한
국어교육과정, 어떻게 만들 것인가?**
명혜정 지음

근간 **신채호, 역사란 무엇인가?**
이주영 지음

근간 **마을수업, 마을교육과정!**
서용선·백윤애 지음

근간 **민·관·학 협치 시대를 여는
마을교육공동체 만들기**
김태정 지음

근간 **즐거운 동아시아 수업**
김은석 지음

근간 **민주주의와 교육**
Pilar Ocadiz, Pia Wong, Carlos Torres 지음| 유성상 옮김

근간 **혁신학교,
다함께 만들어 가는 강명초 5년 이야기**
이부영 지음

근간 **민주시민교육을 위한
역사수업 어떻게 할 것인가?**
황현정 지음

근간 **미국의 진보주의 교육 운동사**
윌리엄 헤이스 지음 | 심성보 외 옮김

참된 삶과 교육에 관한
생각 줍기